I0054883

ApprentiFinancier

Bien débuter en Bourse

Patrick Desjardins

2010-2012

Copyright © 2010-2012 Patrick Desjardins

Première Édition

L'auteur de ce livre ne peut garantir qu'il n'y a pas de faute d'orthographe, d'erreur de frappe ou d'erreur dans le contenu. Malgré plusieurs recherches, l'éditeur et l'auteur ne peuvent assumer les erreurs ou les inexactitudes se trouvant dans l'ouvrage. Tous les noms, événements et exemples qui pourraient sembler être des attaques ou ressembler à des cas réels ou des personnes existantes sont involontaires. Avant d'investir ou de suivre les conseils de ce livre, il est préférable de contacter un professionnel ainsi que d'avoir plusieurs expériences en simulateur. L'auteur n'est pas responsable des rendements possibles ainsi que des possibles pertes encourues par le lecteur de ce livre.

Le masculin a été utilisé dans le but d'alléger le texte.

Il est interdit de reproduire le présent ouvrage, en tout ou en partie, sous quelque forme que ce soit, sans la permission écrite de l'auteur.

Tous les graphiques de Bourse ont été générés grâce à stockcharts.com.

Éditeur privé

www.apprentifinancier.com

Auteur : Patrick Desjardins

Courriel : pdesjardins@apprentifinancier.com

Tous droits réservés.

Toute reproduction, en tout ou en partie, sous quelque forme et par quelque procédé que ce soit, est interdite sans l'autorisation écrite préalable de l'auteur.

Illustration par Étienne Aubry, http://www.linkedin.com/in/aubryet.

Imprimé aux États-Unis

Mention de dépôt légal :

Dépôt légal - Bibliothèque et Archives nationales du Québec, 2012

Dépôt légal - Bibliothèque et Archives Canada, 2012

ISBN : 978-2-9813110-0-9

Avant-propos

Ce livre s'adresse à un public varié voulant avoir une base solide à la Bourse. Ce livre n'est pas pour les experts et contient plusieurs sections élémentaires sur le fonctionnement de la Bourse et comment analyser celle-ci.

Par contre, ce livre s'adresse aux néophytes voulant apprendre de manière théorique et pratique les concepts de la Bourse avec un auteur qui a appris avec la pratique. L'approche préconisée est d'enseigner les concepts de base par des trucs pratiques qui vont pouvoir être appliqués dès les premiers chapitres. Ce livre s'adresse aussi aux gens intermédiaires qui veulent raffiner leur analyse technique ou tout simplement avoir un recueil de concept d'analyse technique.

Le but du livre est de permettre d'investir en Bourse et de faire des gains réalistes. Aucune recette miracle n'est enseignée dans ce livre, seulement des concepts réalistes qui fonctionnent.

Le livre est divisé en 4 parties. La première partie explique ce qu'est la Bourse et les bases pour acheter et vendre ses premières actions. Le jargon de la Bourse est expliqué et les étapes pour pouvoir investir dans la Bourse y sont détaillées. La deuxième partie parle de l'analyse technique en expliquant les concepts de manière à être efficace sans entrer dans les détails inutiles et complexes. Cette partie montre l'essentiel pour être un bon technicien avec les graphiques et de prédire le mieux possible les tendances des marchés. La troisième partie explique des manières de faire des gains à la Bourse avec des techniques pour faire de l'argent. Finalement, la quatrième partie est consacrée à des suppléments tels que des informations sur la Boursevirtuelle.com et des statistiques du simulateur de Bourse.

À propos de l'auteur

Patrick Desjardins est un Canadien qui habite la province de Québec. Ingénieur de profession, il partage sa passion des finances et de la Bourse depuis 2004 avec la population française à travers ses sites Internet. Sa première réalisation fut le site Internet www.apprentifinancier.com qui contiennent plusieurs articles d'apprentissage de la Bourse ainsi que des expérimentations. De plus, il est le concepteur du système de simulateur de Bourse www.boursevirtuelle.com qui comporte plusieurs dizaines de milliers de participants. Le but de l'auteur a toujours été de permettre à tous les gens de pouvoir apprendre la Bourse de manière gratuite sans teinter l'apprentissage par des produits commerciaux ou des jugements en faveur d'un produit ou d'un autre. La distance entre les intérêts de Patrick Desjardins et tous les produits financiers est logique quand on sait que celui-ci travaille dans le monde de l'informatique et non pas en finances.

Patrick Desjardins est un autodidacte qui croit que chaque individu de ce monde peut apprendre et performer lorsqu'il se donne les outils et le temps nécessaire. Autant à la Bourse qu'en informatique ou en sport, l'important est de persévérer afin de pouvoir accomplir ses rêves. Il en est la preuve même avec plusieurs succès en sport ainsi que plusieurs succès scolaires, professionnels et quelques projets hors du commun.

Remerciements

Je remercie ma conjointe Mélodie Savaria pour son support moral ainsi que pour son aide dans la réalisation de cet ouvrage. Les nombreuses centaines d'heures nécessaires pour réaliser ce rêve ont été une gracieuseté de cette personne dont j'ai dû négliger inévitablement un tantinet afin de permettre de transmettre mon savoir à vous tous.

Je remercie aussi mon grand-père, André Auger, qui m'a appris les rudiments de la Bourse lorsque j'étais jeune et m'a ainsi donné mes premiers outils pour affronter le monde de l'investissement.

Je remercie Étienne Aubry pour les illustrations de la page couverture et des diverses illustrations du livre.

En dernier lieu, je remercie mes parents, Lucie Auger et François Desjardins, pour l'appui exemplaire dans tous mes projets ainsi que de croire qu'il est toujours possible de se dépasser.

Table des matières

Comment est structuré ce livre?

Le livre est divisé en quatre parties qui permettent de catégoriser le livre avec de la théorie de base, de la pratique préliminaire ainsi qu'une troisième partie qui constitue une introduction à des concepts plus avancés. La quatrième partie est des suppléments avec des statistiques sur le simulateur boursevirtuelle.com. Chacune des parties comporte des chapitres qui regroupent des sujets distincts.

Les pages peuvent contenir plusieurs types d'encadré afin de souligner des points importants ou supplémentaires. Voici les différents encadrés avec leur pictogramme et définition.

Un encadré de ce genre signifie qu'une nouvelle notion importante est enseignée.

Un encadré de ce genre signale une erreur fréquemment commise.

Un encadré de ce type signifie que de l'information est disponible sur Internet. Avec un accès Internet, vous pourrez avoir des détails.

Un encadré de ce type signifie quelque chose d'important.

Un encadré de ce type signifie des données historiques.

Un encadré de ce type montre un exemple.

Un encadré avec un « i » nous donne de l'information supplémentaire.

Partie 1 – Apprendre comment fonctionne la Bourse

Qu'est-ce que la Bourse?

Chapitre 1 : Le commencement

La Bourse, à sa plus simple définition, est une institution permettant de faire des échanges de biens ou d'actifs. La Bourse détermine le prix avec l'offre et la demande. Par défaut et par usage courant, la Bourse signifie les *Bourses de valeurs* qui sont les marchés financiers où s'échangent des valeurs mobilières. Ces dernières sont des actions et des obligations. Par contre, sachez que la Bourse comporte une section que l'on nomme les *Bourses de commerce*, où sont échangées des marchandises. Dans ce livre, la Bourse est exclusivement celle de valeurs.

Un peu d'histoire

La Bourse ayant un système semblable à celui des années 2000 a vu le jour en 1309 à Bruges, en Belgique. Il a fallu attendre jusqu'en 1540 avant de voir une Bourse organisée en France, à Lyon.

Avant cette époque, les courtiers étaient simplement engagés par des banques pour régler les problèmes de dette, en outre les dettes agricoles. Ils étaient considérés comme les premiers courtiers parce qu'ils s'échangeaient les dettes. Leur but était de collecter le plus de dettes ayant la meilleure probabilité d'être remboursées.

Par contre, plusieurs livres stipulent que la première Bourse réelle fut créée par Van der Burse au XIIIe siècle. Cet homme organisait des réunions entre marchants pour discuter des matières premières à même sa propre résidence [8].

Le premier krach recensé de la Bourse a eu lieu en 1636 en Hollande. Le cours des bulbes de tulipe, ayant atteint un niveau excessivement élevé, s'effondrait le premier octobre [1]. Le cours signifie le prix auquel se négocie des marchandises et/ou des valeurs.

Le financement d'entreprises par la Bourse a vu le jour au XVIIe siècle en Hollande. C'est seulement en 1688 que la Bourse de Londres a commencé à avoir des actions et des obligations.

La Bourse de Paris a joué un rôle important dans l'histoire. Cinquante ans après sa création en 1724, la Bourse de Paris est la première à imposer un règlement afin de rendre les opérations plus transparentes. Il faut désormais crier les cours (les prix) à voix haute.

Le premier marché informatisé a vu le jour en 1971. Il s'agissait d'une Bourse Américaine, le Nasdaq. En Europe, ce changement a eu lieu treize ans plus tard.

Le Nasdaq est une Bourse installée aux États-Unis. Les lettres du Nasdaq forment l'acronyme « National Association of Securities Dealers Automated Quotations ». Elle est composée d'environ 3 700 compagnies [36] et est réputée pour avoir un bassin très large en compagnies se spécialisant dans le secteur des technologies.

Le système de Bourse vu à haute abstraction

La Bourse est un regroupement de compagnies. Pour qu'une compagnie soit à la Bourse, elle doit être acceptée grâce à un processus précis appelé IPO « Initial Public Offering ». Ce mécanisme est régi par des avocats et divers membres de la communauté bancaire afin de permettre aux institutions d'être mises sur le marché financier.

Une fois la compagnie acceptée, le prix initial de chacune de ses actions est statué par l'IPO. Le prix unitaire de l'action est ajusté en prenant compte le nombre d'actions qui va être émis pour être en circulation. Ce nombre d'actions se nomme « volume total ». Le volume total multiplié par le prix de base d'une action à l'unité donne la capitalisation de la compagnie. La capitalisation d'une compagnie donne la valeur totale de la compagnie. Ensuite, le prix est laissé à lui-même et varie selon l'offre et la demande. Le prix varie, et le volume reste constant. Si le prix à l'unité augmente, il y a donc une augmentation de la capitalisation de la compagnie. Les investisseurs doivent utiliser la Bourse pour faire l'acquisition de titres et se départir de ceux-ci au moment qu'ils jugent opportun.

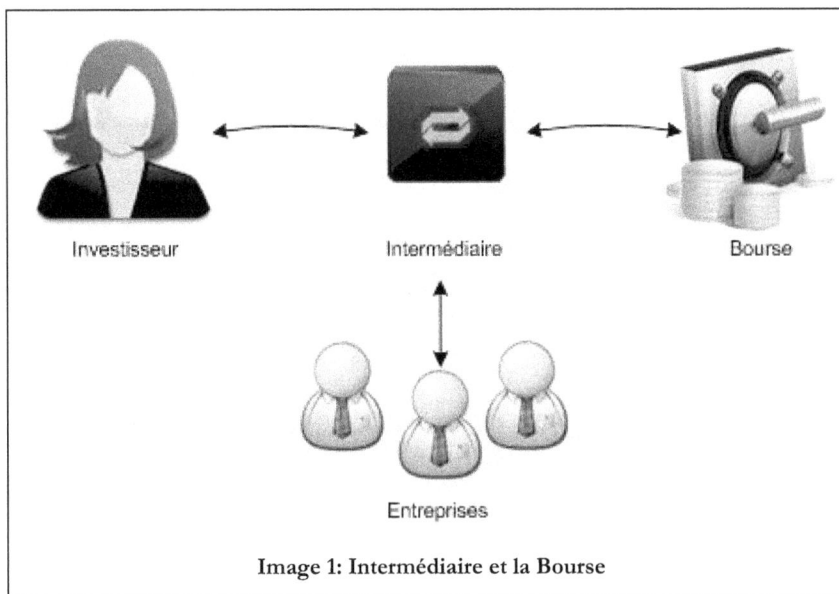

Image 1: Intermédiaire et la Bourse

Les investisseurs amateurs doivent utiliser un intermédiaire afin d'avoir accès aux marchés boursier. Cet intermédiaire peut être une banque, un courtier ou une institution financière. Pour accéder à la Bourse, les investisseurs doivent acquitter des frais de transaction à l'intermédiaire. Les paiements s'effectuent de façon mensuelle et/ou lors des transactions. Des détails sur la procédure de sélection d'un courtier seront fournis dans la section « Comment trouver la bonne institution pour transiger? » du chapitre 3.

La Bourse se divise en plusieurs marchés financiers. Les marchés financiers sont un lieu géographique ou non, où différents types d'acteurs s'échangent des capitaux au comptant ou à terme [35]. Un pays peut avoir plusieurs Bourses différentes. Sous ce paragraphe se trouve une image (Image 2) représentant la Bourse, les marchés financiers et les compagnies. La Bourse sert alors à comparer la santé économique d'une région par rapport à une autre. Voici quelques exemples de Bourse : Bourse de Paris, Bourse de Toronto, Bourse de New York, Bourse de Bombay. La phrase précédente peut sembler contradictoire, car ceux-ci sont tous des marchés financiers selon les explications antérieures. En réalité, ce sont des marchés financiers. Cependant, l'usage courant est d'utiliser le mot Bourse pour la Bourse ainsi que pour les marchés financiers. Il est tout à fait possible pour un pays d'avoir plusieurs marchés financiers. Au Canada, par exemple, il y a la Bourse de Toronto et de Vancouver. Lorsqu'un investisseur fait des transactions à la Bourse, il doit choisir sur quel marché financier l'investissement sera effectué. Ceci est important, car si la Bourse se situe dans un pays étranger, des frais comme le taux de change peuvent influencer les gains. Sachez que les grandes compagnies peuvent être enregistrées sous plusieurs Bourses. Par exemple, la compagnie Cameco est enregistrée à la Bourse de Toronto sous le sigle « cco.to » et enregistrée sous le sigle « CCJ » à New York. Le prix de l'action d'une compagnie peut différer d'une Bourse à l'autre en raison de la valeur monétaire variant entre les pays. Par contre, ce prix varie sensiblement de la même façon entre les Bourses.

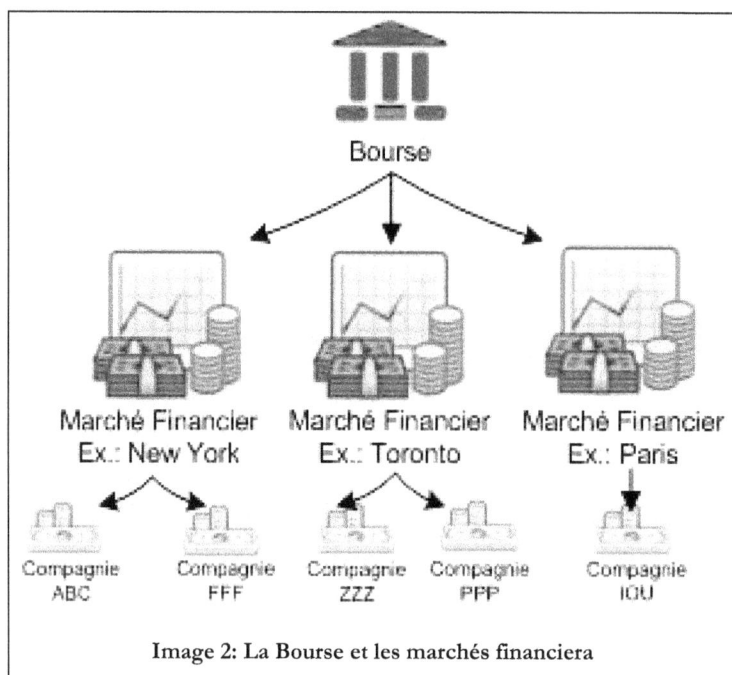

Image 2: La Bourse et les marchés financiera

Le mot « Bourse » est dans cet ouvrage, ainsi que dans le langage populaire, utilisé pour nommer les marchés financiers. C'est la raison pour laquelle il est plus probable de voir « La Bourse de New York » au lieu du « marché financier de New York ». Gardez en tête que la Bourse peut signifier tous les marchés financiers ou un marché en particulier.

La Bourse permet non seulement d'acheter des actions, mais aussi d'autres produits tels des Futurs, des coupons et de la monnaie. La monnaie devient de plus en plus populaire sous le nom de Forex. Il y a donc plusieurs moyens d'investir en Bourse. Ce livre va se concentrer sur les actions, éléments de base de la Bourse.

Les futurs sont des ententes d'achat à un prix donné pour une date précise dans le futur. L'investisseur ne possède pas les futurs comme il va posséder les actions. L'investisseur a un contrat d'achat ou de vente qu'il doit vente à échéance ou acheter.

Une fois l'entreprise et le marché financier ciblés, il suffit de soumettre à l'intermédiaire le prix désiré pour obtenir l'action. Si la transaction peut être effectuée, l'investisseur deviendra donc détenteur d'une partie de l'entreprise, proportionnellement à ce qu'il a investi. Il n'y a aucun gain jusqu'à ce que les parts de l'entreprise soient vendues à la Bourse. Il est possible d'avoir plusieurs actions de plusieurs compagnies en même temps. Le processus d'achat et de vente d'actions sera détaillé dans le chapitre 6 « Les détails pour passer un ordre ».

Les quatre buts principaux de la Bourse

Le but premier de la Bourse est de financer des entreprises. [9] Par le biais des actions, les dirigeants des compagnies vendent leurs actifs en plusieurs parties. Cela leur permet de garder le contrôle tout en vendant une minorité des parts. Par exemple, si la compagnie ABC veut mettre en production un nouveau produit, elle peut émettre de nouvelles actions à la Bourse.

INFO

Afin de détenir le contrôle de la compagnie, les dirigeants gardent une majorité des actions. Malgré tout, les dirigeants peuvent avoir moins de 50% des actions. Il suffit qu'ils aient le contrôle sur les autres grands investisseurs. Par exemple : le président possède 31% et de gros investisseurs, monsieur A, madame B et monsieur C, ont chacun 10%. Le reste des actions sont aux petits investisseurs qui gèrent 39% de la compagnie. Par la suite, lors de votes, le président s'unit avec 2 gros investisseurs pour avoir plus de 50% des votes et donc avoir le contrôle. En réalité, les distributions des actions sont réparties entre les grands investisseurs et le président.

Une entreprise ne peut émettre des actions à la Bourse de façon illimitée. D'une part, l'émission d'actions doit être votée par les actionnaires. D'autre part, l'ajout de nouvelles actions à la Bourse a pour effet d'augmenter l'offre et ainsi de diminuer la demande. Donc, le cours de l'action sera affecté à la baisse.

Le deuxième but est de distribuer les richesses de l'entreprise aux investisseurs. Il existe deux façons pour y parvenir. Tout d'abord, par l'offre et la demande qui fait augmenter le prix des actions. Un gain en capital est réalisé lorsque l'investisseur vend ses parts à la suite d'une hausse. Ensuite, par un mécanisme de distribution périodique d'argent, les dividendes.

Il est important de comprendre que ce gain est seulement possible lors de la vente des actions et non pas par le simple fait de les détenir.

Le troisième but de la Bourse est de rendre l'investissement accessible à tous et chacun. En effet, les petits épargnants peuvent acheter des parts d'entreprises afin de devenir actionnaires. Il va de soi que les gains seront proportionnels au degré d'investissement de l'individu.

Le quatrième but est d'avoir un modèle de gestion ouvert permettant aux investisseurs de prendre des décisions en fonction du nombre d'actions qu'ils possèdent au sein de la compagnie. Le nombre d'action permet d'évaluer le nombre de vote. En ce qui concerne les votes, il existe des actions avec droit de vote et des actions sans droit de vote. Seulement les actions avec un droit de vote permettent de participer aux décisions de la compagnie.

Votre but à la Bourse devrait être de faire des gains avec les valeurs mobilières achetées. Avoir des droits de vote n'est pas intéressant, car les petits investisseurs n'ont pas beaucoup de poids en raison de leur faible volume. De plus, investir afin de financer une entreprise ne devrait pas être votre motivation, sauf si vous voulez devenir un actionnaire important (ce qui est peu fréquent).

Récapitulatif du chapitre

Voici le récapitulatif du chapitre 1 « Qu'est-ce que la Bourse? ».

- ✓ La Bourse existe depuis 1309.
- ✓ La Bourse comme on la connaît actuellement a été créée par Van der Bourse au XIIIe siècle.
- ✓ Il faut un intermédiaire afin d'acheter ou vendre des actions à la Bourse.
- ✓ La Bourse se divise en marchés financiers.
- ✓ Un pays peut avoir plusieurs Bourses. Dans cet ouvrage, le mot « Bourse » est utilisé au même sens qu'un marché financier. Cette équivalence est acceptée dans le jargon financier.
- ✓ Les buts de la bourse sont :
    1. Financer les entreprises
    2. Distribuer des richesses aux investisseurs
    3. Investir à petite et grande échelle
    4. Fournir un modèle de gestion par vote.

Questions et réponses

Voici des questions accompagnées de leur réponse. La section présente assure une meilleure compréhension des notions précédemment assimilées.

Questions

1. Est-ce qu'une compagnie peut être enregistrée dans plus d'une Bourse?

2. Pourquoi est-ce important pour l'investisseur de savoir sur quelle Bourse il achète et vend ses actions ?

3. Est-ce possible d'aller directement acheter vos actions en Bourse?

4. Est-ce possible d'acheter des actions à une Bourse et de les revendre à une autre ?

5. Pourquoi des compagnies s'enregistrent-elles sur plusieurs Bourses ?

6. Est-ce qu'il y a une limite d'entreprises par Bourse ?

Réponses

1. Oui, le symbole change selon la Bourse enregistrée.

2. Il est important de savoir sur quel Bourse l'achat ou la vente est fait à cause de la devise. Un canadien qui achète d'une Bourse canadienne ne paiera pas de frais supplémentaire de conversion de devise. Par contre, un canadien paiera des frais de conversion de devise pour acheter sur une Bourse américaine.

3. Non. Il faut passer par un intermédiaire.

4. Non. Lors de l'achat, la compagnie détient un symbole qui est unique à la compagnie et à la Bourse auquel l'achat a été réalisé. La vente est seulement possible sur la même Bourse que l'achat.

5. Pour avoir des investisseurs provenant de plusieurs pays. Avoir une compagnie sur plusieurs Bourses permet d'avoir plus d'investisseurs qui ne désirent pas investir dans d'autres monnaies. Lors d'achat dans une autre monnaie, les gains/pertes doivent être calculés avec les variations du dollar de la devise à laquelle l'action appartient. Cette variable, et ce risque supplémentaire, sont retirés pour l'investisseur lorsque la compagnie est enregistrée dans un pays auquel l'investisseur appartient.

6. Il n'existe pas de limite d'enregistrement de compagnie pour une même Bourse. Cependant, chacune des bourses détiennent des critères d'admissibilité qui doivent être respectés.

Définitions de termes

Voici quelques termes importants utilisés dans ce livre. La plupart de ceux-ci sont des mots ou regroupements de mots couramment employés dans le jargon financier. Malgré qu'une traduction française existe pour la majorité d'entre eux, les termes anglais seront conservés dans quelques cas. La raison est simple : le monde des finances est un milieu anglophone et une traduction de termes techniques peut devenir confondante. Par souci d'efficacité, les vraies expressions seront donc utilisées dans cet ouvrage.

Action

Une action est ce que l'acheteur se procure à la Bourse et qui représente une part du capital de l'entreprise. Un individu achète normalement plusieurs actions d'une même compagnie. Par exemple, monsieur Charlie achète un volume de 100 actions de la compagnie Microsoft. Il possède alors 100 parts de Microsoft. L'action de monsieur Charlie vaut 23$ et non pas 2 300$ (100 x 23$). Des synonymes peuvent être employés tels « un titre », « un symbole » ou en anglais « stock ». Nous pouvons alors dire : « Monsieur Charlie a acheté 100 titres de la compagnie Microsoft ». Une recherche rapide des entreprises sur Internet permet de réaliser que la majorité des sites utilisent le mot « stock ».

Symbole

Un symbole est la représentation de l'action. Chaque entreprise enregistrée à la Bourse se voit attribuer un identifiant unique appelé « symbole ». Le symbole varie d'un à plusieurs caractères numériques et alphabétiques. Par exemple, la compagnie Microsoft a le symbole MSFT sur la Bourse du Nasdaq. Par contre, il faut s'assurer d'associer le symbole à la bonne Bourse puisqu'il peut avoir une signification différente d'un marché financier à l'autre. Prenons l'exemple du symbole APP. Sur la Bourse de New York, APP représente la compagnie American Apparel Inc. tandis qu'APP symbolise la compagnie Appalaches Resources Inc. sur celle de Vancouver.

Souvent, sur les différents sites Internet, les symboles sont formés d'un préfixe ou d'un suffixe désignant la Bourse sur laquelle ils sont présents. Ceci permet d'éviter de sélectionner la Bourse suivie du symbole. Par exemple, le symbole APP va automatiquement être utilisé pour la Bourse de New York alors qu'APP.V va être utilisé pour la Bourse de Vancouver.

Les symboles peuvent aussi contenir des informations supplémentaires comme si la compagnie est en fiducie ou la classe de l'action. Par exemple, la compagnie Le Groupe Pages Jaunes est une fiducie et le symbole est YLO-UN.TO sur des sites comme Yahoo.com. Cependant, sur des sites tels que StockCharts.com, elle est représentée par le symbole YLO/UN.TO. Dans les deux cas, les lettres YLO représentent la compagnie, UN signifie qu'elle est en fiducie et TO, qu'elle provient de la Bourse de Toronto. Un autre exemple avec une catégorie d'action pourrait être celui de la compagnie Berkshire Hathaway, qui a le symbole BRK-A à la Bourse de New York. Il en est de même pour Bombardier Inc. qui a les symboles BBD-A.TO puis BBD-B.TO. Il s'agit de deux classes différentes : la classe A ainsi que la classe B. Des explications sur les différentes classes suivront.

Yahoo.com et StockCharts.com utilisent la notation de [symbole].[Bourse]

BigCharts.com utilise [Bourse]:[symbole]

Il est donc essentiel de voir la syntaxe de votre fournisseur de symboles avant d'utiliser efficacement celui-ci.

Symbole	Nom compagnie
dee.to	DELPHI ENERGY COR
hou.to	HORIZONS NYMEX Cr
hxd.to	HORIZONS BETAP BE
rim.to	RESEARCH IN MOTIO
wtn.to	WESTERN COAL CORP
cll.to	CONNACHER OIL GAS
dee.to	DELPHI ENERGY COR

Image 3: Liste d'échantillon de symboles de Toronto

Bref, le symbole est ce qui permet de communiquer efficacement entre les divers investisseurs, les intermédiaires et la Bourse. De plus, il facilite l'accès à des services externes tels des diffuseurs de nouvelles sur les entreprises, de graphiques boursiers et d'autres services fournissant des informations sur une entreprise inscrite à la Bourse.

Volume

Le volume est la quantité d'action. Il peut être utilisé dans divers contextes. Le premier contexte est le volume d'un symbole. Il s'agit du nombre de transactions effectuées pour une entreprise et est déterminé tous les jours. Ce volume débute toujours à zéro en début de journée et augmente au cours de celle-ci. Par exemple, si Wal-Mart (WMT) a eu une transaction de vente en début de journée de 100 actions, le volume de cette compagnie va être de 100. Si, par la suite, une autre transaction de 200 actions se fait, le volume de Wal-Mart (WMT) devient donc de 300.

Il existe une autre utilisation possible du volume: celle du volume moyen de fin de journée. Il est établi comme un standard sous une moyenne des trois derniers mois. Cela permet d'avoir une bonne idée du volume quotidien qui s'effectue pour une entreprise. Par exemple, Warner Music Group Corp (WMG) a un volume moyen sur trois mois de 319 520 actions et en date du 23 décembre 2009, le volume de fin de journée était de 232 386 actions.

Symbole	Nom compagnie	Volume	$ achat
hou.to	horizons nymex cr	5500	8.36
cco.to	cameco corp com n	1500	33.12

Image 4: Volume dans un portefeuille

Une dernière utilisation possible du volume est lors de l'achat d'actions. Lorsqu'un investisseur acquiert des actions, il doit identifier laquelle il achète avec son symbole ainsi qu'inscrire le nombre qu'il désire (le volume). Ensuite, lorsque l'achat est complété, l'action est mise dans un portefeuille contenant le prix d'achat et le volume acheté. Le volume est ensuite utilisé pour calculer la valeur de l'investissement. Pour connaître cette valeur, le volume est multiplié par le prix d'achat individuel de l'action.

Exemple pour savoir quel volume acheter

Par exemple, si vous achetez Washington Banking Co (WBCO) à 11.52$ avec un volume de 750 actions, vous venez d'investir 8 640$.

À l'inverse, si vous avez un budget établi de 10 000$ pour investir sur une action, il suffit de prendre votre budget et de le diviser par le prix de l'action. Si vous avez 10 000$ et vous voulez acheter Washington Banking Co (WBCO) à 11.52$, il vous suffit de diviser 10 000$/11.52$, ce qui donne 868 actions à acheter.

Tendances

Une tendance est une direction établie par le prix d'une action sur un laps de temps donnée. Cet intervalle de temps n'est pas fixe. En effet, il varie selon l'échelle du graphique dessiné. Sur une échelle quotidienne ou mensuelle, le nombre de temps varie considérablement. Une tendance ne peut donc pas être déterminée en fonction d'un

nombre fixe de jour. On peut établir l'heuristique pour trois situations. Premièrement, pour les graphiques par jour où une période d'au moins 1 mois est nécessaire. Deuxièmement, pour un graphique en semaine où il faut au moins 3 mois. Troisièmement, pour un graphique en mois où il faut au moins 6 mois. Plus la durée est longue, plus cette tendance sera dite

Une heuristique est une règle non officielle qui fonctionne la majorité du temps, mais qui ne peut être prouvée.

forte. Outre la durée, une tendance doit contenir une autre caractéristique qui est le nombre de points touchant la ligne de la tendance. En fait, une tendance est une ligne droite et imaginaire sur laquelle le prix est atteint à plusieurs reprises. Encore une fois, aucune règle précise n'est établie, mais l'heuristique suivante est viable. Il faut que la tendance soit touchée par au moins trois points répartis plus ou moins également dans le temps. Plus il y a de points, plus la tendance est forte.

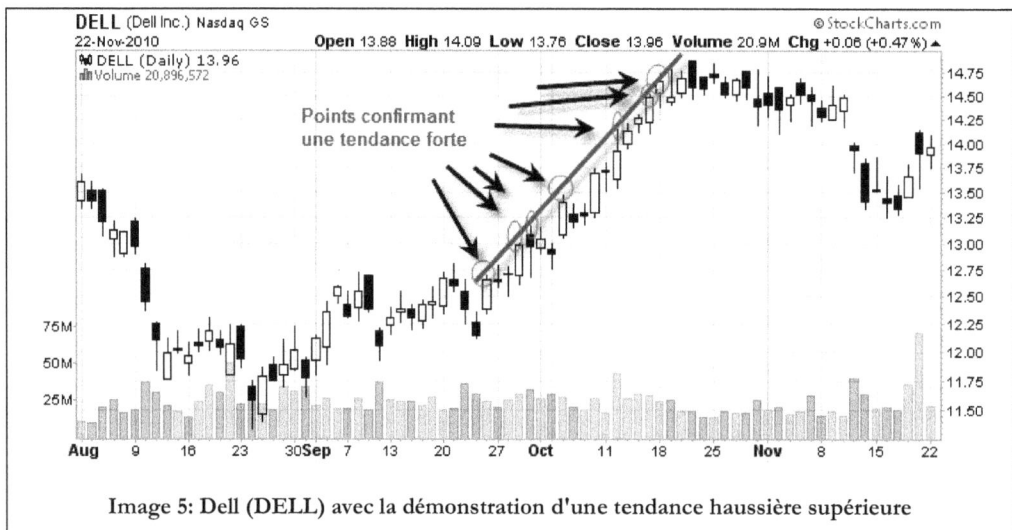

Image 5: Dell (DELL) avec la démonstration d'une tendance haussière supérieure

Par contre, malgré le fait que le concept de tendance soit subjectif, il est possible d'en dégager deux notions différentes : une tendance haussière et une tendance baissière. Une tendance est considérée comme haussière lorsque le prix initial du delta de temps est inférieur au prix final. À l'opposé, une tendance est considérée comme baissière lorsque le prix du delta de temps est supérieur au prix final de cet intervalle.

Image 6: Amazon (AMZN) et les différentes appélations des tendances

Le graphique d'Amazon (AMZN) montre les 4 types de tendance qu'il peut y avoir. Les lignes 1 et 2 sont des tendances baissières, puis les lignes 3 et 4 sont des tendances haussières. La notion de tendance baissière est déterminée lorsque le prix de départ est supérieur au prix final de la tendance (lecture de gauche à droite de la ligne 1 et 2 du graphique). Les termes inférieur et supérieur sont employés pour les lignes situées au-dessus ou en dessous du prix. Ainsi la ligne 1 correspond à une tendance baissière supérieure, tandis que la ligne 2 correspond à une tendance baissière inférieure. À l'opposé, la ligne 3 est une tendance haussière supérieure et les lignes 4 sont des tendances haussières inférieures.

Il est à noter qu'une tendance n'est pas obligatoirement accompagnée de son opposé. Par exemple, il est possible d'avoir une tendance haussière supérieure sans avoir une tendance haussière inférieure et vice-versa.

Une tendance haussière est appelée « Bullish Trend » tandis qu'une tendance baissière est appelée « Bearish Trend ». Afin de mieux comprendre les tendances, la définition de « Bullish » et « Bearish » ainsi que des exemples seront apportés.

Bullish et Bearish

Les termes anglais « Bullish » et « Bearish » indiquent l'orientation de la tendance. Ils sont régulièrement utilisés pour qualifier la Bourse. Une tendance dite « Bullish » signifie que le prix augmente. À l'inverse, une tendance dite « Bearish » annonce une baisse du prix sur une période de temps déterminée [11].

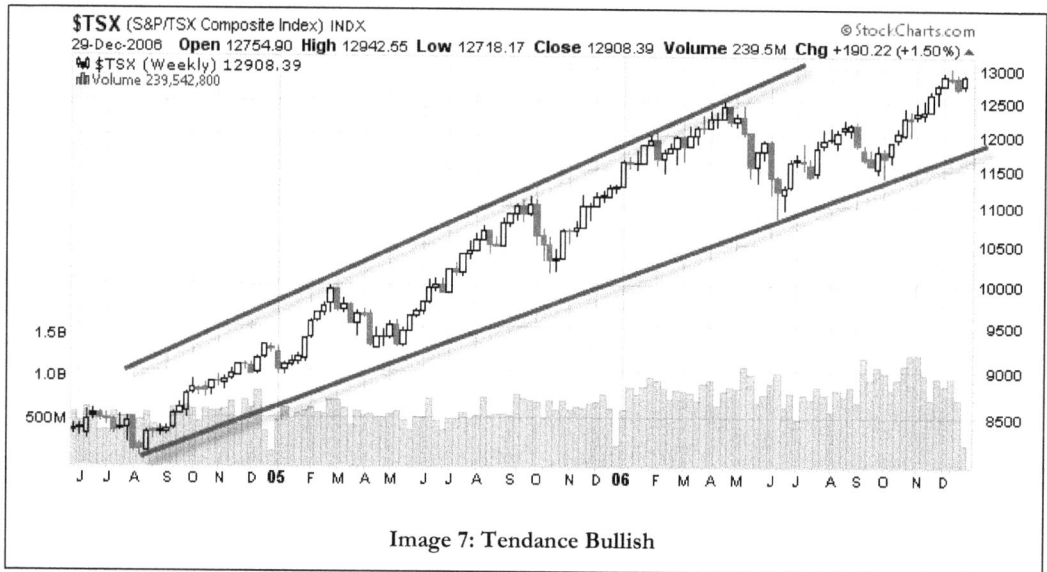

Image 7: Tendance Bullish

L'exemple graphique ci-dessus est celui de la Bourse de Toronto dans les années 2004 à 2007. La Bourse de Toronto a augmenté substantiellement grâce à l'énergie et aux métaux. La Bourse de Toronto était donc « Bullish ».

Image 8: Bearish

L'exemple ci-dessus montre le Dow Jones (Bourse de New York) en chute suite aux problèmes d'endettement des banques et à la fin de la hausse de l'énergie de 2007 à 2010. La Bourse de New York était donc « Bearish ».

Les deux exemples précédents étaient construits à partir d'un indice, un élément important en Bourse qui sera plus amplement abordé dans les prochaines pages de cet ouvrage. Par contre, les courants « Bullish » et «Bearish » sont tout à fait applicables à des actions.

Il est toujours important de savoir si la Bourse est « Bullish » ou « Bearish » afin de savoir s'il est temps d'acheter ou de vendre.

Lorsqu'un marché est dit « Bullish », les investisseurs ont généralement une confiance élevée et augmentent leurs investissements. L'offre devient donc plus faible que la demande. La demande étant plus grande, le prix de l'action augmente, car pour une même quantité d'action, il y a plus de personnes qui désirent acheter.

En anglais, le mot « Bull » signifie Taureau et « Bear » signifie Ours. C'est pour cette raison qu'il est fréquent de voir des taureaux et des ours sur des logos ou monuments reliés à la Bourse.

À l'inverse, lorsque le marché est dit « Bearish », les investisseurs sont davantage pessimistes et craignent une descente de la conjoncture économique.

Conséquemment, la demande devient plus faible que l'offre, ce qui engendre une chute des prix. Les investisseurs veulent se départir de leurs actions. En effet, les offres sur le marché étant abondantes, ils doivent abaisser leur prix. Cette situation se produit en cascade et le prix descend.

Rallye

Un rallye est une hausse ou une descente substantielle du prix d'une action ou d'un indice. Un rallye peut donc être autant dans une tendance Bullish ou Bearish. Un rallye est souvent précédé d'une période où le prix était constant ou avec peu de changements. Par contre, un rallye peut se trouver dans une tendance haussière et se distinguer, dans un graphique par une hausse significativement plus élevée que l'ascension initiale (encadré jaune du graphique ci-dessous). En fait, un rallye est une course vers une direction, telle une augmentation subite ou une descente subite pendant quelques jours.

L'image suivante illustre un rallye qui s'effectue dans une tendance haussière. La forte hausse est le rallye. Ce dernier est suivi d'une baisse qui revient dans la tendance de l'action. Par contre, il n'est pas nécessaire que le retour à cette tendance soit complet pour dire qu'il s'agit d'un rallye. Le fait qu'un changement soudain persiste pendant quelques jours est suffisant.

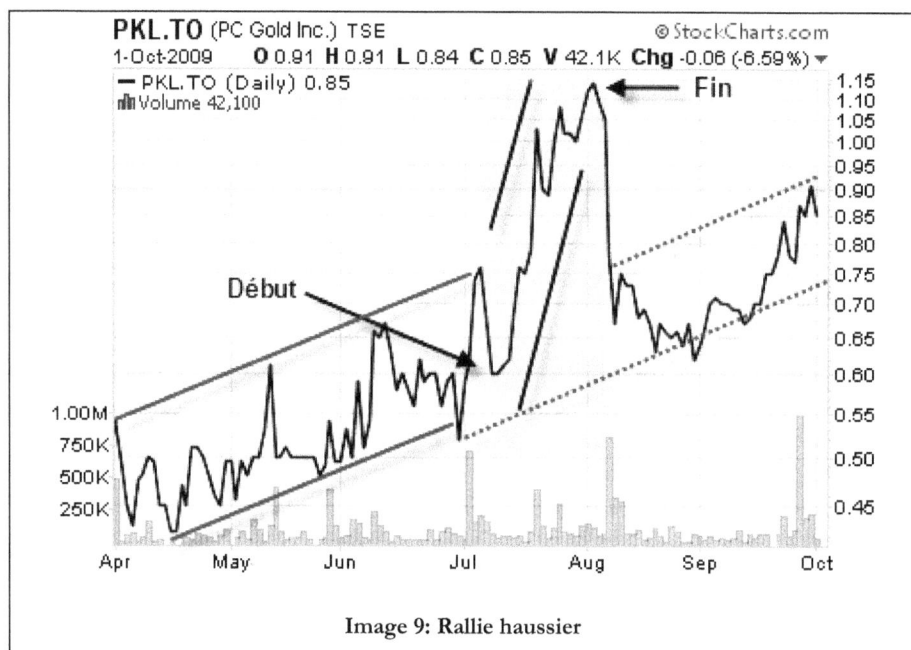

Image 9: Rallie haussier

Penny Stock

Un penny stock est une action d'entreprise qui a un prix très faible. Penny signifie « un sous » donc des actions qui ne valent que quelques centièmes de dollars. En théorie, les Penny stock doivent être moins de cinq dollars [13]. Les Penny stock sont échangés « over the counter », OTC, c'est-à-dire, pas directement avec la Bourse mais par des services externes qui peuvent être, par exemple, l'OTC Bulletin Board ou la Pink Sheet. Souvent, les Penny Stock sur

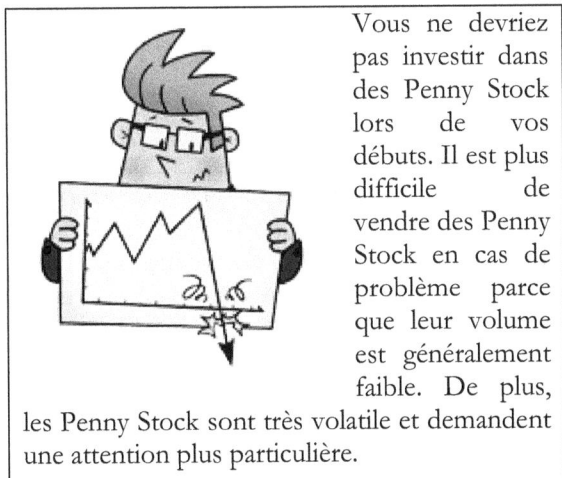

Vous ne devriez pas investir dans des Penny Stock lors de vos débuts. Il est plus difficile de vendre des Penny Stock en cas de problème parce que leur volume est généralement faible. De plus, les Penny Stock sont très volatile et demandent une attention plus particulière.

le Pink Sheet sont des actions qui sont inactives ou dans des régions éloignées [12]. L'OTC ne demande pas autant de spécifications que la Bourse pour être admis. Il n'a pas non plus l'obligation de fournir des états financiers ou autres documents. Aux États-Unis, les Penny stock sont toutes les actions n'appartenant pas à l'une des Bourses suivantes : New York (NYSE), Nasdaq ou Amex. En Angleterre, les Penny stock sont les actions ayant une capitalisation inférieure à 100 millions. Une capitalisation est le nombre total d'action multiplié par le prix de l'action.

Les Penny stock ne sont pas transigés par les institutions financières parce qu'ils peuvent être manipulés [14-15]. Par contre, vous pouvez en acheter en tant qu'investisseur. Les Penny stock peuvent être intéressants dans la mesure où ils sont très volatils et peuvent engendrer rapidement des gains importants. En fait, vous pouvez les négocier avec votre intermédiaire comme les autres actions. Il est très rare que les Penny stock ne soient pas disponibles.

Les Penny stock au Canada sont à la Bourse de Vancouver et donc, possèdent un suffixe .V. Par exemple, GoldBank Mining Corporation (GLB.V) a un volume moyen pour le dernier trimestre de l'année 2009 de 5 540 volumes à un prix de 0.115$. Si on fait le calcul, 0.115$ multiplié par 5 540 donne une moyenne de 637.10$ par jour. Il s'agit d'une moyenne très faible, car un individu peut acheter plus en une journée que le volume moyen sur trois mois. Pour ce qui est des États-Unis, les Penny stock ont le suffixe .PK ou .OB. Par exemple, Cyberlux Corporation (CYBL.OB) a un prix de 0.0003$ et un volume moyen de 2 455 130 d'actions transigées. Ainsi, le montant total moyen investi pour CYBL.OB est de 736$ par jour. Encore une fois, l'action devient facilement manipulable en raison du faible montant disponible.

Indice

L'indice est la traduction du mot Index dans la langue anglaise. Les indices sont un regroupement de plusieurs titres avec une certaine cohésion. Ces derniers pourraient être associés à une Bourse telle la Bourse de New York. Le chiffre qui lui correspond se calcule en points plutôt qu'en dollars. Par exemple, un indice pourrait être équivalent à 12 500 points. Ces points sont une mesure prise à partir du prix des actions qui composent l'indice. Par exemple, le S&P 500 est publié depuis 1957 et est composé des 500 entreprises qui ont la plus grande capitalisation à la Bourse américaine. La somme des montants des actions selon leur capitalisation forme l'indice. En résumé, une action ayant plus de capitalisation va avoir une plus grande part dans l'équation de l'indice qu'une action en ayant moins.

Les indices populaires aux États-Unis sont le Dow Jones Industrial Average et le S&P 500. Au Canada, il y a le S&P/TSX 60 et en Europe le Dow Jones Stoxx 50 et le S&P Europe 350.

Il existe aussi des indices dans des secteurs particuliers tels que l'or, le pétrole, les semi-conducteurs, etc. Ceci permet de constater le rendement dans un secteur particulier. Dans un prochain chapitre, nous allons voir que les indices par secteurs sont très importants lors de la sélection d'entreprises.

Voici des liens Internet vers des listes d'indices.

Site Internet	Lien	Description
StockCharts.com	http://tinyurl.com/4d9kq	Liste d'indices, de Bourses et de secteurs avec graphiques techniques.
Yahoo Finance	http://biz.yahoo.com/ic/ind_index.html	Liste d'indices par secteurs industriels. Contient aussi quelques compagnies de l'indice. Très détaillé, car contient autant des catégories telles l'argent et l'or que les boissons gazeuses.
Google Finance	http://www.google.com/finance	Contient un « sector summary » qui regroupe en indices.

Tableau 1: Liste d'indices

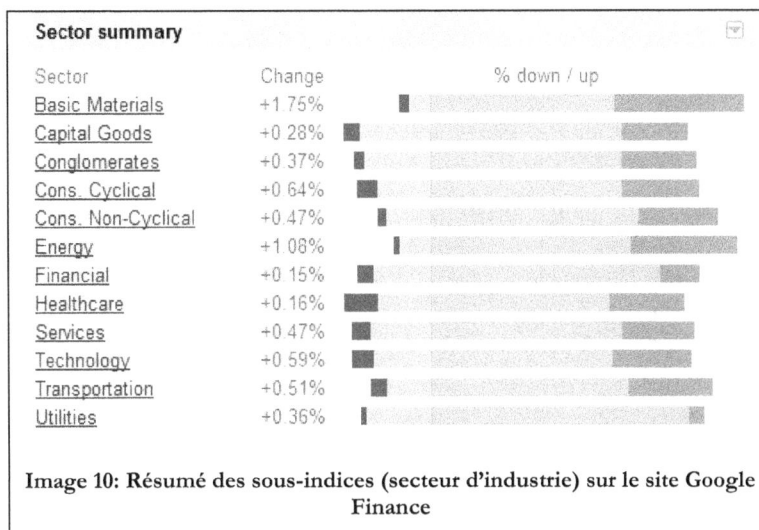

Image 10: Résumé des sous-indices (secteur d'industrie) sur le site Google Finance

Les indices, lorsque regroupés en secteurs d'activités, peuvent aussi se nommer « industries ». Voici des exemples de quelques industries accompagnés de certains aspects les qualifiant.

Industries	Réputation
Technologie	Risque élevé
Utilitaire	Risque faible
Pétrole	Spéculatif sur la valeur du bien
Consommation	Non-cyclique
Dividende	Orienté argent en entré

Industrie

L'industrie est un regroupement de compagnies par secteur d'activité. Les industries sont en fait des indices par secteur. Voir la section des indices ci-dessus.

Connaître l'industrie d'une action s'avère important afin de d'estimer une hausse ou d'une baisse probable du prix de l'action. Par exemple, le secteur aéronautique ainsi que celui de la sécurité ont été touchés lors des évènements du 11 septembre 2001. Un des secteurs a connu une baisse tandis que le second a connu une hausse.

Marché

Le marché est la traduction du terme anglais Market. Il est ce que nous avons appelé précédemment une sous-Bourse. Par exemple, la Bourse de Toronto est un marché.

Plus-value

Souvent appelée gain en capital, la plus-value est le montant positif suite à une transaction boursière qui résulte en des gains amassés. Pour calculer la plus-value, il suffit de soustraire l'investissement de départ au montant de la vente finale.

Exemple de Plus-value

Si, par exemple, vous achetez 100 actions de McDonald's Corporation (MCD) à 63$, cela engendrerait un investissement de 6 300$. Supposons également que l'action monte par la suite à 70$ et que vous décidez de vendre toutes vos actions. Vous feriez ainsi une vente de 7 000$. La plus-value serait de 700$, car le montant de la vente finale doit être soustrait du montant initialement investi : 7 000$ - 6 300$.

Également, la plus-value est sujette à être imposée. Voir la section sur l'impôt pour plus de détails.

Moins-value

Souvent appelée perte en capital, la moins-value est un montant négatif suite à une transaction boursière. La moins-value n'est pas un objectif à atteindre, mais plutôt une conséquence d'un mauvais placement.

Exemple de Moins-value

Reprenons l'exemple précédant avec l'achat des 100 actions à 63$, qui engendrent un investissement de 6 300$. Cependant, l'action descend dans ce cas-ci à 60$ et vous vendez toutes vos actions, ce qui fait une vente de 6 000$. La moins-value est de 300$ car le montant de la vente finale est soustrait du montant initialement investi: 6 000$ - 6 300$.

La moins-value peut être avantageuse pour vos impôts. Malgré cela, le but premier d'investir en Bourse est de faire des plus-values, qui consistent en des gains encore plus avantageux que les crédits d'impôt. Des informations sur le sujet sont disponibles dans la section sur les impôts.

Bénéfice, Profit et perte

Les trois termes bénéfices, profit et perte sont fréquemment employés dans les rapports et les nouvelles financières. Il est important de bien comprendre ces derniers afin de connaître la signification exacte des chiffres qu'ils comportent.

Les profits sont obtenus par la soustraction des pertes au montant total des gains. En d'autres mots, il s'agit de soustraire les dépenses au prix de vente. Du point de vue d'une entreprise, les profits sont le prix de vente qui est soustrait à toutes les dépenses que le produit a engendrées, telles les frais de production, de marketing, les employés, etc. Par exemple, si un disque de musique est vendu à 20$ et que les frais d'édition, de production et de studio totalisent 15$, le profit est de 5$ (20-15). Du point de vue d'un l'investisseur en Bourse, le profit est la plus-value. Veuillez noter qu'il faudra enlever les frais de gestion payés à l'intermédiaire afin de constater le profit réel. En ce qui concerne les rapports financiers, le profit est ce que la compagnie a obtenu en gains sur une période donnée. Il est recommandé que les profits soient positifs, car un profit négatif se nomme une perte. Pour l'entreprise, cette dernière représente une somme en souffrance. Pour l'investisseur, faire une perte est synonyme d'un mauvais placement. Par exemple, si vous avez placé 1 000$ et que vous avez en retour 800$, vous avez donc une perte.

Le bénéfice est la différence entre les recettes et les coûts contractuels. Lorsque cette opération mathématique est supérieure à 0, les bénéfices possèdent un solde positif. Dans le cas contraire, il y a une perte et le terme bénéfice devient déficit. Donc, quand on parle de la Bourse, un bénéfice positif est un profit et pour les autres cas, c'est une perte.

Dans le monde comptable, une différence peut être discernée, mais celle-ci n'est pas significative pour le monde de la Bourse.

Les classes d'action

Précédemment, nous avons vu que Bombardier Inc. a le symbole BBD-A.TO et BBD-B.TO. Les deux symboles ont une lettre de différence. Il s'agit d'une division, soit la classe A ainsi que la classe B. Ces dernières sont toujours visuellement percevables par leur symbole. Le prix, ainsi que le nombre d'actions disponibles (leur volume), peut varier pour les différentes classes. Une des raisons de l'existence d'une classe est de diviser les actions selon une caractéristique qui les distingue (par exemple, une classe ayant un droit de vote et une seconde sans ce droit). Les actions communes, sans vote, sont celles que la majorité des gens achète. Elles ont plus de volume et sont plus volatiles. C'est ce qui la rend avantageuse, car le pouvoir d'achat et de vente est accru. Les actions préférentielles comprennent un vote et sont réservées à des gens ayant un intérêt à participer aux décisions de la compagnie. De plus, la

Lorsque vous investissez pour faire de l'argent, vous devriez toujours prendre la classe ayant le plus de volume, c'est-à-dire la classe commune (sans vote) qui est généralement la classe B.

classe préférentielle a des dividendes fixes et souvent assurés, ce qui n'est pas le cas pour la classe commune. Un autre avantage des actions avec vote est qu'elles sont davantage à l'abri de la variation du prix en cas de problème. Plus précisément, si une compagnie souhaite émettre de nouvelles actions, ce sera dans la classe sans vote, ce qui engendrera une offre supérieure à la demande. Le prix de l'action risque ainsi de descendre. À l'inverse, la compagnie a le droit de reprendre les actions des investisseurs à un prix majoré si elle en sent le besoin (ce qui est bon pour le détenteur de l'action). En terminant, il est également possible que les deux classes détiennent le droit de vote, mais avec une proportion différente. Il se pourrait que la classe A soit à 30 votes pour 1 action tandis que la classe B soit à 1 vote pour 1 action.

Volatilité

La volatilité est déterminée par la fluctuation de l'action et du prix qui y est associé. Une action volatile peut changer de prix de façon radicale et fréquente. À l'inverse, une action qui n'est pas volatile est plus stable sans toutefois demeurer constante. La volatilité peut donc être faible malgré qu'une action augmente ou descende. Par contre, dans ces cas, les changements sont peu rapides.

La volatilité est souvent associée au risque et au temps. Une action très volatile est plus risquée, car il est plus difficile de prévoir sa direction. Par contre, ce risque est intéressant à la condition qu'il permet d'obtenir un mouvement à la hausse plus prononcé et donc plus payant. La volatilité est donc associée au temps parce qu'elle est influencée par le nombre d'investisseurs qui transigent l'action.

La volatilité se calcule avec la variance. C'est-à-dire la mesure du changement entre les prix. Mathématiquement, c'est la racine carrée de la moyenne des prix au carré soustraite au carré de la moyenne. Il y a aussi des variations qui utilisent l'écart type. Dans les deux cas, ces calculs utilisent la différence des prix à la moyenne.

$$\sigma = \sqrt{\frac{1}{N}\left(\left(\sum_{i=1}^{N} x_i^2\right) - N\overline{x}^2\right)} = \sqrt{\frac{1}{N}\left(\sum_{i=1}^{N} x_i^2\right) - \overline{x}^2}.$$

Équation 1: Calcul de la volatilité (variance)

L'équation ci-dessus n'est pas utilisée fréquemment. Normalement, cette dernière se calcule de façon automatique par ordinateurs (voir les indicateurs techniques ATR et Standard Deviation). La volatilité ne sert pas à connaître la tendance d'un titre ni la fluctuation des prix, mais à détecter une activité hors du commun. Pour les institutions financières, la volatilité permet d'établir le risque des fonds mutuels lorsqu'ils établissent le profil de l'investisseur.

Voici la compagnie Absolute Software Corporation (ABT.TO). Le graphique est constitué de deux sections. La première est le prix et la deuxième est un indicateur technique de l'écart type. Sur ce graphique, on remarque entre autre une chute du prix en avril 2010 suivie d'une hausse prononcée à la fin du mois d'août 2010. Dans les deux cas, on peut également observer un écart type qui augmente. Il s'agit donc d'une une volatilité. Cependant, cette volatilité est particulièrement ciblée pour une période de temps minime, ce qui ne signifie pas que la compagnie est en tout temps volatile. L'écart type d'une action volatile serait fréquemment élevé. Selon la même logique, les périodes durant lesquelles cet indice est bas seraient restreintes.

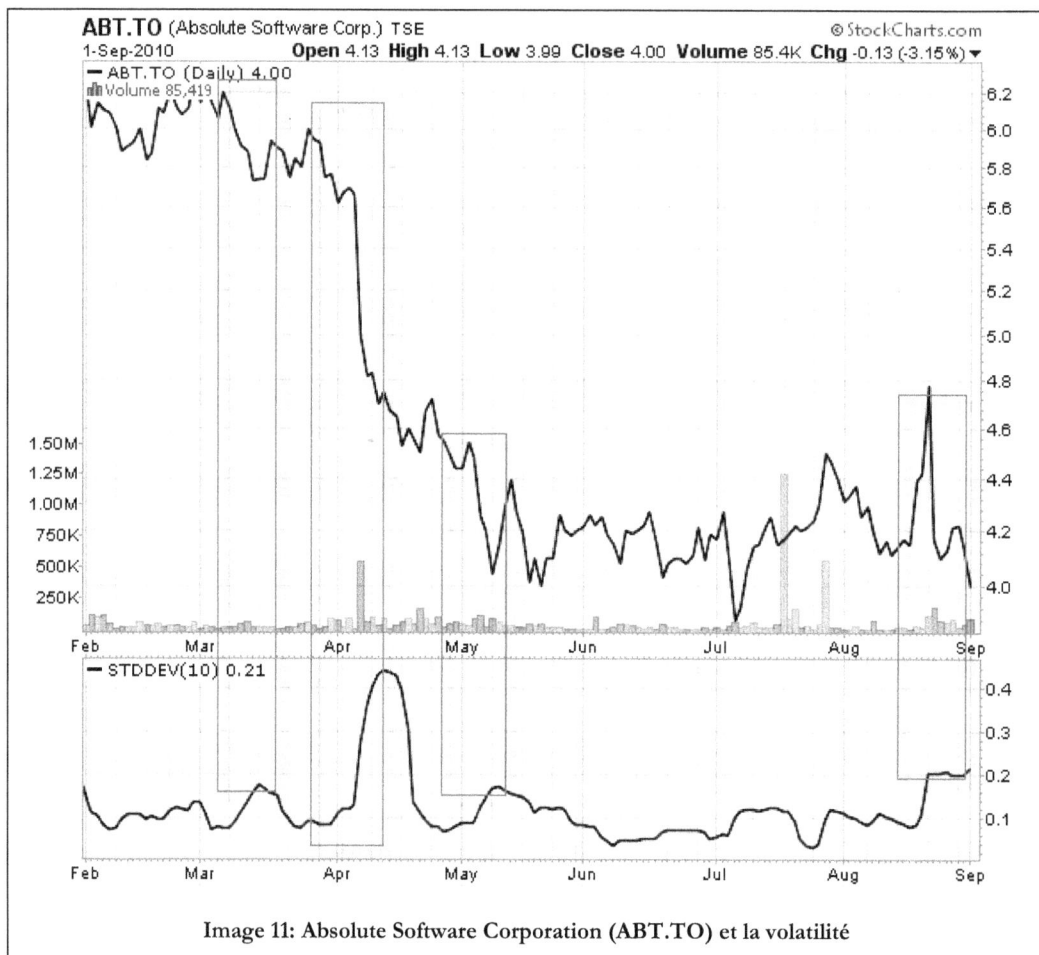

Image 11: Absolute Software Corporation (ABT.TO) et la volatilité

Il est à noter que les indicateurs techniques qui utilisent la volatilité ne prédisent aucun mouvement et sont souvent une représentation tardive des évènements (voir plus loin dans ce livre). Dans le graphique ci-dessus, on remarque que les fluctuations sont souvent réalisées avant le sommet de la hausse de l'écart type.

Day-Trading

Le Day-Trading est un type d'investissement qui vise le très court terme. Le nom le dit avec le préfixe « Day » qui signifie jour. Ce type d'investissement n'est pas recommandé pour les débutants et exige beaucoup de temps. En fait, il faut investir à temps plein afin de suivre en temps réel la fluctuation des prix. Le Day-Trading vise à faire des achats et des ventes dans la même journée afin de permettre des gains grâce aux hausses subites des titres. En investissant de gros montants, une légère variation de quelques cents peut engendrer des gains importants en argent.

Par exemple, un Day-Trader pourrait acheter pour 50 000$ d'une action à 2.30$ et vendre le tout à 2.35$, ce qui fait 0.05$ de profit (2.17%). Même si le profit est faible en pourcentage et que l'attente aurait peut-être été plus rentable (ou moins), le Day-Trading vise plutôt à avoir un gain rapide sur de gros montants. En effet, 2.27% de 5 000$ aurait simplement fait 113.50$ en gain. En enlevant les frais de courtage, cette somme aurait sans doute diminuée sous 70$. Par contre, le montant initial étant de 50 000$ et le gain 2.27%, le profit se serait donc élevé à 1 113.50$ (avant les frais de courtage). Ce gain est généralement réalisé en quelques minutes ou heures tout au plus.

En terminant, nous savons que le gain rapide ne comporte pas seulement des avantages. Il est également synonyme de pertes rapides. En effet, les investisseurs qui s'aventurent dans le Day-Trading risquent de perdre beaucoup s'ils ne sont pas suffisamment outillés.

Capitalisation

La capitalisation est la valeur monétaire d'une entreprise. La capitalisation de chaque compagnie bouge à la Bourse de façon indépendante les unes des autres. Elle est l'ensemble du volume total multiplié par le prix de l'action. Plus la capitalisation est forte, plus sa valeur augmente. Elle permet de comparer les entreprises afin de savoir laquelle a une plus grande valeur. À la Bourse et en tant qu'investisseur, la capitalisation va permettre de connaître

Day-Trader

Un Day-Trader est un investisseur qui pratique le Day-Trading. Il achète et vend durant la même journée. Un Day-Trader peut effectuer jusqu'à des centaines de transactions par jour.

l'ampleur de la valeur d'une compagnie. Le risque de faillite est plus élevé si la capitalisation est faible. Par contre, celle-ci amène normalement plus de volatilité et permet d'engendrer des gains importants.

Voici quelques compagnies et leur capitalisation.

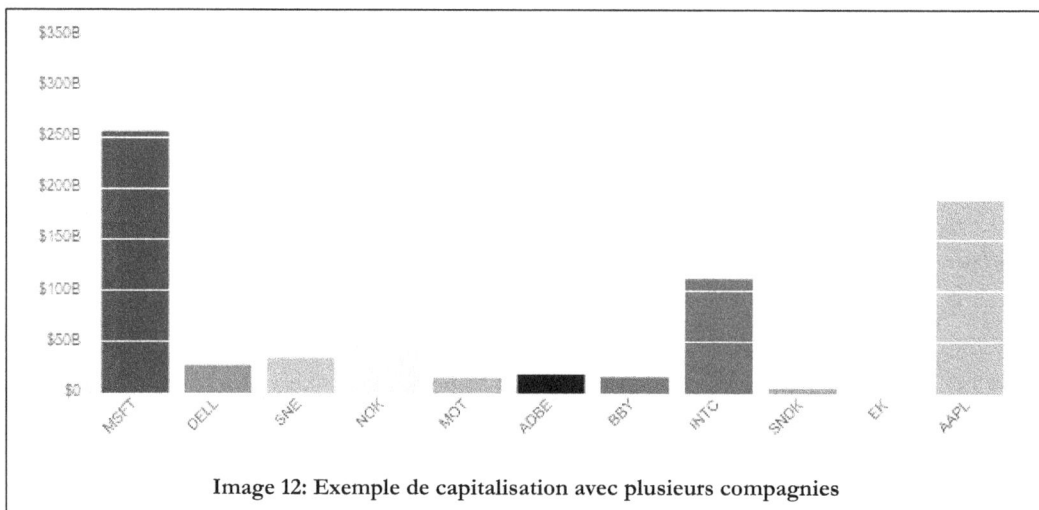

Image 12: Exemple de capitalisation avec plusieurs compagnies

Il se peut qu'une compagnie ayant un prix par action plus faible ait une capitalisation plus élevée qu'une compagnie avec un prix supérieur. Une raison justifiant ce fait est que la capitalisation utilise, comme mentionné précédemment, le volume total d'actions distribuées et le prix par action. Par conséquent, une capitalisation forte peut ainsi signifier que la compagnie a plus d'actions qu'une autre.

À l'Image 12, on remarque que Microsoft (MSFT) a une capitalisation de 260 milliards de dollars. Si Microsoft (MSFT) détient un prix de 30$ par action, ceci nous indique qu'il y a 8.6 milliards d'actions en circulation.

Calcul du nombre d'action en circulation

$$\frac{260000000000\$}{30\$} = 8600000000 \, actions$$

Dividende

Un dividende est une somme d'argent ou d'action versée aux actionnaires (détenteur d'actions) en fonction du nombre d'actions que ceux-ci possèdent. Cet argent provient des bénéfices ou de l'encaisse (réserve) de la compagnie.

Ce n'est pas toutes les compagnies qui versent des dividendes. Afin de voir si c'est le cas, il suffit de consulter les nouvelles officielles de la compagnie. Certaines en versent mensuellement ou trimestriellement. Il suffit de parcourir les nouvelles et de noter la quantité d'argent distribuée par action. Il arrive également que les dividendes soient versés sur une plus longue période (par exemple, annuellement). Ce type de dividende favorise que les actionnaires gardent leurs actions longtemps. En effet, pour être admissible aux dividendes d'une entreprise, il est nécessaire d'avoir été un détenteur de ses actions pour un certain temps. Afin de connaître ce laps de temps, il est préférable de lire les nouvelles afin de constater comment les versements ont été effectués précédemment et pendant combien de semaines ou de mois les actions devaient être détenues.

Afin de bien cerner le taux des dividendes, le meilleur moyen demeure de lire un rapport de dividende qui se trouve dans les nouvelles de la compagnie. Si une compagnie XYZ verse, par exemple, des dividendes tous les mois, il suffit de regarder le mois précédent et de lire le rapport. La quantité d'argent par action versée ainsi que la date y sont inscrites. Un exemple de phrases pouvant être lues dans ce type de nouvelle pourrait être : « Les actionnaires doivent détenir l'action depuis le 20 décembre 2010 afin d'être éligibles au versement du 15 janvier 2011 ».

Souvent, les sites Internet vont mettre le taux de dividende ou la somme d'argent par action. Veuillez toujours vous fier aux nouvelles officielles, car ceux-ci peuvent varier. Il peut arriver qu'un taux de 10% soit affiché, mais qu'en réalité la compagnie ne donne que 6% suite à des problèmes financiers. Rien n'est garanti.

Exemple de calcul de taux de dividende

Sur le site officiel de la Bourse de Toronto (TSX) on peut voir une nouvelle de dividende comme suit (version intégrale) :

MONTREAL, QUEBEC, Jan 15, 2010 (MARKETWIRE via COMTEX) -- Yellow Pages Income Fund (YLO-UN.TO) announced today that its monthly cash

> *distribution of $0.0667 per Fund unit will be paid on February 15, 2010 to unitholders of record at the close of business on January 29, 2010.*
>
> *This cash distribution covers the period from January 1, 2010 to January 31, 2010.*
>
> Ceci signifie que Le Groupe Pages Jaunes (YLO-UN.TO) donne 0.0667$ par action. Le 15 janvier 2010 le prix de YLO est de 5.18$ donc 0.0667$/5.18$*100 = 1.29% pour 1 mois ce qui donne 1.29%*12 = 15.48% par année. On remarque qu'il faut détenir les actions avant la fermeture du 29 janvier 2010.
>
> Prenons l'exemple de quelqu'un ayant acheté 1 000 actions de YLO-UN.TO au prix de 5$ ce qui lui ferait 5 000$ d'investi. Tous les mois, il reçoit 1 000 * 0.0667$ ce qui donne = 66.70$. L'équivalence par année est de 800.40$ qui est 66.70$*12. Si l'action reste à 5$, la personne va quand même avoir fait 800.40$ de profit malgré que l'action n'ait pas augmentée ou descendue.
>
> Pour terminer, veuillez noter que si le prix de l'action descend à 4$ et que le dividende reste fixe, ceci est avantageux pour celui qui achète à 4$ car 0.0667$/4$*100 donne 1.67% donc 20% de dividende par année au lieu de 15.48% par année.

Lorsque distribué, l'argent des dividendes est versé directement dans l'encaisse du compte d'investissement. Il est à noter qu'il est possible de recevoir des actions plutôt que de l'argent suite à une demande. On nomme ce choix le DRIP, *« Dividend ReInvestement Plan »*. En appliquant l'option du DRIP à l'exemple précédent, un investisseur pourrait recevoir 13 actions plutôt que 66.70$ par mois. Ainsi, aux termes de l'année fiscale, ce dernier pourrait amasser plusieurs actions sans payer aucun frais de courtage. Pour plus d'explications, veuillez consulter la prochaine section.

Pour qu'une compagnie verse des dividendes, il est nécessaire que l'incorporation de dividende soit votée à l'assemblée des actionnaires.

Dans certains cas, lorsque la période de versement est longue (par exemple : semestriellement ou annuellement) et qu'elle se termine, il est possible de constater une chute du prix de l'action. La raison de cette baisse est que les actionnaires, voulant se départir de leurs actions, profitent des dividendes pour amasser l'argent puis vendre.

Drip

Drip signifie « Dividend ReInvestment Plan » ou « Dividend ReInvestment Program ». Tel qu'abordé précédemment, il s'agit d'un programme permettant de recevoir des actions au lieu de l'argent lors de la distribution de dividende.

Le fait qu'il n'y ait aucun frais de commission à débourser constitue un avantage intéressant. Chaque année, il sera donc possible d'augmenter ses parts de la compagnie sans devoir passer par l'intermédiaire. Un second avantage est la possibilité d'obtenir des actions à un prix privilégié. En effet, cela permet de recevoir plus d'actions que si l'argent aurait été pris des dividendes.

Acheter des compagnies qui versent des dividendes est excellent à long terme, puisque même si la valeur en Bourse de la compagnie diminue, les dividendes permettent de demeurer dans le positif. Par exemple, une compagnie qui diminue de 2% en 1 an, tout en versant 10% de dividende, engendre un gain de 8% malgré la baisse.

Le meilleur moment pour acheter une compagnie versant des dividendes est lorsque celle-ci vient de les distribuer à ses actionnaires. Il est à noter que les taux peuvent varier. Il est donc primordial de suivre la fluctuation des taux de la prochaine distribution ainsi que des dates d'admission avant d'investir.

D'un autre côté, le DRIP comporte certains inconvénients. Entre autres, les gains qui en découlent n'échappent pas à l'impôt Même sans encaisse d'argent, les gains effectués par l'achat des actions sont imposés. Alors, si une compagnie offre 10% de dividende et que vous avez 12 000$ d'investi, vous allez donc payer de l'impôt sur 1 200$, comme ceux qui ont reçu ce 1 200$ en argent. En fait, c'est un inconvénient qu'il serait possible de rencontrer avec un programme de dividende traditionnel. Le fait qu'il soit plus difficile de racheter ou de vendre vos actions dans un programme de Drip est un second inconvénient. Il ne suffit pas de passer un ordre, mais bien de contacter la compagnie afin de mettre fin au programme. Désormais, les formulaires sont majoritairement disponibles sur le site des compagnies respectives. Cela nécessite donc un plus grand effort de gestion.

Price/Earning (P/E)

Le price/earning est un ratio commun utilisé en Bourse. Il s'agit également du prix payé pour une action divisé par le montant des bénéfices annuels par action. La traduction officielle est « rapport cours-bénéfice » ou « rapport prix-bénéfice ».

L'inverse du P/E se nomme « Earning Yield ».

Exemple de P/E

L'action de Bombardier (BBD-B.To) vaut 5.38$ par action et son cours-bénéfice par action vaut 0.84$. Donc, le P/E vaut 5.38$/0.84$ = 6.40

Ce ratio est très utilisé, car il est simple à appliquer et sa source provient directement des rapports financiers. De plus, la majorité des sites Internet montrent directement le P/E lorsque vous visitez le profil de Bourse d'une compagnie.

Ce qui complexifie le P/E est l'interprétation faite du ratio. Les détails vont être expliqués dans le chapitre de la page 138.

Split

Un split est un événement planifié par les compagnies qui a pour objectif de modifier la valeur d'une unité (d'une action) à la Bourse et du nombre d'action en circulation. Un split ne change pas la valeur des gains (ni de la capitalisation de la compagnie) parce que le volume est ajusté en conséquence du prix individuel de l'action. Les splits se produisent rarement et leur but est d'augmenter ou de diminuer le nombre d'action en circulation. Afin de mieux comprendre, voici un exemple. La compagnie ABC a une capitalisation boursière de 10 milliards de dollars et à son prix unitaire de 10$/action. Madame Savaria possède 15 000 actions achetées à 8 $. Elle a donc un gain de 25%. La compagnie décide de faire un split 2 :1, ce qui signifie que deux actions vont être données pour chacune des actions. Donc, 15 000 actions vont devenir 30 000 actions. Bien entendu, afin que madame Savaria garde son investissement de 120 000$ (8$*15 000), le prix est divisé par deux. Chaque action vaut donc 4$ et leur volume multiplié par deux (total de 30 000 actions). L'investissent reste toujours de 120 000$, car 4$*30 000 donne 120 000$. Par le fait même, la compagnie possèdera encore 10 milliards de capitalisation, mais à 5$/action avec un volume en circulation qui double (2 milliards d'action en circulation).

Calculs de l'exemple des Splits

$$10\$ - 8\$ = 2\$$$

$$\frac{2\$}{8\$} = 25\%$$

$$15000\,actions * 2 = 30000\,actions$$

$$\frac{8\$}{2} = 4\$$$

$$8\$ * 15000\,actions = 4\$ * 30000\,actions = 12000$$

$$\frac{10\$}{2} = 5\$$$

Il est important de comprendre que le but est souvent de rendre les actions plus accessibles aux petits investisseurs. Cependant, cette accessibilité représente davantage une illusion qu'une réalité. En effet, un petit investisseur peut autant acheter 10 actions à 600$/action pour un total d'investissement de 6 000$ que 100 actions à 60$ pour le même total.

Selon la manière dont il est présenté (le type de split), le split peut avoir des répercussions sur la tendance du prix de l'action. Il peut tendre tant à diminuer qu'à augmenter le prix de l'action à court et moyen terme. Par exemple, l'inscription 2 :1

correspond à prendre le volume et de le doubler tout en divisant par deux le prix de l'action. Cette opération va par la suite faire augmenter le prix de l'action. La raison est que ce type de split est effectué dans des périodes où la compagnie est en forte croissance.

À l'inverse, le prix de l'action tend à diminuer lorsqu'un split diminue le prix individuel des actions en plus d'augmenter le prix (par exemple un split 1 :2).

Voici un tableau avec plusieurs splits comprenant ces deux types.

Split	Nombre action initiale	Prix initiale	Nombre actions après split	Prix final
2 :1	15000	8$	30000	4$
1 : 3	15000	8$	5000	12$
10 :1	100	25$	1000	2.50$
Reverse 1 :10	100	25$	1000	2.50$
1 :10	100	25$	10	250$

Tableau 2: Exemples de split

Normalement, une compagnie en santé va effectuer des splits au moment où le prix de l'action commence à augmenter considérablement. Le type de split est un reverse-split, celui avec un chiffre plus gros avant les doubles points (par exemple 2 : 1). Le but est de diminuer le prix afin de toujours rendre l'action accessible. Voici un exemple avec Microsoft Corporation (MSFT) pendant la bulle technologique. On remarque que la compagnie a effectué 8 splits en 12 ans (ce qui est beaucoup). Tous les splits sont des 2 :1 ou 3 :2. Le prix de l'action en 1999 est de 60$. Sans les splits, l'action aurait coûté plus de 15 000$ l.unité.

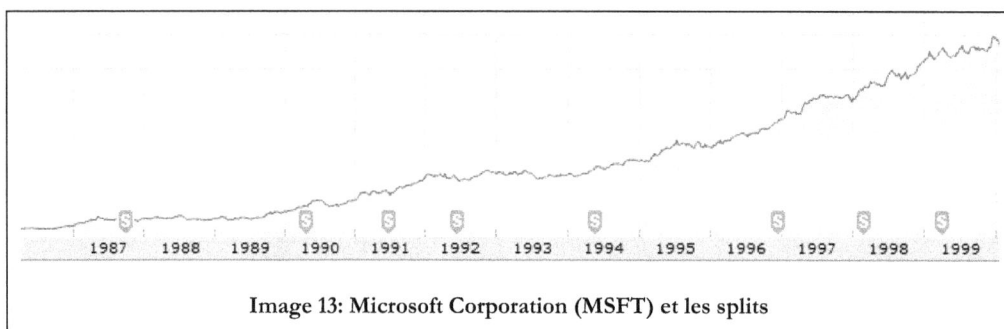

Image 13: Microsoft Corporation (MSFT) et les splits

Un dernier point intéressant avec le graphique ci-dessus est que le prix, malgré les splits, reste constant vers la hausse sans avoir de dénivellation vers le bas lors des splits. En regardant attentivement la journée qui précède et suit le split, tel que le 21 septembre 1987, on remarque que le prix descend de 116$ à 53$. Cette baisse de 50$, par contre, n'est pas apparente sur le graphique.

Sep 23, 1987	57.75	60.38	57.75	60.25	107,696,000	0.33
Sep 22, 1987	53.50	57.75	53.00	57.25	82,006,400	0.31
Sep 21, 1987	53.50	57.25	53.00	53.50	85,548,800	0.29
Sep 21, 1987	2: 1 Stock Split					
Sep 18, 1987	116.00	116.00	114.00	115.00	31,651,200	0.32
Sep 17, 1987	117.00	117.50	113.75	116.00	69,436,800	0.32
Sep 16, 1987	118.00	120.00	116.75	116.75	57,715,200	0.32

Tableau 3:Prix de Microsoft en 1987

La raison pour laquelle le graphique reste sans fluctuation pendant les splits est que ces graphiques sont toujours ajustés selon le prix du dernier split.

En 2005, une expérimentation avec un petit échantillon de 12 compagnies a été faite afin de tester l'affirmation suivante : « Les compagnies ayant un split avec un premier chiffre plus grand que le deuxième augmentent (tel 2 :1) ». Le tableau ci-dessous représente un exemple d'actions achetées après le phénomène expliqué précédemment.

Symbole	Dern. transaction	Var.	Volume	Actions	Valeur	Value Change		Payé	Gain	
SHC.TO	26 août	37.00	-0.20	192,458	1,000	$37,000.00	-$200.00	-0.54%	32.40	$4,600.00	+14.20%
RON.TO	26 août	24.20	-0.07	73,060	1,000	$24,200.00	-$70.00	-0.29%	25.60	-$1,400.00	-5.47%
CCO.TO	26 août	54.23	-1.20	466,949	1,000	$54,230.00	-$1,200.00	-2.16%	40.85	$13,380.00	+32.75%
ATD-SVB.TO	26 août	21.09	-0.06	196,477	1,000	$21,090.00	-$60.00	-0.28%	18.75	$2,340.00	+12.48%
IAG.TO	26 août	28.00	-0.18	99,482	1,000	$28,000.00	-$180.00	-0.64%	28.40	-$400.00	-1.41%
X.TO	26 août	37.26	+0.36	820,642	1,000	$37,260.00	$360.00	-0.98%	31.12	$6,140.00	+19.73%
ECA.TO	26 août	53.61	-0.19	4,021,182	1,000	$53,610.00	-$190.00	-0.35%	43.15	$10,460.00	+24.24%
TCW.TO	26 août	38.25	-0.13	143,695	1,000	$38,250.00	-$130.00	-0.34%	25.25	$13,000.00	+51.49%
SIC.TO	26 août	15.00	0.00	3,930	1,000	$15,000.00	$0.00	0.00%	15.35	-$350.00	-2.28%
CNQ.TO	26 août	52.88	-1.53	1,363,509	1,000	$52,880.00	-$1,530.00	-2.81%	33.95	$18,930.00	+55.76%
PD.TO	26 août	53.09	-0.66	341,192	1,000	$53,090.00	-$660.00	-1.23%	45.48	$7,610.00	+16.73%
WTO.TO	26 août	28.96	-0.54	927,642	1,000	$28,960.00	-$540.00	-1.83%	18.95	$10,010.00	+52.82%
12 symbols			Total(CAD):		$443,570.00	-$4,400.00	-0.98%		$84,320.00	-23.47%

Tableau 4:Sélection de 12 compagnies ayant eux des splits 2:1/3:1/3:2

Après 6 mois, il parait évident que la théorie fonctionne. Cependant, sachez que cette expérimentation a été effectuée durant une période où la Bourse en générale était sur une tendance haussière. Ceci étant dit, un dénouement aurait pu être négatif si la tendance avait été autrement. Néanmoins, il s'agit d'une stratégie d'achat valide lors de tendance haussière de la Bourse.

Capitalisation boursière

La capitalisation boursière est la valeur totale de la compagnie sur la Bourse. Cette valeur correspond à la somme des actions multipliées par la valeur d'une action à l'unité. Il en va de soit que la capitalisation varie toutes les secondes selon les hausses et les baisses de la compagnie en Bourse.

Fiducie

Une fiducie de revenu est un placement négocié en Bourse de type participatif semblable à une action ordinaire. Cette dernière est structurée de manière à répartir les flux de trésorerie de ces entreprises aux porteurs de parts selon un traitement fiscal avantageux. En raison de l'accent mis sur la répartition des liquidités, les fiducies de revenu se basent habituellement sur des entreprises bien établies affichant des flux de trésorerie réguliers.

On compte différents types de fiducie de revenu qui peuvent être classés selon leur secteur d'activité ou leurs objectifs en matière de placement [37].

Le 30 juin 2010, le TSX (Toronto Stock Exchange) contenait 159 fiducies de revenu pour un total de 128 milliards de capitalisation boursière [37]. Sur le TSX, les fiducies de revenu ont un suffixe « UN » à leur symbole tel Le Groupe Pages Jaunes : YLO-UN.TO.

Récapitulatif du chapitre

Voici le récapitulatif du chapitre 2 « Définitions de termes».

- ✓ Toutes les compagnies enregistrées en Bourse ont un ou plusieurs symboles.
- ✓ Les symboles varient dans leur syntaxe selon la source.
- ✓ Une tendance peut être baissière ou haussière.
- ✓ Une tendance est plus forte si elle se perpétue et si elle suit la tendance.
- ✓ « Bullish » = tendance haussière, « Bearish » = tendance baissière.
- ✓ Un rallye est une forte hausse ou baisse sur plusieurs périodes de temps.
- ✓ Un « penny stock » est une action à petit prix.
- ✓ Un indice est un regroupement d'actions pour avoir le pouls de la Bourse.
- ✓ Un marché (ou une industrie) est un regroupement d'actions dans un domaine précis.
- ✓ Une plus-value est un gain, tandis qu'une moins-value est une perte.
- ✓ Les classes d'action permettent de séparer les types d'action d'une même compagnie.
- ✓ La volatilité se calcule avec la variance ou l'écart type.
- ✓ Le « day-trading » est un type d'investissement à court terme qui cherche les petits gains sur de gros volumes et sur de grandes quantités de transactions.
- ✓ La capitalisation correspond à la somme des d'actions disponibles à la Bourse multipliée par le prix courant de cette action.
- ✓ Un dividende est une somme d'argent versée périodiquement aux actionnaires lorsque la compagnie possède un tel programme.
- ✓ Pour être éligible aux dividendes il faut avoir été détenteur de l'action pour une période de temps précise.
- ✓ Le « drip » est un programme d'investissement d'action au même titre que les dividendes.
- ✓ Le « drip » n'est pas toujours disponible. C'est un programme auquel les compagnies peuvent adhérer.
- ✓ P/E « price/earning » est un ratio du prix sur les bénéfices.
- ✓ Un P/E indique que le prix est haut relativement au profit. Il est préférable d'avoir un P/E peu élevé.
- ✓ Un split est une réorganisation de la quantité d'action en circulation pour une compagnie. Ceci n'affecte pas les gains ou les pertes.

Questions et réponses

Voici des questions accompagnées de leur réponse. La présente section permet une meilleure compréhension des notions précédemment assimilées.

Questions

1. Trouvez les symboles de ces compagnies :

    a. Intel Corporation

    b. Microsoft

    c. Yahoo Inc.

2. Si vous achetez 220 actions à 10$, ce qui engendre un investissement total de 2 200$, quel est le volume ?

3. Si vous avez 5 000$ à investir et que l'action convoitée vaut 20$ l'unité, combien de volume devez-vous vous procurer ?

4. Le graphique suivant d'Universal Security Instruments Inc (UUU) correspond à une tendance haussière ou baissière et pourquoi ? Est-ce que cette tendance est « Bullish » ou « Bearish » ?

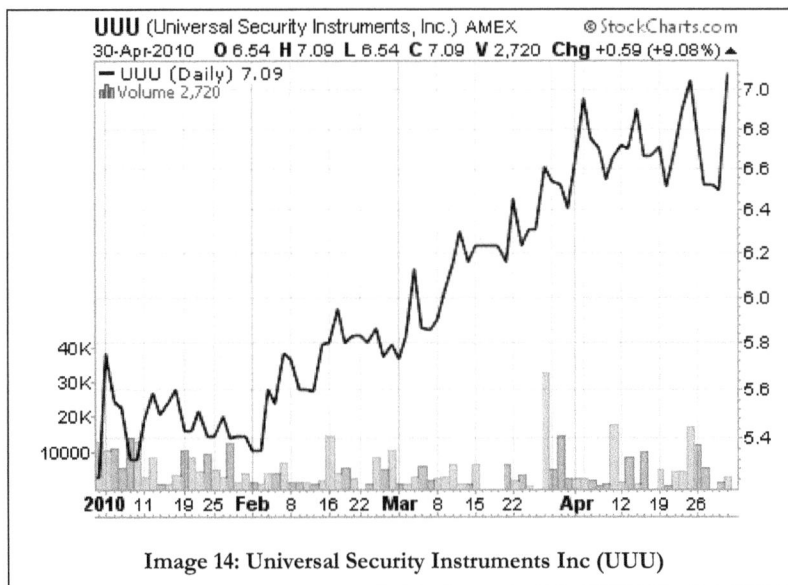

Image 14: Universal Security Instruments Inc (UUU)

5. Pourquoi est-il moins suggéré de transiger des « Penny Stock » lorsqu'on débute en Bourse?

6. Si vous achetez 200 actions à 40.00$ pour ensuite vendre le tout à 45.00$, seriez-vous confrontés à une plus-value ou une moins-value ? Quel est le montant de cette plus-value ou moins-value ?

7. Est-ce qu'une forte volatilité est synonyme d'une hausse ?

8. Pourquoi est-il avantageux d'investir dans des compagnies ayant des dividendes ?

9. La compagnie XYZ donne des dividendes aux 3 mois de 0.20$ par action. Le prix de l'action à l'achat était de 5$ et vous en avez achetées 1000. Après 1 an, vous décidez de vendre à perte au prix de 4.50$ par action. Combien avez-vous perdu ou gagné? Quel est le pourcentage de dividende donné au départ ? Quel est le pourcentage de dividende donné à celui qui achète l'action à 4.50$?

10. Les actions de la compagnie RRR valent 10$ et vous avez acheté 1000 actions. Aux nouvelles, vous entendez que celle-ci va effectuer un split de 1 : 2 prochainement. Combien d'actions allez-vous détenir et à quel prix seront-elles désormais ?

11. Si vous aviez acheté 5 000$ de Microsoft en 1986 au prix de 1$ l'action et que vous avez gardé ces actions jusqu'à maintenant. Quelle est la valeur de votre portefeuille si la companie Microsoft était demeurée à 1$? (Considérez qu'il y a eu 8 splits 2 :1 pendant cette période.)

12. En sachant que vous avez acheté 10 000$ de Microsoft en 1986 lors de l'entré en Bourse de celle-ci au prix de base de 21$ (donc 476 actions) et que l'action a splitté 9 fois depuis ce temps (prenons pour acquis que tous les splits ont été 2 :1 pour simplifier les calculs). Maintenant, en date du 1er janvier 2011, le prix de l'action est de 29$. Quels auraient été vos gains annuels moyens en cette date, puis totaux?

Réponses

1. Les symboles peuvent être trouvés sur Internet ou dans les journaux :

    a. INTC

    b. MSFT

    c. GOOG

2. 220 actions

3. 250 actions

4. La tendance est haussière. Il s'agit donc d'une tendance « Bullish ».

5. La volatilité est forte et le volume transigé par jour est faible, ce qui rend les transactions difficiles à prévoir ainsi que difficile à vendre.

6. 200*40.00\$=8000\$. La revente se fait à 45.00\$, donc 200*45.00\$ = 9000\$. 9000\$-8000\$ = 1000\$. Il s'agit d'un gain, donc une plus-value de 1000\$.

7. Faux, une forte volatilité est seulement synonyme de plus forte probabilité de mouvement tant haussier que baissier.

8. Les dividendes sont des revenus supplémentaires. Ces gains peuvent être intéressants lorsque le titre demeure longtemps au même prix ou même lorsque celui-ci est vendu à perte.

9. Il y a plusieurs manières de calculer. La première est de prendre le volume de départ et de le multiplier par la valeur unitaire de l'action. Par la suite, on y soustrait le volume final par la valeur unitaire de l'action finale. La deuxième manière est qu'étant donné que le volume est identique au départ et à la fin, il est possible d'effectuer la différence entre les deux prix que l'on multiplie par le volume.

$$5\$*1000 = 5000\$$$
$$4.50\$*1000 = 4500\$$$
$$4500\$ - 5000\$ = -500\$$$
$$ou$$
$$(4.50\$ - 5.00\$)*1000 = -0.50*1000 = -500\$$$

Il y a donc une perte, mais les dividendes ne sont pas encore calculés. Les dividendes ont été payés 4 fois dans l'année à 0.20\$ par action, ce qui correspond à 1000*0.20\$*4=800\$. En prenant la perte du rendement de l'action additionnée au gain du dividende, nous avons -500\$+800=300\$ de gain.

Le dividende au départ était de 0.20$ par action, donc $\frac{0.20\$}{5\$}*100=4\%$. Le dividende pour celui qui achète à la fin à 4.50$ est de $\frac{0.20\$}{4.50\$}*100=4.44\%$. Ceci est normal puisque le prix de l'achat est plus faible pour le même dividende.

10. Le split est 1 :2, ce qui signifie que 1 action est donnée pour 2 actions. Alors $\frac{1000\,actions}{2}=500\,actions$ et $10\$*2=20\$$. Ceci se valide en regardant si l'investissement est identique au début et à la fin. Initialement, le prix de l'action était de 10$*1000= 10 000$. Après le split, le prix est de 20$*500=10 000$.

11. Il y a eu 8 splits et l'action est demeurée à 1$. Le 1$ de 1986 vaut toujours 1$, mais a doublé 8 fois le nombre d'action du portefeuille. Doublé 8 fois équivaut à 2 exposant 8 fois le nombre d'action, ce qui donne 256 ($2x2x2x2x2x2x2x2 = 2^8 = 256$). Alors, la valeur du portefeuille de 5000$ (1$ x 5 000 actions) équivaut désormais 1$ x 5000 actions x 256 = 1 280 0000$.

12. Il y a deux gains à calculer, le premier est la hausse du prix de l'action. Le second est le gain des splits. Le gain des actions est de 8$ par action $\frac{8\$}{21\$}*100=38\%$. Le gain des splits est de 2 exposants 9 = 512. 512*100 = 51200%. Alors, 51200%+38% = $51200\%+38\%=51238\%$ de gain total. Sur une période de 24 ans, un gain de 2134% par année. Les 476 actions auraient donc été dans le portefeuille, 243 712 actions au prix de 29$, ce qui génère 7 067 648$. Veuillez noter que ce chiffre autrait probablement été supérieur, car Microsoft distribue aussi des dividendes de 2.6%. Par exemple, en 2011 cette personne aurait eu des gains annuels en dividende de 183 000$.

Questions de base

Au lieu de continuer dans les théories et de démontrer plusieurs techniques, ce chapitre introduit rapidement des questions de base que les investisseurs se posent à propos de la Bourse en général. Ce chapitre permet de s'introduire plus rapidement dans le vif du sujet. Les détails afin de bien performer suivront dans les prochains chapitres.

Comment débuter?

Comment débuter en Bourse est la première question que la plupart des débutants se posent. Un certain temps est nécessaire afin d'avoir un intermédiaire pour transiger sur la Bourse ainsi que de développer une assurance à investir son propre argent durement gagné. Alors, quelles sont les étapes pour débuter en Bourse?

- Déterminer sa capacité à investir en Bourse

- Déterminer un plan d'investissement

- Déterminer un budget

- Se pratiquer

Êtes-vous fait pour la Bourse?

La première chose à vérifier avant d'investir à la Bourse est de constater son aptitude pour investir sur les marchés Boursiers. Ceci peut sembler anodin à priori, mais un certain contrôle est nécessaire ainsi qu'une bonne résistance au stress pour ce type de placement. Beaucoup d'émotions peuvent survenir lorsqu'on place de l'argent qui nous appartient.

Une bonne dose de rationalité ainsi qu'une capacité d'abstraction de ses émotions constituent deux caractéristiques personnelles pour investir à la Bourse. D'abord, la rationalité permet de bien analyser les situations et de rendre la Bourse un investissement et non pas une partie de hasard. Ce livre contient plusieurs techniques d'analyse qui vont permettre de vous développer. L'ennemi numéro un de l'investisseur en Bourse est lui-même. Ceci est tout simplement parce qu'investir son propre argent peut être une tâche génératrice d'anxiété. Il arrive qu'en moins de quelques heures, des pertes importantes soient constatées et que plusieurs milliers de dollars disparaissent. Le contraire peut également se produire, soit faire plusieurs gains et amasser beaucoup d'argent en un court laps de temps. Dans tous les cas, une abstraction sur les émotions est essentielle. Malheureusement, le seul moyen de vérifier ce trait de caractère est lors des premiers investissements avec son propre argent. Il est primordial de ne pas réagir négativement ou impulsivement à des baisses soudaines. Investir en Bourse signifie que des hausses et des baisses surviennent. Il arrive que les gains ne soient pas présents pour plusieurs jours, semaines ou même mois. Il arrive également de faire des erreurs et il faut passer par-dessus son égo, en les admettant, pour apprendre de celles-ci ainsi que de limiter les pertes futures.

Votre plan

Avant tout, il est nécessaire de savoir quel est votre plan. Est-ce que vous voulez essayer de battre des records avec des gains de 50% et plus à toutes vos ventes? Déciderez-vous de vendre à perte avant que celle-ci soit trop grande? Voulez-vous risquer beaucoup d'argent ou une partie de votre argent?

Plusieurs questions doivent être répondues dès le départ et ceci doit faire partie du plan que vous allez devoir suivre. Ceci va vous permettre de rester rationnel tout au long de vos investissements avec des règles explicites et déterminées avec un esprit clair. De plus, votre plan doit contenir vos règles d'achat et de vente.

Définir son plan est une tâche ardue, mais la lecture de ce livre vous permettra de bien définir vos règles d'achat et de vente selon vos préférences d'investissement. Plusieurs tactiques et possibilités sont offertes.

Déterminer un budget

Investir quelques milliers de dollars pour le plaisir ou investir pour sa retraite est tout à fait différent. Investir et que vos gains soient vos revenus principaux ou investir pour faire fructifier votre argent l'est également.

Lorsqu'on débute, le meilleur moyen est d'investir avec un petit budget afin de voir si vous avez le tempérament pour investir en Bourse. De plus, ceci vous permettra d'avoir un avant-goût sur les processus de transaction avec l'intermédiaire. La prochaine section vous donnera davantage de détails. Cependant, sachez que déterminer son budget est essentiel afin de ne pas tomber dans le piège de rajouter de l'argent. Il faut être vigilent lorsqu'il s'agit d'ajouter de l'argent en cas de pertes ou lorsque vos actions montent. Dans le premier scénario, une action a été mal évaluée et persister dans cette direction n'est pas logique et peut arriver si les émotions prennent le dessus. C'est la raison pour laquelle il faut absolument déterminer votre budget dès le départ et réévaluer celui-ci sur une base précise telle qe chaque trimestre ou chaque année. Dans le scénario d'un gain, il pourrait être alléchant d'ajouter un budget pour ajouter de l'argent, cependant ceci peut devenir dangereux, car une chute subséquente pourrait transformer ce gain en perte. Il est important de bien comprendre qu'il ne s'agit pas de racheter des parts, car ceci est une tactique envisageable, mais bien de racheter des actions avec un budget supplémentaire, ce qui est différent.

N'empruntez jamais de l'argent pour investir. Vous devez donc toujours l'avoir en votre possession. Les actions sont un moyen d'investir plus sûr que le Forex ou les Options, car il ne possède pas d'effet de levier et donc vous savez en tout temps la valeur de vos avoirs.

Il est recommandé de ne pas acheter des actions avec de l'argent emprunté. Ce geste s'avère dangereux puis que l'argent emprunté comporte une pénalité en intérêt et donc les gains sont automatiquement amputés. Deuxièmement, investir de l'argent que nous ne possédons pas n'est pas une bonne idée, car en cas de perte, le remboursement sera extrêmement difficile.

Pratiquer

Lorsque vous avez appris à compter à l'école, vous aviez des devoirs et des leçons à faire pour vous pratiquer et devenir meilleur. En grandissant, nous oublions ceci et sommes plus téméraires. Cependant, lorsque vous investissez l'argent de votre famille ou tout simplement votre argent, pourquoi ne pas se pratiquer un peu?

Il est possible de se pratiquer de plusieurs façons et sans l'ombre d'un doute, la pratique fera de vous un investisseur de meilleur calibre.

Voici les bénéfices et les désavantages de se pratiquer avant d'investir des vrais argents.

Bénéfices	Désavantages
Permet de tester plusieurs techniques	Les fortes émotions et réactions ne sont pas présentes. Donc, il est difficile d'estimer les actions réelles liées à une perte d'argent tangible
Permet d'apprendre et de partager des connaissances	Nécessite du temps
Aucun véritable argent n'est impliqué ce qui permet d'apprendre par l'erreur sans perdre d'argent	Les gains effectués ne sont pas de véritables gains
Permet d'investir plus d'argent que vous auriez investi et donc permet d'investir plus	
Permet de développer de bonnes habitudes avant de débuter en réel	

Tableau 5: Avantages et désavantages de se pratiquer

Il y a donc plus d'avantages que d'inconvénients à bien se pratiquer. La prochaine étape est de savoir comment se pratiquer. Il existe divers moyens pour investir sans mettre en gage de l'argent réel.

Le premier moyen est une méthode qui existe depuis plusieurs années et qui consiste à noter des symboles et le prix sur un papier ou dans un chiffrier. Il suffit de noter les montants lors des achats fictifs et de suivre les prix afin de conclure s'ils ont augmentés ou descendus. Désormais, il est facile avec les ordinateurs de noter ces symboles dans des chiffriers de calcul. Il suffit de diviser la feuille de calcul avec une colonne pour le symbole, une pour le prix de l'achat virtuel ainsi qu'une dernière pour le prix actuel. Ce moyen est intéressant. Cependant, suivre les performances peut devenir compliqué. La complication apparait lorsqu'il y a ré-achat d'actions à différent prix ou lorsqu'on doit ajouter des frais de courtage. Pour rendre la simulation plus réelle, plusieurs facteurs doivent être ajoutés. Il y a aussi le fait que c'est facile de tricher sur papier. Par contre, c'est un moyen efficace pour suivre quelques titres sans simuler l'environnement au complet.

Le deuxième moyen est de créer des portefeuilles fictifs chez votre intermédiaire. Le problème est que vous êtes lié à une banque ou institution bancaire et vous ne pouvez pas vous pratiquer avant d'avoir un compte. De plus, les institutions bancaires ont un système qui évolue lentement. Cette lenteur fait en sorte qu'il est difficile de s'entrainer dans des conditions favorables pour bien apprendre. En dernier lieu, il y a toujours un doute à savoir si vous êtes sur le compte de pratique ou sur un compte réel.

Le troisième moyen est de fréquenter des sites de Bourse virtuelle qui sont des simulateurs de Bourse. Ce genre de site permet de se pratiquer dans des conditions similaires à la réalité avec les vrais symboles et les vrais prix. L'avantage est d'être indépendant et de se spécialiser dans la simulation. Ils permettent aussi de partager des connaissances avec les divers autres participants et d'apprendre en regardant les autres participants.

www.boursevirtuelle.com est un simulateur de Bourse que j'ai créé depuis 2004 qui est gratuit afin d'aider à l'apprentissage.

Combien d'argent est-il nécessaire pour débuter?

Suite à quelques mois de pratique, le temps est peut-être venu de débuter avec de l'argent véritable. La première chose à savoir est combien investir (selon votre plan). Quelques calculs simples doivent être effectués afin de déterminer le montant à investir. Il est déconseillé de mettre l'ensemble de votre budget au même endroit.

Pratique

Il est préférable de toujours se pratiquer malgré que le véritable investissement débute après les pratiques. Ceci permet d'essayer de nouvelles stratégies et d'investir avec des sommes supplémentaires.

Une règle simple pour établir le montant minimal à placer sur un symbole est de prendre le montant que coûte une transaction et de considérer cette dépense comme 1% de la somme minimale à investir.

Exemple de calcul de somme minimale

Le coût d'une transaction (achat ou vente) chez l'intermédiaire BanqueAAA coûte 30$. La somme minimale pour investir sur un symbole est donc :

$$\text{Somme Minimale} = (30\$ * 2) * \frac{100}{1} = 6000\$$$

Cette règle est une heuristique qui permet de minimiser les pertes, car un achat et une vente est nécessaire au minimum pour conclure une transaction. Une pénalité de gain se traduit donc de 2% (1% des coûts de l'intermédiaire en achat, 1% en vente) sans même que l'action n'ait changé de prix. Il vous faut donc un minimum de 2% pour atteindre un gain. Dans le cas contraire, une perte sera constatée.

Exemple de gain #1

Le coût d'une transaction (achat ou vente) chez l'intermédiaire BanqueAAA coûte 30$. Le prix de RIM.TO (Research In Motion) à l'achat est 71.03$. Selon l'heuristique, le volume minimal est $42\left(\dfrac{3000}{71.03\$}=42\right)$. Si à cet instant, on vend l'action au même prix (71.03$), cela engendrera une perte. Cette perte est causée par les 2 frais de transactions de 30$ qui auront été donnés à l'intermédiaire. Donc, une perte de 60$ équivaut à 2% $\left(\dfrac{60\$}{3000\$}*100=2\%\right)$.

Pour obtenir un gain nul, il faut avoir au moins compensé les coûts des transactions de 60$ et donc avoir transformé ce 3 000$ en 3 060$. Cela signifie qu'il faut vendre l'action à 72.85$ $\left(\dfrac{3060\$}{42\,actions}=72.85\$\right)$ pour faire un gain de 0$ ou vendre lorsque l'action est à plus de 72.85$ afin de commencer à faire un gain.

Bien entendu, investir davantage que cette somme minimale calculée ne constitue pas un problème en soit. Cela permettra de vendre à un prix plus bas tout en faisant les mêmes gains.

Exemple de gain #2

Le coût d'une transaction (achat ou vente) chez l'intermédiaire BanqueAAA coûte 30$. Le prix de RIM.TO (Research In Motion) à l'achat est 71.03$. À la place d'investir 3 000$ (argent minimum selon l'heuristique précédent), l'investissement sera de 10 000$. Pour couvrir les gains, il faudra vendre à 71.86$.

$$\frac{10000\$}{71.03\$}=140\,actions$$

$$\frac{(10000\$+60\$)}{140\,actions}=71.86\$$$

On doit vendre à **71.86$** dans l'exemple #2 pour faire un gain comparativement à **72.85$** dans l'exemple #1. Il est donc beaucoup plus facile de faire des gains avec plus de capital par action. Avec un meilleur capital, il est plus facile d'opter pour diverses stratégies que nous allons discuter plus tard comme vendre en deux temps.

Dans tous ces exemples, le coût des transactions de l'intermédiaire était de 30$. En réalité, ce coût dépend non seulement des institutions, mais des forfaits choisis. Il est important de bien comprendre que le coût peut varier selon le volume transigé lors des transactions, du forfait acheté ainsi que du nombre de transactions effectuées mensuellement. La prochaine section traite des moyens pour trouver une bonne institution afin de transiger à la Bourse.

En conclusion, lorsqu'on débute, il y a des coûts supplémentaires tels que les derniers exemples discutés dans cette section. Cependant, avec l'heuristique du 1%, il est possible de connaître un bon départ sans trop investir. Si ce 1% semble faible, sachez qu'il n'y a pas de problème à utiliser 2%. Cependant, il est suggéré de ne pas débuter avec un taux plus haut que 5%.

Comment trouver la bonne institution pour transiger?

Cette question est primordiale, car les procédures prennent normalement plus de 2 à 4 semaines avant de pouvoir débuter les investissements. De plus, il y a des frais d'ouverture. Lors de changement d'institution vers une autre, il y a des frais de fermeture de compte et des frais de transfert de symbole, etc. Le choix doit donc être fait de manière éclairée dès le départ. Dans le cas contraire, plusieurs coûts risqueront d'être ajoutés à votre expérience.

Si vous désirez débuter lentement, sans précipiter vos investissements avec de nombreuses transactions, vous devez faire attention aux publicités trompeuses affichant des coûts de transaction à moins de 10$. La plupart d'entre elles cachent des frais mensuels lorsqu'un quota de transaction n'est pas établi. Par exemple, la BanqueABC pourrait afficher que les transactions coûtent 9.99$ et indiquer en caractère réduit qu'il faut transiger un minimum de 30 transactions par trimestre. La plupart des intermédiaires vont charger avec une plateforme Web des frais de 30$ par transaction et ceci sans frais mensuel. Donc, si vous achetez 2 actions et vendez 2 actions vous avez des frais de 4*30$ = 120$ de

Ne vous faites pas prendre au piège par les intermédiaires. Ils vont faire miroiter que leur plateforme est la meilleure ainsi qu'ils ont de bons tarifs. Cependant, quelqu'un ayant moins de 2 ans d'expérience ne devrait pas faire beaucoup de transactions par année: une dizaine maximum par année.

transaction. Si vous optez pour un forfait à 9.99$ et transigez 30 transactions par trimestre, vous aurez 9.99$*30 = 299$ de frais par trimestre! Il faut donc faire attention. Il est tout à fait possible de bien investir avec peu de transactions. Il n'est pas nécessaire d'en faire plus pour économiser à court terme puisque cela n'engendrera pas de gains supplémentaires. De plus, imaginez que vous effectuez seulement 20 transactions pendant le trimestre. Ce scénario est plausible dans le cas où la plupart de vos actions augmentent et que vous voulez les garder sans effectuer d'autres achats de celles-ci. Avec cet exemple, vos 20 transactions ne coûteront pas 9.99$, mais le taux écrit en petits caractères risque de varier entre 15$ à 30$. Ceci donnerait une facture salée de 300$ à 600$ pour 1 trimestre simplement en frais de transaction.

Lors du choix de l'institution, il demeure important de prendre conscience des ententes du forfait. Il y a des institutions qui ont des interfaces Web très faciles d'utilisation et d'autres qui sont plus complexes. Il y a des plateformes en temps réel et d'autre avec un certain délai. Il y a aussi des plateformes qui nécessitent de télécharger un logiciel sur votre ordinateur, et d'autres non. En général, si vous ne faites pas du Day-Trading, rien ne sert de payer pour avoir du temps réel, surtout au début. De plus, voir les données en temps réel risque d'être un facteur de stress supplémentaire et causer des transactions impulsives.

Une des choses les plus importantes est de s'assurer que l'institution avec laquelle vous allez faire affaire est digne de confiance. Les banques sont généralement plus sûres et peuvent garantir le capital (pas investi, mais en encaisse) selon les pays. Au Canada, 100 000$ est garanti. Bien entendu, cette garantie est seulement pour le capital en encaisse et non pas celui investi.

Une dernière chose importante est de regarder s'il est possible, plus tard, de transiger des ventes à découvert ou des options ainsi que de pouvoir changer de forfait. Il s'agit d'éléments plus poussés qui seront traités ultérieurement.

Quand peut-on transiger (heures d'ouverture)?

La Bourse n'est pas ouverte 24 heures sur 24. Du moins, pas une Bourse en particulier. Sachez que la Bourse de Vancouver, de Toronto et de Paris ouvrent et ferment à des heures différentes, ce qui peut laisser croire que la Bourse est ouverte en tout temps. Lorsqu'elles ferment en Amérique, elles ouvrent en Europe. Par contre, si vous investissez principalement dans une Bourse, telle que New York, vos heures de transaction seront alors celles de cette Bourse. Il est suggéré de se concentrer sur une seule Bourse au départ.

Voici quelques heures d'ouverture pour différentes Bourses. Toutes les heures sont inscrites selon le fuseau horaire de la ville où se situe la Bourse.

Bourse	Heure de départ	Heure de fin	Autres
Toronto	9h30	16h00	Pre-Market : 7h00 à 9h00 After-Market : 16h00 à 17h00
Nasdaq [18]	9h30	16h00	Pre-Market : 7h00 à 9h00 After-Market : 16h00 à 20h00
Vancouver	9h30	16h00	Pre-Market : 7h00 à 9h00 After-Market : 16h00 à 17h00
New York [40]	9h30	16h00	Pre-Market : 7h00 à 9h00 After-Market : 14h00 à 18h30
Francfort	9h00	17h15	After-Market : 17h15 à 20h00
Londres [41]	8h00	16h30	Pre-Market : 7h15 à 8h00 After-Market : 16h30 à 17h00
Paris, Bruxelle, Amsterdam, Lisbonne	9h00	17h30	After-Market : 17h30 à 20h00
Australie Sydney	10h00	18h00	Ceci donne de 18h00 à 2h00 pour New York.

Il est important de comprendre que même si la Bourse est fermée, les prix peuvent changer. Les éléments qui sont en cause sont les temps supplémentaires appelés des Pre-Market et des Post-Market. Ce sont deux périodes attribuées avant et après les heures officielles de transaction au grand public. Ces périodes sont réservées à plusieurs situations. D'abord, pour les investissements des dirigeants des compagnies. Ensuite, pour les institutions qui effectuent de grosses transactions susceptibles de chambouler le cours normal de la Bourse. Troisièmement, pour les gens ayant effectués leurs transactions sans qu'elles aient été exécutées durant la période officielle. Par exemple, si un investisseur place un ordre d'achat à 13h00 à la Bourse de Toronto, mais que le prix n'est pas valable, l'ordre reste actif, mais n'est pas exécuté. Si à 16h30 le prix change en After-Market, l'ordre peut être exécuté. Un deuxième exemple pourrait être qu'il y a un achat d'actions à 23h00 lorsque les marchés sont fermés et que cet ordre s'effectue le matin à 7h30. Par contre, veuillez noter que si vous ajoutez un ordre à 7h31, il ne sera pas exécuté dans le Pre-Market, mais seulement à 9h00. Initialement, le Pre-Market et l'After-Market étaient conçus pour échanger des actions entre individus et non pas directement envers l'entreprise en question. Un mot commun signifie le Pre-Market et le After-Market : les marchés secondaires.

Quoi faire en récession ?

Une récession est une étape du cycle de l'économie où les activités sont ralenties. Pendant une récession, la production des compagnies diminue, le nombre d'emplois diminue, il y a moins d'investissement, les profits des compagnies diminuent et l'inflation diminue. C'est une période où les compagnies moins stables ont le plus de chance de faire faillite.

Les récessions sont souvent anticipées par la Bourse [23] et pour découvrir quand une récession approche, il faut regarder la tendance des indices avec une échelle à long terme (mensuelle, par exemple).

Avant une récession

Voici un graphique du Dow Jones et de la récession de 2008-2010 qui a suivi la bulle des métaux et du pétrole (énergie). Cette récession a débuté dans le mois d'avril 2008 pour une période de 14 mois selon la réserve fédérale de Philadelphie [24]. On peut voir que l'indice avait descendu depuis plus de 6 mois auparavant. Si l'indice n'avait pas continué à descendre, mais bien repris ou retombé dans une phase d'accalmie (tel le point 2 du graphique ci-dessous), la récession n'aurait sans doute pas eu lieu. Par contre, après avoir augmenté pendant 5 ans, avoir doublé en valeur sans période de repos substantielle (sauf en 2005) et sans avoir de période de repli (descente), une baisse était à prévoir. Plusieurs personnes croyaient qu'en 2005, la hausse des métaux était terminée. Cependant, l'année 2006 a prouvé le contraire et une bulle s'est créée.

Une bulle correspond à la hausse importante des prix de plusieurs actions (d'un même marché) pendant une longue période de temps. Une des caractéristiques d'une bulle, autant dans le domaine financier que dans le domaine du savon, est que celle-ci risque d'éclater à tout moment. En milieu d'année 2007, les marchés ont commencé à chuter, la bulle a éclaté.

On peut voir qu'entre le temps où la récession a été déclarée par les autorités (printemps 2008) et le moment où les indices ont débuté à chuter (automne 2007), il y a une différence de temps. Plusieurs raisons peuvent expliquer ce phénomène. Premièrement, certains investisseurs croient qu'il s'agit d'une simple correction (que le prix descend pour remonter par la suite). Deuxièmement, les indices peuvent descendre sans qu'une récession soit déclarée. Ce n'est pas parce que certaines compagnies battent de l'aile en Bourse que l'ensemble du système économique est en crise. Par contre, après avoir descendu de plus de 20%, la population a eu peur. Rien n'indiquait à ce moment que la situation allait s'améliorer. En Bourse, lorsque le marché est craintif, la plus part des gens retirent leurs investissements afin de limiter leur perte. Vous devriez en faire autant. Notamment, les gens qui ont retiré lorsque la récession a débuté ont seulement perdu 20%. Ce 20% n'est pas une perte lorsque les investissements ont été achetés entre 2002 et 2006 puisque cette chute de 20% n'est rien comparativement au gain de plus de 100%

réalisé précédemment. Ce n'est que si les gens ont débuté à investir en 2007, quelques mois avant la chute et la récession, qu'il y a véritable perte.

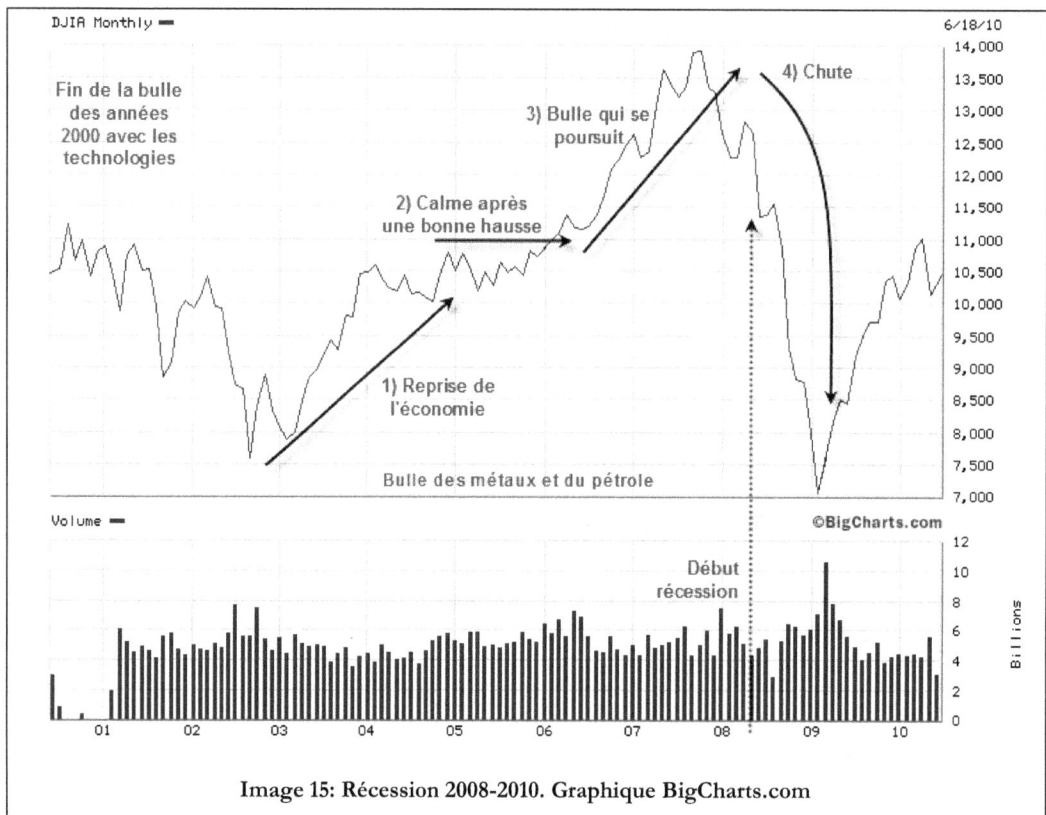

Image 15: Récession 2008-2010. Graphique BigCharts.com

Les individus ayant gardé leurs avoirs en Bourse lors de la récession n'ont pas encore à ce jour (2010) regagné leur gain.

En somme, lors d'une récession, il est préférable de garder son argent en sécurité et d'attendre la fin de celle-ci. Il est suggéré d'investir lorsque l'économie est à la hausse au lieu d'investir à contre-courant.

Voici un deuxième exemple du Dow Jones de 1995 à 2003. La valeur du Dow Jones est passée de 3 500 points à 11 000 points sans avoir de période d'accalmie. Par après, lorsque le prix s'est maintenu dans une zone entre 10 000 et 11 000 points, les gens ont réalisé la gravité et ont eu peur. À ce moment, ils ont débuté la vente de leur action, ce qui a engendré des gains importants. L'effet a pris une ampleur telle que la Bourse s'est effondrée.

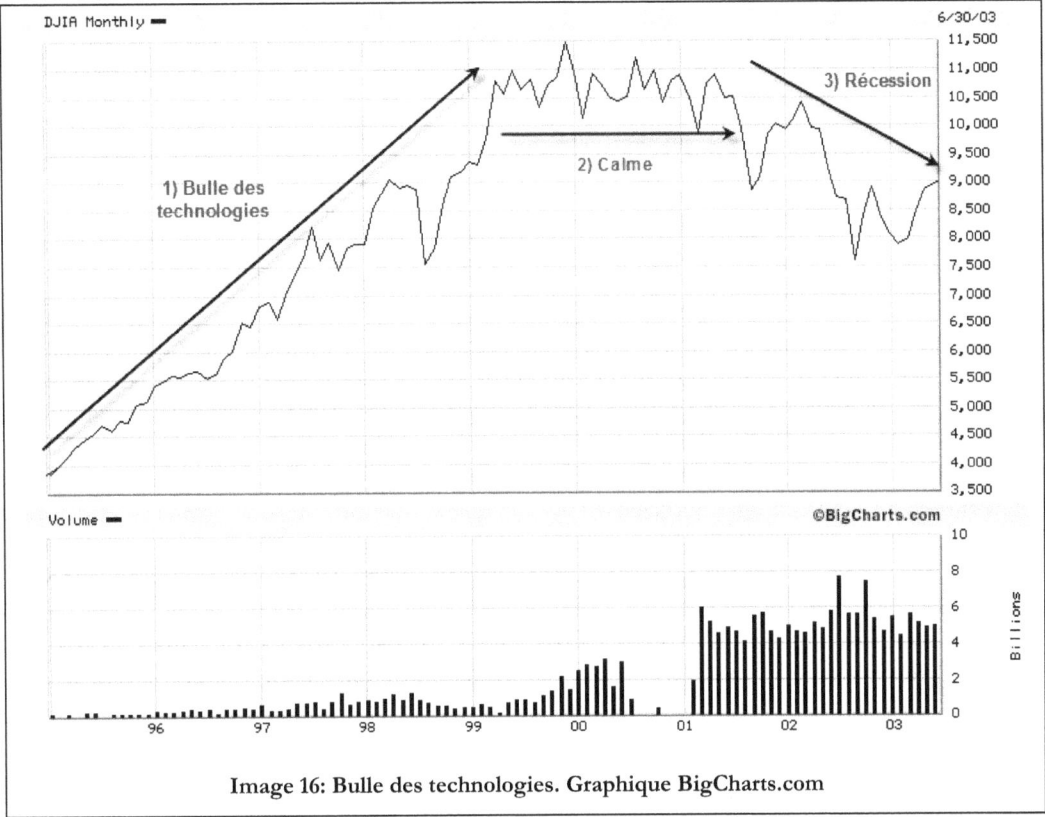

Image 16: Bulle des technologies. Graphique BigCharts.com

Pour conclure, il est important de développer une aptitude pour identifier le meilleur moment de vente et d'achat. En fin 2004, il aurait été sage de vendre ses actions puisqu'il y avait des signes de ralentissement, voir même de baisse. En 2005, une période de calme est survenue. Autant les gens s'étant retirés de la Bourse que ceux y étant demeurés ont eu des gains semblables. En 2006, la Bourse reprend du mieux. Les investisseurs ayant persisté sont gagnants et ceux qui se sont retirés en 2004 peuvent réinvestir à moindre risque.

Il est normal de ne pas être impliqué en Bourse à plein temps. Il y a des périodes de plusieurs semaines/mois où il est préférable de ne pas investir ou d'investir que de petites sommes afin de limiter les risques.

Les persistants ont eu quelques gains supplémentaires, mais il s'agit ici de la gestion du risque. Est-ce que 5 à 10% supplémentaire vaut le risque d'en perdre de 20 à 30%? Le même scénario s'est produit dans les débuts 2000. Il faut savoir quand amasser ses gains et prendre un temps de repos de la Bourse.

Pendant une récession

Il se peut qu'un portefeuille contienne encore des actions et que la récession soit démarrée depuis un certain temps. La situation est différente de la précédente parce que le portefeuille n'est pas en position prérécession avec un plan à effectuer lorsque celle-ci débute. Lorsque la récession est bien démarrée et que les prix ont déjà chuté de plus de 20%, il faut agir différemment.

La première chose à faire est de regarder les actifs et de les organiser en catégories. Lorsqu'une récession survient, il y a des catégories de compagnies qui sont moins à risque de chuter avec vigueur tandis que d'autres, risquent de perdurer à la baisse. Par exemple, en 2003 ou en 2008, ce n'était pas le temps d'acheter ni de vendre toutes les actions d'un portefeuille. Par contre, un plan intéressant serait de cibler les actions qui ont été dans la bulle précédente afin de les vendre. En 2003, se départir de ses actions en technologie était une idée judicieuse. Le fait que les actions se sont trouvées dans une bulle explique un délai plus long de la remontée du prix lors d'une seconde bulle. En 2007, l'uranium, les compagnies de métaux et de pétrole étaient à leur plus haut. Trois ans plus tard, les compagnies en uranium sont très basses, seulement les compagnies avec une forte capitalisation tiennent le coup en métallurgie et les compagnies de pétrole n'ont pas la vigueur qu'elles avaient. Par contre, plusieurs compagnies dans d'autres secteurs ont atteint à nouveau leurs prix.

Une fois les titres bien catégorisés, il faut vendre les actions avec une plus petite capitalisation de ces dernières. Les « penny stock », les actions avec peu de volume ainsi que celles étant financièrement faibles, risquent de chuter sans avoir une possibilité de reprise ou de faire faillite. Ensuite, il y a d'autres alternatives possibles. La première est de vendre une partie des actions des compagnies à forte capitalisation boursière dans le secteur en récession, car celles-ci reprendront à long terme. La deuxième est de vendre celles qui ne sont pas dans le secteur touché par la récession.

Ce fut le cas pour plusieurs compagnies telles que Microsoft (MSFT), Apple (AAPL) ou IBM (IBM) après la récession de 2000 (bulle technologique).

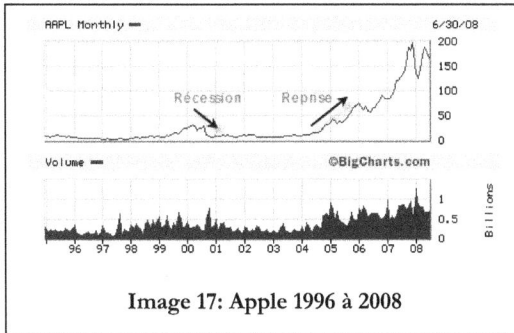
Image 17: Apple 1996 à 2008

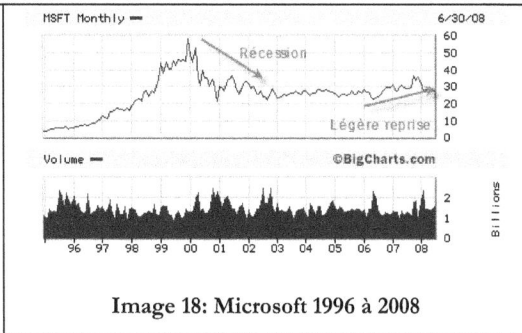
Image 18: Microsoft 1996 à 2008

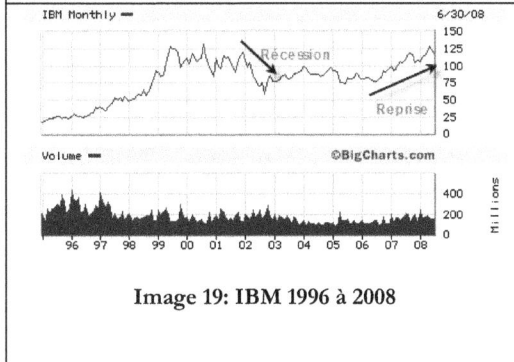
Image 19: IBM 1996 à 2008

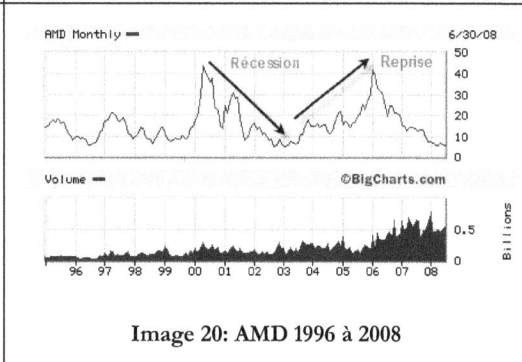
Image 20: AMD 1996 à 2008

Par contre, plusieurs d'entre-elles ont encore beaucoup de difficulté à reprendre comme Intel (INTC) ou Oracle (ORC).

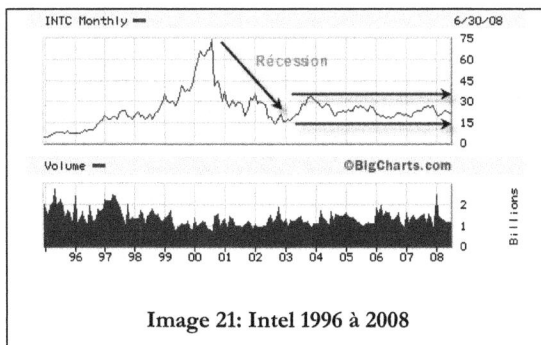
Image 21: Intel 1996 à 2008

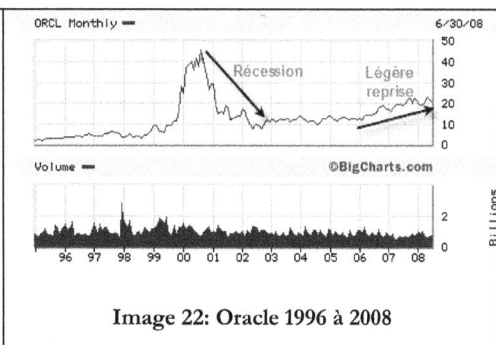
Image 22: Oracle 1996 à 2008

Cependant, il est possible de remarquer que malgré les hausses subséquentes à la récession, plusieurs de ces géants n'ont jamais reprit leur sommet précédent celle-ci. Il est donc judicieux de se départir d'une grande partie de ces actions après une bulle malgré que ces compagnies soient des piliers du marché. Aucun exemple de « penny stock » ou de petite capitalisation n'est affiché dans cette section du livre parce que la plupart des compagnies en 2000 n'existent plus désormais.

Il est possible de conclure qu'il est préférable de vendre ses actions ou une grande partie de celles du domaine touché par la bulle en milieu d'une récession. Pour les actions d'autres marchés, une analyse individuelle est nécessaire. Voici des exemples dans des secteurs autres que ceux des bulles qui ont bien repris rapidement ou simplement n'ont pas été affectés pendant celles-ci. Les graphiques ci-dessous identifient les périodes de récession par le biais d'une forme elliptique.

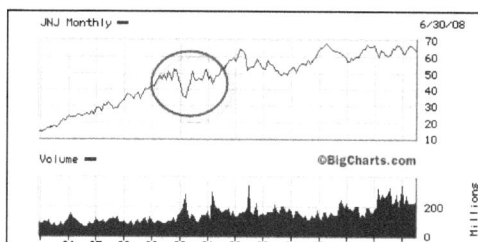

Image 23: Johnson & Johnson 1996 à 2008

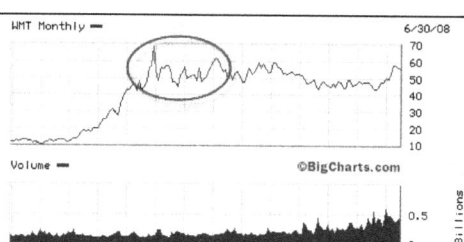

Image 24: Walt-Mart 1996 à 2008

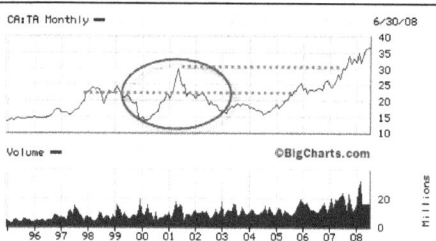

Image 25: TransAlta Corporation (Toronto) 1996 à 2008

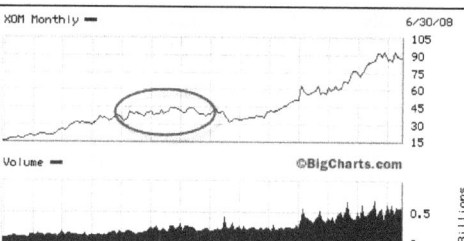

Image 26:Exxon Mobil 1996 à 2008

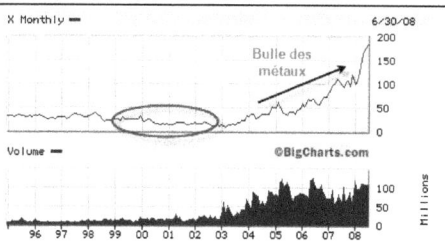

Image 27: U.S. Steel 1996 à 2008

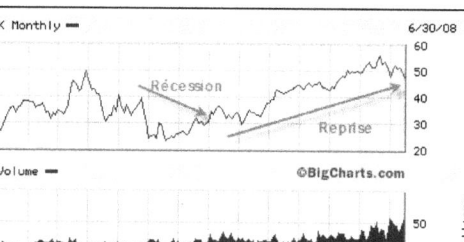

Image 28: Kellogg Corporation 1996 à 2008

Voici des compagnies qui étaient dans le top 500 en début des années 2000 et qui ont eu de la difficulté à remonter suite à la récession.

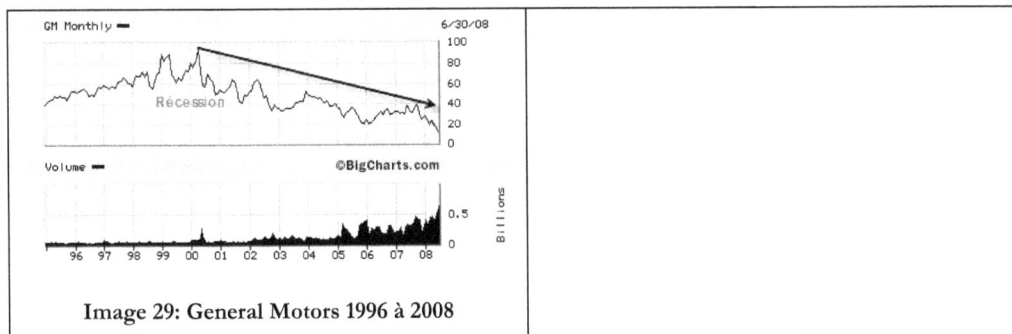

Image 29: General Motors 1996 à 2008

Une autre possibilité est de vendre en entier les actions du portefeuille.

Une action chute, est-ce le temps d'acheter ?

Lorsqu'une action chute de plus de 10%, il se peut qu'un événement particulier soit en cours. Par exemple, ce pourrait être en raison d'une baisse du marché d'une compagnie, d'une descente globale de la Bourse, d'un départ de récession, etc. Dans un cas où le marché est stable (ou en hausse) et que les compétiteurs d'une compagnie donnée continuent à augmenter, celle-ci risque d'éprouver des difficultés à reprendre son prix d'origine rapidement.

Ce fut le cas pour plusieurs compagnies telles qu'en pharmacologie avec Conjuchem, ayant bondi de 4$ à 15$ pour rester à ce prix pendant plusieurs mois et ensuite, redescendre. Conjuchem est demeuré un long moment à 0.50$ avant de monter à 4$. Finalement, il est monté à 15$. Par contre, le produit n'a pas eu les résultats escomptés et Conjuchem a plongé jusqu'à 5$ pour finalement rester longtemps sous 5$ et atteindre le plancher de 0$.

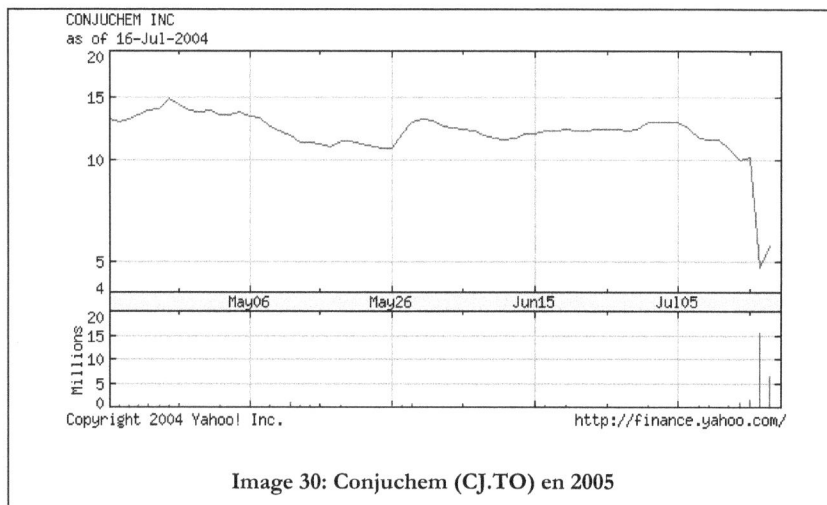

Image 30: Conjuchem (CJ.TO) en 2005

Le cas d'une chute et l'espérance d'une hausse pour compenser ne sont pas rares. Il est possible de faire de l'argent lors de baisses, mais il faut prendre le temps de bien analyser la situation. La majorité du temps, si le titre ne rebondit pas quelques jours après la baisse, celui-ci va demeurer bas pour une durée significative. Le meilleur moment pour acheter un titre qui a eu une chute est d'attendre qu'il se soit stabilisé et que celui-ci commence une remontée. Lors de cette remontée, le prix de l'action est encore faible. Sans nécessairement être au plus bas, il est possible d'en générer un bon gain.

Ce fut aussi le cas pour la compagnie Avon (AVP) dans les années 1973. Après avoir connu un sommet de plus de 140$, la compagnie a chuté en quelques années à 4$ l'action ! Lors de la chute, Avon (AVP) à 100 $ aurait pu être une aubaine. Cependant, en connaissant le dénouement, ceci aurait été une mauvaise

Il faut être patient et attendre qu'une compagnie reprenne des forces suite à l'événement qui l'a fait chuter avant de réinvestir dans cette compagnie. Patience, patience, patience!

décision. En fait, Avon (AVP) n'a jamais de son histoire repris la hausse de 140$. Par contre, ceux qui ont observé Avon (AVP) à 4$ et attendu que le titre remonte vers 10$ ou 15$ avant d'acheter ont pu faire plus de 100% de profit. Le titre a remonté au-delà de 20$ après les années 1980. Bien sûr, le profit aurait été plus haut si l'achat avait été fait à 4 $, mais encore là, rien ne prédisait qu'Avon (AVP) n'aurait pas descendu davantage.

Une hausse soudaine sur une action pour ensuite connaître une forte baisse est un scénario qui survient fréquemment. Plusieurs personnes peuvent penser que c'est le temps d'acheter pendant cette baisse, car l'action a déjà été haute. Cette affirmation est généralement fausse. Prenons l'exemple d'UEX Corporation (UEX.TO) à la Bourse de

Toronto dans le secteur de l'uranium. Après avoir enregistré une hausse à plus de 9$ (ayant débuté à quelques sous) entre les années 2004 à 2008, l'action a chuté pendant toute l'année 2009. La chute s'était produite lors de la récession de l'énergie (métaux et pétrole). L'action ne valant presque rien a réussi à remonter vers le dollar. Les personnes ayant acheté à 0.75$ et vendu à 1$ à la fin 2008 ont fait un gain de 30%. Par contre, ceux ayant acheté à 3$ pensant faire un bon gain se sont vus perdre plus de 75% de leur avoir. De plus, UEX Corporation (UEX.TO) est resté et reste encore à ce jour (mi-2010) entre 1$ et 2$ sans revenir à son sommet de 9$.

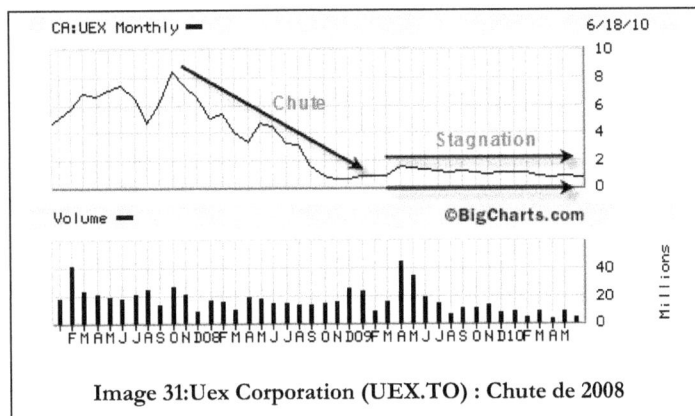

Image 31:Uex Corporation (UEX.TO) : Chute de 2008

Est-ce le temps d'acheter une action lorsqu'elle descend beaucoup? La réponse est non. Par contre, c'est le temps d'ajouter cette action dans votre liste de compagnies à surveiller. Vous pouvez regarder ces actions et lorsque celles-ci vont être à nouveau dans une phase de progression, achetez.

Quand acheter ?

Le bon moment est très variant selon l'action, le marché auquel l'action appartient, l'économie générale, etc. Il n'y a pas de moment exact où il est préférable d'acheter autre que lorsque l'action semble sous-évaluée.

Par contre, Stan Weinstein [33] indique qu'il y a des moments plus propices. Il indique que l'année après les élections américaines est toujours une mauvaise année. Selon lui, les 100 dernières années ont toutes été concluantes envers ce principe.

Selon Merrill's data (toujours selon les écritures de Stan Weinstein [33] entre 1897 et 1983), le meilleur mois pour acheter est décembre, et ceci à 68% des années. En fait, les 3 mois les plus haussiers sont novembre, décembre et janvier. Juillet et août sont aussi positifs. Les pires mois sont février, mai, juin et septembre.

Pour les jours de la semaine, la moins bonne journée tend à être le lundi, tandis que les meilleures sont le vendredi et le mercredi. Plus la semaine avance et plus le marché est haussier.

Malgré ces statistiques, l'achat doit se faire (comme la vente) selon plusieurs variables qui seront expliquées prochainement dans ce livre. Il n'y a pas de recette miracle pour trouver le meilleur moment d'achat. Par contre, l'important n'est peut-être pas d'avoir le meilleur moment, mais simplement un moment qui nous permet de faire un gain sans être pris avec une action pendant des années.

Quand vendre ?

Les informations de la section précédente sur les moments propices à l'achat sont également valides pour la vente. Cependant, il est important de se souvenir de ne pas garder un titre quittant une tendance haussière vers une tendance baissière.

Il ne faut pas non plus garder en sa possession un titre dans une industrie qui tend vers une baisse. Citons en exemple la bulle des technologies ayant eu lieu il y a plus de 10 ans. Plusieurs entreprises n'existent plus ou n'ont jamais repris suite à cet événement. Si l'économie est à bout de souffle et qu'elle amorce une descente, il est préférable de vendre. Il faut vendre même si une action offre un bon dividende parce que les dividendes ne sont pas assurés. C'est-à-dire que la compagnie peut bien réduire celui-ci ou tout simplement arrêter de les émettre. De plus, l'annonce d'une baisse de dividende aura pour effet de diminuer le prix du titre qui y est associé. Il ne faut pas garder un titre dans son portefeuille simplement en raison du prestige de la compagnie. Plusieurs grandes compagnies ont perdu jusqu'à 80% de leur avoir.

Récapitulatif du chapitre

Voici le récapitulatif du chapitre 3 «Questions de base».

- ✓ Il faut établir dès le départ les sommes d'argent qui vont être investies en Bourse et ceci pour une durée de plusieurs mois.

- ✓ Il faut être discipliné, ne pas être stressé et être capable de faire abstraction de ses émotions pour investir à la Bourse.

- ✓ Il ne faut jamais emprunter de l'argent pour investir à la Bourse.

- ✓ Il faut se pratiquer sur un simulateur de Bourse avant d'investir son propre argent ou l'argent d'autres personnes.

- ✓ Un simulateur n'est pas parfait, car ce n'est pas de la véritable argent. C'est une étape pour pratiquer des techniques. Cependant, il faudrait investir véritablement pour comprendre le stress qui s'y rattache.

- ✓ Il faut un minimum d'argent pour être capable d'investir raisonnablement à la Bourse.

- ✓ Il faut magasiner son intermédiaire.

- ✓ Chacune des Bourse a des heures d'ouvertures différentes.

- ✓ En cas de récession, il faut garder son calme et agir afin de limiter les pertes.

- ✓ Il est normal de ne pas investir lors de période creuse.

- ✓ Il ne faut pas acheter après une grosse chute d'une action.

Questions et réponses

Voici des questions accompagnées de leur réponse. La section présente assure une meilleure compréhension des notions précédemment assimilées.

Questions

1. Si j'ai 1600$ à investir à la Bourse et que les frais de mon institution par transaction sont de 15$, est-ce que je devrais investir ?

2. Quelle est la somme minimale à investir selon la règle du 1% si les coûts de transaction sont 25$?

3. Pourquoi devriez-vous vous pratiquez avant d'aller investir en réel ?

4. Est-ce que les Bourses ouvrent toutes en même temps?

5. Vous avez réalisé des profits de 67% dans la dernière année. Depuis 1 mois, il y a dans les nouvelles une possibilité de récession. De plus, plusieurs de vos actions descendent d'un minimum de 5%, ce qui commence à faire diminuer votre profit qui avait augmenté à plus de 75% il y a quelques temps. Que devriez-vous faire pour être sécurisé?

Réponses

1. $\dfrac{(15\$ * 2)}{1600} * 100 = 1.875\%$ Il faudra faire un gain d'au moins 1.875% pour couvrir les frais de gestion. Le taux est supérieur à 1%, mais ceci ne veut pas dire que c'est un non absolu. Par contre, il serait préférable d'attendre.

2. $(25 * 2) * \dfrac{100}{1} = 5000\$$

3. À la Bourse, il y a plusieurs techniques d'investissement. Il faut donc savoir quelle technique vous correspond le plus. Se pratiquer vous permet d'apprendre par l'essai et l'erreur, sans que ces erreurs vous coûtent de l'argent réel. De plus, en simulation vous pouvez avoir plus de capital qu'en réalité, ce qui vous permet de pratiquer plus souvent avec plusieurs compagnies. En dernier, les simulations vous permettent de développer de bonnes habitudes d'investissement.

4. Chaque Bourse ouvre à des heures différentes. Il est presque possible de transiger 24 heures sur 24 avec les Bourses américaines, européennes et australiennes.

5. Si après analyse vous remarquez que vos titres diminuent et que les nouvelles économiques ne sont pas reluisantes, la vente de vos actions et l'attente sont le plus sage afin de sécuriser vos gains. Rien ne vous empêchera de racheter.

Les principes de base

Voici des principes de base de la Bourse qui vont permettre de solidifier vos investissements sur les marchés.

Le prix des actions

Le prix des actions est sans aucun doute un mystère incompréhensible pour tous les nouveaux investisseurs. Un matin, le prix peut monter en flèche et d'autre fois descendre durant des semaines. Comment déterminer le prix qu'aura une action demain ? Ou simplement dans quelques heures ? Il s'agit de questions impossibles à répondre avec certitude peu importe l'expérience amassée.

Il arrive que certains individus disent qu'ils sont certains du prix qu'aura une action. Dans ce cas, la méfiance est de mise. Il est préférable d'être prudent et de simplement regarder le train passer, car il pourrait aussi bien dérailler. Il en est de même avec les trucs miracles ou les livres donnant des astuces pour faire des gains faramineux rapidement. Autant avec la Bourse que le Forex ou autres systèmes, l'argent facile n'existe pas. Il faut donc être averti et garder ses émotions loin de l'investissement lorsque nous allons à la Bourse, ainsi que pour déterminer le bon prix.

Le prix des actions se divise en trois. Le prix de l'achat, le prix courant et le prix de la vente. Ce sont trois variables très distinctes qui caractérisent une valeur sur une même et unique chose. Paradoxalement, le prix d'achat et de vente ont un lien très fort parce que l'achat pour un est une vente pour un autre. Donc, le prix de l'action est pour un individu un prix d'achat et pour un autre un prix de vente. Banale conclusion, mais sachez que ceci cache une vérité intéressante : il y a un individu sur cette planète qui croit que le prix va monter et donc achète. En même temps, une autre personne vend, car elle pense que le prix va descendre.

Le prix courant est régi par une loi toute simple qui est l'offre et la demande. Plus l'offre est forte comparativement à la demande et plus le prix descend. Ceci revient à dire que si la demande est plus faible comparativement à l'offre, le prix descend. Ceci est normal parce qu'il y a moins d'acheteurs et plus de vendeurs. Les vendeurs désirent vendre leurs actions et donc baisser leur prix pour allécher les acheteurs à faire un achat. À l'inverse, si l'offre est faible et plus haute que la demande, alors le prix augmente. En d'autres termes, si la demande est plus forte que l'offre et qu'il y a plus d'acheteurs que de vendeurs, le prix augmente. La raison est simple, il y a beaucoup de gens qui veulent se procurer les actions. Les actions en nombre limité se font plus rares, ce qui fait augmenter le prix.

Le prix de l'action est un principe de base parce que dans des conditions idéales, l'achat se fait lorsque la demande augmente, ce qui fait que le prix augmente. La vente se fait lorsque le gain est suffisant, lorsque la demande ralentit ou arrête. En théorie, investir est simple. Par contre, en pratique, trouver les moments où la demande est plus forte que l'offre et vice-versa demeure le casse-tête premier des investisseurs en Bourse. En fait, autant les professionnels que les amateurs n'ont pas de moyen ultime pour trouver quand acheter et vendre. La preuve est simple: aucun professionnel n'est capable de garantir de bons gains annuels à leurs clients et ils sont des « professionnels ».

Le prix des Bourses – des indices

La Bourse de New York vaut présentement 10 609 points. Pourquoi ne vaut-elle pas 10 609 dollars? L'explication a été donnée dans le chapitre « Définitions de termes » sous la section « Indice ». Le prix des indices est très important pour les investissements. Il donne le pouls général de la situation dans laquelle vous investissez. C'est un peu comme regarder un fanion au vent avant d'aller en mer. Le but est le même : regarder où le courant va nous amener. Dans les années fin 2004 à mi-2007, le prix des métaux ainsi que du pétrole a fait bondir la Bourse de Toronto (TSX) qui est constituée d'un grand nombre de compagnies dans le secteur des mines. Lorsqu'on regarde l'indice du TSX, on s'aperçoit que le fanion montre un vent favorable à

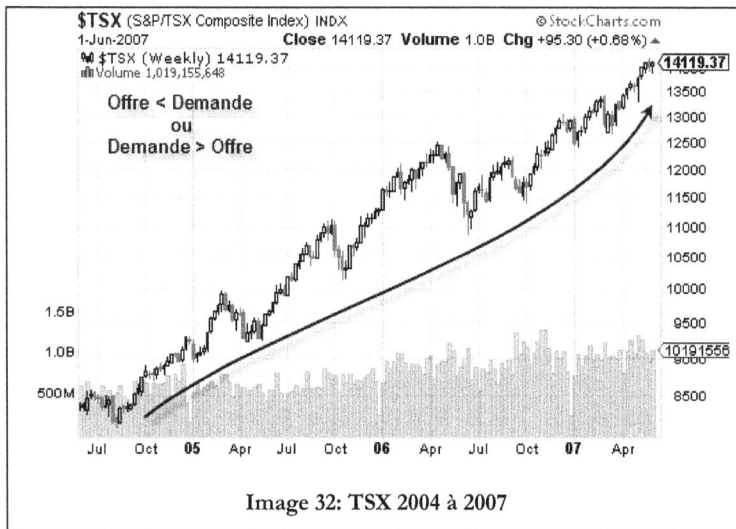

Image 32: TSX 2004 à 2007

l'investissement, car l'indice augmente.

Le prix de l'indice est très important, car il va faciliter vos investissements. Si l'indice augmente, c'est que les compagnies qui le constituent augmentent. En d'autres termes, un grand nombre de compagnies augmentent et ce nombre est plus important que le nombre qui descend. Ce résultat favorise donc l'investissement dans une compagnie de cet indice, car les possibilités d'une hausse sont plus élevées en raison de l'augmentation de l'indice. D'un autre côté, l'indice pourrait montrer un signe contraire, c'est-à-dire qu'il pourrait descendre. Un exemple est le krach des technologies de l'an 2000. Dès le début de l'année, l'indice du Nasdaq, principalement composé de titres technologiques, chute tout au long de l'année. C'est un très bon indicateur de ne pas acheter ou d'acheter modérément dans un secteur autre que les technologies. Les indices sont alors un outil très important afin de déterminer le prix d'une action ainsi que de savoir le bon moment pour investir.

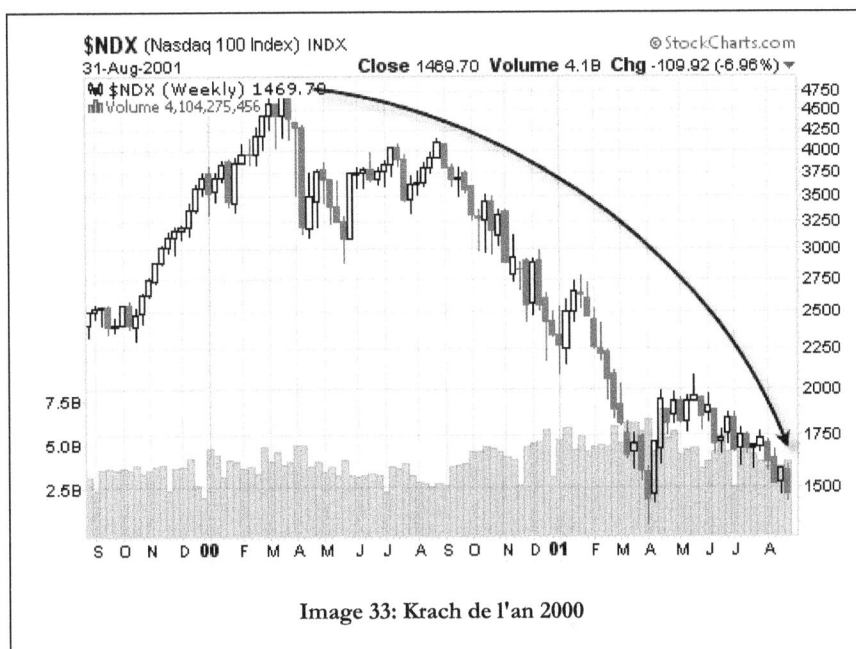

Image 33: Krach de l'an 2000

Les actions qui ne sont pas des actions : ETF

ETF est l'acronyme pour « Exchange Traded Fund ». Une traduction mot à mot donne « Marché des échanges de fonds». Intéressant, car nous venons de discuter des indices à la section précédente. Les ETF se trouvent avec les symboles boursiers comme les actions de compagnie et sont échangeables à la Bourse. Par contre, ils ne sont pas des actions traditionnelles. En fait, ce n'est pas une part de compagnie, c'est un regroupement d'actions comme des fonds communs. Également, il s'agit d'un ensemble d'actions avec une cohésion qui permet d'avoir une diversification de compagnies dans un même domaine sans devoir acheter plusieurs compagnies. Les avantages ainsi que les inconvénients sont divers. Les paragraphes suivants dressent cette liste.

Les ETF ont débuté en Amérique en 1989 avec la Bourse AMEX (American Stock Exchange). Cependant, n'ayant aucun succès, ce n'est qu'en 1993 avec la Bourse de Toronto et les ETF nommés TSE35 et TSE100 que les ETF ont pris de la popularité.

Le premier symbole ETF américain à être lancé est en 1993 sous le symbole SPY qui se basait sur le Standard & Poors 500 Index. Ensuite le QQQQ qui est un ETF pour le Nasdaq-100 et le DIA pour le Dow Jones Industrial Avarage ont suivi.

Avantages :

Deux des avantages sont la flexibilité et la diversification qu'offrent les ETF. En effet, la flexibilité, puisqu'ils permettent d'avoir un contrôle rapide et peu onéreux. Aucun coût de gestion, aucune pénalité si non-respect de clause telle que les fonds communs peuvent avoir, ni temps minimal de possession. Ensuite, la diversification parce qu'il y a des ETF pour tous les indices et tous les marchés. De plus, il existe des ETF dans la plupart des Bourses. En 2009, il existait plus de 1 500 ETF aux États-Unis [19].

Inconvénients :

Parmi les inconvénients, il y a le fait que les ETF sont très homogènes sauf ceux pour les indices. Ayant un ETF dans le secteur de l'or ne permet pas de mitiger les chutes si l'or descend. Par contre, en faisant attention et en investissant dans plusieurs ETF, les risques sont mitigés. Ce ne sont pas tous les ETF qui ont un fort volume, ni tous les ETF qui ont une réputation depuis longtemps. Il est donc important de bien faire ses devoirs avant d'investir dans les ETF.

Groupement de ETF

Les ETF se regroupent en firmes de gestion pour composer une famille d'ETF. Se sont souvent des institutions financières ou des firmes d'investissement. Il est donc possible de trouver plusieurs ETF pour une firme. Voici deux extraits de quelques-uns des ETF de deux firmes.

Morgan Stanley

Symbol	Name
MAY	Malaysia Fund
APF	Morgan Stanley Asia-Pacific Fund
IIC	Morgan Stanley California Insured Municipal Income Trust
IQC	Morgan Stanley California Quality Municipal Securities
CAF	Morgan Stanley China A Share Fund
RNE	Morgan Stanley Eastern Europe Fund Inc.
MSD	Morgan Stanley Emerging Markets Debt
EDD	Morgan Stanley Emerging Markets Domestic Debt Fund
MSF	Morgan Stanley Emerging Markets Fund
FFD	Morgan Stanley Frontier Emerging Markets Fund, Inc
MGB	Morgan Stanley Global Opportunity Bond Fund
MSY	Morgan Stanley High Yield Fund
ICB	Morgan Stanley Income Securities
IIF	Morgan Stanley India Investment Fund
ICS	Morgan Stanley Insured California Municipal Securities
IMC	Morgan Stanley Insured Municipal Bond Trust

Tableau 6: Échantillon des ETF de la firme Morgan Stanley

Deutsche Bank

Symbol	Name	Sector
DAG	PowerShares DB Agriculture Double Long ETN	Natural Resources
AGA	PowerShares DB Agriculture Double Short ETN	Bear Market
DBA	PowerShares DB Agriculture Fund	Natural Resources
AGF	PowerShares DB Agriculture Long ETN	Natural Resources
ADZ	PowerShares DB Agriculture Short ETN	Bear Market
BDD	PowerShares DB Base Metals Double Long Exchange Traded Note	Natural Resources
BOM	PowerShares DB Base Metals Double Short Exchange Traded Note	Bear Market

Tableau 7:Échantillon des ETF de la firme Deutsche Bank

Pour en savoir davantage sur les ETF, voici un site Internet ayant une liste très exhaustive des ETF et des secteurs dans lesquels ils sont spécialisés http://etf.peacefulgains.com/A-List-of-exchange-traded-funds.

Les types de ETF

Les ETF peuvent avoir des structures légales différentes selon les fonds. La majorité seront dans la même catégorie et vous n'aurez que rarement à vous soucier de quel type de structure sont vos ETF.

La première structure se nomme « Open End Index Fund ». Il s'agit de la structure la plus populaire. Une des ses caractéristiques est que les dividendes des compagnies le constituant sont immédiatement réinvestis et payés aux investisseurs sur une base fixe. La base peut varier selon les ETF. Par exemple, ils peuvent être distribués mensuellement, mais généralement à tous les trimestres. Voici quelques groupements d'ETF qui sont de ce groupe : PowerShares et iShares.

La deuxième structure se nomme « Unit Investment Trust » ou « UIT ». Une des caractéristiques qui le différencie rapidement de la première structure est la manière dont les dividendes sont distribués. Les dividendes sont distribués seulement aux trimestres ou annuellement. Il n'y a pas de réinvestissement de dividende. Une autre caractéristique est que les UIT ont une date déchéance. Lors de l'achat, ceux-ci sont bons pour une période fixe de quelques années jusqu'à quelques décennies. La plupart du temps, les UIT vont remettre à plus tard la date d'échéance, ce qui fait que cette contrainte de temps se veut davantage théorique que pratique. Veuillez noter que cette structure est l'une des plus vielles et comporte des groupes très connus tels que : BLDR, SPDR et PowerShares QQQQ.

La troisième structure se nomme « Grantor Trust » et se différentie aussi par son approche avec les dividendes. Les dividendes sont liés à l'investisseur (et donc ne passe pas par le groupe qui investit), ce qui permet à l'investisseur d'avoir ses droits de vote. Moins populaire que les autres structures, on y retrouve quand même de grands noms d'ETF tels que StreetTracks Gold Share, iShare Silver Trust et CurrencyShares.

La quatrième et dernière structure est l'« Exchange-traded Notes » ou l'« ETN ». Ce type d'ETF est particulier, car l'investissement est fortement lié aux indices, mais le profit varie selon la cote de crédit du groupe fournissant de l'ETN. C'est-à-dire que si vous achetez des ETN de Barclays et que celui-ci fait faillite, vous aurez 0$. De plus, les ETN sont différents avec l'impôt que les ETF. L'ETN permet de prendre les gains et de les réinvestir sous forme de contrats, ce qui permet d'économiser de l'impôt. De plus, n'ayant ni dividende ni intérêt, il n'y a donc pas d'impôt à payer à toutes les années. Ceci est avantageux pour les investissements à long terme.

Il faut noter que les ETF sont souvent traités comme les fonds mutuels et ils doivent payer des impôts sur les gains faits dans l'année. Cela varie selon le pays dans lequel vous êtes; veuillez vous renseigner auprès de votre comptable.

Les ordres de leur création aux transactions

Le cycle de vie d'un ordre varie selon le type d'ordre ainsi que de plusieurs facteurs. Avant d'entrer dans les détails du cycle de vie d'un ordre, déterminons précisément ce qu'il est et en quoi consiste une transaction.

Un ordre est une demande pour effectuer un achat ou une vente à la Bourse. Un ordre n'a pas de valeur tant et aussi longtemps que celui-ci n'est pas valide et exécuté. Du fait même, il est possible d'annuler un ordre avant que celui-ci s'exécute sans payer de frais.

Une transaction est l'aboutissement d'un ordre, une finalité. Une transaction peut être annulée pour plusieurs raisons ou peut être effectuée avec succès. Une transaction a donc plusieurs états possibles, mais seulement un état à la fois. Notamment, une transaction peut être annulée si celle-ci avait la caractéristique d'être dans un lot fixe et que cette condition n'a pas été respectée. Par exemple, admettons que vous désirez 400 actions avec la mention « tout ou rien ». Si, à la fin de la journée, un lot de 100 actions et de 200 actions ont été achetés, cela annulerait la transaction. La raison est que 100+200 ne donne pas le lot en entier de 400.

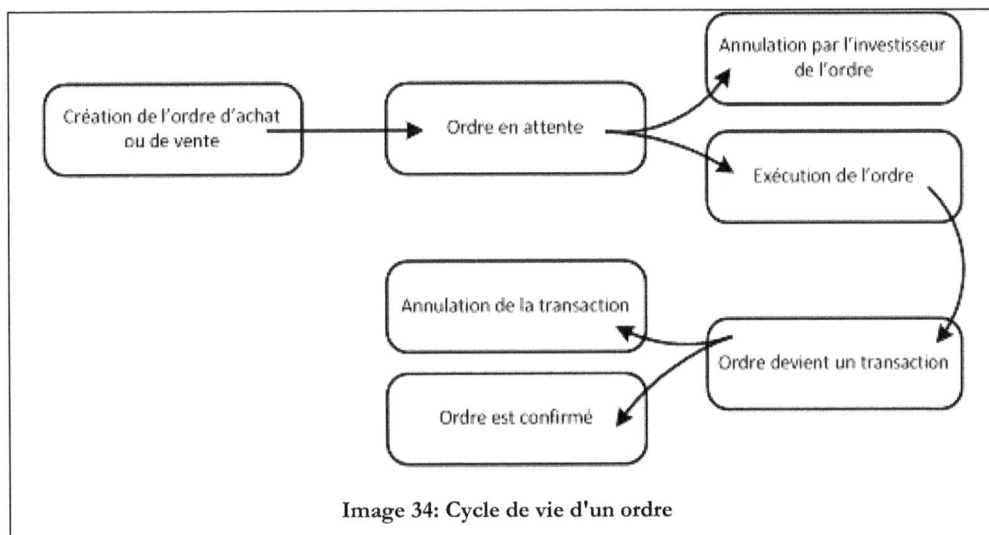

Image 34: Cycle de vie d'un ordre

Le cycle de vie démarre lorsqu'un investisseur veut acheter ou vendre des actions. Lorsque celui-ci a déterminé le prix, la quantité ainsi que les autres paramètres facultatifs (ordre stop et ordre limite, date d'échéance,…), un ordre est créé. Cet ordre indique que l'investisseur veut entrer en contact avec la Bourse.

Lors de l'achat ou de la vente, l'ordre se place en attente d'avoir le prix demandé par l'investisseur. Il est possible que l'individu ait placé un ordre de type « ordre au prix du marché » ou « ordre au prix courant ». Cela signifie que dès que l'ordre arrive à la Bourse, cette dernière achète ou vend au prix actuel. Par exemple, un ordre d'achat au prix courant est placé pour la compagnie XYZ. Dès que l'ordre arrive en Bourse et qu'il y a du volume, cet ordre est exécuté. L'autre possibilité est d'indiquer un prix précis minimal ou maximal et donc, cet ordre reste actif jusqu'à ce que les prix concordent. Prenons l'exemple de la compagnie Uranium Participation (U.TO) qui est présentement au prix de 6.15$. Si l'investisseur désire acheter en attribuant un ordre au prix courant et que l'ordre atteint le marché, l'achat se fera au prix de 6.15$. Dans une autre situation, si l'investisseur avait mis un ordre avec un prix maximal de 6$, l'ordre aurait été en attente jusqu'à ce que le prix d'U.TO diminue à 6$. Un ordre peut être en attente pour trois raisons. La première raison est un manque de volume ou un lot qui ne peut être brisé pour atteindre le lot désiré. C'est pourquoi il est souvent recommandé au départ d'acheter des actions avec un fort volume, ce qui enlève la possibilité d'attente inutile. Dans le cas contraire, cela pourrait faire manquer une possibilité d'achat ou de vente. La deuxième raison est que le prix désiré n'est pas atteint. Par exemple, si le prix désiré est trop faible pour un achat et que les vendeurs ont un prix plus élevé, il est possible que l'ordre reste en attente. La troisième possibilité est que l'ordre a été placé hors des heures d'ouverture de la Bourse. Dans ce cas, l'ordre va demeurer actif lorsque la Bourse ouvrira.

L'exécution de l'ordre est nécessairement liée au volume, c'est-à-dire qu'il y a des gens qui négocient cette action avec l'ordre inverse à l'initial (l'achat nécessite un ordre de vente, et la vente un ordre d'achat) avec une quantité égale ou supérieure à celle désirée. Lors de l'exécution, une tierce partie vend ses actions au prix courant et amasse l'argent donné pour avoir acheté les actions. À ce moment, votre ordre est retiré de la Bourse et vient dans un état « exécuté ». Il y a donc création d'une transaction. Pour cette étape, un acheteur possède une

Attention, si votre ordre a une date d'échéance sur plusieurs jours et que vous n'avez pas mis l'option d'une transaction complète, votre intermédiaire pourrait vous charger deux transactions au lieu d'une. Ceci ne veut pas dire que vous devez absolument mettre cette option, mais il est préférable de le faire lorsque vous transigez peu et si vous avez peu d'argent à investir.

transaction « d'achat » et le vendeur fournissant les actions a aussi une transaction « de vente ». Veuillez noter que lors de l'achat de plusieurs actions, il n'est pas nécessaire de recevoir les actions d'une seule et unique source. Effectivement, il est probable qu'une demande de 1000 actions se concrétise avec 300 actions d'un individu et de 700 actions d'un autre individu pour avoir votre total de 1000 actions. Il est aussi probable que dans certain cas, un nombre limité d'actions sur le lot total désiré soit disponible. Donc, l'acheteur termine en ayant qu'une partie des actions en une journée et possiblement le reste dans une autre journée. Dans les informations facultatives lors de la création d'un ordre, il est possible de spécifier si la transaction doit être acceptée seulement si l'ensemble des actions est acquis ou non. Si la liste de transaction contient 200 actions d'U.TO et qu'en fin de journée les 800 autres actions n'ont pas été achetées, la transaction pourrait être annulée lorsque cette option est activée. Les annulations sont plus rares lorsque le volume moyen est élevé. Une heuristique est que lorsqu'une action a un volume moyen supérieur à quelques centaines de milliers d'actions par jour, normalement la transaction s'effectue. Il peut arriver aussi que la transaction ne soit pas acceptée s'il n'y a pas les fonds dans l'encaisse. Cela dépend de la présence d'une marge de crédit ou non.

Dans le cas d'une vente, il est possible de placer un ordre pour une partie ou la totalité du volume que vous avez pour une action. En effet, une transaction d'achat n'égale pas automatiquement une seule et unique transaction de vente. De plus, il est possible en tout temps d'acheter de nouveau une même action et accumuler celles-ci pour finalement toutes les vendre en un seul ordre. Prenons l'exemple d'un achat de 1000 actions d'U.TO le 1er décembre, suivi d'un deuxième achat le 15 décembre pour un volume de 400 actions. Le portefeuille contient un total de 1400 actions. Il est possible de vendre en un ordre les 1400 actions ou en plusieurs. Celui qui possède les actions est maître de la gestion des achats et des ventes de ses actions.

Dans le cas d'un ordre avec un prix limite, cet ordre n'est pas automatiquement exécuté lorsqu'il arrive sur le marché de la Bourse. Par exemple, UEX Corporation (UEX.TO) est présentement au prix de 1.14$. Si on place un ordre d'achat limite (maximum) à 1.00$, l'ordre va rester sur le marché jusqu'à ce qu'UEX.TO atteigne le prix de 1.00$. Entre le temps où l'action diminue et le temps où l'ordre est placé, rien n'est entrepris. Il est donc possible d'enlever l'ordre sans problème, de modifier l'ordre ou de le laisser intact.

La Bourse est constituée de million d'ordres et de transactions. Lorsque vous placez un ordre, vous êtes parmi un océan de gens qui veulent vendre et acheter à des prix différents ainsi qu'à des volumes différents. Afin de mieux comprendre comment fonctionne l'ordonnancement des ordres, regardons l'image suivante qui illustre le tableau des ordres d'achat (en anglais les Bid) et des ordres de vente (en anglais les Ask) pour une action.

ID	Bid	Size	Time		ID	Ask	Size	Time
ARCX#	121.88	100	03:35:22 PM		nsdq#(2)	121.89	200	03:35:22 PM
nsdq#	121.87	90	03:35:22 PM		ARCX#	121.89	200	03:35:22 PM
CINN#	121.86	700	03:35:22 PM		CINN#	121.90	1400	03:35:22 PM
UBSS	121.75	NA	03:34:29 PM		CBOE	122.05	300	03:35:21 PM
CBOE	121.73	300	03:35:21 PM		MSCO	122.16	NA	03:35:13 PM
MSCO	121.71	NA	03:35:10 PM		UBSS	122.20	NA	03:29:59 PM
HDSN	121.65	NA	03:34:47 PM		BOFA	122.35	NA	03:26:07 PM
AUTO	121.37	NA	03:32:29 PM		MADF	122.89	NA	03:15:41 PM
BOFA	121.35	NA	03:26:07 PM		SBSH	123.79	NA	03:15:25 PM
SBSH	121.30	NA	09:30:37 AM		ETRD	123.89	NA	03:34:06 PM
FBCO	121.30	NA	03:31:35 PM		STFL	123.98	1000	02:45:43 PM
GSCO	121.27	NA	03:31:33 PM		FLOW	125.08	100	02:59:00 PM
NITE	121.02	NA	03:26:10 PM		AUTO	125.88	NA	02:58:05 PM
CHXE	121.00	1000	03:13:19 PM		FBCO	126.50	1000	01:59:10 PM
FLOW	121.00	1000	03:26:14 PM		GSCO	126.58	100	09:41:43 AM
MADF	121.00	NA	03:35:20 PM		EFGI	126.66	100	03:09:59 PM

Image 35: Bid à gauche, Ask à droite

Le prix d'achat (Bid) est toujours plus haut que le prix de vente (Ask). Lorsqu'on place un ordre au prix du marché pour acheter, tel que vu précédemment, l'ordre est mis au prix du « Ask » le plus bas. Lorsqu'on place un ordre au prix du marché pour vendre, le prix mis dans l'ordre va être le Bid le plus haut. En fait, nous allons discuter des « Ask » et « Bid » plus loin dans ce livre dans les chapitres plus avancés. Vous n'avez pas besoin de comprendre les détails afin de transiger à la Bourse. Il faut juste garder en tête qu'il y a plusieurs personnes qui placent des ordres et que seuls les meilleurs prix du côté des acheteurs (Bid) et des vendeurs (Ask) verront leurs ordres se transformer en transactions fructueuses.

Diversification des actifs

Une des règles qui est apprise dans tous les cours de finance est de bien diversifier ses actifs. Ceci est en partie vrai et en partie erroné.

La diversification des actifs est importante lorsqu'il s'agit de ne pas mettre tous ses actifs à la Bourse. Effectivement, la Bourse peut être risquée et mettre une partie de son portefeuille dans des placements garantis est très judicieux. Par contre, ce livre traite de la Bourse. La diversification à la Bourse n'est pas tout à fait intéressante malgré ce que plusieurs peuvent laisser croire. Afin d'expliquer pourquoi la diversification en Bourse peut être pénalisante, regardons un cas réel des années fin 1998 et le cas de 2006 à 2008. Ces deux périodes constituent la bulle technologique et la bulle des métaux/énergies. Un portefeuille d'actions diversifié aurait eu une partie en technologie, une partie en métaux, une partie en énergie, une partie en consommation, une partie en pharmaceutique, etc. En vérité, en 1998 votre portefeuille aurait dû être 100% en technologie. En 2000, vous auriez dû vendre lentement, car vous auriez fait un gros profit. Ensuite, lors de la descente, vendre tous vos avoirs pour aller dans le secteur plus commun tel que les biens de consommation. Il en est de même pour les années 2006, 2007 et 2008. Ce n'était pas le temps de diversifier dans la pharmaceutique, c'était le temps d'être dans les métaux et l'énergie.

La Bourse a des tendances qu'il faut suivre sinon des opportunités ne seront pas au rendez-vous. Effectivement, il ne faut pas avoir 100% d'une seule compagnie. Il est plus judicieux d'acheter plusieurs compagnies dans un même secteur. Prenons l'exemple de l'or. Si ce métal augmente et que les nouvelles, les graphiques et les autres indicateurs favorisent l'or, alors il est lentement temps d'aller de plus en plus dans l'or. Il est sage de garder quelques actifs dans d'autres secteurs, mais la majorité devrait être regroupée dans le même secteur.

> Il ne faut pas investir la totalité de vos avoirs en Bourse. Ceci est la seule diversification que vous devriez avoir. Pour votre portion de Bourse, rester cohésif sur 1 ou 2 secteurs qui ont la vogue.

Il y a plusieurs trucs et moyens pour limiter les dommages en cas de chute d'un secteur et ce livre en discutera davantage. Sachez qu'il est important de diversifier avec des actifs afin de ne pas tout avoir à la Bourse, mais que les investissements doivent suivrent la tendance.

Récapitulatif du chapitre

Voici le récapitulatif du chapitre 4 « Les principes de base ».

- ✓ Le prix courant est celui de l'action, le prix d'achat est celui que vous désirez acheter et le prix de vente est celui du vendeur.

- ✓ Les indices sont représentés en points qui sont un regroupement de plusieurs actions.

- ✓ Les « ETF » sont un regroupement d'actions qui se négocient en Bourse.

- ✓ Un ordre devient une transaction.

- ✓ Il est possible d'annuler un ordre, mais impossible d'annuler une transaction. Par contre, une transaction peut ne pas être valide.

- ✓ Le « Ask » est le prix de vente, le « Bid » est le prix d'achat.

- ✓ La diversification en Bourse est au niveau des compagnies et non pas au niveau des industries/marchés. La diversification sous le sens d'investissement est la proportion investie en Bourse (risqué) et dans d'autres produits tels que les contrats à terme ou dépôts garantis.

Questions et réponses

Voici des questions accompagnées de leur réponse. La section présente assure une meilleure compréhension des notions précédemment assimilées.

Questions

1. L'indice d'une Bourse est constitué de la somme des prix d'un groupe d'action ?

2. Pourquoi un indice est important ?

3. Nommez au moins un avantage des « ETF » comparativement aux fonds communs ?

4. Est-ce que les « ETF » ont des symboles différents des actions ?

5. Est-il possible de modifier un ordre sans l'annuler ?

6. Si vous placez un ordre d'achat à un prix supérieur au prix du marché, que ce passe-t'il ?

7. L'or augmente depuis 2 mois, devriez-vous vendre vos actions dans le secteur des technologies même si ceux-ci stagnent sans perdre d'argent ?

Réponses

1. Non. C'est un regroupement de plusieurs actions (compagnies) selon leur prix en proportion de leur capitalisation.

2. Les indices permettent d'avoir le pouls de la Bourse ou d'un marché. Ceci indique s'il s'agit d'un bon moment pour investir.

3. Les « ETF » n'ont pas de frais de gestion et sont facilement achetables et vendables au moment que vous désirez (telles les actions).

4. Non.

5. Oui.

6. Votre ordre est en attente jusqu'à ce que votre prix soit valide.

7. Vous devriez lentement aller vers le secteur qui est à la tendance haussière : oui.

Choix des titres de Bourse

Chapitre 5

Choisir une compagnie afin de commencer ses investissements n'est pas chose facile. Au départ, vous ne devriez pas déjà avoir une liste d'actions en banque. De plus, vous n'avez pas plusieurs années d'expériences face à une telle liste afin de sélectionner le meilleur choix. Ce chapitre explique plusieurs moyens pour bâtir une liste de titres afin de pouvoir transiger ceux-ci à la Bourse. Ces techniques de sélection de titres seront beaucoup plus approfondies dans quelques chapitres et les détails sur le temps d'acheter et de vendre seront aussi précisés ultérieurement. Gardez en tête que cette introduction n'explique pas comment acheter ou vendre efficacement, mais bien sur la création d'une liste de titres.

Comment choisir un titre?

Voici quelques moyens pour entreprendre une sélection de titres. Ces moyens sont bons autant pour les débutants que les investisseurs plus avancés. D'autant plus qu'avec l'expérience les listes de titres grossissent et se spécialisent en catégories selon les tendances. Il n'est pas rare de voir des investisseurs avec des listes contenant des centaines de titres. Avoir une liste ou des listes permet de suivre des compagnies de manière plus régulière et de saisir les bonnes occasions lorsque celles-ci se présentent.

Les nouvelles dans les médias

Les nouvelles dans les médias constituent une bonne source de nouveaux titres, surtout celles spécialisées dans les finances ou les affaires. Celles-ci contiennent plusieurs compagnies qui sont d'actualité et qui font parler d'elles. Souvent, les journaux ou les revues financières auront le nom des compagnies accompagné de leur symbole.

Outre les journaux, Internet est une source très intéressante et pour la plupart du temps, gratuite. Par contre, les informations sont souvent en anglais. Voici quelques liens intéressants pour trouver des nouvelles.

Titres	Liens Internet	Langues
CyberPresse Affaire	http://lapresseaffaires.cyberpresse.ca	Français Canada
Wall Street Journal	http://online.wsj.com/home-page	Anglais USA
Google Finance	http://www.google.com/finance	Anglais
Yahoo Finance	http://finance.yahoo.com	Anglais et Français
Bloomberg	http://www.bloomberg.com	Anglais

Google Finance est écrit en anglais. Cependant, il permet de rassembler plusieurs sites de nouvelles avec quelques minutes ou heures d'intervalle de sortie de ces informations. C'est excellent pour avoir des renseignements à jour. De plus, le site contient les titres ayant bougé le plus et plein d'autres informations utiles pour découvrir des compagnies.

Yahoo Finance est semblable à Google. L'avantage de Yahoo est que celui-ci est en français si vous allez sous : http://fr.finance.yahoo.com. En fait, Yahoo permet d'avoir facilement les nouvelles selon votre pays. Par exemple, http://ca.finance.yahoo.com donnera les nouvelles des finances pour le Canada (plus particulièrement les compagnies de la Bourse de Toronto, TSX) tandis que l'adresse se terminant avec « .fr » se concentrera davantage sur les nouvelles européennes françaises.

Ce moyen de trouver des titres est synonyme d'acheter sur une bonne nouvelle et vendre sur une mauvaise nouvelle. Ce moyen peut-être efficace en théorie. Cependant, lorsque la nouvelle sort au grand public, les gros joueurs ainsi que plusieurs personnes plus proches de la nouvelle ont déjà fait bouger le titre. Il y a donc un problème au niveau du temps. Par contre, cette approche est intéressante afin de se fabriquer une liste de symboles pour d'éventuels placements. Par ailleurs, plusieurs actions ayant déjà augmenté avant l'annonce d'une bonne nouvelle vont continuer à augmenter après celle-ci. Aussi, veuillez noter que même si une bonne nouvelle sort, ceci ne veut pas dire qu'un titre va augmenter. Effectivement, si Edwards Lifesciences (EW) annonce des gains, mais que ceux-ci sont plus bas ce que les spécialistes auraient prédis, ceci va avoir l'effet que Edwards Lifesciences (EW) a « mal performé » comparativement aux attentes et donc va descendre.

En règle générale, les nouvelles sont difficiles à interpréter. Les nouvelles les plus fiables sont la mise à pied d'employés qui normalement font augmenter le prix de l'action, car cela représente une dépense de moins. Aussi, si une compagnie annonce un split d'actions, selon le type de split, normalement le titre bougera. De plus, les actionnaires principaux sont dans l'obligation de publiciser leurs transactions, ce qui peut faire augmenter le titre à la sortie de cette nouvelle lors d'achats et faire baisser le cours lors de vente. Dans le même sens, un rachat d'action par la compagnie est normalement bon signe. D'un autre côté, une vente est mauvais signe. Le rachat est intéressant, car moins d'actions sont disponibles, ce qui crée un phénomène de rareté et donc, fait varier l'offre (moins il y a d'action, plus le prix augmente).

Secteurs

Un secteur est une industrie, un marché ou une partie d'un de ceux-ci. Plusieurs sites Internet regroupent les compagnies dans leur secteur respectif. Cette technique pour trouver des titres est intéressante, car si un secteur augmente beaucoup tel que l'or en 2009, il suffit de trouver un site dressant une liste des titres pour l'or. Un secteur permet aussi d'être plus précis qu'une industrie. Par exemple, l'industrie de l'énergie se subdivise en secteurs tels que l'uranium, le pétrole ou le transport du pétrole. Le tableau ci-dessous présente quelques sites Internet.

Titre du site	Lien Internet	Langue
CNN	http://money.cnn.com/data/sectors/finance/	Anglais
Yahoo Finance	http://biz.yahoo.com/p/ http://biz.yahoo.com/ic/ http://biz.yahoo.com/r/	Anglais
Google Finance	http://www.google.com/finance/stockscreener	Anglais
Stock2Own	http://www.stock2own.com/s2opro_marketscreener.aspx	Anglais
MarketWatch	http://www.marketwatch.com/tools/stockresearch/screener/	Anglais

Les graphiques

Une autre technique est de regarder des graphiques ayant comme seul objectif d'analyser la variation des prix. Cette technique impose de ne pas s'intéresser aux détails de la compagnie tels que ses résultats financiers ou même quels produits sont créés. En réalité, les graphiques sont le portrait vers quoi tend la compagnie avec le prix comme seul facteur. Si un graphique augmente depuis 2 ans, il y a forte chance que celui-ci continue à augmenter. Si le graphique illustre que depuis 2 ans une action augmente et que depuis 3 mois l'action descend, il y a forte chance que celui-ci continue à descendre. Bien entendu, la réalité est plus complexe et les prochains chapitres vont fournir des informations et conseils afin de bien analyser techniquement les graphiques.

Les « Scanners »

Les « Scanners » sont des outils qui prennent des paramètres d'entré et qui en sortie présentent des compagnies. Il est possible de configurer un scanner avec des paramètres de sorti, par exemple vouloir uniquement les compagnies dans le secteur du pétrole et qui ont une capitalisation de plus de 10 milliards de dollars et ayant une moyenne mobile qui augmente. Bien entendu, pour utiliser les « scanners », il faut connaître le jargon des termes financiers. Il existe des « scanners » plus orientés sur le plan des données fondamentales et d'autres plus techniques (avec les indicateurs techniques).

Les « scanners » sont une source intéressante pour se construire des listes et il y en a qui sont très poussés et qui permettent de même savoir quand acheter ou vendre. Souvent, pour utiliser les « scanners » les plus avancés, il faut débourser de l'argent. Ceci peut-être très intéressant si vous devenez sérieux avec la Bourse, car ils vont vous permettre d'analyser des milliers de titres de Bourse en un clin d'œil et avec vos critères. Par contre, pour les débutants et intermédiaires, les « scanners » gratuits et moins évolués sont quand même très utiles. Par exemple, vous voyez une tendance à la hausse pour le secteur agroalimentaire. Vous ouvrez un « scanner », vous sélectionnez le paramétrez avec tous les titres pour l'agroalimentaire et vous pouvez même demander de sortir les titres parmi une échelle de prix entre 5$ et 10$.

Voici quelques « scanners » gratuits :

Titre du site	Lien Internet	Langue
Google Finance	http://www.google.com/finance/stockscreener	Anglais
Stock2Own	http://www.stock2own.com/s2opro_marketscreener.aspx	Anglais
MarketWatch	http://www.marketwatch.com/tools/stockresearch/screener/	Anglais
Yahoo	http://screener.finance.yahoo.com/stocks.html http://screen.finance.yahoo.com/newscreener.html	Anglais
Globe Investor	http://www.globeinvestor.com/v5/content/filters.html	Anglais
Nasdaq	http://www.nasdaq.com/reference/StockScreener.stm	Anglais
StockCharts	http://stockcharts.com/def/servlet/SC.scan	Anglais

Résultat financier

Il est possible de choisir des titres selon les rapports financiers. Un rapport financier montre la santé d'une entreprise. Les rapports financiers sont annuellement disponibles et selon les compagnies, des rapports trimestriels ou semestriels peuvent être disponibles. Lire des rapports financiers est quelque chose qui demande du temps et peut être difficile au départ. Par contre, investir dans une compagnie qui fait des profits et qui n'a pas beaucoup de dettes est toujours un facteur positif lors de l'achat. Par contre, les résultats financiers ne sont pas d'aide pour savoir le moment quand acheter ou vendre une action. Les rapports vont être utiles pour le long terme ainsi que pour se faire une liste de compagnies plus sûres, mais toujours avec un horizon de placement à long terme. Le court terme n'est pas possible avec des rapports financiers tout simplement parce que ceux-ci ne sont pas mis à jour fréquemment.

Par les communautés et les simulateurs

Un autre moyen de trouver des titres de Bourse est de participer à des concours de Bourse où il est possible d'observer les autres concurrents. Apprendre des

http://www.boursevirtuelle.com est un simulateur de Bourse permettant de voir les portefeuilles des autres membres et ainsi apprendre quand et comment les meilleurs font leurs ordres d'achat et de vente. Ce simulateur est gratuit et donne des listes de centaines de titres.

meilleurs est toujours une bonne chose. Un simulateur permettant de voir les portefeuilles de tous les participants permet d'avoir des listes à jour de plusieurs compagnies qui performent bien.

Autre les simulateurs, il y a des forums de discussion autant en français qu'en anglais auxquels plusieurs individus échangent sur les titres qu'ils pensent acheter ou vendre. Il s'agit d'une bonne source pour trouver des titres. Cependant, veuillez avoir un fort jugement, car la majorité des gens dans les forums de discussions sont très actifs, très expérimentés et même souvent « Day-Trader », ce qui fait que leurs styles d'investissement peuvent varier du vôtre.

Conclusion

Ce livre préconise l'approche de création de liste de titres avec toutes les techniques ci-dessus afin d'avoir une sélection de titres. Par contre, ce livre indique les moyens de tirer de cette source les symboles pour être capable d'analyser les graphiques de faire votre choix d'achat.

Récapitulatif du chapitre

Voici le récapitulatif du chapitre 5 « Choix des titres de Bourse».

- ✓ Les symboles et compagnies se trouvent principalement :
    1. Les nouvelles
    2. Les regroupements par secteur
    3. Les graphiques de Bourse
    4. Les outils tels les « scanners »
    5. Les résultats financiers
    6. Les simulateurs de Bourse virtuelle
- ✓ Combiner plusieurs sources est intéressant.
- ✓ Une liste d'actions à surveiller est la base pour bien commencer.

Questions et réponses

Voici des questions accompagnées de leur réponse. La section présente assure une meilleure compréhension des notions précédemment assimilées.

Questions

1. Pourquoi avoir une liste d'actions est primordial ?

Réponses

1. Une liste d'action permet de se concentrer sur plusieurs actions sans être débordé par l'ensemble des actions existantes. Elle permet de catégoriser vos recherches ainsi que d'observer les bons temps pour acheter et vendre.

Les détails pour passer un ordre

Une fois avoir choisi un ou des titres intéressants, il est temps de passer à l'action afin de placer des ordres et acheter. Cette étape est cruciale pour faire des gains. Dans un chapitre précédent, la notion d'ordre a été abordée. Un des types d'ordre était l'ordre avec le prix du marché. Cet ordre ne sera pas le principal élément discuté parce qu'il est simple : l'achat ou la vente se fait au prix actuel du marché. Néanmoins, dans ce chapitre, les concepts d'ordre limite, d'ordre-stop et de « short » vont être discutés en détails.

Prix du marché

Le prix du marché est le prix courant que forment l'offre et la demande. Toutes les actions sont soumises à une liste d'individus qui se divise en deux parties. La première partie comprend les acheteurs (« Bid ») et la seconde comprend les vendeurs (« Ask »). Chacune d'entre elles comprend des individus qui demandent un prix et un volume.

Quand un individu annonce qu'il désire acheter au prix du marché, le prix est déterminé par le meilleur prix (pour l'acheteur) du côté des vendeurs pour le lot désiré. Si un lot à un moins bon prix est disponible et correspond au lot, celui-ci sera acheté. Il peut donc arriver que le prix du marché ne soit pas toujours le meilleur prix annoncé par les vendeurs.

Exemple de prix de marché

Voici la colonne des vendeurs pour l'action fictive ABC :

Individus	Prix unitaire	Volume
Monsieur X	4.31$	1000
Monsieur W	4.33$	700
Madame Y	4.34$	300
Madame S	4.34$	200

Si l'acheteur met un lot régulier de 1000 avec un ordre au prix du marché, l'acheteur va avoir les actions au prix de 4.31$ et non pas à 4.33$ et 4.34$ (700+300).

Si le même acheteur met un lot d'achat à un volume de 700, il se peut qu'il réussisse à avoir l'action à 4.31$ si Monsieur X n'a pas précisé qu'il voulait vendre l'ensemble du lot. Par contre, si c'était le cas, le prix d'achat serait Monsieur W à 4.33$.

Il y a deux inconvénients avec les ordres placés au prix du marché. Premièrement, le prix d'achat n'est jamais déterminé. Si l'action que vous convoitez descend de 10% dans les secondes qui suivent l'envoi de votre ordre, il y a un fort risque que vous achetiez dans une chute. Dans le cas contraire, disons qu'il y a une hausse pendant 2h avant que le cours normal reprenne, il se peut alors que vous achetiez à un prix plus haut qu'espéré.

Le deuxième inconvénient est qu'il n'y a pas de contrôle sur le moment où il faut placer l'ordre autre que de le placer immédiatement.

D'un autre côté, un des avantages est que lorsqu'un titre augmente, il y a des risques que les ordres limites soient trop proches et ne soient pas exécutés. Donc, le prix au cours du marché est une option intéressante pour acheter avec l'assurance d'avoir les actions sans louper une bonne occasion.

Conclusion

Les ordres au prix du marché doivent être utilisés sur des actions avec une faible volatilité. De plus, les ordres doivent être placés avec un suivi immédiat : il ne faut pas laisser l'ordre sans supervision. Il faut aussi être prudent, à savoir si des nouvelles ou autres événements pourraient faire varier l'action rapidement. Ce type d'ordre peut être intéressant lorsque le prix varie de manière croissante et que vous désirez réellement avoir l'action. Ceci vous assure de l'achat (ou de la vente) de la compagnie sans devoir modifier votre ordre limite à plusieurs reprises.

Ordre limite

Un ordre limite est un ordre d'achat ou de vente qui permet de fixer un prix maximal. Dans le cas d'un achat, le prix placé dans l'ordre limite est le prix maximum possible pour acheter un symbole. Par exemple, Citizens Holding Company (CIZN) est à 21.06$

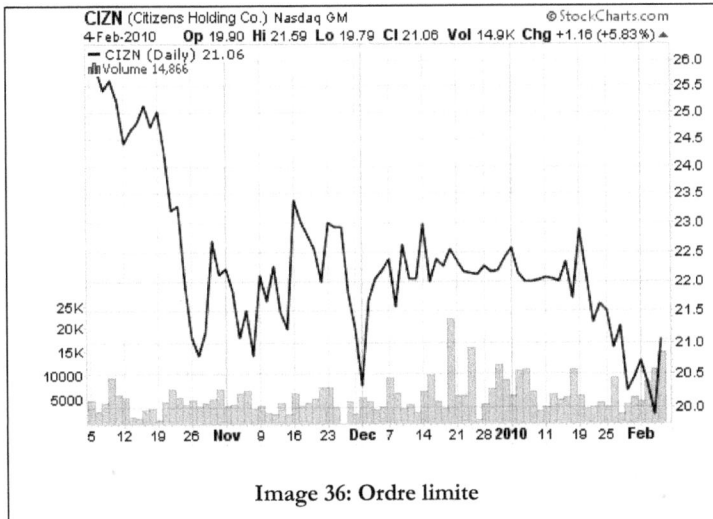

Image 36: Ordre limite

et descend depuis la mi-janvier 2010. Par contre, à court terme, CIZN augmente et il est possible que celui-ci augmente rapidement et qu'avec un ordre au prix de l'achat se fasse à 22.50$ ou même plus! Une protection lors de l'achat se nomme un ordre limite. Cet ordre permet d'acheter avec une limite de prix. Dans le cas de CIZN, un ordre limite d'achat pourrait être mis à 21.15$. Si le titre continue à augmenter lentement, l'ordre va s'acheter. Si le titre diminue, l'ordre va aussi s'effectuer à meilleur prix. Le titre est à 21.06$ et l'ordre limite d'achat est à 21.15$, ceci ne veut pas dire que l'ordre va être exécuté au prix de 21.15$, mais bien inférieur ou égal à 21.15$. Dans le cas où l'action augmente en flèche et deviendrait non raisonnable pour nos objectifs, l'action n'est tout simplement pas achetée.

Un autre cas intéressant pour les ordres d'achat est lorsque le titre augmente et que voulez acheter seulement lorsque celui-ci diminue. Par exemple, la compagnie Petrochina Corporation (PTR) valait 120.50$ le 26 décembre 2009. Un ordre d'achat limite est mis à 120.00$. Supposons que le titre ne descend pas à ce prix avant 2 jours (le 30 décembre 2009). L'ordre reste valide jusqu'à ce que le prix descende 2 jours plus tard de 120.50$ à 120.00$, où l'ordre est mis sur le marché pour être vendu à un prix égal ou inférieur à 120.00$. Ceci est intéressant, car si le titre avait augmenté, l'achat aurait été à un prix plus haut que désiré. L'ordre limite d'achat permet de limiter le prix à un prix fixe maximal.

Dans l'exemple de PetroChina (PTR), l'achat s'est fait dans une correction d'une hausse (voir plus loin ce qu'est une correction) et a permis d'acheter à un plus petit prix pendant la légère baisse afin d'avoir un profit plus important. Le graphique montre bien l'exemple avec une hausse du 21 au 28. Ne désirant pas acheter avant que le prix baisse, un ordre limite d'achat est la bonne option. On voit que durant la dernière semaine de 2009, il y a eu une chute avant une reprise vers la hausse. L'ordre limite d'achat a donc été ce qui était nécessaire pour l'achat avant la hausse.

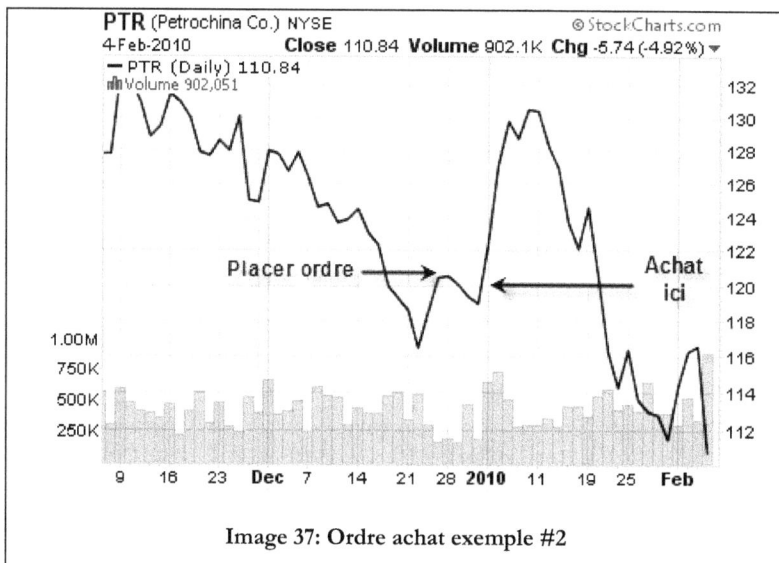

Image 37: Ordre achat exemple #2

L'ordre limite est aussi possible en vente. Lors de la vente, l'ordre limite fonctionne dans le sens contraire de l'ordre limite d'achat. C'est-à-dire que l'ordre limite indique le prix minimum pour vendre un titre. Prenons l'exemple d'Exxon Mobil Corporation (XOM).

Le titre descend depuis le début décembre 2009. Prenons le cas du 14 décembre 2009. Le titre commence à augmenter (entre le 14 et les jours suivants) et une vente serait intéressante, mais pas à n'importe quel prix. Si vous mettez un ordre de vente au prix du marché, il est possible que la vente s'exécute à 68.20$ (le prix du 14 décembre 2009 est environ 68$). Par contre, si vous ne vouliez pas vendre en haut de 68$, il suffit de mettre

un ordre limite de vente à 68$. Cet exemple aurait fait que le titre aurait augmenté en décembre et début janvier. L'action n'aurait pas été vendue. Par contre, lors de la chute de janvier, l'action aurait été vendue à 68$ ou moins, chose qui se serait produite le 20 janvier 2010.

La notion d'ordre limite avec la vente est primordiale et les prochains paragraphes sont consacrés à des exemples reliés à ce sujet.

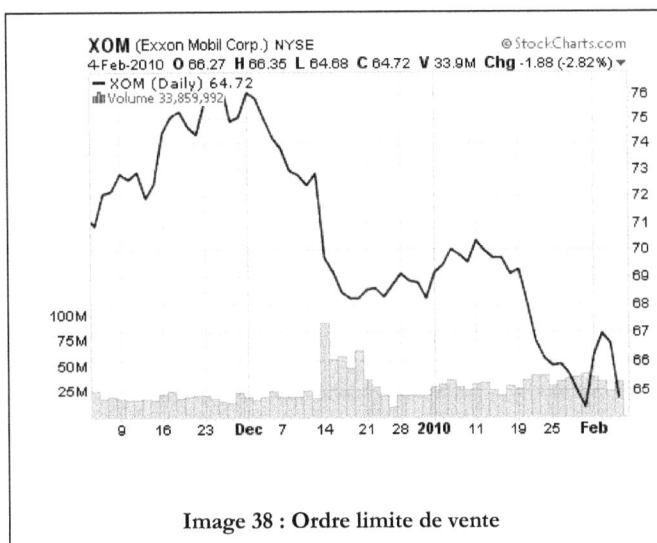

Image 38 : Ordre limite de vente

Prenons l'exemple de Spirit Aero Systems Holdings (SPR). Émettons le scénario dont un achat a été fait le 1er janvier 2010 au prix de 20.50$. Sans un ordre limite de mise après l'achat, aujourd'hui l'investissement aurait une valeur de 18.42$ et engendrait donc une perte. Bien entendu, une surveillance quotidienne avec les ordinateurs à surveiller le titre aurait été possible, mais laborieuse en terme de temps. Cependant, avec un ordre limite de vente, ceci aurait pu être fait automatiquement tout en protégeant l'investissement. La bonne chose à faire aurait été de placer un ordre limite de vente après avoir acheté SPR au prix de 20.50$. L'ordre de vente aurait pu être placé dès la journée même, ou quelques jours plus tard. Lors de l'achat, il arrive que le titre descende quelque temps avant de remonter (ou de ne pas remonter) et donc il est préférable de ne pas mettre l'ordre à la minute après l'achat, mais bien d'attendre quelques heures ou même quelques jours. Dans le cas de SPR, le titre a augmenté et placer un ordre limite de vente dès le lendemain aurait été la bonne chose à faire. Lors de l'achat, il est recommandé de se fixer un objectif de vente. Par exemple, gagner 10% avec SPR. Donc, mettre un ordre limite de vente à 22$ aurait assuré ce gain. Lorsque le titre aurait atteint 22$, le 2 février 2010, le titre aurait été vendu.

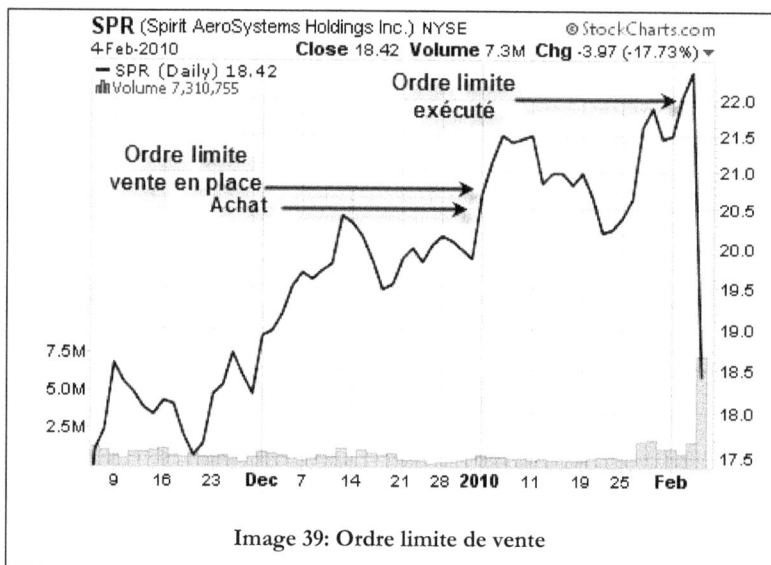

Image 39: Ordre limite de vente

Bien entendu, si l'objectif avait été 15%, le titre aurait chuté et aucune protection n'aurait été mise en place pour protéger la perte. Afin de pallier ce manque, il existe une combinaison d'ordres qui peut se créer : l'ordre-stop et l'ordre limite qui va permettre une couverture de protection plus complète.

L'ordre limite permet de ne pas toujours repousser les objectifs et devenir avare de gains. Il arrive fréquemment, et surtout au début, de vouloir toujours attendre avant de vendre. De gros gains pourraient être empochés, mais il est trop tard lorsque la vente est faite : le titre plonge, tel que l'exemple de Spirit Aero Systems Holdings (SPR).

Ordre-stop

L'ordre-stop va répondre à plusieurs des questions possibles de la section précédente (ordres limites) en ce qui a trait aux protections. Les exemples de protection avec les ordres limites n'étaient peut-être pas assez convaincants, ni très sécurisants en cas de chute. L'ordre-stop agit comme un ange-gardien face aux investissements pour les chutes et variations de prix.

Débutons d'abord avec le cas de Regal-Beloit Corporation (RBC) sans ordre-stop, seulement un ordre limite comme nous avons vu dans la section précédente. L'ordre d'achat se fait à 50$ à un prix maximal de 49$. Ayant un prix actuel plus haut que le prix de l'ordre, celui-ci n'est pas exécuté le 22 décembre, mais bien le 24 décembre. Cependant, le prix descend encore jusqu'au début de l'année 2010. Il y a de fortes chances qu'à ce point, cette baisse pousse l'investisseur à vendre à 47.50$. Malheureusement, le prix de l'action augmente et des questionnements sur le processus d'achat et de vente peuvent survenir.

Image 40: Ordre limite manqué

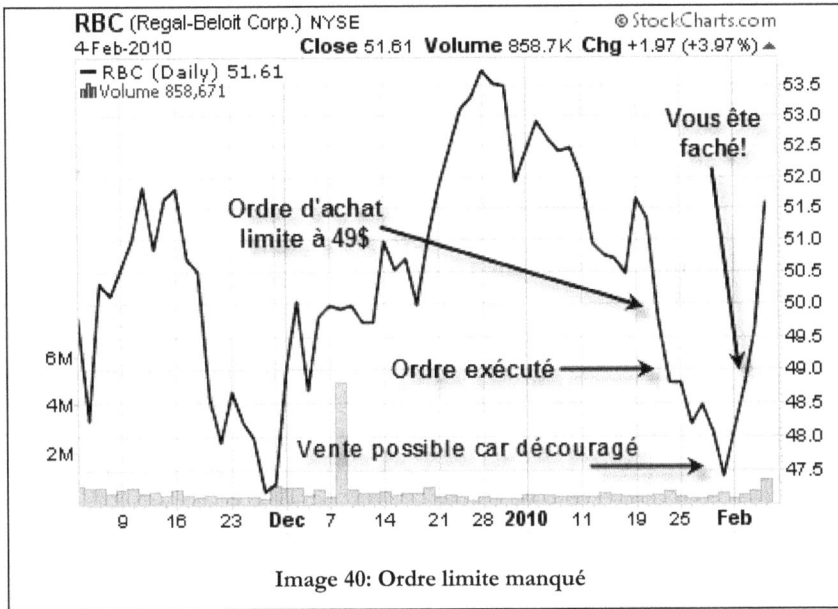

Si nous reprenons cet exemple avec un ordre-stop, la situation est complètement différente. Regal-Beloit Corporation (RBC) est à 50$ lors de l'achat. Par contre, au lieu d'acheter pendant la chute, un ordre-stop limite est mis en place. La différence est que si l'ordre limite est à 50.50$, l'action sera automatiquement achetée. Par contre, l'ajout d'un stop à 50.25$ n'achète pas automatiquement l'action. Pourquoi ? Simplement parce que l'ordre-stop est un prix qui doit être validé avant que l'ordre limite soit effectué. Donc, le prix présent est 50$, le prix-stop est 50.25$. Le prix actuel est sous le prix-stop, 50<50.25 alors rien n'est effectué. Le prix descend et descend. Il n'y a aucune nervosité, car l'achat n'a pas été acheté. L'action

Un ordre-stop limite est exécuté seulement lors de l'achat lorsque le prix actuel est >= que le prix-stop et <= que le prix limite.

Un ordre stop-limite est idéal lorsqu'un titre descend selon une tendance baissière et que vous voulez acheter celui-ci lorsqu'il brisera cette tendance. Plus loin dans ce livre, nous allons discuter de l'achat lors d'un breakout de tendance.

commence à remonter et, tout à coup, le prix devient 50.26$. L'ordre-stop est déclenché (50.26>50.25) et la Bourse prend en considération l'ordre limite de 50.50$. Cette technique d'achat permet d'acheter au prix limite que vous désirez, sans toute fois acheter dans de mauvais moments.

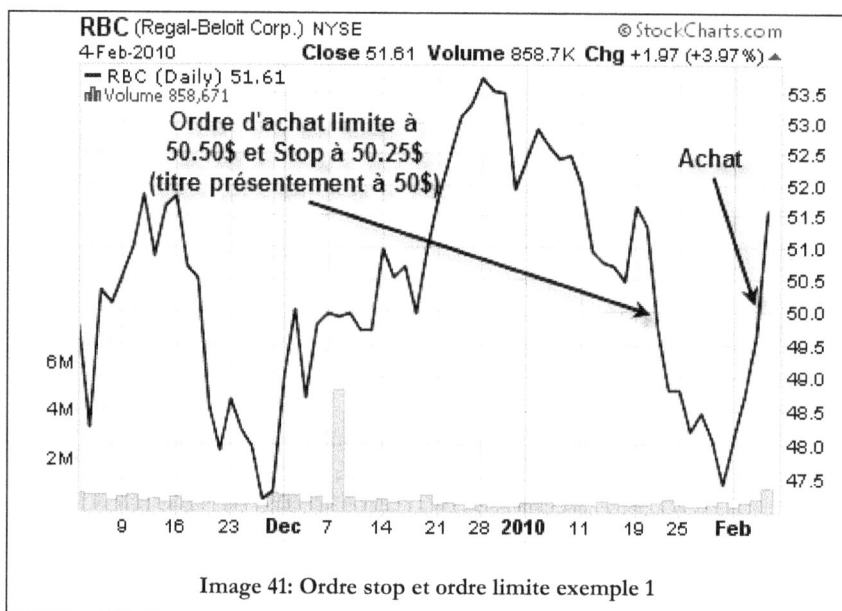

Image 41: Ordre stop et ordre limite exemple 1

Lors de la vente, l'ordre-stop limite permet de vendre seulement lorsque le titre descend sous un certain seuil. En d'autres mots, ceci permet d'avoir une protection. Pour qu'un ordre-stop limite exécute la vente d'une action, le prix actuel doit être <= au prix-stop et le prix actuel doit être >= au prix limite.

Un ordre stop-limite est exécuté seulement lors de vente lorsque le prix actuel est <= que le prix stop et >= que le prix limite.

Prenons l'exemple de Winnebago Industries Inc. (WGO) avec un achat à 10.75$, suivi d'un ordre limite de vente à 14$ qui est l'objectif de vente pour faire un gain. Le graphique ci-dessous démontre que le titre augmente dans les jours qui suivent, mais lors de la chute rien n'est en place pour protéger l'investissement. De plus, l'objectif est trop haut pour que la vente s'effectue.

Image 42: Ordre limite vente raté

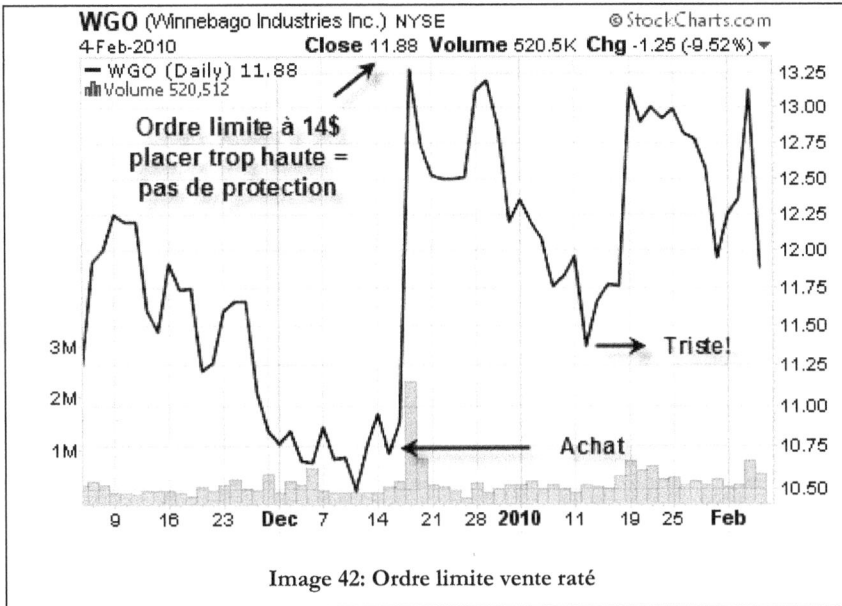

Toujours avec la même compagnie, disons que l'ordre limite aurait été placé plus bas, vers 11.80$. Lors de l'augmentation du prix, la vente aurait été faite, mais un gain important aurait été raté par un objectif trop conservateur. Donc, quel est le bon moyen pour réussir de bons gains sans risquer de ventre trop hâtivement? Une combinaison d'ordres.

Il ne faut jamais mettre le prix-stop au même prix que le prix limite, car les prix bougent très rapidement. Il se peut que votre ordre soit déclenché en stop et que le prix courant dépasse votre prix limite et donc votre ordre n'aura servi à rien.

Exemple : Un prix courant à 10$, stop à 10.10$ et limite à 10.10$. Le prix bondit de 10$ à 10.25$ en quelques minutes. Votre ordre limite se déclenche, mais le prix courant est rendu plus haut que le prix limite, donc rien n'est acheté.

Bien souvent, il vaut mieux mettre plus que quelques sous noirs. Bien entendu, la différence entre le stop et la limite est arbitraire. Par contre, une action ayant un faible volume est plus susceptible de bouger rapidement, et avec des sauts, donc la distance entre le stop et la limite devrait être plus importante. Pour 10$, avec une action à fort volume, mettre 0.10$ est raisonnable. Il faut garder en tête que le prix de la transaction peut être sous ce 10.10$: c'est une limite maximale et donc la transaction peut s'effectuer à 10.01$ sans problème.

Par contre, la situation aurait pu être plus avantageuse avec un ordre-stop limite de vente qui aurait protégé le gain lors du début de la chute du titre. Disons qu'un ordre limite est placé à 14$ (qui ne sera jamais atteint, mais qui protège du désir de toujours vouloir faire plus de gains) et que le titre descend légèrement suite à la hausse. Il y a déjà un bon gain qui serait intéressant à protéger. Le titre est rendu à 12.90$ et une décision doit être prise, à savoir quelle est la limite de baisse raisonnable avant de vendre. Disons qu'après réflexion, un prix raisonnable avant de vendre WGO serait environ 12.50$. Ceci permet toujours d'avoir un gain intéressant, tout en laissant une ouverture pour que WGO puisse continuer à augmenter. Un ordre-stop à 12.50$ et un ordre limite à 12.45$ sont placés. Entre la mise de l'ordre stop limite le 19 décembre, il y a bien eu une petite hausse, mais suivi d'une chute. Le 30 décembre 2009, l'ordre stop limite se déclenche parce que le prix touche le stop à 12.50 et que le prix descend très rapidement. C'est la raison pour laquelle le prix limite ne doit pas être exactement le même que le prix-stop.

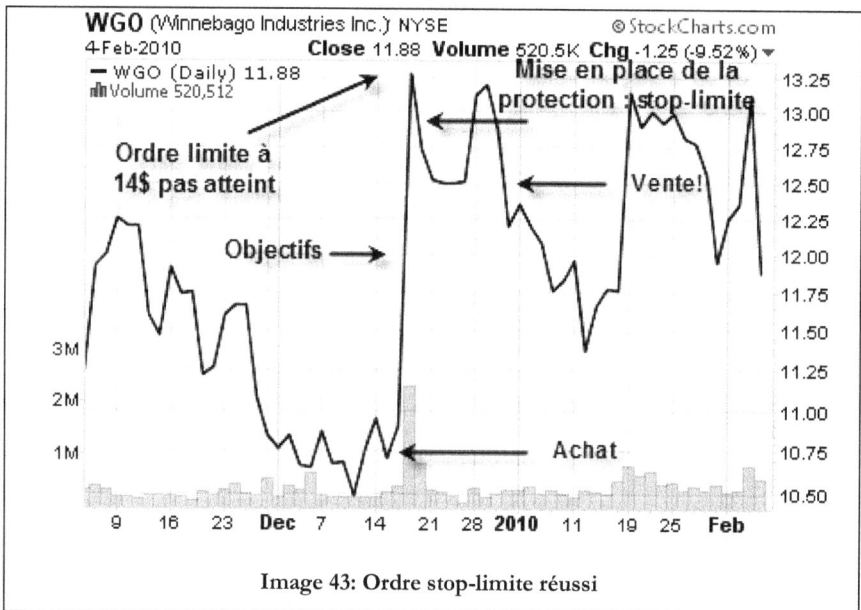

Image 43: Ordre stop-limite réussi

Il est vrai que le gain n'est pas optimal, parce que la vente aurait été plus avantageuse à 13.25$. Cependant, cette technique simple de l'ordre-stop limite en vente est rassurante et permet de faire de gros gains à plusieurs occasions tout en

Vous pouvez placer plusieurs ordres sur la même action. Dans le scénario de WGO, un ordre limite était placé pour amasser les gains si le titre augmentait beaucoup et un autre ordre pour protéger en cas de baisse.

gardant vos titres plus longtemps. L'exemple de WGO montre le cas d'une chute après avoir placé l'ordre de protection. Il arrive qu'après avoir placé cette protection le prix augmente. Dans ce scénario, l'ordre limite à 14$ aurait été déclenché et donc un gain très important aurait été empoché.

Veuillez noter que placer un ordre limite-stop dès l'achat n'est pas une bonne idée, parce que celui-ci va se déclencher automatiquement puisque le prix actuel sera plus grand que le prix du stop et donc l'ordre limite sera pris en considération par le système. Le prix limite étant plus haut que le prix actuel, l'ordre sera déclenché et donc une vente précoce sera effectuée.

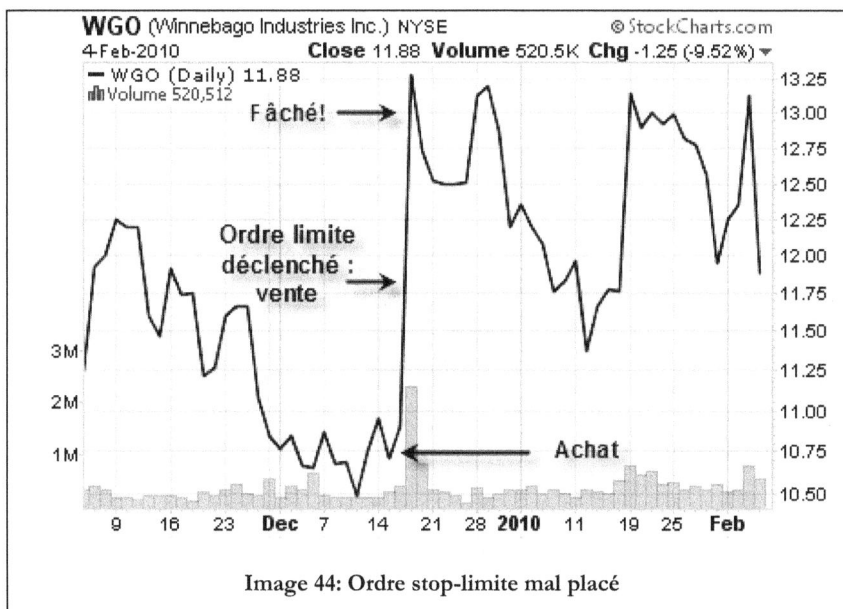

Image 44: Ordre stop-limite mal placé

Les autres types d'ordre

Les ordres limites et les ordres-stops sont les ordres les plus courants. Ce sont des ordres de bases dans les outils disponibles pour acheter et vendre des actions chez la plupart des intermédiaires. Par contre, quelques-uns vous fourniront une gamme d'ordres supplémentaires afin de vous aider à transiger.

Il existe des ordres qui vendent automatiquement si l'action fait une chute de x% ou lorsqu'une action augmente de y%. Ce sont des ordres intéressants, mais rien ne vaut l'analyse d'un titre et le fait de bien mettre un ordre-stop et limite manuellement.

Les Shorts

Précédemment, les ordres mentionnés suivaient toujours la vision que le titre va augmenter de valeur. Un achat à un prix faible, une vente à un prix haut, et voilà un profit ! Par contre, il arrive que les marchés descendent et que les prix ne se déplacent pas vers le haut. Dans ces temps-là, il y a 4 possibilités à considérer. Premièrement, se mettre en position de liquidité et donc de garder tout en argent sans avoir d'action en sa possession. Deuxièmement, garder ses actions et attendre que le marché remonte. Troisièmement, acheter lorsque les titres augmentent même si la tendance est baissière. Et dernièrement, faire des achats et ventes à découvert, notamment appelés « Short ».

La deuxième et troisième solution ne sont pas très efficaces. La première solution est valable, mais pas optimale. La quatrième, les Shorts, permet de faire des gains peu importe la direction du marché.

Les Shorts sont en fait le mécanisme inverse des ordres normaux. C'est-à-dire qu'au lieu d'acheter pour vendre, nous vendons en premier pour acheter plus tard. Étant dans un scénario inverse, le gain se fait non pas lorsqu'un titre augmente, mais lorsque celui-ci descend. Le but est alors d'acheter un Short (qui est une vente Short) le plus haut possible et de vendre (achat Short) au prix le plus bas. L'achat des actions en Short s'appelle couvrir ses positions.

> Les Shorts sont en fait le mécanisme inverse des ordres normaux.

Débutons avec un exemple simple afin de mieux comprendre le principe d'un Short.

Image 45: Exemple de Short avec gain

Exemple de Short

Le short débute lors de la vente short à 300$. Le but est d'acheter ce short à un prix inférieur. L'exemple de MasterCard (MA) est un bon exemple pour Shorter parce que la tendance est clairement baissière (prix descend). Si, disons qu'un investissement de 3 000$ est fait et donc un volume de 10 actions est acquis pour faire un gain, il faut vendre sous 300$. Dans cet exemple, l'achat short se fait à 140$. Le gain est alors de 300-140 = 160$ sur 10 actions, donc 1 600$ de gain (53%).

Un short est donc un moyen de faire de l'argent lors de la descente d'un titre. En réalité, la vente initiale est une vente que vous faites à un acheteur à la Bourse. Pendant que vous vendez, quelqu'un d'autre achète. La différence entre une vente traditionnelle et une vente short est que traditionnellement vous possédez les actifs. Par contre, en shortant, vous ne possédez pas les actifs, vous vendez avant d'avoir. Votre but est d'espérer acheter la même quantité ultérieurement afin de pouvoir « rembourser » cette vente et de faire un gain avec la différence entre le prix de vente et d'achat. En réalité, il n'y a pas création d'actions lors de la transaction de short, mais bien que vous « empruntez » les actions à votre courtier (intermédiaire) avec le devoir de lui remettre ultérieurement ces actions.

Les désavantages principaux sont qu'il peut avoir des frais supplémentaires pour emprunter les actions à votre intermédiaire. De plus, l'investisseur est responsable des dividendes et dois les verser au prêteur sans compter que les intérêts sur la marge de l'emprunt doivent être versés. Il est donc préférable de shorter des titres qui ne distribuent pas de dividendes et d'avoir une vision court terme pour ce qui est des shorts. Aussi, et ceci sera discuté dans les prochains paragraphes, les Shorts peuvent engendrer des pertes illimitées, contrairement à l'action traditionnel.

« Short » signifie petit, en français. Il est suggéré de garder les « Short » pendant une petite durée à cause des intérêts et des dividendes qui doivent être versés à l'intermédiaire qui prête les actions. De l'autre côté « Long » signifie long, et à la Bourse ceci réfère aux investissements traditionnels d'achats qui sont normalement gardés plus longtemps dans le portefeuille.

Une différence majeure est qu'en réalité, l'achat d'action traditionnel a une limite de perte, qui est l'argent investit. Si, par exemple, on achète pour 1 000$ d'actions, le pire scénario se traduit par la perte de 1 000$. En shortant, ceci est inversé. Le maximum de perte est illimité. Par exemple, vous investissez 1 000$ d'action sur une action qui vaut 1$, donc 1 000 de volume. Si l'action augmente à 10$, vous faites une perte, car le prix a augmenté et vous devez désormais rembourser 10$*1000 de volume, ce qui est équivalent à 10 000$!

Un autre mot du jargon des Shorts est « Short Interest ». Ceci signifie le nombre de shorts sur le volume de transaction moyen par journée. C'est le contraire du DTC. Un taux élevé signifie que l'action est pessimiste parce que ceci représente un taux élevé de short.

Exemple de Short Interest

La compagnie Brook Automation Inc (BRKS) a présentement 2.2 millions de Short pour un volume moyen de 496 000. Le Short Interest est alors 2 200 000 /4 96 000 = 4.35.

Le graphique ci-dessous montre la Bank of America(BAC) et le nombre de shorts. À première vue, une corrélation se fait entre la descente et le nombre de short. Cependant, le Short Interest est bien plus intéressant, car il permet de mettre en relation ce nombre de shorts avec le titre. Il faut donc avoir le volume transigé par jour pour pouvoir le comparer au nombre de shorts. C'est ce qui se produit avec le volume, l'ombrage dans le graphique du bas. On remarque un fort volume à la fin du graphique et un taux élevé, ce qui rend le nombre de shorts moins important en 2009. Il ne faut donc jamais regarder la valeur absolue des shorts, mais bien le taux qui est le Short Interest. C'est en fait un indicateur que les shorts pourraient être couverts et donc remboursés. Un fort volume indique une liquidité permettant de couvrir ces shorts facilement. Une couverture de short est le rachat, ce qui fait donc augmenter le prix.

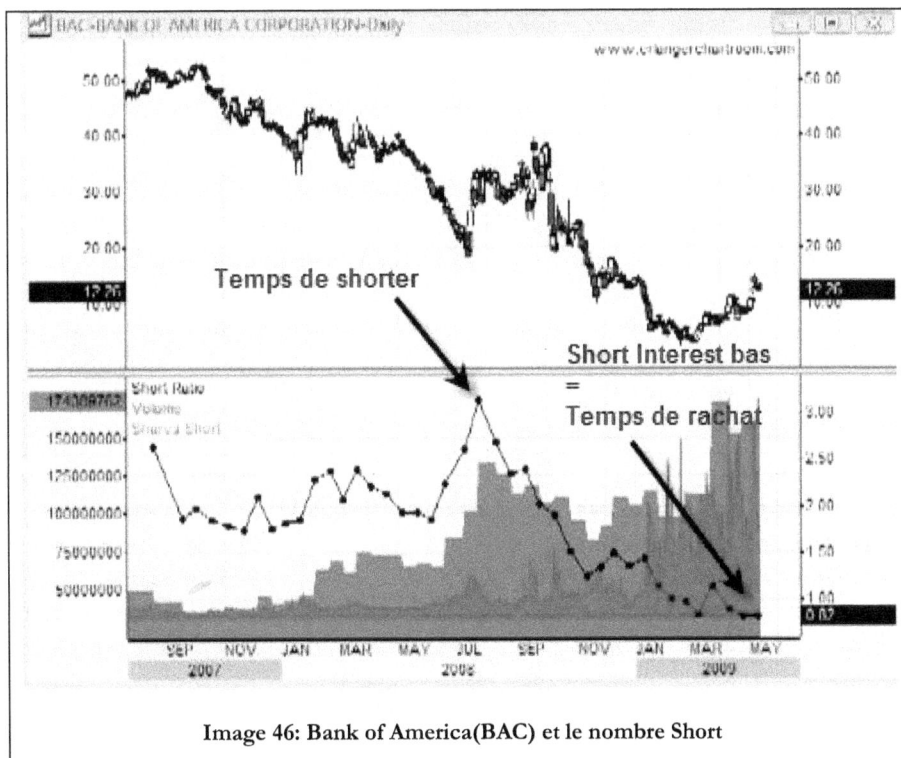

Image 46: Bank of America(BAC) et le nombre Short

Dans le domaine des Shorts, un mot du jargon est DTC ou « Day To Cover ». Le DTC est le nombre de jours moyens des Short pour acheter les actions empruntées. Ce chiffre provient du Short Interest divisé par le nombre d'actions transigé moyen.

Exemple de DTC

La compagnie Brook Automation Inc (BRKS) a présentement un Short Interest de 77 en ce 4 décembre et son volume moyen est de 10.6. Le nombre de jour DTC est alors $77/10.6 = 7.24$ jours.

Ce chiffre permet de savoir le moment où tous les shorts, en théorie, seront repayés. Un chiffre faible signifie qu'il y a plus en plus d'acheteurs et donc ceci devrait avoir une incidence positive sur le prix (augmenter le prix). Un chiffre élevé signifie qu'il y a de plus en plus de ventes shorts et donc que le prix diminue. Lorsque nous shortons, nous voulons un DTC faible, car un DTC élevé signifie qu'il y a un fort volume qui augmentera le prix, ce qui n'est pas désiré lors de shorts.

Jusqu'à présent, les Shorts ont été présentés sur leur côté simple et nous nous sommes concentrés sur leur facilité d'utilisation. Cependant, regardons plus en détail ce qu'impliquent, en pratique, les shorts. Tout d'abord, les Shorts disposent d'un effet de levier. Un effet de levier est le principe qu'avec un petit peu de liquidité, une grosse somme peut être investie. Cet effet de levier varie selon l'intermédiaire. De plus, selon l'intermédiaire, la couverture minimale varie. La couverture minimale est la somme minimale qui doit être disponible en capital dans le compte de l'investisseur avant d'effectuer une vente. Voici un exemple de Short avec l'effet de levier, ainsi que la couverture minimale.

Catégories de titres	Couverture minimale exigée
Titres de 5,00 $ et plus pouvant faire l'objet d'une couverture réduite	130 % de la valeur au marché
Titres se négociant à 2,00 $ et plus	150 % de la valeur au marché
Titres se négociant entre 1,50 $ et 1,99 $	3,00 $ par action
Titres se négociant entre 0,25 $ et 1,49 $	200 % de la valeur au marché
Titres se négociant à moins de 0,25 $	100 % plus 0,25 $ par action

Tableau 8: Couverture minimal exigée

Exemple de Short complet

Prenons l'exemple de la compagnie 99 Cents (NDN) qui a augmenté énormément dans les derniers jours.

NDN (99 Cents Only Stores) NYSE © StockCharts.com
5-Feb-2010 Cl 15.39 Vol 1.9M Chg +0.12 (+0.79%) ▲
— NDN (Daily) 15.39
Volume 1,904,746

Un ordre de vente Short (vente à découvert) pour 1 000 actions au prix de 15.39$ est placé pour un total investi de 15 390$. Étant donné que le prix est supérieur à 5$, il faut avoir une couverture minimale de 130%. 130% de 15 390$ est 15 390$*1.3 = 20 007$. Donc, la couverture minimale à avoir dans le compte d'investissement est de 20 007$-15 390$ = 4 617$. Ceci signifie que pour investir un somme de 15 390$, il ne faut en réalité que 4 617$ (effet de levier).

Disons que le prix descend à 13.00$, une chute de 15.5%; il y aura un gain. Le gain se calcule ainsi: 13$*1 000 action = 13 000$ ce qui fait un profit de 15 390$-13 000$=2 390$. Par contre, l'effet de levier ne donne pas 15.5% de profit, mais bien 2 390$/4 617$ *100= 52%.

Le dernier exemple démontre la puissance de l'effet de levier. Une chute de 15.5% produit en réalité un gain de 52%! Par contre, veuillez noter qu'à l'inverse, une hausse du prix de quelques pourcents peut générer une perte beaucoup plus importante. C'est un couteau à deux tranchants.

Pour shorter, il y a des restrictions à suivre afin que la transaction soit effectuée. En fait, la transaction peut ne pas passer si la vente short ne se fait pas sur une hausse. Oui, vous avez bien lu, afin de ne pas créer un marché qui diminue trop vite par les shorts, la vente de short doit se faire sur une montée du titre. Donc, il n'est pas possible de vendre short sur une grosse baisse subite. On peut acheter lorsque le titre est dans une tendance baissière, mais seulement lorsque la dernière transaction boursière de la compagnie est en hausse. Prenons l'exemple d'un investisseur place un ordre de vente short avant l'ouverture des marchés, à un prix de 10 $. L'ouverture du marché se fait à 11$. L'ordre est donc déclenché dès l'ouverture. À partir du moment où l'ordre est déclenché, il doit y avoir un mouvement haussier, ou nul, pour que l'ordre de vente à découvert soit exécuté. Si nous prenons comme exemple que le marché ne fait que baisser et que le titre est maintenant à 9 $, l'ordre ne sera pas exécuté tant et aussi longtemps que le marché continuera d'être à la baisse.

Calculs des gains et des pertes

Afin d'être capable de faire de l'argent en Bourse, il faut bien comprendre comment calculer les gains et les pertes. Le cas le plus simple est un achat suivi d'une vente complète des actions, sans les frais de commission de l'intermédiaire.

Pour faire un gain ou une perte, il faut à priori avoir fait un achat et une vente. Même si après l'achat l'action augmente, ceci ne signifie pas encore qu'il y a eu un gain. Par contre, c'est un signe positif pour entrevoir un gain. Par ailleurs, il en est de même lorsqu'un titre descend; aucune perte n'est encore enregistrée. La perte est enregistrée seulement lors de la vente d'une action qui a été achetée à un prix supérieur. La distinction est importante, car les gains sont imposables et les pertes vous donnent des crédits d'impôt. De plus, ayant ce principe en tête, vous pouvez garder votre centre d'intérêt lorsque vous êtes en situation négative. Ceci est vrai pour les gains. Il ne faut pas penser que le travail est terminé et croire que le gain est réalisé tant et aussi longtemps que la vente n'ait pas été conclue avec un prix supérieur à l'achat.

Le pourcentage de gain ou de perte est exprimé comme suit :

$$\frac{PrixVente - PrixAchat}{PrixAchat} * 100 = \text{Gain ou Perte} \%$$

Le calcul est simple : (Coût individuel de l'action à la vente * Volume vendu) − (Coût individuel de l'action à l'achat * Volume acheté) = gain si positif, perte si négative. Le volume vendu et le volume acheté peuvent être le même si les positions sont complètement fermées. Ce qui simplifie la formule de la manière suivante : (Coût individuel de l'action à la vente) − (Coût individuel de l'action à l'achat) = gain si positif, perte si négative. Il faut donc, pour faire un gain, que le prix de vente soit plus grand que le prix de l'achat.

Exemple de calcul de gain

La compagnie XYZ vaut 10$. Vous achetez 100 actions pour un total de 1 000$ investis. L'action augmente à 12$. Vous décidez de vendre toutes vos actions, donc 100 actions. Vous vendez et la transaction vous donne 1 200$ car 12$*100 actions = 1 200$. Votre gain est de 1 200$- 1 000$ = 200$. 200$ de gain sur une mise initiale de 1 000$ est 200$/1 000$ donc 20%.

> **Exemple de calcul de perte en deux temps**
>
> La compagnie XYZ vaut 10$. Vous acheter 500 actions pour un total de 5 000$. L'action descend à 9$. Vous décidez de vendre la moitié de vos actifs, donc 250 volumes. La transaction passe et vous avez en retour 9$*250 = 2 250$. Quelque temps plus tard, l'action augmente à 10.50$; vous décidez de vendre le restant de vos actions, donc 250 volumes. Vous recevez alors 10.50$*250=2 650$. Avec la compagnie XYZ, vous avez reçu de vos deux transactions de vente un total de 2 250$ + 2 650$ = 4 900$ et donc, une perte. Votre perte s'élève à 100$ (5 000$ initiale − 4 900$ final) malgré que vous ayez fait un léger gain sur la deuxième transaction. Ce 100$ est en fait 100$/5 000$*100= 2% de perte.

Une perte ou un gain se calcul sur l'ensemble des transactions. Le dernier exemple démontre bien qu'une plus grosse perte additionnée sur un petit gain donne finalement une perte. Malgré que la perte initiale sur la moitié du volume s'élevait à $\frac{(10\$ - 9\$)}{(10\$ * 100)} = -10\%$, le gain de la deuxième transaction de $\frac{(10.50\$ - 10\$)}{(10\$ * 100)} = +5\%$ donne une perte totale de 2% ($\frac{(100\$)}{(5000\$)} * 100 = 2\%$).

Précédemment, les exemples et explications ne comportaient pas les frais de commission. Dans la réalité, l'intermédiaire charge des frais de commission qui varient selon le volume effectué de manière mensuelle par l'investisseur, la quantité d'actions achetée ou vendue, ainsi que votre forfait. Établissons, pour faciliter l'explication, que les frais sont de 30$ par transaction. De ce fait, il faut changer les formules vues précédemment pour introduire ce frais supplémentaire qui ajoute une perte, d'autant plus que ce frais doit être additionné autant à l'achat qu'à la vente. Au calcul précédent il faut ajouter les frais :

(Coût individuel de l'action à la vente * Volume vendu) − (Coût individuel de l'action à l'achat * Volume acheté)-**2*Frais de commission**.

Exemple de calcul de gain avec frais de commission

La compagnie XYZ vaut 50$. Vous achetez 100 actions pour un total de 5 000$ investis. L'action augmente à 50.50$. Vous décidez de vendre toutes vos actions, donc 100 actions. Vous vendez et la transaction donne 5 050$, car 50.50$*100 actions = 5 050$. Par contre, vous avez 30$ de frais donc 2*30$ = 60$ à soustraire de votre gain. Votre gain est de 5 050$-5 000$-60$ = -10$. Il y a donc une perte de 10$ car il y a des frais de commission. Sans ces frais, il y aurait eu des gains de 50$.

Il faut toujours calculer les frais de commission car lorsque les investissements sont de petite taille, les frais ont une répercussion plus importante. Voici un tableau qui démontre les répercussions de l'argent investi et le gain minimal que l'action doit faire pour couvrir les frais.

Somme initiale investie	Somme investie + frais	Hausse de l'action nécessaire pour avoir 0% de gain final	Hausse de l'action nécessaire pour avoir 10% de gain final
500$	560$	12%	22%
1000$	160$	6%	16%
1500$	1560$	4%	16%
2000$	2060$	3%	13%
5000$	5060$	1.2%	11.2%
10000$	10060$	0.6%	10.6%

On remarque que de petits investissements demandent beaucoup plus de gain à l'action pour avoir un gain final intéressant. Avec 500$, il faut que l'action augmente d'au moins 12% pour faire 0$ et pour avoir un gain de 10% (50$), il faut que l'action augmente de 22%. D'un autre côté, un investissement de 10 000$ nécessite, pour faire un gain de 10% (1 000$), une hausse de l'action de 10.6%. Il est donc plus avantageux d'investir avec une somme minimale. Veuillez vous référer au chapitre «Questions de base» pour bien cibler votre capital de départ.

Par contre, sachez que plusieurs intermédiaires chargent des frais au volume. Il se peut donc que, si vous achetez plus d'actions, il y ait des frais de 0.05$ par action, etc. Il est donc important de bien calculer selon votre intermédiaire.

Volume et lot irrégulier

Lors de l'achat, outre le symbole représentant la compagnie où vous investissez, il y a le prix désiré et/ou un ordre-stop limite. Le dernier élément est le volume que vous désirez acheter. Le volume est la quantité d'action. Le volume multiplié par le prix d'achat est donc la somme totale de votre investissement.

Le total des gains investis est le volume multiplié par le coût d'une action lors de l'achat moins les frais de transactions pour l'achat.

Exemple de choix de volume

Le choix du nombre d'actions (le volume) est selon votre budget. Si vous désirez investir pour 10 000$ dans une action à 20$, le volume que vous devez inscrire est 500. 10 000/20 = 500.

L'exemple ci-dessus est un volume régulier. Un volume régulier est un volume avec un chiffre rond. 500 est un chiffre rond, 431 n'est pas un chiffre rond. 445 n'est pas régulier, mais mieux que 679. Il est important d'avoir des lots réguliers pour les actions ayant un volume de transaction faible. Les compagnies ayant un volume plus élevé qu'un million par jour n'auront pas besoin d'avoir des lots réguliers, mais une compagnie avec 100 000 actions transigées par jour risque de mieux effectuer les transactions avec des lots réguliers.

Exemple de lot irrégulier

Vous avez un budget de 10 000$ à investir et l'action convoitée est de 43$/action. Ceci fait 10 000/43 pour avoir le volume qui est de 232.56 actions. 232 actions forment un lot irrégulier. Il est sage de faire un achat de 200 actions si la compagnie que vous désirez acheter n'a pas beaucoup de volume moyen quotidien, ou 230 actions si vous convoitez une compagnie avec un fort volume quotidien.

Un lot irrégulier est un lot ne correspondant pas à un chiffre rond. Si vous inscrivez un lot de 234 actions pour l'achat, il vous faut trouver quelqu'un qui va vendre 234 actions, ou plusieurs personnes pour faire une somme de 234, par exemple 100 actions de monsieur X, 100 actions de madame Y et 34 actions de Z. Le problème vient de la part de Z qui est de 34 actions, car la grande majorité des gens vendent des lots réguliers. Il est donc préférable de vendre et aussi d'acheter avec des lots réguliers. Il est plus facile d'acheter un lot de 500 actions ou 450 actions qu'un lot de 468 actions.

De plus amples détails sur les volumes vont être fournis dans le chapitre de l'analyse technique de base.

Récapitulatif du chapitre

Voici le récapitulatif du chapitre 6 « Les détails pour passer un ordre».

- ✓ Le prix du marché est le prix courant de l'action.
- ✓ Le prix du marché est intéressant pour les actions à faible volatilité et permettre un achat assuré.
- ✓ Le prix limite est le prix maximal pour l'achat ou le prix minimum pour la vente.
- ✓ Le prix stop est un indicateur pour que le système considère l'ordre limite.
- ✓ Le prix limite doit être plus haut que le prix stop lors de l'achat.
- ✓ Le prix limite doit être plus bas que le prix stop lors de la vente.
- ✓ Une vente à découvert se nomme « short » dans le jargon de la Bourse.
- ✓ Les ventes à découvert donnent à l'investisseur la possibilité de faire des pertes plus importantes que le montant investi initialement. Il faut donc faire attention.
- ✓ Les gains sont amputés par des frais d'intermédiaire.
- ✓ Il est préférable d'acheter et vendre des lots réguliers.

Questions et réponses

Voici des questions accompagnées de leur réponse. La section présente assure une meilleure compréhension des notions précédemment assimilées.

Questions

1. Quand devriez-vous utiliser un ordre au prix du marché, un ordre limite et un ordre stop-limite lors d'achat?

2. Quel est l'avantage d'utiliser un ordre stop-limite en vente ?

3. Pour quelle raison ne faut-il pas mettre un ordre stop-limite au même prix ?

4. Pourquoi un prix limite doit être plus grand que le prix stop dans un ordre d'achat ?

5. Un achat de XYZ se fait à 5$ pour 1000 actions auprès d'une institution qui charge 40$ par transaction. Une vente est exécutée 2 ans plus tard à 7$, quel est le gain ou la perte effectué ? Quel est le rendement annuel de ce placement ?

6. Si vous avez un budget de 10 000$ et que l'action que vous convoitez coûte 42$ combien de volume devriez-vous achetez si les frais de transaction sont de 35$?

Réponses

1. Un autre au prix du marché devrait être utilisé avec une action à faible volatilité lorsque le prix augmente et que l'achat doit être fait sans spécifier explicitement un prix maximal. Un prix limite devrait être utilisé lorsque l'achat ne doit pas dépasser un certain prix. Un prix stop devrait être utilisé lorsque l'achat doit se faire seulement lorsque le prix augmente au-dessus d'un certain prix et avec un prix maximal.

2. Un ordre stop-limite permet que lorsque l'action a fait un gain de mettre une protection de vente afin de protéger les gains actuels de l'action. Il permet de dire à la Bourse de vendre seulement si le prix descend sous X$ et avec un prix d'au moins Y$.

3. Mettre un ordre limite et un ordre-stop au même prix indique à la Bourse que vous désirez acheter ou vendre dès que le prix X est atteint et de le transiger à ce même prix. Cependant, la Bourse bouge rapidement et le peu de distance entre les prix ne permet pas de faire la transaction la plupart du temps.

4. Le prix stop indique au système que le prix doit être au moins égal ou supérieur au prix stop pour que l'ordre limite soit pris en considération Une fois que le prix stop est atteint, le prix limite est placé pour l'achat. Si le prix limite est plus petit que le prix stop, lorsque l'ordre sera sur le marché, le prix va être assurément trop bas et donc ne sera jamais acheté.

5. 38.4% et 19.2%

   Calcul :

   $$(7\$ - 2\$) * 1000 = 2000\$$$

   $$2000\$ - (40\$ * 2) = 1920\$$$

   $$\frac{1920\$}{(5\$ * 1000)} * 100 = 38.4\%$$

   $$\frac{38.4\%}{2} = 19.2\%$$

6. 235 actions, s'il y a beaucoup de volume, ou 200 si le volume est faible.

   $$\frac{(10000\$ - 2 * 35\$)}{42\$} = 236.42 actions$$

Les techniques pour acheter et vendre

Il existe plusieurs techniques pour savoir quand acheter et vendre. Ce chapitre présente plusieurs techniques. La première technique concerne l'utilisation des nouvelles comme déclencheur à l'achat. La deuxième technique est pour le long terme, avec une analyse simple des rapports financiers. Cette technique réfère à l'analyse fondamentale. La dernière technique est l'analyse technique, qui utilise uniquement les graphiques.

Nouvelles et rumeurs

Il est possible d'utiliser les nouvelles comme moyen de déterminer lorsqu'il serait le plus profitable d'entrer en achat avec un titre. Malgré le fait que les nouvelles soient diffusées souvent trop tard pour pouvoir profiter pleinement de la hausse que celle-ci provoque, il est possible de quand même pouvoir utiliser une bonne nouvelle pour un achat. Cette technique est aussi bonne pour une mauvaise nouvelle qui peut être utilisée pour faire des ventes ou ventes à découvert (short).

Débutons avec un exemple relié à la compagnie Regal-Beloit Corporation (RBC). Le 3 février 2010, la compagnie a reçu comme nouvelle (en fin de journée) que ceux-ci ont surpassé les prévisions établies au trimestre dernier. Ceci est une bonne nouvelle et devrait donc faire augmenter le titre. Si on regarde le graphique, le titre a bien bondi de 49.55$ à 53.09$ entre la fermeture et l'ouverture, suite à cette nouvelle, pour terminer à 51.52$ (le titre a diminué dans la journée, mais avait augmenté à son ouverture, nous allons discuter plus tard des chandeliers japonais).

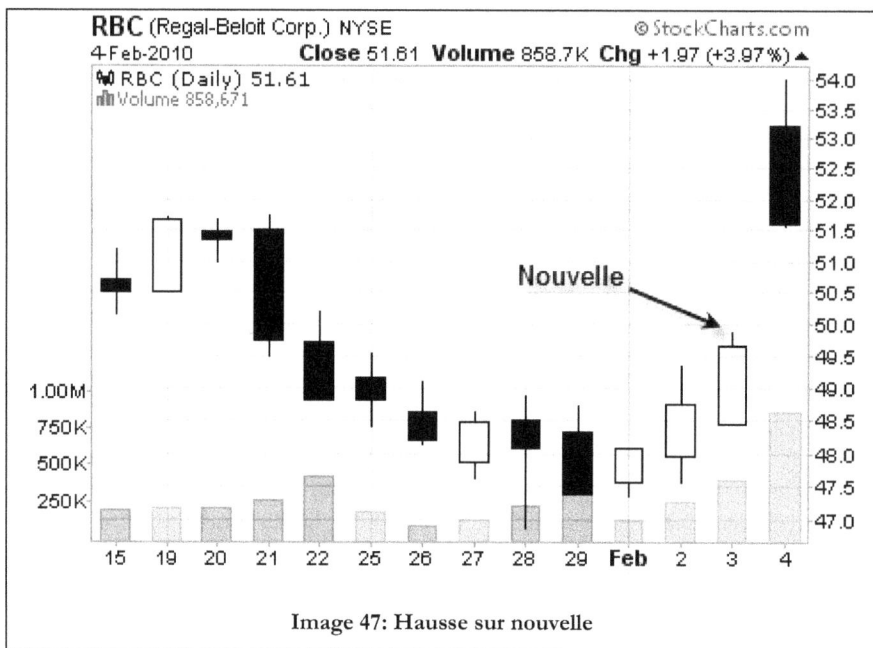

Image 47: Hausse sur nouvelle

Bien entendu, cette nouvelle a fait faire un bond d'environs 9% instantanément. Par contre, la nouvelle ayant sortir tard, les investisseurs ont acheté en retard et donc à un prix plus élevé que 49.50$. Pire, lors de l'ouverture du titre à plus de 53$, les investisseurs ont fait une perte! Ceci s'est produit car en fin de journée, le titre valait à peine plus de 51.50$. L'Image 47 montre que l'annonce a produit une hausse puis a redescendu. Est-ce que les prochains jours vont être positifs? Ou est-ce que le titre va continuer à descendre? Ceci est indéterminable. Par contre, souvent les titres augmentent durant plusieurs journées avant de redescendre. Ceci s'appelle une correction. Dans le cas de Regal-Beloit Corporation (RBC), le titre va descendre dans la même journée et augmenter lentement. Par contre, veuillez noter qu'il n'y a pas de hâte à avoir,

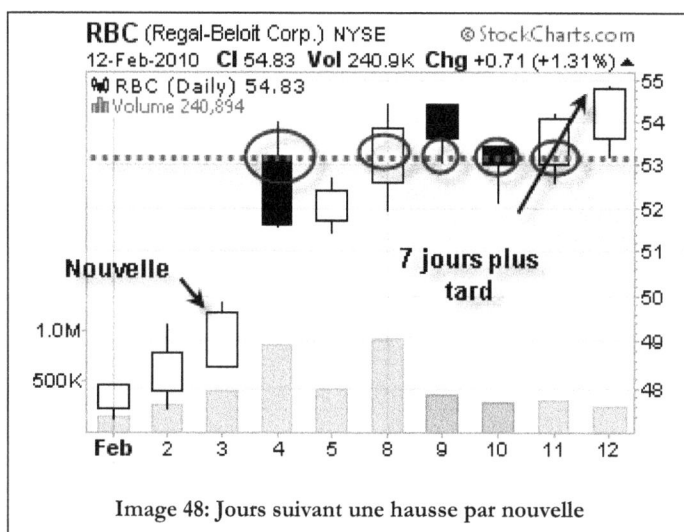

Image 48: Jours suivant une hausse par nouvelle

car dans les 7 jours suivant la hausse, 5 jours vont avoir traversés le prix de début de journée de la journée suivant la hausse.

Par contre, les nouvelles sans graphique sont difficiles à comprendre et peuvent être souvent incompréhensibles pour les investisseurs amateurs. Prenons l'exemple de Scheweitzer-Mauduit International (SWN) pour le mois de février 2010. Le 11 février, SWN reçoit la nouvelle qu'ils augmentent leur profit de 7% comparativement au dernier trimestre (bonne nouvelle). Le graphique ci-dessous démontre que cette nouvelle a eu comme effet de créer une perte au niveau du titre de plus de 30%!

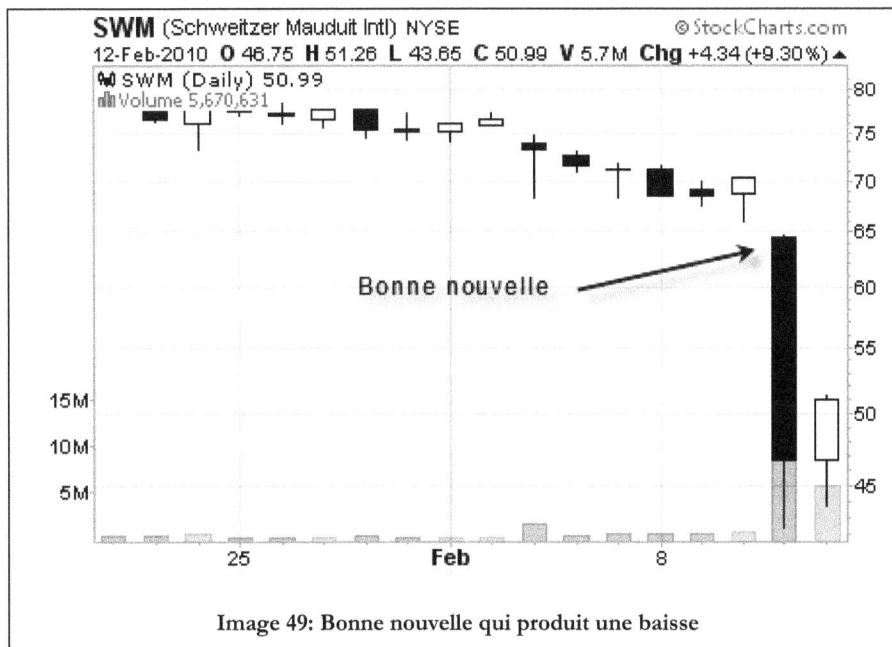

Image 49: Bonne nouvelle qui produit une baisse

Cette perte est inattendue, car la croyance est que lors de bonne nouvelle, un titre augmente automatiquement. Par contre, dans le même principe que RBC dans l'exemple précédent, mais dans la situation inverse, suite à cette baisse il y a eu une hausse le jour suivant. Est-ce que le titre va continuer à descendre, ou va-t'il augmenter comme la journée suivante? Ceci est très difficile à anticiper. Par contre, suite à une grosse variation de prix, souvent une correction s'effectue. Ensuite, une fois la correction terminée, le mouvement de continuation se forme dans la direction du mouvement fort. Donc, RBC a diminué après la hausse et ensuite remonté. Selon ce principe, SWM devrait augmenter pour ensuite continuer à descendre. L'image intitulée Image 50 démontre comment SWM a réagi en réalité.

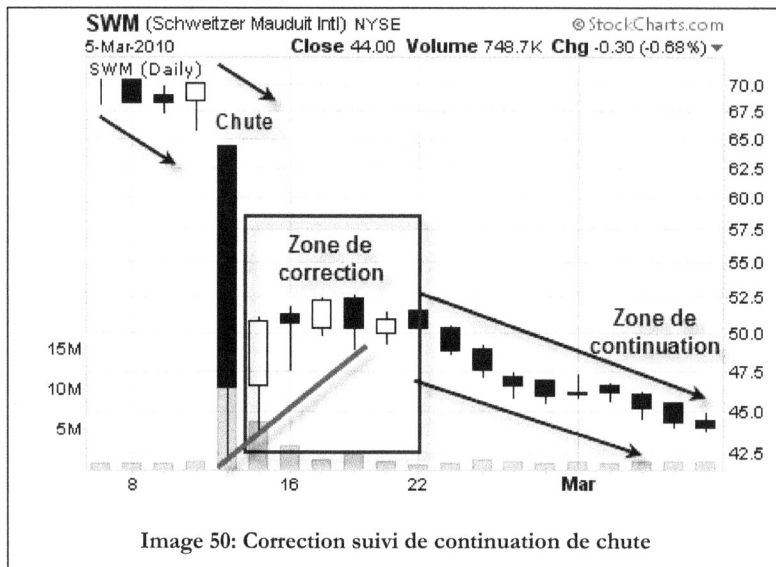

Image 50: Correction suivi de continuation de chute

Les deux derniers exemples (RBC et SWM) démontrent que les nouvelles peuvent être intéressantes, mais qu'il n'est pas nécessaire de courir pour acheter. La nouvelle est déjà en retard lorsqu'elle sort dans les journaux ou à la télévision et les gros joueurs, ayant les informations avant les petits investisseurs, ont déjà profité de la hausse. Par contre, une bonne nouvelle a souvent des répercussions sur une durée de plusieurs jours. Un autre avantage est que normalement une nouvelle ou une rumeur augmente le volume d'un titre, ce qui est très intéressant pour avoir une facilité d'achat et de vente. Les day-traders vont souvent transiger selon les nouvelles, car ils peuvent acheter au commencement de la journée et vendre facilement et rapidement. Si vous regardez le dernier graphique, sous les chandeliers vous verrez des barres qui augmentent entre le début de février et la fin février. Ceci est le volume. Ce volume est très fort pendant la baisse et le jour suivant, ce qui est un élément que les day-traders recherchent pour être efficaces et ne pas être pris avec la compagnie longtemps.

Les rumeurs sont comme les nouvelles. En fait, les rumeurs sont souvent des nouvelles non officielles. Le titre peut augmenter selon une rumeur. Par contre, si cette rumeur est démentie, le titre peut réagir dans une direction non désirable. Les rumeurs affectent souvent des produits ou des services que les compagnies prévoient lancer prochainement. Un bon exemple de rumeur serait lorsqu'Apple prévoit lancer un nouveau cellulaire ou appareil électronique. Ceci a pour effet de faire augmenter le titre.

Autre les nouvelles et les rumeurs, il y a aussi les prédictions financières des compagnies. Par exemple, si les prédictions pour la prochaine année se traduisent par une hausse des bénéfices de 5% et que la compagnie fait une augmentation de 4%, il y a de très fortes chances que, malgré cette bonne nouvelle, le titre va descendre. Par contre, si la hausse avait été de plus de 5%, le titre aurait surpassé les prédictions de manière positive, alors le titre aurait augmenté.

Si une compagnie annonce dans ses nouvelles un split de ces actions, dans le sens de diminuer le prix (et en augmentant le volume), ceci est positif. Par exemple, si ZZZ split 2 :1 son prix initial de 50$, ce split donnera deux actions pour une et le prix sera de 25$. Par après, ce type d'événement a pour effet d'augmenter le prix parce que la compagnie est en santé, et que le prix a tellement augmenté que la compagnie désire le conserver plus bas. Dans le cas contraire, si l'action ZZZ split 1 : 2, le titre pourrait diminuer. Bien entendu, rien n'est garanti, mais normalement c'est ce qui arrive.

Un autre type de nouvelles qui influence le prix d'une action est lorsque la compagnie met des employés à pied. Cette nouvelle a comme effet de faire augmenter le titre. La raison est que malgré le fait que la compagnie soit déficitaire, ses décisions tentent d'aider à diminuer les coûts.

En conclusion, les nouvelles sont de bonnes façons d'avoir un volume. Par contre, étant différées et ayant des mouvements imprévus et très brusques, celles-ci doivent être utilisées suivant leur correction (sujet traité dans la prochaine section). Elles peuvent aussi être pratiques pour acheter, tout en gardant en tête qu'il peut y avoir des zones de turbulence quelques jours suivant la hausse.

Analyse fondamentale

La sélection de titres peut se faire en suivant l'analyse fondamentale. Ce type d'analyse concerne les résultats financiers de l'entreprise et plus précisément la profitabilité, la solvabilité et la liquidité de l'entreprise. L'analyse fondamentale se prépare avec les chiffres historiques de l'entreprise ainsi que les données les plus récentes. Cependant, ce ne sont pas les seuls éléments importants au niveau de l'analyse. L'analyse fondamentale prend en compte les données financières, mais aussi la gestion de l'entreprise, les concurrents et toutes sources qui peuvent faire fluctuer le rendement de l'entreprise.

Objectifs

L'analyse fondamentale comporte plusieurs objectifs. Un de ceux-ci est de déterminer la valeur réelle du prix de l'action selon les éléments financiers de la compagnie.

Un autre objectif est de prédire, en faisant des projections sur les données actuelles, ce que devrait faire la compagnie dans les prochains trimestres. Ces prédictions sont faites de manière officielle par les institutions financières. Quand ceci est plus officiel, ces prédictions sont partagées à travers l'actualité et donc deviennent un élément de nouvelles.

Un autre objectif est d'évaluer la gestion de l'entreprise et d'effectuer des décisions internes à l'entreprise afin de faire changer des éléments à l'intérieur de la compagnie. Ceci n'est pas possible pour les petits investisseurs, mais c'est une technique que Warren Buffett utilise depuis ses débuts.

Un dernier objectif est de calculer les risques de crédit de chaque entreprise.

Tous ces objectifs peuvent se réaliser par deux méthodologies de l'analyse fondamentale. La première méthodologie est d'analyser les valeurs comptables. Il faut donc regarder les états financiers, les bilans, les comptes de résultat, les flux de trésorerie, etc. À partir de ces documents, il faut sortir les points forts et les points faibles qui permettent d'avoir une image de la compagnie. Parmi les centaines de chiffres, quelques-uns sont plus simples à analyser comme le ratio d'endettement, la liquidité d'une compagnie, les dividendes versés, les bénéfices, les projets, les phases de ces projets (surtout pour le pharmaceutique et les exploitations minières), etc.

Warren Buffett est un investisseur américain qui a fondé la compagnie Berkshire Hathaway. Il fut l'homme le plus riche au monde pendant plusieurs années. Warren Buffett achète des compagnies sous-évaluées avec des techniques d'analyse fondamentale. Il redresse les compagnies et les revends. Il fut l'élève de Benjamin Graham (voir Value Investing au chapitre des Méthodologies).

Image 51: Warren Buffett 1930 - …

La seconde méthodologie nécessite la consultation des chiffres comme la méthode numéro un, sauf que celle-ci va se baser sur des ratios tels que la solvabilité, la rentabilité, etc. De plus, des comparaisons entre compagnies d'un même secteur sont effectuées. Nous appelons cette méthodologie l'analyse comparative.

En tout temps, les données passées et présentes sont importantes. Si les profits augmentent ainsi que les bénéfices, comparativement au passé, la compagnie a de fortes chances d'être en meilleure position que si l'analyse se base seulement sur les chiffres actuels.

Une fois l'analyse complétée, le but est de déterminer la valeur réelle de la compagnie afin de déterminer un prix pour celle-ci. Si le prix découvert par l'analyse fondamentale est inférieur au prix actuel de l'action, il y aurait donc une surévaluation de la compagnie et un risque de chute. À l'inverse, si l'analyse fondamentale détermine un prix plus haut que le prix actuel de l'action, l'action risque d'augmenter.

Deux approches

L'analyse fondamentale peut s'exercer de différentes manières qui sont déterminées dans la prochaine section de ce chapitre, selon différents objectifs. Il n'existe donc pas d'approche unique pour commencer ce type d'analyse. De façon générale, il y a deux approches possibles : Haut-Bas et Bas-Haut. Le haut-bas consiste de prendre le plus haut niveau d'abstraction et de descendre, c'est-à-dire d'analyser l'économie internationale/nationale pour aller de plus en plus vers la compagnie en passant par le marché de la compagnie. Le bas-haut consiste, à l'inverse, de partir avec la compagnie et d'aller vers le marché et l'économie globale.

La méthode Haut-Bas permet de trouver des symboles en réduisant les résultats à un groupe de compagnies plus susceptible de bien performer. En débutant avec l'économie globale, il est possible de trouver les marchés les plus prospères et déterminer quelle compagnie est en meilleure position par rapport aux autres compagnies d'un même secteur. L'analyse fondamentale prône un bon choix de compagnie, mais il faut toujours et avant tout être dans le bon marché.

Cinq façons d'utiliser l'analyse fondamentale

L'analyse fondamentale est plus lente que l'analyse technique. Souvent utilisée par de petits investisseurs, celle-ci est encore plus populaire chez les grosses institutions. Il existe plusieurs façons de gérer des portefeuilles avec l'analyse fondamentale. Une de celles-ci est « Buy and Hold », qui veut dire acheter et attendre. Selon la philosophie fondamentale, si une compagnie est en santé financièrement, même si le prix de l'action descend, il est préférable de garder l'action car la situation va se redresser d'elle-même.

Une autre façon de gérer un porte-folio avec l'analyse fondamentale est d'évaluer la santé financière afin de déterminer si une action qui augmente ou descend en prix est une « bonne » compagnie. Cette technique permet de déterminer les « bonnes » et « mauvaises » compagnies afin de trouver des opportunités d'achat, parce que plusieurs « mauvaises » compagnies peuvent aussi être profitables en Bourse.

Une troisième façon est avec les cycles de la Bourse et l'évaluation du bon moment pour acheter ou vendre une action.

Une quatrième façon de faire est avec la méthode des Contrarian qui va être expliquée en plus de détail un peu plus loin dans ce livre. En une phrase, cette méthodologie ignore les marchés et se concentre sur le long terme d'une compagnie.

Une cinquième façon est l'investissement par valeur, « Value investing ». Ce type de placement a été conçu par Benjamin Graham et David Dodd, tous deux professeurs de l'université de Columbia Business School au début des années 1900. Il consiste à placer de l'argent en Bourse en déterminant le prix réel de la compagnie. Plus loin dans ce livre, dans la section des méthodologies connues, plus d'explications seront fournies en ce qui concerne l'investissement par valeur.

Quoi analyser?

Une fois que l'analyste possède une liste de compagnies, il doit analyser celles-ci pour déterminer le meilleur choix. L'analyse se fait sur le plan d'affaires et la vision de la compagnie pour le futur. Il est ainsi possible de voir si la compagnie a des projets réalistes, qui peuvent être profitables ainsi qu'être des chefs de leur industrie. La dernière étape est d'analyser les valeurs financières. Voici quelques données intéressantes pour l'analyse.

Compte payable	Compte recevable
Amortissement	Les avoirs
La valeur au livre comptable	Les capitaux
L'encaisse	Les roulements d'argent
Nombre de client	Temps pour les recevables
Temps pour les comptes payables	Dette à court et long terme
Dépréciation	Dividende
Dépense	Fonds
Marge de profit	Croissance
Investissement de la compagnie	Brevets
Produits	Options
Taxe	Prix de l'action

Exemple de comparaison fondamentale avec le secteur

Afin de savoir si une action est prête à être achetée ou non, il est possible de la comparer avec les autres compagnies de son secteur. Si le chiffre d'affaires moyen est de 20 milliards et que la capitalisation boursière est de 27 milliards, nous trouvons que la capitalisation est en moyenne 1.35 fois plus élevée que le chiffre d'affaires des compagnies. 1.25 = 27/20. Donc, si votre action a une capitalisation de 2.35 milliards et un chiffre d'affaires de 2.70 milliards, votre ratio est de 2.7/2.35= 1.14. La compagnie est donc sous la moyenne, ce qui pourrait indiquer que la compagnie est potentiellement intéressante à acheter, car elle est sous-évaluée en Bourse.

Price Earning Ratio (P/E)

Le P/E est une méthode très utilisée dans l'analyse fondamentale et offre une rapidité de calcul. Elle permet de savoir le ratio entre le prix de l'action et ce que la compagnie rapporte. Un ratio élevé indique que le prix en Bourse est élevé par rapport au bénéfice de la compagnie. Un ratio faible indique que la compagnie est sous-évaluée à la Bourse et donc serait un bon achat.

La première chose à trouver pour calculer les ratios P/E est le bénéfice net par action. Pour calculer le bénéfice net par action il faut avoir le nombre d'actions en circulation. Le nombre d'actions doit contenir les actions en circulation sur la Bourse ainsi que celles en options, obligations, etc. Le deuxième élément à se procurer est le bénéfice réalisé par la compagnie. Ce chiffre va être divisé par le nombre d'actions en circulation. En dernier, il suffit de prendre le prix unitaire d'une action et de le diviser par le chiffre précédent. Ceci donne le P/E.

> P/E = Prix de l'action divisé par le bénéfice de l'entreprise, divisé par le nombre d'actions.

Exemple de P/E

Le prix par action est 22$ et pour les 12 derniers mois, le bénéfice par action est de 2$. Le P/E est de 11, car 22$/2$ = 11. Le bénéfice de 2$ par action provient du bénéfice total pour cette période divisé par le nombre d'actions.

Quoi faire avec le P/E? Il faut le comparer à des barèmes qui ne sont pas des règles officielles, mais plutôt des heuristiques. Chaque investisseur développe sa technique. En règle générale, un P/E plus grand que 20 est surestimé et il est préférable d'acheter sous 20. Par contre, une étude plus méticuleuse de ce ratio montre que selon le secteur, le P/E doit être évalué différemment. Effectivement, les compagnies de technologie et d'Internet ont une tendance à avoir un P/E plus haut que les compagnies plus stables. Par contre, historiquement, le P/E a une moyenne de 15[22].

En réalité, l'unité du P/E est établie à tout coup sur une année. Si nous avons un P/E de 12 ceci voudrait dire qu'il faudrait 12 ans pour payer la valeur de l'action. Il est évident que cette théorie n'est pas applicable à la lettre lorsqu'on peut voir des compagnies telles qu'Apple (AAPL) avec un P/E de 56 (en date du 17 juin 2010). Il faudrait donc 56 ans pour que l'action entre dans son bénéfice. En pratique, le P/E est utilisé pour voir la demande sur une action.

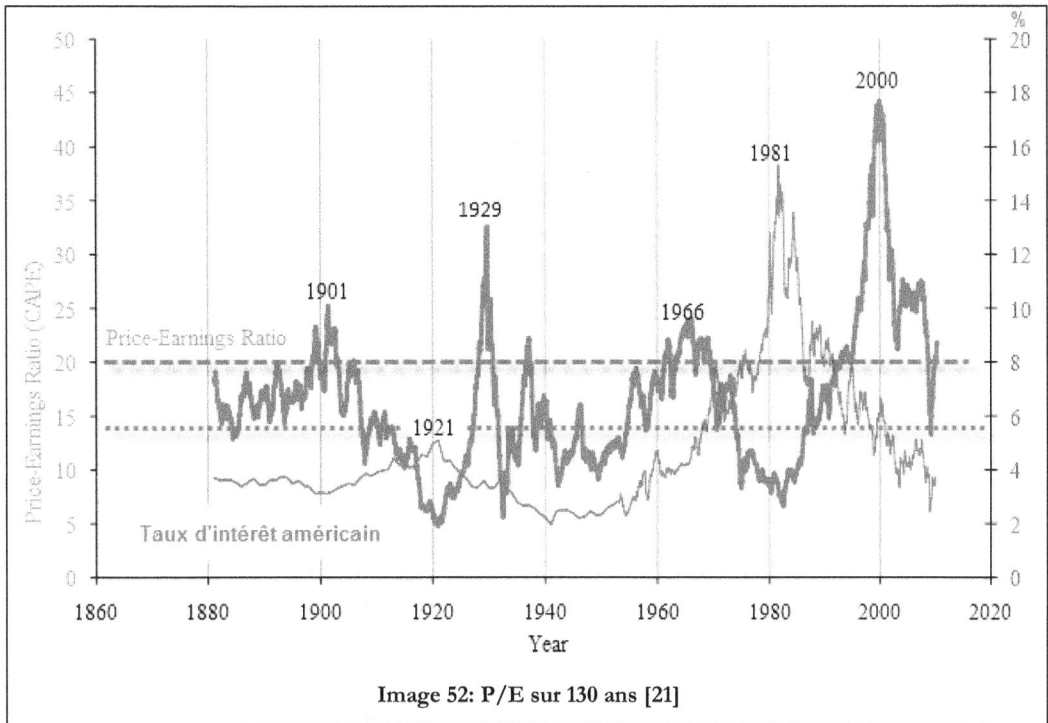

Image 52: P/E sur 130 ans [21]

Le graphique ci-dessus démontre le P/E sur une période de 130 ans. La ligne large et bleue est le P/E de l'indice S&P500. La ligne plus mince et rouge est le taux d'intérêt américain. On peut voir lors du krach de 1929 que le P/E était très haut, ainsi que lors de la bulle Internet en l'an 2000. Les récessions qui ont suivi sont clairement identifiées par une baisse des prix et des gains de ces entreprises, ce qui a fait diminuer le P/E. Si nous regardons plus précisément les 20 dernières années du S&P500 avec en parallèle la valeur de l'index, nous remarquons que le P/E ne peut à lui seul indiquer la tendance de la valeur de l'index. Voir le graphique suivant.

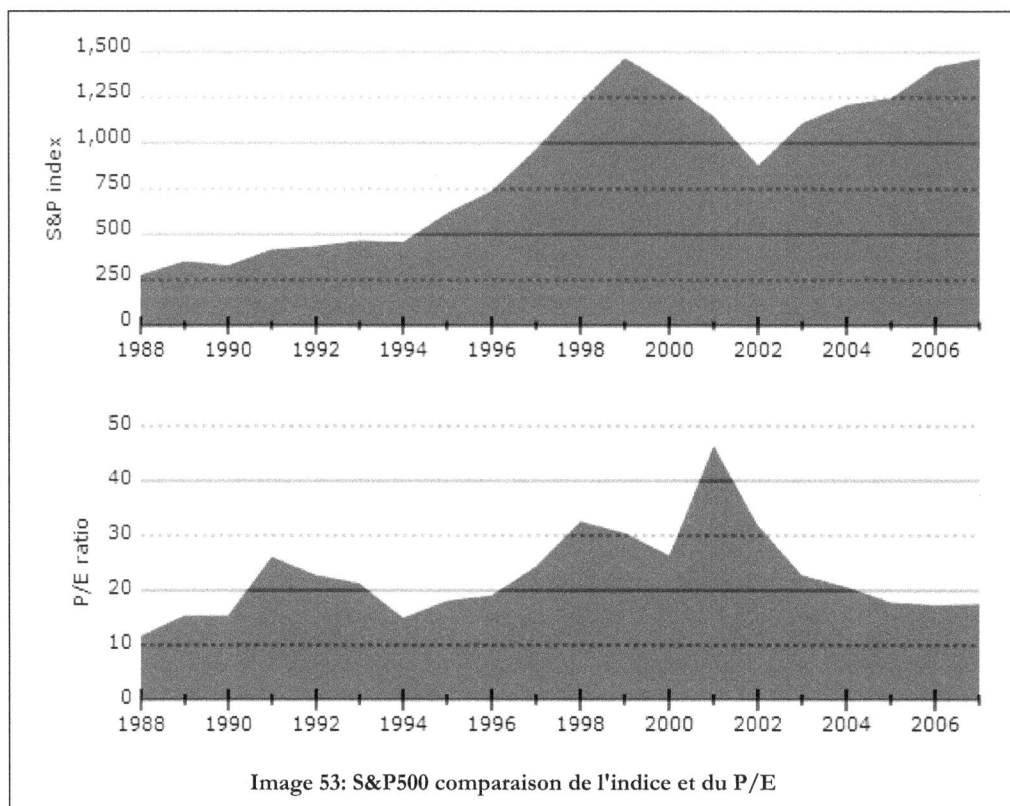

Image 53: S&P500 comparaison de l'indice et du P/E

Il est possible de faire des calculs de P/E annuellement, mais aussi trimestriellement lorsque la compagnie publie ses rapports financiers trimestriellement.

Par contre, il faut faire attention. Un P/E bas, sous 10, indique une surévaluation ou une situation de misère. Si les bénéfices de la compagnie descendent, le nombre d'actions reste le même et le prix de l'action reste stable, le P/E diminuera sans pour autant être une aubaine. Il est donc important de combiner le P/E avec une lecture du rapport financier et de voir que la compagnie est bien en santé.

P/E	Description
0 à 10	Sous-évalué ou les bénéfices en chute.
10 à 17	Valeur intéressante pour l'achat.
17-25	Début de surévaluation, achat avec prudence.
25 et plus	Surévaluation et possibilité de bulle. Notez qu'il y a des secteurs où 25 est tout à fait normal.

En conclusion, le P/E doit être mis en considération avec plusieurs autres facteurs, qui sont souvent disponibles dans le rapport financier de la compagnie. Un P/E ne veut pas absolument dire que la compagnie est sous-évaluée ou surévaluée, mais pourrait aussi indiquer que la compagnie est moins intéressante pour les investisseurs (moins volatile) ou que le bénéfice de la compagnie est en baisse. Le P/E est donc un bon outil lors de la recherche de compagnies parce qu'il est souvent disponible dans les outils de recherche. Une fois qu'est établie une liste de compagnie dans la période désirée, une étude plus approfondie permet de sélectionner les compagnies les plus intéressantes parmi la liste.

Avantages de l'analyse fondamentale

L'analyse fondamentale a une force dans les tendances haussières à long terme (plusieurs années) afin de déterminer quelle compagnie va mieux performer. De plus, l'analyse fondamentale permet de trouver des compagnies qui ont de véritables valeurs, appelées valeurs intrinsèques. Ensuite, elle permet de véritablement connaître la compagnie dans laquelle on investit.

Inconvénients de l'analyse fondamentale

L'inconvénient majeur est le temps nécessaire pour entreprendre l'analyse. De plus, les analyses sont souvent contradictoires aux mouvements de la Bourse. Un autre désavantage est que les analyses doivent être interprétées différemment selon l'industrie dans laquelle la compagnie opère.

L'analyse fondamentale est subjective et a tendance à être plus positive que dans les faits réels. De plus, elle est basée sur des chiffres annuels ou trimestriels, ce qui la rend moins précise pour des prévisions autres qu'à long terme.

Un autre inconvénient est que les données pour faire l'analyse proviennent des compagnies et que les chiffres peuvent être présentés de sorte à donner une fausse impression.

Conclusion sur l'analyse fondamentale

L'analyse fondamentale n'est pas l'approche favorisée dans ce livre. La plupart des raisons sont citées ci-haut. Par contre, pour le long terme, un mélange d'analyse technique et de fondamental est très intéressant.

Analyse technique

L'analyse technique est l'évaluation d'une compagnie selon la tendance qu'elle forme à la Bourse avec son prix à l'unité (par action). L'analyse technique utilise le prix de la compagnie selon la période désirée en prenant les valeurs du passé pour essayer de prévoir le prix futur. L'analyse technique est une technique plus récente que l'analyse fondamentale et est de plus en plus populaire, car elle est rapide et s'adapte autant pour le court terme (même au « day-trading ») que le long terme (pour plusieurs années).

L'analyse technique s'applique aux actions, mais aussi aux indices, aux marchés, aux futures et à tous les produits qui peuvent avoir un prix sur une période de temps. Le prix est toujours sur l'axe des Y et le temps sur l'axe des X. Le temps peut être différent selon la période choisie. Par défaut, la période utilisée est souvent le jour. Par contre, pour avoir une analyse à long terme, il suffit de changer la période pour la semaine ou le mois. Dans le cas contraire, si on veut avoir une analyse à court terme, il est possible de faire une analyse avec une période en heure ou en minute!

L'analyse technique se base sur le fait que le prix courant de l'action est le reflet de la valeur réelle de la compagnie. Le prix est tout ce qui compte et ceci est appuyé sur le fait que le prix est le résultat de l'ensemble des investisseurs qui, avec toutes leurs connaissances et analyses, ont fait déplacer le prix à un certain niveau qui est affiché avec le prix courant. Afin d'évaluer le futur sur le prix d'une action, l'analyse technique se repose principalement sur les tendances. Veuillez noter que les tendances ne sont pas toujours visibles en tout temps. Lorsqu'on transige en Bourse avec l'analyse technique, on se souci peu des rapports financiers, des nouvelles ou de ce que fait la compagnie. Ce qui importe est de voir où se dirige le prix, dans quelle direction.

Outre la tendance, l'analyse technique repose sur des principes de base qui sont les supports, les résistances et d'autres éléments qui seront discutés dans la partie 2 de ce livre, qui comporte plusieurs chapitres sur l'analyse technique.

Approche

L'analyse technique est préférable en combinaison avec une approche Haut-Bas. C'est-à-dire qu'il faut analyser techniquement l'indice pour ensuite aller dans le secteur (industrie) et finalement la compagnie. Si on désire se concentrer sur le marché canadien, il est intéressant de débuter par l'analyse de l'indice TSX, qui est l'indice principal au Canada. Ensuite, on peut analyser les marchés pour trouver un marché intéressant. Par exemple, si le marché en progression depuis plusieurs temps est le pétrole, il est favorable d'aller analyser des compagnies dans le pétrole. Souvent, plusieurs marchés sont en hausse et plusieurs groupes de compagnies peuvent être sélectionnés comme de futurs bons candidats. L'analyse technique permet aussi de fabriquer des listes d'actions qui vont être prêtes dans quelque temps, ou immédiatement, selon les signes et les stratégies employées.

Avantages de l'analyse technique

Le plus gros avantage est la rapidité d'analyser une situation. Aucune dépendance sur des rapports trimestriels, ni de prendre plusieurs heures à lire des documents. Une analyse se fait en regardant le prix de l'action, actuel et passé. De plus, l'analyse technique ne demande pas de comprendre autant de choses que l'analyse fondamentale. Pas besoin d'être allé à l'université en finances pour comprendre que l'offre est plus forte que la demande et que le prix augmente depuis x nombres de jours.

L'analyse technique se fait sur plusieurs périodes de temps différentes (graphique en jours, semaines, mois, trimestriel, année, etc.) et sur plusieurs types d'investissements comme les futurs, les obligations, les options ou les actions. Il est donc possible d'adapter son analyse selon ce qui doit être évalué ainsi que sur la durée de l'investissement.

L'analyse technique permet de trouver le bon moment d'entrée et de sortie (achat et vente) dans le temps, ce qui n'est pas possible avec l'analyse fondamentale.

Désavantages de l'analyse technique

L'analyse technique, tout comme l'analyse fondamentale, est à risque d'être biaisé par l'analyste exécutant l'analyse technique. En plus du biais de l'analyste, une analyse technique sera différente selon l'expérience, le goût et la perception de l'analyste. Il n'existe donc pas une analyse technique qui est considérée meilleure qu'une autre. L'analyse est un art plutôt qu'une science exacte.

Malgré le fait que l'analyse technique donne le pouls plus rapidement que l'analyse fondamentale sur la direction dans laquelle se dirige l'action, il est souvent critiqué que l'analyse technique est en retard sur la tendance. C'est-à-dire que lorsque les indications d'un achat se font valoir, l'action est déjà trop avancée dans son processus de hausse ou de baisse.

Conclusion

L'analyse technique est principalement la technique utilisée pour les analyses dans ce livre. La deuxième partie de ce livre contient plusieurs chapitres sur ce sujet. C'est un moyen d'analyser plusieurs compagnies rapidement et qui est tout aussi viable que l'analyse fondamentale.

Récapitulatif du chapitre

Voici le récapitulatif du chapitre 7 « Les techniques pour acheter et vendre».

- ✓ Techniques pour acheter ou vendre
    1. Nouvelles et rumeurs
    2. Analyse fondamentale
    3. Analyse technique

- ✓ Lors de bond, le prix peut se stabiliser avant de continuer à augmenter ou subir une correction (légèrement revenir sur son prix initial).

- ✓ Une bonne nouvelle peut faire descendre une action.

- ✓ L'analyse fondamentale utilise les rapports financiers pour évaluer le prix réel que chacune des actions devrait véritablement avoir.

- ✓ Warren Buffett est un maitre de l'analyse fondamentale. Il achète des compagnies sous-évaluées selon les rapports financiers. Cependant, il restructure la compagnie pour la rendre plus profitable car il devient un actionnaire important des compagnies dans lesquelles il investi, ce qui ne devrait pas être le cas de la majorité des investisseurs.

- ✓ 5 manières d'utiliser l'analyse fondamentale :
    1. Buy and hold
    2. Trouver les compagnies profitables
    3. Évaluer les bons cycles d'achat et de ventes de la Bourse
    4. Long terme de la compagnie sans ce soucier du court terme
    5. Selon Value Investing

- ✓ Le ratio P/E est un ratio très utilisé qui permet de déterminer le nombre d'années pour payer la valeur de l'action. Ce ratio est utilisé en comparaison avec les autres compagnies du secteur.

- ✓ L'analyse technique se base sur le prix présent et passé sur des graphiques afin de déterminer les mouvements avec les tendances et patrons.

- ✓ L'analyse technique est rapide, s'applique sur plusieurs types d'investissements ainsi que sur plusieurs types de périodes. Par contre, elle est biaisée par l'investisseur qui fait l'analyse et il n'y a pas de règle absolue concernant ce qui rend l'analyse subjective.

Questions et réponses

Voici des questions accompagnées de leur réponse. La section présente assure une meilleure compréhension des notions précédemment assimilées.

Questions

1. Vous détenez l'action XYZ qui chute après une mauvaise nouvelle. Vous désirez vendre. Quel est le meilleur moment pour vendre si la journée vient de se terminer en baisse ?

2. Qu'est-ce qu'une zone de correction ?

3. Dans quelle situation est-ce que l'analyse fondamentale complète l'analyse technique?

4. Benjamin Graham et Warren Buffett ont un lien. Quel est-il ?

5. Combien d'approches existe-t-il en analyse fondamentale ?

6. Qu'est-ce que le Price Earning Ratio ?

7. Le prix de l'action XYX est de 5$. Il y a 23 millions d'action en circulation et le bénéfice de la compagnie est de un million. Quel est le P/E ?

8. Si on reprend les données du numéro précédent, quel serait un prix intéressant pour avoir un P/E de 25 ?

9. Que veut dire un P/E sous 10 ?

10. Comment l'analyse technique réussi-t-elle à être effective pour le court terme ainsi que pour le long terme ?

Réponses

1. Il y a de fortes chances qu'il y a une correction avant que le titre continue à descendre. Attendre quelques jours pour une petite hausse est la meilleure chose à faire. Voir l'Image 49 et Image 50 qui démontrent un titre qui descend jusqu'à 42$, pour remonter à 51$ dès le lendemain d'une hausse de plus de 20$. Malgré une perte, la vente avec une légère attente permet de minimiser la perte.

2. Lors d'une forte hausse ou forte baisse, le titre se corrige pour rétablir un prix moins extrême. Dans le cas d'une baisse, la correction fait augmenter le prix sur quelques jours. Dans le cas d'une hausse, la correction fait descendre le prix sur quelques jours.

3. L'analyse fondamentale peut être avantageuse lors d'investissements à long terme ainsi que lorsque plusieurs choix sont offerts parmi l'analyse technique afin de focaliser sur les compagnies les plus fortes financièrement.

4. Benjamin Graham fut le professeur de Warren Buffet.

5. 2. Haut-Bas et Bas-Haut.

6. Le Price Earning Ratio est le P/E qui est le prix de l'action divisé par le bénéfice de l'entreprise.

7. Le calcul est : $\dfrac{5\$}{\dfrac{1000000\,actions}{23000000\$}} = \dfrac{5}{0.043} = 115$. Le P/E est très élevé peu importe le secteur de l'action. Il ne serait pas conseiller d'investir dans cette action. Elle est surévaluée.

8. P/E * E = $25*0.043 = 1.075\$$

9. La compagnie est sous-évaluée ou a des bénéfices très bas. Il faut donc observer davantage les rapports financiers afin d'avoir un meilleur portrait.

10. L'analyse technique peut se faire sur des graphiques journaliers ainsi qu'annuels. Il est donc possible d'ajuster ses paramètres dans les graphiques pour analyser une période de temps désirée.

Méthodologies

Chapitre 8

Il existe plusieurs méthodologies plus officielles qui existent pour investir en Bourse. Ce chapitre explique les détails de plusieurs méthodologies reconnues dans le milieu de la Bourse. Une méthodologie consiste en ce que chacun des investisseurs doit forger et suivre sans exception afin d'obtenir des gains. Le but d'illustrer des méthodologies existantes et reconnues est de permettre de vous baser sur du concret qui existe déjà afin de vous approprier celle qui vous parait la plus efficace. Plus vous allez investir et plus vous allez pouvoir raffiner votre méthodologie et pouvoir un jour écrire vos propres règles à suivre.

« Value Investing »

Image 54: Benjamin Graham 1894 - 1976

Investir sur la valeur de l'entreprise fut développé par Ben Graham et de David Dodd en 1928 à Colombia Business School. Depuis la première itération sur les règles de cette méthodologie en 1928, plusieurs versions se sont développées. L'essence première de la méthodologie est de trouver des actions qui sont sous-évaluées par l'analyse fondamentale [25]. Warren Buffett, qui est un disciple de Ben Graham, a investi selon ses principes avec sa compagnie Berkshire Hathaway durant toute sa carrière. Il a toujours argumenté que l'essence de l'investissement était d'investir sur des compagnies où la valeur intrinsèque est supérieure au prix en Bourse [26].

La valeur intrinsèque est la véritable valeur trouvée après avoir analysé fondamentalement la compagnie. Avec le nombre d'actions en circulation, il est possible d'établir le véritable prix de l'action. L'achat se fait lorsque le prix courant est sous le prix qui a été déterminé comme valeur intrinsèque. La différence de prix entre la valeur courante et intrinsèque se nomme, selon Ben Graham, la marge de sécurité.

Depuis les débuts de l'utilisation de cette méthodologie, plusieurs changements ont été apportés et Warren Buffett, depuis les années 1970, a adapté cette méthodologie en modifiant le fait de ne pas simplement acheter une compagnie car son prix est inférieur à la valeur intrinsèque, mais bien d'investir dans des compagnies avec un potentiel extraordinaire offertes à un prix raisonnable.

Cette méthodologie fonctionne lorsque les biens sont tangibles et appartiennent à des domaines qui sont plus stables.

Pour déterminer la valeur de l'investissement, les divers éléments de l'analyse fondamentale doivent être étudiés. Ces éléments sont détaillés plus en profondeur dans la section de ce livre portant sur l'analyse fondamentale. En résumé, une combinaison d'un faible P/E, d'un faible ratio entre le prix de l'action et de l'argent courant, d'un faible ratio entre le prix courant et le prix évalué bas sont des combinaisons favorables à un achat [27, 28, 29].

Plusieurs études publiées ont démontré que cette méthodologie avait de meilleurs rendements que les actions avec une croissance continue ainsi que les indices.

La théorie de Dow

Image 55: Charles Dow : 1851-1902

La théorie de Dow a été conçue par Charles Dow, qui est un Américain né en 1851 et décédé en 1902. La théorie de Dow est une méthodologie qui se fonde sur la relation entre la tendance des prix et les activités d'affaires des entreprises. Charles Dow a réussi à faire un lien entre l'indice qu'il a conçu et l'économie des autres compagnies et marchés. Si l'indice augmentait, l'économie semblait augmenter pour différents marchés et pour plusieurs compagnies en conséquence. Dow a toujours mentionné que le fait seul de comparer avec l'indice n'était pas suffisant.

Dow est considéré comme le créateur de l'analyse technique et son indice, même si elle a due évoluer afin de rester pertinente à nos jours avec quelques modifications. Ce qui reste intact est que l'indice est une moyenne de plusieurs entreprises. La différence est que désormais la compagnie compte plusieurs milliers de compagnies au lieu que seulement une dizaine d'entre elles. Outre le fait d'avoir placé plusieurs compagnies sur un indice, Dow n'affiche pas que le cours d'une action, mais intègre tous les événements positifs ou négatifs de ceux-ci dans un indice. En fait, il représente le résultat des acheteurs et des vendeurs pour des marchés et donc donne le véritable pouls de l'industrie. À cet égard, le prix cache non seulement la valeur que l'homme donne à la compagnie, mais comporte aussi la résultante de toutes les nouvelles, les rumeurs, les projections, les produits, les taux d'intérêt et l'effet de l'économie globale.

La théorie repose sur des tendances. Dow décompose en trois tendances les mouvements en Bourse. La première tendance est la tendance primaire. La tendance primaire est une tendance à long terme, de plus d'un an.

Charles Dow est un Américain né en 1851 et décédé en 1902. Il a été éditeur de « The Wall Street Journal » jusqu'à sa mort. Toute sa vie, il a travaillé dans divers journaux sans avoir aucune formation en finances. Il a toujours eu une passion pour les articles sur les affaires et contrairement à ses confrères, il écrivait sur les compagnies de manière juste sans avoir comme but de faire mousser les actions. En 1896, il décida de grouper 12 actions et de faire la somme de ces actions et de diviser par 12 afin de créer le Dow Jones Industrial Average. Entre 1900 et 1902, il publia une série d'articles dans le Wall Street Journal concernant ses théories d'analyse technique.

La tendance secondaire est une phase de correction de la tendance primaire et dure entre un à trois mois. Cette tendance est dans le sens contraire de la tendance primaire, car elle est en réaction avec celle-ci. Elle corrige le mouvement entamé pour quelque temps. Hamilton ajoute à la théorie de Dow que selon des observations, il estime que les tendances secondaires diminuent ou augmentent (selon la tendance primaire) de 1/3 à 2/3 de la tendance primaire. C'est-à-dire que si la tendance primaire a augmenté de 10$, la tendance secondaire risque de descendre entre 2.3$ et 6.3$. Dans le cas où la tendance est baissière, la tendance secondaire augmenterait entre 2.3$ et 6.3$. Une deuxième observation est que la tendance secondaire est plus abrupte. Si, par exemple, la tendance primaire est sur six mois, la tendance secondaire risque d'être sous un mois. La durée de la tendance secondaire est donc toujours beaucoup plus courte que la tendance primaire. Une autre observation est que lors de la fin de la tendance secondaire, le prix avait une diminution de volume et/ou une très courte période où le prix est resté sur place.

La troisième tendance est la tendance tertiaire, qui représente le court terme et ne dépasse jamais quelques semaines en durée.

Selon Dow, la tendance tertiaire est sujette à manipulation et il ne faut pas en tenir compte. Autant les institutions que les individus, ou simplement des rumeurs, peuvent manipuler le prix à court terme. Par contre, une tendance à long terme ne peut être aussi bien manipulée. Au lieu de cela, la théorie mentionne qu'il faut diviser la tendance primaire en 3 phases. Selon si la tendance primaire est haussière ou baissière, les interprétations diffèrent.

Si la tendance primaire est en hausse, la phase 1 est une phase d'accumulation. C'est la phase où les investisseurs accumulent des actions de la compagnie, faisant augmenter le cours très lentement. Le volume est encore faible. Souvent, une mauvaise période vient de se terminer et il y a peu de liquidité, c'est pourquoi le départ est lent. C'est le meilleur moment pour investir pour les gens patients. Ceux-ci devraient avoir vendu leurs actions avant la dernière baisse et devraient avoir beaucoup de liquidité. Pour faire un parallèle avec Warren Buffett, ce dernier investit de grandes sommes d'argent dans ces moments, où il constate que les entreprises sont à bas prix. Voir la section « Value Investing ». Souvent lorsque cette phase commence, la population ne croit pas qu'un retour du marché est possible.

La phase 2 est le moment où le prix augmente suite au nombre d'acheteurs devenant supérieurs aux vendeurs. Les volumes augmentent, les résultats financiers sont favorables. C'est la phase la plus longue et celle où les prix vont fructifier le plus. La confiance qu'une reprise est possible prend la faveur populaire. C'est la phase la plus simple pour faire des gains, tout dépendant du moment où la personne fait son entrée.

La troisième phase est la phase où les résultats sont très bons, la hausse franchit des records ou autrement dit, de nouveaux sommets. Les acheteurs ayant investit en phase 1 débutent à encaisser leurs gains en vendant, mais le prix continue à augmenter. Il y a une forte spéculation et l'inflation augmente. C'est la phase où les gens n'ayant pas encore investit achètent, car ils croient que le marché est rendu propice à l'achat : erreur.

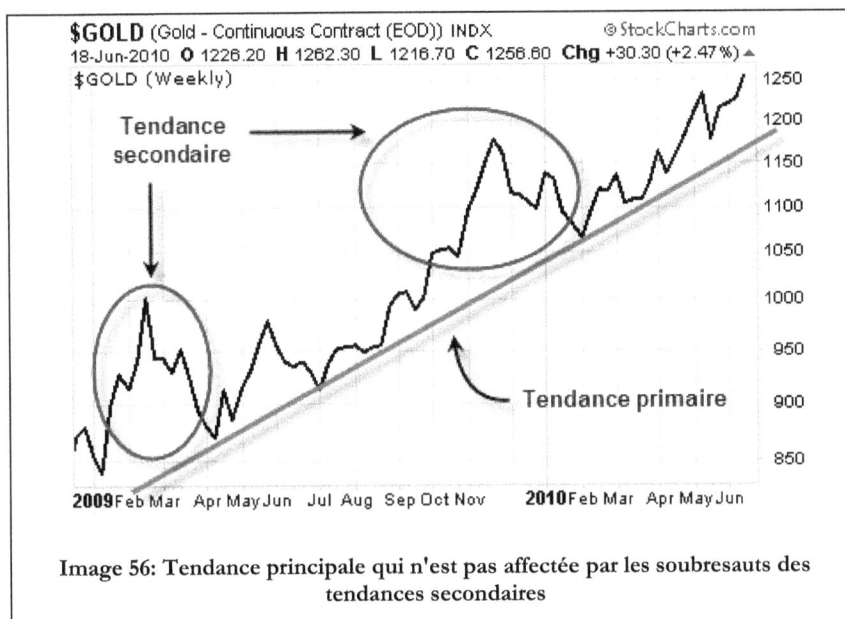

Image 56: Tendance principale qui n'est pas affectée par les soubresauts des tendances secondaires

Si la tendance est baissière en comparaison à la tendance primaire, les 3 phases qui suivront vont être différentes que lors d'une tendance haussière. Ce scénario s'exécute après une forte hausse.

La première phase dans ce cas est une phase où les acheteurs reprennent leur liquidité en vendant lentement leur part. Les premiers à quitter leurs actions sont ceux qui ont acheté précédemment en phase 1, lorsque la tendance primaire était haussière. Il y a une surévaluation trop forte des prix. Entre la phase 1 et la phase 2, le prix descend rapidement et selon Hamilton, une grande partie des pertes peut être récupérée dans les jours ou semaines suivantes (tendance secondaire). Par contre, la tendance va continuer à descendre et finir avec un bas plus bas qu'à la fin de la phase 1.

La phase 2 est une phase où le volume augmente beaucoup, car les acheteurs vendent et il y a peu d'individus qui achètent, ce qui fait descendre le prix.

La dernière phase est une phase creuse, car nous y trouvons les ventes finales des gens ayant acheté en phase 1 ou 2 et qui pensaient que le marché remonterait.

Voici une représentation de ce qu'est une tendance à long terme et les 3 phases de celle-ci. Le graphique comprend une tendance primaire haussière pour ensuite avoir une tendance primaire baissière. En fait, on peut remarquer que les deux tendances juxtaposées forment des cycles (les mouvements cycliques ne sont pas inclus dans la théorie de Dow).

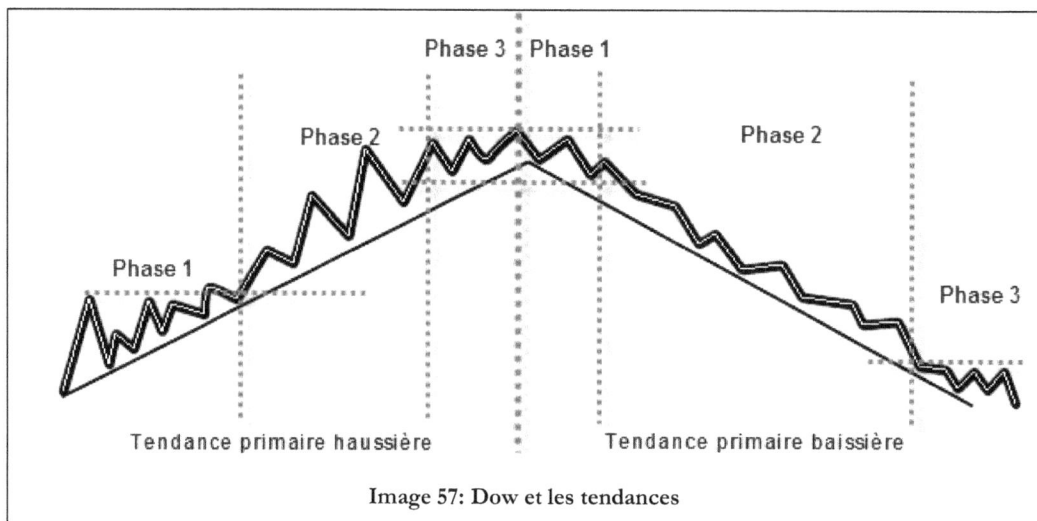

Image 57: Dow et les tendances

La théorie de Dow ne s'arrête pas ici. Il y a aussi un aspect concernant la confirmation des moyennes. Dow, outre l'indice du Dow, avait un indice qui se spécialisait sur un secteur concernant les compagnies ferroviaires. L'observation de l'indice n'était pas suffisamment forte. La comparaison avec un indice principal englobant plusieurs compagnies était la clé. C'est la raison pour laquelle il avait créé le « Industrial Average », qui contient plusieurs compagnies dans divers secteurs et le « Rail Average », qui se spécialisait dans le secteur ferroviaire. Charles Dow affiche que lorsqu'une tendance est présente sur deux indices, celle-ci est confirmée. Il n'est pas nécessaire que les deux tendances soient au jour près. Il se peut que des secteurs soient en retard ou en avance sur l'indice. S'il y avait une divergence (une différence dans les directions), l'indice serait en priorité et ceci serait un signe que l'indice sectoriel devrait changer.

De plus, lorsqu'un indice ou un indice sectoriel exécute une hausse ou une baisse avec un faible volume, ceci annonce un revirement de la tendance. Si la tendance est haussière et que le volume est faible, alors la tendance devra s'arrêter pour avoir une baisse. Si la tendance est baissière et que le volume est faible, la tendance baissière devra s'arrêter pour une tendance haussière.

Lorsqu'on parle de la théorie de Dow et de graphiques, seulement les graphiques en ligne sont utilisés. Les chandeliers japonais ne sont jamais utilisés parce que selon Dow, seulement le prix de fermeture est important. C'est le prix le plus important.

Image 58: William Peter Hamilton 1867-1929

La théorie de Dow a été raffinée par William Hamilton. Hamilton est celui qui a permis l'écriture du livre de Robert Rhea intitulé « The Dow Theory ». Hamilton est celui qui a permis de transposer les idées de Dow dans une approche plus moderne. Il a aussi écrit, en 1922, « The Stock Market Barometer » qui explique chacune des théories en détail.

Entre autre, un détail important est qu'il arrive que le marché réagit négativement, même aux bonnes nouvelles. Hamilton explique ce phénomène en disant que le marché est en avant des nouvelles. Lorsque les nouvelles arrivent au public, celles-ci sont déjà passées et du nouveau est déjà en train de se construire.

Malgré toutes ces règles, la méthodologie a des failles et n'est pas construite pour battre le marché (faire mieux que les indices). C'est plutôt un outil qui permet d'être le plus rationnel possible. Dow et Hamilton étaient très lucides au fait que les investisseurs avaient l'habitude d'analyser ce qu'ils voulaient bien qu'il se passe. La théorie de Dow est conçue afin de donner le plus possible un état actuel de la situation afin de pouvoir prendre une décision éclairée.

Tous les deux suggèrent une étude journalière du marché avec une attention particulière aux effets qui pouvaient être en dehors de la tendance primaire. En tout temps, il faut garder en tête la tendance primaire et ne pas se laisser distraire par les mouvements aléatoires que le prix peut faire. Voici un exemple moderne de ce principe. La tendance primaire est dessinée au-dessus, car elle est haussière. Elle est dessinée au-dessus parce qu'elle permet de détecter les mouvements qui s'en détachent, mouvements dit aléatoires, selon Dow. Dans le cas d'une tendance primaire baissière, la tendance aurait été dessinée au-dessous. On peut y voir à quatre reprises des tendances secondaires. À tous les coups, le prix se redresse vers la tendance primaire.

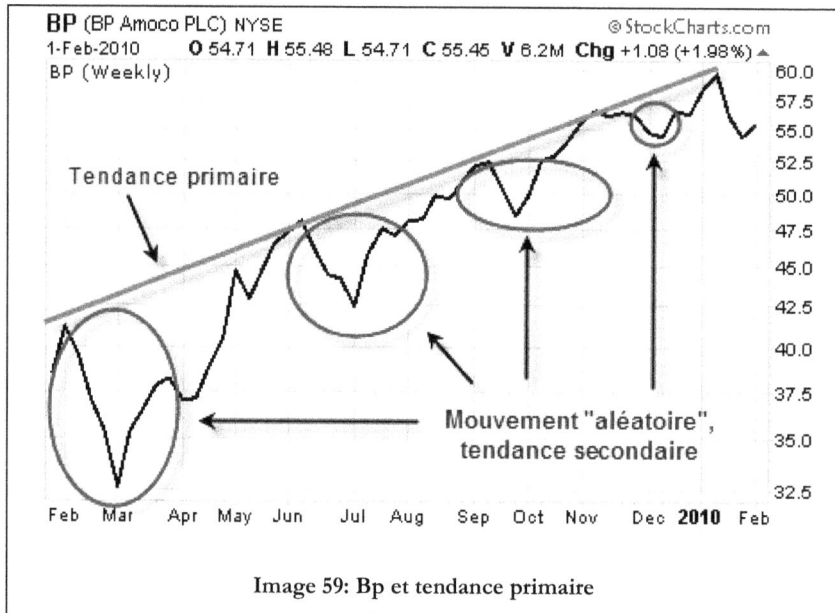

Image 59: Bp et tendance primaire

Hamilton spécifie aussi que toutes variations inférieures à 3% ne devraient pas être considérées comme sérieuses [30]. Ceci serait un faux signal.

Hamilton réfère souvent dans ses œuvres [30] aux termes de « lignes ». Ce sont en fait des cycles qui forment une tendance horizontale.

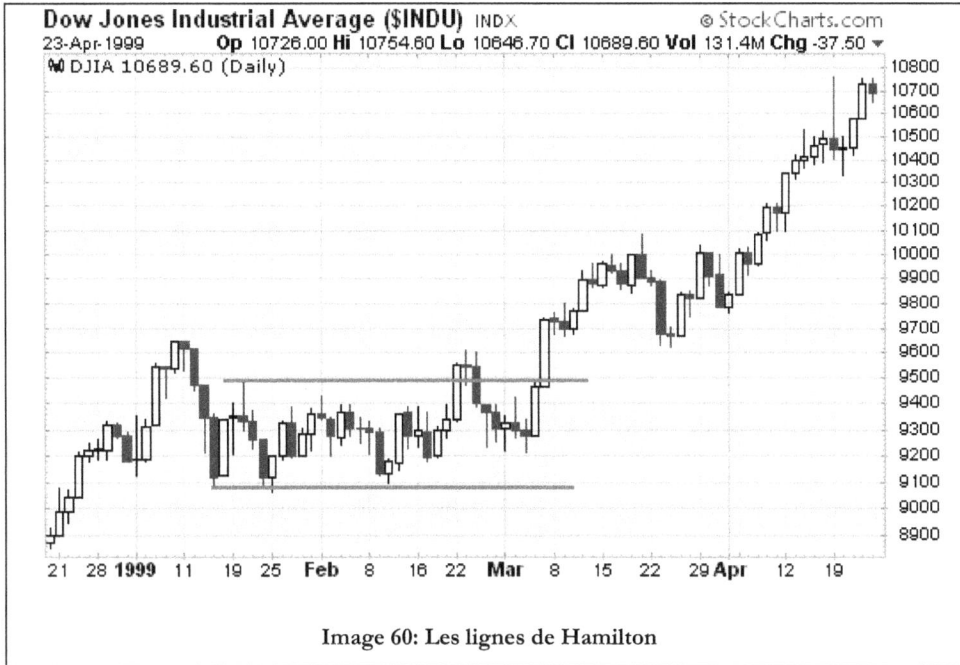

Image 60: Les lignes de Hamilton

Lorsqu'un titre se trouve entre ces lignes, il y a autant de possibilités d'augmentation que de chute. Le seul moment où il est possible de savoir si la tendance va être haussière ou baissière est lorsque le prix dépasse une de ces lignes. Dans l'exemple précédent, on observe une nouvelle tendance haussière car en mars 1999, le prix a dépassé la ligne du haut. Cette période entre les lignes est neutre et aucun achat ou vente ne devrait être fait avant que la tendance soit confirmée. Dans le cas de l'Image 60, le signal d'achat est le 7 mars.

Attention, il est facile de se laisser aller à anticiper le mouvement lorsqu'un titre est entre ces deux lignes de période neutre. Il ne faut pas transiger, car il y a fort risque que votre décision soit basée sur ce que vous désirez au lieu de la direction dans laquelle le marché va vraiment se diriger. Il est préférable de placer des ordres Stop-Limite (pour achats vers le prix de la ligne du haut ou pour des ventes près du prix de la ligne du bas). La stratégie des ordres Stop-Limite va être abordée plus tard dans ce livre.

Les étapes de la théorie de Dow

La première étape est de déterminer la tendance sur un indice. Par exemple, prendre l'indice du TSX si on veut investir au Canada ou prendre le Dow Jones lorsqu'on veut investir aux États-Unis. Une fois la tendance déterminée, la deuxième étape prend vie. Il faut la comparer avec un indice sectoriel où nous désirons acheter. L'image suivante démontre bien qu'entre 2007 et fin 2008, il y avait une tendance baissière en phase 1. Ensuite, la phase 2 est amorcée avec un fort volume et une chute abrupte.

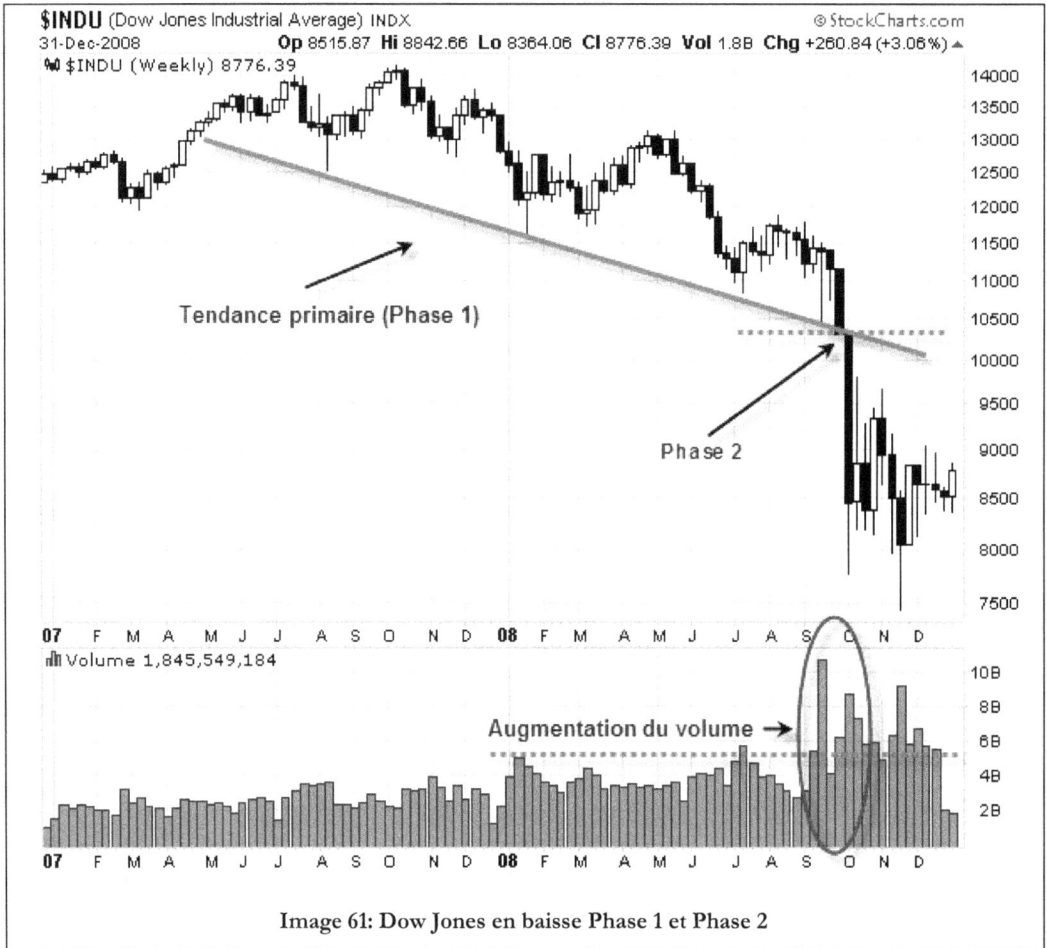

Image 61: Dow Jones en baisse Phase 1 et Phase 2

Dans la même période, si on regarde l'industrie du Pétrole (voir le graphique suivant) avec le sous-indice du Oil Index, on se rend compte que pendant que le Dow Jones descend, le pétrole augmente encore (avec un ralentissement en phase 3). Par contre, lorsque le Dow Jones entre en phase 2, on voit très bien que l'industrie du pétrole reprend le retard et descend tout autant.

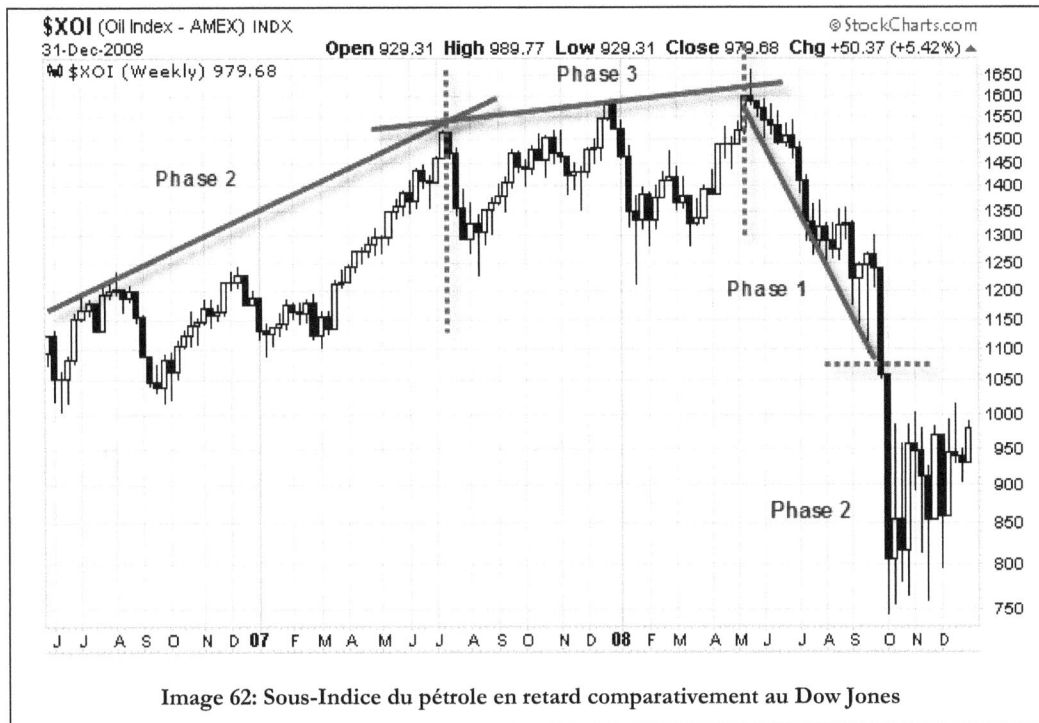

Image 62: Sous-Indice du pétrole en retard comparativement au Dow Jones

Une superposition des deux graphiques démontre bien le phénomène que l'indice est plus fort que l'industrie. Le graphique ci-dessous démontre les deux graphiques regroupés.

Image 63: Comparaison du Dow Jones et du pétrole pour 2006 à 2009

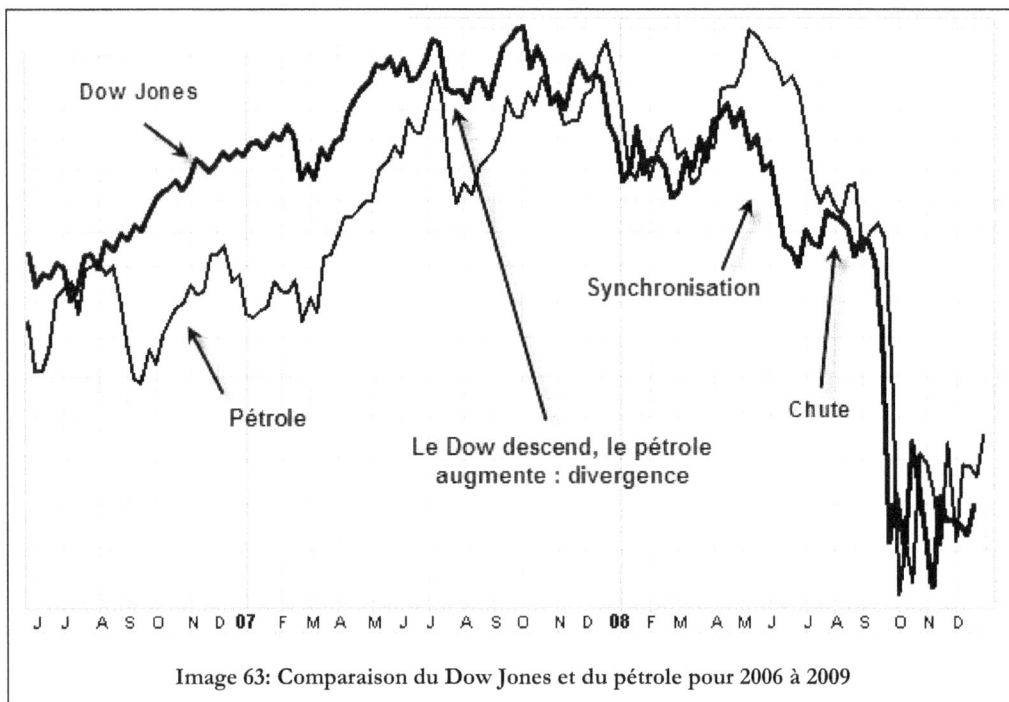

Pour faire un achat, il faut trouver une tendance primaire qui est haussière ainsi que l'industrie haussière. Le choix de la compagnie va aussi se faire suivant le principe de tendance. En tout temps, il faut regarder le volume car celui-ci est un joueur important pour confirmer des tendances ainsi que pour indiquer des revirements.

Le volume est un bon indicateur de force d'une tendance ainsi qu'il peut montrer un revirement si celui-ci augmente brusquement. Un volume qui progresse indique une tendance forte. Les corrections devraient avoir un volume plus faible.

Les rendements du système de Dow

Une étude exécutée par l'université de New York par Stephen Brown en collaboration avec William Goetzmann et Alok Kumar de l'université de Yale a été faite avec des données empiriques des années 1929 à 1998 [31]. Sur une période de 70 ans, le système à mieux fait que le marché de 2% tout en ayant un risque réduit, car les actions étaient vendues lorsque la Bourse n'était pas en bonne posture. L'étude s'est faite avec un réseau de neurones (intelligence artificielle par ordinateur) et donc aucun sentiment n'était impliqué. Par contre, si on regarde le système sous une période de 18 ans, de 1980 à 1998, on se rend compte que le système a un taux de performance de -2.6% comparativement au marché.

Les comparaisons avec le marché signifient que si le marché à fait un gain de 10% en 18 ans et que selon le système de Dow celui-ci à fait que 7.4% de gain, Dow a un taux de -2.6%.

Conclusion

La théorie de Dow est un système qui a été conçu par des écrits dans des journaux sans fondement d'étude. Par contre, elle est à la base de l'analyse technique qui gagne plus en plus de popularité avec le temps. Ceci est rapide d'utilisation malgré le fait que la technique soit souvent critiquée pour sa lenteur sur ses résultats. Les antitechniciens affirment que les signaux sont en retard sur la réalité.

De plus, la théorie de Dow est basée sur le Dow Jones et le Trail Sector. Il faut adapter la théorie selon l'indice utilisé ainsi que le secteur en vogue tel qu'utiliser l'industrie qui domine les marchés. Dans les années 2000, c'était les technologies; dans les années 2006, les métaux/énergies.

Jarislowsky

Image 64: Stephen A. Jarislowsky 1925 - …

Jarislowsky est un administrateur reconnu au Canada pour sa manière de gérer les portefeuilles d'investissement à long terme. Il est le fondateur de Jarislowsky Fraser, qui est une compagnie de gestion privée. Il est un défenseur des bonnes approches éthiques et dénonce ouvertement les charlatans qui essayent d'utiliser le système. Stephen A. Jarislowsky est à ce jour âgé de plus de 80 ans et milliardaire. Son lieu de naissance est l'Allemagne, mais il a grandi aux États-Unis, où il a étudié l'ingénierie mécanique. Outre avoir servi dans l'armée américaine, Jarislowsky a étudié le japonais à l'université de Chicago pour terminer ses études à Harvard avec un MBA (Master in Business Administration). Dès 1955, il mit sur pieds Jarislowsky, Fraser & Company Limited à Montréal (Canada).

Ce qui rend Jarislowsky unique est sa vision tant au sens moral qu'au sens des affaires et de son savoir. Il n'hésite pas à montrer comment il choisit ses actions avec une de ses publications intitulée « Dans la jungle du placement ». Voici, en résumé, sa manière d'investir.

Les règles

La première règle est de ne pas aller dans les titres spéculatifs. Les titres cycliques n'offrent pas de constance de profit durant toutes les années, sans compter que la plupart des titres spéculatifs ne donnent pas de dividende. Lorsqu'une compagnie est bien établie et qu'elle gère bien ses actifs, celle-ci est plus stable tout en offrant un rendement intéressant. Déjà, après la première règle, on remarque le style de Jarislowsky, qui est conservateur ainsi que plus sécuritaire. Bien entendu, ces deux éléments entrainent comme effet d'être une stratégie à plus long terme.

De plus, une compagnie qui a confiance en ses capacités d'avoir de bon bénéfice offre des dividendes, ce qui peut être une source de revenus supplémentaires. Si une compagnie semble intéressante et qu'elle est cyclique, il faut s'armer de patience et de courage pour savoir interpréter les hauts et les bas. Il se peut que les hauts et les bas n'arrivent qu'aux 4 ans alors il faut être prêt pour s'alimenter en actions. Les dividendes sont intéressants, car lors de baisse du titre les sommes des dividendes sur plusieurs années peuvent jouer un rôle important sur un gain ou une perte. La deuxième règle est donc de sélectionner avec priorité des titres ayant des dividendes.

Un truc pour le choix des titres est de prendre des titres dans le S&P (Standard and Poor), c'est-à-dire les compagnies les mieux cotées de la Bourse. Même si un titre est haut, s'il est bien géré il va continuer son ascension. Cette règle de sélection de compagnies ayant un fort capital évite d'avoir des titres spéculatifs où le prix varie rapidement.

Une quatrième règle est d'acheter des titres dont on comprend le fonctionnement des produits vendus. Il est préférable d'acheter des compagnies où les compétiteurs sont bien ciblés pour savoir si la compagnie résistera à cette compétition. De plus, certains produits sont cycliques ou sont dépendants de plusieurs matériaux ou d'autres marchés. Avec une bonne connaissance des produits, il est plus facile d'investir.

Une cinquième règle est d'éliminer les compagnies ayant de gros handicaps comparativement aux autres compagnies. Les compagnies dans l'industrie des technologies ne sont pas conseillées, car la compétition est féroce et qu'avec Internet et le libre échange, la création de compétiteurs est trop rapide. Malgré que ces compagnies soient à risque d'augmenter rapidement du jour au lendemain, d'un autre côté celles-ci peuvent chuter tout aussi rapidement.

Un autre conseil de Jarislowsky est qu'il faut être patient et savoir contrôler ses émotions. Il ne faut pas acheter lorsque nous voyons que l'engouement est présent et il ne faut pas vendre avec la foule. Il faut plutôt acheter lorsque les gens vendent et vendre lorsque les gens achètent.

Philosophie

Jarislowsky ne croit pas qu'il est possible de prédire le marché, ni de battre celui-ci en essayant de déterminer ce que les acheteurs et vendeurs désirent. Il croit par contre qu'il peut évaluer si une compagnie est sous-évaluée et être capable d'acheter celle-ci à ce moment-là. Ce type de philosophie d'investissement se rapproche très fortement à l'analyse fondamentale.

Jarislowsky préfère se concentrer sur une cinquantaine de titres à surveiller [32] au lieu de regarder l'ensemble des milliers de titres que la Bourse présente. Ceci permet de se concentrer sur un groupe limité et permet de suivre les titres plus fréquemment. Afin de réduire la liste de titres à suivre, il faut éliminer les industries cycliques telles que l'industrie du papier ou les industries où il est rare que les taux de croissance atteignent plus de 14 ou 16%.

Conclusion

Une approche plus conservatrice qui encourage d'investir soi-même afin de limiter les frais de courtage est dans l'optique de Jarislowsky. Concentrez-vous sur des compagnies en croissance et évitez de spéculer. Voilà en bref la méthode de Jarislowsky.

Stan Weinstein et l'analyse technique

Image 65: Stan Weinstein

Stan Weinstein est un expert en finances établi aux États-Unis. L'analyse technique lui est souvent attribué, surtout depuis la sortie de son livre en 1988 intitulé « Weinstein's Secrets For Profiting in Bull and Bear Market » [33]. Il est reconnu pour avoir une méthodologie qui fonctionne aussi bien dans les temps durs que dans les temps où la Bourse est plus favorable. De plus, son succès a perduré car ses techniques continuent d'être à jour malgré les changements des temps.

Stan Weinstein fonde sa théorie sur les cycles et les phases. Il découple en 4 phases les cycles des actions. Ceci permet de savoir quand entrer en achat et en vente.

De plus, la méthodologie comprend plusieurs patrons. Les patrons sont des déplacements de prix sur une certaine période qui ont une forte probabilité de former une hausse ou une baisse.

Règles de base

- Toujours regarder le graphique avant d'acheter
- Ne jamais acheter lorsqu'une nouvelle vient de sortir et que le titre est déjà haut.
- Ne jamais acheter un titre qui semble bas après avoir subi une grosse baisse.
- Ne jamais acheter un titre qui est dans une tendance baissière.
- Ne jamais garder un titre qui descend trop longtemps.

L'approche de Stan Weinstein est très technique et les termes qui y sont reliés seront expliqués dans les chapitres de l'analyse technique. Cependant, pour ce qui est de la MA (moving average) ou moyenne mobile, il est intéressant de voir que Stan Weinstein utilise la MA30 pour les investissements et la MA10 pour ce qui est de trader. Il ne faut jamais acheter sous un MA30, surtout si celle-ci est baissière. Si vous ne comprenez pas la signification de ceci pour l'instant, ce n'est pas grave. Prenez la page en note et une fois que les détails sur les MA seront expliqués, vous pourrez y revenir et bénéficier de son savoir.

En ce qui concerne la tendance, pour que celle-ci soit forte elle doit être touchée par au moins 3 chandeliers. Pour ce qui est du volume, si celui-ci accompagne une hausse, la hausse devient plus significative.

Les phases

Phase 1 : Le titre est plat, il y a autant de signaux de hausse que de baisse, sans pour autant prendre une direction. Les volumes se situent dans la moyenne ou de manière inférieure à celle-ci.

Phase 2 : Le titre sort de la phase 1 pour prendre de l'envergure en augmentant. Idéalement, le titre augmente en volume. Il faut être consistant pour l'achat de phase 2; toujours lors de la sortie ou lors de la correction, mais il ne faut pas changer.

Phase 3 : Le titre atteint un plateau. Ceci ressemble à une phase 1, sauf que nous sommes après une phase 2. Il y a deux scénarios possibles : tomber en phase 4 ou recommencer une phase 2. Stan Weinstein suggère de prendre la moitié de ses profits, c'est-à-dire de vendre la moitié de ses actions et d'attendre de voir ce que le titre va faire. Une phase 3 est souvent accompagnée de forts volumes, ce qui la différentie de la phase 1. De plus, en phase 3, la MA30 arrête de croître. On ne doit jamais acheter en phase 3.

Phase 4 : Le titre n'est pas nécessairement accompagné d'un fort volume.

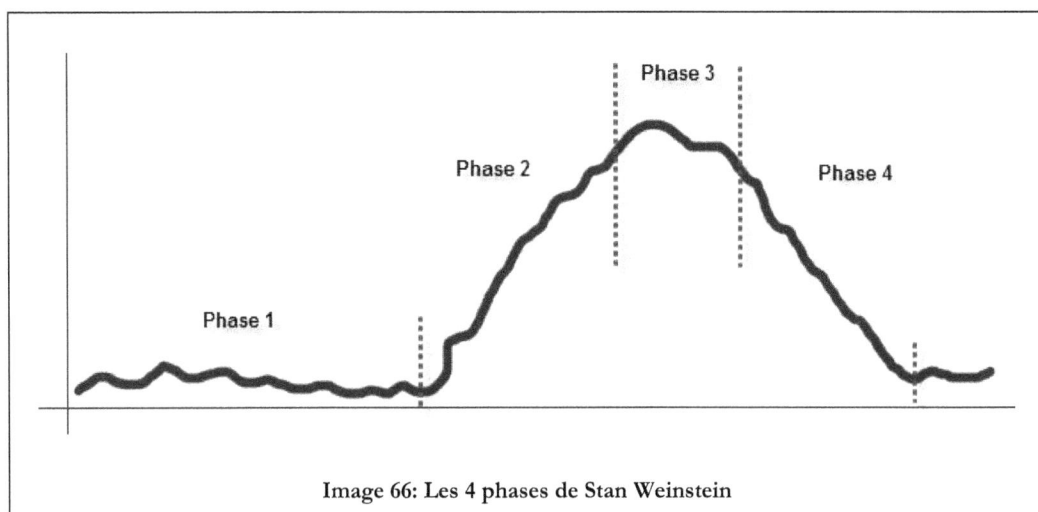

Image 66: Les 4 phases de Stan Weinstein

Le chanteur Kenny Rogers a écrit une chanson dont quelques phrases traduisent bien la pensée de Stan Weinstein. Cette citation connue se traduit ainsi : « Le secret pour survivre est de savoir quoi laisser aller, quoi garder. Chaque main gagnante est une main perdante. » Cette citation revient aux règles générales de Stan Weinstein lorsqu'il dit que nous ne pouvons pas toujours faire des gains et qu'il faut se débarrasser des gagnants en phase 3 avant qu'ils puissent devenir des perdants en phase 4.

Voici, pour terminer, un exemple d'un cycle complet des quatre phases. La compagnie est TransAlta Corporation (TA.TO), sur une période mensuelle de 2002 à 2010.

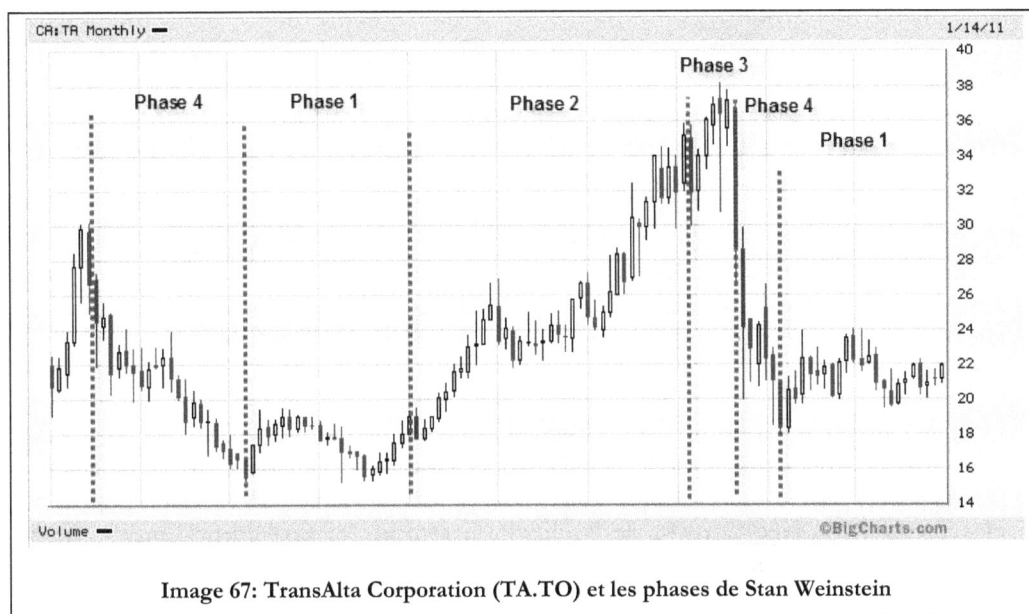

Image 67: TransAlta Corporation (TA.TO) et les phases de Stan Weinstein

Achat et vente

Dans le livre de Stan Weinstein intitulé « Secrets for profiting in bull and bear market », il y a plusieurs exemples de titre qui étaient à plus de 120$ et qui ont descendu à 3$ sans jamais revenir à la somme initiale de 120$. Un point important est qu'il ne faut pas croire qu'un titre qui a déjà été haut va revenir à ce point. Il ne faut donc pas acheter avec comme seul argument que le titre a déjà été plus haut.

Par ailleurs, le temps idéal pour acheter un titre est lorsque le titre change d'une phase 1 en phase 2. Ensuite, lorsque le titre, après avoir passé de la phase 1 en phase 2, redescend et recommence à monter, c'est ce qu'on appelle une fin de correction. Lors de la correction, le prix descend pour ensuite remonter. La descente est de courte durée et permet d'acheter si aucun achat n'a été fait lors de la première hausse. Il est aussi possible de racheter des actions une deuxième fois à ce moment afin d'augmenter ses parts.

Autre ces deux scénarios, Stan Weinstein discute aussi des théories sur les moyennes mobiles. L'achat est intéressant lorsque le titre est stable et que la MA30 se rapproche des chandeliers. Pour que l'achat soit valide, il faut que le prix soit inférieur à la MA30 et se rapprocher de la MA30. Parallèlement, la vente doit se faire lorsque le prix s'approche de la MA30, lorsque le titre est supérieur au MA30.

Achat et vente à long terme

Stan Weinsten discute aussi des théories reliées au long terme. En premier, il a constaté qu'avec des données empiriques, l'année après les élections est toujours mauvaise et que l'année des élections est très bonne.

De plus, il y a des mois plus propices pour les achats et d'autre pour les ventes. Pour ce qui est des mois, novembre, décembre, janvier sont les mois les plus haussiers et donc intéressant pour vendre. Les mois de février, juin et septembre sont généralement très faibles ce qui permet d'acheter à bas prix.

Toujours en allant vers des faits plus précis, il y a aussi des règles pour les jours de la semaine. Le lundi est souvent mauvais et le vendredi est généralement bon. C'est la raison pour laquelle on entend souvent qu'il faut acheter le lundi et vendre le vendredi.

La technique pour acheter un titre débute avec une vision large du marché pour ensuite aller de plus en plus précisément (Top-Bottom). Le tout débute par l'analyse de l'indice (exemple le TSX), ensuite l'analyse du marché (exemple l'indice du pétrole), pour aller plus précisément avec l'analyse de la charte en semaine et finalement l'analyse de la charte en jour. Agir ainsi augmente les probabilités d'avoir un succès dans notre analyse. Si tout à coup plusieurs compagnies du pétrole augmentent, la compagnie que nous souhaitons acheter risque d'augmenter plus que si nous sommes dans un secteur où les compagnies perdent de la valeur en général.

Lors d'achat, il est important de voir les résistances. Un titre avec beaucoup de résistance est moins suggéré, car le titre devra avoir beaucoup de force pour briser la résistance. Plus la résistance est vieille, moins elle a d'impact. Donc, une fois les résistances trouvées, il faut se servir de votre jugement afin de déterminer si celles-ci sont importantes ou non sur l'impact futur de la tendance. Voir la page 302 pour les détails techniques sur les résistances.

Conclusion

La méthodologie de Stan Weinstein n'est pas détaillée dans cette section, mais bien dans celle de l'analyse technique. Plusieurs de ses fondements rejoignent aussi ceux de la théorie de Dow et des autres concepts de l'analyse technique.

The Contrarian

The Contrarian Investor's 13 est un livre écrit par Benj Gallander, millionnaire ayant fait fortune avec les placements. Sa méthode se nomme Contrarian et le livre décrit en environ 200 pages sa méthodologie de placement. Ses rendements sur 10 ans sont de 25.4% par année et il investit à long terme seulement.

Philosophie générale

La philosophie générale de Benj Gallander est d'acheter lorsque les gens vendent et de vendre lorsque les gens achètent. L'achat et la vente doivent se faire lorsque le temps est le plus favorable (a des sommets et des creux). Benj Gallander explique que plusieurs tendances de marchés sont présentes et ont été présentes, comme les technologies en 2000, les valeurs immobilières en 1990 et les métaux en 1980. Il explique que les tendances naissent à partir de trois choses : nouveau marché, nouvelle technologie et changement politique. En conclusion sur les tendances, Benj Gallander signale que ce marché est conduit par la peur et l'avarice.

Benj Gallander est titulaire d'un MBA et investit dans les actions depuis plus de 30 ans. Il est spécialisé dans le démarrage d'entreprise et le retournement d'affaires. Il est aussi l'auteur de plusieurs livres, dont « The Contrarian Investor's 13 : How to Earn Superior Returns in the Stock Market ».

Image 68: Benj Gallander

Pour adopter la philosophie d'acheter lorsque tout est bas, Benj Gallander explique qu'il faut dépasser nos peurs. Cette règle est autant importante lors de la vente, il faut donc être patient. Lors d'achat, il faut se mettre dans la peau de quelqu'un qui vend et se demander pourquoi quelqu'un vend ses actions lorsque l'on désire acheter.

La gestion du risque fait aussi parti du régime Contrarian. Il faut savoir prendre des risques et en laisser passer afin d'avoir un bon ratio. Le risque est nécessaire pour avoir un bon rendement, mais il ne faut pas non plus aller à l'extrême. Benj Gallander divise le risque en 7 points.

1. Capital
2. Inflation
3. Taux d'intérêt

4. Liquidité

5. Le type de marché

6. Prépaiement

7. Réinvestissement

Le risque se mesure avec l'écart type et la volatilité. La volatilité est mesurée avec la somme des facteurs indépendants. Plus une action varie dans son prix et le fait de manière rapide, plus il y a de risque. Pour le long terme, il faut donc peser le pour et le contre d'une telle volatilité.

Les investissements ne peuvent augmenter indéfiniment. Il faut donc être capable de reconnaître les points de sortie. Il est facile de tomber dans le piège de désirer obtenir plus de profit. Cependant, être avare de gains est un défaut qui n'est pas pardonnable à la Bourse.

Une autre règle des Contrarian est que les achats ne doivent pas déranger le sommeil de l'investisseur. Dans le cas où le stress d'un investissement hante vos pensées, ceci est un signe qu'il vaut mieux vendre.

De plus, lors de l'achat, il ne faut pas regarder vers l'arrière, mais plutôt regarder vers l'avenir. Il se peut que l'action descende dès le moment de l'achat. Il est possible que des pertes se forment dans les jours qui suivent l'achat. Par contre, avec un suivi et en respectant les analyses et plans faits dès le départ, tout devrait être sous contrôle. Effectivement, il faut continuer à analyser l'investissement afin de pouvoir réagir aux changements dans le temps. À tout coup, l'avenir est primordial et il ne faut pas baser ses actions sur le passé. Si vos analyses démontrent une hausse à long terme, vous devriez garder votre plan.

Les Contrarian sont contre la diversification excessive pour deux raisons. La première raison est qu'il devient trop complexe de suivre plusieurs actions. La deuxième raison est que les secteurs peuvent se contrebalancer et donc réduire les profits. De plus, avoir trop de positions augmente le prix à cause des commissions. Le meilleur ratio est de 15 à 25 titres dans trois ou quatre secteurs d'activités. Ce ratio est énorme pour un petit investisseur, cependant le principe à retenir est de ne pas trop diversifier et de se concentrer sur des actions. La clé du succès est de garder un œil actif sur les actifs.

Les fonds mutuels

L'avantage des fonds mutuels, selon Benj Gallander, est qu'il est facile d'acheter sans avoir le tracas de faire la gestion de plusieurs titres. Des professionnels s'occupent des titres dans le portefeuille. Il y a un plus grand pouvoir de diversification et un plus gros volume d'achat.

Les désavantages sont qu'il performe moins, que les gestionnaires ont une cote importante sur le rendement, que les achats et ventes ne sont pas contrôlés par les détendeurs et que le profit est à court terme. De plus, les fonds communs se ressemblent un et l'autre et sont souvent limités par secteur.

Les débits automatiques

Les débits automatiques sont des débits retirés du chèque de paye vers un compte d'investissement automatique à toutes les payes.

Les avantages sont qu'ils forcent la personne à investir, simplifient le budget; toujours plus d'achats et rien d'impulsif. Le désavantage est qu'on ne contrôle pas l'investissement. Il est possible de rater des opportunités, car ils sont automatiques, peu importe si c'est le bon temps ou mauvais temps pour investir. De plus, les investissements se font lorsqu'on a un emploi seulement et non pas lorsque le marché est bas. Pour terminer, le coût de commission est élevé, car il y a des achats fréquents. Le meilleur compromis est de placer l'argent à toutes les payes dans un compte et d'acheter lorsqu'une opportunité se présente.

Les actions et le marché

Les Contrarian utilisent autant l'analyse fondamentale (chiffre, rapport, tendance) que l'analyse technique (graphique) parce qu'aucune de ces méthodes n'est parfaite. Selon les Contrarian, acheter et garder est plus rentable que d'acheter et de vendre souvent. Il est aussi important d'avoir au moins 10% de liquidité, ce qui permet d'acheter au bon moment lorsque des occasions se présentent.

Quand acheter et vendre

La vente d'une action peut être considérée lorsque celle-ci perd 10%. Il faut se demander pourquoi la perte se produit et si c'est possible d'avoir encore une perte plus considérable. Lors d'un achat, il faut oublier le prix d'achat et se concentrer sur la condition du titre. Si le titre se porte bien, on le garde. S'il se porte mal, on le vend. Les Contrarian disent qu'il ne faut pas absolument vendre les perdants et garder les gagnants. Il faut vendre lorsque le titre n'a plus de possibilité de remonter et de vendre les gagnants qui ne peuvent plus donner de rendement.

Les trois raisons pour vendre:

1. N'aurait pas dû acheter le titre.
2. Pour avoir un avantage fiscal (impôt).
3. Le titre devient surévalué.

Lors d'achat, il faut se mettre un prix de sorti (pour vendre). Il est conseiller de ne pas le faire en décembre, car la plus part vendent en décembre, ce qui fait baisser le prix.

Deux ans après les élections américaines n'est pas non plus recommandé, car la campagne n'est plus active. La troisième année et quatrième année, il est bon d'acheter.

Selon l'expérience des Contrarian, 60% du temps le prix augmente le vendredi et 60% du temps les prix baissent le lundi. Ceci rejoint les dires de Stan Weinstein. Il est préférable d'acheter au début d'un mois, car les prix sont plus bas et de vendre à la fin des mois, car les prix sont plus haut. De plus, vendre en mai et acheter en octobre est stratégique.

Choix des titres

Les Contrarian préétablissent un certain pourcentage de secteur d'investissement. Par exemple, ils disent qu'ils veulent seulement 15% de titre pétrolier. Une fois que les actions montent et que leur investissement dépasse le 15%, ils commencent à vendre leurs avoirs afin de garder le même pourcentage.

Les Contrarian ont un système de point qui donne une valeur à un titre. Par exemple, un titre à dividendes donne un point, un titre ayant un bon rapport financier un point, etc. De plus, ils achètent des titres sous 25$ et qui ont plus de 10 ans d'activité. Ils aiment avoir un titre ayant descendu de plus de 30% et ensuite augmenté de 50%. Lors d'achat et de vente, il est primordial de regarder les Ask et le Bid. Avant d'acheter une compagnie, il est préférable d'avoir suivi celle-ci pendant un certain temps avant de l'acheter afin de mieux connaître les réactions du titre.

Conclusion

En conclusion, toutes ces informations suivent la méthodologie d'investissement des Contrarian. On remarque des éléments de Stan Weinstein pour ce qui est des temps pour investir ainsi que pour l'approche méthodique avec les graphiques. De plus, le côté sécuritaire et proche des données financières peut faire penser à Jarislowsky.

Récapitulatif du chapitre

Voici le récapitulatif du chapitre 8 « Méthodologies »

- ✓ Value investing fut créé par Ben Graham, qui est le mentor de Warren Buffett.
- ✓ Value investing détermine la véritable valeur d'une entreprise.
- ✓ La théorie de Dow se base sur les tendances.
- ✓ Selon Dow, il ne faut pas seulement comparer avec un indice.
- ✓ Dow divise les mouvements de la Bourse en trois tendances. La première est une tendance à long terme tandis que les deux autres se situent à l'intérieur de celle-ci.
- ✓ Dow est le premier à créer un indice qui s'appelait le « Dow Jones Industrial Average », en 1896.
- ✓ William Hamilton a raffiné la théorie de Dow et a déterminé que les nouvelles sont souvent en retard sur les mouvements du marché.
- ✓ Dow et Hamilton suggère de suivre la Bourse de manière journalière.
- ✓ Hamilton réfère à une ligne de résistance parallèle à une ligne de support par le mot « lignes », tout simplement. C'est une zone qui indique une hausse ou une baisse prochaine et significative.
- ✓ Il ne faut pas anticiper les tendances.
- ✓ Dow suggère de regarder l'indice, ensuite le marché et terminer par la compagnie.
- ✓ Stephen A. Jarislowsky suggère de ne pas aller avec des titres spéculatifs, d'aller avec des compagnies bien établies et qui sont mieux cotées à la Bourse. Un fort capital est aussi un élément indiquant le sérieux de la compagnie.
- ✓ Jarislowsky suggère la patience ainsi qu'acheter lorsque les autres vendent.
- ✓ Stan Weinstein est un expert en analyse technique.
- ✓ Stan Weinstein a une méthodologie basée sur les cycles et les patrons.
- ✓ Stan Weinstein suggère de ne jamais acheter de nouvelles compagnies et de ne pas investir dans une compagnie qui vient de subir une forte baisse.
- ✓ Weinstein a un système de quatre phases. La phase 2 est la phase idéale pour l'achat.
- ✓ Les Contrarian ont été conçus par Benj Gallander.
- ✓ Benj Gallander préconise une approche d'achat et de vente dans le sens contraire du marché. De plus, une faible diversification est au cœur de sa philosophie.

✓ Les Contrarian ont une liste de règles ainsi que plusieurs points à suivre pour acheter ou vendre.

Questions et réponses

Voici des questions accompagnées de leur réponse. La section présente assure une meilleure compréhension des notions précédemment assimilées.

Questions

1. Quelle est la différence entre les phases de Dow et de Weinstein?

2. Selon Weinstein, les « lignes » de Hamilton peuvent être présentes dans quelle phase ?

3. Selon Dow, est-ce que l'indice bouge plus rapidement que le marché ou le contraire ?

4. Est-ce que l'approche de Jarislowsky est plus technique ou fondamentale ?

5. Quelle moyenne mobile Stan Weinstein favorise-t-il pour un investissement ?

6. Stan Weinstein préconise-t-il une approche Haut-Bas ou Bas-Haut ?

7. Nommer les trois raisons pour vendre selon la méthodologie Contrarian?

Réponses

1. Dow a trois phases, tandis que Weinstein a quatre phases. Selon Dow, la phase 1 et 3 s'intervertissent selon si la tendance primaire est haussière et baissière. De l'autre côté, Weinstein a des phases stables : une phase 1 stable, une phase 2 en hausse, une phase 3 en stabilisation de la huasse et une phase 4 en descente.

2. Principalement une phase 1, mais possiblement une phase 3.

3. Les indices bougent avant les marchés.

4. Jarislowsky est plus fondamental.

5. Un dépassement (du bas vers le haut) de la moyenne mobile sur 30 jours.

6. Haut-Bas, qui se nomme Top-Bottom.

7. N'aurait pas dû acheter, imposition, titre surévalué.

Partie 2 : Analyse technique

La base des graphiques

Les graphiques sont la base de l'analyse technique. L'analyse technique consiste à analyser les mouvements du prix d'une action, d'un secteur ou d'un indice selon plusieurs paramètres qui seront discutés dans cette section. Le chapitre présent permet d'établir les prémices de l'analyse afin de pouvoir ensuite élaborer les concepts.

Les types de graphique

Il existe plusieurs types de graphiques. Chacun possède ses forces et faiblesses, mais dans l'analyse technique il y a deux types de graphiques qui se démarquent du lot. Ce sont les chandeliers japonais et les barres HLC. Par contre, dans cette section, nous allons regarder l'ensemble des graphiques afin de vous initier à ceux-ci.

Graphique de type ligné

Le premier graphique est de type ligné. Il affiche tous les jours le prix de fermeture. Si nous regardons le graphique du Dow Jones pour une période de 50 jours, nous remarquons une hausse suivie d'une baisse. Ce graphique nous démontre le portrait général de l'indice sans toute fois nous indiquer des informations telles que la variation de la journée ou si une journée a présenté une forte hausse ou non. Ce type de graphique possède l'avantage

Image 69: Graphique en ligne

d'être simple et de faire une abstraction sur une panoplie de détails. Par contre, cette simplicité amène plusieurs problèmes, car il est impossible de savoir en détail ce qui se passe réellement. Est-ce que la dernière journée présentait une énorme baisse et qu'en fin de journée le tout s'est redressé ? Impossible à savoir.

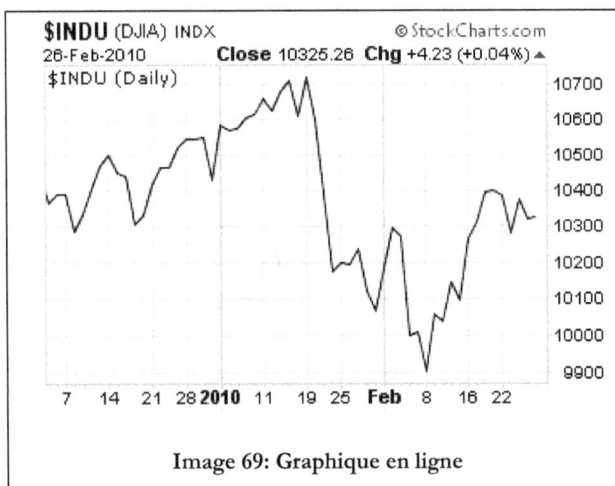

Graphique avec des chandeliers japonais

Le deuxième graphique est celui que nous allons utiliser pour tous les prochains chapitres: le graphique avec les chandeliers japonais. Il partage plusieurs concepts communs avec les graphiques OHCL et HCL et permet aussi d'avoir plus d'informations en un seul coup d'œil. Le prochain chapitre est dédié à l'analyse des chandeliers japonais avec des patrons précis pour déterminer s'il y a hausse ou baisse qui s'annonce.

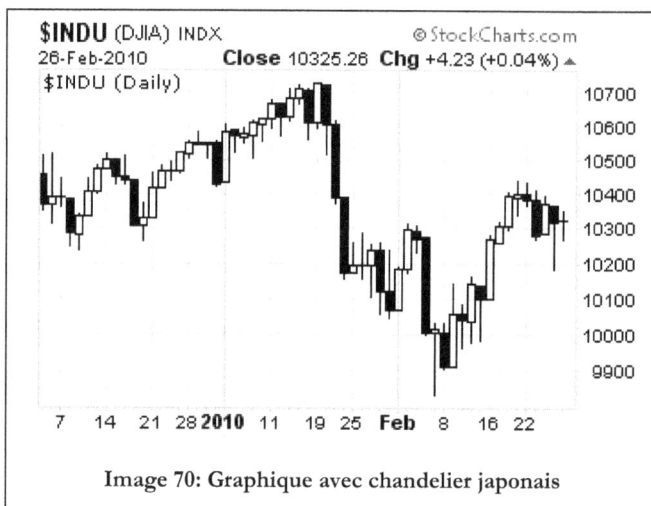

Image 70: Graphique avec chandelier japonais

Un graphique avec des chandeliers japonais est formé de rectangles et de barres pour chacune des journées. Ce type de graphique est plus lourd parce que, pour chacune des journées, une image est construite avec le prix le plus bas de la journée, le prix le plus haut de la journée, le prix de début de journée ainsi que le prix de fin de journée. De plus, la couleur permet de savoir si la journée a été positive ou négative.

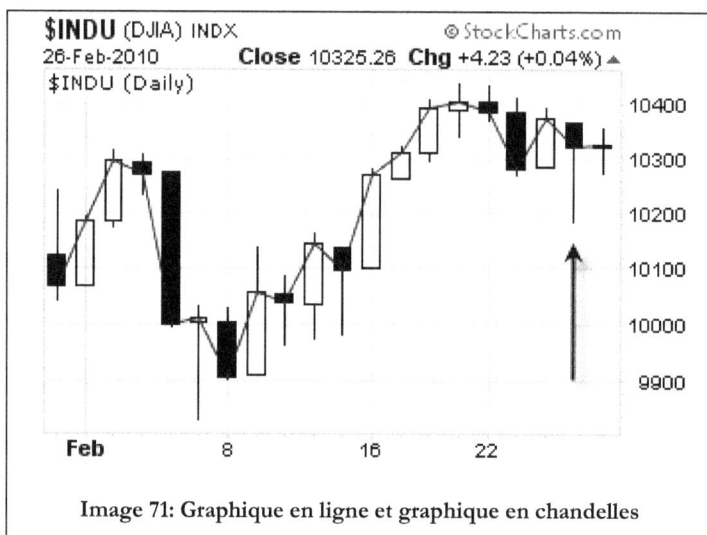

Image 71: Graphique en ligne et graphique en chandelles

Si nous transposons le graphique ligné avec le graphique en chandelles, nous pouvons voir que les deux démontrent l'information de base, qui sont les mouvements du prix. Par contre, nous pouvons remarquer que l'avant-dernière journée a été plus mouvementée que ce que le graphique en ligne démontrait. Les détails sur comment lire les chandeliers se trouvent dans le prochain chapitre.

Graphique OHLC

Les graphiques OHLC ressemblent aux graphiques en chandelles, mais sont moins lourds à lire. OHLC veut dire Open-High-Low-Close, qui est composé des quatre éléments disponibles avec les chandeliers. La barre vers la gauche est le prix d'ouverture, la barre vers la droite et la barre de fermeture, le plus haut de la barre ainsi que le plus bas de la barre représentent le

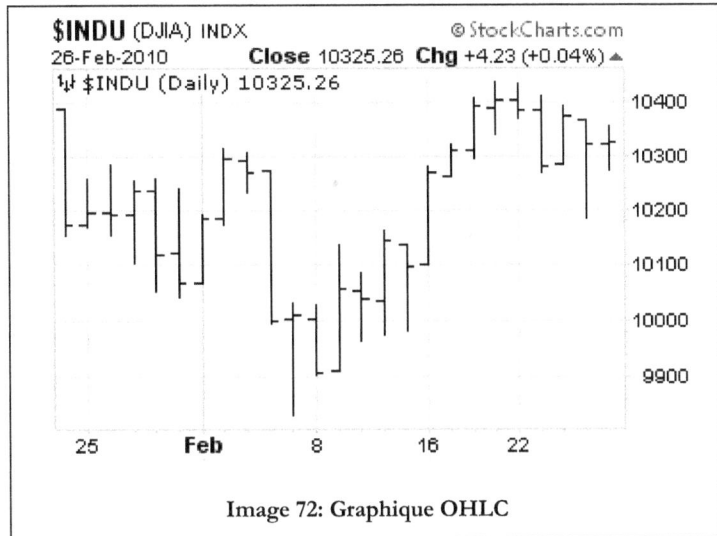

Image 72: Graphique OHLC

haut de la période ainsi que le bas de la période. Ce type de graphique possède l'avantage de comprendre plus de journées dans le même graphique, car celui-ci est plus concis dans son écriture que celui avec chandeliers. Par contre, il est plus difficile de distinguer les variations au début avec ce type de graphique.

Étant donné que le restant de l'analyse technique du livre se fera avec les graphiques en chandeliers, nous allons prendre le temps d'expliquer plus en détail les graphiques dessinés en OHLC ici.

Le graphique OHLC définira la période choisie par une barre qui contiendra deux petites pattes. Ces pattes montrent l'ouverture et la fermeture de la période. Par exemple, si la période est mensuelle, la patte de gauche sera l'ouverture, le prix en début du mois, et la patte de droite sera le prix final du mois. Pendant cette période, le prix peut être allé au-dessus et/ou en dessous de ces deux pattes, ce qui formera de l'ombrage.

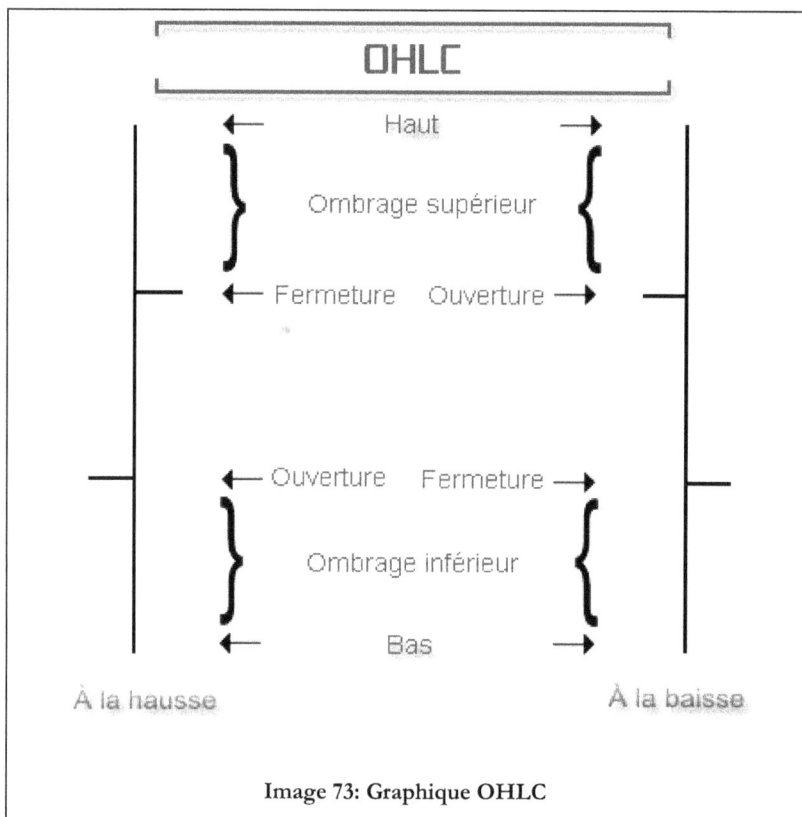

Image 73: Graphique OHLC

Échelle

Les graphiques peuvent être présentés sous deux formes d'échelle. La première est une échelle arithmétique et la seconde est une échelle logarithmique.

L'échelle arithmétique est une échelle linéaire où les hausses sont constantes pour tous les montants. Sur un graphique, le prix se retrouve sur l'axe vertical. Par exemple, si le graphique représente une action de 300$ et un autre graphique représente une action de 0.50$, la même distance est utilisée pour montrer une hausse de 1$. En fait, le 1$ sur le graphique de 300$ ne devrait pas être significatif alors que sur le graphique de 0.50$ cet écart sera très significatif. On s'aperçoit que le problème survient lorsqu'une action varie d'une grande amplitude, car une même distance sur un graphique pour un autre montant représentera des hausses différentes.

Prenons par exemple Apple (APPL) qui, entre 2009 et 2010, a augmenté. Sur une échelle linéaire, chaque hausse est de 20$. Par contre, même si le graphique augmente avec la même pente, celui-ci ne va pas représenter une même hausse en gains. AAPL augmente de 20$ entre septembre 2009 et octobre 2009, pour un total de 11%. En avril 2010, AAPL augmente aussi de 20$, mais pour un total de 8% !

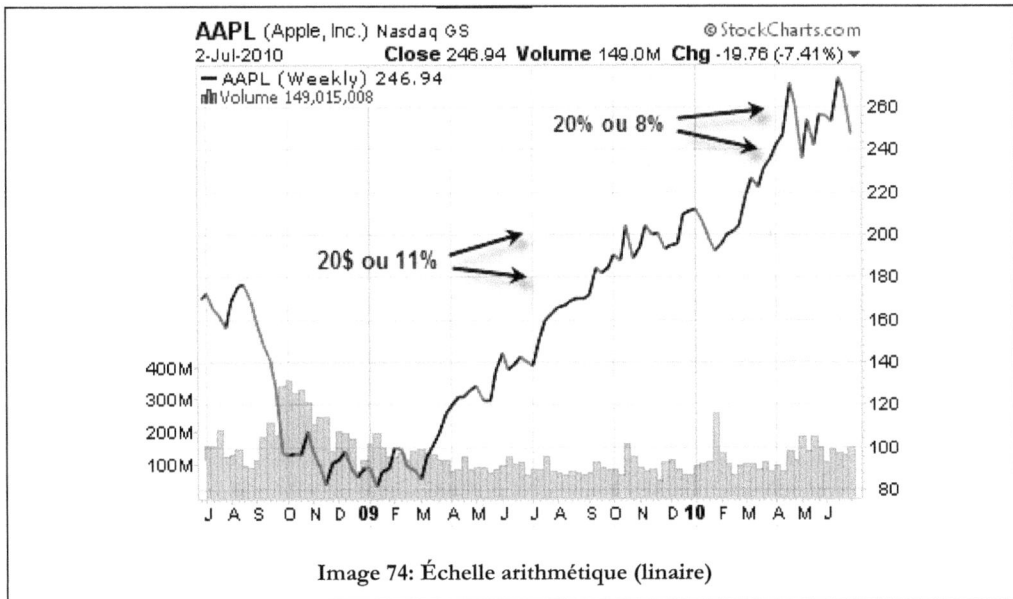

Image 74: Échelle arithmétique (linaire)

Pour rectifier ce problème et avoir un graphique possédant des variations proportionnelles en tout temps, il faut utiliser une échelle logarithmique. Ce type d'échelle ne présentera pas un montant exact pour les prix sur l'axe vertical, mais bien un pourcentage fixe. Voici à nouveau AAPL sous le format logarithmique.

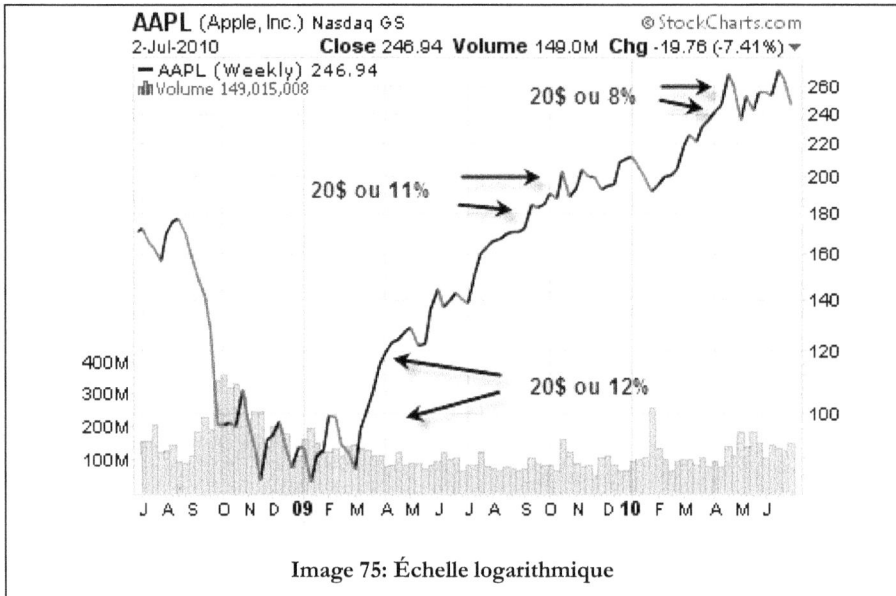

Image 75: Échelle logarithmique

On remarque que l'axe des Y (vertical) se rapproche plus le prix augmente afin d'avoir toujours une variation entre les prix de manière égale. Un 20$ à 100$ ou un 20$ à 240$ n'est pas similaire en réalité, car un de ceux-ci vaut un gain de 12% et l'autre 8%. Ce type de graphique illustre donc bien les fluctuations en pourcentage et donc reste uniforme, peu importe le prix ou les différentes compagnies à analyser.

Pour l'analyse technique, il est préférable d'utiliser une échelle logarithmique afin que les lignes qui seront tracées soient en tout temps représentatives de gains en pourcentage et non-pas de simples fluctuations monétaires. Une différence absolue n'est pas suggérée et une échelle en pourcent est requise. Non seulement ceci permet d'avoir des actions avec une plus grande différence entre les prix, mais ceci permet aussi de tracer des lignes en fonction des gains réalisés au lieu des gains en argent.

Récapitulatif du chapitre

Voici le récapitulatif du chapitre 9 « La base des graphiques »

- ✓ Un graphique de type ligné est un graphique affichant seulement le prix de fermeture.

- ✓ Un graphique de type chandelier japonais comprend quatre informations : le prix d'ouverture, le prix de fermeture, le plus bas prix et le plus haut prix pour chacune des périodes.

- ✓ Un graphique de type OHLC donne les mêmes informations qu'un chandelier japonais, mais est moins lourd à lire.

- ✓ Une échelle logarithmique est utilisée pour l'analyse technique.

- ✓ L'échelle logarithmique permet d'avoir des variations égales en pourcentage pour tous les prix.

Questions et réponses

Voici des questions accompagnées de leur réponse. La section présente assure une meilleure compréhension des notions précédemment assimilées.

Questions

1. Quel est le meilleur type de graphique pour montrer la tendance d'une action à quelqu'un ne possédant pas de connaissance en analyse technique ?

2. Quel est le meilleur type de graphique pour avoir le plus d'informations possible ?

3. Est-ce que le graphique en chandelier japonais comporte toutes les informations du graphique en ligne ?

4. Que veut dire OHCL ?

Réponses

1. Le graphique en ligne car il possède moins d'information et est simple à comprendre.

2. Le graphique en chandelier japonais ou le OHCL.

3. Oui, le graphique en ligne contient seulement le prix de fermeture qui est compris parmi les quatre informations que le chandelier japonais comprend.

4. Open-Close-High-Low, qui veut dire Prix d'ouverture, prix de fermeture, prix le plus haut et prix le plus bas.

Chandelier japonais

Chapitre 10

Que sont les chandeliers japonais?

Les chandeliers japonais sont un type de graphique. Un chandelier est un dessin dans un graphique. Chaque journée (ou unité de temps, selon la préférence choisie pour le graphique) est représentée par un seul chandelier. Donc, si un graphique représente un mois avec une préférence d'affichage par jour et que le mois est décembre, il y aura 31 chandeliers, car le mois de décembre contient 31 jours.

La structure d'un chandelier

Le chandelier est composé d'un corps et de deux ombrages facultatifs. Un chandelier représente une journée pour un graphique en journées ou une semaine pour un graphique en semaines. Le chandelier représente donc la plus petite unité présentée par le graphique.

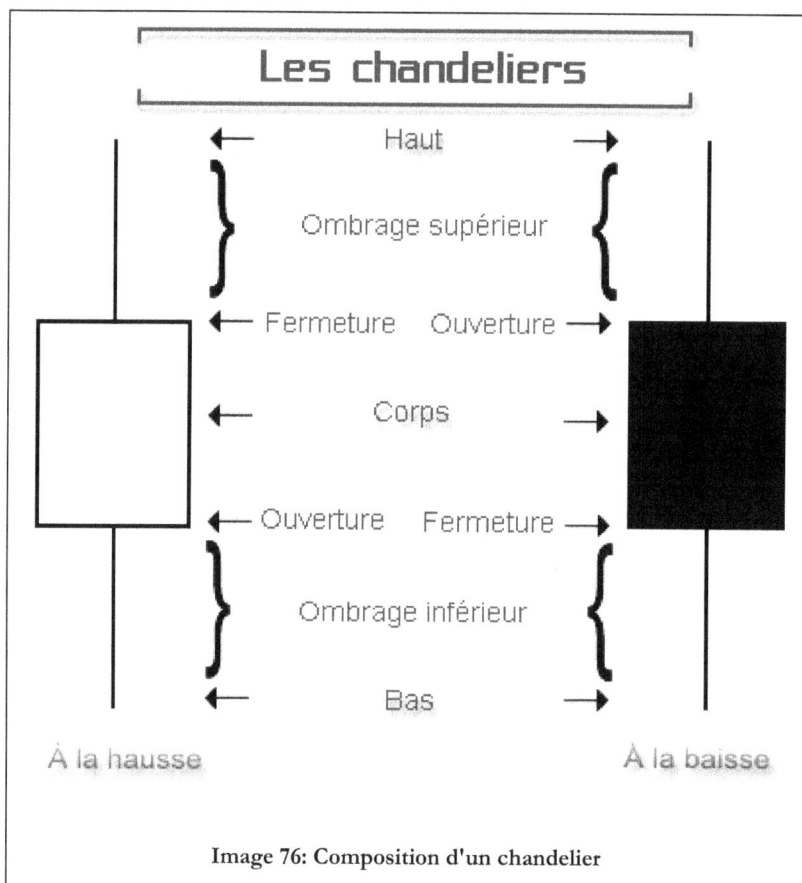

Image 76: Composition d'un chandelier

L'image ci-dessus explique les deux chandeliers possibles. Le premier chandelier est composé d'une couleur blanche et indique une hausse. Une hausse est déterminée lorsque le prix de fermeture est supérieur au prix d'ouverture. Si le graphique est sur une échelle hebdomadaire (par semaines), le chandelier est blanc lorsque le prix en fin de semaine est plus élevé que le prix de début de semaine. Le deuxième chandelier est composé d'une couleur foncée, souvent le noir, et indique une baisse. Une baisse est déterminée lorsque le prix de fermeture est plus bas que le prix de l'ouverture. Ceci est aussi bon pour tous les types de périodes (par jours, par semaines, par mois, etc.).

Image 77: Chandelier sur une période de jour pour la compagnie Molycorp Inc. (MCP)

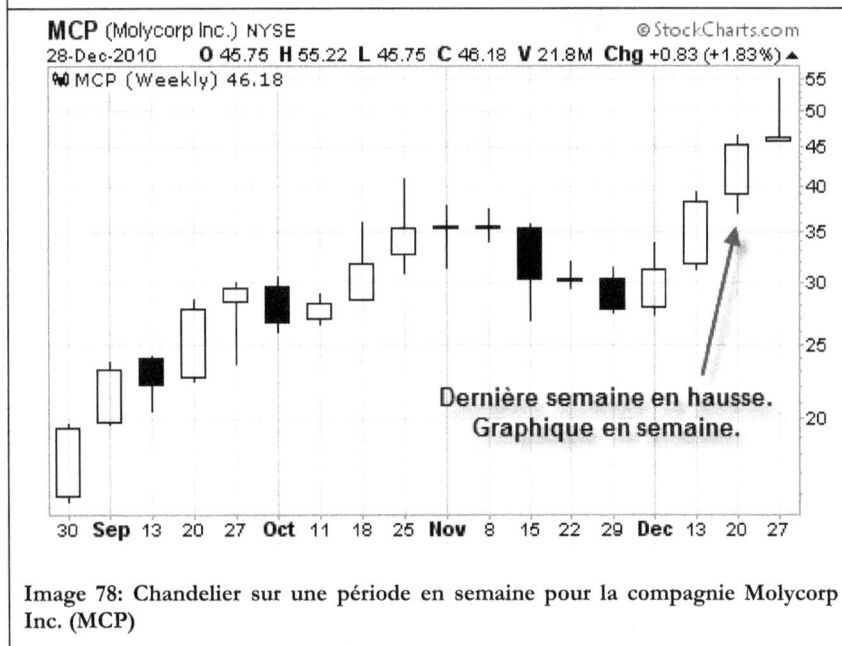

Image 78: Chandelier sur une période en semaine pour la compagnie Molycorp Inc. (MCP)

Le chandelier comporte un corps indiquant plus que simplement la couleur (direction) du prix. Le corps se forme par le prix d'ouverture et de fermeture. Lorsque le corps est blanc, la ligne supérieure du corps sera le prix de fermeture, tandis que la base du corps sera le prix de départ. Par contre, lorsque le corps est noir, la ligne supérieure indique le prix d'ouverture contrairement au prix de fermeture, qui est la base. Si le prix est le même lors de l'ouverture et la fermeture, le corps sera tout simplement une ligne horizontale. Compte tenu de ce qui précède, il est possible de savoir si une semaine est haussière ou baissière seulement en regardant la couleur du chandelier, lorsque le graphique est hebdomadaire. Donc, le corps indique la direction par la couleur ainsi que deux données supplémentaires qui sont le prix de départ et de fermeture.

De plus, un chandelier est composé d'ombrages. Les ombres se situent en haut et en bas du corps des chandeliers. Elles représentent le prix le plus bas et le plus haut de la période. L'ombre inférieure, ou « l'ombre basse », indique le prix minimal de la période à sa pointe. L'ombre supérieure, ou « haute », est l'ombre qui indique par sa pointe le prix maximal de la journée.

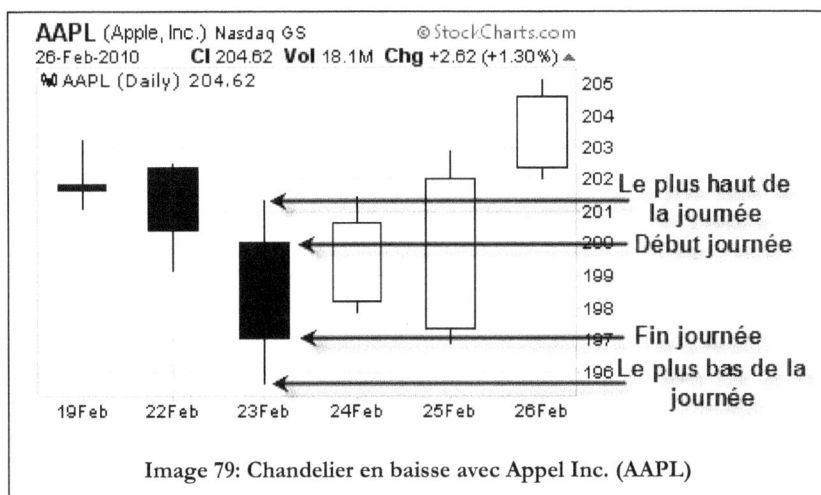

Image 79: Chandelier en baisse avec Appel Inc. (AAPL)

L'exemple d'Apple (AAPL) démontre une baisse pour la journée du 23 février 2010 (chandelier noir). La journée a débuté à 200$ et s'est terminée à 197$. Par contre, le chandelier démontre que cette journée a été constituée d'une hausse jusqu'à 201.41$ avant de descendre jusqu'à moins de 195.60$ pour enfin remonter quelque peu à 197$ afin de terminer sa journée. La journée n'a donc pas été simplement qu'une baisse, il y a eu des moments comportant des hausses.

Dans le cas d'une journée en chute sans hausse, l'ombrage supérieur aurait été inexistant, tout comme l'ombrage inférieur. Le chandelier aurait été un gros corps noir comme l'image suivante d'Apple (AAPL) à droite, pour le 23 février 2010. L'image a été modifiée et ne représente pas le vrai chandelier. La différence entre l'Image 79 et l'Image 80 est que la journée du 23 février

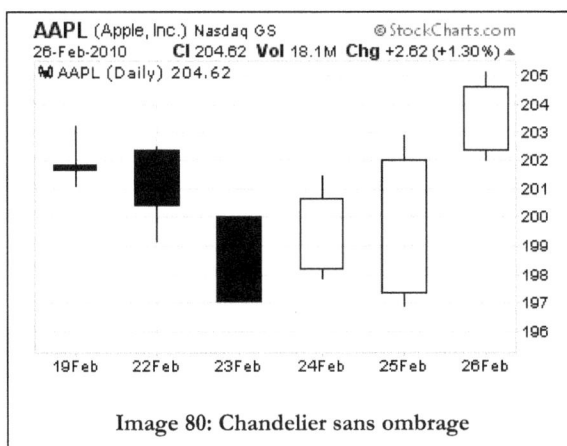

Image 80: Chandelier sans ombrage

2010 de l'Image 79 indique une plus grande chance de baisse pour le lendemain que l'Image 80.

Le corps d'un chandelier démontre aussi la pression du marché. Plus un corps est long, plus une baisse ou une hausse a été encourue. Lorsque le corps est de petite dimension, nous observons une stabilité dans le prix.

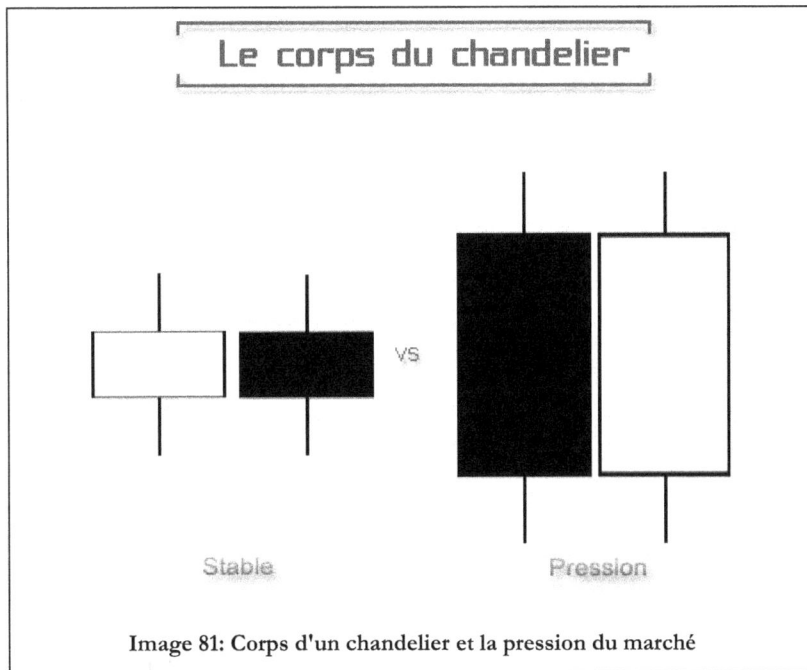

Image 81: Corps d'un chandelier et la pression du marché

Analyse des chandeliers

Il est important de savoir que les chandeliers ont une signification individuelle, mais aussi en groupe. L'analyse en groupe est plus complète et se fait grâce aux tendances, et/ou les chandeliers qui le précèdent ou suivent. Une bonne analyse va donc nécessiter plus de détails que simplement reconnaitre un chandelier.

Il faut toujours attendre d'avoir une confirmation avec les chandeliers, sinon de mauvaises surprises pourraient survenir.

Lors de l'analyse avec les chandeliers, il est toujours préférable d'attendre une période de plus afin d'avoir une confirmation que l'analyse est bien fonctionnelle. L'art de l'analyse technique avec les chandeliers japonais n'est pas une science exacte et il arrive que les patrons ne produisent pas l'effet escompté.

Type de chandelier

Autre le fait que tous les chandeliers ont une structure semblable et une couleur respective à leur orientation, il y a différents types de chandelier. Il est important de connaître le type de chandelier afin de trouver une signification à celui-ci. Une fois les types de chandelier bien maîtrisés, il est possible de trouver des patrons pour détecter les futures hausses ou baisses. Le prochain chapitre sera consacré aux patrons des chandeliers japonais. Ce prochain chapitre divisera les patrons en deux parties : les chandeliers de renversement et les chandeliers de continuation. En bref, un patron est une formation précise de chandeliers qui indique un mouvement futur.

Chandelier haussier

Avant de plonger directement dans des chandeliers plus spécialisés, veuillez noter qu'il y a trois catégories de chandeliers généraux. La première catégorie comprend les chandeliers haussiers, appelés « Bullish ».

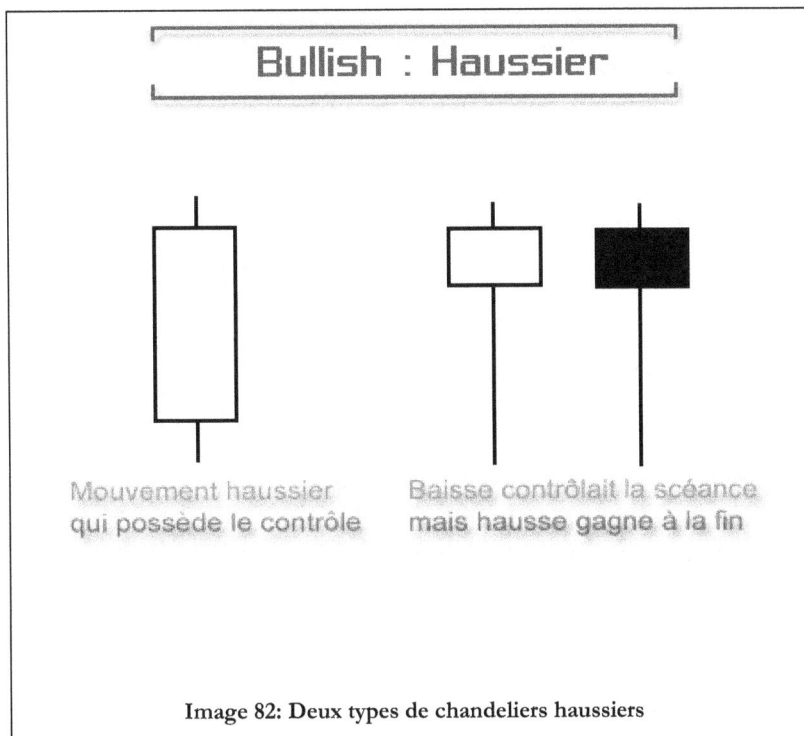

Image 82: Deux types de chandeliers haussiers

Le graphique ci-dessus démontre trois chandeliers. Le premier à gauche est un chandelier conventionnel haussier. Son corps est blanc et il y a des ombrages, mais ceux-ci ne gênent pas la lecture et affiche une pression vers le haut. On voit clairement que le prix d'ouverture est plus bas que le prix de fermeture et qu'il y a eu peu de mouvements ayant fait changer cette direction, car il y a peu d'ombrage. Le deuxième chandelier est aussi un chandelier haussier, car son prix de fermeture est supérieur à son prix d'ouverture. L'ombrage inférieur est plus grand que son ombrage supérieur, ce qui démontre que le marché dans la période est plus gagnant vers la hausse, surtout que le chandelier a fini avec un gain. Souvent, un tel chandelier indique qu'au départ de la journée (si la période est journalière), le titre a descendu et que par la suite, le titre a repris le dessus pour dépasser le court de l'ouverture. Le troisième cas indique le même scénario, sauf que le titre n'a pas fini plus haut que l'ouverture. Par contre, le titre a débuté en baisse et a remonté au courant de la journée. Théoriquement, le troisième chandelier est baissier car le prix de fermeture est sous le prix de l'ouverture. En pratique, pour la majorité du temps, ce chandelier augmentait, mais la session de la journée a terminé, avec plus de temps celui-ci aurait été comme le deuxième chandelier. Par contre, il se peut que le chandelier soit aussi perdu en matinée, repris en après-midi et redescendu avant la fermeture.

Voici une représentation du deuxième chandelier. L'ouverture est suivie d'une baisse qui crée l'ombrage et ensuite la hausse dépasse le prix de l'ouverture, ce qui fabrique le corps. Étant donné que le titre descend en fin de journée, un ombrage supérieur se forme.

Par contre, si nous regardons le cas du troisième chandelier, nous pouvons constater deux scénarios possibles.

Le premier cas est que le chandelier indique une hausse pour la prochaine période. Le deuxième cas est que le chandelier indique une baisse.

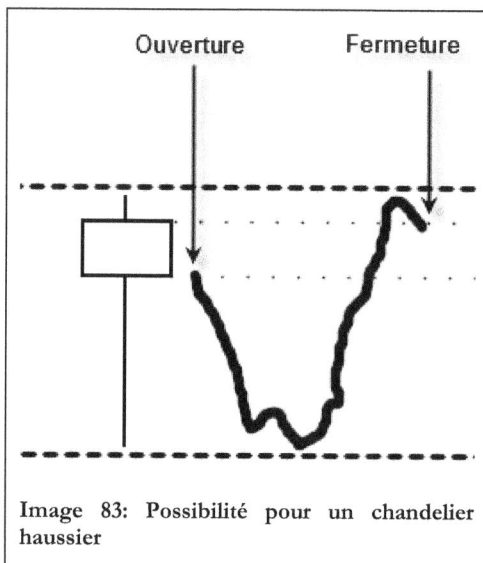

Image 83: Possibilité pour un chandelier haussier

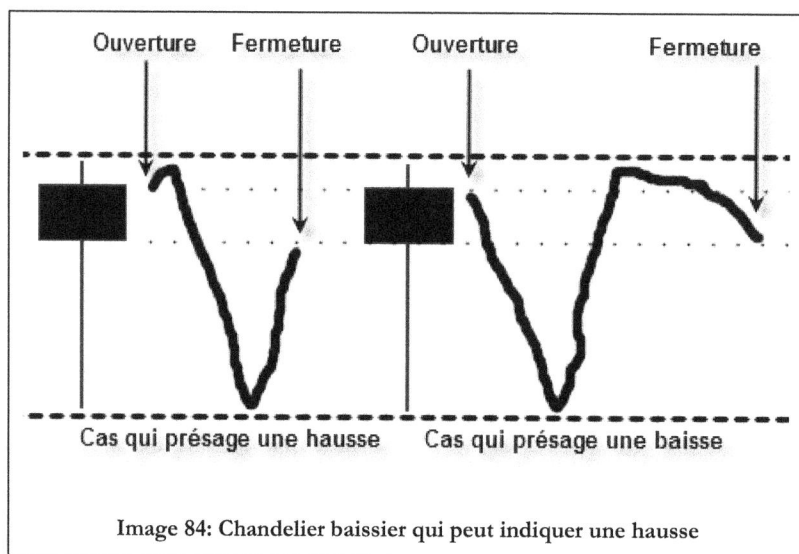

Image 84: Chandelier baissier qui peut indiquer une hausse

Donc en fait, le chandelier est baissier car le prix de fermeture est plus bas que le prix d'ouverture. Cependant, à cause de l'ombrage qui est prédominant sous le corps du chandelier ainsi que le fait qu'il y a plus de chance que le cas #1 soit plus véritable que le cas #2, celui-ci est classé dans les haussiers. Sachez qu'un chandelier comme celui-ci peut être facilement vérifiable, à savoir s'il représente le cas #1 ou le cas #2. Il suffit d'examiner le graphique d'une période plus petite afin de constater le déplacement que le chandelier désire véritablement signifier. Prenons par exemple un chandelier représentant une semaine, car le graphique est un graphique hebdomadaire. Afin de voir si le chandelier fait un cas #1 ou cas #2, il suffit d'examiner la semaine en question et voir les chandeliers journaliers de la semaine.

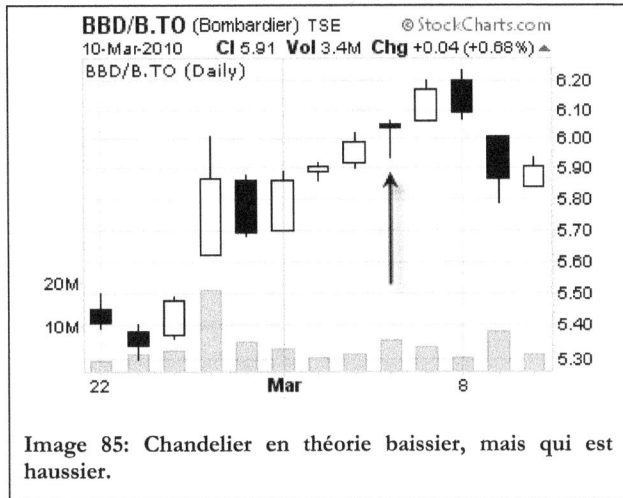

Image 85: Chandelier en théorie baissier, mais qui est haussier.

La deuxième catégorie comprend les chandeliers baissiers. Ce sont trois chandeliers contraires aux chandeliers haussiers vus précédemment.

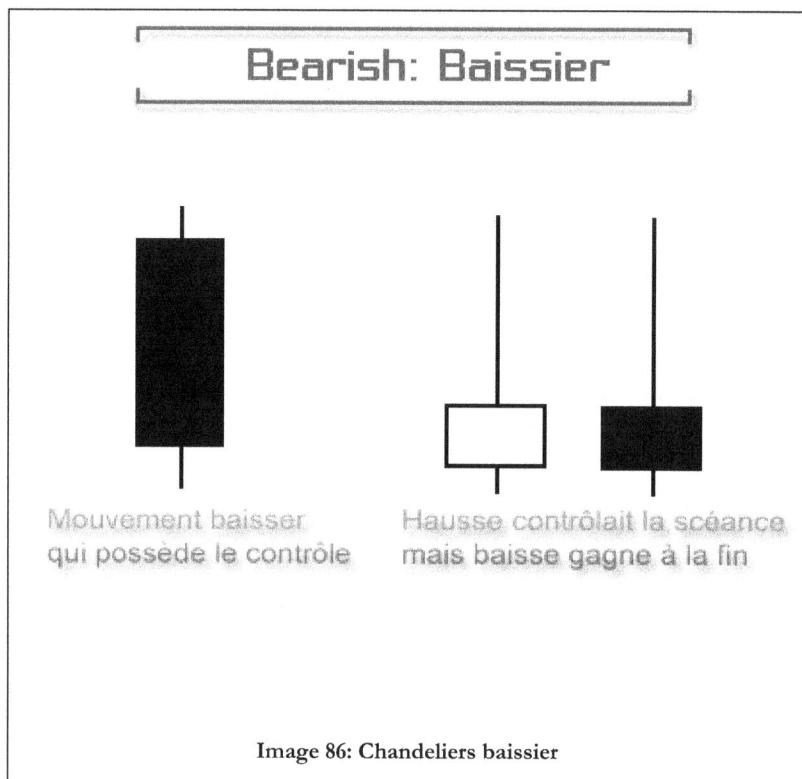

Image 86: Chandeliers baissier

Le premier à partir de la gauche démontre bien une baisse avec une fermeture sous l'ouverture, qui est signe de baisse. Le corps est bien rempli comparativement aux deux suivants. Le deuxième est un chandelier haussier, mais qui indique une baisse. Le troisième chandelier est aussi un chandelier baissier et indique une baisse. L'explication du deuxième chandelier est exactement la même que dans la première catégorie de chandeliers haussiers où il y avait un chandelier baissier.

La troisième catégorie comprend les chandeliers neutres. Les chandeliers neutres peuvent être autant positifs que négatifs, mais n'indiquent pas clairement de direction. Sur l'image suivante, le premier chandelier est positif, donc haussier, mais étant donné que la distance entre la fermeture et l'ouverture est très faible et que l'ombrage est aussi faible, ceci indique une neutralité. Bien sûr, le premier chandelier est plus haussier que baissier, mais il est quand même considéré neutre. Le deuxième chandelier est un chandelier baissier lorsque nous le regardons individuellement, mais considéré neutre dans une analyse complète parce que le corps est petit. Le troisième et le quatrième chandelier représentent un chandelier haussier et baissier. Par contre, ceux-ci sont considérés comme des chandeliers neutres, car leurs ombrages sont égaux de chacun des côtés de leur corps et que ce corps est petit. Le prix de fermeture étant proche du prix d'ouverture et ayant dans la période une hausse égale à la baisse (les deux ombrages), il en résulte donc une neutralité.

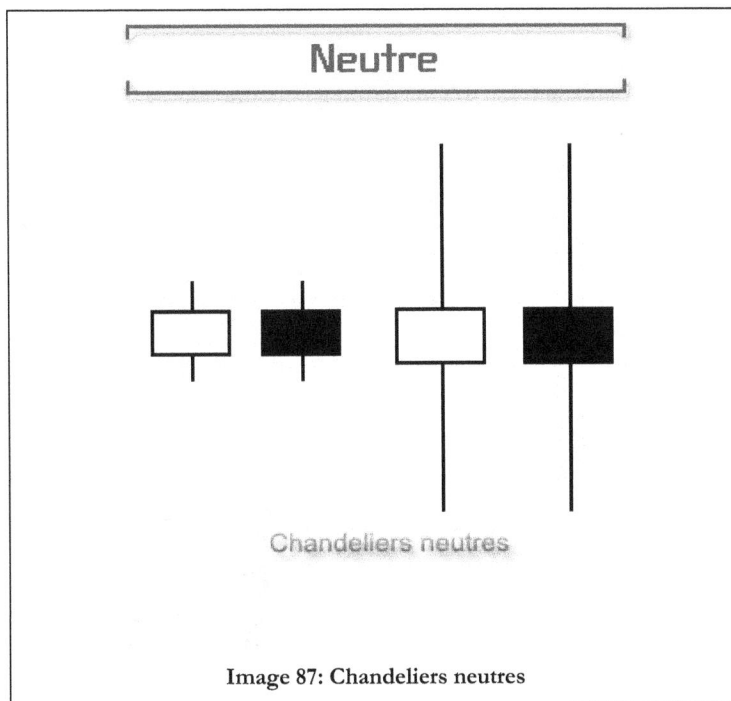

Neutre

Chandeliers neutres

Image 87: Chandeliers neutres

Les chandeliers neutres sont importants et doivent être interprétés avec jugement. Plusieurs chandeliers neutres se suivant avec une croissance ou décroissance indiquent une tendance, et donc ceux-ci ont une signification moins neutre. Par contre, il est rare de voir plusieurs chandeliers neutres qui se suivent avec des titres ayant un fort volume.

Marubozu

Le premier type de chandelier est très facilement reconnaissable. Ce type est disponible dans les deux catégories suivantes : haussier et baissier. Ce type de chandelier se nomme Marubozu et possède la caractéristique unique d'être un chandelier sans ombrage.

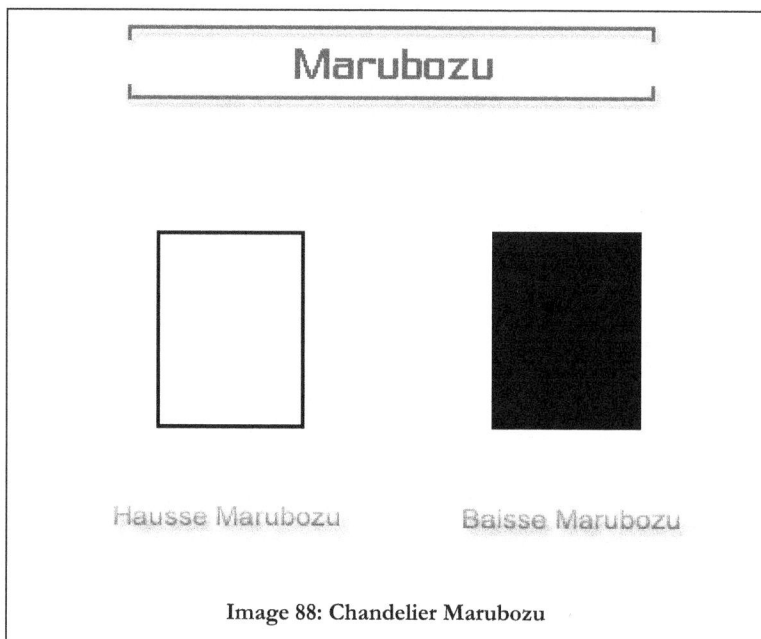

Image 88: Chandelier Marubozu

Le chandelier Marubozu démontre la force des acheteurs lorsque le chandelier est blanc et la force des vendeurs lorsque le chandelier est noir. Étant donné qu'il n'y a aucun ombrage, ceci signifie que les acheteurs ont eu le contrôle du début à la fin, pour le cas du chandelier blanc. Pour le chandelier noir, ceci signifie que les vendeurs ont eu le contrôle du prix du début de la période jusqu'à la fin. Ce type de chandelier est très intéressant, car il annonce un lendemain en force. Pendant une période complète (journée, semaine, etc.) il y a forte chance que le prochain chandelier soit haussier parce que le mouvement du prix a été fort du début à la fin.

Voici deux cas possibles pour le Marubozu haussier et baissier. On remarque qu'il est possible que la hausse soit constante, mais aussi que la hausse zigzag avant de terminer en hausse. Il est tout à fait possible d'avoir ces variations de prix lors d'un Marubozu baissier.

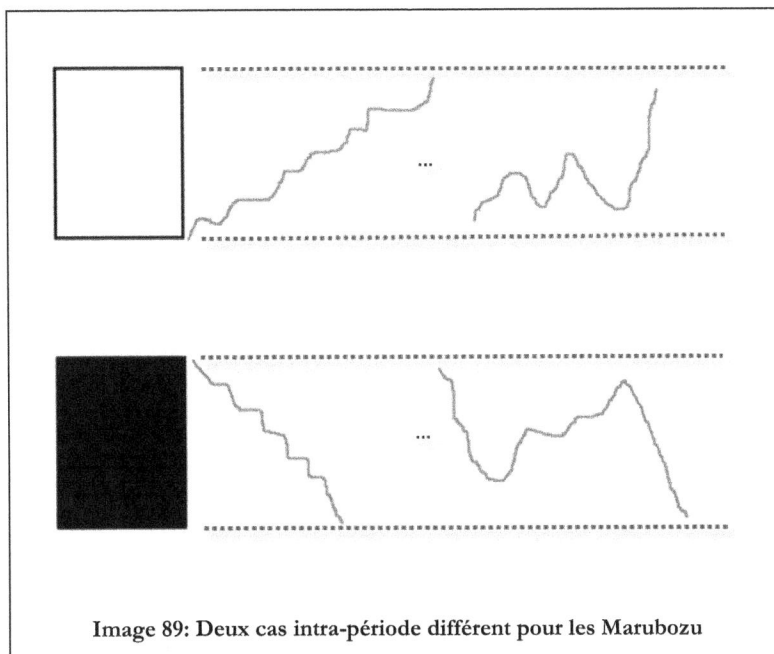

Image 89: Deux cas intra-période différent pour les Marubozu

Le Marubozu est un chandelier permettant de confirmer des départs de tendances ainsi que d'éliminer les confusions sur une direction de tendance. De plus, tel le cas présenté suivant ce paragraphe, il permet de renverser une tendance.

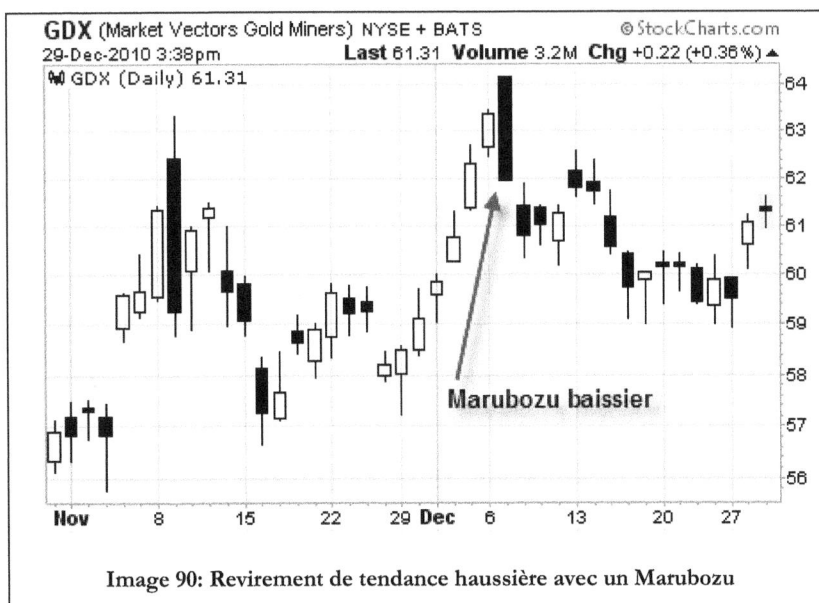

Image 90: Revirement de tendance haussière avec un Marubozu

Spinner tops

Ce chandelier représente un changement de tendance. Le chandelier a un corps relativement petit avec un ombrage supérieur et un ombrage inférieur de mêmes dimensions. Les dimensions des ombrages doivent être plus grandes que la dimension du corps du chandelier. Le petit corps indique qu'il y a eu un petit changement entre l'ouverture et la fermeture. De plus, la session fut mouvementée autant d'un mouvement haussier que d'un mouvement à la baisse. Le Spinner tops représente un changement à la tendance du cours d'un titre.

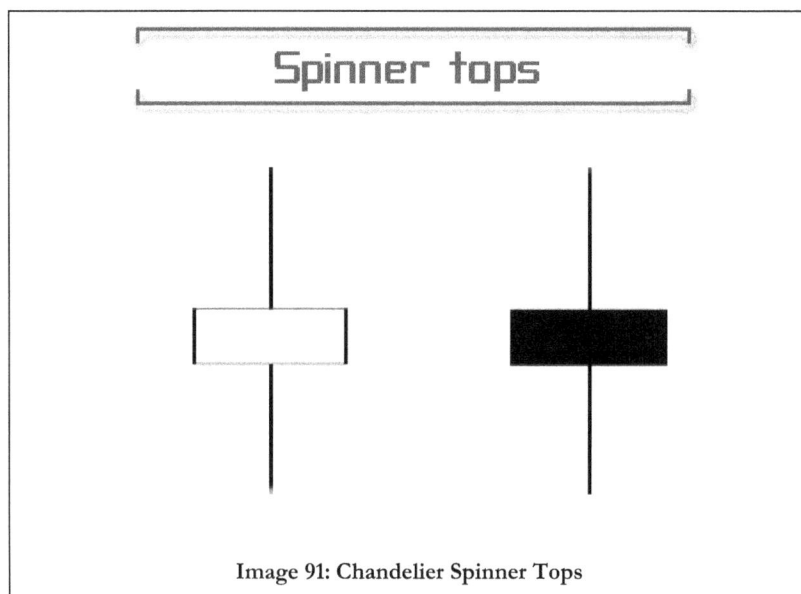

Image 91: Chandelier Spinner Tops

Voici un exemple de Bed, Bath & Beyond Inc. (BBBY) qui comprend plusieurs Spinner Tops en début février. On remarque un revirement de tendance autant en début janvier qu'au début février. Autant dans un revirement de tendance haussière que baissière, le Spinner Tops annonce un changement de direction. Il est important de mentionner que le revirement peut prendre plusieurs jours, car le Spinner Tops représente une instabilité du marché (beaucoup de mouvements).

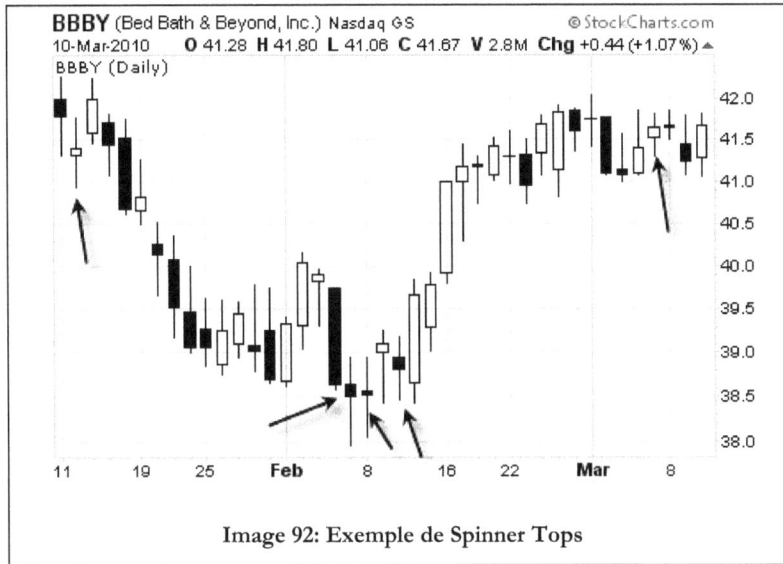

Image 92: Exemple de Spinner Tops

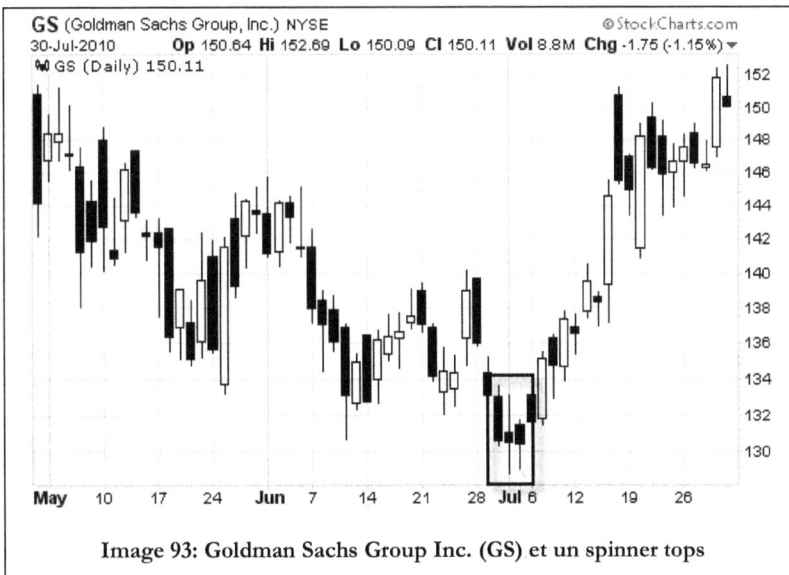

Image 93: Goldman Sachs Group Inc. (GS) et un spinner tops

Doji

Le Doji est crucial, parce qu'il est présent dans plusieurs patrons importants expliqués au prochain chapitre. Le Doji est un chandelier neutre : ni haussier, ni baissier. Il est représenté avec une ouverture et une fermeture très rapprochées. Sa caractéristique visuelle est que le chandelier ressemble à un "+".

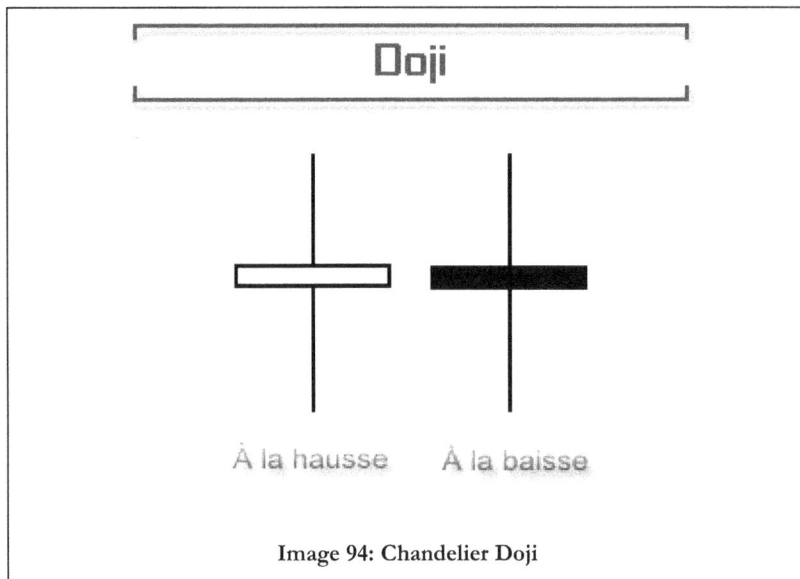

Image 94: Chandelier Doji

Idéalement, le prix de l'ouverture et le prix de fermeture doivent être égaux, mais ce n'est pas un préalable si ceux-ci sont très rapprochés (quasiment collés). Lorsque le prix de l'ouverture et de la fermeture sont identiques, le chandelier ressemble au signe de l'addition. La justification est que les ombrages sont visibles seulement si combinés à une seule barre horizontale parce qu'il y a un seul et unique prix d'ouverture et fermeture. Même si ce n'est pas un préalable, sachez que le Doji est plus fort avec un écart plus rapproché. Lorsque l'écart est trop grand, le chandelier n'est pas un Doji, mais un Spinner Tops. La différence acceptable entre l'ouverture et la fermeture est variable selon le prix de l'action. Plus le prix de l'action est élevé, plus le degré de tolérance entre l'ouverture et la fermeture est acceptable. La force du Doji dépend de trois facteurs :

1. Le prix
2. La volatilité
3. Le chandelier précédent

L'effet du Doji est annulé s'il est précédé d'autres Doji.

Un Doji ne devrait pas avoir de corps pour être dans sa forme la plus efficace.

La force signifie le pouvoir à déterminer les tendances. Plus le Doji est fort, plus sa prédiction aura une probabilité de se produire. Le prix concerne la position

du Doji. Est-ce que le chandelier est à un prix élevé ou réduit? La volatilité donne la force en indiquant si c'est un chandelier qui a du pouvoir de changement ou non. Une forte volatilité risque de faire agir le Doji correctement. Une faible volatilité transforme un Doji en un chandelier normal. Le dernier facteur, qui est le chandelier qui précède le Doji, est très important afin de signifier quels changements de tendance il peut y avoir.

Effectivement, le chandelier Doji est un chandelier qui illustre un revirement de tendance. Un revirement de tendance se produit lorsqu'une tendance est haussière et que l'arrivée d'un Doji indique la fin de cette tendance. Par la suite, la tendance devient baissière. Le Doji s'applique également pour une tendance baissière. Lors de l'apparition d'un chandelier Doji dans une tendance baissière, il est possible d'observer un signe que la tendance se changera en tendance haussière.

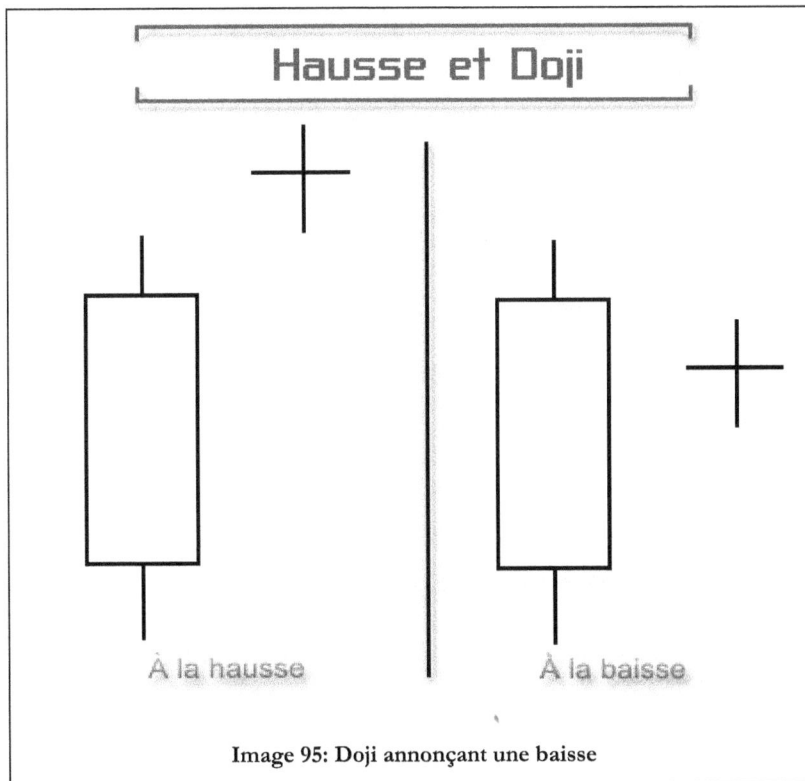

Image 95: Doji annonçant une baisse

Si le chandelier est blanc (hausse) et est suivi d'un Doji plus haut que ce chandelier (à la hausse), la puissance des acheteurs commence à être plus faible. Voir l'Image 95. Si le chandelier est blanc (hausse) et est suivi d'un Doji plus bas que ce chandelier (à la baisse), le signal est alors plus fort que les vendeurs auront la tendance sur les acheteurs. Voir l'Image 96. Lorsque nous avons un chandelier blanc (à la hausssse) suivi d'un Doji, nous pouvons assumer que la fin de la monté est relativement proche. La différence entre le Doji à la hausse ou à la baisse est la certitude avec laquelle nous pouvons observer ce revirement. Dans les deux cas, une baisse devrait survenir.

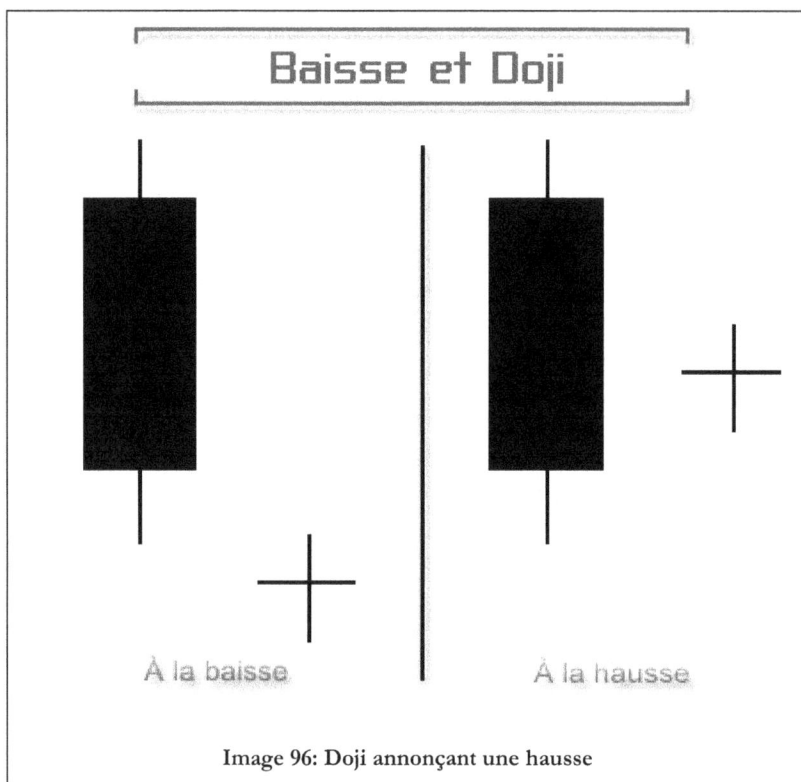

Image 96: Doji annonçant une hausse

Lorsque nous avons un chandelier noir (à la baisse) suivi d'un Doji, nous pouvons assumer que la fin de la descente est relativement proche. Lorsque le chandelier Doji est à la baisse, comparativement au prix de la journée précédente, ceci indique un revirement de tendance vers la hausse. Lorsque le prix est supérieur au prix de fermeture, à la hausse, ceci indique un revirement avec encore plus de probabilités de revirement de tendance de baisse vers une hausse.

Un chandelier Doji n'est en aucun cas une assurance de changement de tendance, mais un bon signe de revirement. Il arrive que le revirement ne se fasse pas exactement le lendemain, mais que celui-ci puisse prendre plusieurs journées. Par expérience, le revirement est annulé si après trois jours les chandeliers suivant le Doji ne vont pas dans la direction désirée.

L'exemple ci-dessous représente la compagnie Sun Microsystem (SUNW) qui appartient désormais, depuis plusieurs mois, à Oracle (ORCL). Le graphique démontre deux Doji qui sont encerclés. Le premier illustre un chandelier noir, en baisse, suivi d'un Doji. Le chandelier suivant est haussier, ce qui donne le signal que le Doji a bel et bien fonctionné. Veuillez noter que le lendemain de cette hausse, une baisse a été observée. Effectivement, à cet instant plusieurs auraient pu croire que le titre n'allait pas revirer de tendance.

Le Doji est similaire aux autres outils de l'analyse technique et ses signaux annoncent une forte probabilité d'avoir l'effet escompté. Il y a donc forte chance de revirement vers une hausse ou une baisse. Par contre, comme tous signaux, il se peut que ceci ne fonctionne pas.

Un Doji ayant des chandeliers ne changeant pas de direction après trois jours est un Doji n'ayant pas fonctionné.

Il est possible d'appliquer ce chandelier sur les graphiques en semaines ou en mois sans problème.

En vérité, ceci aurait pu être un signe que le signal était faux. Par contre, les chandeliers suivants ont confirmé une hausse. Il ne faut donc pas acheter ou vendre dès l'instant que le Doji apparait, mais plutôt être attentif aux confirmations suivant l'apparition du Doji.

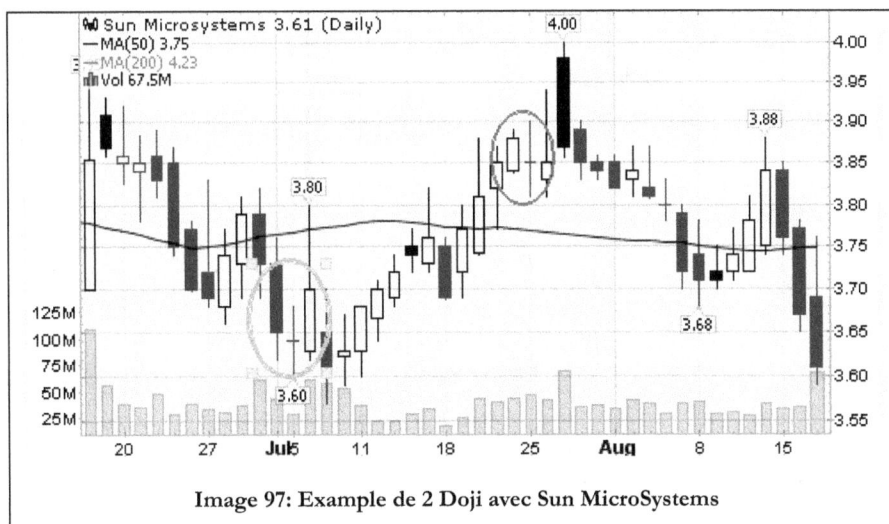

Image 97: Example de 2 Doji avec Sun MicroSystems

Le deuxième Doji apparait le 25 juillet. Il y a confirmation dès le lendemain avec un chandelier qui ferme au même prix que le Doji. Par contre, encore une fois, le surlendemain, un chandelier aurait pu porter confusion, car il a amorcé la journée à plus de 3.98$. Par contre, étant donné que celui-ci était baissier et que la journée a fini en baisse, sans compter que le lendemain le titre descendait, nous avions un signe d'une baisse.

Précédemment, avec le chandelier Doji, nous avons regardé le corps de celui-ci. Plus le prix d'ouverture est étroit avec le prix de fermeture, plus il présage un changement de tendance. Par contre, un autre élément est très important : les ombrages.

Un chandelier Doji avec de grands ombrages démontre une plus grande incertitude et donc une plus grande possibilité de changement de tendance. L'image ci-dessus démontre un exemple de Doji avec de grands ombrages. Bien sûr, il est préférable que le prix de fermeture soit égal au prix d'ouverture (aucun corps), par contre un corps miniature, comme l'image ci-dessus, est tout aussi significatif.

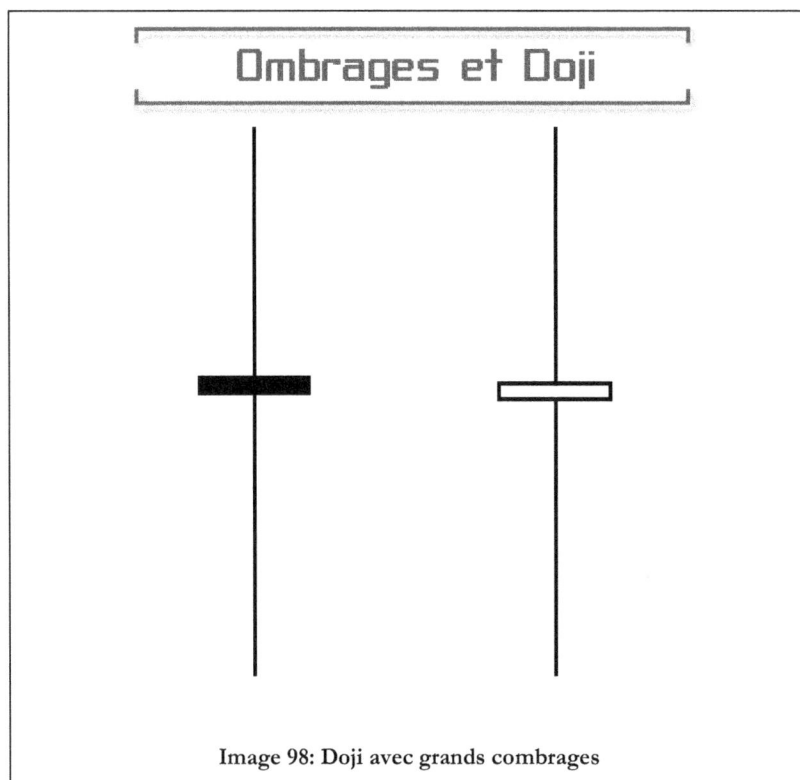

Image 98: Doji avec grands combrages

Dragon Fly Doji et Gravestone Doji

Dragon Fly est une forme qui représente le chandelier avec une fermeture et une ouverture ayant le même prix, mais uniquement avec un ombrage inférieur. L'ombrage inférieur doit être assez prononcé. Cela signifie que les vendeurs ont dominé la séance en baissant le prix, mais que les acheteurs ont repris le contrôle. Le titre devrait remonter à la prochaine ouverture des marchés.

Dans le cas contraire, nous parlons de Gravestone Doji. Les acheteurs ont dominé les transactions de la séance, mais les vendeurs ont repris le contrôle vers la fin. Le titre devrait baisser à la prochaine ouverture.

Image 99: Dragon Fly Doji et GraveStone Doji

L'Image 99 démontre deux chandeliers contraires dans leur signification : le Dragon Fly et le GraveStone.

Récapitulatif du chapitre

Voici le récapitulatif du chapitre 10 « Chandelier japonais »

- ✓ Un chandelier est composé d'un corps et de zéro à deux ombrages.
- ✓ Un chandelier noir est un chandelier baissier.
- ✓ Un chandelier blanc est un chandelier haussier.
- ✓ Il faut toujours attendre une confirmation avant d'effectuer une transaction avec un seul chandelier.
- ✓ Il y a trois catégories de chandelier : haussier, baissier et neutre.
- ✓ Il existe plusieurs types de chandelier ayant des caractéristiques uniques.
    1. Marubozu : Chandelier sans ombre.
    2. Spinner tops : Chandelier à petit corps et long ombrage.
    3. Doji : Chandelier sans corps et avec ombrage.
    4. Dragon Fly Doji : Aucun corps et aucun ombrage supérieur.
    5. Gravestone Doji : Aucun corps et aucun ombrage inférieur.

Questions et réponses

Voici des questions accompagnées de leur réponse. La section présente assure une meilleure compréhension des notions précédemment assimilées.

Questions

1. Combien de chandeliers seront affichés sur un graphique d'une année avec des périodes journalières ?

2. De quelle manière serait-t-il possible de diminuer le nombre de chandeliers sur le graphique ?

3. Où peuvent être placés les ombrages sur un chandelier ?

4. Où est situé le prix minimum sur un chandelier ?

5. Où est situé le prix de fermeture sur un chandelier noir ?

6. De quelle couleur est un chandelier « Bullish » ?

7. Quel est le nom d'un chandelier inverse à « Bullish » ?

8. Est-ce qu'un Doji est un chandelier neutre ?

9. Quelle est la caractéristique première d'un chandelier Marubozu ?

10. Que représente un chandelier de type Spinner tops ?

11. Quelle est la différence entre un Doji et un Spinner tops ?

12. Comment un Doji est-il confirmé ?

Réponses

1. Il y a 365 jours par année, donc 365 chandeliers.

2. Il faudrait changer la période pour une période hebdomadaire ou mensuelle. Une période hebdomadaire produirait un graphique avec 52 chandeliers et une période mensuelle produirait un graphique avec 12 chandeliers.

3. L'ombrage peut être placé en haut ainsi qu'en bas du corps d'un chandelier.

4. La pointe inférieure de l'ombrage du chandelier représente le prix minimal.

5. Un chandelier noir est un chandelier descendant. Le prix de fermeture est donc la ligne du corps inférieur.

6. Le chandelier « Bullish » est un chandelier haussier et est donc blanc.

7. « Bearish ».

8. Oui, car l'ombrage est égal autant pour l'ombrage supérieur et inférieur. De plus, le corps est très petit.

9. Un Marubozu ne possède pas d'ombrage.

10. Un revirement de tendance.

11. Un Doji n'a pas de corps, mais il représente la même chose. Un Doji est quand même plus fort qu'un Spinner Tops.

12. Il faut avoir un ou plusieurs chandeliers allant dans la direction de revirement afin d'avoir une confirmation.

Patron des chandeliers japonais

Le chapitre précédent introduisait les chandeliers japonais. Afin d'avoir une analyse complète et de pouvoir déterminer la direction du prix d'une action, il faut combiner les chandeliers, ce qui forme des patrons. Les patrons sont des cas qui arrivent fréquemment et qui produisent un même résultat. Il faut par contre être lucide et savoir qu'aucune technique n'est infaillible. Avec une bonne rigueur, les chandeliers japonais et les patrons permettent d'avoir une bonne idée de la direction du marché.

Patrons de renversement

Le premier groupe de patron est les patrons de renversement. Les patrons de renversement sont des chandeliers formant une séquence qui changera la tendance. Un patron de renversement sur une tendance baissière indiquera une fin de tendance baissière pour une tendance haussière. Dans le cas contraire, lors d'une tendance haussière, un patron de renversement indiquera qu'une tendance baissière s'amorce.

Voici plusieurs patrons de renversement populaires. L'ordre dans lequel ils sont présentés n'a pas d'importance.

Patron Position de l'étoile « Star Position Bullish/Bearish»

Pour avoir le patron « Star position » nous devons avoir deux chandeliers. Le premier chandelier est un chandelier avec un gros corps et de petits ombrages. Le deuxième chandelier et beaucoup plus petit, avec un espace (un gap, voir chapitre sur les bases de l'analyse technique) entre les deux chandeliers.

Ce patron se divise en deux. Le premier s'appelle l'étoile du soir et l'autre s'appelle l'étoile du matin. En anglais ce sont la « Evening Star » et la « Morning Star ». Le premier est un patron qui annonce une baisse et le second annonce une hausse. Sur l'image suivante, nous pouvons observer les deux cas. Donc, avec le patron « Star position » nous pouvons avoir un saut vers le haut (gap up) ou un saut vers le bas (gap down). Un saut vers le haut signifie un mouvement haussier se terminant en un changement de direction. Donc, il annonce une baisse. Un saut vers le bas, l'étoile du matin, annonce une hausse. Le patron peut être exécuté sur une période journalière, hebdomadaire ou mensuelle.

Afin que le patron soit confirmé, il faut attendre une prochaine unité de période (prochain chandelier) afin d'avoir un chandelier blanc sous l'étoile, ce qui formera le patron étoile du soir (partie de droite de l'Image 100). À l'inverse, pour le patron de l'étoile du matin, il faut avoir un chandelier noir qui est plus haut que le chandelier blanc (partie de gauche de l'Image 100).

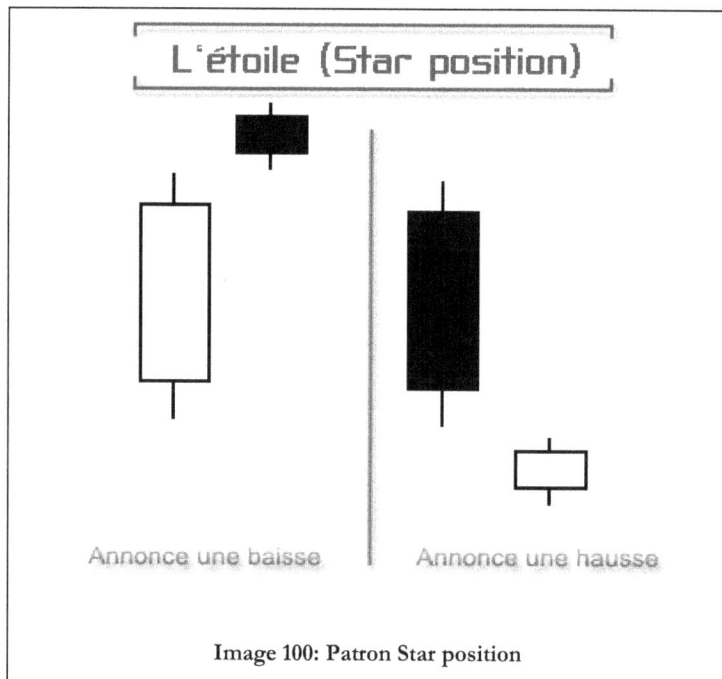

Image 100: Patron Star position

En fait, autant dans les deux scénarios précédents de ce patron, la couleur de l'étoile (deuxième chandelier) n'a pas d'importance majeure. Il peut donc y avoir un deuxième chandelier noir ou blanc dans les deux cas sans que le patron soit invalide.

Le trait particulier de ce patron est prioritairement le saut (gap) entre la fermeture du premier chandelier et l'ouverture du suivant. L'ombrage du second chandelier n'est pas important non plus, malgré que cet ombrage est généralement court. En fait, ce deuxième chandelier peut être autant un Spinner tops qu'un Doji. Un Doji fortifie ce patron, mais ce n'est pas le seul élément le permettant. Un fort gap (espacement entre chandeliers) rend le patron plus fort. De plus, un fort volume sur le troisième chandelier (chandelier de confirmation) rend le patron encore plus sûr. Concernant le troisième chandelier, celui-ci doit être noir pour l'étoile qui annonce une baisse et blanc pour celle qui annonce une hausse.

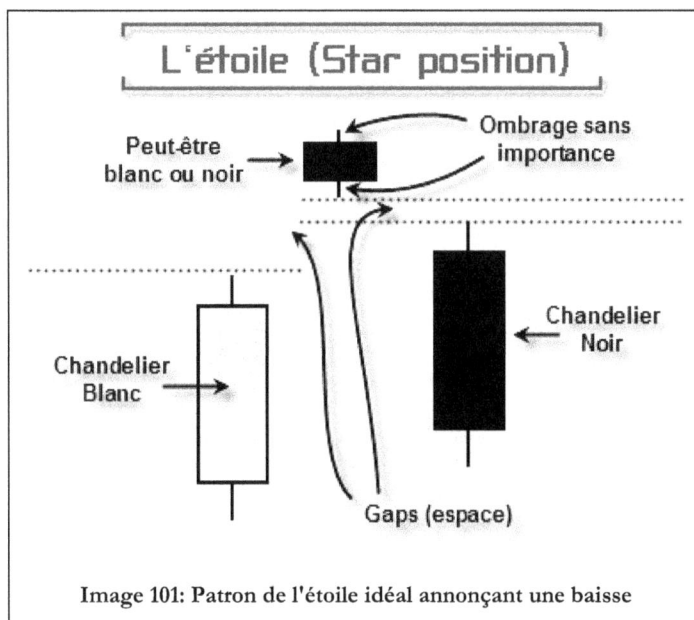

Image 101: Patron de l'étoile idéal annonçant une baisse

La loi du 50% rend le patron plus efficace : le troisième chandelier doit dépasser la moitié du corps du premier chandelier. Ceci est valide autant pour le cas du Harami signalant une baisse (le cas de gauche dans l'image suivante) que pour le cas du Harami signalant une hausse (le cas de droite dans l'image suivante).

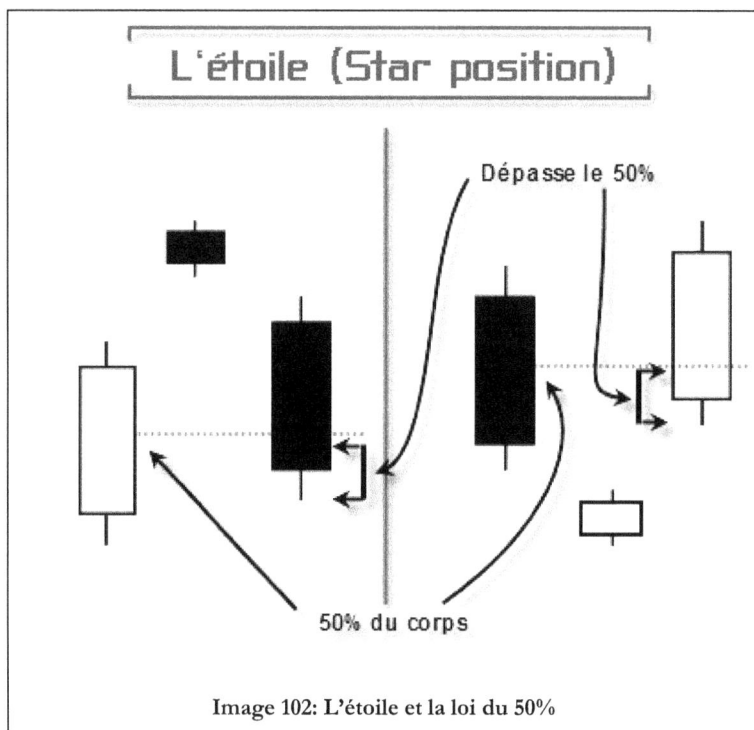

Image 102: L'étoile et la loi du 50%

Il se peut que l'espacement ne soit pas présent entre le deuxième chandelier et le troisième chandelier. Ce qui est important est que le corps du deuxième chandelier soit petit et qu'il y ait un gap entre le premier et deuxième chandelier. Donc, un cas légèrement plus faible qu'avec deux gaps existe, mais il est préférable d'avoir deux gaps.

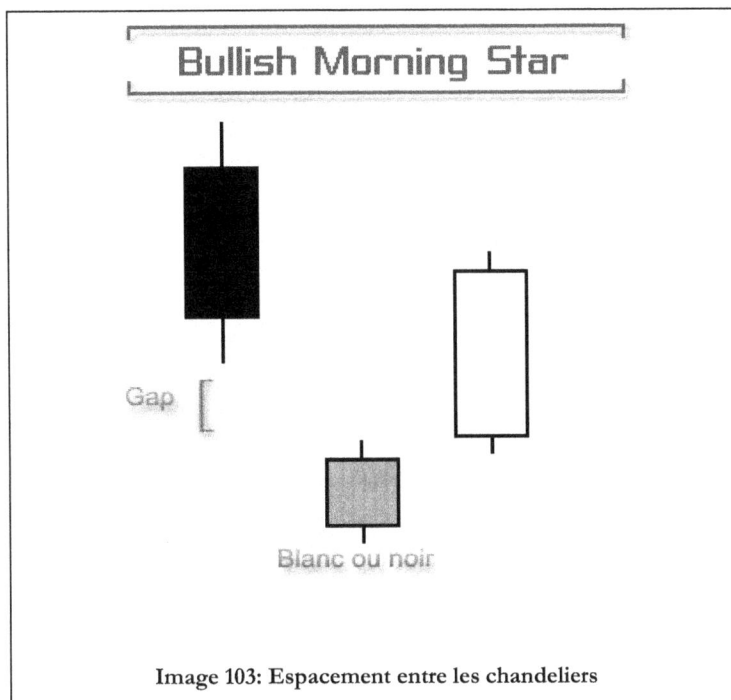

Bullish Morning Star

Gap

Blanc ou noir

Image 103: Espacement entre les chandeliers

Il est conseillé que la loi du 50% soit présente, mais cette loi n'est pas nécessaire.

Récapitulatif

<table>
<tr><td colspan="2" align="center">Récapitulatif du patron Evening/Morning Star</td></tr>
<tr><td colspan="2">

Formation :

- Un chandelier suivit d'un autre chandelier avec un gap entre celui-ci ainsi qu'un gap entre le deuxième et troisième chandelier. Le premier chandelier doit être d'une couleur différente que le dernier chandelier.

Notes :

- La couleur du deuxième chandelier n'a pas d'importance.

- Le troisième chandelier doit avoir une fermeture (pas d'ombrage mais bien un corps) qui dépasse 50% du corps du premier chandelier.

- Le premier chandelier doit être de la même couleur que la tendance. Si la tendance est baissière, le chandelier doit être noir.

</td></tr>
</table>

Patron Harami « Bullish/Bearish »

Le patron d'Harami est un chandelier avec un gros corps et de petits ombrages suivi d'un second chandelier avec un petit corps et de petits ombrages situés au niveau du corps du chandelier. Il peut être haussier, si le premier chandelier est noir (vers le bas) et le deuxième est blanc (vers le haut, voir la partie de droite de l'Image 104). Il peut aussi être baissier, si le premier chandelier est blanc (haussier) et que le second est noir (baissier) et à l'intérieur du premier chandelier (voir l'Image 104). Les ombrages du deuxième chandelier peuvent dépasser le premier chandelier, mais idéalement non.

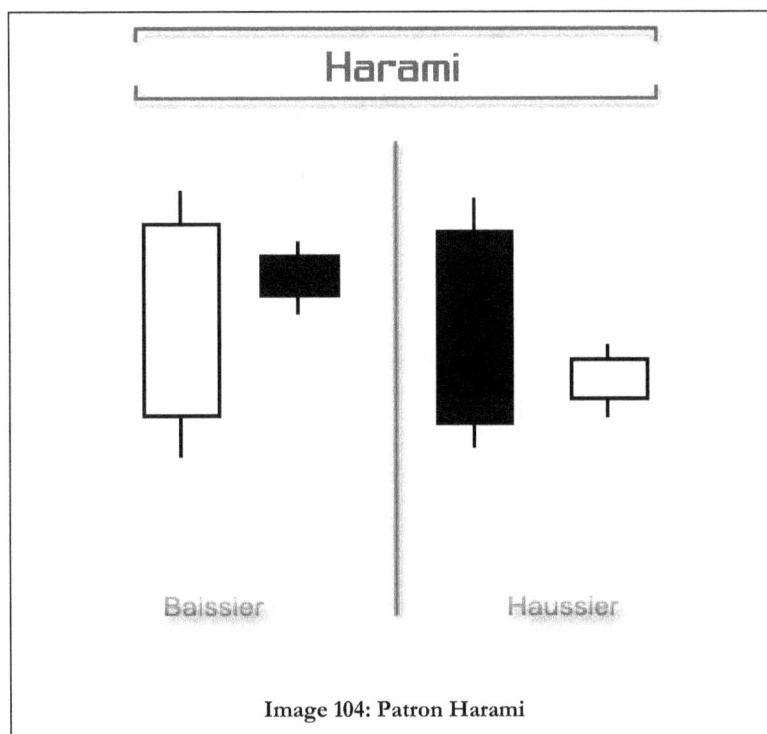

Image 104: Patron Harami

L'exemple ci-dessous provient de Watson Pharmaceuticals (WPI). Les deux types de patron de renversement y sont présents. Même s'ils ne sont pas parfaits, car les ombrages dépassent le corps du premier chandelier, dans les deux cas le reversement s'est effectué.

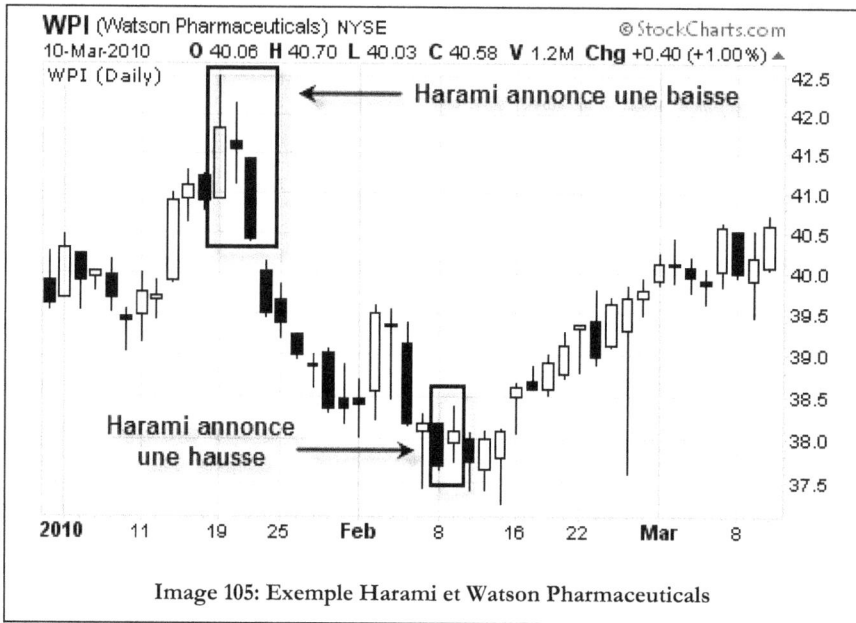

Image 105: Exemple Harami et Watson Pharmaceuticals

Veuillez prendre notre que l'Harami annonçant une baisse présente un troisième chandelier qui confirme le patron. Ce n'est pas le cas de l'Harami annonçant une hausse. Le deuxième cas n'aurait pas été confirmé en analyse et l'achat n'aurait pas été fait avec ce signal. Par contre, la vente était très claire pour le premier cas, suite au chandelier noir qui n'avait plus aucun ombrage supérieur et un ombrage inférieur très faible. Ceci confirme davantage la direction.

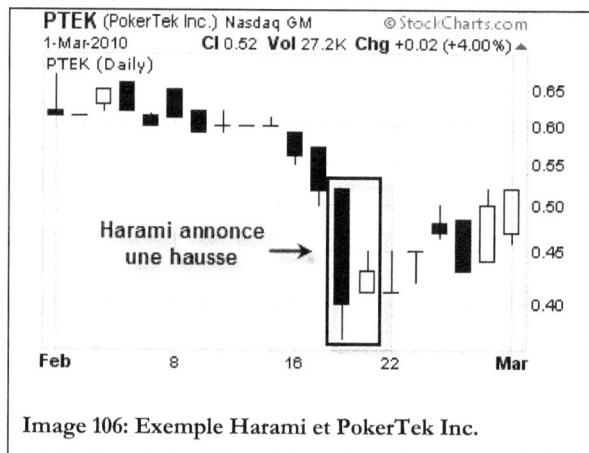

Image 106: Exemple Harami et PokerTek Inc.

L'exemple à droite illustre la compagnie PokerTek Inc. (PTEK) avec un Harami à la hausse. Le premier chandelier est baissier (noir) et le chandelier qui suit est haussier (blanc), et son corps se trouve dans le corps du premier chandelier. De plus, l'ombrage du second chandelier se trouve dans celui du premier, ce qui n'est pas nécessaire quoique préférable. Par contre, le chandelier suivant, le troisième ne confirme pas parfaitement le patron. La confirmation tarde avec le quatrième chandelier.

Récapitulatif

Récapitulatif du patron Harami haussier

Formation :

- Une tendance baissière.

- Un long chandelier noir.

- Suivi d'un plus petit chandelier blanc se trouvant dans les prix du chandelier noir.

Notes :

- L'ombrage du chandelier blanc se trouve idéalement dans le corps du chandelier noir, mais ceci n'est pas obligatoire.

- Ce patron doit être confirmé car il n'est pas aussi fiable que d'autres patrons.

Récapitulatif du patron Harami baissier

Formation :

- Une tendance baissière.

- Un long chandelier blanc.

- Suivi d'un plus petit chandelier noir se trouvant dans les prix du chandelier blanc.

Notes :

- L'ombrage du chandelier noir se trouve idéalement dans le corps du chandelier blanc, mais ceci n'est pas obligatoire.

- Ce patron doit être confirmé car il n'est pas aussi fiable que d'autres patrons.

Chandelier du marteau ou « Hammer and Hanging Man »

Le patron marteau, de son nom anglais « hammer » et le « hanging man » est un patron qui doit être interprété de deux façons. Mais avant tout, sachez que le chandelier marteau est aussi appelé « l'étoile filante » dans d'autres ouvrages.

Premièrement, le « hammer » et le « hanging man » sont tous les deux des patrons très semblables au patron de l'étoile vu précédemment. Par contre, l'écart (gap) n'est pas obligatoire et la grande particularité nécessaire est l'ombrage. Deuxièmement, le « hammer » et le « hanging man » ont seulement des ombrages inférieurs et aucun ombrage supérieur (ou un très petit ombrage supérieur).

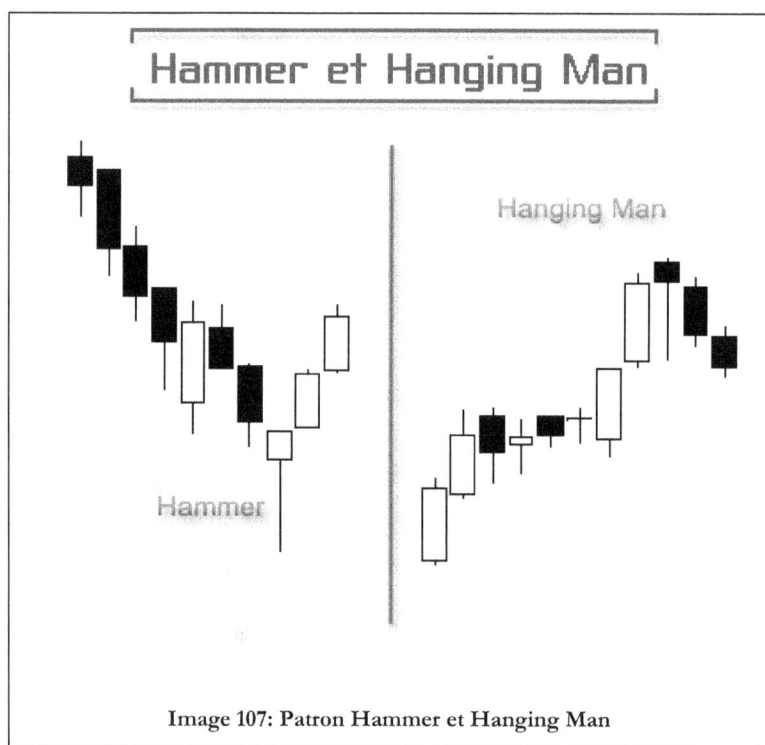

Image 107: Patron Hammer et Hanging Man

Le « hammer » est un chandelier survenant avant une hausse. Il est possible de voir un exemple avec l'Image 107, dans la partie de gauche. À la suite d'une baisse, nous pouvons voir un « hammer » qui sera dans le bas de la descente. La grosse ombre sous le corps du chandelier démontre que le titre continuait à descendre, mais que les acheteurs ont repris le dessus sur les vendeurs afin de terminer la séance plus haut que le départ. Le « hammer » est un chandelier blanc avec une grosse ombre sous son corps. Le volume devrait augmenter lors du « hammer ». Veuillez prendre note que le corps du chandelier doit être blanc pour être plus puissant. En fait, un « hammer » noir est possible, mais il est recommandé que celui-ci soit blanc.

Le « hanging man » est le signal qu'une baisse s'en vient. L'Image 107 illustre ce patron à droite. Il est précédé d'une hausse, puis le « hanging man » arrive. Le « hanging man » est un chandelier noir avec une ombre inférieure longue. Le volume devrait aussi augmenter lors de l'arrivée du « hanging man ». Il arrive souvent que le haut du « hanging man » touche une résistance. Ceci est aussi un bon signe que le patron sera confirmé. Certes, un chandelier blanc est possible, mais il est à noter que le patron est moins puissant dans ce cas-là.

Dans les deux cas, une confirmation est nécessaire. Pour le « hammer », un chandelier blanc avec volume confirme le patron. Pour le « hanging Man », un chandelier noir avec un fort volume confirme le patron.

Le « hammer » est un patron plus fort que le « hanging man » car les acheteurs finissent la session en étant plus élevés que les vendeurs. Dans le cas du « hanging man », le corps est noir, ce qui indique que les acheteurs ont repris une partie de la perte de la journée. Néanmoins, il est un patron valide. Dans le prochain patron, celui du marteau inversé, il y a une similitude avec les ombrages et donc un patron plus fort que l'autre, mais à l'inverse.

De manière alternative, il est possible pour les deux patrons que les couleurs du « hanging man » et « hammer » ne soit pas respectivement celles décrites. En fait, lorsqu'on ne se préoccupe pas de la couleur, la fiabilité du patron diminue, mais tout en gardant la même signification de changement de tendance.

Un exemple du patron « hammer » est présenté ci-dessous avec l'ETF ProShares Ultra Silver de la Bourse de New York (AGC).

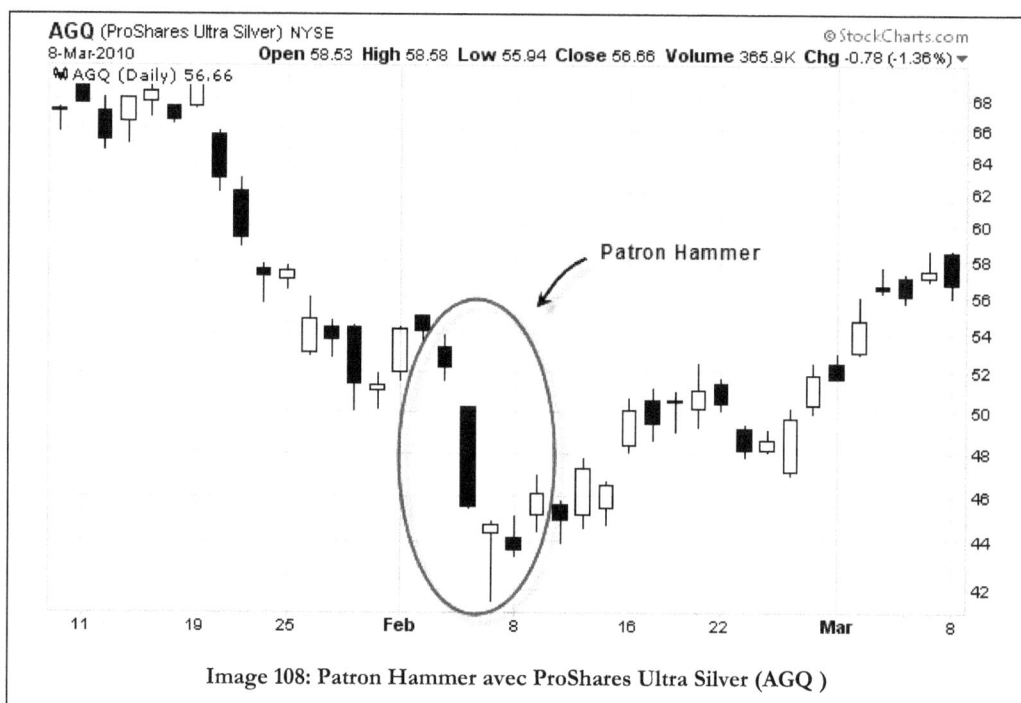

Image 108: Patron Hammer avec ProShares Ultra Silver (AGQ)

Récapitulatif

Récapitulatif du patron hammer

Formation :

- Une tendance baissière.

- Un chandelier avec un ombrage inférieur sans ombrage supérieur et de préférence avec un corps blanc.

- Le corps du chandelier doit être petit.

Notes :

- Une confirmation avec un chandelier blanc est préférable pour la période suivante.

- Un corps blanc est préférable.

Récapitulatif du patron Hanging Man

Formation :

- Une tendance haussière.

- Un chandelier avec un ombrage inférieur sans ombrage supérieur et de préférence avec un corps noir.

- Le corps du chandelier doit être petit.

- Plus l'ombrage du chandelier est grande et plus le patron va être fort.

Notes :

- Une confirmation avec un chandelier noir est préférable pour la période suivante.

- Un corps noir est préférable.

Chandelier du marteau inversé « Inverted Hammer and Shooting Star »

Le « inverted hammer » est un chandelier qui survient avant une hausse en suivant le même principe que le « hammer », sauf que l'ombrage est positionné vers le haut. Le volume est généralement très haut, comparativement à la moyenne. En raison du positionnement de l'ombrage, ce patron est moins fort que le « hammer ». En effet, l'ombrage est en haut du corps au lieu d'en bas de celui-ci, tel le « hammer ». Ayant un ombrage supérieur, le titre a augmenté en prix ce qui signifie un revirement de tendance, sauf qu'a la fin de la séance, le prix s'est remis à descendre pour finir la session plus haut que le prix de départ. Il est important que le chandelier soir blanc, car un chandelier noir avec cette configuration ne donne aucun patron particulier. Avec un chandelier blanc, la fin de séance s'est terminée avec une hausse, mais celle-ci est moins puissante que le « hammer » qui a vu sa fin de séance à son plus haut point.

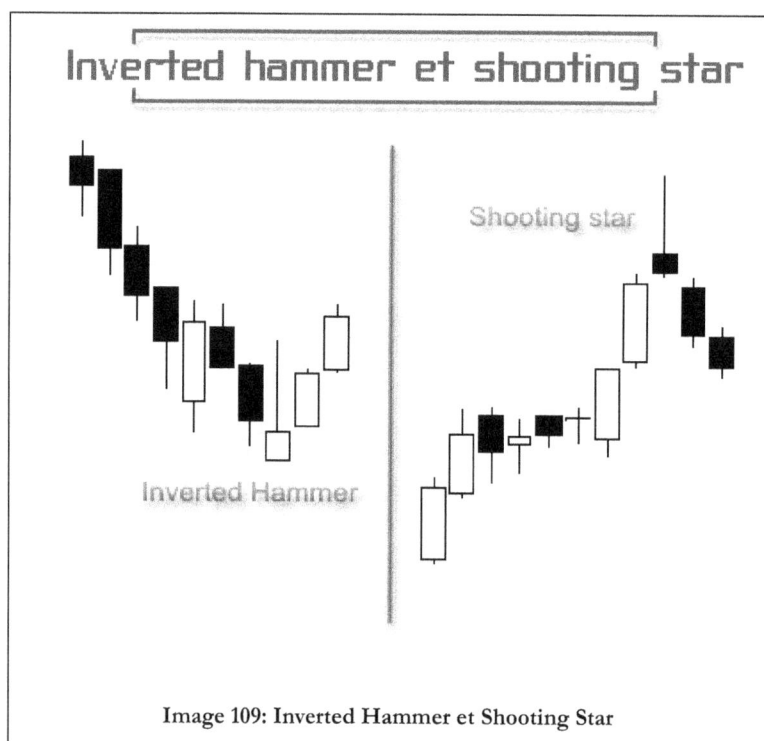

Image 109: Inverted Hammer et Shooting Star

Le « shooting star » est un chandelier annonçant une baisse. Il ressemble au « hanging man », sauf que l'ombrage est supérieur. Par contre, celui-ci peut toucher une résistance, mais ceci n'est pas nécessaire. Néanmoins, ce patron est plus fort que le « Hanging man » et la raison pour ceci est la position de l'ombrage. Étant donné que l'ombrage est supérieur et que le chandelier est noir, ceci indique que le titre a monté, mais s'est terminé a son plus bas niveau de la séance et donc risque de continuer de ce pas à la prochaine ouverture. Le « Hanging man » a aussi terminé avec un chandelier noir, mais la fin de journée a quand même présenté une augmentation comparativement à son cours de la journée.

Veuillez noter qu'une confirmation doit toujours avoir lieu. Pour le « inverted hammer », un chandelier blanc doit être présent dans la journée suivante. Pour le « shooting star », un chandelier noir doit être présent.

Un exemple de Shooting Star est Direxion Daily 30 (TMF) qui, après une hausse de plus de 1 mois, forme une Shooting Star. Malgré que celle-ci débute inférieurement au dernier chandelier, elle est tout à fait significative.

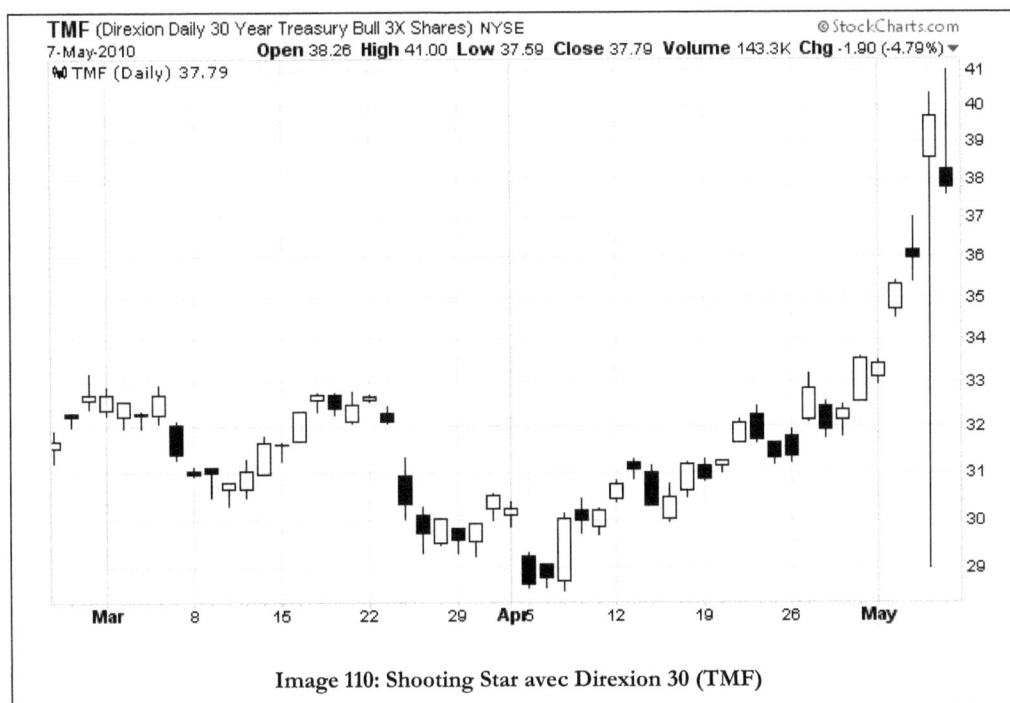

Image 110: Shooting Star avec Direxion 30 (TMF)

Récapitulatif

Récapitulatif du patron « Inverted hammer »

Formation :

- Une tendance baissière.

- Un chandelier avec un ombrage supérieur sans ombrage inférieur et de préférence avec un corps blanc.

- Le corps du chandelier doit être petit.

Notes :

- Une confirmation avec un chandelier blanc est préférable pour la période suivante.

- Un corps blanc est préférable.

Récapitulatif du patron « Inverted Hanging Man » ou « Shooting Star »

Formation :

- Une tendance haussière.

- Un chandelier avec un ombrage supérieur sans ombrage inférieur et de préférence avec un corps noir.

- Le corps du chandelier doit être petit.

Note :

- Une confirmation avec un chandelier noir est préférable pour la période suivante.

- Un corps noir est préférable.

Chandelier en structure d'avalement « Engulfing CandleSticks »

Le prochain patron est simple à reconnaître, car il suffit de 2 chandeliers pour le former.

Il peut être utilisé pour une hausse et pour une baisse, simplement avec une légère modification.

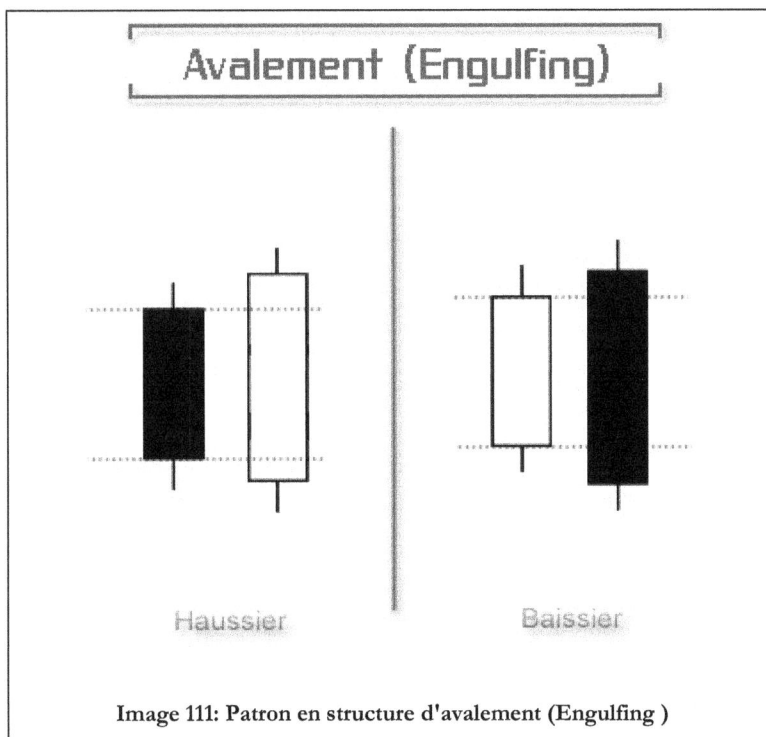

Image 111: Patron en structure d'avalement (Engulfing)

Lorsqu'un chandelier noir est suivi d'un chandelier blanc auquel le corps du chandelier blanc englobe le corps du chandelier noir, une hausse se produira. Les ombrages ne sont pas significatifs dans ce patron. Le patron est haussier lorsque le chandelier est noir suivi de blanc, car il indique que durant la première séance, le cours a descendu et remonté légèrement et que durant la journée suivante, le cours a diminué et remonté. L'image à droite démontre un exemple des deux séances. On peut clairement y voir une baisse suivit d'une hausse.

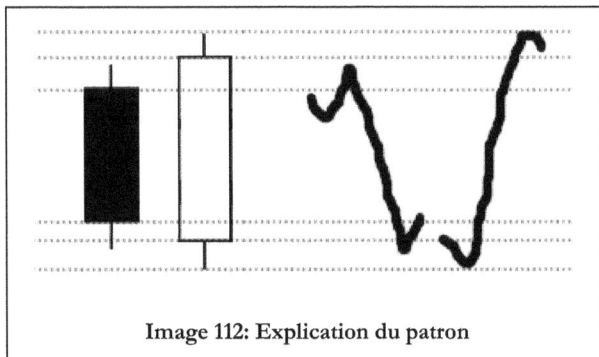

Image 112: Explication du patron

En 2010, Apple (AAPL) a eu un rallye en hausse pendant 2 mois pour finalement faire le patron de l'avalement « Engulfing ». Le patron a été exécuté à un sommet pour revirer la tendance en tendance baissière.

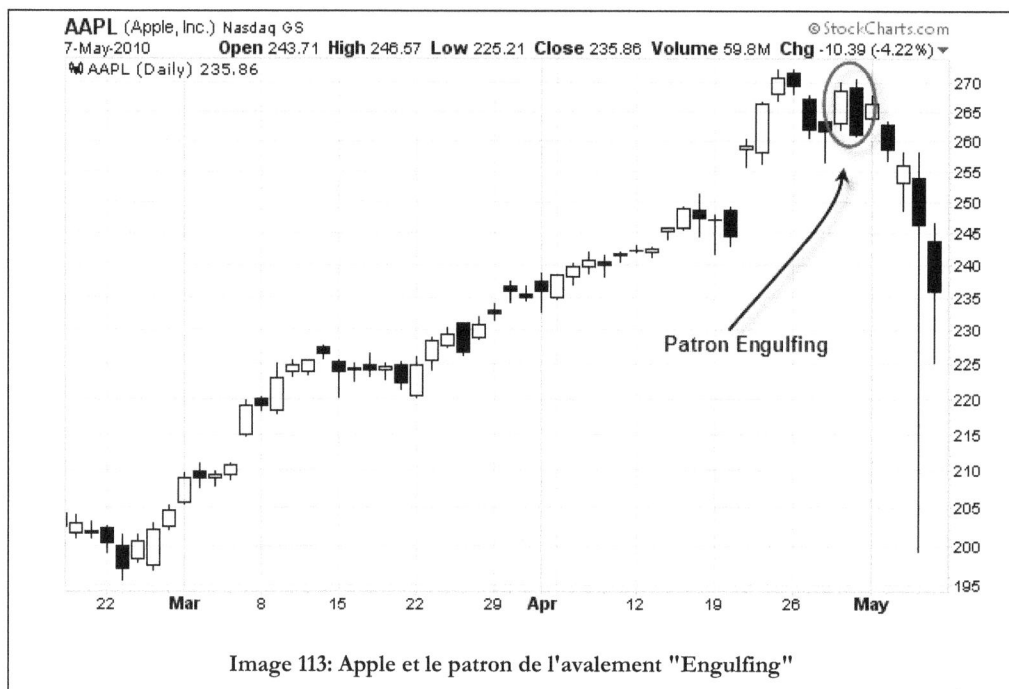

Image 113: Apple et le patron de l'avalement "Engulfing"

Apple (AAPL) a bien réagi, tel qu'indiqué par le patron, avec une fin de tendance haussière et le départ d'une nouvelle tendance baissière.

Voici un deuxième exemple avec le patron d'avalement (« Engulfing »). Le prochain graphique démontre un mauvais exemple ainsi qu'un bon exemple. Le mauvais exemple n'est pas valide, car le chandelier noir n'est pas plus petit et il est à l'intérieure du chandelier blanc. Le bon exemple est que le chandelier noir est dans le chandelier blanc, et quelques jours plus tard, le titre a augmenté.

Image 114: Deux exemples d'avalement "Engulfing"

IceWeb (IWEB), sur la Bourse du Nasdaq, a formé un « Bullish engulfing » en juillet 2010. On remarque que la hausse n'a pas été instantanée, mais que la tendance baissière s'est arrêtée afin de se trouver dans une phase 1, qui est de repos. Malgré que le chandelier blanc a bien dépassé le chandelier noir, la journée suivant a été baissière. Pour tout dire, le revirement est confirmé, mais ceci n'est pas nécessairement le cas pour la hausse immédiate. Quelques semaines plus tard, le titre est passé de 0.12$ à 0.30$, ce qui signifie un gain de plus de 250%.

Image 115: Patron Bullish Piercing Line avec IceWeb

Récapitulatif

Récapitulatif du patron Avalement
Formation :   • Deux chandeliers de couleurs différentes. Le corps du premier chandelier doit être plus petit que le corps du deuxième et doit être à l'intérieur de celui-ci.   Notes :   • Indique un changement de tendance à cour terme.   • Suivra souvent le patron de chandelier Doji, Hammer ou GraveStone, ce qui fortifie un revirement de tendance.   • Patron de fiabilité moyenne.

Patron du bébé abandonné « Abandoned Baby »

Le patron du bébé abandonné est un patron nécéssitant trois chandeliers. Il permet de repérer la fin d'une tendance, autant haussière que baissière. Il se nomme le bébé abandonné « bullish » pour la fin d'une tendance baissière et début d'une tendance haussière, ou le bébé abandonné « bearish » pour l'annonce d'une fin de tendance haussière.

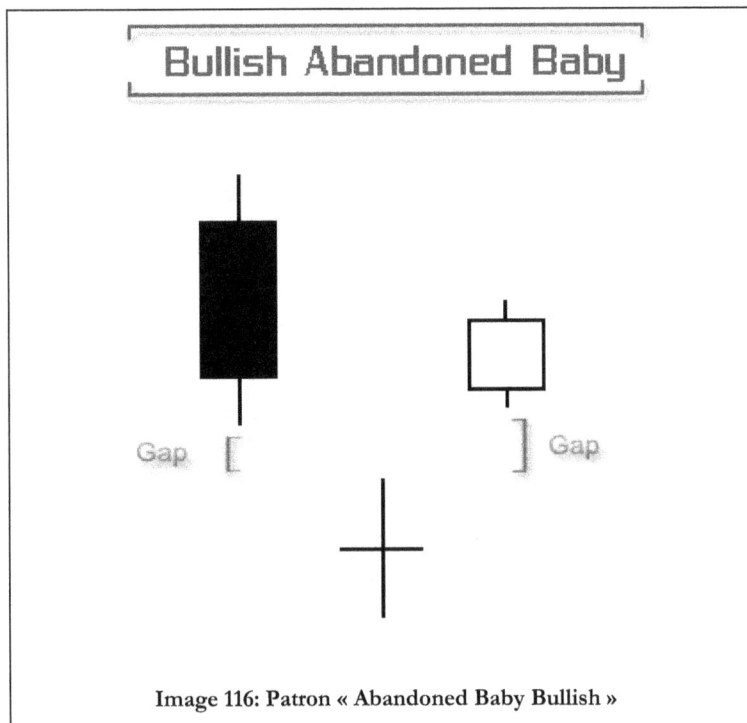

Image 116: Patron « Abandoned Baby Bullish »

Le patron du bébé abandonné « bullish » est constitué d'un chandelier descendant suivi d'un chandelier en forme de Doji. Par après, on y observe un chandelier haussier qui annonce une nouvelle hausse. Les trois chandeliers ne doivent pas avoir de superposition entre les ombrages. L'espacement s'appelle « gap » et doit être présent, sinon nous n'aurons pas le même patron et il s'agira simplement d'un chandelier Doji qui annonce aussi une fin de tendance. La différence est lorsque le patron est exactement avec trois chandeliers avec un espacement, celui-ci est encore plus fort qu'un simple Doji. Les ombrages sont pris en considération dans le calcul de l'espace.

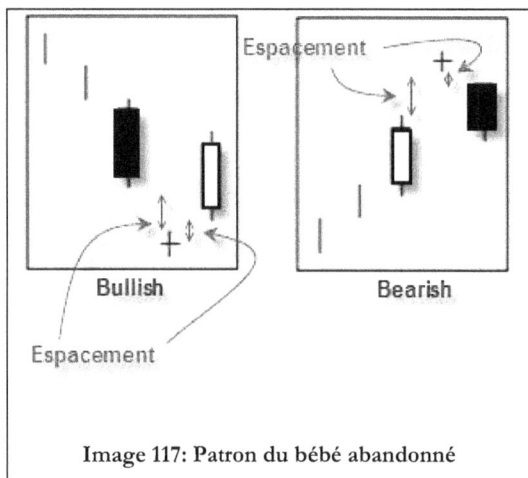

Image 117: Patron du bébé abandonné

Le patron inverse du «abandoned baby bullish » est le «abandoned baby bearish ». Sa constitution est semblable, avec trois chandeliers. Inversement, le premier est un chandelier haussier blanc, le deuxième est le Doji et le troisième est un chandelier descendant noir. L'espacement (gap) est aussi un élément clé du patron.

La raison pour laquelle nous appelons ce patron de Bourse le bébé abandonné est à cause du Doji, qui est situé loin de tous les autres chandeliers. Il est très semblable au patron de l'étoile du soir ou l'étoile du matin, mais avec un chandelier du milieu en forme de Doji ainsi qu'un gap qui peut être formé avec les ombrages aussi (plus gros gap).

Afin que le patron soit complété, il est recommandé d'attendre que celui-ci soit confirmé. À cet égard, la confirmation est affirmative lorsque le troisième chandelier dépasse la moitié du corps du premier chandelier. Dans l'Image 117, l'exemple « bullish » est confirmé tandis que l'exemple « bearish » n'est pas confirmé. En ce qui concerne l'Image 117 « bullish », le patron est confirmé car le chandelier blanc dépasse la moitié du chandelier noir. En revanche, l'Image 117 « bearish » ne confirme rien car le chandelier noir ne dépasse pas la moitié du chandelier blanc.

En anglais le patron du bébé abandonné se nomme « Adandonned Baby », mais peut aussi être appelé « Doji Star ».

De surcroît, il est aussi préférable que l'ombrage du Doji ne soit pas excessivement grand, surtout pour le cas de revirement baissier vers haussier [20].

De manière alternative, il est possible que le deuxième chandelier, le Doji, ne soit pas un Doji. Il se peut qu'un chandelier avec un très petit corps, tel un Spinner soit présent. Dans ce cas, le patron est valide, mais moins fiable.

Récapitulatif

<table>
<tr><td colspan="2" align="center">Récapitulatif du patron abandonné</td></tr>
</table>

Formation :

- Un ou plusieurs chandeliers noirs.

- Suivi d'un gap.

- Suivi d'un chandelier blanc Doji avec un ombrage supérieur qui laisse de l'espace entre les chandeliers précédents et suivants.

- Suivi d'un deuxième gap.

- Suivi d'un chandelier blanc.

Notes :

- Patron rare, mais très fiable.

- Fonctionne autant pour renverser une tendance haussière ou baissière.

- Le patron doit être dans une tendance.

- Les ombrages sont considérés lors du calcul de l'espace (gap).

Patron « Bullish Piercing Line »

Ce patron se caractérise, à première vue, par un long chandelier noir et un long chandelier blanc. Plus précisément, le prix d'ouverture du chandelier blanc se trouve sous le plus bas prix du chandelier noir, ce qui crée un petit gap entre les deux chandeliers. Par la suite, la fermeture du chandelier blanc doit être supérieure à la moitié du chandelier noir. Voici une représentation graphique de « bullish piercing line ».

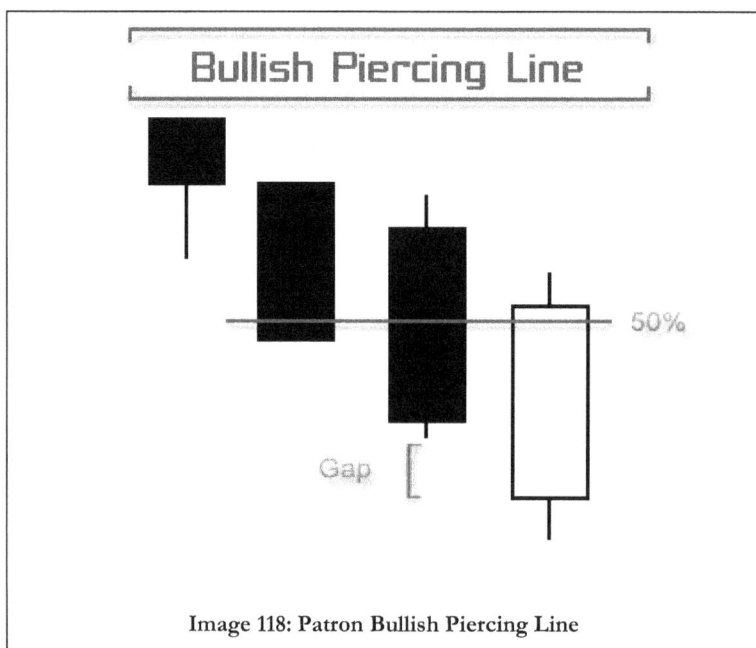

Image 118: Patron Bullish Piercing Line

Il est important que le chandelier blanc dépasse de plus de 50% le corps du chandelier noir qui le précède. Sur l'image précédente, on remarque aussi que le patron est situé dans une tendance baissière avec quelques chandeliers noirs précédant les deux chandeliers formant ce patron. En tant que patron de revirement, ce patron doit être dans une tendance baissière sans pour autant être précédé de plusieurs chandeliers noirs.

L'explication de ce patron se résulte en une affirmation de la tendance baissière avec le gap en ouverture de journée. Cependant, le marché change radicalement en ayant une fermeture en haut de la fermeture précédente. Les acheteurs réalisent un changement au titre et désirent y investir en voyant un changement de direction aussi brusque.

Malgré qu'il ne soit pas obligatoire, ce patron a plus de chance d'avoir du succès si la hausse se poursuit dès les prochains chandeliers. D'ailleurs, plus le chandelier blanc traverse le chandelier noir, plus le patron est fort dans sa prédiction de revirement de tendance.

Voici un exemple avec Nike Inc. (NKE). On remarque deux patrons de piercing line. Le premier s'est présenté le 15 août 2010 et le deuxième s'est présenté le 24 août 2010. Le premier cas est plus beau, avec un deuxième chandelier ayant un bon gap vers le bas et une remontée vers le chandelier noir, terminant la journée à plus de 50% du corps. Par contre, la hausse n'a pas au lieu avant une semaine. Entre temps, un deuxième « Piercing Line » se produit avec un très petit chandelier noir, qui est presqu'un Doji suivi d'un chandelier blanc débutant avec un gap pour terminer dans le corps du chandelier noir. Dès le lendemain, le titre a augmenté pour passer de 70$ à 88$, ce qui fait un gain de 18$ ou 26% par action en trois mois

Image 119: Nike Inc. (NKE) et le patron de Bullish Piercing Line

Récapitulatif

Récapitulatif du Bullish piercing line
Formation : • Un chandelier noir suivi d'un chandelier blanc débutant sous ce chandelier noir et se terminant à plus de 50% du corps. **Notes :** • Peut arrêter la tendance baissière sans démarrer une tendance haussière immédiatement. • Le chandelier noir a souvent un corps allongé, tout comme le chandelier blanc. • Avoir des chandeliers haussiers après le chandelier blanc confirme une hausse rapide.

Patron du nuage noir « Dark Cloud Cover » ou Piercing line bearish

Ce patron est fréquent, principalement car il est constitué de deux chandeliers. C'est un patron de revirement qui annonce la fin d'une tendance haussière. Sa formation comporte un chandelier blanc suivi d'un chandelier noir qui doit comporter deux caractéristiques bien précises. Premièrement, le chandelier noir doit débuter sa journée plus haute que la fermeture du chandelier blanc. Il y a donc un gap à l'ouverture qui se fermera d'ici la fermeture de ce même chandelier. Deuxièmement, le chandelier noir doit dépasser de 50% le corps du chandelier blanc. Fréquemment, les chandeliers n'ont pas d'ombrage, ou de très petits ombrages.

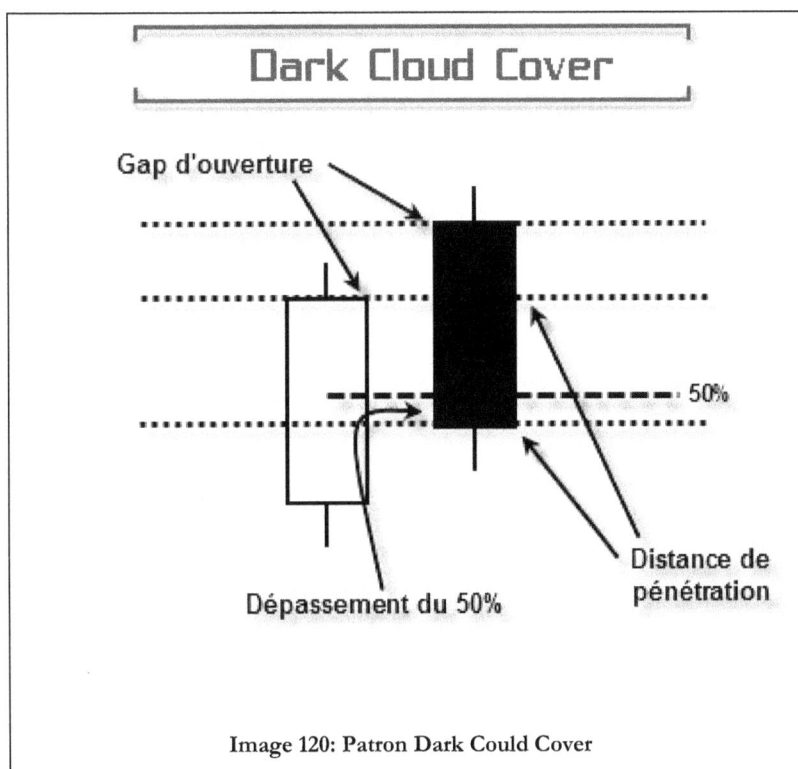

Image 120: Patron Dark Could Cover

Le patron est confirmé lorsque celui-ci est suivi d'un ou plusieurs chandeliers noirs. La force du patron peut aussi être déterminée par la fermeture du chandelier noir, ce qui ajustera la distance de pénétration du chandelier. Plus celui-ci va vers le bas, plus la distance de pénétration est forte et donc plus le patron va annoncer avec certitude une baisse.

Le patron contraire du « Dark Cloud Cover » se nomme la « Piercing Line ». Celui-ci se retrouve souvent après une longue hausse abrupte.

Le patron est percevable avec le titre de Seabridge Gold(SA) sur la Bourse du AMEX. Malheureusement, le patron n'a pas subit de baisse immédiate et a même augmenté dans les jours suivants. Dans ce cas-ci, le patron n'a pas été fonctionnel, mais à long terme il a quand même descendu. Cependant, il n'est pas possible de déterminer que la baisse est due à ce patron. En fait, le chandelier après le patron n'était pas un chandelier noir, ce qui ne confirmait pas le patron.

Image 121: Seabridge Gold (SA) et la patron Dark Cloud Cover

Il est toujours préférable de confirmer les patrons pour ne pas se faire prendre par un faux signal. Les chandeliers, autant que les indicateurs techniques, ne sont pas une science exacte.

Récapitulatif

Récapitulatif du patron Couverture en nuage noir

Formation :

- Un ou plusieurs chandeliers blancs.

- Suivi d'un gap d'ouverture.

- Un chandelier noir qui doit plonger sous le prix d'ouverture du chandelier blanc précédent (ferme le gap).

Notes :

- Une confirmation est nécessaire si le chandelier noir a une pénétration de moins de 50% du corps du chandelier blanc.

- Patron très fiable.

Patron Bullish Kicking

Ce patron nécessite la lecture sur les bases des chandeliers, car il est formé de deux chandeliers de type Marubozu. Il est donc primordial que les deux chandeliers ne présentent pas d'ombrage.

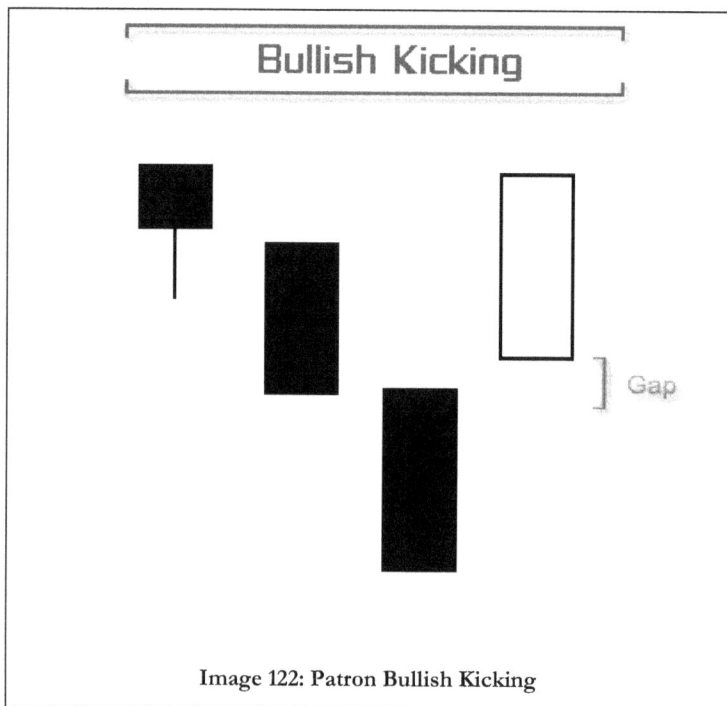

Image 122: Patron Bullish Kicking

Le patron annonce un changement de tendance (baissière vers haussière). Autre le fait que le patron doit avoir un Marubozu baissier suivi d'un Marubozu haussier, les deux Marubozus doivent avoir un petit gap.

Contrairement à plusieurs patrons de revirement, la tendance n'est pas nécessaire afin de former ce patron. La direction de l'action sera déterminée par les deux Marubozus. Dans le cas d'un chandelier Marubozu noir suivi d'un chandelier blanc, une tendance haussière s'amorce. Ceci est illustré dans l'Image 122. D'un autre côté, lorsque le premier Marubozu est blanc suivi d'un Marubozu noir situé sous le premier, la tendance baissière s'amorce. On appelle donc celui-ci « bearish kicking » au lieu de « bullish kicking ».

Récapitulatif

Récapitulatif du Bullish Kicking

Formation :

- Chandelier Marubozu noir suivi d'un chandelier Marubozu blanc qui est plus haut dès sont ouverture que la fermeture du premier chandelier.

Notes :

- Il est possible qu'il n'y ait pas de gap ou très peu.

- Un grand corps est préférable.

- Il est recommandé d'attendre un troisième chandelier blanc ou un gap vers le haut.

- Si les chandeliers ne sont pas Marubozus parfaits, avec de micro-ombrages, le patron peut être considéré comme acceptable.

Patron Bearish Kicking

Ce patron annonce une baisse de tendance. Il est formé de deux Marubozus. Le premier est blanc et le second est noir. Étant donné que le premier patron est blanc, la fermeture est très haute et l'ouverture du deuxième chandelier étant plus bas, un gap d'ouverture se forme. De plus, ce patron nécessite que le deuxième chandelier ouvre sa séance sous l'ouverture de séance du premier chandelier. Il y a dont un gap qui est non seulement d'ouverture, mais aussi persistant.

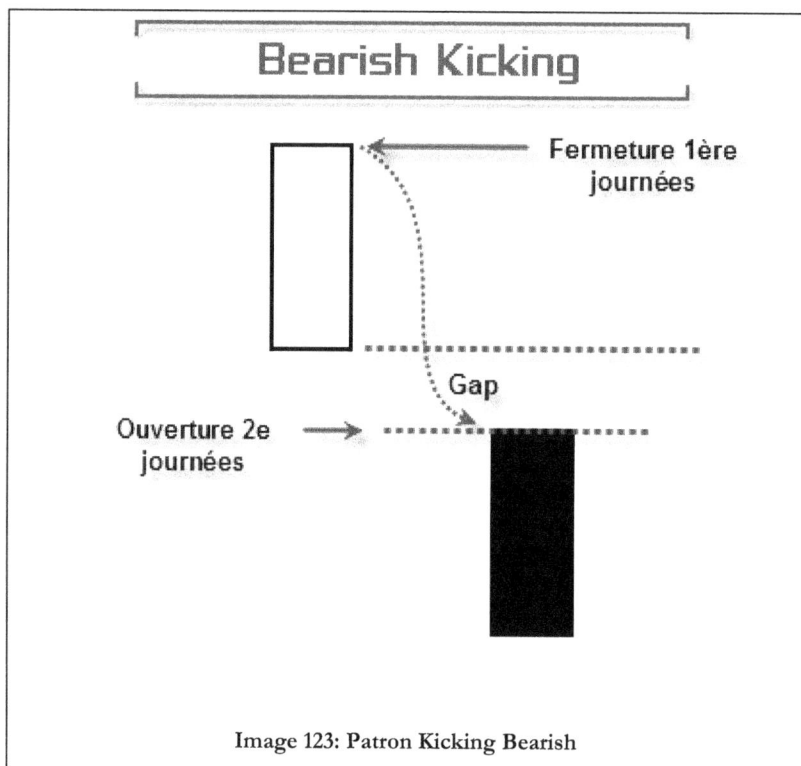

Image 123: Patron Kicking Bearish

Une confirmation par continuité d'une descente est recommandée. Ce patron ne nécessite pas d'avoir une tendance particulière avant sa formation. Il peut donc être tout simplement situé dans une tendance neutre, ce qui indiquerait une nouvelle tendance baissière.

Récapitulatif

Récapitulatif du Bearish Kicking

Formation :

- Chandelier Marubozu blanc suivi d'un chandelier Marubozu noir qui est plus bas dès sont ouverture que la fermeture du premier chandelier.

Notes :

- Il est possible qu'il n'y ait pas de gap, ou très peu.

- Un grand corps est préférable.

- Il est recommandé d'attendre un troisième chandelier noir ou un gap vers le bas.

- Si les chandeliers ne sont pas Marubozus parfaits, avec de micro-ombrages, le patron peut être considéré comme acceptable.

- Aucune tendance nécessaire.

- Patron très fiable.

Patron Three Inside Up

Ce patron nécessite trois chandeliers. Le premier chandelier est le dernier d'une série de chandeliers baissiers : il est donc noir. Le deuxième chandelier est le début du changement de tendance avec un chandelier blanc qui reste entre le corps du chandelier noir, donc en patron Harami. Finalement, ce patron nécessite un dernier chandelier blanc qui dépasse l'ombrage supérieur du chandelier noir. Il est important que ce dernier chandelier dépasse l'ombre supérieure du chandelier noir afin que celui-ci soit efficace. Ce patron doit être dans une tendance baissière afin d'être valide et d'annoncer une nouvelle tendance haussière.

En résumé, ce patron possède un patron situé entre le premier et deuxième chandelier : c'est un Harami. Ensuite, le dernier chandelier doit dépasser le premier chandelier afin de confirmer le tout.

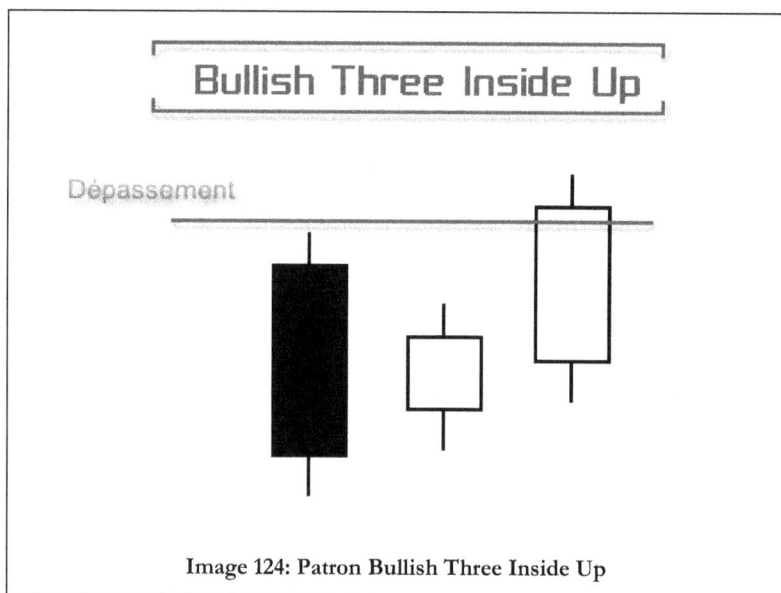

Image 124: Patron Bullish Three Inside Up

Récapitulatif

Récapitulatif du Three Inside Up
Formation :  • Chandelier noir suivi de deux chandeliers blancs. Le premier chandelier est situé dans le corps du premier chandelier noir et le deuxième chandelier doit se terminer en haut de l'ouverture du premier chandelier. Notes : • Le patron est confirmé après s'être terminé avec un troisième chandelier. Théoriquement, l'achat devrait se faire seulement à la quatrième journée, ce qui peut être tard. • Patron très fiable, mais rare.

Patron Three Inside Down

Ce patron est l'inverse du Three Inside Up. Il doit se trouver dans une tendance haussière afin d'être valide. Il est constitué d'un chandelier blanc suivi de deux chandeliers noir. Le patron Harami est visible avec le premier et deuxième chandelier. De ce point de vue, le deuxième chandelier doit être englobé dans le corps du premier chandelier. Le troisième chandelier doit avoir un prix plus bas que le deuxième chandelier ainsi qu'un prix d'ouverture situé dans le corps du second chandelier.

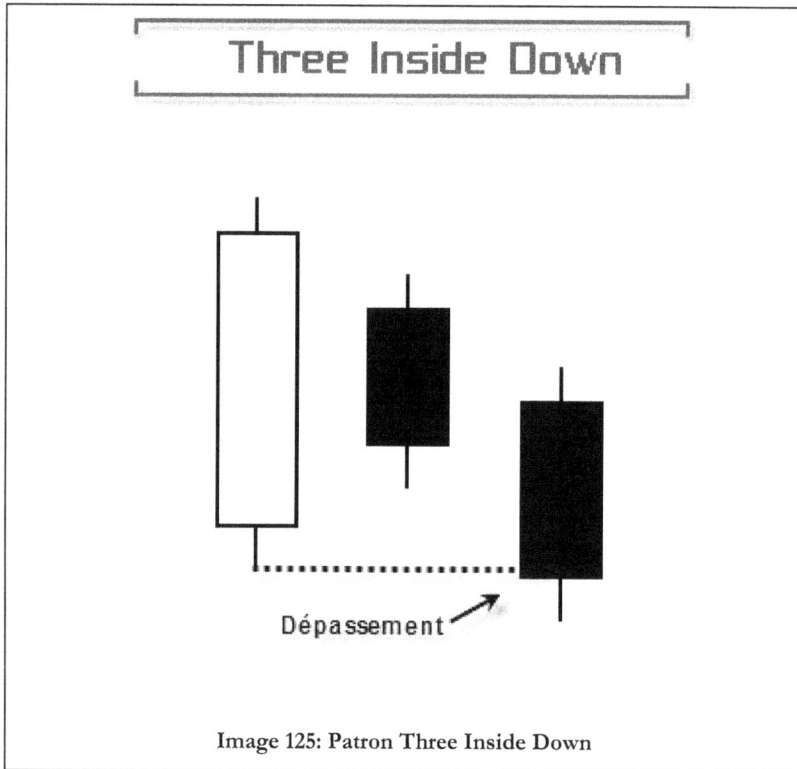

Image 125: Patron Three Inside Down

Récapitulatif

Récapitulatif du Three Inside Down
Formation : • Un chandelier blanc et deux chandeliers noirs dont le premier est dans le corps du premier chandelier et le deuxième dépasse l'ombrage inférieur du premier chandelier. Notes : • Patron très fiable, mais rare. • Patron qui doit se trouver dans une tendance haussière. • Le dernier chandelier confirme le patron, ainsi que la force de celui-ci.

Patron « Bullish Three Outside Up »

Ce patron de revirement permet de prédire une hausse. Il possède la particularité d'avoir un gap, ou un léger, espace entre les deux derniers chandeliers. Le deuxième chandelier, quant à lui, doit avoir un prix de fermeture plus élevé que le second chandelier blanc. En fait, il y a un patron à l'intérieur de ce patron, celui de l'avalement (Engulfing) avec le premier et deuxième chandelier.

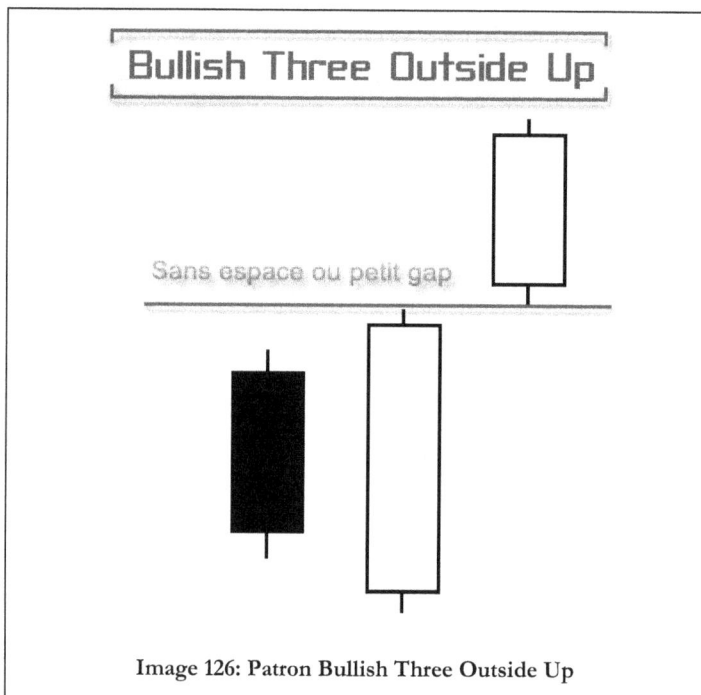

Bullish Three Outside Up

Sans espace ou petit gap

Image 126: Patron Bullish Three Outside Up

Ce patron est fort et indique clairement la nouvelle tendance, car les acheteurs prennent le contrôle avec vigueur et sans hésitation (baisse) entre le revirement. Aucune confirmation n'est nécessaire, car ce patron est en lui-même la confirmation du patron de l'avalement. Cependant, si le dernier chandelier n'a pas présenté d'écart et ne possède pas un grand corps ou encore de grand ombrage supérieur, il est mieux d'attendre l'arrivée d'un autre chandelier blanc.

Récapitulatif

<table>
<tr><td colspan="2" align="center">Récapitulatif du Three Outside Up</td></tr>
<tr><td colspan="2">

Formation :

- Un chandelier noir et un chandelier blanc formant le patron de l'avalement (Engulfing), le tout suivit d'un petit gap et d'un chandelier blanc.

Notes :

- Patron clair dans son intention d'augmenter.

- Le patron doit être situé dans une tendance baissière car c'est un patron de revirement.

- L'observation des corps permet de déterminer la force du patron.

</td></tr>
</table>

Patron « Bullish Three Outside Down »

Ce patron doit être situé dans une tendance haussière et se trouve être l'inverse du patron Three Outside Up vu précédemment, qui devait être situé dans une tendance baissière. Il est constitué d'un autre patron nommé l'avalement (Engulfing), avec le premier et deuxième chandelier. Le troisième chandelier est un chandelier noir qui peut ou non avoir de l'espacement ou un gap. Avec un gap, le patron est confirmé; s'il n'y a pas de gap, alors le patron devra être suivi d'un chandelier noir pour se faire confirmer. L'important est que le troisième chandelier termine sa séance sous les deux chandeliers précédents.

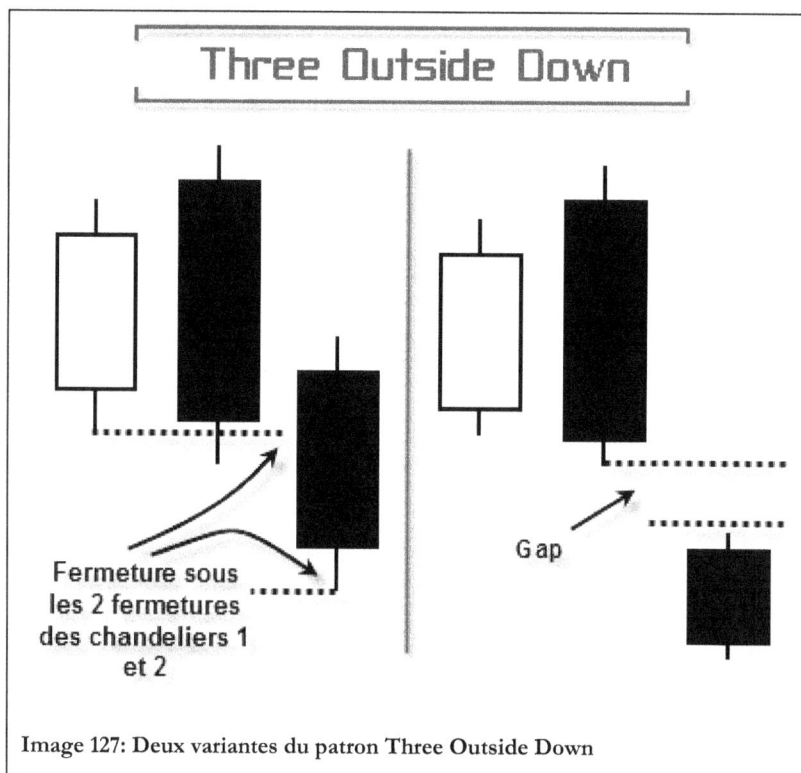

Image 127: Deux variantes du patron Three Outside Down

L'image ci-dessus démontre le patron sous deux variantes. Malgré la différence d'un gap entre le deuxième et troisième chandelier, l'essentiel est conservé avec le deuxième chandelier en forme d'avalement (engulfing) et avec le fait que le dernier chandelier est situé sous le deuxième.

Le patron risque d'être plus puissant si la tendance haussière précédant le patron fut longue. Ensuite, plus les deux chandeliers terminent bas, plus le patron est fort.

Récapitulatif

Récapitulatif du Three Outside Down
Formation : • Un chandelier blanc et un chandelier noir formant le patron de l'avalement (Engulfing), suivit d'un petit gap et d'un chandelier noir. Notes : • Patron clair dans son intention de descendre. • Le patron doit être situé dans une tendance haussière car c'est un patron de revirement. • L'observation des corps permet de déterminer la force du patron.

Patron « Three White Soldiers »

Ce patron est un des plus forts pour une confirmation d'une nouvelle tendance à la hausse. Il est davantage puissant lorsqu'il survient suivant une tendance baissière (phase 4), et est moins puissant s'il est suivi d'une tendance neutre (phase 1).

Un point important pour le patron est que l'ouverture de la journée suivante doit être en haut de la moitié du corps du chandelier précédent. Par contre, il faut que la journée débute à l'intérieur du chandelier précédent. Par exemple, la première journée débute à 10$ et se termine à 11$. Le deuxième chandelier doit ouvrir avec un prix plus élevé que 10.50$. Ceci est aussi valide entre le deuxième et troisième chandelier.

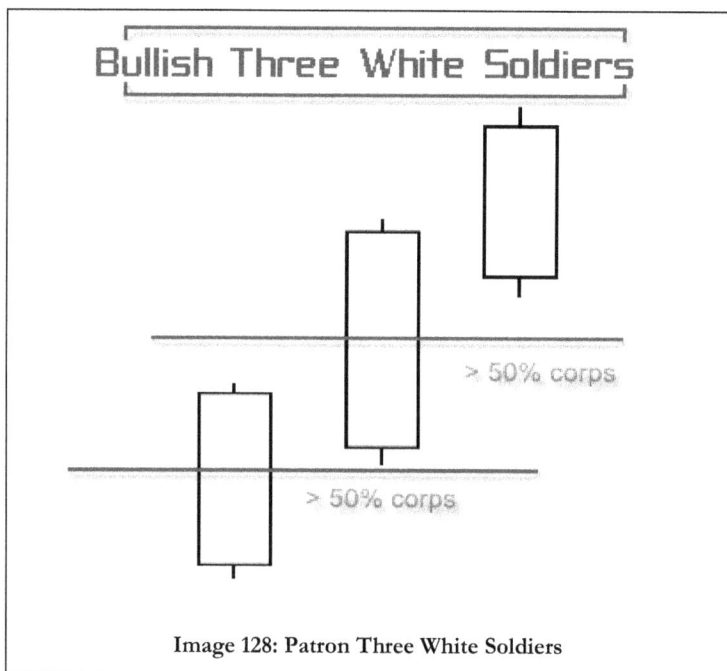

Image 128: Patron Three White Soldiers

Le patron est plus fort lorsqu'une tendance baissière a précédé ou suit une perte de correction. Un contre-exemple pourrait être que le prix augmente depuis plusieurs périodes, donc le patron ne signifiera pas que la tendance va continuer à augmenter. Dans de telles circonstances, le patron n'a aucun effet.

Le cas de Telus Corporation (T.TO) est un exemple du patron après une phase 4 et donc de signification moins forte.

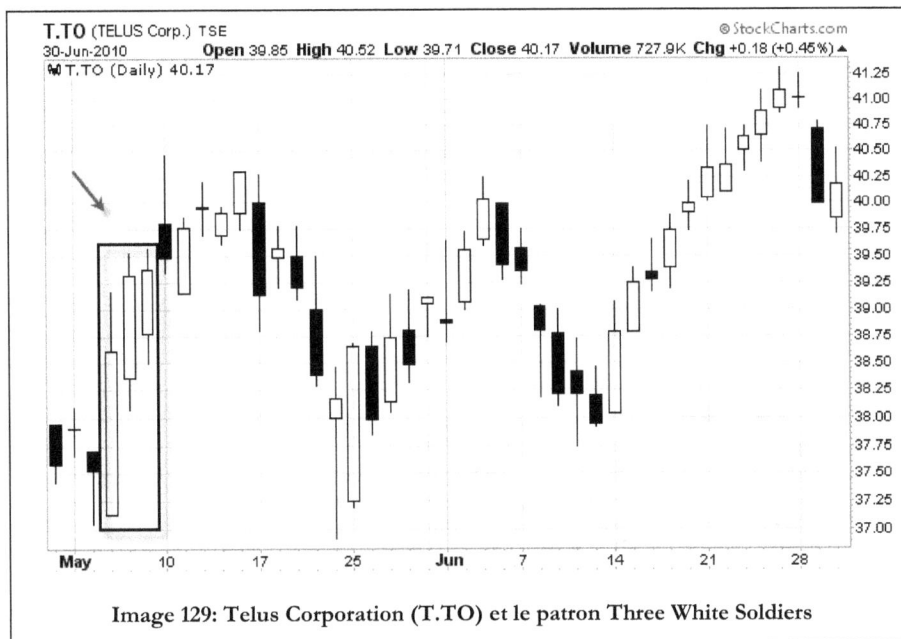

Image 129: Telus Corporation (T.TO) et le patron Three White Soldiers

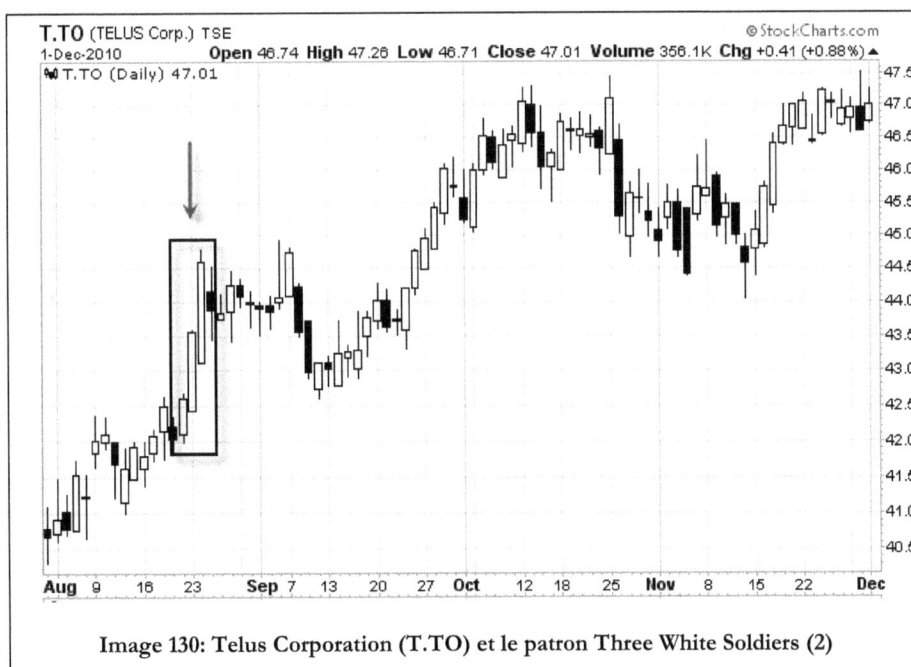

Image 130: Telus Corporation (T.TO) et le patron Three White Soldiers (2)

Voici un faux exemple du patron avec Potash Corporation (POT). On remarque deux situations où trois chandeliers blancs sont consécutifs. Malheureusement, ceci ne peut être considéré comme le patron Three White Soldiers parce que dans les deux cas, le départ des chandeliers n'est pas situé dans le corps du chandelier précédent.

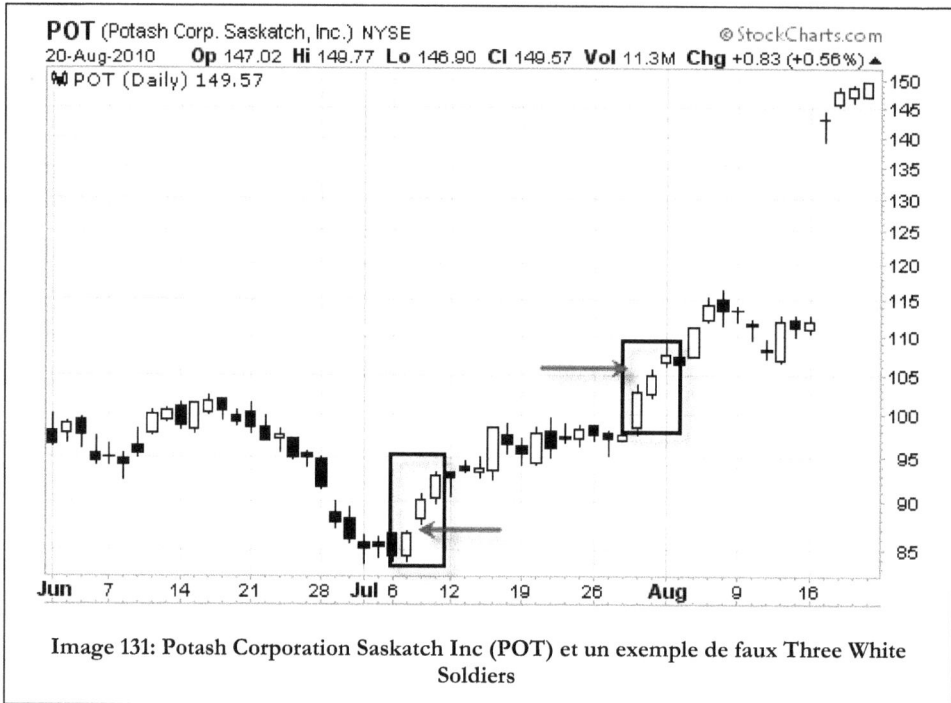

Image 131: Potash Corporation Saskatch Inc (POT) et un exemple de faux Three White Soldiers

Récapitulatif

Récapitulatif du Three White Soldier

Formation :

- Trois chandeliers blancs qui débutent leur journée à plus de 50% du corps du chandelier précédent. Il faut que chacun des chandeliers débutent à l'intérieur du chandelier haussier précédent.

Notes :

- Il est préférable d'avoir ce patron après une baisse ou une correction.

- N'est pas intéressant s'il est trouvé à la fin d'une longue hausse.

Patron « Three Black Crows »

Voici un patron très fiable, constitué de trois chandeliers noirs. Chacun des chandeliers noirs amorce sa séance avec un prix situé dans le corps du chandelier précédent (sauf le premier chandelier qui fait exception). De plus, le deuxième et troisième chandelier ferment toujours sous le prix de l'ombrage inférieur du chandelier précédent.

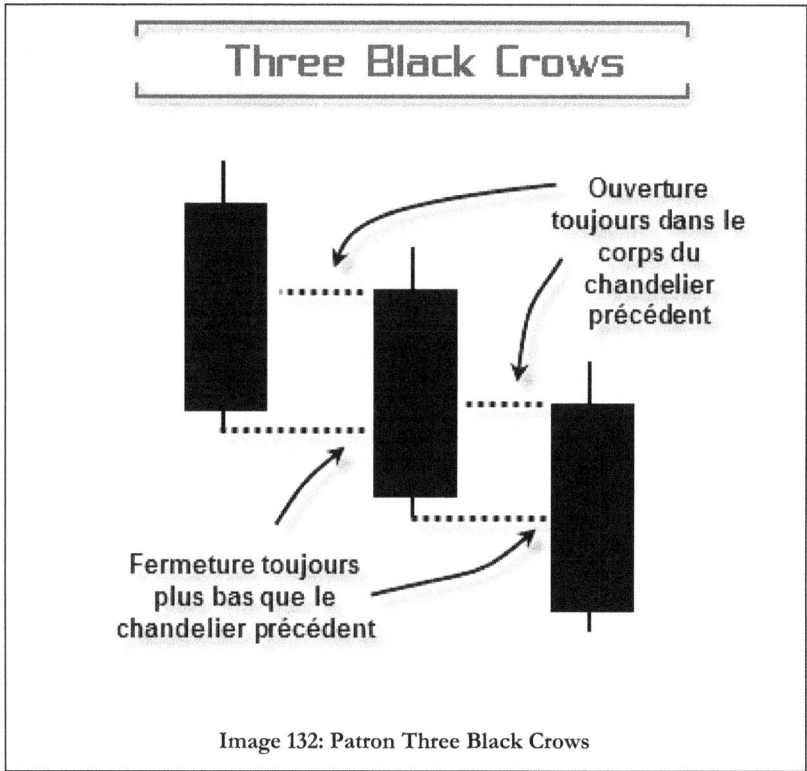

Image 132: Patron Three Black Crows

Il est important d'avoir des chandeliers noirs avec une bonne forme. Si ceux-ci sont trop longs, il se pourrait que le marché descende très rapidement et que l'effet de revirement de tendance vers une tendance baissière soit interrompu par une légère correction, car l'action aurait été vendue trop rapidement.

Malgré que MaxLinear (MXL) ne soit pas parfait avec ses deux patrons Three Black Crows, le patron peut être utilisé avec précaution. Le premier cas, en mai 2010, n'est pas parfait car le deuxième chandelier possède un corps beaucoup plus long que les deux autres, ainsi que le troisième chandelier qui a terminé sa période au même prix que le deuxième chandelier : il aurait dû terminer plus bas.

Image 133: MaxLinear (MXL) et le patron Three Black Crows à deux occasions

Le deuxième cas de juin est plus équilibré en ce qui concerne la grandeur des chandeliers. Le deuxième chandelier a ouvert avec un gap et situé dans le chandelier précédent. Par contre, le troisième chandelier n'a pas de gap d'ouverture. Néanmoins, les patrons n'ont pas besoin d'être exactement comme décrit dans les notions théoriques afin de fonctionner. Par contre, dans ces cas-là, il y a moins de chances que ceux-ci soient fiables.

Récapitulatif

Récapitulatif du patron Three Black Crows
Formation : • Trois chandeliers noirs. • Chandelier 2 et 3 doivent ouvrir dans le corps du chandelier précédent et posséder un point plus bas de séance qui est encore plus bas que la séance précédente. Notes : • Tendance haussière nécessaire. • Patron très fiable. • Attention, si le prix descend trop durant les trois chandeliers, il y a risque d'une augmentation avant de poursuivre la descente.

Patron « Bullish Dragonfly Doji »

Le patron Dragonfly Doji est un patron de revirement d'une tendance baissière vers une tendance haussière. Le point important du patron est que celui-ci doit être situé dans une tendance baissière et avoir un Doji sans ombrage supérieur.

Ce patron de chandelier est considéré fiable. D'un point de vue expérimental, ce patron de chandeliers est excellent pour commencer à suivre un titre sans pour autant acheter immédiatement.

Il est important, pour que ce patron de chandelier soit efficace, que le chandelier Doji ne possède pas de corps. Si le chandelier possède un corps, nous avons un autre patron qui se forme, tel que le Hammer. L'absence de corps rend le Dragonfly plus puissant que le Hammer. Un autre signe auquel qu'il faut porter attention est que le Doji doit avoir un ombrage inférieur assez long pour être considéré de type Dragonfly.

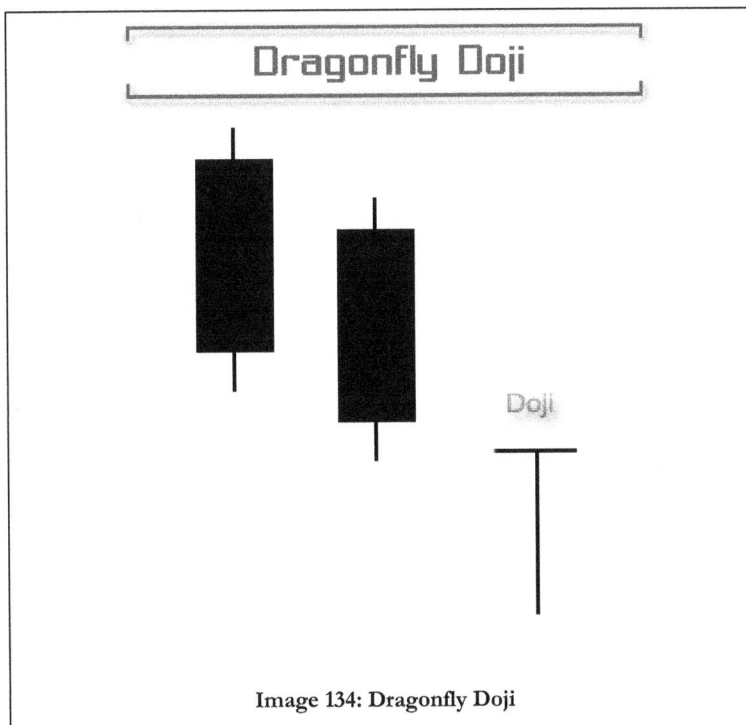

Image 134: Dragonfly Doji

La signification du patron est que les vendeurs ont dominé la séance en descendant le prix, mais que les acheteurs ont repris le contrôle par la suite.

Pour être sûr que la tendance est changée, il est préférable d'attendre l'arrivée d'un chandelier blanc suivant le Doji.

Shaw Communications, sur la Bourse de Toronto, a effectué le patron Dragon Fly dans sa tendance baissière du mois de mai 2010.

Image 135: Dragon Fly avec Shaw Communications

WSF (Well Fargo Capital IV) NYSE   © StockCharts.com
7-May-2010   Open 24.94 High 24.94 Low 23.92 Close 24.94 Volume 151.5K Chg -0.14 (-0.56%) ▼

Récapitulatif

Récapitulatif du patron Dragon Fly

Formation :

- Le chandelier est dans une tendance baissière.

- Avant celui-ci, on remarque souvent un chandelier noir.

- L'ombrage inférieur du chandelier est très grand et aucune ombrage supérieur.

Notes :

- Ce patron arrive à la fin d'un rallye (baisse qui perdure depuis quelques temps).

- Plus il y a d'ombrage, plus la hausse sera prononcée.

- Il est plus prudent d'attendre une confirmation avec un chandelier haussier suivant le Dragon Fly avant d'agir.

Patron de la pierre tombale « Gravestone Doji »

Ce patron de chandelier est très similaire au Bullish Dragonfly Doji. La seule et unique différence est que le patron possède un Doji avec un ombrage supérieur au lieu d'un ombrage inférieur. Entre le dernier chandelier descendant (chandelier noir) et le Doji de type Gravestone, il n'est pas nécessaire d'avoir de gap. Cependant, si un gap est présent et qu'il est grand, la confirmation d'un changement est plus sûre. Une confirmation d'un chandelier blanc suivant le Doji est conseillée avant d'interpréter le patron comme étant un achat.

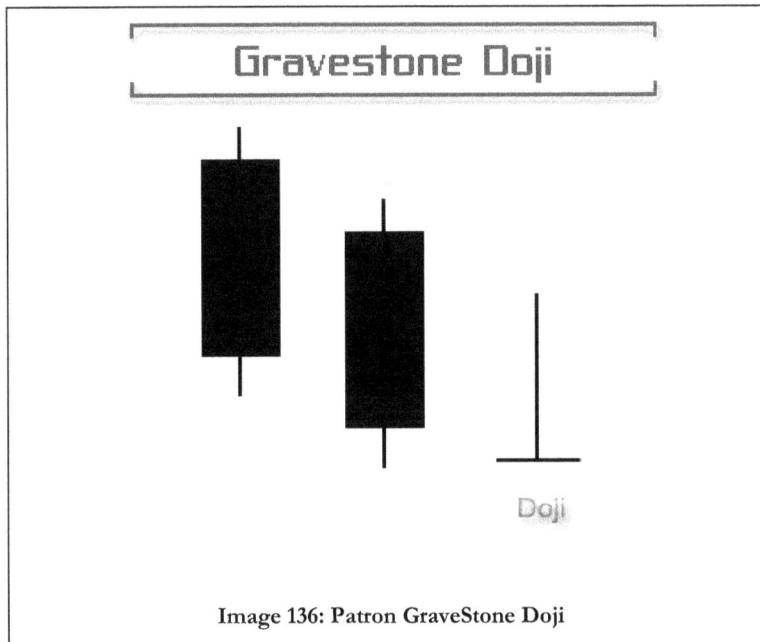

Image 136: Patron GraveStone Doji

Ce patron est moins fort que le Dragon Fly Doji parce que les acheteurs ont perdu les gains de la journée en fin de séance. Par contre, la fermeture sans corps montre une force d'arrêt de la chute amorcée par les chandeliers noirs précédents. Dans une autre configuration, lorsque le GraveStone Doji est cité après une séquence de chandeliers blancs (haussiers), le patron annonce une baisse. On peut remarquer ce scénario dans l'image suivante.

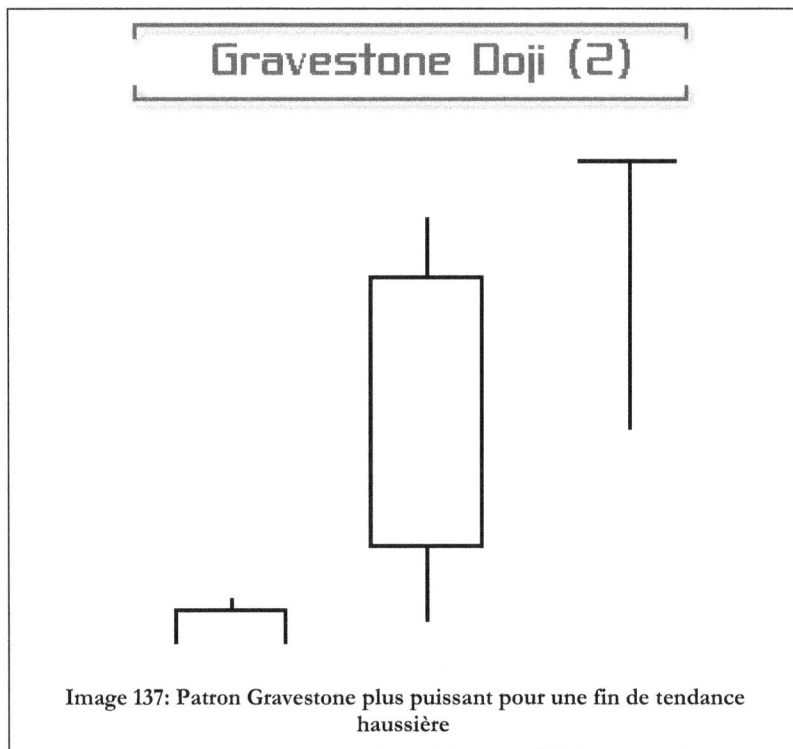

Image 137: Patron Gravestone plus puissant pour une fin de tendance haussière

Plus l'ombre est grande, plus le mouvement baissier sera significatif.

Récapitulatif

Récapitulatif du patron GraveStone Bearish

Formation:

- Le chandelier est situé dans une tendance haussière.

- Avant celui-ci, on observe souvent un chandelier blanc.

- L'ombrage supérieur du chandelier est très grand et aucun ombrage inférieur.

Notes:

- Ce patron arrive à la fin d'un rallye (hausse qui perdure depuis quelques temps).

- Plus il y a d'ombrage, plus la chute sera prononcée.

- Il est plus prudent d'attendre une confirmation avec un chandelier baissier suivant le GraveStone.

Récapitulatif du patron GraveStone Bullish

Formation:

- Le chandelier est situé dans une tendance baissière.

- Avant celui-ci, on observe souvent un chandelier noir.

- L'ombrage inférieur du chandelier est très grand et aucune ombrage supérieur.

Notes:

- Ce patron arrive à la fin d'un rallye (baisse qui perdure depuis quelques temps).

- Plus il y a d'ombrage, plus la hausse sera prononcée.

- Il est plus prudent d'attendre une confirmation avec un chandelier haussier suivant le Dragon Fly.

Patron « Piercing Line »

Le patron Piercing Line, ou en français le patron « pénétrant », est un patron indiquant un revirement de tendance baissière vers une tendance haussière. Ce patron est le contraire du patron « Dark Cloud »

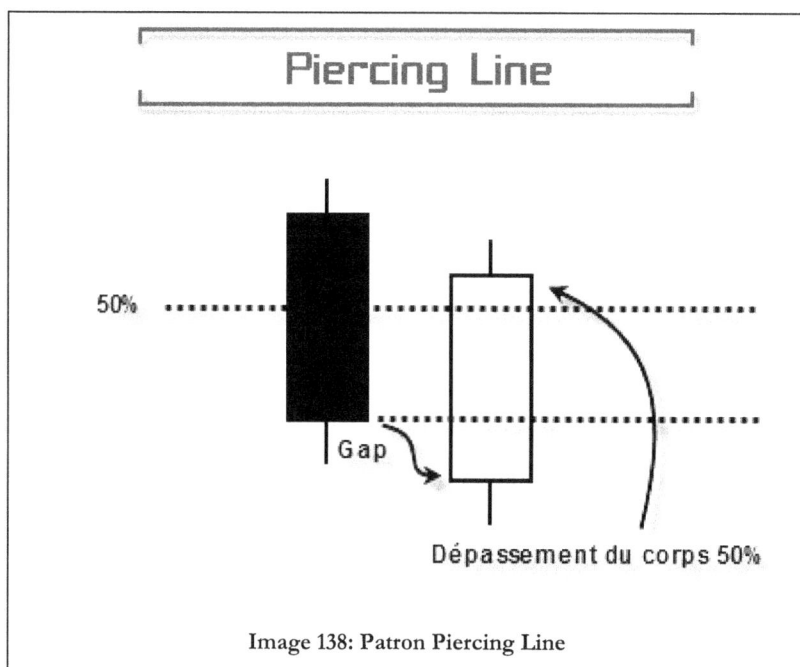

Image 138: Patron Piercing Line

Pour que ce patron soit effectué correctement, il faut avoir un chandelier noir suivi d'un chandelier blanc. Un élément important est qu'il faut un gap entre le prix de fermeture du chandelier noir et l'ouverture du chandelier blanc. Pour compléter le patron, le prix d'ouverture du chandelier blanc doit être dans les 50% du haut du chandelier noir.

Ce patron se confirme lorsque, dans la journée suivant le chandelier blanc, une hausse se poursuit.

Récapitulatif

Récapitulatif du patron Couverture en nuage noir

Formation :

- Un chandelier noir.

- Un chandelier blanc avec un gap d'ouverture vers le bas se terminant dans le haut du corps du chandelier noir (>50% du corps)

Notes :

- Doit être situé dans une tendance baissière

- Il se retrouve souvent après une longue chute abrupte.

Patron Tri Star

Ce patron provient de Steve Nison et est formé de trois chandeliers Doji. Ce patron est plutôt rare, mais lorsqu'il se produit, il est très significatif. Le patron peut être utilisé autant pour un revirement de tendance baissière en haussière, ou l'inverse.

Steve Nison est connue mondialement pour ses techniques modernes et théories sur les chandeliers japonais. Il est un des pionniers qui a amené l'analyse avec chandeliers en Amérique.

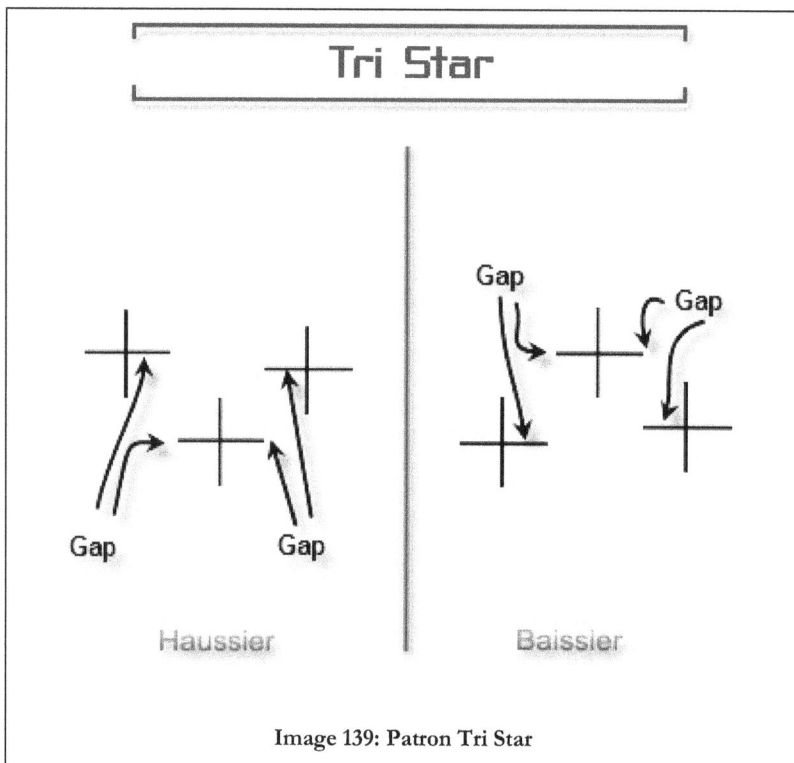

Ce qui est important dans ce patron est le nombre et l'emplacement des chandeliers Doji ainsi que les gaps entre eux.

De plus, le premier et le deuxième chandelier doivent être dans la même direction, tandis que le dernier chandelier doit être situé dans la tendance contraire.

Image 139: Patron Tri Star

Dès l'apparition du premier chandelier Doji, il y a un bon signe que la tendance semble se calmer car il y a indécision au niveau de la direction. Le second Doji confirme l'incertitude de la baisse. Le troisième chandelier confirme le patron.

Les Dojis, idéalement, sont présentés comme dans l'image ci-dessus et doivent être des symétriques. Par contre, il est tout à fait acceptable d'avoir des Dojis en forme de GraveStone ou DragonFly parmi les trois chandeliers Dojis.

Récapitulatif

Récapitulatif du patron Tri Star
Formation :   • Trois chandeliers Doji formant un V ou ^.   Notes :   • Les Dojis peuvent ne pas être considérés des Dojis parfaits.

Patrons de continuation

Les patrons de continuations sont des patrons qui indiquent que la tendance actuelle va continuer malgré des signes de faiblesse. Lorsqu'un titre forme un patron de continuation dans une hausse, ceci veut simplement dire que la hausse va continuer. Dans le cas contraire d'une tendance baissière, un patron de continuation va signaler la suite de cette tendance. Les patrons de continuation n'ont pas le rôle d'indiquer le temps d'achat ou de vente, mais bien de confirmer une tendance. Bref, les patrons de continuation permettent de confirmer un achat (ou un achat à découvert) et non pas de signaler l'achat ou la vente.

Patron « Upside Tasuki Gap » et « Downside Tasuki Gap»

Ce patron de continuation est formé de trois chandeliers. Il peut être utilisé autant pour une continuation de tendance haussière ou baissière.

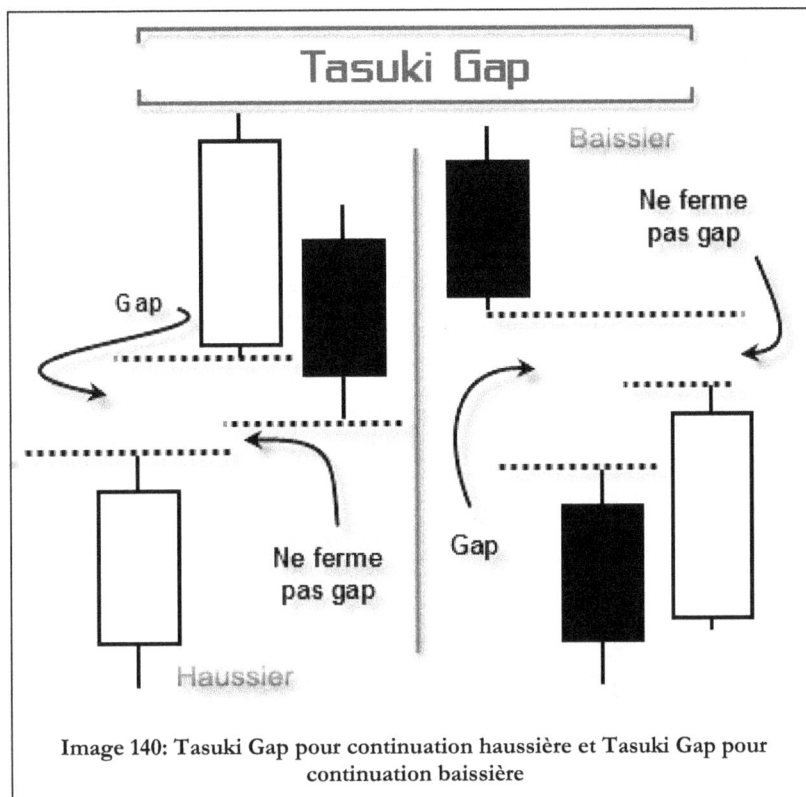

Image 140: Tasuki Gap pour continuation haussière et Tasuki Gap pour continuation baissière

Un élément important à noter est que le premier et deuxième chandelier doivent être de la même couleur et présenter un gap entre les deux. Le troisième chandelier doit être de couleur inverse, débuter à l'intérieur du corps du deuxième chandelier et terminer sans fermer le gap situé entre le premier et deuxième chandelier.

Récapitulation

<table>
<tr><td colspan="2" align="center">Récapitulatif du patron Tasuki</td></tr>
<tr><td>

Formation :

- Un chandelier blanc avec un gap entre les deux.

- Un chandelier noir qui débute dans le corps du dernier chandelier blanc et termine sans fermer le gap.

Notes :

- La couleur du premier chandelier n'est pas primordiale comparativement à celle du deuxième et troisième chandelier.

- Ce patron est semblable au Upside/Downside Gap Three Method.

</td></tr>
</table>

Patron « Falling Three Methods »

Ce patron de continuation de tendance baissière est formé de cinq chandeliers. Le premier et dernier chandelier sont des chandeliers noirs. Le deuxième et quatrième sont des chandeliers blancs et le chandelier du milieu, le troisième, peut-être autant blanc que noir.

Ce patron doit apparaitre dans une tendance baissière et non pas dans un environnement neutre ou haussier. Le premier chandelier noir devrait être le chandelier le plus long sur l'ensemble des cinq chandeliers. Ce patron ne nécessite pas de confirmation, car le dernier chandelier confirme que la hausse des trois dernières périodes était non significative. En fait, les trois chandeliers centraux démontrent une incertitude du marché et le dernier chandelier démontre que cette incertitude n'était pas fondée.

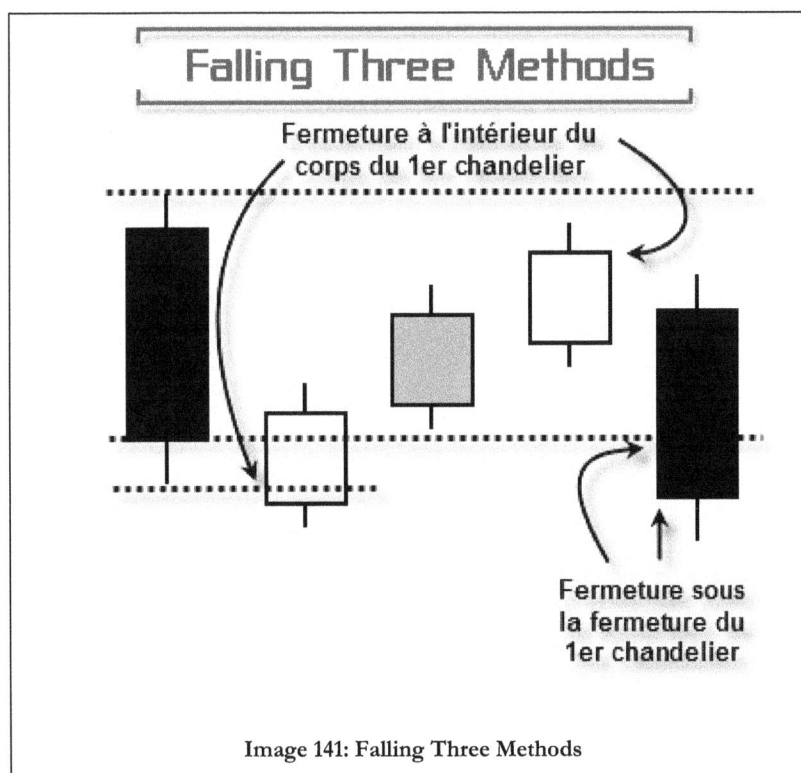

Image 141: Falling Three Methods

Les trois chandeliers, entre les premiers et le derniers (chandelier 2, 3, 4), doivent rester dans les prix à l'intérieur du premier chandelier, y compris l'ombrage. Le dernier chandelier doit ensuite descendre sous la fermeture du premier chandelier.

Récapitulatif

<table>
<tr><td colspan="2">Récapitulatif du patron Falling Three Methods</td></tr>
<tr><td colspan="2">

Formation :

- Cinq chandeliers donc trois qui sont situés entre deux longs chandeliers noirs.

Notes :

- Patron fort pour une continuation baissière.

- Doit être situé dans une tendance baissière.

- La confirmation elle-même peut être le dernier chandelier, une confirmation plus forte est observée lorsque le dernier chandelier est suivi d'un chandelier noir.

</td></tr>
</table>

Patron « Rising Three Methods »

Ce patron de continuation de tendance haussière est formé de cinq chandeliers et est considéré comme étant le contraire du patron Falling Three Methods. Le premier et dernier chandeliers sont des chandeliers blancs suivant le même sens que la tendance : en hausse. Le deuxième et quatrième sont des chandeliers noirs qui viennent neutraliser la hausse. Le chandelier du milieu, le troisième, peut être autant blanc que noir. La formation du patron peut faire croire que la tendance haussière se calme pour devenir neutre, par contre le patron indique une continuation de la tendance haussière. Ce patron peut survenir après une période de correction d'un titre (après avoir beaucoup augmenté et subit un léger ralentissement avant de reprendre la hausse).

Ce patron doit apparaitre dans une tendance haussière et non pas dans un environnement neutre ou baissier. Le premier chandelier blanc devrait être le chandelier le plus long sur l'ensemble des cinq chandeliers. Ce patron ne nécessite pas de confirmation, car le dernier chandelier confirme que la baisse des 3 dernières périodes n'était pas significative. En fait, les trois chandeliers centraux montrent une incertitude du marché et le dernier chandelier montre que cette incertitude n'était pas fondée.

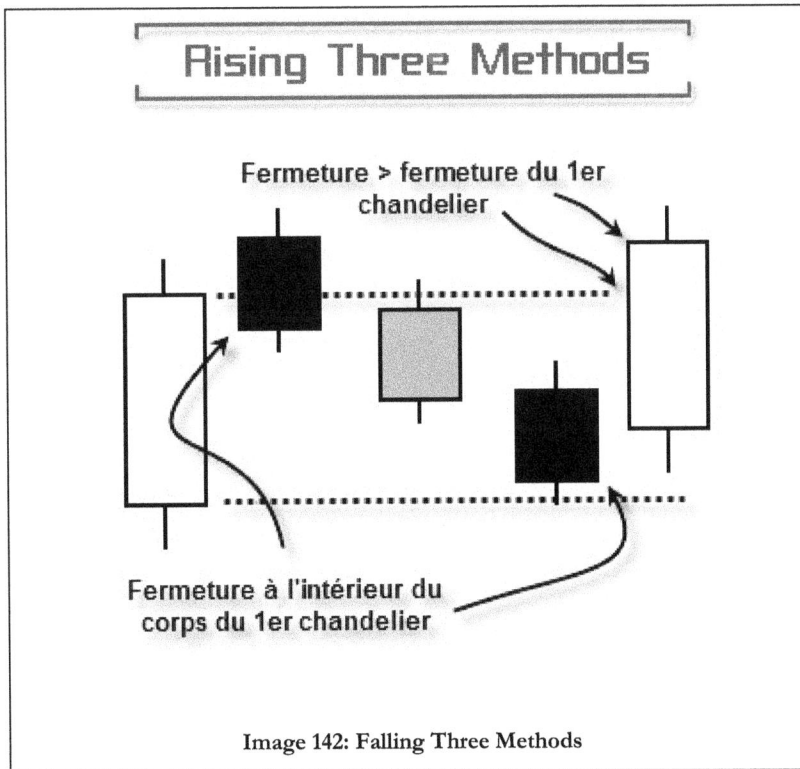

Image 142: Falling Three Methods

Il est préférable que les chandeliers situés entre les chandeliers blancs restent entre la délimitation des chandeliers blancs. C'est-à-dire que les chandeliers doivent rester le plus possible entre les chandeliers blancs, y compris les ombrages. Dans l'image ci-dessus, la situation n'est pas parfaite car le deuxième chandelier dépasse l'ombrage supérieur du premier chandelier, mais ceci est acceptable car il demeure dans les limites en ne dépassant pas trop l'ombrage du dernier chandelier blanc.

Récapitulatif

Récapitulatif du patron Rising Three Methods
Formation :   • Cinq chandeliers donc trois qui sont entre deux longs chandeliers blancs.   Notes :   • Patron fort pour confirmer une tendance.   • Doit être situé dans une tendance haussière.   • La confirmation peut être le dernier chandelier, une confirmation plus forte survient lorsqu'il est suivi d'un chandelier blanc.

Patron « Three Line Strike Bullish/Bearish »

Le patron « Three Line Strike » est un patron qui peut être haussier ou baissier, selon la direction des trois chandeliers qui forment le début de celui-ci.

Ce patron est un patron de continuation et lorsque situé dans une tendance haussière, il doit débuter avec trois chandeliers blancs. Ces chandeliers blancs doivent débuter leur journée à l'intérieur du dernier chandelier blanc ou au prix de fermeture. L'important est que les chandeliers soient de grandeur relativement similaire. Afin de compléter le patron, un dernier chandelier noir doit revenir au prix de départ du premier chandelier blanc. Il se peut aussi que ce dernier chandelier traverse légèrement le prix du premier chandelier et être tout aussi significatif.

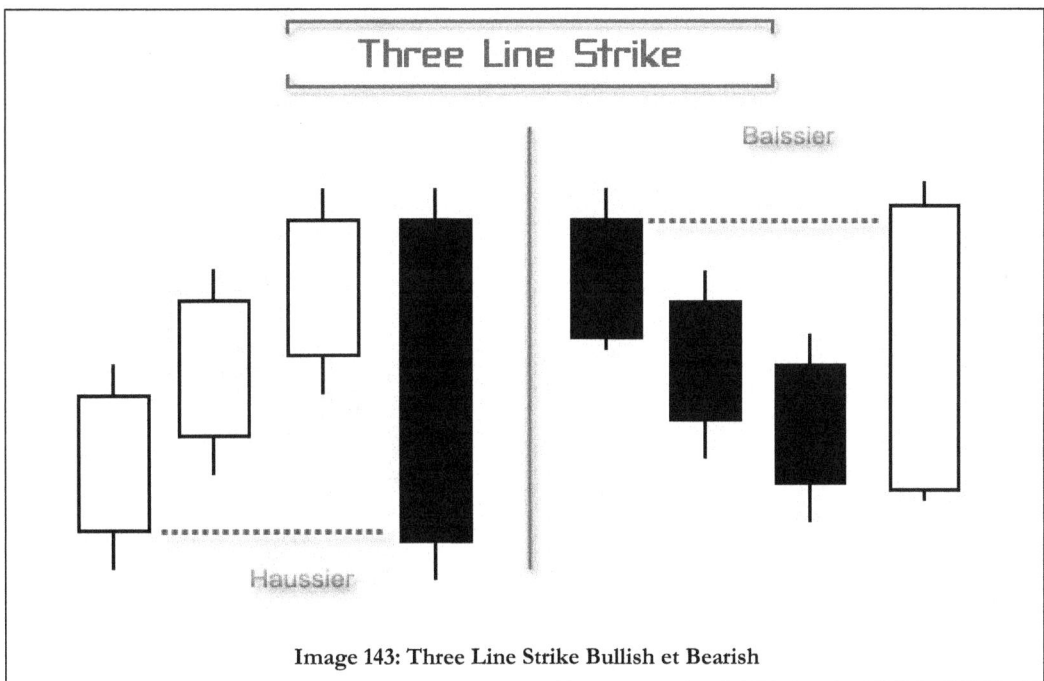

Image 143: Three Line Strike Bullish et Bearish

Dans le cas d'une tendance baissière, le patron doit débuter avec trois chandeliers noirs. Les trois chandeliers doivent débuter dans le corps du chandelier précédent ou au même prix. Le dernier chandelier est blanc et doit revenir au prix de départ de la baisse.

<u>**Récapitulatif**</u>

Récapitulatif du patron « Three line strike bullish »

Formation :

- Trois chandeliers blancs suivi d'un chandelier noir qui descend à la hauteur de l'ouverture du premier chandelier blanc.

Notes :

- Le chandelier noir peut dépasser le premier chandelier.

- Les chandeliers blancs peuvent ne pas être identiques et parfaitement débuter à l'intérieur du chandelier précédent.

Récapitulatif du patron « Three line strike bearish »

Formation :

- Trois chandeliers noirs suivi d'un chandelier blanc qui augmente à la hauteur de la fermeture du premier chandelier noir.

Notes :

- Le chandelier blanc peut dépasser le premier chandelier.

- Les chandeliers noirs peuvent ne pas être identique et parfaitement débuter à l'intérieur du chandelier précédent.

Patron « Side by Side white lines » Bullish/Bearish »

Le patron « side by side white lines » est un patron qui peut être autant « bullish » et « bearish » selon sa formation.

Le patron « side by side white lines » est constitué d'un chandelier blanc suivi de deux chandeliers blancs parallèles, pour un mouvement de continuité haussier. Pour un mouvement baissier, le premier chandelier doit être noir et les deux prochains doivent être blancs et parallèles.

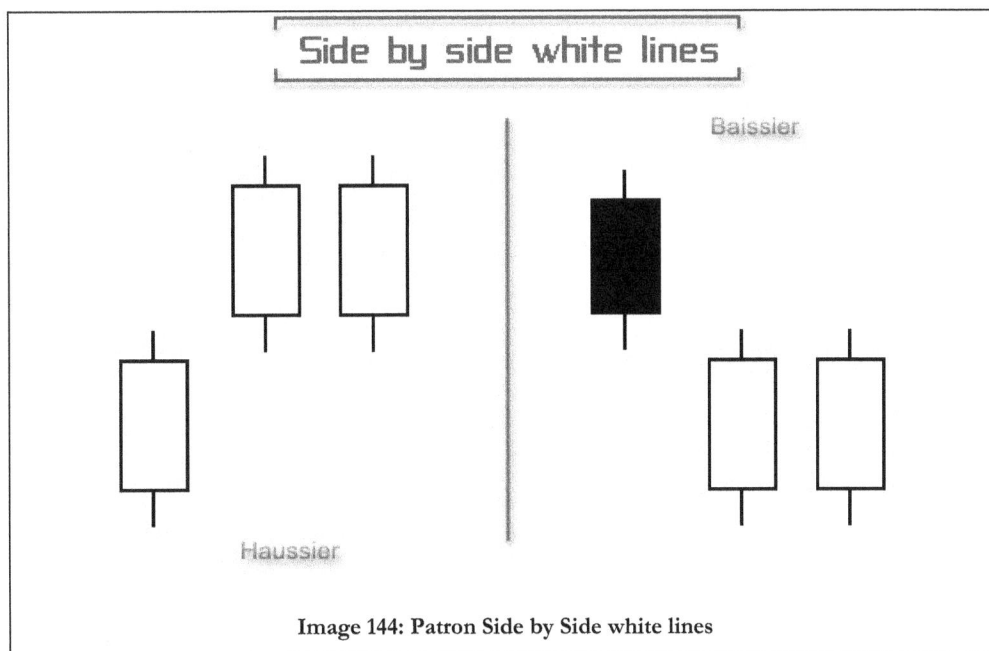

Image 144: Patron Side by Side white lines

Ce patron ne nécessite pas de confirmation. Dès que la troisième journée est terminée, la tendance va continuer. Ceci est aussi vrai pour le patron « bearish ». Il doit y avoir deux chandeliers blancs (haussier) : aucun chandelier baissier n'est nécessaire pour annoncer la continuité de la baisse. Il est important pour les deux cas (« bullish » et « bearish ») que les deux derniers chandeliers débutent avec le même prix. De plus, ces deux chandeliers doivent avoir un gap entre le prix de l'ouverture du premier chandelier et leur prix de fermeture.

Les deux derniers chandeliers doivent avoir la même grandeur, en théorie. En pratique, une condition comme celle-ci est excessivement rare et donc une légère différence est autorisée. La psychologie derrière ce patron est que, malgré les deux chandeliers blancs dans une tendance baissière dont la tendance n'est pas changée, ils sont seulement arrêtés parce que les vendeurs continuent de garder le pouvoir sur les acheteurs.

D'un autre côté, le patron « side by side white line bearish » est moins puissant que le « bullish ». Il faut que les chandeliers n'aient pas de gros ombrage supérieur afin d'augmenter leur fiabilité. Préférablement, l'ombrage ne doit pas rejoindre le corps du premier chandelier.

Récapitulatif

Récapitulatif du patron « Side by side white lines bullish »
Formation : • Un chandelier blanc suivi de deux chandeliers blancs débutant tous les deux au même prix. Ce prix est plus haut que le corps supérieur du premier chandelier. Notes : • Les deux chandeliers, parallèlement, peuvent ne pas être exactement de même grandeur.

Récapitulatif du patron « Side by side white lines bearish »
Formation : • Un chandelier noir suivi de deux chandeliers blancs débutant tous les deux au même prix. Ce prix est plus bas que le corps inférieur du premier chandelier. Notes : • Les deux chandeliers blancs peuvent être deux chandeliers noirs. • Les deux chandeliers, parallèlement, peuvent ne pas être exactement de même grandeur.

Récapitulatif du chapitre

Voici le récapitulatif du chapitre 11 « Patron des chandeliers japonais »

- ✓ Les patrons se divisent en deux catégories : les patrons de renversement et les patrons de continuation.
- ✓ Les patrons de renversement changent la tendance.
- ✓ Les patrons de continuation indiquent que le prix va continuer sa tendance.
- ✓ Le patron de l'étoile n'a pas besoin d'avoir de gap, ni de suivre la loi du 50%. Par contre, lorsque ceux-ci sont présents, le patron est plus fort.
- ✓ Le patron Harami est construit de deux chandeliers. Les deux chandeliers doivent être de couleurs différentes.
- ✓ Le patron du marteau et communément appelé « hammer » et « hanging man », selon le revirement.
- ✓ Dans le patron de l'avalement (engulfing), le premier chandelier est le plus petit des deux chandeliers. C'est dont le premier chandelier qui se fait avaler par le deuxième.
- ✓ Le patron du bébé abandonné comporte deux gaps.
- ✓ La Bullish piercing line doit avoir un gap avec l'ouverture du dernier chandelier, qui doit être blanc.
- ✓ Le patron Kicking doit avoir deux chandeliers Marubozus.
- ✓ Le patron three black crows est l'inverse du patron des trois soldats.

Questions et réponses

Voici des questions accompagnées de leur réponse. La section présente assure une meilleure compréhension des notions précédemment assimilées.

Questions

1. Qu'est-ce qui rend le patron de l'étoile plus fort ?

2. Qu'est-ce que la loi du 50% ?

3. Est-ce que le deuxième chandelier du patron de l'étoile doit être blanc ou noir lors d'une chute ?

4. Est-ce que le deuxième chandelier dans le patron Harami doit être obligatoirement situé dans le corps du premier chandelier ?

5. Est-ce que l'ombrage du deuxième chandelier dans le patron Harami doit être situé dans le corps du premier chandelier ?

6. Qu'est-ce qui différencie un hammer et un inverted hammer ?

7. Quelle est la différence entre le patron de l'étoile et le patron du bébé abandonné ?

8. Le patron Bullish Piercing Line possède une règle de 50%, comment est-elle appliquée ?

9. Le patron three inside down et le patron three inside up ont quelle caractéristique première ?

10. Le patron des trois soldats « Three white solidiers » possède une règle utilisée à deux reprises. Quelle est cette règle ?

11. Est-ce que le patron Dragonfly possède un ombrage inférieur ou supérieur ? Quelle est la différence entre celui-ci et le patron Gravestone ?

12. Quelle est la caractéristique première du patron Tri Star ?

Réponses

1. Avoir un gap entre le premier et le deuxième chandelier.

2. Le corps du chandelier final du patron doit dépasser le milieu du corps du premier chandelier du patron.

3. Peu importe le sens de la tendance, la couleur du deuxième chandelier n'a pas d'importance.

4. Oui.

5. Non, mais préférable.

6. L'ombrage est inférieur pour le hammer et supérieur pour le inverted hammer.

7. Le patron du bébé abandonné possède un deuxième chandelier en Doji.

8. Le dernier chandelier blanc doit avoir un gap en ouverture et augmenter à plus de 50% du corps du chandelier noir précédent.

9. Le troisième chandelier dépasse le premier chandelier.

10. La règle du 50%. Les chandeliers doivent débuter leur journée à plus de 50% du corps du chandelier précédent.

11. Le patron dragonfly possède un ombrage inférieur tandis que le Gravestone possède un ombrage supérieur.

12. Ce patron contient trois chandeliers Doji.

Analyse technique : la base

Chapitre 12

Tendance

Une tendance est un de plusieurs concepts de base de l'analyse technique. Une tendance est une direction du prix qui est maintenue pendant un certain temps. Ce temps est arbitraire selon si la tendance est courte, moyen ou longue. Il peut y avoir des tendances à court terme de quelques jours, ainsi que des tendances inter-journée ou communément appelées « intra-day » qui sont situées à l'intérieur de la journée. Il peut aussi y avoir des tendances à long terme qui durent des mois et des années.

Une tendance est une ligne droite, sans courbe, qui touche plusieurs points de prix sur une période indéterminée. Le traçage doit se faire avec une échelle logarithmique. Les détails sur les échelles seront discutés dans ce chapitre. Pour l'instant, ce qui est important est de se rappeler qu'une tendance se forme suivant une direction et que lorsque la direction change, la tendance s'arrête. Voici un graphique du Nasdaq Composite pour une période journalière du début 2010. On y voit une fin de tendance baissière qui va se transformer en tendance haussière pour trois mois. Ensuite, une tendance baissière apparait.

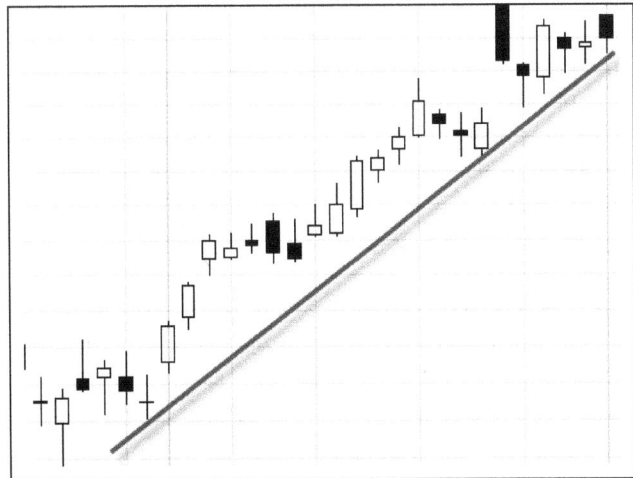

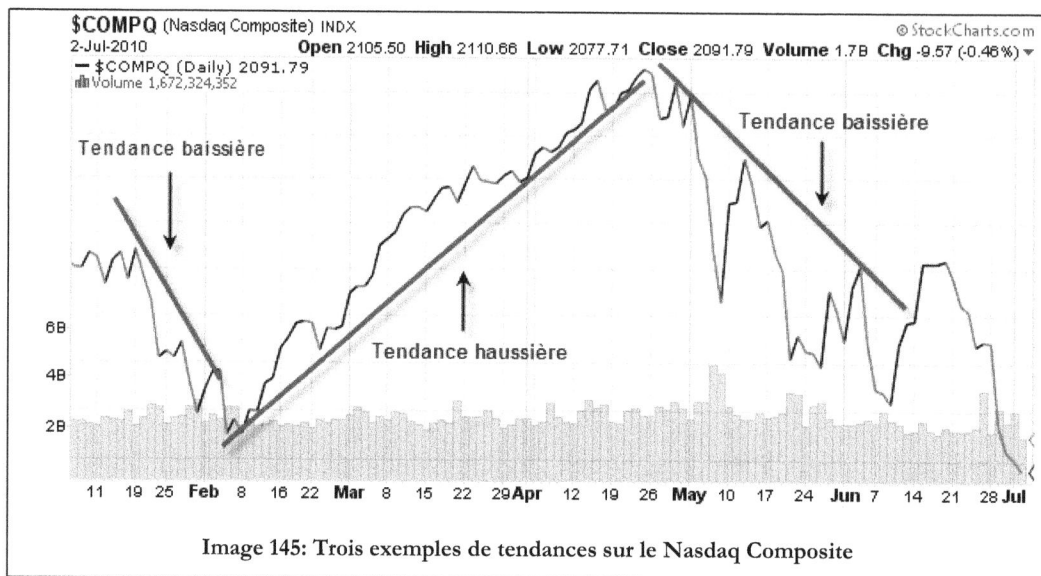

Image 145: Trois exemples de tendances sur le Nasdaq Composite

L'Image 146 est un bon exemple de trois tendances haussières qui se suivent l'une après l'autre. La force des tendances varie, ce qui à son tour fait varier l'angle de la ligne. La deuxième tendance est plus faible, car elle augmente plus lentement (petit angle). Globalement, sur cette fenêtre de temps, la tendance est haussière. Par contre, ce n'est pas simplement une tendance haussière, mais bien trois tendances en tout. Il est important de faire la distinction, car la deuxième tendance donne de l'information distinctive. En fait, elle est intéressante car elle indique que l'action prend un certain temps pour récupérer de la hausse sans véritablement s'épuiser de la précédente montée. En fait, la hausse est soutenue par les acheteurs et les vendeurs, ce qui forme la troisième tendance haussière.

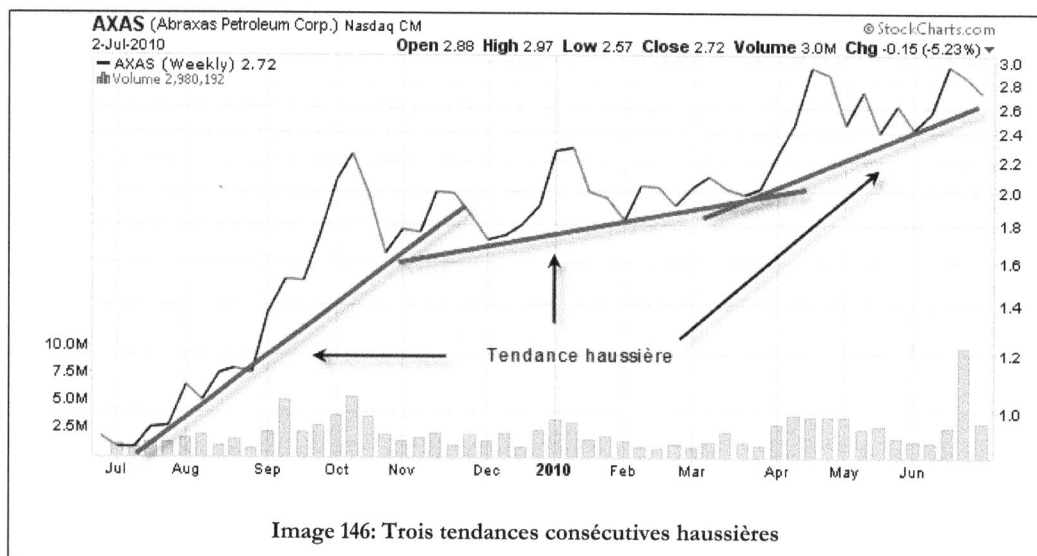

Image 146: Trois tendances consécutives haussières

Une tendance peut être située à l'intérieure d'une autre tendance. L'exemple de SPDR Gold Share (GLD) est un exemple démontrant que la tendance première à être détectée fut celle à moyen terme. Dès que l'année 2010 fut enclenchée, la tendance à moyen terme s'est arrêtée. Il y avait signe de possibilité de baisse, mais le titre a continué d'augmenter pour qu'en février 2010 et mars 2010 se fabrique une nouvelle tendance haussière. Celle-ci est formée de plusieurs mois, ce qui la rend très solide.

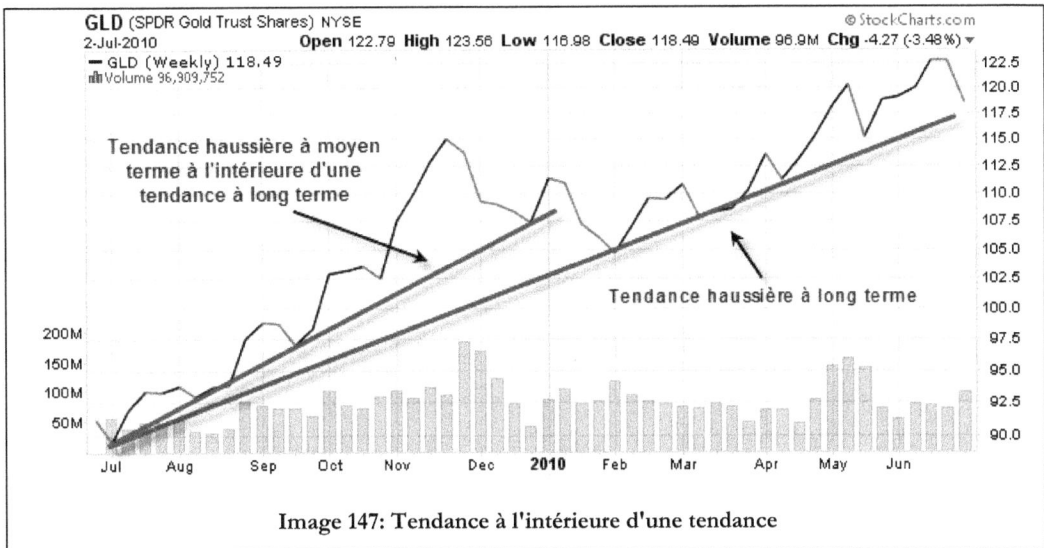

Image 147: Tendance à l'intérieure d'une tendance

Souvent, une tendance sur un graphique long terme, par exemple sur un graphique comportant plusieurs années, possèdera plusieurs tendances à moyen terme et d'autres tendances à court terme. Selon le type d'investissement, l'investisseur va favoriser une tendance plutôt qu'une autre.

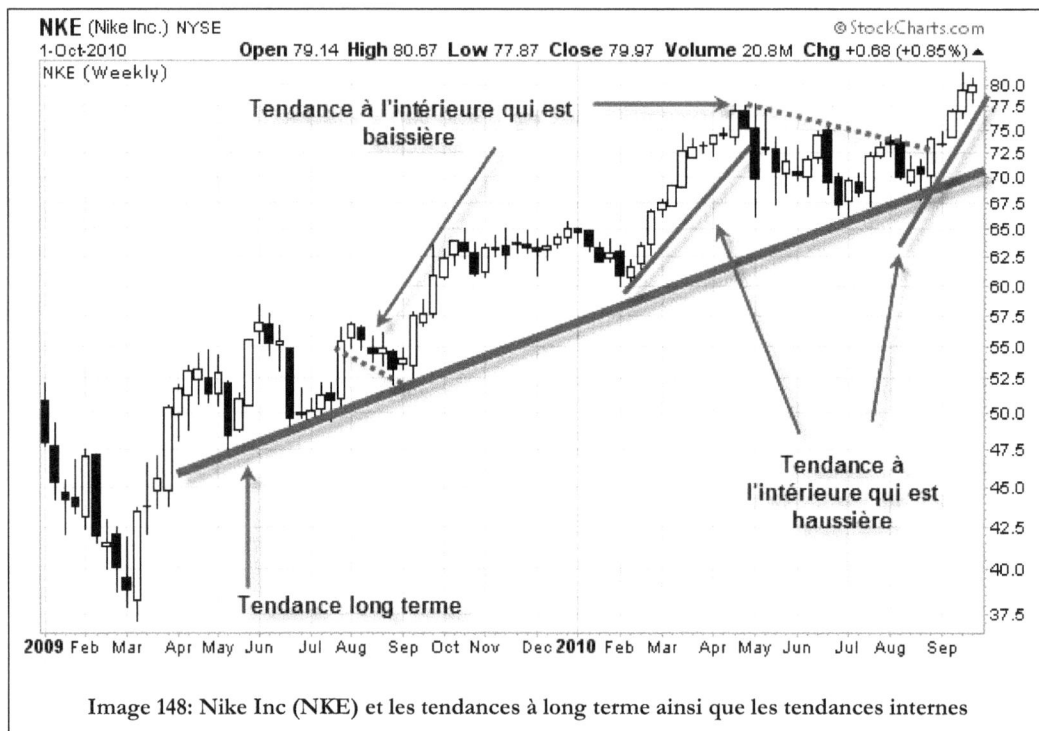

Image 148: Nike Inc (NKE) et les tendances à long terme ainsi que les tendances internes

Par ailleurs, l'analyse des indices et des marchés se fait souvent avec des tendances à long terme. Il arrive que, pendant ces tendances à long terme, il y ait des tendances haussières et baissières. En analysant les tendances à l'intérieur de la tendance principale, ceci permet de faire des transactions optimales. Par exemple, il est préférable d'acheter dans une longue tendance haussière et être en même temps dans une courte tendance haussière au lieu d'être dans une tendance intérieure baissière.

L'exemple de Nike Inc. (NKE) affiche une tendance à long terme par une ligne foncée qui traverse l'année 2009 et 2010. Cette tendance possède deux tendances baissières en pointillé et deux tendances haussières. Un achat est intéressant lorsqu'une tendance interne est haussière. En somme, il est toujours gagnant de déterminer toutes les tendances, quelles soient-elles.

Une tendance peut aussi être à l'intérieure d'une tendance, afin d'indiquer des corrections. L'exemple de DXD démontre une tendance baissière mais, en février, une hausse se produit. Cette hausse n'est pas significative, parce que la tendance baissière est plus forte. Une correction est normale après une période de changement de tendance trop forte ou une tendance longue.

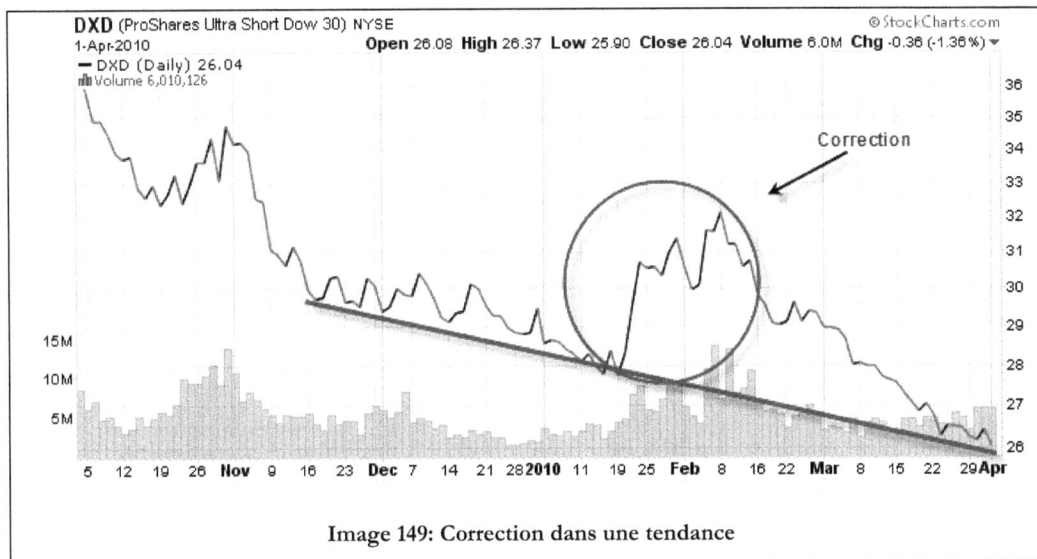

Image 149: Correction dans une tendance

Une tendance peut aussi être horizontale. Ceci arrive lorsque la tendance n'est ni haussière, ni baissière. C'est une période où le prix pourrait autant augmenter que descendre. L'exemple ci-dessous, d'Applied Micro Circuits Corporation (AMCC), affiche une tendance horizontale ainsi qu'une tendance dans un couloir. Un couloir est une tendance qui peut être tracée autant en dessous qu'au-dessus des prix. Un couloir pourrait être présent autant dans une tendance baissière que haussière, ou dans le cas présent, horizontale. Une tendance dans un couloir est encore plus intéressante parce qu'elle permet de faire des transactions d'achat et de vente dans une tendance.

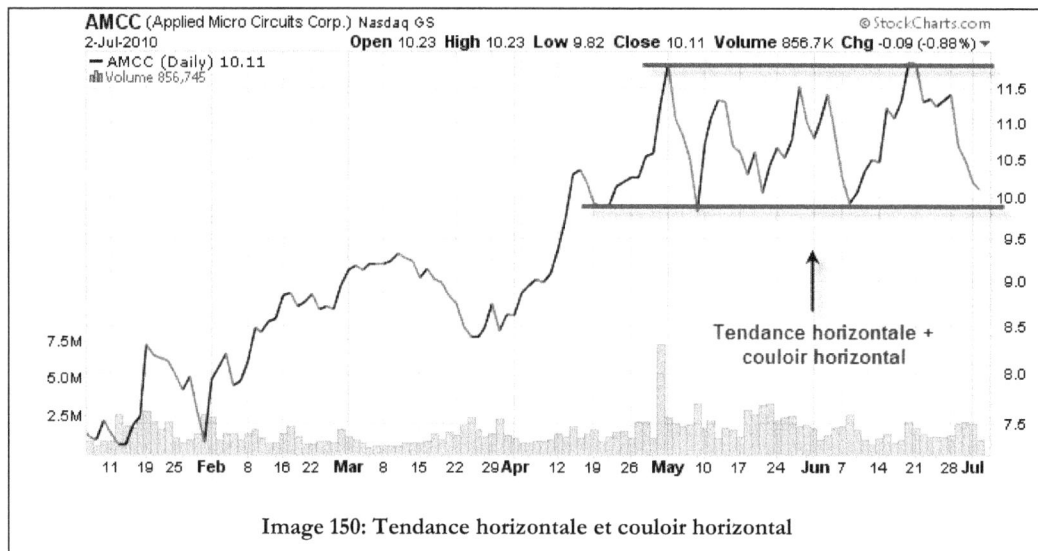

Image 150: Tendance horizontale et couloir horizontal

Un couloir n'as pas besoin nécessairement d'avoir une distance égale, mais cette distance est préférable car le couloir est ainsi plus stable. Plus tard, plusieurs patrons vont être formés avec des couloirs qui convergent ou divergent. Cependant, avec un couloir parallèle à l'axe des X tel que l'Image 150, il est possible de faire des achats lorsque le prix touche la ligne du bas et de vendre lorsque le prix touche la ligne du haut. Il faut cependant faire attention car les couloirs horizontaux sont à risque d'être atteints et de descendre sous la ligne du bas ou encore de monter en haut de la ligne supérieure. C'est pourquoi, lors de ce type d'investissement, il est préférable d'utiliser des protections qui seront discutées plus loin dans ce livre.

L'exemple suivant, de Cerner Corporation (CERN), présente un couloir baissier. On peut remarquer que le couloir est formé d'une tendance baissière supérieure (ligne du dessus) et d'une ligne de tendance baissière inférieure (ligne du bas).

Un couloir est formé de la ligne du haut, qui est une résistance, ainsi que de la ligne du bas, qui est le support. Ces deux termes seront expliqués dans quelques instants.

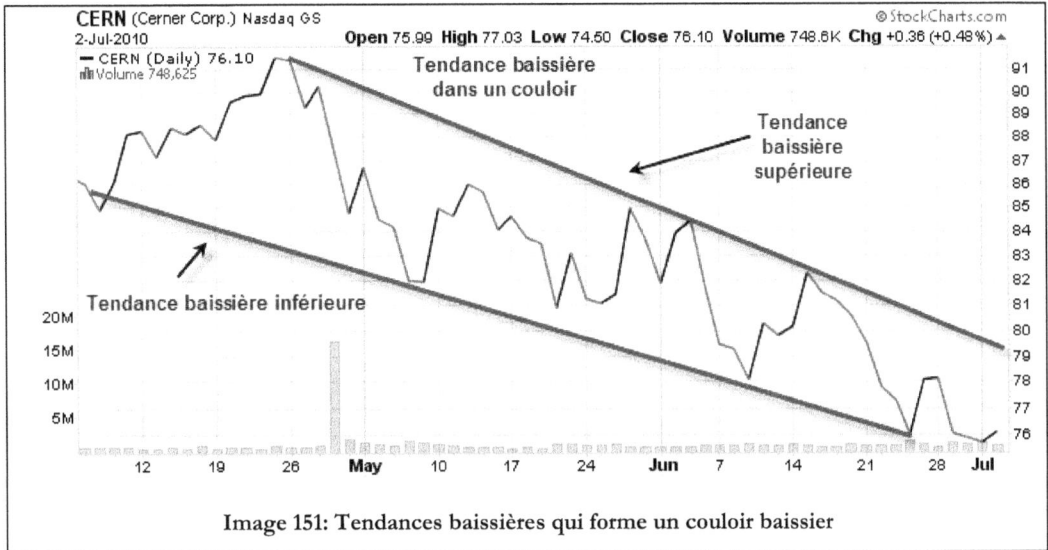

Image 151: Tendances baissières qui forme un couloir baissier

L'exemple de Cerner Corporation (CERN) est intéressant car il peut montrer un aspect intéressant de l'analyse technique pour le court terme dans une tendance à moyen terme. Voici l'analyse des tendances à court terme se trouvant à l'intérieur du couloir à moyen terme.

Il est possible de faire des gains avec un couloir de plusieurs façons. La première est d'investir avec une vente à découvert lors de la descente dans le couloir et de faire le rachat lorsque le couloir se termine. En regardant le graphique ci-dessous, ceci serait le cas si la vente à découvert se ferait à 91$ et le rachat à 76$, ce qui ferait un gain de 20%

$$= \left(\frac{91\$ - 76\$}{47\$} \right) * 100 .$$ Ceci est identifié avec les mots en gras sur le graphique. De plus,

ceci serait tout à fait possible avec une tendance haussière. Au lieu d'une vente short et d'un achat short, ceci serait un achat et une vente.

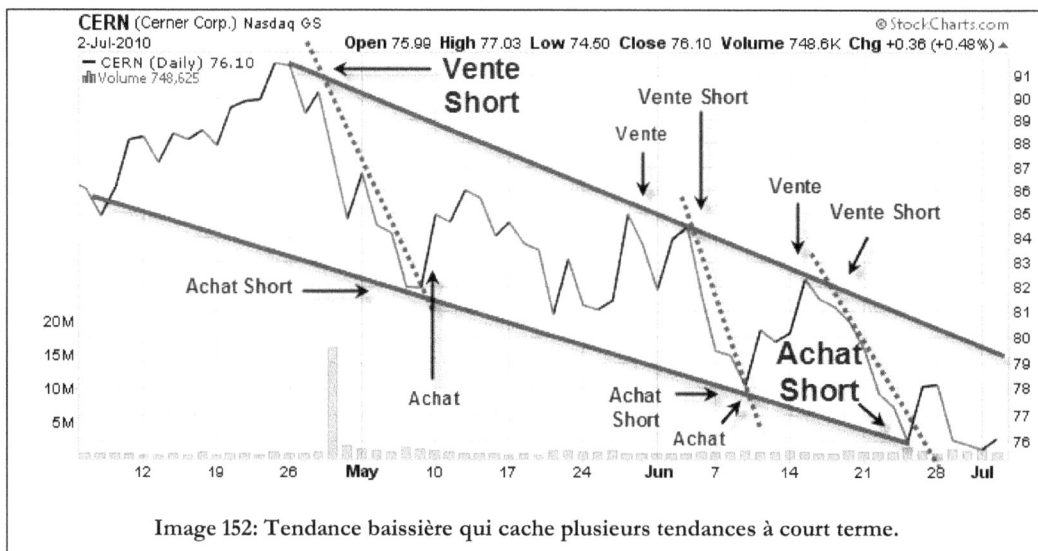

Image 152: Tendance baissière qui cache plusieurs tendances à court terme.

Étant donnée que nous sommes dans un couloir, nous savons que le prix rebondi sur les tendances et donc qu'il est possible de faire plusieurs transactions à l'intérieur d'un couloir. Par exemple : 91$ et rachat à 82$, ce qui fait 15% de gain : (91-82)/82. Ensuite, étant donné que le prix est sur la tendance inférieure, le rebond ira se faire et le prix augmentera. Il est donc possible d'acheter et de revendre. Achat à 82$, vente à 85$, pour

un gain de 3.5% : $= \left(\dfrac{85\$ - 82\$}{82\$} \right) * 100$. Et ainsi de suite pour faire un gain supérieur

total à 20%. Le risque est présent mais, étant donné que la tendance est baissière, le seul risque est présent lors de l'achat. Donc, il est possible de seulement faire plusieurs transactions de vente à découvert (vente short) avec un risque très mitigé, tout en ayant un meilleur gain qu'une seule transaction à la fin avril et fin juin.

Voici deux derniers exemples d'un couloir avec Ballard Power Corporation (BLD.TO) et HJ Heinz Corporation (HNZ). Ballard Power Corporation (BLD.TO) est situé dans un couloir fort car les deux tendances sont touchées par plusieurs prix.

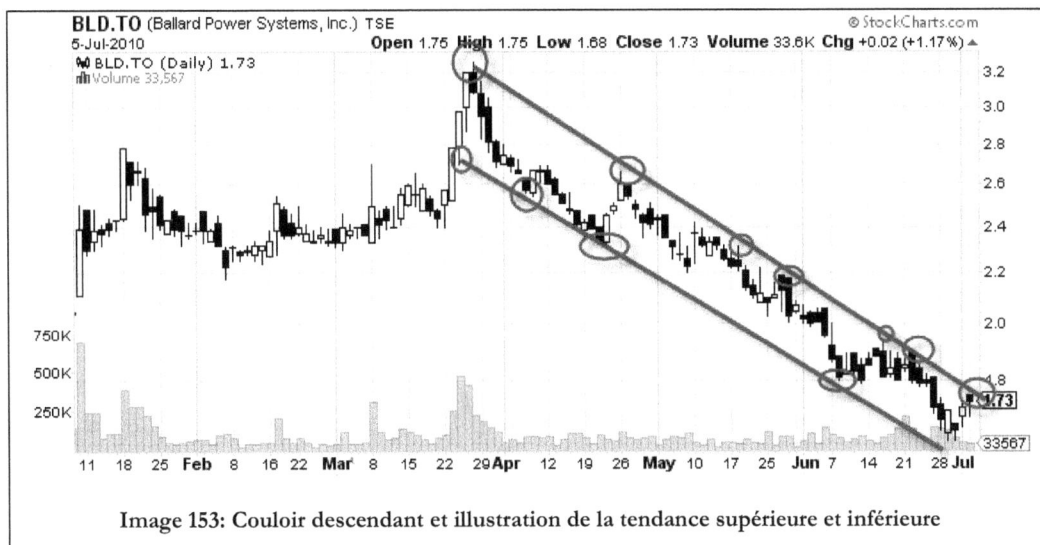

Image 153: Couloir descendant et illustration de la tendance supérieure et inférieure

La compagnie HJ Heinz Corporation (HNZ) est aussi située dans un couloir très fort avec une tendance supérieure et inférieure qui est perpétuellement touchée par des prix. Ce type de couloir est idéal pour acheter.

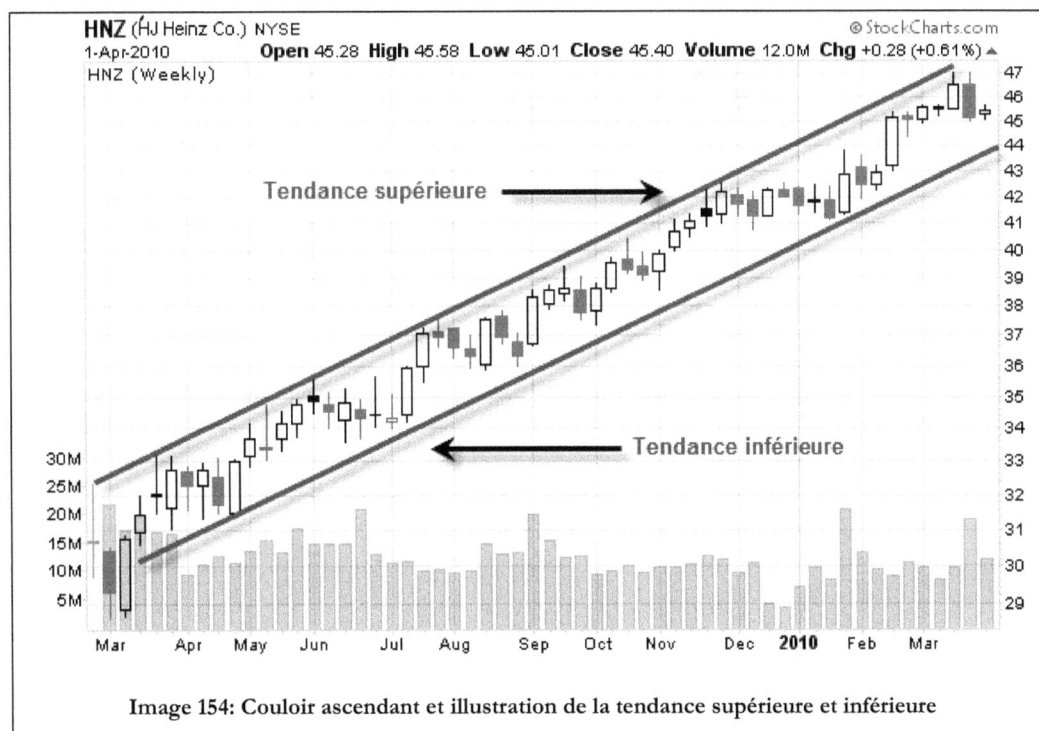

Image 154: Couloir ascendant et illustration de la tendance supérieure et inférieure

De plus, les tendances doivent être tracées avec les ombrages dans l'analyse technique lorsque le graphique comporte des chandeliers. Cependant, il arrive qu'un seul chandelier ait un très grand ombrage et, dans ce cas, ceci peut être déterminé comme un bruit. Voici un exemple de bruit avec 3M Corporation (MMM).

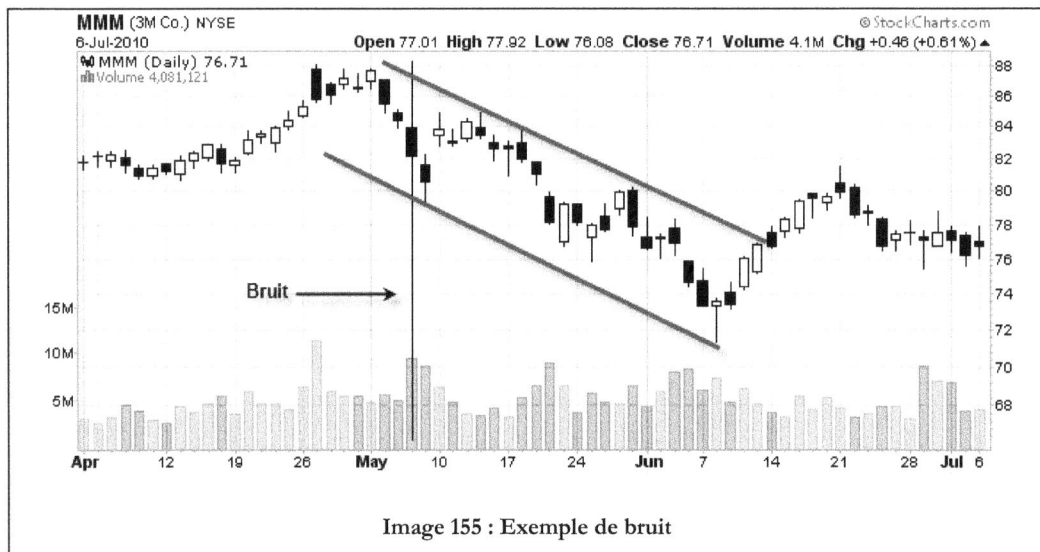

Image 155 : Exemple de bruit

Il est préférable de simplement éliminer le bruit et de tracer les lignes de tendances sans se fier à ces chandeliers. La raison principale pour avoir des bruits est un achat ou une vente erronée à un prix trop faible ou trop haut. Il arrive qu'une seule transaction forme ce bruit.

Support

Un support est une ligne horizontale qui peut être tracée suite à plusieurs périodes avec le même prix. Plus il y a de points rebondissant sur le support, plus le support est fort. De plus, plus le temps durant lequel le support existe est grand et plus celui-ci est valide.

Il se peut que le prix formant le support soit autant de l'ombrage inférieur que de l'ombrage supérieur. Sur le graphique de GT Solar International Inc (SOLR), on peut détecter deux supports. Le premier est identifié par une ligne droite et possède quatre chandeliers qui confirment le support. Un support et une résistance (à voir plus tard) se confirment avec l'ombrage du chandelier, et non pas avec le corps de celui-ci. Ensuite, le deuxième support est identifié en

Une longue période de temps ainsi que plusieurs chandeliers (minimum de trois) sont nécessaire pour former un support solide. En théorie, deux chandeliers pourraient être utilisés.

pointillé sur le graphique. Il possède plusieurs chandeliers qui confirment le support. L'exemple de SOLR avec le support en pointillé démontre qu'à plusieurs moments (voir en fin août et novembre) l'action a descendu sous le support pour ensuite remonter.

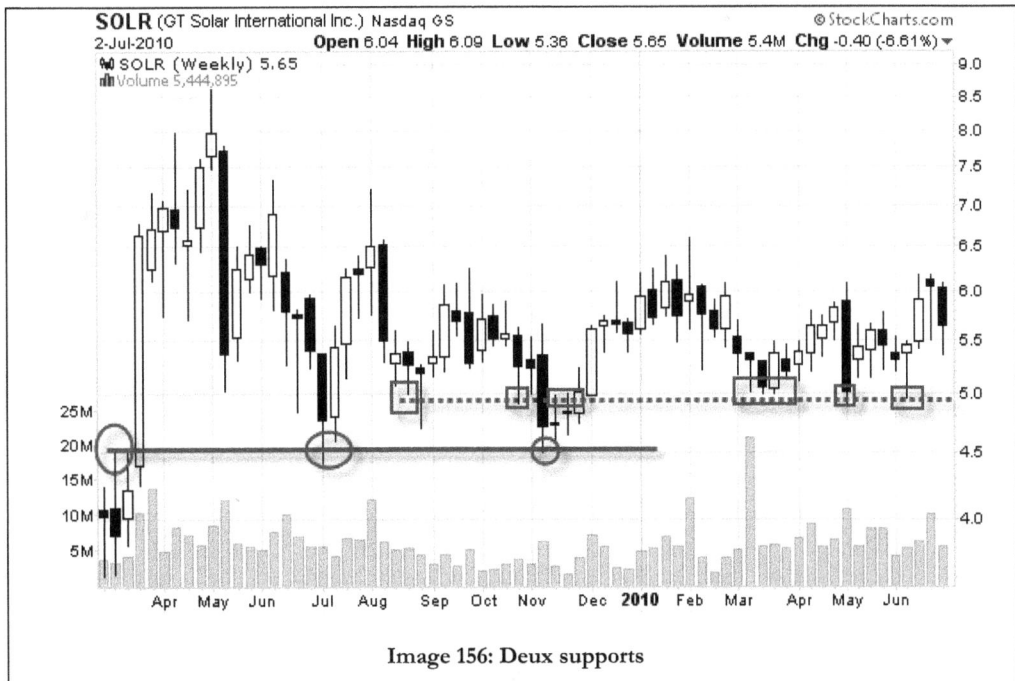

Image 156: Deux supports

Le support est important, car son but est de supporter un prix à un certain niveau. Il représente une ligne imaginaire, ou barrière, où il est plus difficile pour le prix de traverser. Dans le cas de SOLR, le prix ne devrait pas chuter sous 4.98$ (prix du support). Bien entendu, il se peut que le prix descende sous cette limite, sauf qu'il y a moins de chance que ceci se produise. Si, par contre, le prix traverse ce support, celui-ci risque de chuter plus radicalement que s'il n'y avait pas eu de support. Dans le cas actuel, le prix pourrait descendre vers 4.98$ pour ensuite rebondir sur cette ligne et remonter.

Un support est un bon endroit pour mettre un ordre de protection de vente. Ceci permet de protéger les avoirs en cas de chute. Dans l'exemple de SOLR, le meilleur temps pour placer l'ordre de vente est à 4.95$. Il ne faut pas oublier de mettre le stop à 4.97$ afin que l'ordre ne soit pas déclenché pour rien, mais vraiment seulement si le prix de 4.95$ est franchi. Il est aussi toujours préférable de mettre ses ordres plus bas que le support de quelques pourcentages afin de laisser une marge d'erreur. En moyenne 1% sous le support est intéressant.

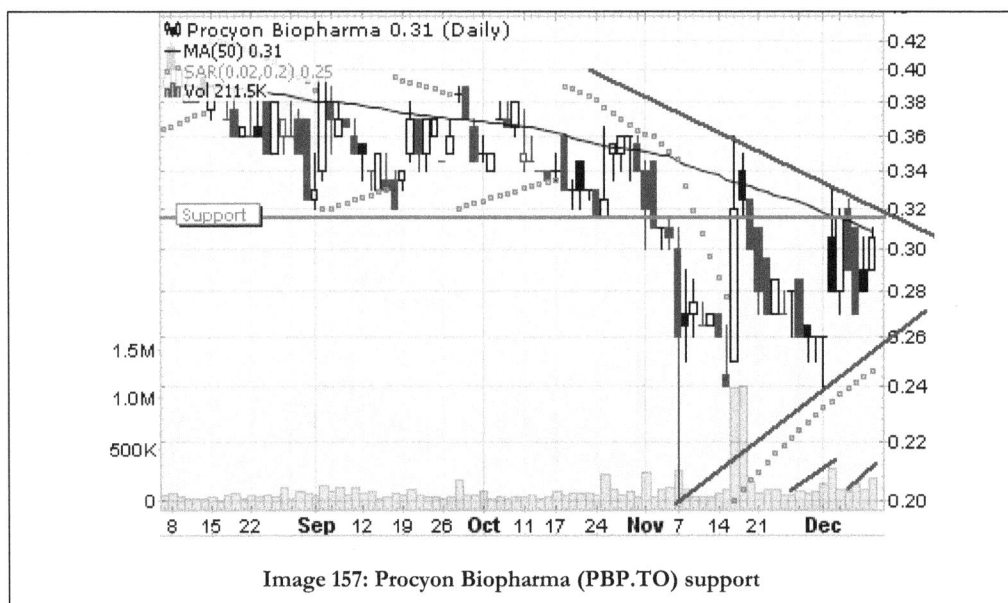

Image 157: Procyon Biopharma (PBP.TO) support

Voici un deuxième exemple d'une compagnie de pharmaceutique Procyon Biopharma (PBP.TO). Le support est à 0.317$ et, dès que le prix a descendu sous ce support le 1er novembre, le prix est passé de 0.32$ à 0.20$ en quelques jours pour ensuite remonter vers 0.26$. Par la suite, le titre a eu de la difficulté à remonter et n'est jamais remonté par-dessus le support. La raison pour cela est que le support était devenu une résistance.

Un support légèrement incliné, qui n'est pas parfaitement horizontal, peut être considéré comme un support lorsque l'inclinaison est très légère. En fait, cette ligne indique une tendance inférieure, mais étant donné que la durée est longue (plus de trois mois), cette ligne est considérée comme étant un support. L'exemple suivant indique un support qui dure plus de un an et demi, ce qui permet de considérer l'inclinaison comme un support. En juin 2008, une brisure apparaît, qui est supportée par un fort volume en croissance depuis plusieurs mois. De plus, un deuxième support s'est confirmé en septembre 2008 qui lui aussi est brisé. Ces deux occasions étaient de bons signes d'annonce d'une plus forte baisse qui a eu lieu deux semaines plus tard.

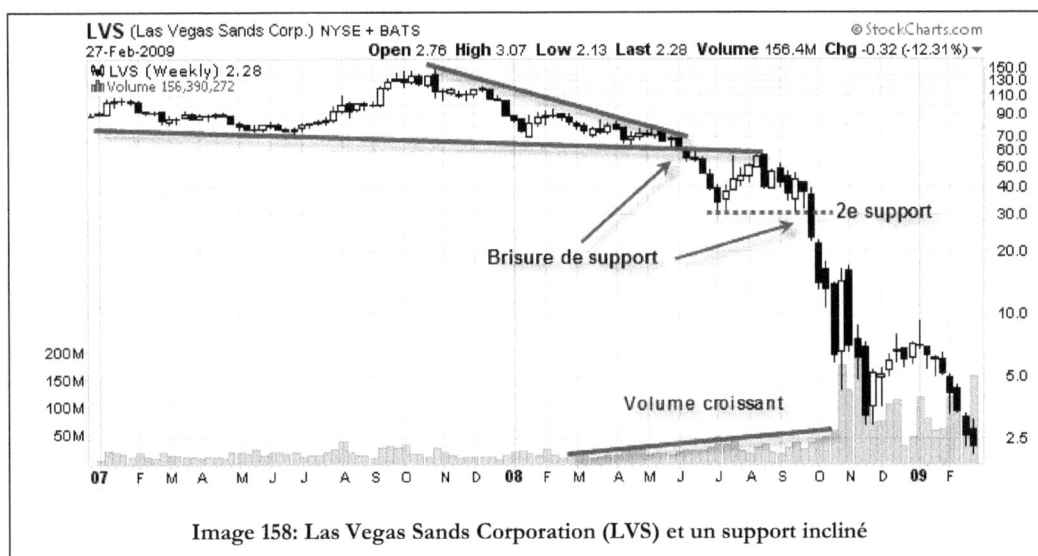

Image 158: Las Vegas Sands Corporation (LVS) et un support incliné

Résistance

Une résistance est tout le contraire d'un support. C'est une ligne horizontale, mais qui est supérieure au prix. Ceci permet d'empêcher le prix d'augmenter au lieu de protéger le prix contre une descente, comme le support. Un support peut se transformer en résistance si le prix se trouve sous la ligne horizontale et vice-versa.

Un breakout est le dépassement d'une résistance ou d'un support. Il est préférable qu'un breakout se fasse sur un fort volume.

Voici un exemple de Ballard Corporation (BLD.TO) en 2006. Pendant plusieurs mois, le titre rebondissait sur la résistance établie à 7.20$. Par contre, dès que le titre a dépassé cette résistance, le titre a connu une grande augmentation. Ceci se nomme un « breakout », ce qui se définit par le fait de casser une résistance (ou support).

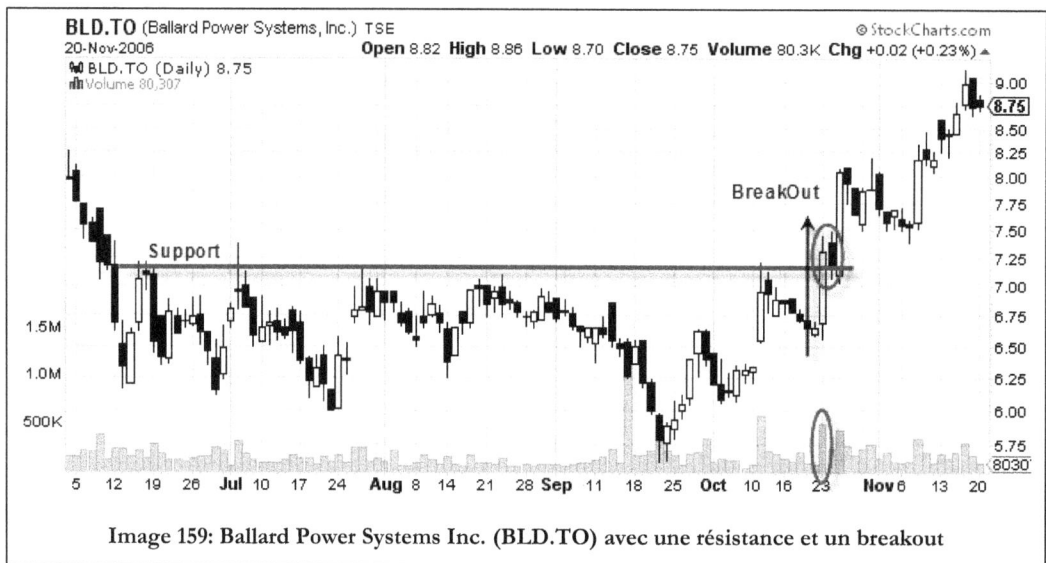

Image 159: Ballard Power Systems Inc. (BLD.TO) avec une résistance et un breakout

Dans l'exemple ci-dessus, il aurait été intéressant de placer un ordre-stop limite d'achat lors du breakout. L'ordre stop à 7.25$ laisse assez de jeu au cas où le titre rebondirait et dès que le stop serait dépassé, l'ordre limite placé à 7.30$ serait exécuté. Plus loin dans ce livre, les ordres-stop limite seront expliqués. Veuillez seulement prendre en note que les ordres-stop limite doivent quand même avoir une bonne distance entre l'ordre-stop et limite parce que lors de breakout, le prix augmente (ou descend) rapidement. Voir la journée du 23 octobre 2006 de BLD.TO.

Un ordre-stop limite trop près d'un ordre limite ne se déclenchera pas! Il est préférable, dans les cas de possible breakout, d'avoir plus d'espacement entre le stop et la limite.

Les volumes

Le volume est le nombre d'actions ayant été négocié selon la période choisie. Si la période choisie est hebdomadaire, le volume représente le nombre d'actions transigées pour la semaine. Si le graphique est dessiné avec une période par jour, le volume représente le volume pour une seule journée. Le nombre d'actions transigées est la somme des actions qui ont été vendues et achetées. Par exemple, si monsieur X vend 1 500 actions à madame Y, le volume s'additionne de 1 500 et non pas de 3 000. Si monsieur X achète à nouveau 1 500 actions dans la même journée, le volume sera de 3 000 pour l'action.

Dans le graphique de Goldman Sachs Group (GS), la période est traduite par jour et le volume est particulièrement élevé par rapport à plusieurs jours en A, B et C. Ce sont des jours où le volume est supérieur à 20 millions. La hausse des volumes en

Image 160: Volume et Goldman Sachs Group (GS)

A et B démontre que le marché veut augmenter et soutient la hausse. Si un gros volume se produit sur une baisse, tel qu'en C, le marché encourage fortement une baisse. Une forte hausse ou baisse sur un faible volume ne renforce pas le mouvement, car ceci indique que peu d'investissement est fait vers ce choix du marché. C'est pour ceci qu'il est important de regarder le volume lorsqu'on fait de l'analyse technique afin de bien cibler les mouvements importants. En fin mai, on remarque que le volume est décroissant et que le titre augmente. Le marché n'est pas emballé par la hausse avec des journées sous 10 millions. Par contre, dès que le titre à commencer à descendre, les volumes ont augmenté : les investisseurs de Goldman Sachs Group (GS) sont plus enclins à une baisse.

Le volume est aussi présent dans les industries et les indices. Voici l'indice de la Bourse de Toronto au Canada. On peut remarquer que le volume est très faible pour la dernière semaine de l'année (Noël). On remarque aussi qu'en mai, une baisse a été soutenue par un fort volume.

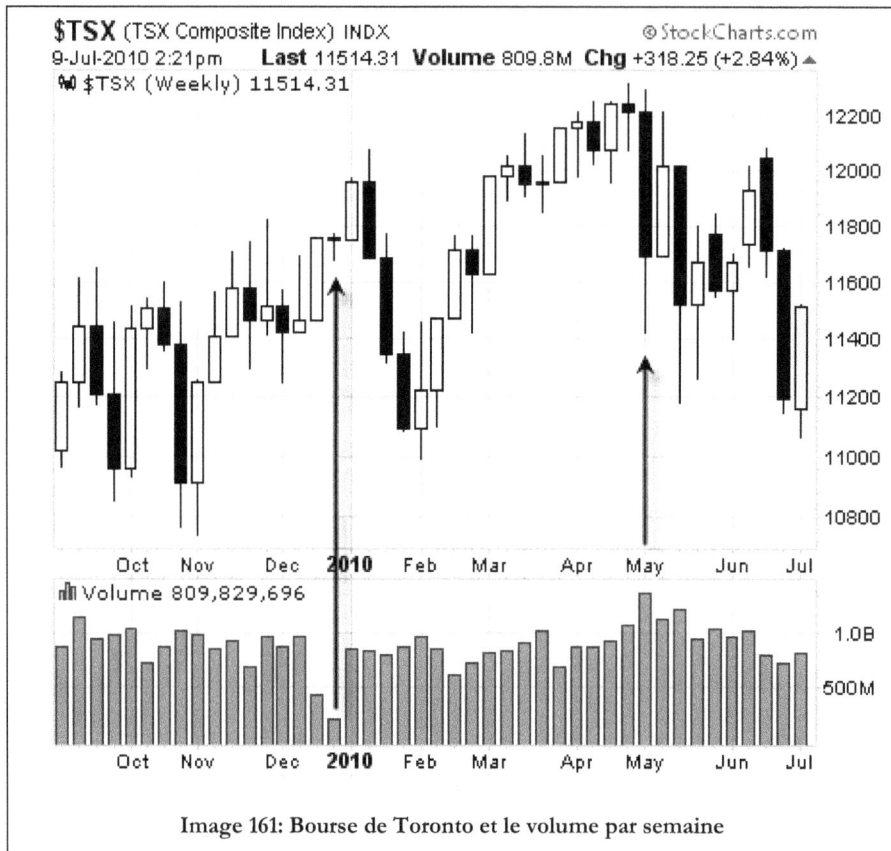

Image 161: Bourse de Toronto et le volume par semaine

Qu'est-ce qui fait changer le volume? Il y a plusieurs raisons, comme par exemple une que nous avons vu avec le TSX; la période de l'année. Non seulement il y a des fêtes où la Bourse est fermée, mais aussi des temps de l'année qui sont moins propices à l'investissement. Il y a aussi des temps où les résultats annuels ou trimestriels sortent au grand public. Le volume varie aussi selon les nouvelles, les scandales ou simplement les craintes de la population. Le bogue de l'an 2000, le World Trade Center, la rareté du pétrole, etc. sont tous des événements qui font augmenter le volume dans des secteurs particuliers de la Bourse. Une découverte d'une compagnie de pharmaceutique peut aussi faire augmenter le volume.

Avec l'analyse technique, il n'est pas nécessaire de connaître la raison de l'augmentation, mais bien de saisir le moment où le volume augmente. En suivant de près le volume, un investisseur peur réagir au mouvement de celui-ci. Quand le volume augmente plus vite que normalement dans une journée donnée et que le prix augmente, il est intéressant de jeter un coup d'œil et peut-être d'investir. La raison pour cela est qu'il se passe quelques choses qui stimule une hausse et que plusieurs personnes sont favorables aux achats. Le taux entre l'offre et la demande augmente pour l'offre et le prix gonfle. En bref, peu importe la raison, le prix augmente.

Évidemment, un investissement à plus long terme nécessite de bien connaître les raisons de la hausse (ou de la baisse selon les cas). C'est bien beau de faire l'achat d'une compagnie en informatique en 1999, mais lorsque la bulle est finie, il faut s'en sortir. Bien sûr, avec les volumes, on peut voir que pour une industrie ou une compagnie que la hausse tire à sa fin. Par contre, investir avec ce seul critère rend les investissements très risqués. Le volume change rapidement et il faut être aux aguets pour bien maitriser ceci.

Investir avec les hauts et les bas du volume seulement est très spéculatif. Il arrive que le volume soit énorme, car des institutions achètent des actions en lot et que le volume soit un faux signal d'achat ou de vente.

De plus, il existe des logiciels fonctionnant en temps réel qui donnent le nombre d'ordres avec le prix et le volume désiré. Veuillez faire très attention pour ne pas tomber dans des pièges comme des manipulations de prix, par exemple. Il arrive que des individus achètent et vendent de la même compagnie pour faire mousser le volume. C'est un volume artificiel ne possédant aucune signification.

Breakout

Un breakout a déjà été mentionné dans la section des résistances, mais il est tout à fait pertinent d'en rediscuter dans la section des volumes. Un breakout est lorsque le prix traverse une résistance, un support ou une ligne de tendance. Un breakout significatif est lorsque celui-ci est soutenu par un fort volume et que le prix ne reviendra pas au prix du breakout.

Voici un exemple avec l'indice du Toronto Stock Exchange (TSX) sur une période hebdomadaire. Il y a deux supports présents sur ce graphique et les deux supports seront traversés en septembre 2008. La traverse s'est exécutée avec un volume qui est beaucoup plus fort que le standard pour le TSX, qui est identifié par une ligne pointillée. Le fort volume confirme que le prix est en breakout et ne remontera pas au-dessus du support une fois traversé.

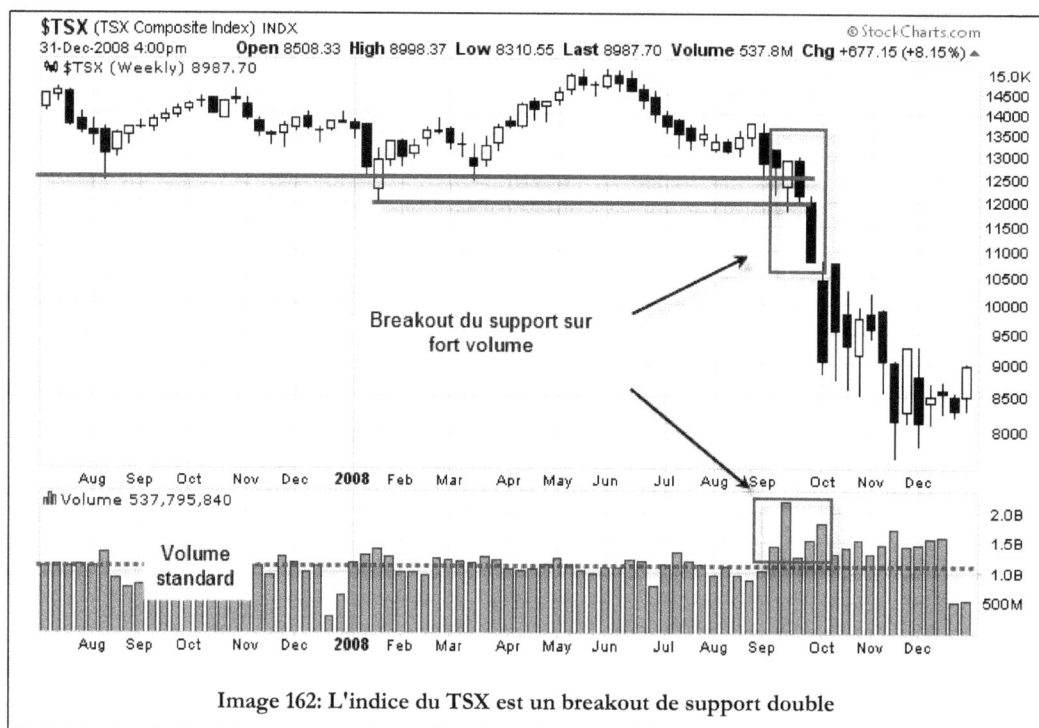

Image 162: L'indice du TSX est un breakout de support double

Le prochain exemple est présenté avec une compagnie minière dans l'exploration de l'uranium : Uex Corporation (UEX.TO) qui, en août 2010, est passé de moins de 1$ pour aller à 2.60$. Cette hausse de plus de 160% s'est réalisée en deux mois. Cet exemple est intéressant, car il montre deux breakouts. Le premier est le breakout de la résistance à environs 0.97$ et le deuxième est un breakout de la tendance à 1.20$

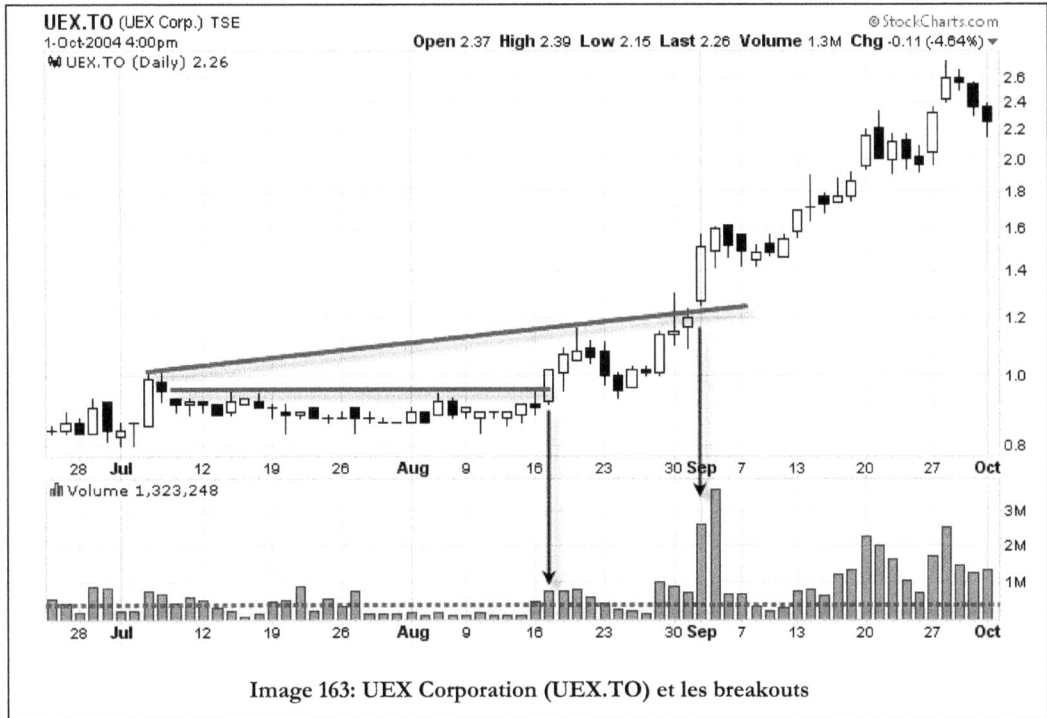

Image 163: UEX Corporation (UEX.TO) et les breakouts

Dans les deux cas, le volume a augmenté plus que la moyenne, ce qui permet d'entrevoir une hausse significative. Cette hausse va permettre au prix de ne pas corriger (redescendre sous la tendance). Lors du breakout, le 17 août, le chandelier blanc apparait fort sans aucun ombrage supérieur. Le volume a aussi augmenté sur la hausse, ce qui envisage un breakout parfait. Cependant, le jour suivant, on subit une correction qui a rebondi sur cette résistance à 0.97$ car celle-ci est devenue un support. Ceci permet donc de transformer cette résistance en support car le chandelier avait franchi celle-ci avec un fort volume. Certes, des corrections sont normales et il faut regarder attentivement les journées suivant un breakout. Néanmoins, un véritable breakout est fiable si les caractéristiques sont au rendez-vous. Lors de la traversée de la tendance haussière supérieure en début septembre, le volume fut plus fort que la première fois. Avec un volume presque quatre fois plus fort, la correction fut moins prononcée.

Par contre, il arrive que les breakouts ne soit pas toujours aussi efficaces dans leur signe. Il arrive que le prix aille au-delà d'un support, d'une résistance ou d'une tendance et que le prix se replace dans sa propre tendance. C'est le cas pour Walter Industries Inc (WLT) en 2008. Après avoir été situé dans un couloir horizontal d'avril en juillet 2008, celui-ci a franchi son support pour redescendre de 25%. Ensuite, WLT a repris sont cours avec une nouvelle tendance dans un couloir ascendant. En novembre 2008, le prix augmente par-dessus la tendance haussière avec un fort volume. Tous les éléments sont là pour nous indiquer une nouvelle hausse si on ne fait que regarder les volumes. Par contre, quelques jours après, le prix est revenu dans sa tendance. Le deuxième breakout n'est donc pas un véritable breakout, dans le sens où le prix est resté haut. Cependant, après que le prix ait repris son couloir, celui-ci a continué à augmenter. Ce phénomène se nomme « une correction » et sera discuté plus tard. On remarque le même phénomène dans le troisième breakout.

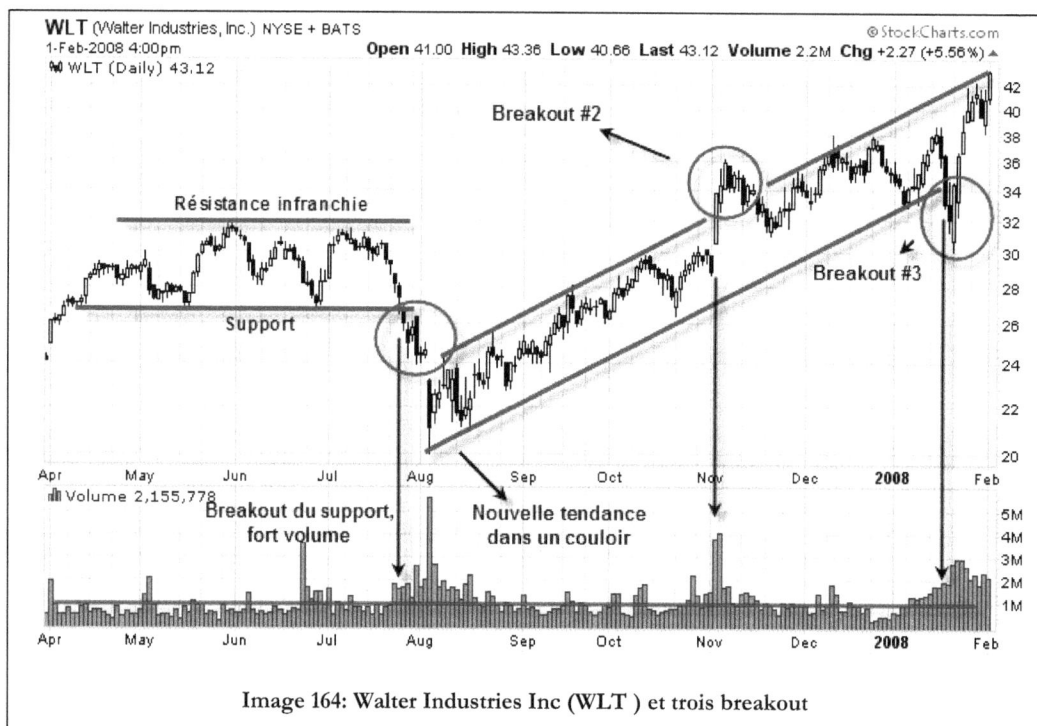

Image 164: Walter Industries Inc (WLT) et trois breakout

Walter Industries Inc (WLT) a très bien fait en 2008, malgré le breakout #3. Voici WTL entre août 2007 et août 2008, sur un graphique en période hebdomadaire.

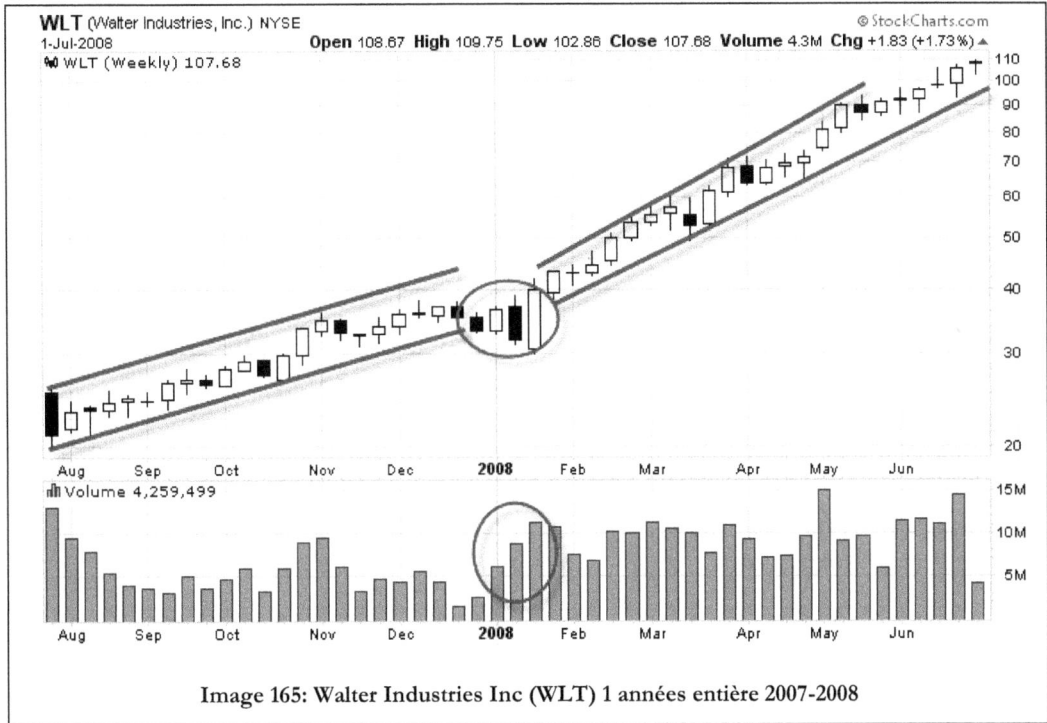

Image 165: Walter Industries Inc (WLT) 1 années entière 2007-2008

En conclusion

Le volume est un bon indicateur pour l'offre et la demande. Le volume est le pouls d'une action, d'un marché ou d'un indice. Plus le volume est fort et plus il indique que la demande est forte lors d'une hausse; plus le volume est fort et plus il indique que l'offre est forte lors d'une baisse. Le volume est important pour l'analyse technique, mais ne doit pas être pris pour un signal sûr d'une direction. Il démontre la force du marché, mais cela peut à tout coup faire un revirement.

Moyenne mobile

Une moyenne mobile est un chiffre qui varie dans le temps selon le prix. La même action peut avoir plusieurs moyennes mobiles sur son graphique, car le calcul de la moyenne mobile prend comme paramètre le nombre de jours. Prenons un exemple fictif avec les chiffres suivants :

Jour	Prix	Moyenne Mobile sur 4 jours (MA4)	Moyenne Mobile sur 7 jours (MA7)
2010-07-27	10.00$	N/A	N/A
2010-07-28	10.50$	N/A	N/A
2010-07-29	10.75$	N/A	N/A
2010-07-30	11.00$	10.56 $	N/A
2010-07-31	12.00$	11.06 $	N/A
2010-08-01	11.80$	11.39 $	N/A
2010-08-02	11.90$	11.68 $	11.37$
2010-08-03	11.65$	11.84 $	11.49$

Le tableau ci-dessus comporte deux exemples de moyenne mobile. Le premier est une moyenne mobile sur quatre jours et la deuxième est une moyenne mobile sur sept jours. La différence se trouve sur les sources des données. La première prend les quatre derniers jours et en fait une moyenne. La deuxième prend les sept derniers jours et en fait une moyenne.

Exemple de moyenne mobile sur 4 jours

Exemple du 2010-07-30, il faut prendre les prix du 27 juillet, 28, 29 et 30 et diviser par 4.

$$\frac{(10.00\$ + 10.50\$ + 10.75\$ + 11.00\$)}{4} = 10.56\$$$

Avant de discuter des utilités et de voir plus d'exemples, sachez qu'il y a deux abréviations aux moyennes mobiles. La première est MM, qui veut dire Moyenne Mobile, et la plus répandue nous vient de l'anglais MA, pour « Moving Average ».

En réalité, il existe plusieurs moyennes mobiles. Celle discutée jusqu'à présent est une moyenne mobile arithmétique, qui est la plus simple à calculer. Il existe deux autres moyennes mobiles qui sont la moyenne mobile exponentielle et la moyenne mobile pondérée.

La moyenne mobile exponentielle donne une plus grande importance au prix des journées plus près de la date actuelle. Sur quatre jours, si nous prenons l'exemple de la moyenne mobile sur quatre jours du 30 juillet, la journée du 30 a plus d'importance, celle du 29 en a un peu moins et celle du 27 en a peu.

La moyenne pondérée donne aussi une importance plus grande au prix des dernières journées et moins d'importance aux journées les plus éloignées. Par contre, il y a une certaine suggestivité qui entre en cours, car pour chacun des jours, une pondération d'importance doit être assignée. Sur quatre jours, on pourrait dire que la journée-même vaut quatre points, la journée précédente trois points et ainsi de suite. Il faut multiplier le prix de la journée par la pondération, lorsqu'on additionne l'ensemble des quatre journées et diviser le tout par la somme des pondérations. Dans notre cas, cette division serait (4+ 3+2+1) de 10.

Normalement, les moyennes mobiles arithmétiques et exponentielles sont les plus utilisées et, dans cet ouvrage, lorsque « moyenne mobile » ou « MA » vont être utilisé, prenez pour acquis que nous parlons de moyenne mobile arithmétique.

Image 166: Moyenne arithmétique et moyenne exponentielle sur 30 jours côte-à-côte

But

Le but d'une moyenne mobile seule n'est pas souvent significatif. Elle peut par contre donner une vue d'ensemble à long terme de la tendance que prend une compagnie en enlevant les détails des petites fluctuations qui vont de haut en bas sur une base journalière. Souvent, les moyennes mobiles sont utilisées sur 20 jours, 30 jours, 50 jours ou même 100 jours.

Cette moyenne permet aussi de savoir si le titre est en haut de sa moyenne pour la période désirée ou s'il est situé sous sa moyenne. Ceci est intéressant afin de savoir si c'est un bon temps pour acheter ou vendre. Si le titre a été plus haut pendant une moyenne de 50 jours et que le prix augmente lentement vers la MA50 (lorsque celui-ci serait plus bas tel qu'indiqué sur le graphique ci-dessous), ceci pourrait nous indiquer que le prix est sous sa moyenne et donc serait un bon achat.

Image 167 Brazil iShares et la moyenne mobile arithmétique sur 30 jours

On remarque que vers le 26 avril, le titre est descendu sous la moyenne mobile de 30 jours. Ceci signifie que le titre est sous sa moyenne, donc sous son prix moyen du dernier mois. Cette moyenne mobile ressemble aux moyennes des classes d'école. Être sous la moyenne en relation à un examen indique que les résultats sont bas comparativement à la normale. C'est la même chose pour les actions. La seule différence est que la moyenne est mobile. Le terme mobile signifie que sa valeur change selon le temps.

Le choix des jours pour une moyenne mobile dépend du style d'investissement ainsi que de la méthode choisie et de l'objectif désiré. Une période plus petite est plus intéressante pour le court terme, une moyenne sur une grande période est préférable pour le long terme.

Par contre, la moyenne mobile peut être encore plus utile avec une combinaison de moyennes mobiles. Reprenons l'exemple de Brazil iShare (EWZ) avec une moyenne mobile de 20 jours ainsi qu'une moyenne mobile de 50 jours.

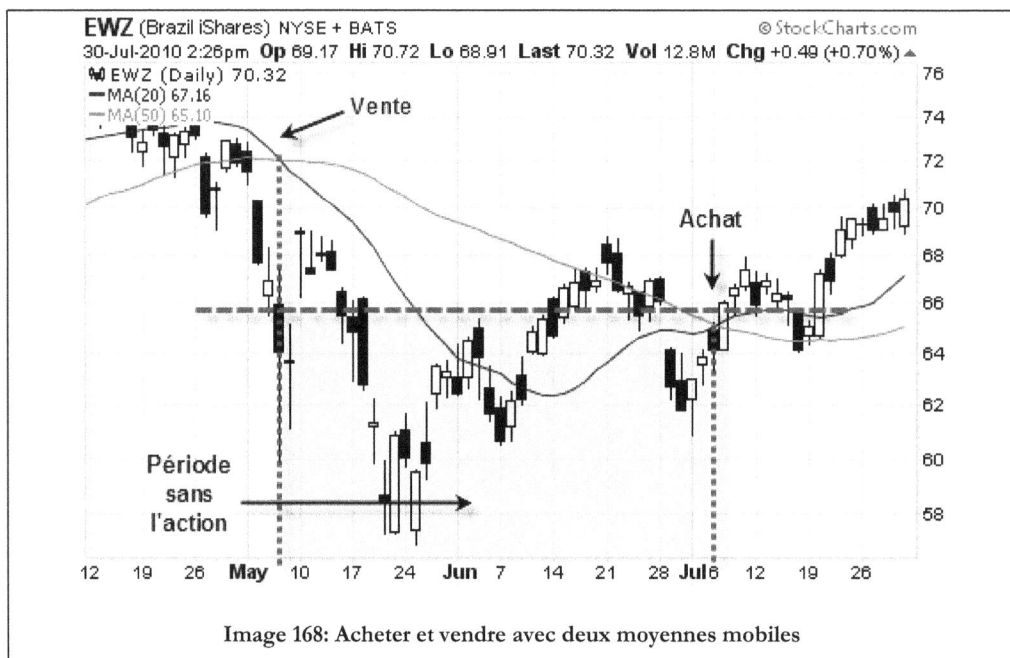

Image 168: Acheter et vendre avec deux moyennes mobiles

Lorsque la moyenne mobile sur 20 jours vient franchir la moyenne mobile sur 50 jours, un signal de vente est lancé. En fait, cette même simulation aurait pu utiliser une MA10 ou MA30 au lieu de la MA20, ceci est subjectif. L'important est que la MA croissante doit être inférieure à la MA plus élevée. Notre cas est MA20<MA50 = signal de vente. Plus tard, en juillet 2010, on remarque que la MA20>MA50 et le signal d'achat est donc relancé.

D'ailleurs, ce n'est pas une méthode qui favorise les gains maximaux, car un achat le 24 mai 2010 aurait généré des gains plus importants. Cependant, la Bourse est une question de risque. Le 24 juin, le titre aurait pu continuer à descendre. Par contre, le risque de descente est moins fort lorsque la moyenne mobile à court terme d'un titre rattrape la moyenne mobile à long terme.

Stan Weinstein favorise l'utilisation de la MA30. Il trouve que la moyenne mobile sur 30 jours offre une bonne balance entre le court et moyen terme. Personnellement, la moyenne mobile sur 20 jours me semble plus propice à être utilisée avec les hausses et descentes rapides des marchés sans pour autant varier trop rapidement.

Sachez que cette méthode est intéressante, mais ne devrait pas être utilisée seule, comme la plupart des indicateurs techniques expliqués dans ce livre. La raison pour ceci est que les moyennes mobiles sont lentes et qu'en fait, plusieurs signes montraient une hausse avant la croisé des deux moyennes. Bref, elle permet de confirmer un achat davantage que d'être un signal d'achat en elle-même. Par contre, d'autres investisseurs pourraient vous dire que c'est le meilleur moyen de signaler un achat ou une vente.

Équation

$$x_k : MM(i, n) = \frac{\left(\sum_{i=k-n+1}^{k} y_i\right)}{n}$$

Équation 2: Moyenne mobile

X_k représente la valeur de la moyenne mobile pour la journée i, n représente le nombre de périodes et Y_i représente le prix pour la journée. La fonction des moyennes mobiles (MM ou MA) prend un nombre de jours (n) et va à n-1 jours de son premier paramètre i. Donc, i peut être 2010-08-01, et n peut être 20. Ceci va donc prendre les chiffres du 1er août 2010 et 19 jours avant afin d'en faire la somme et diviser par 20, qui est n.

Les 4 phases

Un titre est obligatoirement situé dans une des quatre phases. Cette théorie vient du livre de Stan Weinstein intitulé « Secret for profiting in bull and bear markets » [33]. Les phases comportent quatre états distincts où les actions se promènent. La première phase est la phase 1 de repos. La deuxième phase est la phase d'accumulation. La troisième phase est le sommet et la quatrième phase est la phase de déclin.

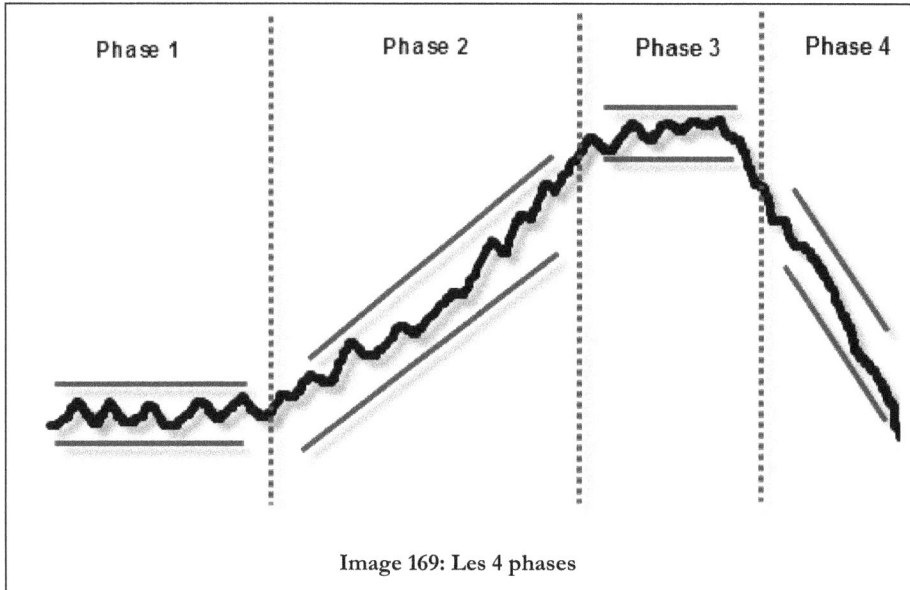

Image 169: Les 4 phases

Cette section discutera des différentes phases et donnera assez d'information pour vous permettre de bien acheter et vendre selon la phase dans laquelle l'action est présente.

Phase 1 : Repos

La phase de repos est une période de temps durant laquelle les titres n'augmentent pas et ne descendent pas. C'est une phase calme, de repos. Souvent, il est facile de tracer une ligne horizontale de résistance et de support bien parallèles l'une à l'autre. Cette phase peut durer plusieurs jours jusqu'à plusieurs mois. C'est la phase qui est normalement la plus longue. Ce n'est pas une phase intéressante pour acheter, car aucun mouvement précis ne se produit. Par contre, plusieurs day-traders peuvent utiliser les mouvements de cycle entre le support et la résistance pour faire des mini-transactions et ainsi faire des gains. Cette phase est intéressante pour construire une liste de titres qui sera intéressants à acheter plus tard.

Il est très important d'avoir une liste de titres qui seront intéressants plus tard. Gardez une liste intitulée « phase 1 » et ajoutez-y les titres que vous trouvez intéressants dans cette phase. Regardez attentivement votre liste et portez une attention particulière à ceux qui vont tout près de la résistance, afin d'être prêt si ceux-ci quittent la phase 1,

Phase 2 : Accumulation

La phase d'accumulation est la phase suivant la phase de repos. Par le fait même, le titre franchit la résistance de la phase 1 et le prix augmente de bon train. Souvent, cette phase est déclenchée par un chandelier avec un fort volume, mais ceci n'est pas nécessaire. Le départ de la phase d'accumulation est le temps idéal pour acheter parce que c'est le début de la phase 2. Ceci permet de faire le plus de profit possible. De plus, la résistance devient un support très fort, surtout si la phase 1 a duré plusieurs semaines. En phase 2, le prix de l'action devrait être supérieur à la MA30 (Moving Average ou moyenne mobile). Il est important d'acheter lorsque la phase 2 débute, car il est difficile de déterminer la fin de celle-ci. Il n'est pas catastrophique d'acheter quelques 2-5% après le début de la phase, mais il n'est pas sage d'acheter lorsque le titre a déjà fait plus de 10%. C'est souvent une des raisons expliquant plusieurs pertes pour les débutants. Les investisseurs se rendent compte que le titre est dans une tendance haussière et achètent, mais cet achat est fait trop tard et quelque temps après, ceux qui ont acheté au départ vendent et les gains sont rapidement perdus pour ceux qui ont été en retard. Vaut mieux acheter au départ ou ne pas entrer du tout. Bien entendu, ceci n'est pas une règle absolue. Si un titre augmente pendant 2 ans de temps, il aurait été ridicule de ne pas acheter juste parce que vous n'aviez pas investi durant les premiers jours. Cependant, il est difficile de savoir si une phase 2 va s'étirer sur quelques semaines ou quelques mois. Plusieurs outils peuvent nous aider, tels que les chandeliers, les tendances, les graphiques à long terme, les indicateurs techniques ainsi que si le marché auquel l'action appartient est haussier ou non.

Phase 3 : Sommet

La phase 3 est caractérisée par un arrêt de la hausse vers un plafond. Le titre revient de plus en plus vers la MA30. Les investisseurs prennent leur gain, ce qui fait diminuer la demande et ainsi baisser le prix. L'action ne descend pas encore, mais le moment de la hausse est brisé. Le volume est souvent plus haut et le prix varie brusquement de haut en bas, mais tout en gardant une certaine variation telle que la phase 1. La phase 3 est le temps idéal pour quitter si vous avez investit. Vendez ! Non seulement la hausse se calme, mais il y a fort risque de baisse (phase 4). Par contre, sachez qu'une phase 3 peut à nouveau être suivie d'une phase 2. Donc, les investisseurs les plus téméraires peuvent vendrent la moitié de leurs actions et racheter en cas de hausse, ou vendre complètement si l'action se dirige vers une phase 4.

Phase 4 : Déclin

La phase 4 représente la chute du titre. Le volume de la chute n'est pas nécessairement plus élevé, même lorsque la phase 3 passe vers une phase 4. Une phase 4 peut descendre un titre au même prix que la phase 1 et même plus bas encore ! C'est pourquoi il est important de quitter dès la phase 3, ou au pire en début de phase 4. Plusieurs personnes prônes de garder des titres pendant plusieurs années mêmes si les signes de descente (phase 4) arrivent. Par contre, l'histoire nous montre qu'après des phases 4, la phase 1 peut durer pendant des années et même ne jamais remonter. Il est donc important de se débarrasser des actions qui ne montrent aucun signe pour les prochaines semaines ou mois.

Voici trois exemples des quatre phases. Tous les graphiques ont des périodes mensuelles.

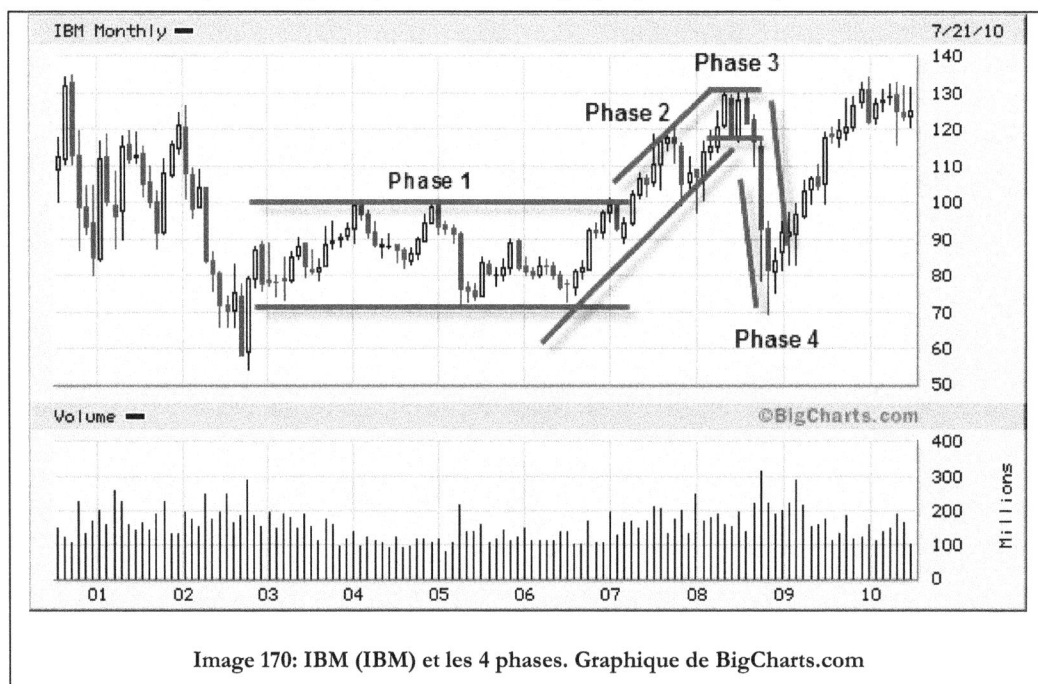

Image 170: IBM (IBM) et les 4 phases. Graphique de BigCharts.com

IBM est situé en phase 1 pendant 3 ans ! On peut remarquer que pendant ces 3 ans, il est possible de faire des gains quand même. Cependant, les gros gains sont visibles lorsque la phase 1 se termine à 100$ et se dirige en phase 2. En phase 3, le plus haut sommet est à 130$, ce qui représente un gain de 30% en un an. Pendant la phase 1, rien ne servait d'avoir IBM dans son portefeuille d'actions. Il était préférable de trouver une autre fin de phase 1 et faire de gros gains comme ceux d'IBM. On peut aussi remarquer que la phase 4 est abrupte. Une chose particulière, après la phase 4, est qu'IBM remonte tout de suite en phase 2; ceci n'est pas habituel.

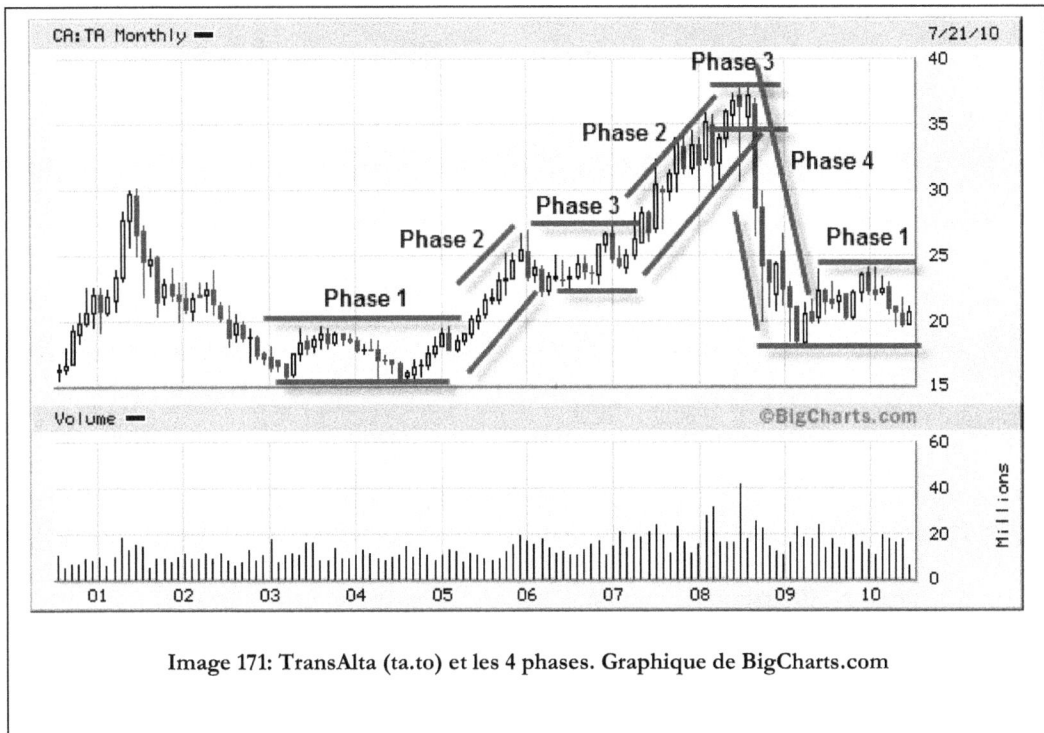

Image 171: TransAlta (ta.to) et les 4 phases. Graphique de BigCharts.com

TransAlta est entré en phase 1 après une phase 4 qui a duré un an et demi. La phase 2 a duré un an pour ensuite se diriger vers une phase 3. Cette phase 3 est particulière, car elle ne sera pas suivie d'une phase 4, mais bien d'une phase 2. La seconde phase 3, par contre, va descendre en phase 4. Une autre particularité est que la phase 1 revient à peine à 20% par-dessus la dernière phase 1. Avoir gardé le titre pendant 5 ans aurait donc donné un gain de 4% par année. Par contre, vendre en phase 3 aurait donné plus de 80% de gain en 3 ans, ce qui donne un rendement de plus de 27% par année !

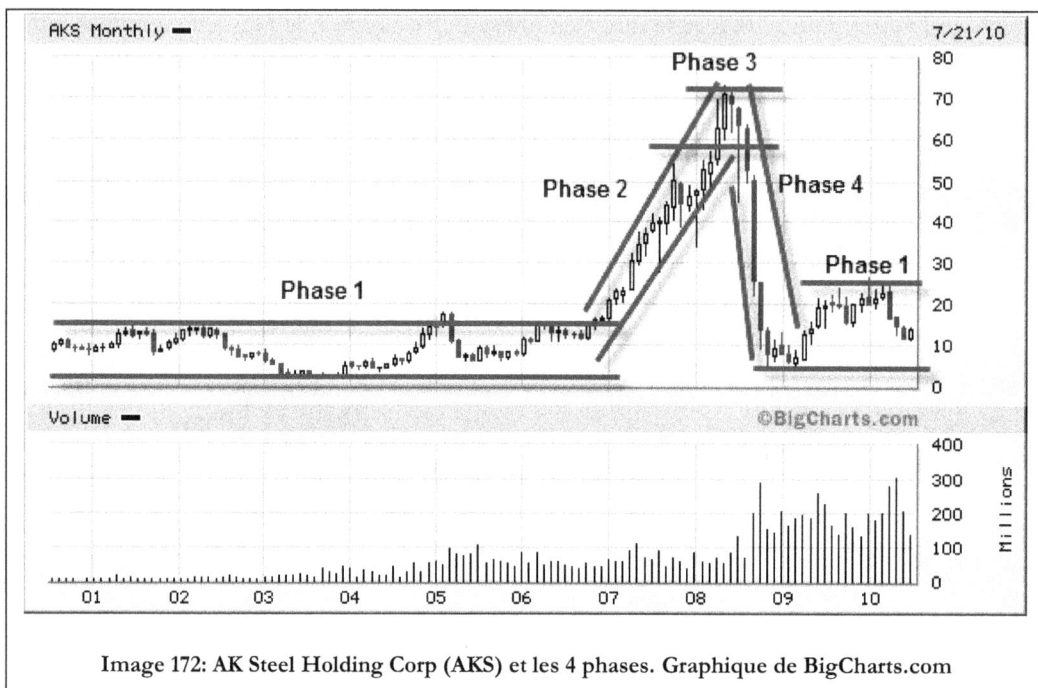

Image 172: AK Steel Holding Corp (AKS) et les 4 phases. Graphique de BigCharts.com

Le dernier exemple est intéressant afin de démonter la longueur qu'une phase 1 peut avoir, ainsi que de voir que même après une hausse, les prix reviennent presque au point initial. AKS est resté 7 ans de temps en phase 1 ! Avoir gardé cette action pour le long terme aurait fait 0% par année pendant 7 ans ! Si l'investisseur à long terme avait gardé l'action pendant 10 ans, il aurait fait moins de 1% par année. Par contre, celui qui achète en phase 2 et vend en phase 3 obtient 150% de rendement total ou 75% de rendement par année !

Correction d'un titre

Une correction arrive après qu'un titre ait pris une direction sans montrer de signe de faiblesse pour un certain temps. La correction se produit aussi lorsqu'un titre subit une croissance/décroissance rapide.

Une correction est un phénomène normal permettant aux acheteurs et aux vendeurs de récupérer des gains ou pertes sans pour autant que ceci affecte la tendance à moyen et long terme. Une correction affecte le prix dans le sens contraire de la tendance que pour quelques périodes. Donc, si le prix augmente et soudainement diminue lentement, ou reste en parallèle avec l'axe des X pour ensuite continuer à augmenter, on peut dire que la période de ralentissement était une correction. C'est le même cas lors de la baisse. Prenons l'exemple d'un titre qui chute de 10% en une journée : une correction va faire augmenter le titre de quelques pourcentages le lendemain et/ou surlendemain (normalement pas plus que la chute) pour ensuite continuer à descendre.

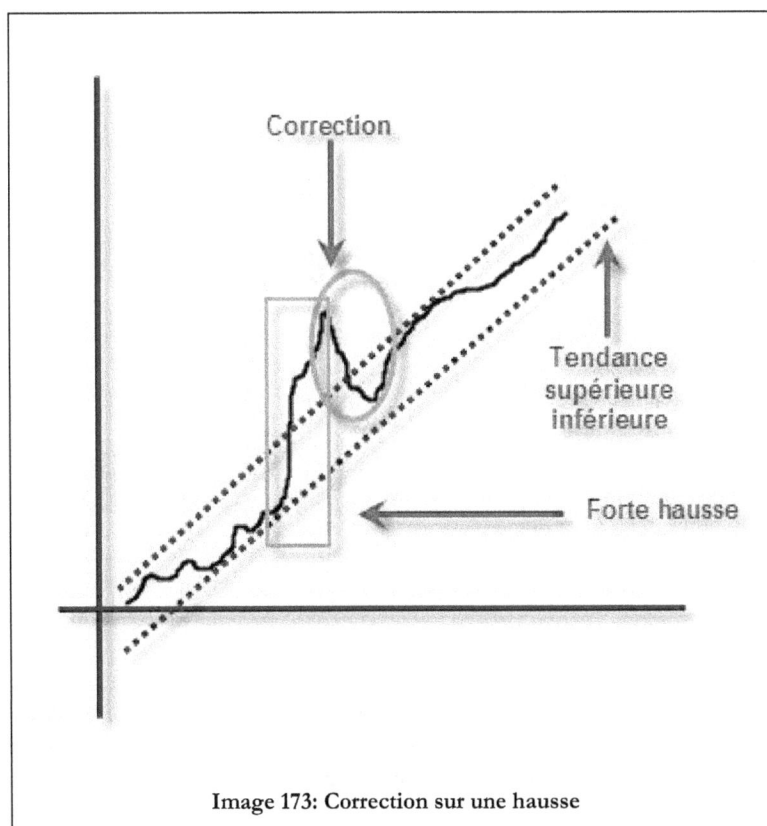

Image 173: Correction sur une hausse

Le graphique ci-dessus montre un exemple de forte hausse dans une tendance haussière. Ceci annonce une correction et est donc un bon moment pour vendre ou acheter à nouveau pendant la correction. Le cercle indique la correction. Une correction qui aurait quitté la tendance haussière n'aurait pas été une correction, mais une chute du prix. Par contre, le prix n'a pas franchi la tendance haussière inférieure, ce qui confirme la correction. Dès le rebond sur la tendance haussière inférieure, un signe d'achat est déclenché et la chute n'est pas à envisager.

Avant de plonger dans de plus amples explications, voici un exemple d'Apple (APPL) qui subit une correction après avoir augmenté durant le mois de février et mars 2010.

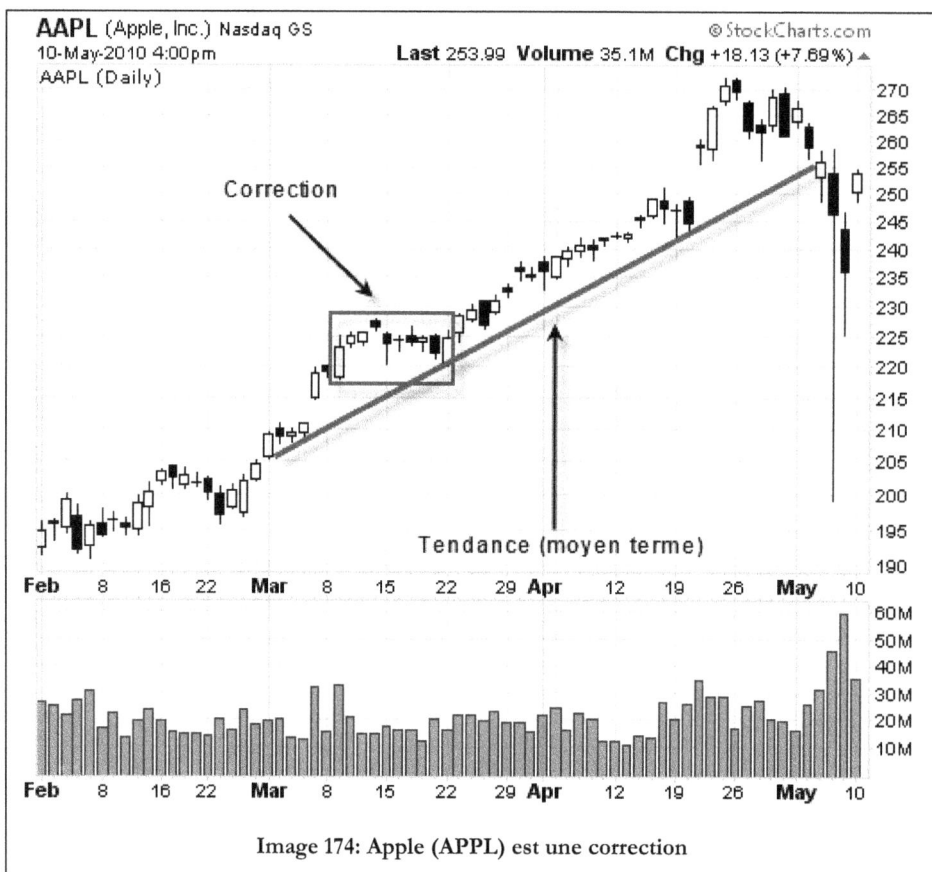

Image 174: Apple (APPL) est une correction

La correction se fait après un gap de type « RunAways Gap » et certains vendeurs en profitent pour prendre des profits qui sont déjà de plus de 10% depuis février 2010. Par contre, étant donné que les acheteurs croient plus que le titre va augmenter, cette correction reste horizontale. Sachez que plusieurs corrections vont faire descendre le prix. Cependant, une correction augmente toujours pour ensuite revenir dans la tendance. Normalement, le gap aurait été fermé et nous aurions pu ensuite observer une reprise de la hausse.

Une correction peut être sur une période journalière comme dans l'exemple d'Apple, mais peut aussi se produire sur une période hebdomadaire ou mensuelle. Voici un exemple avec Express Scripts Inc. (ESRX) en suivant un graphique hebdomadaire. La correction franchit la tendance inférieure, ce qui aurait dû déclencher une chute, et non pas une simple correction. Par contre, étant donné que la tendance inférieure est proche de la tendance supérieure, il faut être plus conciliant.

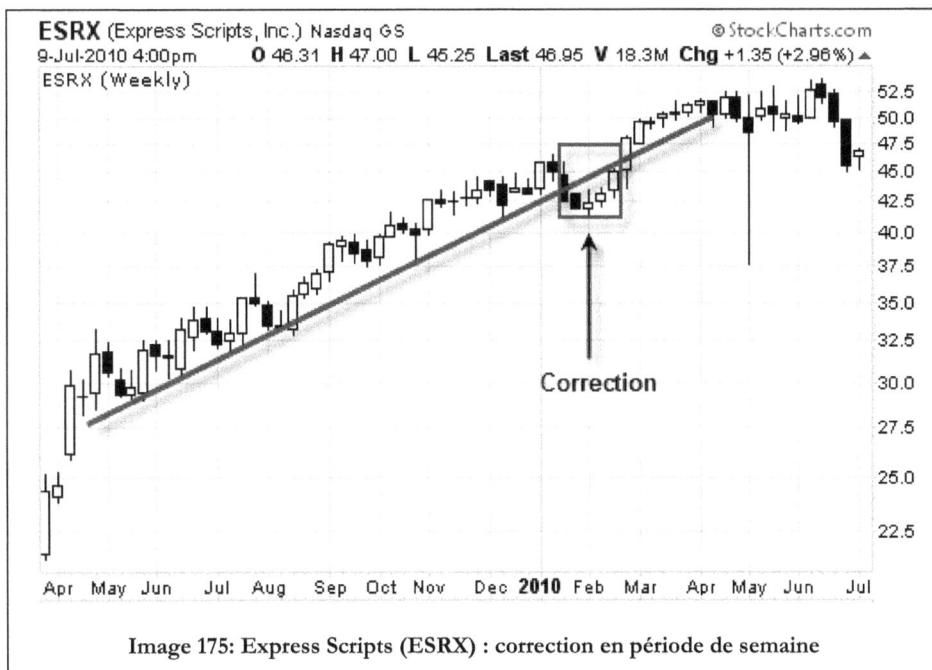

Les corrections sont intéressantes pour acheter des actions, car le prix descend normalement pour ensuite remonter rapidement à nouveau.

Image 175: Express Scripts (ESRX) : correction en période de semaine

Une correction peut aussi être exécutée pendant une descente. Visa Inc. (V) nous montre une chute dans le mois d'avril 2010 et, pendant la chute, 5 jours d'augmentation avant de continuer à descendre. Cette hausse était une correction de la forte descente. Une fois que le titre s'est stabilisé (corrigé), la chute continue son cours. C'est exactement le phénomène inverse que lorsque la correction se fait dans une tendance haussière.

Image 176: Visa (V) et une correction

À quoi sert une correction ?

Il est intéressant d'identifier les corrections, mais à quoi ceci peut-il bien servir? En fait, une correction est simplement un mouvement qui s'épuise ou encore un mouvement qui est trop rapide pour continuer normalement. Dans ce cas, le marché se redresse légèrement pour laisser le prix « souffler » pendant quelques instants.

Pour les investisseurs à la Bourse, c'est une occasion de vendre avec moins de pertes lorsque la correction est effectuée dans une nouvelle tendance baissière, ou d'acheter à meilleur prix lors d'une tendance haussière. Voici un exemple de vente ratée qui peut être améliorée suite à une correction.

Image 177: Oshkrosh Corporation (OSK) pendant une correction baissière (tendance baissière).

Oshkrosh Corp. (OSK) quitte sa tendance haussière avec un long chandelier noir pendant un fort volume vers la fin avril 2010. C'est un signal clair que le titre ne va pas continuer sa hausse des deux derniers mois. Prenons l'exemple que lors de cette brisure de la tendance, la vente n'ait pas été effectuée. Après quelques jours, le 7 mai, le titre s'est rendu à 37$. Un gain de 17%

$$\left(\frac{44.50\$ - 37\$}{44.50\$}\right)*100)$$ se serait évaporé si

N'essayer pas d'acheter pendant une correction lorsque la tendance est baissière. Ceci est un plan pour faire de grosse perte. Il y a plusieurs stratégies rentables moins risqué. Malgré que le titre augmente pendant une correction d'une tendance baissière, la reprise de la perte est inévitable.

la vente avait été fait en vendant à 44.50 $ quelques jours avant! Cependant, garder le titre ne serait pas avantageux, car la chute est réelle. Il faut donc vendre avec le moins de pertes possible. Le meilleur moyen de vendre est d'attendre la correction de cette dernière grande baisse. Cette correction est survenue après le 10 mai pour ensuite remonter jusqu'à 40$, ce qui donne simplement une perte de gains de 10% ($\left(\frac{44.50\$ - 40\$}{44.50\$}\right)*100)$ au lieu de 17% !

En cas de perte lorsque vous avez des actions, il est toujours préférable de rester calme et de ce demander ce qui est plus probable d'arriver à moyen et long terme. L'analyse technique permet d'être rationnel et de prendre une décision rapide. En voyant que l'avenir ne semble pas meilleur, il est préférable de vendre. La vente peut être mitigée en vendant lors du rebond, pendant la correction. Cette hausse temporaire peut faire économiser une perte jusqu'au bris de la tendance précédente en ne vous laissant presque aucune perte à quelques occasions. Par contre, dans les grosses baisses, la perte peut être moins importante, ce qui reste toujours une bonne option.

Les day-traders peuvent faire des gains pendant les chutes. Ils attendent après une grosse baisse pour acheter et revendre pendant la hausse de la correction. Dans le cas de Oshkrosh Corp. (OSK), quelqu'un de téméraire aurait pu acheter aux alentours de 35.50$

le 8 mai 2010 et vendre à 40$ 3 jours plus tard afin de faire un gain de plus de 10%. 10% en trois jours, c'est énorme, mais le risque est tout aussi énorme.

Conclusion

Les corrections sont très présentes lorsqu'il y a des changements de tendances. Elles sont autant présentes lors d'un revirement haussier que baissier. Si vous achetez dans une hausse et que le titre descend quelques jours après, il se peut que vous soyez dans une correction et donc il ne faut pas s'inquiéter. Si, par contre, le titre quitte la tendance haussière vers le bas, soyez très alerte afin de vendre sur la correction, car le titre change de tendance. Les corrections sont donc normales et il faut simplement savoir comment les utiliser à son avantage et non pas à sa perte.

Récapitulatif du chapitre

Voici le récapitulatif du chapitre 12.

- ✓ Les tendances peuvent être baissières ou haussière.

- ✓ Les tendances peuvent être dessinées au-dessus des chandeliers, ce qui forme une tendance supérieure. Les tendances peuvent être dessinées au-dessous des chandeliers, ce qui forme une tendance inférieure.

- ✓ Les deux premiers points du récapitulatif permettent d'affirmer qu'il y a quatre types de tendances.

- ✓ Les lignes de tendances doivent être dessinées sur une échelle logarithmique.

- ✓ Un support est une ligne imaginaire à laquelle l'ombrage inférieure touche au moins à deux reprises sur une période de temps raisonnable. Cette ligne est difficilement fauchable. Lors de bris d'un support, le titre chute fréquemment jusqu'au prochain support.

- ✓ Une résistance est une ligne imaginaire sur laquelle le prix risque de rebondir vers le bas lorsqu'il s'y approche. Pour qu'une résistance se forme au moins deux fois, l'ombrage supérieur de chandelier doit toucher ce prix avec une distance raisonnable.

- ✓ Autant un support qu'une résistance est une ligne horizontale.

- ✓ Un breakout est le dépassement d'une résistance ou d'un support. Celui-ci est préférable sur un volume fort.

- ✓ Il y a quatre phases, selon Stan Weinstein.

Questions et réponses

Voici des questions accompagnées de leur réponse. La section présente assure une meilleure compréhension des notions précédemment assimilées.

Questions

1. Qu'est-ce qui caractérisent les phases de Stan Weinstein?

2. L'achat devrait-il se faire dans la phase 1 ou phase 2?

3. Que faut-il faire en phase 1?

4. Si la vente n'a pas été faite et que le titre entre en phase 4, que faut-il faire?

Réponses

1. Il y a quatre phases : une phase de repos, une phase d'accumulation, une phase de sommet et une phase de déclin.

2. Le moment idéal est lorsque le titre quitte la phase 1 pour aller en phase 2. Cependant, il est toujours possible d'acheter en phase 2 qui est l'accumulation.

3. Il faut accumuler une liste de titres en phase 1 et surveiller ces titres afin de les acheter lorsqu'ils sortent de la phase 1. Acheter en phase 1 risque de faire perde du temps d'investissement parce qu'il arrive que les phases 1 durent plusieurs années.

4. Il est préférable de vendre sur une correction de la chute, ce qui va faire augmenter le titre quelque peu et donc causer moins de perte.

Analyse technique : intermédiaire-avancé

Chapitre 13

Graphique cassure en trois lignes (CTL)

Ce sont des graphiques simples, mais efficaces, utilisant la méthode « cassure en trois lignes », en anglais « Three Line Break ». C'est une très vieille méthode en provenance du Japon et vulgarisée en occident par Steve Nison.

Les graphiques en cassure en trois lignes peuvent remplacer, en quelque sorte, les graphiques de Points and Figures qui étaient populaires avant l'arrivée des micro-ordinateurs. Les graphiques en trois lignes sont plus faciles à interpréter et, lorsque ceux-ci doivent être fait à la main, sont beaucoup plus simples à créer.

Comme les graphiques de Points and Figures, le CTL possède la particularité de ne pas tenir compte du facteur de temps. L'avancement se fait uniquement par le changement de prix.

Le graphique en cassure en trois lignes est, ni plus, ni moins, qu'une suite de chandelier, noirs ou blancs, de différentes grandeurs, se suivant les uns après les autres en montant ou en descendant.

Steve Nison est l'auteur du livre populaire « Japonese Candlestick Charting Techniques » ainsi que « Beyond Candlesticks : New Japanese Charting Techniques Revealed». Il est le vice-président de Daiwa Securities America et donne plusieurs séminaires sur l'analyse technique. Son champ d'intérêt est l'analyse des chandeliers japonais. Il détient un MBA en finances et investissements.

Image 178: Steve Nison

Voici un échantillon de quelques chandeliers. Un chandelier blanc est haussier et un chandelier noir est baissier de la même manière qu'avec un graphique traditionnel de chandeliers japonais. Il démontre la direction du prix de manière précise. Pour l'instant, il n'y a pas de différence entre les chandeliers japonais d'un graphique conventionnel ou d'un graphique en CTL. Par contre, l'axe des X (horizontal) joue un rôle différent.

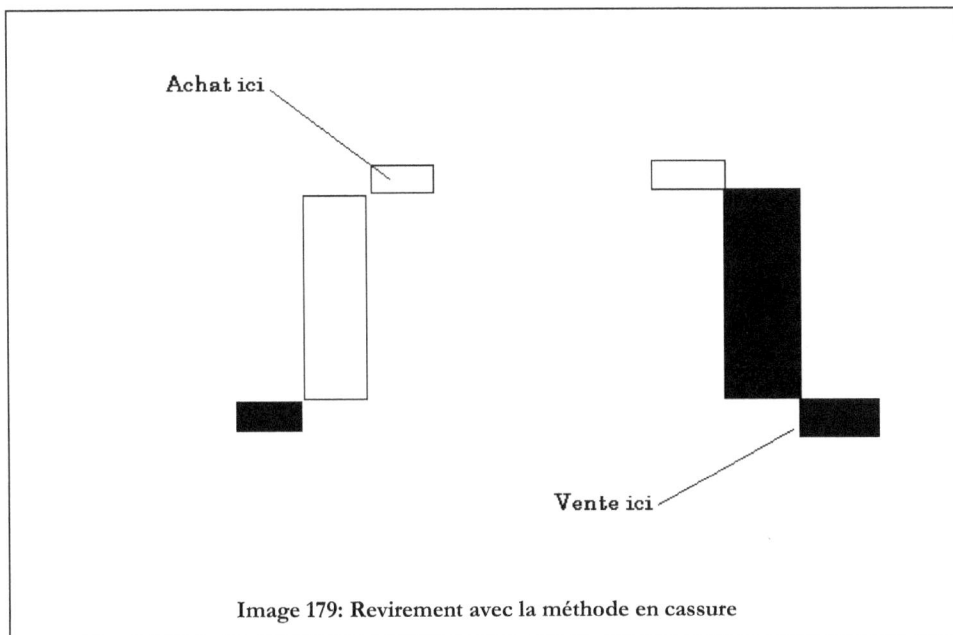

Image 179: Revirement avec la méthode en cassure

But

Ce qu'il faut retenir, en premier et principalement, du graphique en cassure en trois lignes est qu'il est utile pour deux choses :

1. Le **suivi** de tendance

2. Le **revirement** de tendance. L'échantillon qu'on vient de voir précédemment démontre des virements de tendance.

La différence première avec les chandeliers japonais est que ce type de graphique permet de simplifier la lecture en enlevant les petites variations.

Comment ça fonctionne?

Un graphique en cassure en trois lignes n'est pas basé sur un axe des X (horizontal) avec un temps constant. Le temps est bel et bien l'axe des X, mais il ne sera pas distribué de manière équitable, car chaque chandelier représente une variation de prix qui peut représenter une petite ou grande période de temps. Le chandelier est conçu selon plusieurs règles que nous allons aborder, mais avant tout sachez deux choses : les chandeliers n'ont jamais d'ombrages et cette méthode de graphique n'utilise que les corps des chandeliers et non pas les ombrages.

Un nouveau chandelier blanc est conçu lorsque le prix de fermeture dépasse le dernier haut du chandelier précédent. Un nouveau chandelier noir est conçu lorsque le prix de fermeture dépasse le dernier bas du chandelier précédent. Lorsqu'il n'y a pas de dépassement du haut ou du bas du dernier chandelier, il n'y a rien à dessiner! Cette dernière condition fait qu'il peut se passer plusieurs jours sans aucun chandelier, et donc un axe des X inconstant. Voici un exemple pour illustrer la différence entre un graphique conventionnel en chandelier et un graphique en cassure.

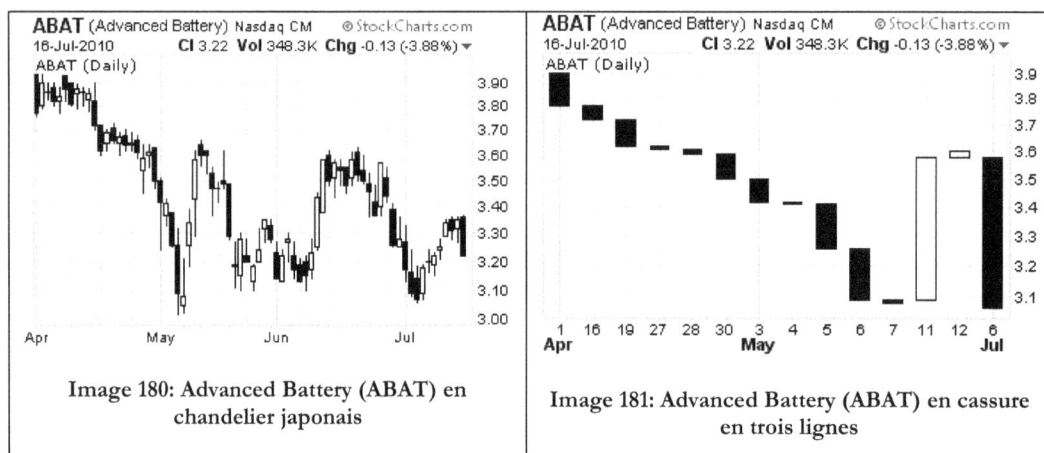

Image 180: Advanced Battery (ABAT) en chandelier japonais

Image 181: Advanced Battery (ABAT) en cassure en trois lignes

Advanced Battery (ABAT), en début avril jusqu'au 16 avril 2010, ne dépasse pas le prix supérieur du chandelier, qui est de 3.95$, ni ne dépasse le prix inférieur de 3.77$. Donc, il n'y a qu'un seul chandelier. Par contre, le 16 avril 2010, le prix dépasse le bas du chandelier de 3.77$ pour se rendre à 3.72$.

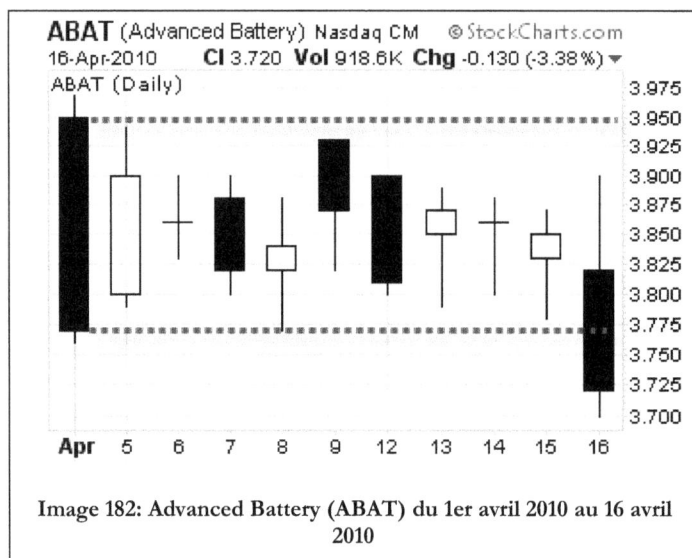

Image 182: Advanced Battery (ABAT) du 1er avril 2010 au 16 avril 2010

C'est la raison pour laquelle durant ce laps de temps, il n'y a que deux chandeliers en cassures en trois lignes. La création du deuxième chandelier se fait le 16 avril 2010, lorsque le prix dépasse le prix inférieur du chandelier du premier.

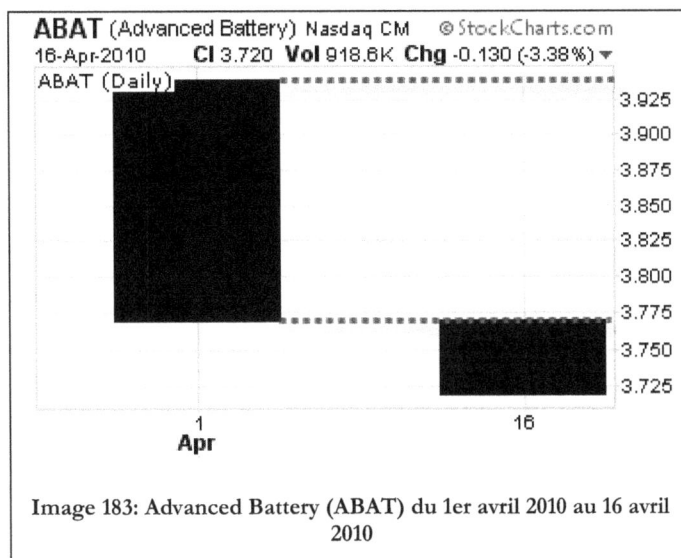

Image 183: Advanced Battery (ABAT) du 1er avril 2010 au 16 avril 2010

Pour avoir un chandelier blanc après le 16 avril 2010, il faudrait que le prix augmente au-dessus de 3.77$. Si, par contre, le prix descend sous 3.72$, il y aura un nouveau chandelier noir.

Règles

Les graphiques en cassures doivent être interprétés légèrement différemment des graphiques en chandelier japonais. Il y a trois règles pour bien comprendre les suivis et revirements.

La première règle est qu'il faut acheter après trois chandeliers noirs suivi d'un chandelier blanc. Ceci est un revirement pour un achat. La signification des trois chandeliers noirs est que pour trois moments, le prix a atteint un nouveau plancher bas pour ensuite exécuter une hausse significative qui est au moins équivalente au prix du début de la dernière baisse.

La deuxième règle est tout l'inverse de la première. Il faut vendre lorsqu'il y a apparition d'un chandelier noir après trois chandeliers blancs. Ceci est un revirement d'une tendance baissière vers une tendance haussière.

La troisième règle importante est qu'il faut éviter de transiger lorsque les chandeliers varient de noir à blanc de manière alternative.

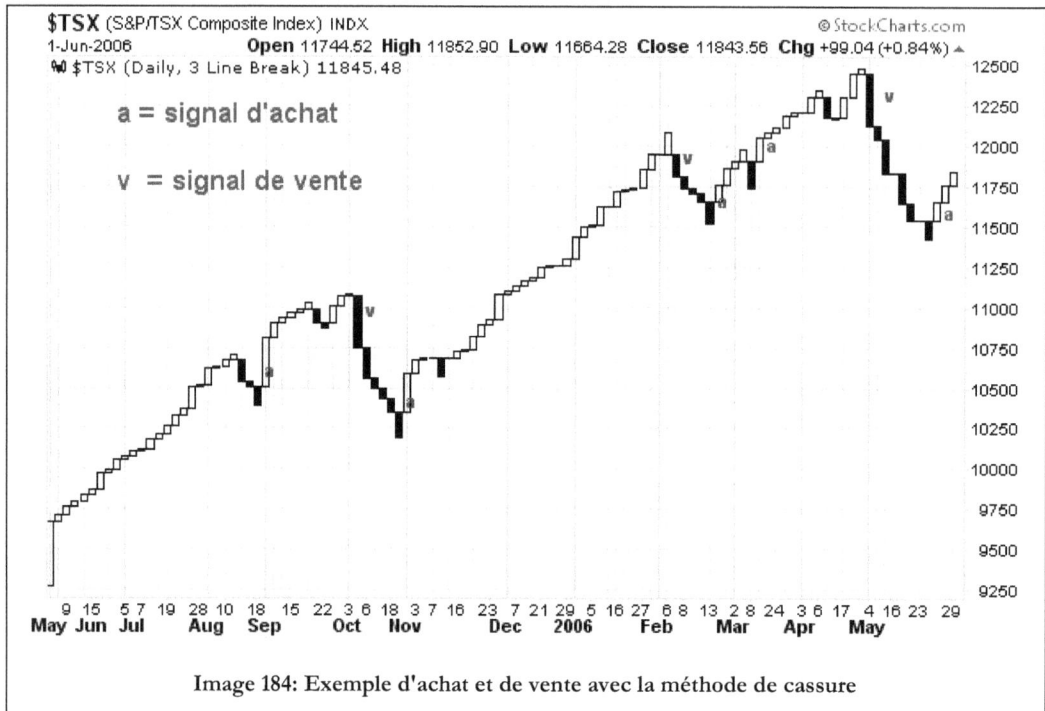

Image 184: Exemple d'achat et de vente avec la méthode de cassure

Le graphique de l'indice de Toronto (TSX) démontre plusieurs signaux d'achats et de ventes. Les achats sont démontrés par « a » et les ventes par « v », ci-dessus.

Suivi et revirement

Le premier cas de suivi de tendance peut être démontré avec l'indice de Vancouver. On voit nettement les trois successions de reprises de la tendance haussière après les corrections. Les corrections sont en date du début octobre 2005 et février 2006. Suite à ces corrections, les chandeliers ont continué de se développer et former de nouvelles tendances haussières. Les tendances sont valides tant qu'il n'y a pas de chandelier noir qui apparaît et forme des corrections. Nous pouvons voir dans le graphique ci-dessous les trois tendances identifiées par des flèches.

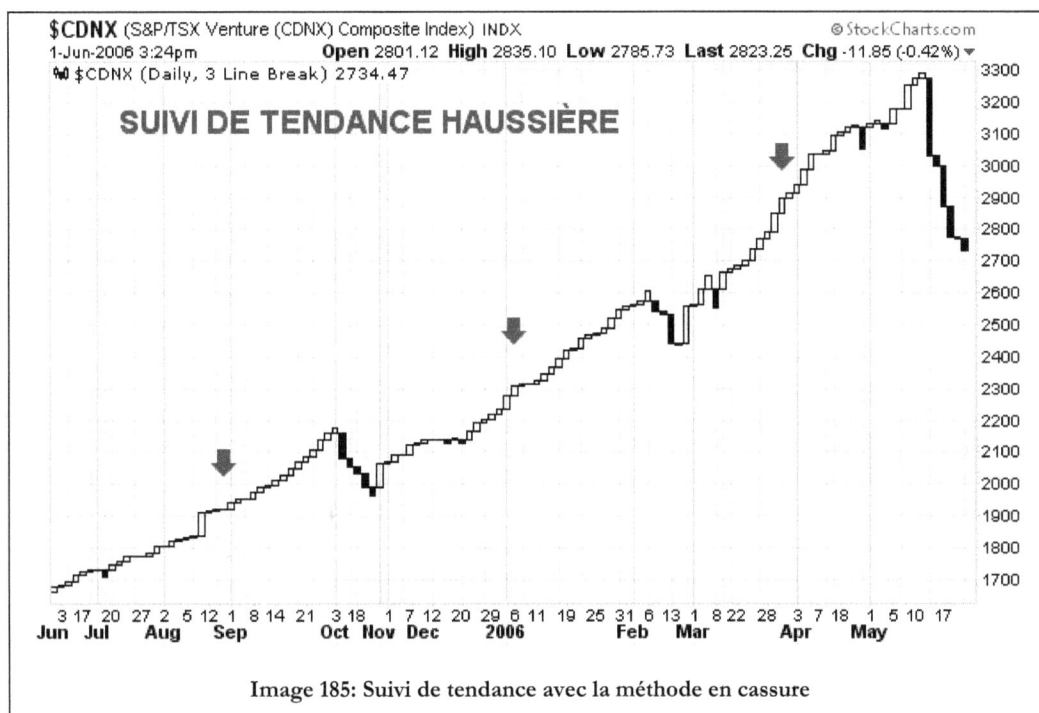

Image 185: Suivi de tendance avec la méthode en cassure

Remarquez bien qu'il ne s'agit pas de chandeliers japonais, mais d'un graphique en cassure en trois lignes. Les signaux d'achat sont visibles dès que trois chandeliers noirs sont suivi d'un chandelier blanc, ce qui est le cas après toutes les corrections montrées ici.. Par contre, en mai 2006 les chandeliers noirs se sont mis à détruire la tendance à long terme du graphique. Cependant, dès qu'un chandelier blanc apparait, le signal d'achat reste valide. Voici ce qui c'est passé après cette baisse, de 2006 à 2011.

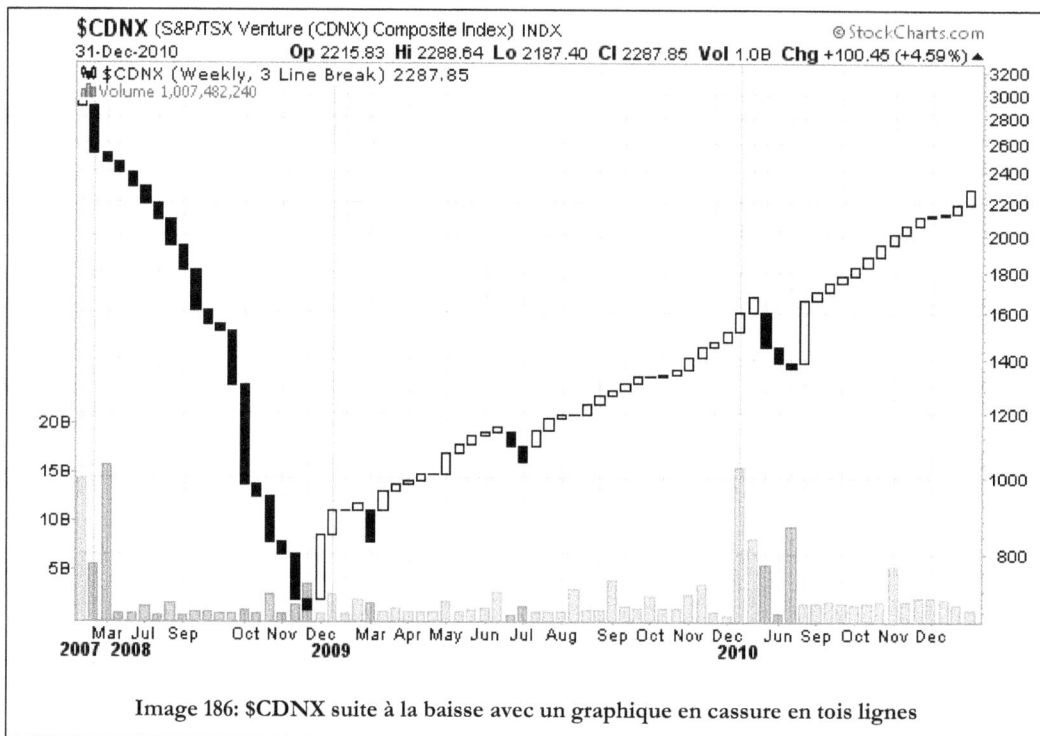

Image 186: $CDNX suite à la baisse avec un graphique en cassure en tois lignes

Ce type de graphique est intéressant à analyser. Il est aussi possible d'utiliser une période journalière, comme le premier graphique, ou une période hebdomadaire, comme le deuxième graphique. De plus, comme tous les graphiques, on peut y observer de faux signaux de vente et d'achat qu'il faut donc bien interpréter. Voici le Dow Jones de 2008 à 2011, avec le Three Lines Breaks sur une période hebdomadaire.

$INDU (Dow Jones Industrial Average) INDX   @StockCharts.com
25-Feb-2011   Op 12389.74 Hi 12389.82 Lo 11983.17 Cl 12130.45 Vol 3.4B Chg -260.80 (-2.10%) ▾
$INDU (Weekly, 3 Line Break) 12391.25
Volume 6,708,687,872

Incertitude

Faux signal de vente

Image 187: Down Jones en Three Lines Break et les faux signaux

Ce graphique démontre deux faux signaux de vente. Ces ventes ne sont pas bonnes, car après coût, l'indice du Dow Jones augmente. De plus, en juillet 2010, on remarque une zone d'incertitude où les chandeliers alternent de couleur. Les chartismes purs et durs auraient vendu lors des faux signaux et ceci n'est pas si dommageable, car les signaux d'achat reprennent aussitôt. Cependant, les gains n'auraient pas été optimisés, quoi que les pertes aient été limitées. En fait, sur le graphique ci-dessus, les ventes générées par les faux signaux font toujours des gains. Lors d'une période d'incertitude, il est préférable d'attendre un autre signal plus clair

Le meilleur site Internet pour avoir des graphiques de type « Three Lines Break » (en cassure) est sur le site anglais de StockCharts qui permet gratuitement de générer ses graphiques par jour ou par semaine. Le lien est http://www.stochcharts.com.

tel que les trois chandeliers blancs après un chandelier noir avant d'acheter. Sur des graphiques où la zone d'incertitude est plus longue, il est préférable d'opter pour un autre moyen d'analyser ou simplement changer d'action.

Avantages et inconvénients

L'avantage principal est que les revirements sont basés sur les prix sans prendre le temps en considération.

L'inconvénient est que les signaux arrivent plus tard qu'avec les autres techniques, ce qui laisse moins de marge de manœuvre pour avoir un plus gros gain.

Ce type de graphique est intéressant si vous désirez enlever des « bruits » sur des graphiques. Toutes les petites variations sont automatiquement retirées car ces micros variations ne sont pas ajoutées au graphique. Ils sont ajoutés seulement lorsque le prix dépasse le prix d'ouverture ou de fermeture du chandelier précédent. Ceci

Un bruit se produit lorsque le prix varie rapidement tout en restant dans une étendue de chiffre. Par exemple, si le prix varie entre 4.56$ et 4.70$ pendant une semaine de temps, ceci n'est que du bruit, car aucun mouvement réel ne se fait sentir. De plus, les ombrages dans les chandeliers conventionnels peuvent ajouter du bruit, car il arrive que l'ombrage qui est le plus haut ou plus bas de la journée ne dure que quelques secondes ou minutes dans une journée entière et n'offre donc aucune signification particulière.

permet d'avoir une lecture plus épurée.

Gap ou écart

Le gap est un terme utilisé pour décrire le bond que fait un chandelier entre deux périodes. C'est le terme anglais pour dire un écart. Toujours afin de continuer d'utiliser le jargon de la Bourse, le mot écart ne sera pas utilisé, mais bien le mot gap.

En une phrase, un gap est un saut entre deux périodes. Disons que le graphique utilise une période journalière; il se peut qu'entre deux journées, le prix de fermeture et le prix d'ouverture soient différents, ce qui va faire un espacement entre les deux chandeliers. Ceci est un gap, une fenêtre, un écart ou un espacement.

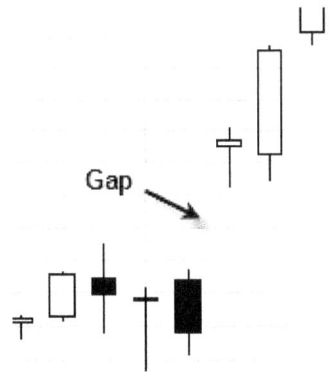

C'est une hausse ou une baisse prononcée entre la fermeture et l'ouverture. Il devrait y avoir un « trou », parce qu'il n'y a pas eu de transaction entre les deux prix.

Comment se produit un écart ? Un écart se produit lorsqu'une compagnie annonce une bonne nouvelle ou une mauvaise nouvelle hors des heures d'ouverture de la Bourse, ce qui pousse les acheteurs à placer des achats pour le lendemain matin à un prix plus haut (ou plus bas) que la clôture. Ceci peut aussi apparaître dans des situations de nouvelles qui ne sont pas directement liées à la compagnie. Par exemple, si dans un pays une guerre éclate et que ce pays est un exportateur de pétrole, il y a de fortes chances que les compagnies de pétrole augmentent rapidement.

Les écarts apparaissent plus fréquemment de façon journalière, mais peuvent aussi être observés sur une base hebdomadaire. La raison pour ceci est qu'une nouvelle qui arrive en fin de journée a cinq chances, car il y a cinq ouvertures par semaine comparativement à l'ouverture hebdomadaire qui est d'une fois par semaine. De plus, il faut que la nouvelle arrive lors d'une fin de semaine pour qu'un gap se produise sur un graphique hebdomadaire. Ceci est encore plus rare sur un graphique mensuel, car les chances d'avoir une nouvelle par mois sont seulement d'une fois par 30 jours.

Il est possible de différencier quatre catégories de gap. Voici leurs noms en anglais, suivi de leur caractéristique.

1. Common
2. Breakaway
3. Runaway
4. Exhaustion

« Common Gap »

Le Common gap est un saut qui survient régulièrement, comme par exemple après des dividendes. Un signe des « Common Gap » est qu'ils sont souvent effectués avec un volume bas. Dans la majorité des cas d'un gap haussier, un saut vers le haut sera suivi dans les prochains jours par une baisse du titre (closing gap). La hausse est donc temporaire et va se refermer durant les jours à

Un gap sur faible volume risque de se fermer dans les périodes suivantes. Il y a un vieil adage qui dit que tous les gaps se referment un jour. Par contre, il y a des types qui se ferment plus rapidement que d'autre.

venir. Ceci est un risque et ce n'est pas le type de gap que nous désirons. C'est le même scénario pour les « Common gap » survenant sur une baisse.

Voici un exemple d'un « common gap » de la compagnie Citizens Inc. (CIA) survenu en juin 2010.

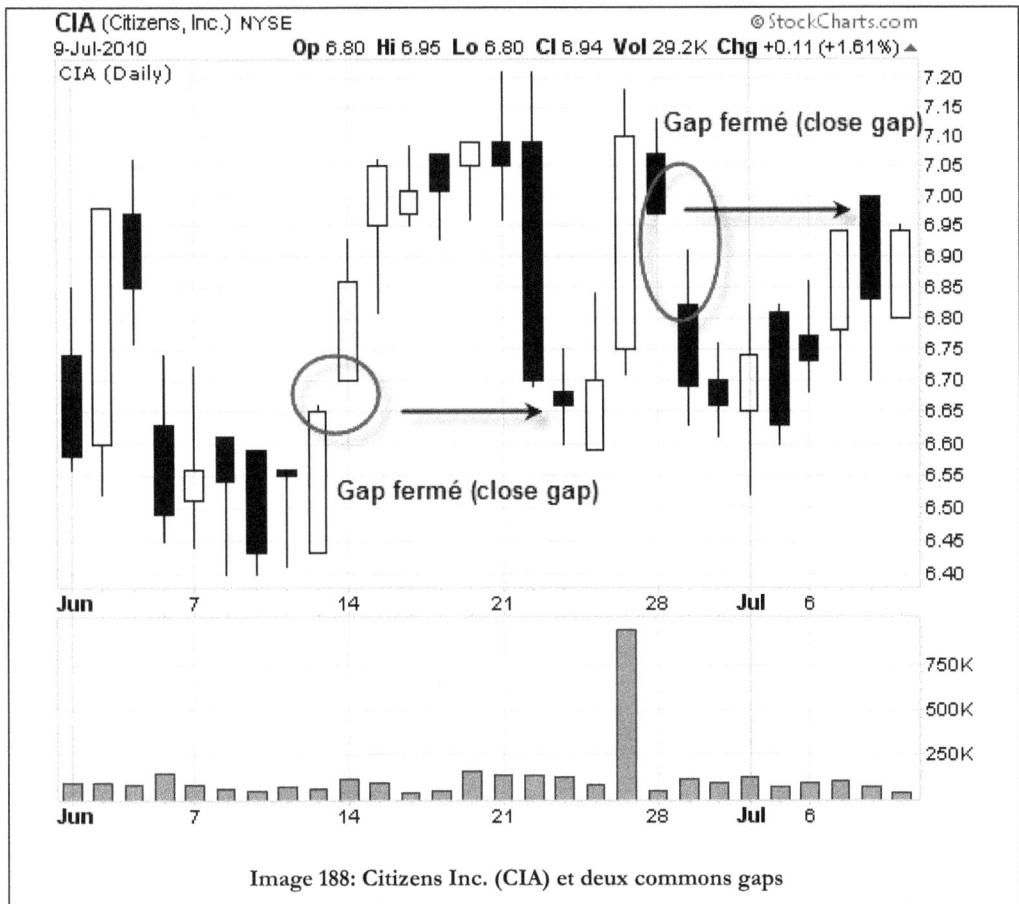

Image 188: Citizens Inc. (CIA) et deux commons gaps

On peut voir que la fermeture du 13 juin 2010 s'est fait à 6.65$ et que l'ouverture du 14 juin 2010 se fait à 6.70$. L'écart produit entre le prix de fermeture et le prix d'ouverture est un gap. Le volume du 13 juin et du 14 juin reste stable, ce qui confirme un « common gap ». En une semaine, la hausse produite par le gap s'annulera avec une baisse, c'est un gap qui s'est fermé. Sur le même graphique, on peut voir un « common gap » sur une descente. Le 28 et 29 juin 2010, un gap se fait avec un prix de fermeture à 6.97$ et un prix d'ouverture à 6.82$. Le gap du prix est plus gros entre ces deux journées que précédemment, mais comme le gap précédent, le volume est faible, ce qui fait que le gap est encore une fois un « common gap ». La fermeture se fait encore en moins d'une semaine, le 8 juillet 2010.

La fermeture de gap est une conséquence des « common gap » et doit être surveillée car c'est un faux signal d'augmentation d'une action.

Voici un autre exemple de « common gap ». Cet exemple contient deux gaps qui vont être tous les deux fermés après seulement quelques jours.

Image 189: Common gap avec Thomson Reuters Corporation (tri.to)

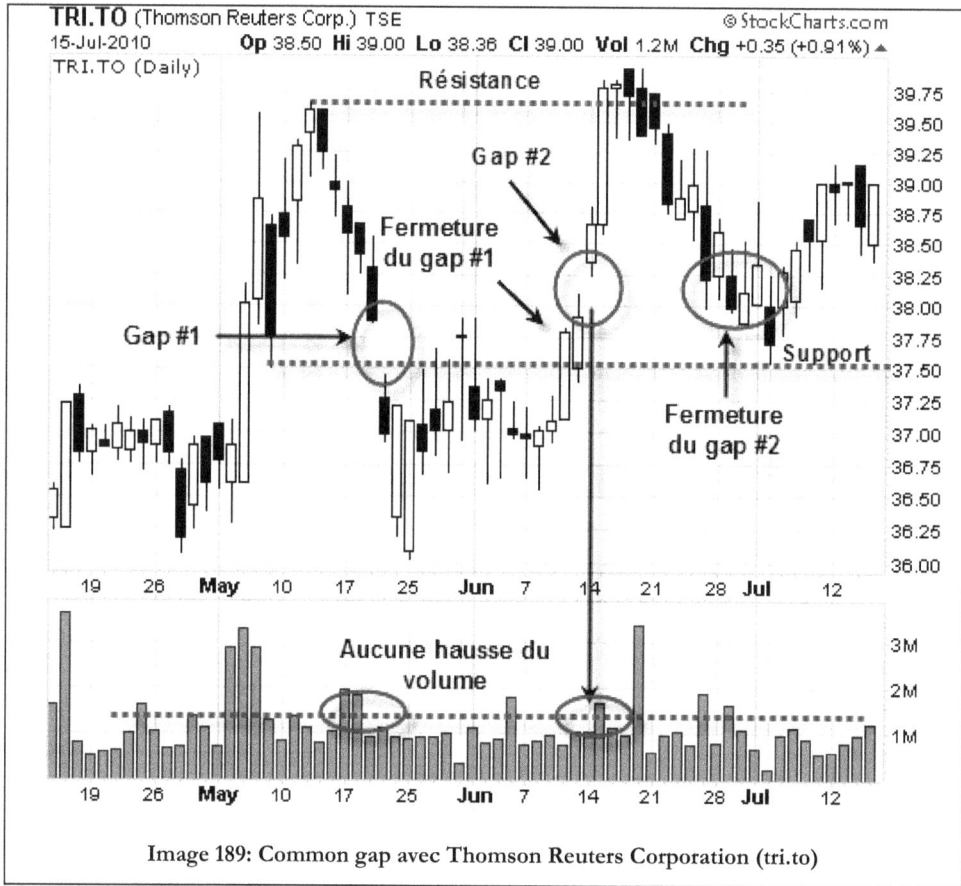

Une résistance faible ou un support faible signifie que celui-ci est formé par peu de chandeliers.

On peut voir que Thomson Reuters Corps. (TRI.TO) présente un gap le 20 mai 2010 vers le bas sur un faible volume. Le volume est à peine plus fort que la normale. Deux semaines plus tard, le gap se ferme et un deuxième gap se forme. Ce gap n'a pas plus de volume et se fermera aussi une semaine plus tard. La fermeture du gap #2 concorde bien avec un rebond sur une faible résistance et se ferme jusqu'à ce qu'il touche un support faible.

L'exemple suivant démontre deux « commons gaps ». Le premier exemple se ferme en même temps que le deuxième. La différence est que le premier gap se ferme plusieurs semaines après le saut, tandis que le deuxième se ferme à peine deux jours plus tard. Dans les deux cas, on remarque un volume faible.

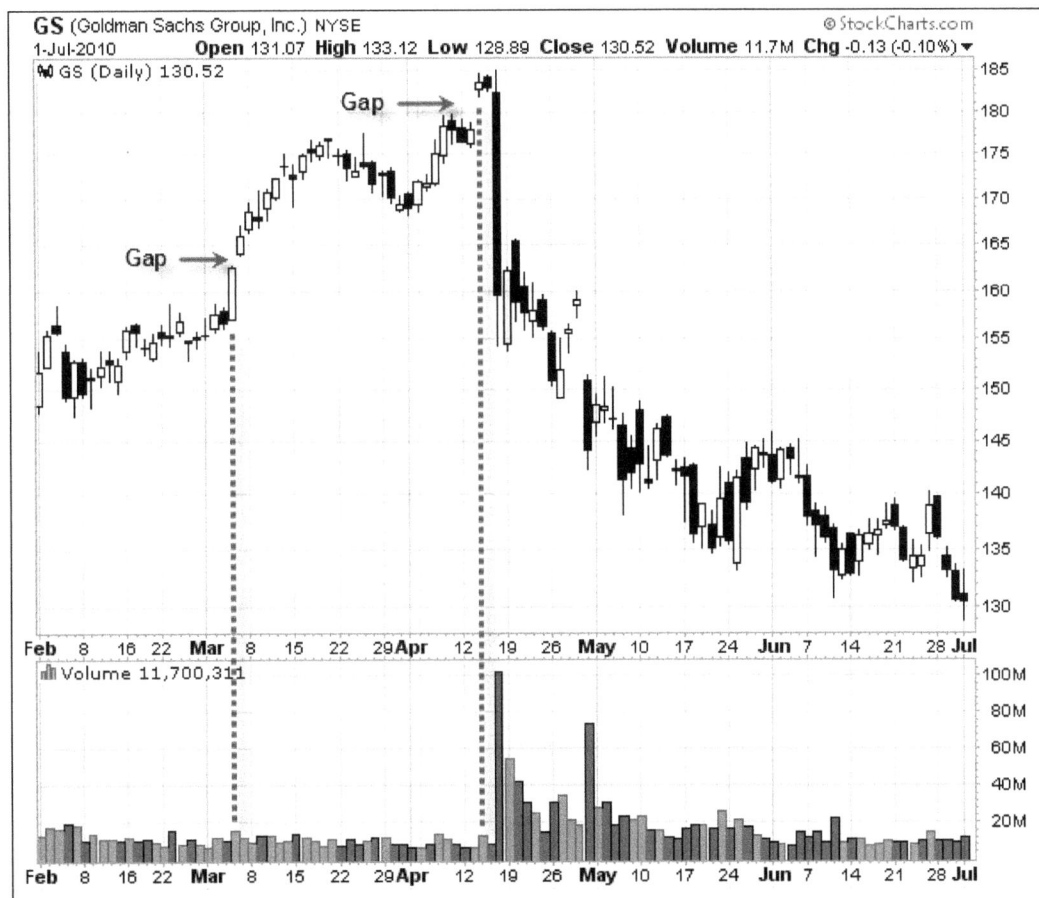

Adobe Systems (ADBE) démontre plusieurs gaps qui ont tous fermé quelques jours après leurs ouvertures respectives. Dans cet exemple, les volumes ne sont pas présents. Le but est plus de comprendre que les gaps ont une forte tendance à se fermer. Aussi, on remarque que le prix augmente et diminue de beaucoup. Ceci rend l'achat intéressant pour faire des gains. Par contre, il devient dangereux de faire des pertes rapides. C'est pour ceci qu'il est préférable de faire très attention lorsqu'un titre fait plusieurs gaps.

Attention

Il peut paraitre intéressant d'acheter quelque temps après une chute avec un « common gap » parce qu'on peut croire que le gap va se fermer. Cependant, il se peut que les gains prennent plus de temps que prévu, ainsi que l'évaluation du gap ne soit pas en réalité celui d'un « common gap », mais d'un type ne fermant pas. Le cas d'Adobe Systems Inc. (ADBE) démontre qu'un achat après le gap du 20 juin aurait pu mal tourner. Dans la situation d'un achat à 30$ après ce gap dans l'espérance de revendre vers 33$ (donc de faire 10%), cela aurait pu tourner à la catastrophe lorsqu'en juillet le prix était rendu à 26$.

« Breakaway gap »

Le Breakaway est le gap le plus fort et le plus recherché par les investisseurs. C'est un gap qui survient après quelques jours ou semaines, lorsque le titre est resté dans une zone de résistance/support pour passer à un autre niveau. Ceci arrive lorsqu'il y a plus d'acheteurs que de vendeurs (gap Breakaway vers le haut) ou lorsqu'il y a plus de vendeurs que d'acheteurs (gap Breakaway vers le bas).

Pendant le gap, le volume monte légèrement. Après un gap Breakaway, le volume devrait être croissant avec un bon gain (un volume de plus de 25% n'est pas rare) et il devrait y avoir une nouvelle zone de résistance/support. Il ne faut pas associer automatiquement le gap Breakaway avec une hausse de volume, mais généralement, pendant cinq jours, le volume est plus haut que la moyenne. Le volume augmente énormément pendant le gap pour ensuite revenir à la normale. Il est préférable que le volume n'ait pas augmenté avant que le gap se produise.

Habituellement, le titre ne revient pas à son stade initial (avant le gap) comparativement au Common gap. Par contre, il se peut que la reprise du gap prenne des mois ou ne survienne même jamais.

Support et résistance

Les « breakaways gaps» sont le signal attendu par tous les investisseurs pour acheter ou vendre selon la direction des actions. En phase 1, lorsque l'action a une résistance avant de bondir en phase 2, le titre rebondit sur cette résistance sans la traverser. Un « breakaways gap » permet d'avoir une percée du support et de passer en phase 2.

Le cas contraire, avec une phase 3 qui va en phase 4 avec une brisure de résistance, est un signal de vente.

L'exemple suivant présente Nortel Network (NT.TO) et démontre un « breakaway gap » qui ne casse pas de résistance ou de support, mais bien une tendance. La cassure d'une tendance est davantage significative avec ce type de gap. La raison pour cela est que le mouvement à la hausse (ou à la baisse) est soutenu par les investisseurs.

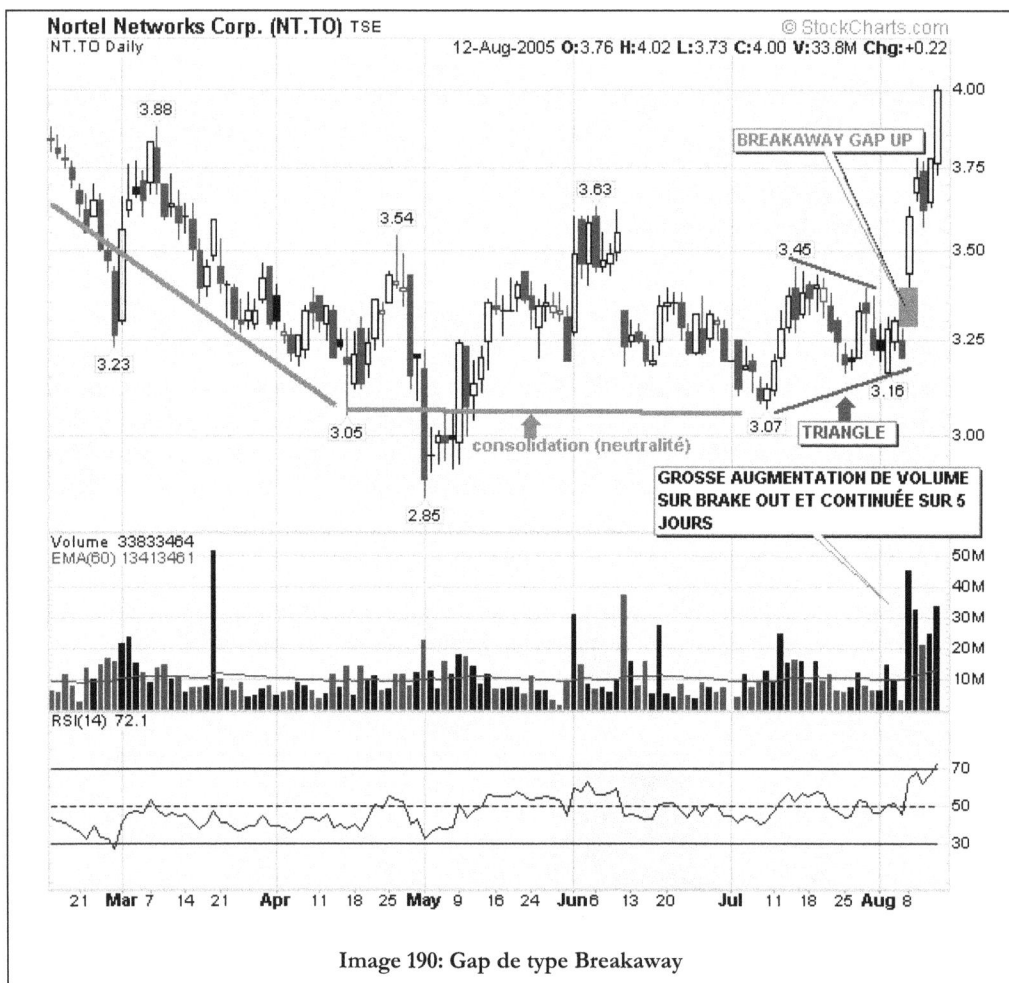

Image 190: Gap de type Breakaway

Pour repérer un breakaway gap, il faut regarder le patron qui le précède. Il est souvent précédé d'un patron haussier. De même, il est souvent précédé d'une période calme dans un couloir horizontal (support et résistance en parallèle).

« Runaway Gaps »

Il représente un intérêt accru pour le titre. Le gap est haussier ou baissier, et représente des investisseurs dans un état de panique. Le volume augmente de façon progressive, mais rapidement vers des sommets. Il est créé souvent après un début de hausse ou de baisse, car les investisseurs sentent un changement et s'aperçoivent que la tendance débute et ne veulent donc pas rater le bateau et investissent rapidement.

Un « runaway gap » est effectué dans une tendance déjà amorcée et se fait dans la même direction que la tendance. Si la tendance est haussière, au milieu de la hausse, un gap se produit.

Prérequis

Un prérequis obligatoire est d'être situé dans une tendance et d'avoir un volume croissant.

Voici un exemple avec la Banque de Montréal (BMO.TO)

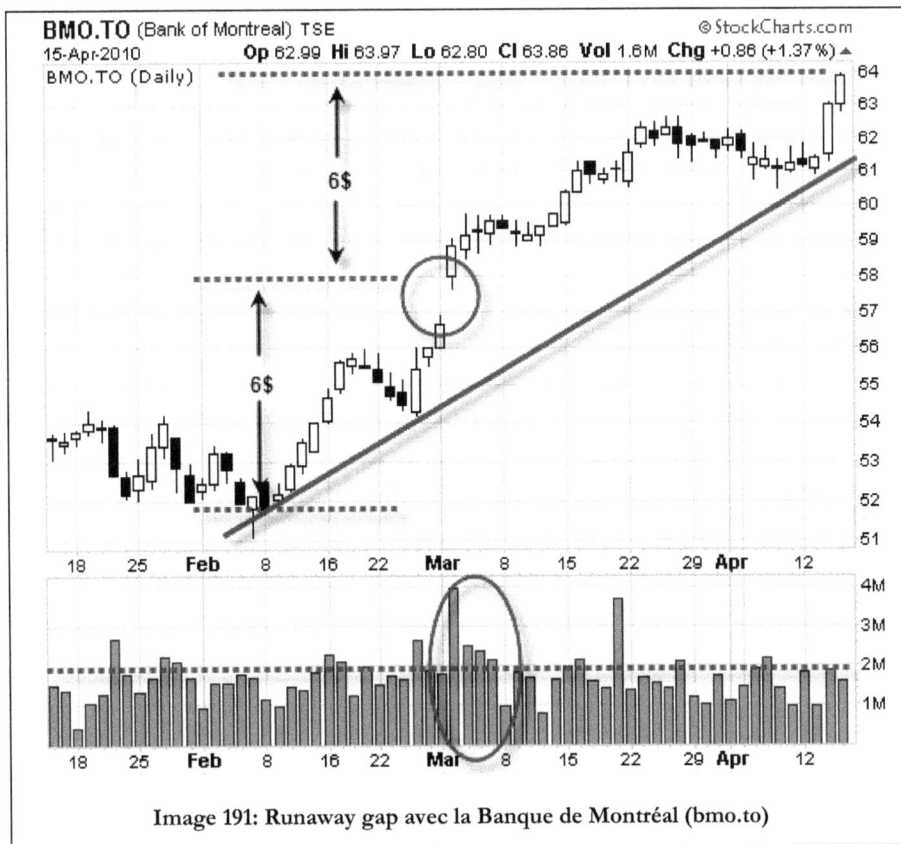

Image 191: Runaway gap avec la Banque de Montréal (bmo.to)

On peut voir une augmentation de volume dans une tendance haussière. Le gap s'effectue 6$ plus haut que le début de la tendance, ce qui peut présager que BMO.TO va augmenter encore d'au moins 6$, ce qui fut bien le cas. En fait, le titre a débuté sa descente vers le 26 mai 2010, juste après avoir touché le sommet de 66$, soit 8$ de plus que le gap.

Ce type de gap ne se ferme pas comme les « common gaps ». Par contre, il arrive que les gaps se ferment à quelques exceptions ou, comme Boston Scientific Corporation (BSX), vont presque se fermer.

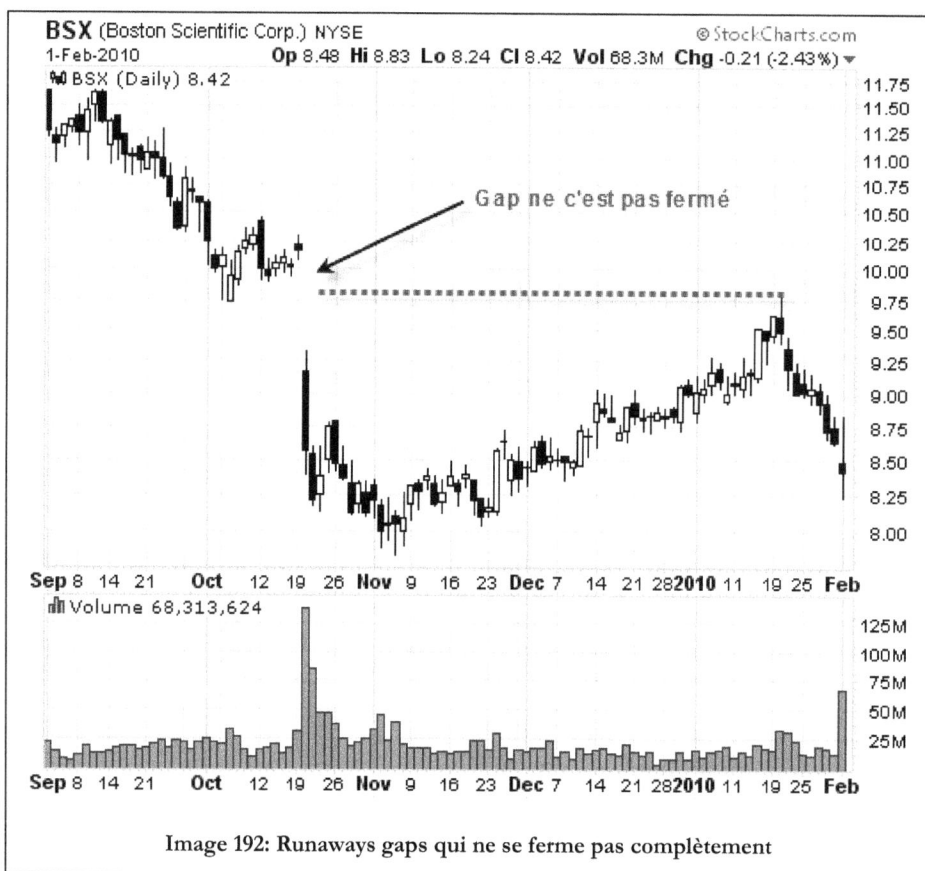

Image 192: Runaways gaps qui ne se ferme pas complètement

« Exhaustion Gaps »

Ce genre de gap apparaît à la fin d'une tendance vers le haut ou d'une tendance vers le bas. La tendance va changer. Le volume est très haut et, à très court terme, la tendance change.

Image 193: Exhaustion gaps avec Avion Gold Corporation (avr.v)

L'exemple d'Avion Gold Corporation (AVR.V) démontre bien une tendance haussière sur une période journalière. Le gap est sur un fort volume, en plus d'avoir un patron de chandelier qui confirme un changement de tendance. Dès les prochains jours, le volume change et la tendance baissière s'amorce pour être confirmée trois jours plus tard avec la brisure de la tendance.

À quoi servent les gaps?

L'utilité des gaps vous a surement effleuré l'esprit en lisant les différents types de gaps qui existent. Voyons en détail à quoi ils servent.

Les gaps peuvent être utilisés de deux manières. Les « Runaway gaps » signalent une opportunité d'achat. Ils sont situés dans une tendance et ont donc la caractéristique de doubler le gain depuis le début de la tendance. Dans le cas d'une tendance baissière, les « Runaway gaps » indiquent que le titre va descendre de la même perte encourue, donc ceci crée une situation intéressante pour faire des ventes à découvert.

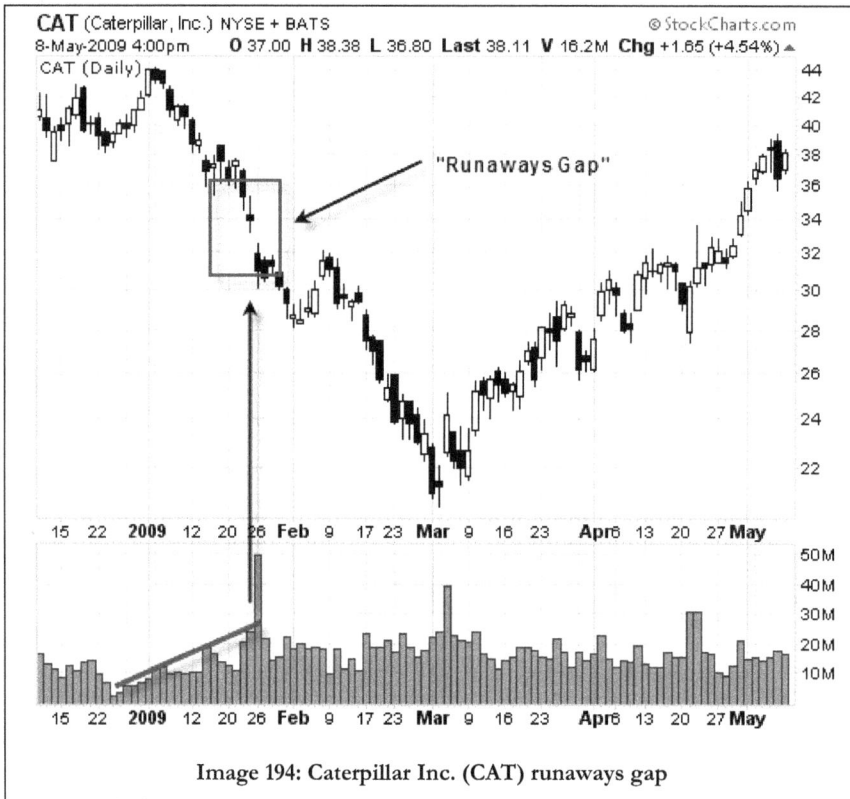

Image 194: Caterpillar Inc. (CAT) runaways gap

Dans le cas des « common gaps », lorsque ceux-ci sont baissiers ils nous indiquent que le trou formé par les chandeliers va se fermer tôt ou tard. Ceci peut être intéressant d'acheter et de vendre une fois le gap fermé. De plus, ceux-ci peuvent nous indiquer une opportunité d'achat si l'achat a été raté avant la vente. Si le titre augmente avec un gap et que celui-ci diminue pour fermer ce gap avant de remonter, le meilleur moment pour acheter sera tout juste lorsqu'il y a fermeture de gap.

Les « common gaps » sont un bon indicateur pour confirmer une vente lorsqu'un de ceux-ci se produit dans une hausse. Voici un exemple avec Intel (INTC) qui démontre un scénario d'achat possible à 12$ en début, ainsi qu'une possibilité de vente vers avril. Cependant, le titre est resté stable en avril et aucun signe de vente convaincant n'a été présent. Bien entendu, le 2 mai 2010, lorsque le titre a ouvert avec un gap, c'est à ce moment que la vente était confirmée. La raison est qu'un « common gap » se ferme et donc à court terme le prix se trouve à un sommet. C'est effectivement ce qui se passe lorsqu'on regarde les quatre chandeliers baissiers noirs qui ont suivi le chandelier exécutant le gap. Avoir vendu à 16$ aurait fait un gain de 30% ((16-12)/12$*100). Par contre, si vous aviez vendu avant le gap ou la journée après le gap, vos gains auraient déjà diminué à ((15.25-12)/12$*100) à 27%. Pas trop mal pour cet exemple, mais il arrive qu'une vente en sommet de gap puisse être plus significative que seulement 3%. Il arrive que les gaps soient de plusieurs pourcentages et que ceux-ci soient très rentables.

Image 195: Common Gap et Intel (INTC)

Que signifie un titre qui subit plusieurs gaps?

Il peut arriver qu'un titre de compagnie bondisse souvent avec plusieurs gaps. Il y a deux explications. La première est qu'il arrive que les compagnies avec peu de volume fluctuent plus en zézaiements, car il n'y a pas beaucoup d'acheteurs et de vendeurs. Il est donc normal que les cours de prix ne soient pas aussi bien suivis.

Le deuxième cas est illustré dans le graphique suivant, avec la compagnie Canadian National Railway Corporation (CNR.TO). Ce titre a plus de un million de volume quotidiennement et a subi six gaps en moins d'un an! Ce n'est donc pas un problème de volume. La raison est simplement que le titre était très volatile dans cette période et changeait de prix très rapidement.

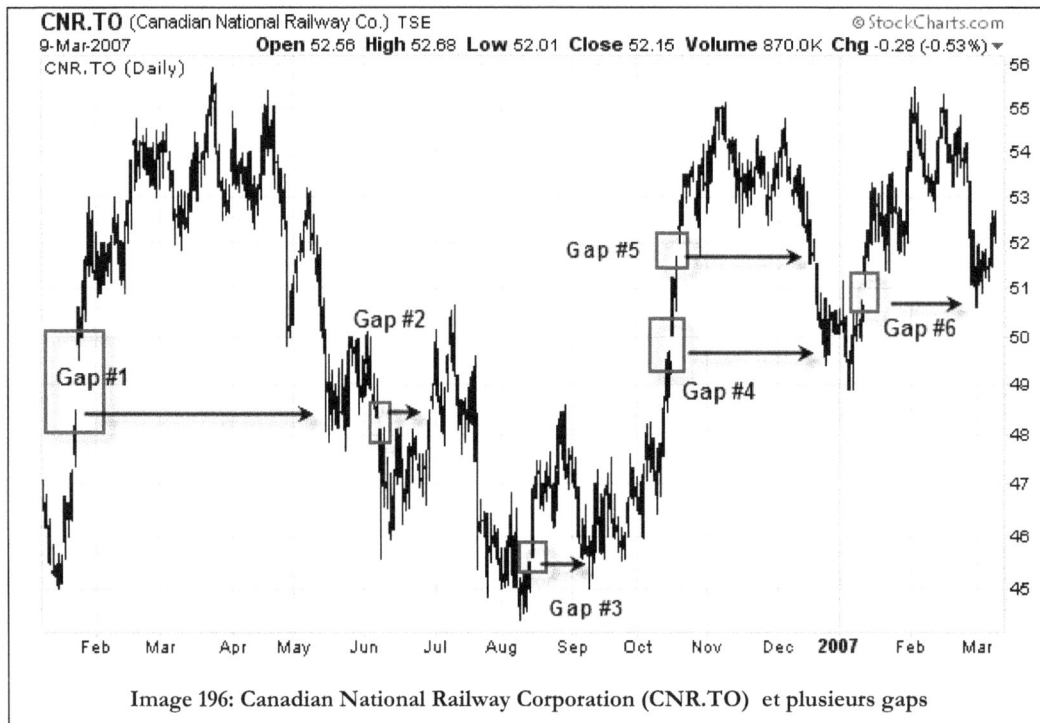

Image 196: Canadian National Railway Corporation (CNR.TO) et plusieurs gaps

Dans les deux cas il est préférable de s'abstenir, car ceci montre une instabilité à avoir un prix. Cette instabilité rend difficile la tâche de voir les tendances ainsi que de déterminer les bons points d'achats et de ventes.

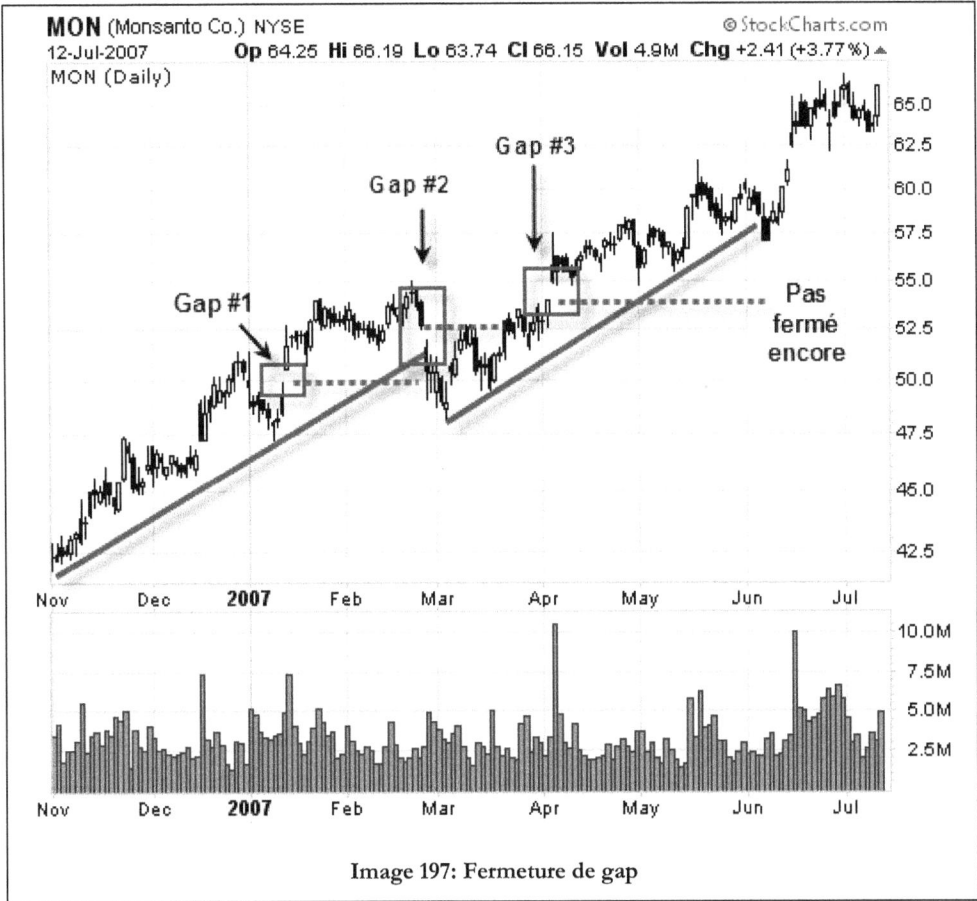

Image 197: Fermeture de gap

Récapitulatif du chapitre

Voici le récapitulatif du chapitre 13 « Analyse technique : intermédiaire-avancé»

- ✓ Le graphique en cassure en trois lignes est un type de graphique en chandeliers qui a un axe en X différent. Ce X ne représente pas le temps, mais bien le changement de prix.

- ✓ Il y a quatre types de gaps :

    1. Common gap : Se ferme relativement rapidement.

    2. Breakaway gap : Ne se ferme pas rapidement, fort volume.

    3. Runaway gap : Doit être situé dans une tendance, ne se ferme pas rapidement.

    4. Exhaustion gap : Se ferme rapidement, illustre un revirement de tendance.

Questions et réponses

Voici des questions accompagnées de leur réponse. La section présente assure une meilleure compréhension des notions précédemment assimilées.

Questions

1. Quel est le type de gap souhaitable sur une hausse?

2. Quel est le type de gap souhaitable lorsqu'un investisseur n'a pas vendu lors d'une chute?

3. Quelle est la meilleure chose à faire lorsqu'un titre présente plusieurs gaps vers le haut ainsi que vers le bas?

4. Quels sont les deux éléments qui créent des gaps multiples?

Réponses

1. Le breakaway et le runaway sont souhaitables, car ils ne se ferment pas rapidement.

2. Le common gap, car il se ferme et donc pourrait être revendu.

3. Il est préférable d'attendre, car ceci indique de la volatilité ainsi que de l'insécurité du marché sur une direction précise.

4. Volatilité et faible volume.

Les indicateurs techniques

Chapitre 14

Les indicateurs techniques sont des calculs mis en graphique qui peuvent être sur le graphique ou juxtaposés à celui-ci afin d'aider à en faire une analyse. Les calculs suivent le cours normal, le volume, ainsi que d'autres indicateurs techniques ou des détails sur la compagnie afin de créer des courbes. Les indicateurs techniques peuvent indiquer la tendance, la force de la tendance et les meilleurs moments pour acheter et vendre. Cette section explique plusieurs indicateurs techniques et permet de sélectionner ceux que vous préférez.

MACD

Le MACD est un indicateur technique qui utilise les moyennes mobiles pour faire ses calculs. MACD signifie « Moving Average Convergence Divergence ». Le C et le D signifie la même chose en français qu'en anglais : convergence et divergence. Le MA signifie moyenne du prix qui bouge selon les jours.

Image 198: Gerald Appel inventeur du MACDG

Gerail Appel est le président de Signalert Corporation, qui est une firme de gestion de capitaux avec approximativement plus de 280 millions à gérer. Il est l'inventeur du MACD et a écrit plus d'une douzaine de livres sur les stratégies d'investissements.

Le MACD a été inventé par Gerald Appel dans les années 1970. C'est un indicateur facile à calculer, efficace et présent dans la majorité des outils de graphique de Bourse.

Fonctionnement

Le MACD prend deux moyennes mobiles exponentielles (EMA) et analyse la différente entre celles-ci ainsi que la vitesse à laquelle celles-ci se croisent. Pourquoi exponentielles? Tout simplement afin de favoriser les derniers jours. Comme les moyennes mobiles, l'indicateur MACD prend en paramètre le nombre de jours pour la première moyenne mobile et le nombre de jours pour la deuxième moyenne mobile. Lorsque le MACD est fourni avec un troisième paramètre, celui-ci est utilisé comme signal de croisement sur une autre MA. Par défaut, le MACD est avec les paramètres 12, 26, 9 qui proviennent de son inventeur. Les paramètres peuvent être changés selon le type d'investissement que vous faites. Un day-trader préférera utiliser des graphiques en heures et utilisera le MACD avec des heures au lieu de journées. Par contre, pour l'investisseur moyen, les paramètres par défaut sont excellents. Il s'agit de la ligne du signal du MACD, qui est représenté par %D et le MACD, représenté par %K.

Le premier et deuxième paramètre sont pour le nombre de jours des moyennes mobiles. En fait, cet indicateur comporte deux moyennes mobiles. Le troisième paramètre peut-être intéressant parce que celui-ci fourni l'histogramme MACD, qui est un histogramme de la différence entre la ligne de signal et le MACD. Il permet aussi d'évaluer le bon temps d'achat et de vente de manière plus rapide. En fait, il permet de savoir la moyenne entre la différence des deux moyennes mobiles selon la période de temps définie par ce troisième paramètre.

Le MACD nécessite deux paramètres (MA#1, MA#2). Le premier paramètre est toujours une MA plus petite que la deuxième MA. Le MACD prend la MA#1 et la soustrait à la MA#2. Lorsqu'un troisième paramètre est fourni, le MACD dessine une ligne de signal qui est la MA en jour selon le chiffre de ce troisième paramètre.

Néanmoins, il faut garder en tête que les signaux qui sont plus rapides pour signaler une action sont aussi plus susceptibles de se tromper. Ceci est vrai pour tous les indicateurs.

Le graphique ci-dessous démontre Walt-Mart (WMT) avec deux moyennes mobiles exponentielles sur 12 et 26 jours, ainsi que la MACD avec deux paramètres qui sont 12 et 26. Le choix des moyennes mobiles sur 12 et 26 jours est pour mieux concorder avec les paramètres du MACD.

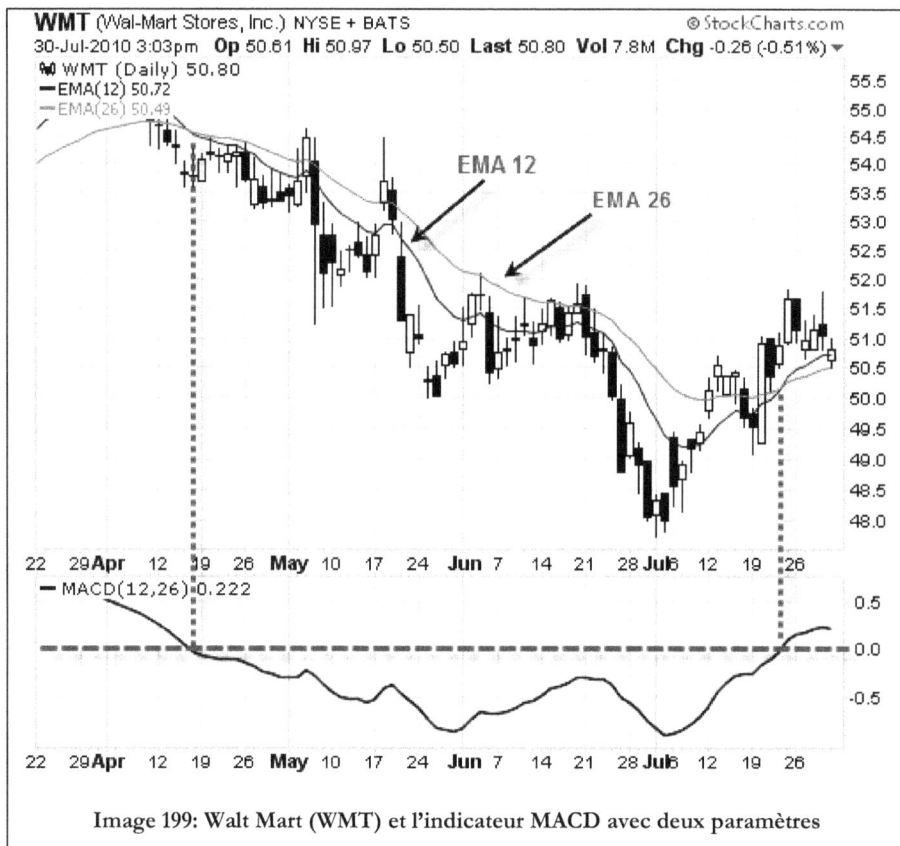

Image 199: Walt Mart (WMT) et l'indicateur MACD avec deux paramètres

On remarque que lorsque l'EMA12 traverse l'EMA26 vers le bas, le MACD dessine une ligne qui croise le 0. Lorsque l'EMA12 traverse à nouveau l'EMA26, le MACD croise à nouveau le 0.

Deux paramètres MACD

La croisé du 0 et du MACD est en réalité EMA12-EMA26. La croisé donne 0 car le prix de la EMA12 et EMA26 sont identique : 54-54 = 0.

Le 1er juin 2010, le MACD est sous 0. La raison pour cela est que EMA12-EMA26 = 51.20-52 = -0.80$

Vers la fin juillet, la ligne croise à nouveau l'horizon du 0 car la EMA12 > EMA26. Donc, le MACD permet de regarder deux lignes de moyennes mobiles en un clin d'œil.

Si nous reprenons le même exemple, mais cette fois avec une MACD avec trois paramètres, nous obtenons ce résultat :

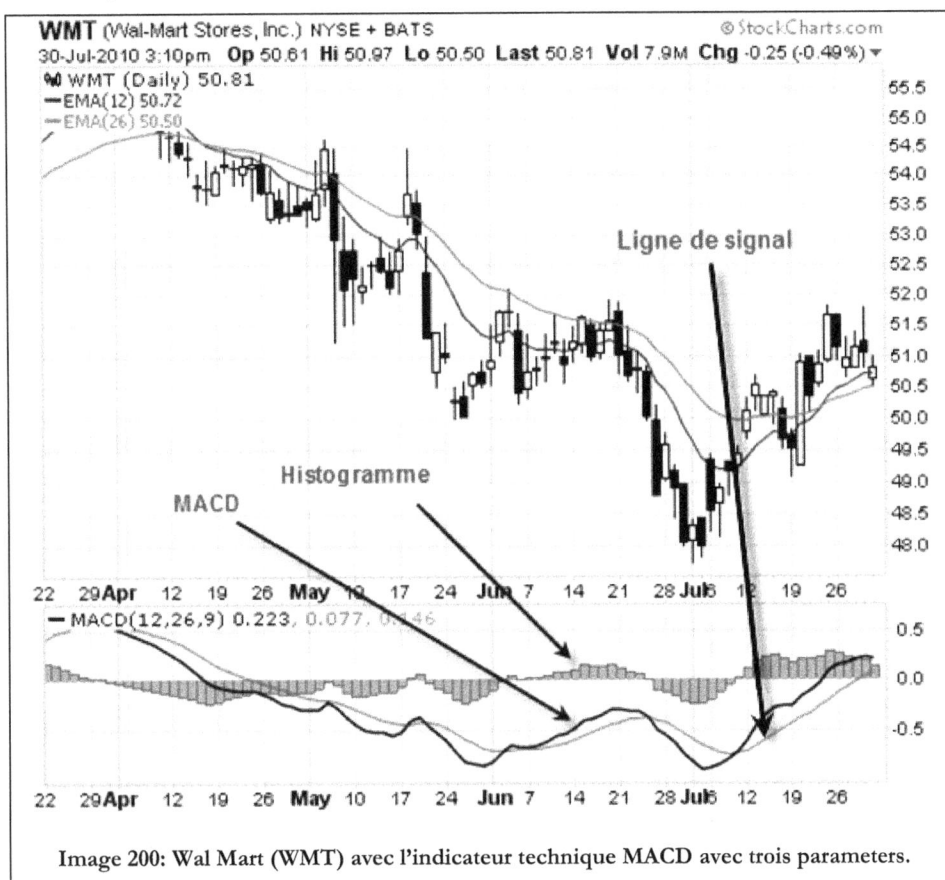

Image 200: Wal Mart (WMT) avec l'indicateur technique MACD avec trois parameters.

On remarque que l'indicateur est plus complexe avec l'ajout d'élément sur celui-ci. Il y a désormais trois grandes parties dans le MACD. La première est la ligne que nous avions dans le graphique précédent. Elle indique la croisée de la EMA12 et EMA26. La deuxième partie est l'histogramme, qui est en fait la soustraction entre la ligne de MACD et celle du signal selon le troisième paramètre. La troisième partie est la ligne de signal qui est représentée par la plus petite ligne dans l'indicateur.

Interprétation

Le MACD, comme son nom le dit, est un outil qui gère les convergences et divergences. Précédemment dans ce livre, la théorie sur les moyennes mobiles vous a permis de comprendre que la MA est intéressante pour indiquer un achat ou une vente. Le MACD simplifie ceci en affichant en haut de 0 lorsque c'est un achat et sous 0 lorsque c'est une vente.

Une autre indication d'achat et de vente qui est plus rapide que simplement la croisée des MACD est lorsque la MACD croise la ligne de signal par-dessus celle-ci. Dans l'exemple de Wal Mart(WMT), on remarque que la MACD a croisé la ligne de signal le 20 mai 2010, le 4 juin 2010 et le 10 juin 2010. Ceci indique trois moments opportuns pour acheter à court terme. À court terme parce que si on se rappelle bien, la ligne de signal s'étend sur 9 jours, ce qui est très rapide. La vente s'effectue lorsque la MACD croise la ligne de signal sous celle-ci.

L'histogramme est en fait la différence entre la MACD et la ligne de signal. Lorsque l'histogramme est en haut de 0, ceci signifie que c'est le temps d'acheter. En fait, c'est simplement une représentation du paragraphe ci-dessus, car ceci est exactement la même chose.

La MACD est un indicateur tout à fait valide pour investir avec la théorie des divergences positives et négatives qui sera discutée plus en détail prochainement dans ce livre. En résumé, lorsque l'indicateur diverge avec la tendance du prix, ceci signifie que l'indicateur précède le cours du prix et donc indique ce qui va se produire. Pour plus d'informations, allez voir la section des divergences. Néanmoins, voici un exemple de divergence négative :

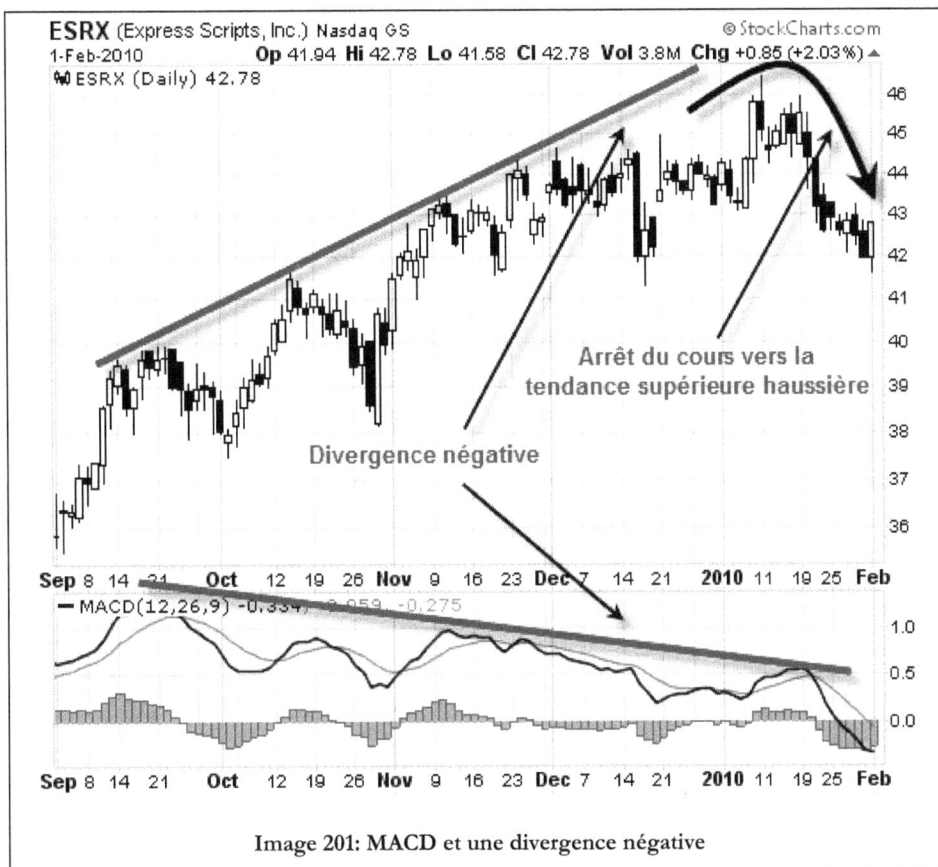

Image 201: MACD et une divergence négative

La divergence est négative car l'indicateur descend et le prix augmente. Ceci est un signal que la tendance qui haussière va bientôt s'épuiser. C'est le cas dès le début 2010, où le prix ne réussi plus à augmenter assez afin d'aller rejoindre la ligne de la tendance supérieure haussière.

Calcul

$$MACD = EMA(12) - EMA(26)$$
$$Signal_{MACD} = EMA_{MACD}(9)$$
$$MACDHistogramme = MACD - Signal_{MACD}$$

Équation 3: Calcul du MACD, de son signal et de son histogramme

Le signal est calculé à partir de la moyenne mobile exponentielle des valeurs des MACD et non pas du prix de l'action.

Exemple

Voici un exemple de l'utilité du MACD. Le MACD, dans l'exemple suivant d'AKSteel Holding Corporation (AKS), démontre plusieurs aspects discutés montrant des signes de baisse avant que la baisse ait lieu.

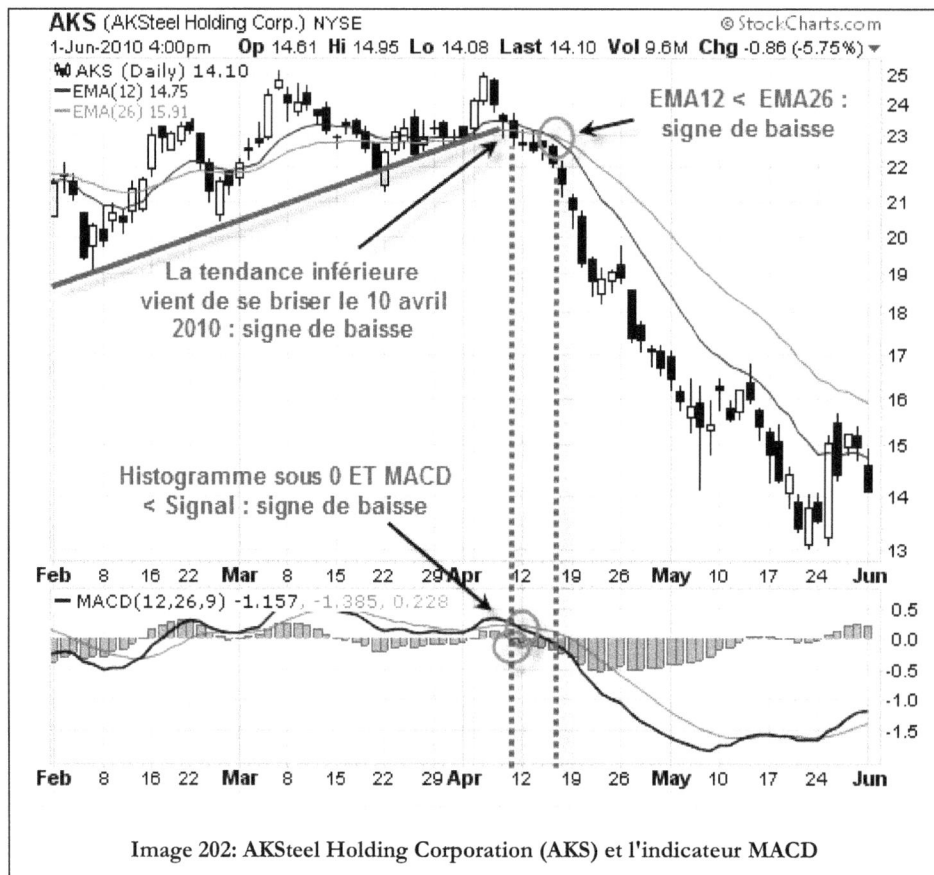

Image 202: AKSteel Holding Corporation (AKS) et l'indicateur MACD

Avant d'aller analyser l'indicateur MACD, on remarque que la tendance inférieure se brise le 10 avril 2010. Ce signe sera soutenu par la MACD, qui démontre la baisse de deux façons. La première manière est l'histogramme, qui va sous 0. La deuxième est la ligne du MACD, qui va sous la ligne du signal. Il est intéressant de voir que la EMA12 est plus petite que la EMA26 quelques jours après le signal du MACD. En fait, le signal de baisse du MACD est arrivé une semaine avant la croisée des EMA.

Conclusion

La MACD est un indicateur technique qui peut être utilisé avec des périodes journalières, hebdomadaires ainsi que mensuelles sans problème. Le MACD n'est pas un indicateur qui indique si l'action est sur-achetée ou sous-achetée, mais bien un indicateur qui permet de voir quand acheter et vendre. L'histogramme donne une indication sur la force de l'achat et de la vente, mais n'est pas un indicateur qui devrait être utilisé pour savoir le surachat ou sous-achat, car il n'y a pas de limite aux hauteurs de l'histogramme MACD.

Un autre point important à retenir est que le calcul se fait avec une soustraction de MA. Donc, il n'est pas possible de comparer un graphique à un autre, car une action de 10$ va avoir quelques sous de différence, et donc un MACD qui devrait rester entre 0.25$ et -0.25$ lorsqu'une action de 500$ va avoir un MACD variant entre plusieurs dizaines de dollars.

RSI

Le RSI est un indicateur de force. Il compare la force des baisses et des hausses pour établir une valeur de force sur une échelle de 0 à 100. Le RSI, comme bien des indicateurs, prend un paramètre. Le RSI a un seul paramètre, qui est le nombre de jours qui doivent être comptabilisés dans le calcul pour donner sa valeur. Ce nombre de jour est par défaut 14, chiffre attribué par Welles Wilder. Il est possible de changer pour un nombre plus petit afin d'avoir des signaux plus radicaux, mais attention, ceux-ci peuvent être de faux positifs et se diriger vers la mauvaise direction. En augmentant ce paramètre au-delà de 14, il y a une diminution des mauvais signaux, mais ceci ne permet pas de voir exactement le meilleur moment pour agir. Souvent, ceci donne un signal positif, mais qui arrive plus tard que désiré.

Welles Wilder est l'inventeur du RSI. Il est un ancien ingénieur qui a ensuite changé de carrière pour se diriger en biens immobiliers pour enfin terminer vers l'analyse technique. Il est non seulement l'inventeur de l'indicateur RSI, mais aussi du Average True Range (ATR), du Directional Mouvement (ADX) et du Parabolic Stop and Reverse (SAR).

Image 203: Welles Wilder

Fonctionnement

Le RSI donne une valeur entre 0 et 100. Cet indicateur fonctionne de deux manières. La première est de regarder sa valeur et d'établir un raisonnement d'après celle-ci. La seconde manière utilise le principe des divergences qui sera discuté plus loin dans ce livre. Le RSI fonctionne avec la moyenne des gains et la moyenne des pertes. Le calcul est expliqué en détails plus loin.

Interprétation

Lorsque le RSI dépasse 70, un sommet est en train de se créer. Lorsque le RSI dépasse 30, un creux est en train de se terminer. Ceci ne veut pas dire qu'automatiquement il faut vendre lorsque le RSI dépasse 70, ni automatiquement acheter lorsque le RSI est à 30. La raison est qu'il se peut que le titre conserve ces valeurs pendant un bon bout de temps. Par exemple, si le RSI monte à 70, il est préférable d'attendre pour vendre lorsque celui-ci redescendra, car il pourrait rester à 70, et même plus pendant quelques mois. Il est donc préférable de vendre lorsque le RSI descend et traverse 70 vers le bas.

Aussi, lorsque le RSI dépasse un sommet ou une baisse précédente en force (en valeur), il y a encore plus de chances qu'un revirement de tendance puisse survenir. L'exemple de Cameco (CCO.TO) suivant illustre ce type de signal.

Si le RSI dépasse une de ces tendances, ou résistances, et que le cours n'a pas ce dépassement de tendance, ceci envisage que le cours va aussi faire ce bond prochainement. Il faut donc analyser le RSI comme si c'était une action en lui-même et de ce dire que les signaux qu'il crée sont précurseurs à ceux du cours de l'action.

Exemple

Image 204 : Cameco et une résistance en RSI

Le graphique avec Cameco (CCO.TO) démontre que le RSI offre une résistance depuis décembre. En début janvier 2010, le titre a rebondit sur cette résistance pour descendre vers 50 et moins. Suivant ce signal, le titre est passé de 32$ à 27$ en moins de trois semaines (10% de perte). De plus, ce graphique démontre que lorsque le titre a augmenté à nouveau en février 2010, celui-ci n'a pas réussi à augmenter autant que la dernière hausse à 70. Ceci démontre que la hausse n'est pas aussi forte. Ceci s'est concrétisé lorsque le titre a chuté à nouveau en mars pour quatre mois consécutifs. Chacune des hausses n'a jamais réussi a remonter au-delà de 50, ce qui indiquait que les hausses n'étaient pas assez significatives pour faire revirer les tendances.

La dernière indication est une divergence avec le cours. Les détails seront discutés plus loin, mais voici un exemple :

Image 205: Express Scripts Inc. (ESRX) divergence négative

Et avec l'indice du Dow Jones (INDU) :

Image 206: Dow Jones en divergence négative avec le RSI

Calcul

Voici le calcul du RSI. Le RSI comprend la RS comme variable, qui est la moyenne des gains et la moyenne des pertes selon le paramètre.

$$RSI = 100 - \left(\frac{100}{1 + RS} \right)$$

$$RS = \frac{Moyenne\,gain}{Moyenne\,perte}$$

$$Moyenne\,gain = \text{Différence positive entre fin de journée}$$

$$Moyenne\,pete = \text{Différence négative entre fin de journée}$$

Conclusion

Le RSI est un indicateur simple et populaire. Par contre, par expérience, celui-ci n'est pas le meilleur pour indiquer exactement le moment pour acheter ou vendre. Il est légèrement lent, moins précis, semblable au cours des titres. Cependant, celui-ci est intéressant pour des titres en particulier. Il faut donc l'utiliser lorsque celui-ci détecte un signal clair et non pas l'utiliser à toutes les fois de manière aveugle.

Bandes de Bollinger

Les bandes de Bollinger (BB) sont un indicateur qui se place sur le cours du titre. C'est-à-dire que les indications qu'il donne vont être placées directement sur le graphique et non pas sous ou par-dessus le graphique.

Les bandes de Bollinger consistent de trois lignes formant un corridor autour du prix et une ligne au centre. Comme tous les indicateurs, il possède un paramètre. Ce paramètre par défaut est 20, qui indique que le calcul se fait sur les 20 derniers jours. Malgré que cet indicateur ait été conçu dans les années 1980, celui-ci est toujours d'actualité et permet de mettre le prix du titre dans l'espace.

John Bollinger est président de Bollinger Capital Management. Bollinger est un technicien reconnu mondialement. Il a écrit plusieurs livres, en plus d'être un chercheur passionné de la Bourse.

Image 207: John Bollinger

Fonctionnement

La bande du milieu est simplement une moyenne mobile selon le nombre de période choisi par paramètre. Généralement, et par défaut, c'est la MA20. La barre du haut et du bas sont calculées selon l'écart type de la période par défaut des 20 derniers jours.

Interprétation

Les bandes de Bollinger doivent être interprétées comme ceci :

1. Si les bandes se resserrent, l'écart type devient plus petit et donc il y a de fortes chances qu'un changement dans le cours du titre s'exécute.

2. Lorsque le prix du titre se colle et désire sortir ou sort hors de l'une des deux bandes externes de l'indicateur, ceci indique qu'une tendance ce poursuit.

Exemple

Le graphique ci-dessous, d'UEX Corporation (UEX.TO), démontre bien les deux interprétations. On voit bien que lorsque les bandes se contractent, le prix change rapidement par la suite. Il est aussi possible de voir que, les deux premières fois, les chandeliers touchent la bande de Bollinger et donc la direction est poursuivie. Par contre, la dernière fois que ceci se produit, le signal est faux.

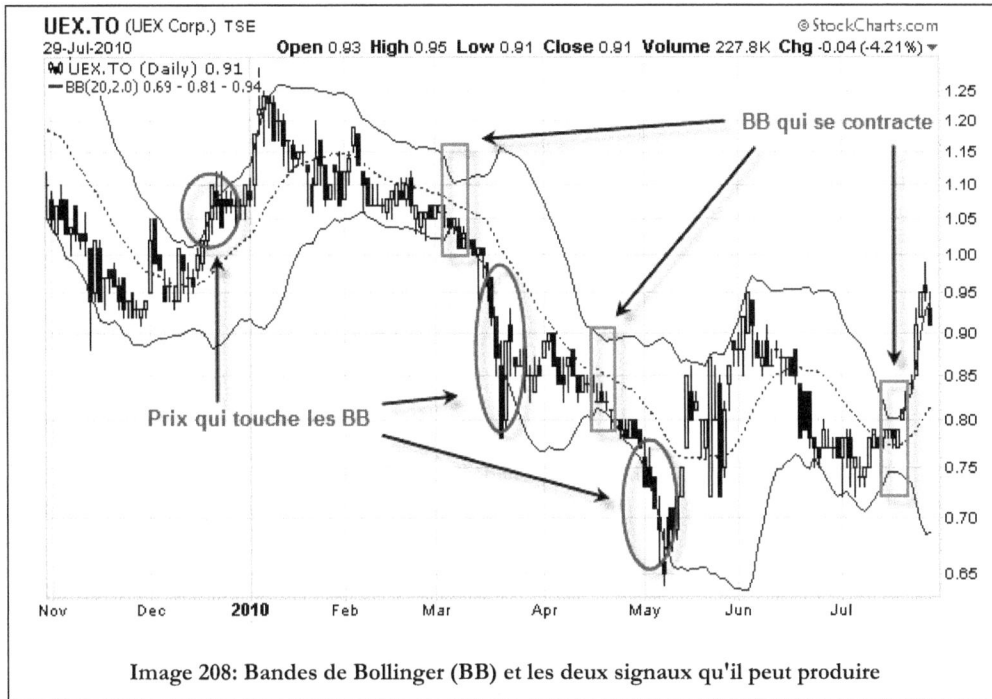

Image 208: Bandes de Bollinger (BB) et les deux signaux qu'il peut produire

Les bandes de Bollinger permettent de situer le prix de l'action dans l'espace. Ceci permet aussi de déterminer lorsque des changements ou des continuités de mouvement surviennent.

Calcul

Il est possible de calculer les valeurs des bandes à la main. Les bandes de Bollinger prennent un nombre de jours en paramètre. Pour ce qui est de la ligne centrale, la MM20 est utilisée si le paramètre passé est 20. Elle se calcule avec le calcul des moyennes mobiles :

$$x_k : MM(i,n) = \frac{\left(\sum_{i=k-n+1}^{k} y_i\right)}{n}$$

Équation 4: Moyenne mobile

- **Xk** la valeur de la moyenne mobile pour la journée i.
- **n** est le nombre de périodes.
- **Yi** est le prix pour la journée.

La fonction des moyennes mobiles MM prend un nombre de jours (n) et va vers n-1 jours de son premier paramètre i. Donc, i peut être 2010-08-01, et n peut être 20. Ceci va donc prendre les chiffres du 1er août 2010 et 19 jours avant afin d'en faire la somme et de diviser par 20, qui est n.

Les bandes se calculent avec un calcul utilisant la formule de la moyenne mobile, étant donné que celle-ci ajoute l'écart type pour la bande supérieure à la moyenne mobile, puis la soustrait pour la bande inférieure.

$$MM(i,n) \pm 2 * \sqrt{\frac{\left(\sum_{i=k-n+1}^{k} [y_i - MM(i,n)]^2 \right)}{n}}$$

Équation 5: Les bandes de Bollinger

Conclusion

Les bandes de Bollinger sont utilisées car elles affichent la moyenne mobile ainsi qu'elles mettent en contexte les variations des prix sur le graphique. Au lieu d'afficher simplement la moyenne mobile, il est suggéré d'utiliser les bandes de Bollinger. Plus tard dans ce livre, nous verrons l'utilisation d'une technique « Squeeze », qui est un approfondissement de la deuxième interprétation des bandes de Bollinger. Ceci permet de trouver les titres en phase 1 qui sortiront bientôt de leur phase 1 afin d'entreprendre une phase 2 (voir le chapitre sur les quatre phases). Pour l'instant, les bandes de Bollinger offre un moyen de placer le prix des actions dans l'espace.

Stochastique

À la Bourse, le stochastique compare le cours actuel (ou de fermeture, si la période est terminée) par rapport aux autres fermetures comprises dans le paramètre de période fourni. Cela met en perspective le prix selon des valeurs passées et le tout sous une échelle relative de 0 à 100.

En règle générale, lorsque celui-ci est en haut de 80, l'action est surachetée et il faut donc faire attention, car ceci annonce une baisse prochaine. Lorsqu'il est sous 20, l'action est sous-achetée et risque de subir une hausse. Il faut faire attention pour ne pas se confondre avec le RSI, qui est une échelle de 0 à 100, mais qui doit être interprété différemment. Les stochastiques montrent la sous/sur évaluation et le RSI montre la force de la tendance. Il est à noter que selon votre style d'investissement, les zones de 20 et 80 pourraient être remplacées par 30 et 70.

Le stochastique a été développé vers la fin des années 1950 par George C. Lane. Ce dernier fut un investisseur professionnel pendant plus de 50 ans, donc 10 ans en tant que courtier au plancher. Il a écrit des lettres journalières concernant la Bourse pendant plus de 16 ans.

Le stochastique est un indicateur qui varie rapidement. Selon George C. Lane, l'indicateur ne suit pas le prix ni le volume, mais bien la vitesse et les mémentos du titre. Les mémentos changent plus rapidement que le prix de l'action et ceci est la raison pour laquelle le stochastique est un indicateur intéressant.

Image 209: George C. Lane - 1921 à 2004

Fonctionnement

Le stochastique est un indicateur qui prend deux paramètres. Le premier paramètre est le nombre de jours compris dans le calcul. Plus ce nombre est petit, plus l'indicateur est nerveux et varie rapidement. Cela le rend plus précis et il devient donc plus facile de faire des erreurs. Plus ce paramètre est grand, moins il sera rapide, mais il sera par contre plus fiable. Par défaut, une période de 14 est utilisée. J'utilise période, car sur un graphique en jours, ceci peut être 14 jours, tandis que sur un graphique en semaine, l'indicateur technique du stochastique est toujours aussi valide et sera 14 semaines.

Le deuxième paramètre est le nombre de jours pour la moyenne mobile du stochastique. Par défaut, cette valeur est de trois. Elle va être représentée par une ligne plus mince dans l'indicateur du stochastique. Elle permettra d'analyser les croisements avec le stochastique. La ligne du signal du stochastique est représentée par %D et le stochastique est représenté par %K.

Interprétation

Il est possible d'interpréter le stochastique de plusieurs manières. La première est une divergence de tendance avec le prix du titre. Ceci sera discuté plus en détails un peu plus tard.

La deuxième interprétation peut être faite par sa valeur, sur son échelle de 0 à 100. L'indicateur peut donc indiquer lorsqu'il va y avoir une hausse et une baisse et à quel moment les revirements de tendance s'effectuent. Le stochastique sous 20 indique une fin de période baissière et un stochastique plus grand que 80 indique une fin de tendance haussière. Il faut quand même comprendre que même si un titre est suracheté, donc au-dessus de 80, ceci ne veut pas dire qu'il va immédiatement y avoir une chute. Durant les tendances haussières, il se peut qu'un titre reste suracheté pendant plusieurs moments. Le stochastique va donc être intéressant lorsque celui-ci va débuter une descente ce qui devrait arriver avant même que le prix commence sa chute. Ceci est tout à fait valide pour la zone sous 20 qui indique un survente ou sous-achat. Sans entrer dans les calculs pour l'instant, un surachat ou survente est que le cours de l'action est plus bas que pour la période sélectionnée en paramètre et est un bon candidat pour être acheté.

Sa troisième interprétation est lorsque le stochastique se rend par-dessus la ligne de signal. Le croisement du stochastique et de la ligne de signal indique un achat. Dans le cas contraire, ceci indique un signal de vente. Ceci est encore plus valide lorsque le stochastique est situé sous 20 et que celui-ci augmente et dépasse la ligne de signal.

Calcul

Voici le calcul pour dessiner le stochastique. Il n'est pas nécessaire de savoir ce calcul par cœur, mais il est tout de même intéressant de savoir comment l'indicateur se fait.

$$pp = Min(Yi)$$
$$pg = Max(Yi)$$
$$sto = \left(\frac{PrixAujourdhui - pp}{pg - pp} \right) *100$$
$$mmsto = MM(3) \text{ du } sto$$

Équation 6 : Stochastique

Pp est le plus petit prix de fermeture de la période choisie (paramètre).

Pg est le plus grand prix de fermeture de la période choisie (paramètre).

PrixAujourd'hui est le prix de la journée dont nous désirons avoir le Stochastique.

Sto est la valeur stochastique.

Mmsto est la moyenne mobile du stochastique (par le prix!) pour trois périodes (ceci est le deuxième paramètre du stochastique). Celle-ci sera une ligne de signal sur le graphique du stochastique.

Version

Le stochastique possède plusieurs versions différentes.

1. Full (Complète) Stochastique
   a. Cette version est celle de George Lane, avec la formule de calcul originale

2. Fast (Rapide) Stochastique
   a. Cette version est utilisée pour comparer la direction de la ligne de signal et de la ligne de stochastique. Lorsque qu'elles divergent l'une de l'autre, ceci indique que la direction du stochastique n'est pas celle que le prix va prendre. Lorsqu'elles sont dans la même direction, ceci indique que le stochastique a raison.

3. Slow (Lent) Stochastique
   a. Pratiquement similaire au Full Stochastique, celui-ci prendra les trois périodes de la moyenne mobile du Fast stochastique dans son calcul du Stochastique et, pour le calcul du signal, celui du slow.

Exemple

Voici Sirius XM Radio Inc (SIRI) avec les trois versions différentes de stochastiques. On peut remarquer le croisement de la ligne de signal et du stochastique, qui a été mis avec des lignes horizontales pointillés, ainsi que les zones supérieures à 80 et celles inférieures à 20.

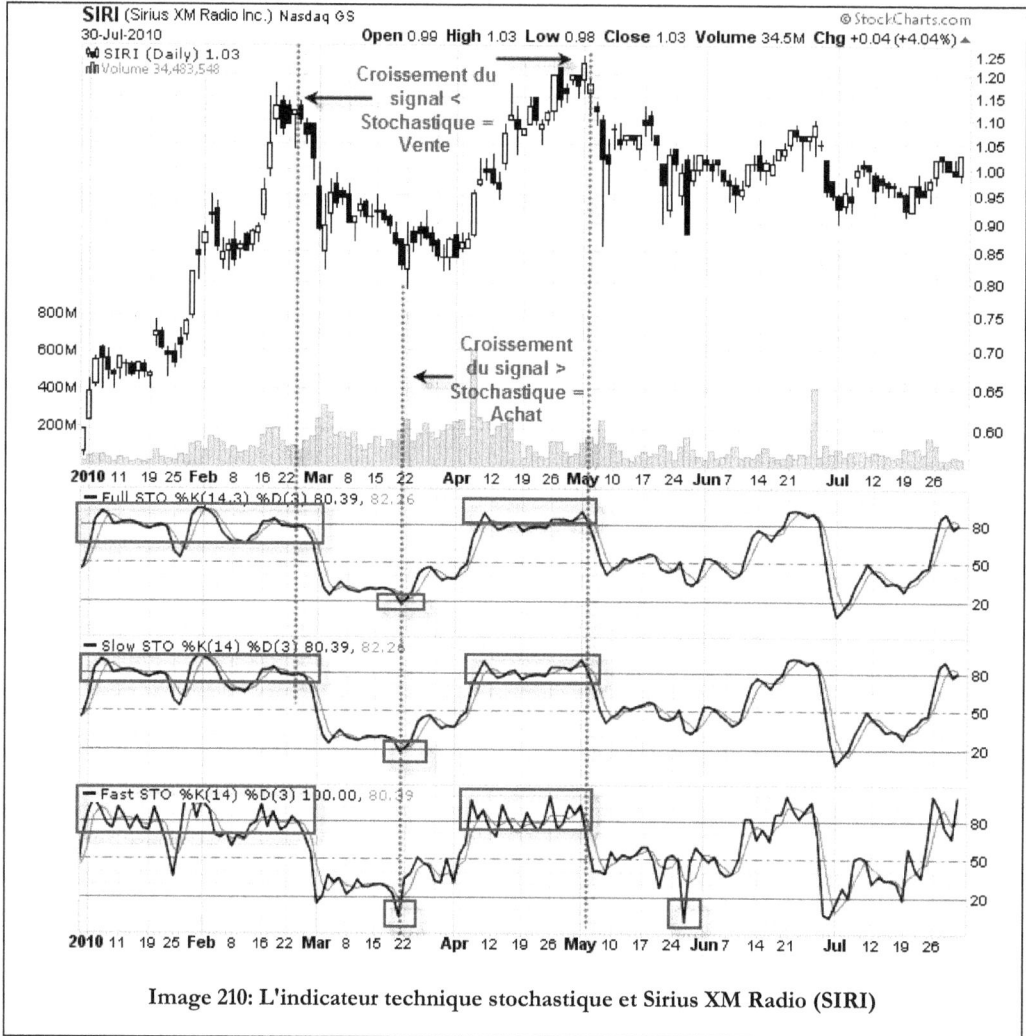

Image 210: L'indicateur technique stochastique et Sirius XM Radio (SIRI)

Voici un deuxième exemple, avec la compagnie Pacific Ehtanol Inc (PEIX), qui démontre les croisements, la zone de survente ainsi qu'une divergence positive.

Image 211: Pacific Ethanol Inc (PEIX) et l'indicateur stochastique

Pacific Ethanol Inc (PEIX) nous montre que lors de la deuxième hausse, le titre rebondissait sur une résistance, mais le stochastique augmentait. Cette divergence était un signe d'une prochaine hausse. De plus, le mois de novembre indiquait une survente (ou sous-achat). En dernier lieux, cette hausse de presque 200% a subit un croisement du signal qui est devenu plus grand que le stochastique.

Conclusion

Le stochastique est un indicateur qui est disponible depuis plusieurs années. Il est intéressant pour connaître le momentum (surachat, survente). Il y a eu plusieurs études conduites sur le stochastique, menées par Collins et Meyer, qui ont démontré que le paramètre de 39 était le plus efficace contrairement au paramètre par défaut de 14. Par contre, sachez que Collins et Meyer ont aussi démontré que cet indicateur n'est pas un indicateur plus efficace que les autres indicateurs, si on se fit seulement aux zones de 20 et de 80 [34].

ADX – Mouvement directionnel

Welles Wilder a créé le mouvement directionnel qui consiste de deux courbes afin d'aider à savoir lorsqu'une tendance est haussière et baissière. Le paramètre par défaut est de 14 jours. Le mouvement directionnel est composé de +Di et –Di qui consiste de deux lignes allant de 0 à 100. L'ADX est une courbe dessinée à partir du +Di et –Di. ADX signifie « Average Direction Index », qui est la moyenne des mouvements directionnels sur la période sélectionnée.

Welles Wilder est aussi l'inventeur du RSI précédemment discuté, ainsi que d'autres indicateurs.

Fonctionnement

Les mouvements directionnels vont accumuler les hausses avec le +Di et accumuler les baisses avec le –Di. Lorsque le +Di et le –Di se retrouvent au même chiffre, ceci indique qu'il y a un équilibre entre les ventes et les achats. La différence entre le +Di et –Di va créer la courbe nommée ADX. L'ADX varie de 0 à 100, ce qui est la différence entre le +Di et –Di selon la moyenne de la période passée en paramètre. Lorsque la différence entre le +Di et –Di est grande, l'ADX est fort et s'approche de plus en plus de 100. Un ADX élevé veut dire que le +Di est très haut en comparaison au –Di ou que le –Di est très haut en comparaison au +Di. Il faut donc regarder le +Di et –Di afin de déterminer si la tendance est haussière ou baissière et ensuite regarder l'ADX afin de connaitre la force de la tendance.

Interprétation

Lorsque le +Di croise le –Di vers le haut, nous obtenons un signal d'achat. Lorsque le +Di croise le –Di pour aller sous celui-ci, nous obtenons alors un signal de vente.

Un bon moment pour acheter est lorsque le +Di croise le –Di et que le +Di pointe vers le haut alors que le –Di pointe vers le bas. De plus, si l'ADX est bas et commence à pointer vers le haut, ceci démontre que la tendance devient de plus en plus forte.

Lorsque le +Di et le –Di sont parallèles, cela indique que ce n'est pas un bon moment pour acheter même si le +Di est plus grand que le –Di. C'est une zone d'incertitude.

De manière générale, lorsque le +Di ou –Di descend sous 8, la tendance est en train de se terminer. Par exemple, si un titre descend beaucoup et que le –Di touche ou se rend sous 8, il y a de fortes chances que le titre fasse un revirement très prochainement. Ceci sera souvent combiné à un ADX qui va plafonner et arrêter de croître.

Un ADX au-dessus de 60 est très rare; sous 20 indique une tendance faible et plus haut que 40 indique une tendance forte.

Calcul

Le calcul de l'ADX et du +Di, -Di est laborieux à faire à la main. Il est préférable d'utiliser des outils qui font le calcul pour vous.

---

1 / Calcul de DM^+ et de DM^-

$$DM^+(x_k) = \mathbf{Max}\left\{\left(H_k - H_{k-1}\,;\,0\right)\right\} \quad \text{et} \quad DM^-(x_k) = \mathbf{Max}\left\{\left(L_{k-1} - L_k\,;\,0\right)\right\}$$

---

2 / Calcul de DM_n^+ et de DM_n^-

Initiation de la série : $DM_n^+(x_n) = \sum_{i=2}^{n} DM^+(x_i)$

et : $DM_n^+(x_k) = \dfrac{n-1}{n} DM_n^+(x_{k-1}) + DM^+(x_k)$

Pour $DM_n^-(x_n)$, c'est pareil :

Initiation de la série : $DM_n^-(x_n) = \sum_{i=2}^{n} DM^-(x_i)$

et : $DM_n^-(x_k) = \dfrac{n-1}{n} DM_n^-(x_{k-1}) + DM^-(x_k)$

---

3 / Calcul du True Range

$$TR(x_k) = \mathbf{Max}\left\{\left|H_k - L_k\right|\,;\,\left|H_k - C_{k-1}\right|\,;\,\left|L_k - C_{k-1}\right|\right\}$$

---

4 / Calcul de TR_n

Initiation de la série : $TR_n(x_n) = \sum_{i=2}^{n} TR(x_i)$

et : $TR_n(x_k) = \dfrac{n-1}{n} TR_n(x_{k-1}) + TR(x_k)$

---

5 / Calcul de DI_n^+ et DI_n^-

$$DI_n^+(x_k) = \dfrac{DM_n^+(x_k)}{TR_n(x_k)} \cdot 100 \quad \text{et} \quad DI_n^-(x_k) = \dfrac{DM_n^-(x_k)}{TR_n(x_k)} \cdot 100$$

---

6 / Calcul de DX_n (n'est possible que pour $k \geq n$)

$$DX_n(x_k) = \text{Partie entière}\left\{\dfrac{\left|DI_n^+(x_k) - DI_n^-(x_k)\right|}{DI_n^+(x_k) + DI_n^-(x_k)} \cdot 100\right\}$$

---

7 / Calcul de ADX_n (n'est possible que pour $k \geq 2n$)

Initiation de la série : $ADX_n(x_{2n}) = \dfrac{1}{n} \displaystyle\sum_{i=n+1}^{2n} DX_n(x_i)$

et $ADX_n(x_k) = \dfrac{(n-1)ADX_n(x_{k-1}) + DX_n(x_k)}{n}$

8 / Calcul de $ADXR_n$ (n'est possible que pour $k \geq 3n-1$)

$ADXR_n(x_k) = \dfrac{ADX_n(x_k) + ADX_n(x_{k-n+1})}{2}$

Équation 7: Équation de l'ADX [39]

Aucun détail n'est donné, car ceci n'est pas pertinent. Pour l'ADX, l'utilisation est ce qui importe.

Exemple

Voici un exemple avec Marvell Technology Group Limited (MRVL). Il y a quatre signes différents de changements de tendance. Le premier est clair, avec un +Di qui traverse le –Di. De plus, pendant la hausse, l'ADX est passé du bas vers le haut, ce qui rendait la force de la tendance fortement haussière. Par contre, une fois rendu au sommet, le deuxième signe de l'ADX apparait. Le +Di diminue après avoir été très haut et le –Di est très bas sous 10. Quelque temps après, l'ADX diminue. Le troisième signe apparait lorsque le +Di croise à nouveau le –Di, en mi-février. Les deux derniers signaux sont lorsque le +Di et le –Di sont parallèles. Ils sont souvent des signes que la tendance n'est pas bien enclenchée. Le premier cas, en début avril, démontre que le titre augmente pour ensuite subir une grosse chute. En début juin, le titre chute. Il est toujours préférable d'attendre que le +Di et –Di se redressent dans une direction avant d'investir dans ces cas-ci.

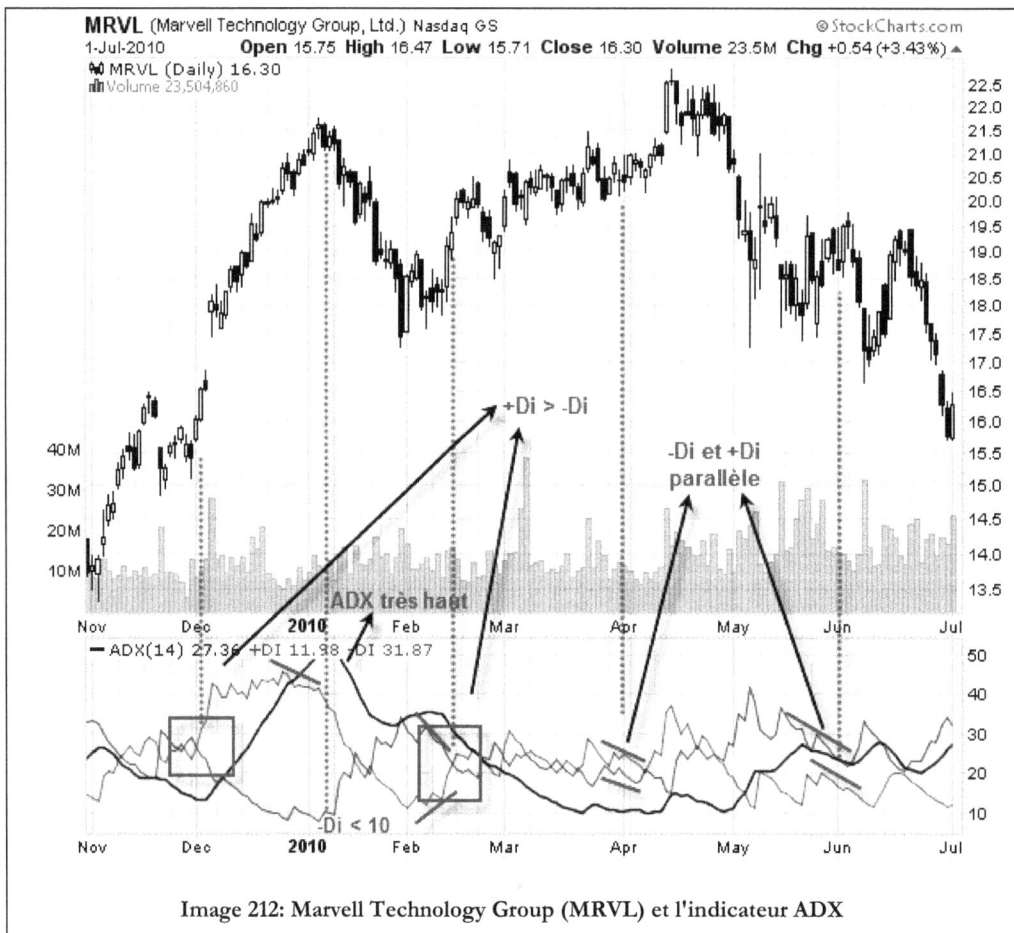

Image 212: Marvell Technology Group (MRVL) et l'indicateur ADX

Un deuxième exemple avec Nvidia Corporation (NVDA) démontre plusieurs signes d'achat et de vente selon la tendance.

Un peu voir un signal de départ de tendance haussière lorsque le +Di croise le –Di. Ceci suit une tendance haussière jusqu'à ce que la tendance se brise en début 2010. Au même moment, le +Di commence à descendre montrant aussi de la fatigue avec un haut de 50 pendant que le –Di est situé sous 8. Plus tard, en mars, le +Di et –Di devient parallèle. L'incertitude que ce parallèle forme devrait indiquer une vente, si vous possédez le titre, ou de ne pas acheter. Deux semaines plus tard, un signe de vente est confirmé avec un croisement de tendance inférieure haussière et un +Di qui se dirige sous le –Di.

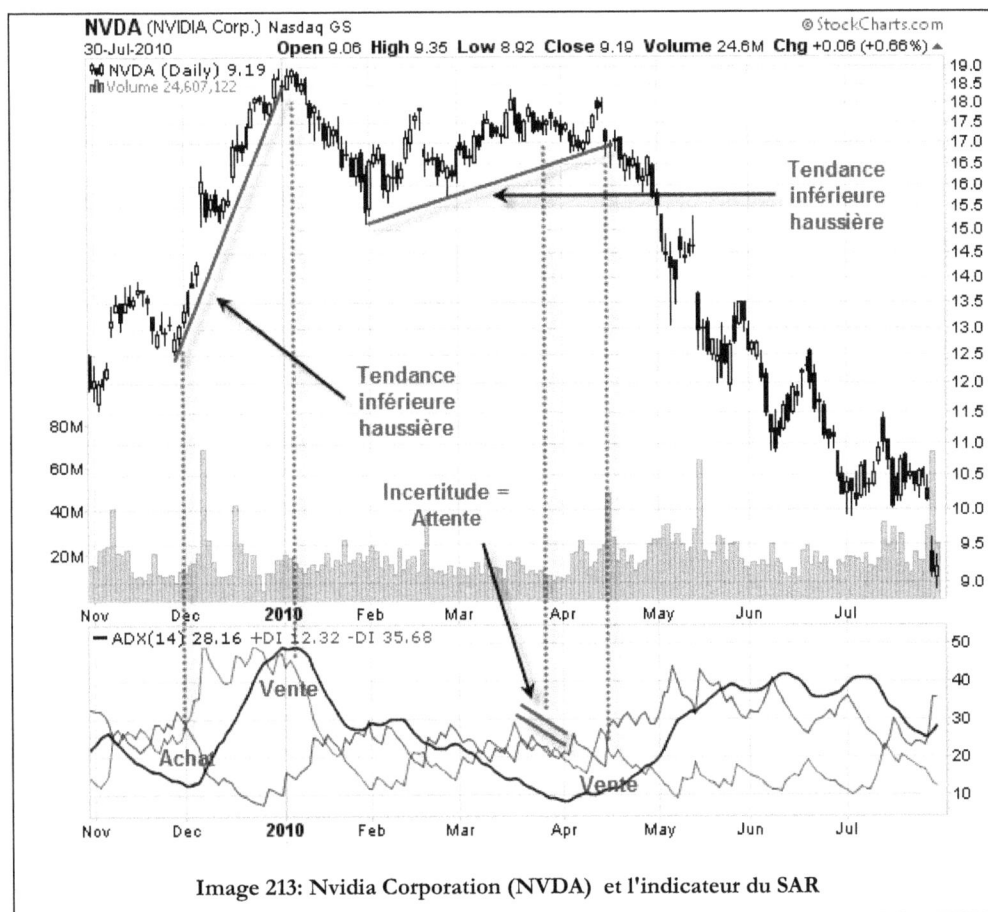

Image 213: Nvidia Corporation (NVDA) et l'indicateur du SAR

Conclusion

Le +Di, -Di et l'ADX s'avèrent être un excellent outil pour repérer la signification des tendances. La combinaison de ces trois lignes permet de déceler les opportunités d'entrer dans des tendances lorsque celles-ci se forment et d'en sortir lorsque les tendances s'épuisent.

SAR – Stop and reverse

Le SAR, pour « Stop And Reverse », est un indicateur technique qui se dessine sur le cours de l'action. C'est un indicateur qui a été inventé par Welles Wilder, en 1978. Le SAR montre les revirements avec des traits allant en haut et en bas du cours. Lorsque le titre touche une ligne du SAR, le SAR change de côté. Il passe du haut vers le bas ou du bas vers le haut. L'indicateur permet donc de confirmer qu'une tendance démarre lorsque les signes ne sont pas clairs.

Fonctionnement

Le SAR est situé sous le cours lorsque celui-ci augmente. Le SAR est situé au-dessus du cours lorsque celui-ci descend. Le SAR prend en considération le SAR passé, le plus haut sommet de la période ainsi qu'une constante d'accélération.

Interprétation

Le SAR suit le cours du prix et ne le devance pas. Lorsque celui-ci est haussier, il ne va pas diminuer jusqu'à ce qu'il touche le cours. Lorsque celui-ci est baissier, il ne va pas augmenter tant et aussi longtemps que le SAR ne touche pas le cours. Étant donné que le SAR ne varie pas, il est donc un indicateur intéressant pour placer des ordres de Stop-Loss ainsi que pour découvrir si la tendance est forte ou faible.

Calcul

Les calculs sont complexes, en voici un résumé :

Le calcul pour le SAR en augmentation est :

$$
EP = Max(Les\,Prix)
$$
$$
AF = 0.02 \text{ augmente de } 0.02 \text{ à tous les EP}
$$
$$
SAR = SarPrécédent + AFPrécédent * (EPPrécédent - SARPrécédent)
$$

Équation 8: Sar en achat

Le calcul pour le SAR en diminution est :

$$
EP = Max(Les\,Prix)
$$
$$
AF = 0.02 \text{ augmente de } 0.02 \text{ à tous les EP}
$$
$$
SAR = SarPrécédent - AFPrécédent * (EPPrécédent - SARPrécédent)
$$

Équation 9: Sar en vente

Exemple

Voici l'exemple de Santarus Inc. (SNTS), qui démontre deux comportements du SAR à analyser.

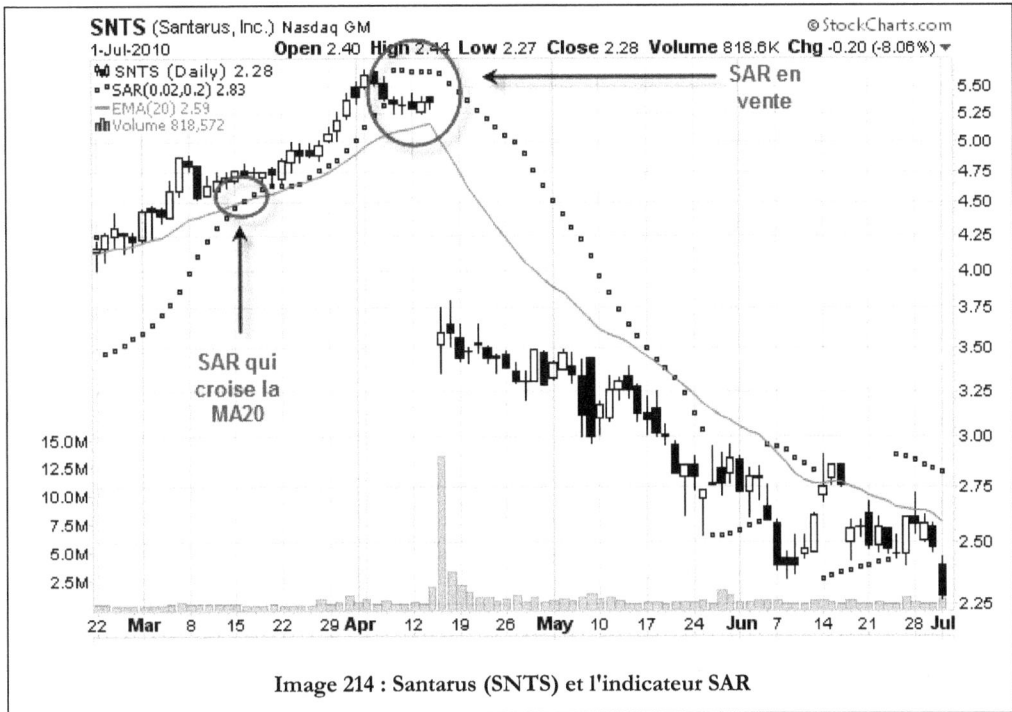

Image 214 : Santarus (SNTS) et l'indicateur SAR

Du 8 au 13 avril 2010, Santarus (SNTS) est resté horizontalement quelques jours après avoir eu une grosse hausse de plusieurs dollars. Le SAR, pendant cette période, s'est reviré de haussier en baissier. Quelques jours après, le titre perdait 29%! Le SAR a bien arrêté sa croissance pour démontrer une nouvelle tendance baissière.

Lorsque le SAR traverse la MM20, il s'agit d'un signal significatif. Donc, si le SAR est situé sous le titre et croise la MA20, ceci indique que la chute sera significative lors du revirement du SAR au-dessus du titre. L'inverse est aussi véridique.

La deuxième observation est que le SAR traverse la MA20 en mars 2010. Ceci est une technique personnelle et non officielle, mais lorsque le SAR traverse une moyenne mobile sur 20 jours, la tendance suivante est plus significative. Ce fut le cas pour avril 2010, car la tendance a bien été forte pendant plusieurs mois. Par contre, veuillez noter qu'en mai, il y a eu un autre croisement plus ou moins significatif, et donc cette astuce n'est pas infaillible.

Voici un deuxième exemple qui démontre le croisement de MA20 ainsi qu'un revirement de tendance du SAR de l'achat vers la vente.

Image 215: DragonWave Inc (DRWI) : Indicateur SAR

DragonWave Inc (DRWI), sur la période de décembre 2009 à mars 2010, démontre plusieurs signes intéressants. Le premier est observé le 25 janvier lorsqu'il y a revirement de tendance. Le chandelier noir déclenche une baisse et, dès le lendemain, la baisse est enclenchée. Le deuxième signal est observé le 29 décembre lorsque le SAR croise le MA20. Ceci indique que la chute sera significative.

Le dernier signe à observer est que le SAR peut être utilisé pour placer des ordres Stop-Loss. C'est le cas présentement avec un stop-loss mis à 10.50$. Ceci est doublement intéressant, car si nous regardons attentivement, on remarque que le 10.50$ est déterminé par trois points sur SAR, mais aussi par des chandeliers (voir le 2 décembre 2009, ainsi que le 6 février 2010). Il serait donc intéressant de placer un ordre de protection Stop-Loss à 10.50$ si un achat a lieu le 9 février.

Voici un dernier exemple d'Apple (AAPL). Le schéma suivant démontre Apple (AAPL) entre le début novembre 2008 et juin 2010 avec une période hebdomadaire. Ceci démontre que le SAR peut être utilisé sur d'autres périodes que les périodes journalières. Apple (AAPL) tombe en achat en février, mais ce n'est qu'en avril que celui-ci dépasse sa résistance. Un achat est une chose sage dans cette période, car le franchissement de la résistance soutenu par un SAR en achat est un bon signal. La vente se fait sentir lorsque le SAR tombe en vente, en décembre 2009. Cette première transaction donne un rendement de 110%

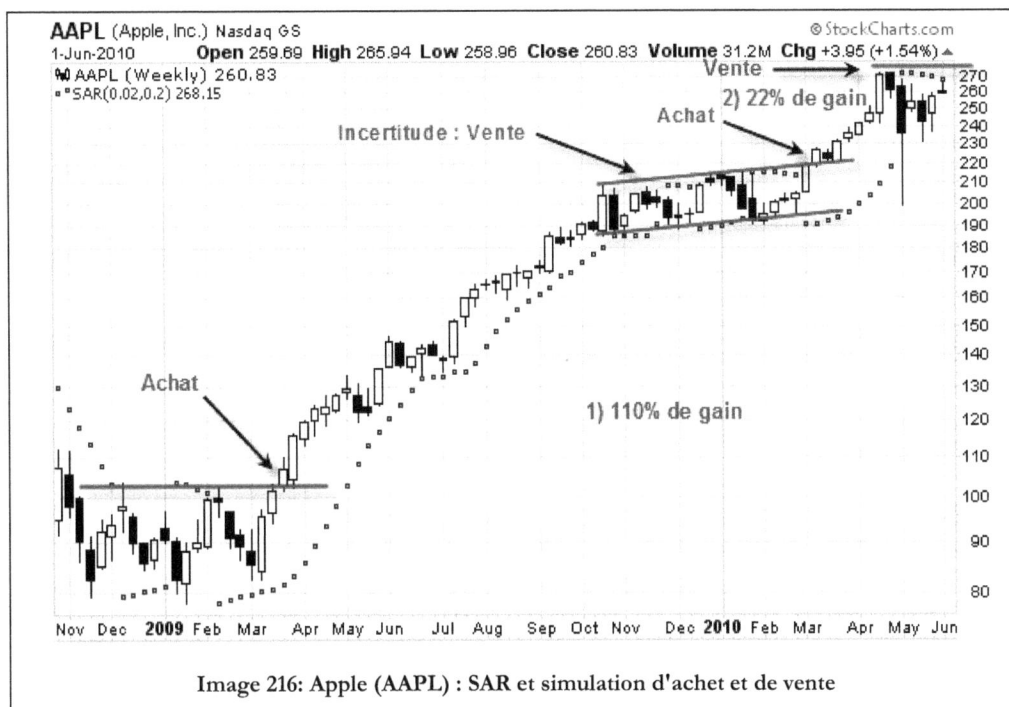

Image 216: Apple (AAPL) : SAR et simulation d'achet et de vente

Ensuite, le titre demeure dans un couloir haussier, ce qui est intéressant pour les day-traders, qui peuvent faire de mini-transactions entre la tendance supérieure et inférieure. Par contre, ceux qui sont plus sages et ont une vision à moyen terme vont préférer attendre que le cours dépasse la tendance supérieure haussière de ce couloir, qui coïncide au SAR en achat. La vente est ensuite motivée par un SAR en vente formant une résistance. Un autre gain de 22%!

Conclusion

Le SAR est un indicateur complémentaire aux bandes de Bollinger. Il permet de déterminer si la tendance est bien établie ou non. Il est un indicateur simple à interpréter et il ajoute une clarté aux tendances en plus d'indiquer un signal si la tendance est forte ou non.

ROC – Rate of Change

Voici un indicateur dans la famille des oscillateurs. Le ROC est un indicateur simple à interpréter ainsi qu'à calculer.

Fonctionnement

Le ROC suit le cours actuel et le cours pour la période précédente afin de faire un ratio. Ce ratio est le ROC. De manière très simple, il prend un seul paramètre, qui est la période sur lequel le ROC sera utilisé pour ces calculs. Par défaut, le calcul se fait sur une période de 12 jours.

L'objectif d'un oscillateur est de mesurer la vitesse de l'évolution des prix.

Le ROC est un indicateur qui fluctue rapidement et exécute beaucoup de mouvements en zigzag. Il est donc plus utilisé pour savoir quand transiger au lieu d'aider à déterminer si une tendance est forte ou faible, ou encore pour déterminer une tendance à long terme.

Le ROC fonctionne bien lorsque le prix se trouve dans une phase 1 ou lorsque le prix stagne horizontalement afin de déterminer le moment propice à l'achat ou la vente.

Il est suggéré de varier le paramètre selon la période choisie. Un ROC avec un paramètre de 21 est relié à une période mensuelle. Un paramètre de 63 se relie à un trimestre, 125 pour 6 mois et 250 pour une année.

Interprétation

Le ROC est une échelle qui peut aller plus haut que 100 ainsi que plus bas que 0. Lorsque le ROC est positif, il signifie qu'il y a surachat. Lorsque le ROC est en bas de 0, il y a survente. Directement à 0 signifie qu'il n'y a eu aucune progression. Plus l'augmentation est rapide, plus le ROC aura une valeur élevée.

Le ROC peut être interprété avec la valeur affichée par celui-ci, mais aussi lorsque celui-ci traverse la ligne de 0 ainsi qu'avec les divergences de la tendance du titre.

Lorsque le ROC nous donne une valeur de 10, ceci indique que le titre a été 10% plus haut que le prix actuel durant les dernières périodes. Il est possible de mieux voir ceci en affichant la période dans une moyenne mobile. Disons que ROC(12) est utilisé, il faut afficher la moyenne mobile sur 12 jours afin de voir le ROC.

Calcul

Voici le calcul pour le ROC :

$$ROC(jour) = \left(\frac{\mathrm{Pr}ix(jour) - \mathrm{Pr}ix(jour - periode)}{\mathrm{Pr}ix(jour - periode)} \right) * 100$$

Équation 10: Roc

Exemple

Voici Intel (INTC), avec le ROC sur 12 jours suivant une période par semaine. On remarque une divergence négative qui s'exécute parfaitement en fin 2007, lorsque le titre chute de 25$ à 17$. Par contre, on aussi peut remarquer que le ROC augmente en haut de 0 en avril, mai et juin 2008 sans pour autant indiquer une tendance forte vers la hausse. C'est exactement une des choses qu'il faut prendre en considération avec le ROC : il n'est pas un bon indicateur pour confirmer des tendances, mais bien seulement pour savoir quand acheter et vendre. Pour cette période, un petit achat et vente aurait pu être fait pour obtenir un léger gain. Par exemple, un achat au début avril 2008 et une vente le mai 2008 lors de la descente du ROC.

En novembre 2009, le ROC augmente à nouveau pour atteindre le chiffre de 0 en janvier. Le titre passe ensuite de 14$ à 16$ en quelques semaines, ce qui est quand même une hausse intéressante de 14% en moins de trois mois!

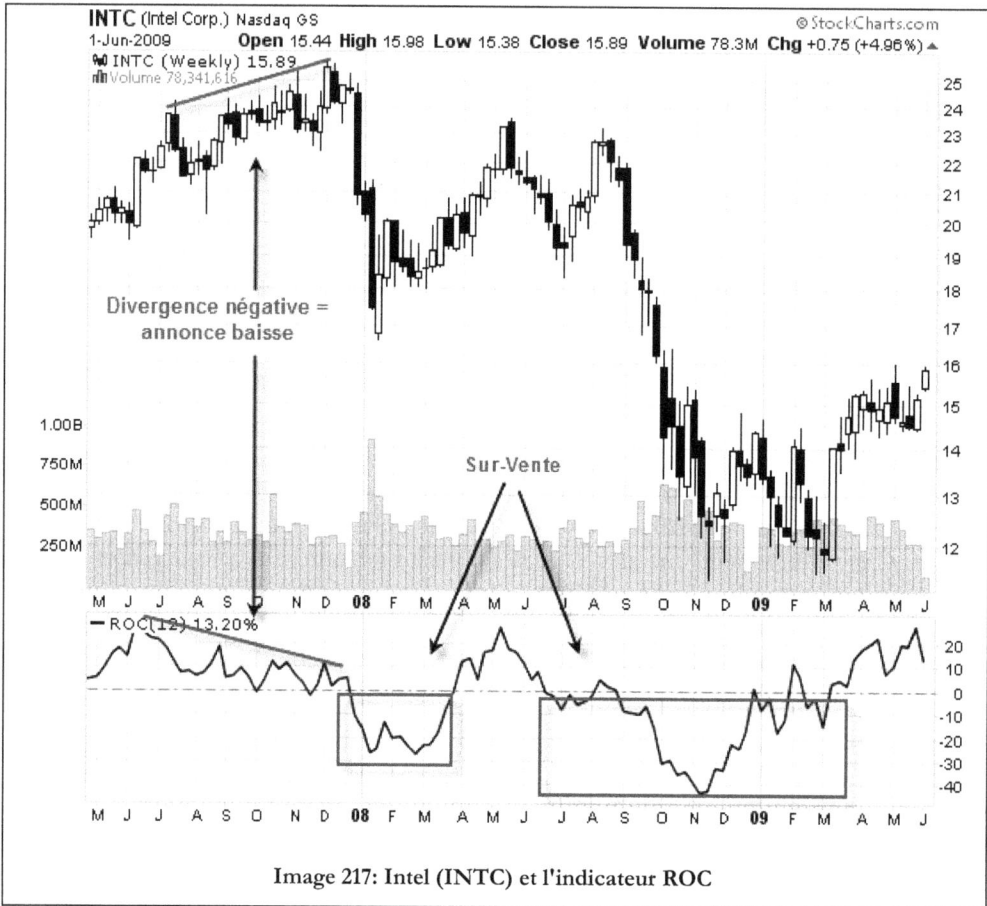

Image 217: Intel (INTC) et l'indicateur ROC

Le même titre peut être analysé sur une période journalière. Voici Intel (INTC), avec le ROC 12 et ROC 48 afin de bien vous montrez l'importance de s'habituer à jouer avec les paramètres ainsi que de ne pas toujours se fier à ceux par défaut. De plus, vous allez pouvoir constater que la chute de fin 2007 est aussi visible sur les ROC journaliers.

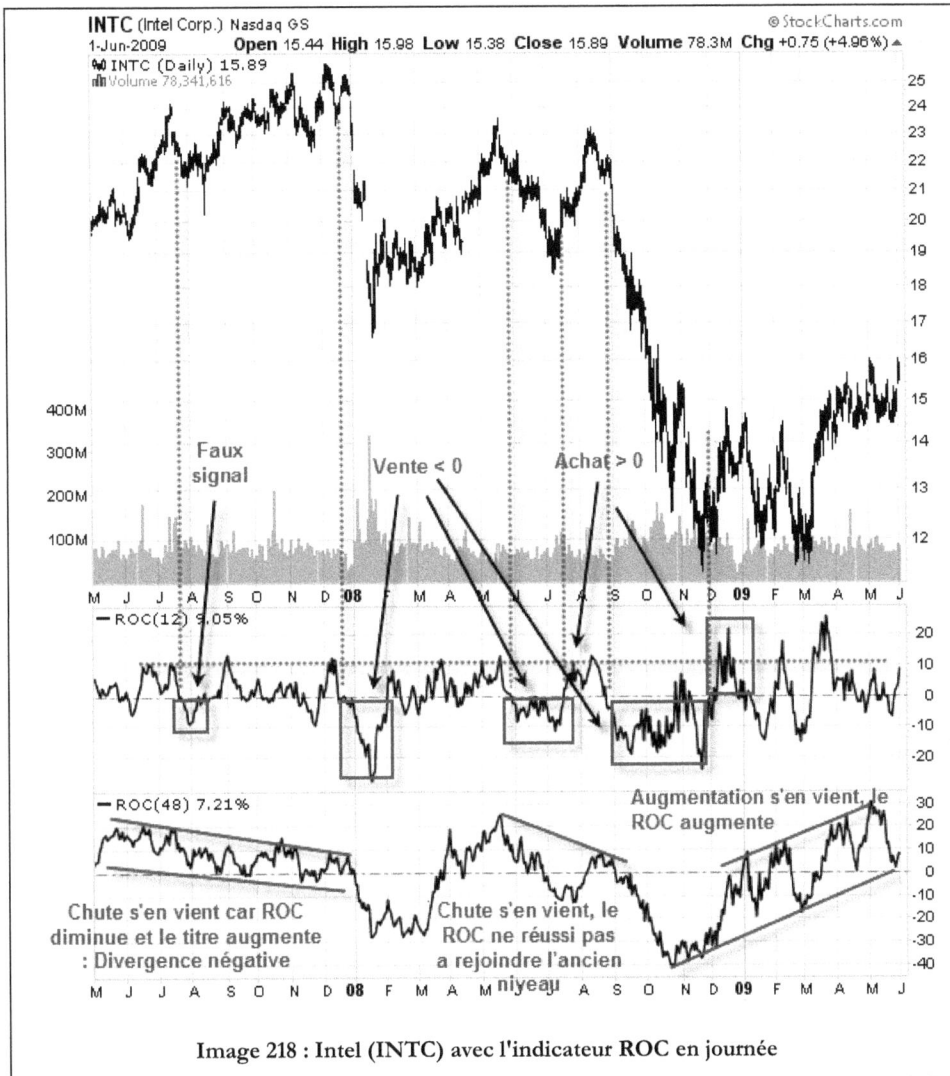

Image 218 : Intel (INTC) avec l'indicateur ROC en journée

Le graphique contient un faux signal, ou du moins un signal moins significatif, car celui-ci est de très courte durée. Par contre, le ROC(12) démontre que toutes les fois où le ROC est allé sous 0, la vente était à faire, car le titre chutait par la suite.

Le ROC(48) est complètement différent, mais montre encore des signes intéressants, telle que la chute de décembre 2007. De plus, avant la chute de septembre 2008, le ROC montrait déjà des faiblesses. En 2009, le ROC augmente lentement et traverse le 0. Le prix augmente aussi pour arrêter la chute amorcée en fin 2008.

Conclusion

Le ROC est un indicateur de la famille des oscillateurs, qui affiche de l'information sur la vitesse auquel les chandeliers (prix) augmentent ou diminuent. Lorsque le ROC augmente fortement, c'est que le prix avance rapidement vers le haut. Lorsque le ROC diminue fortement, c'est que le prix chute. Les changements de valeur du ROC sont fréquents, en dent de scie, et il est difficile d'établir de faux positifs, surtout avec les divergences.

CCI – Commodity Channel Index

Cet indicateur tient pour acquis que les prix varient en cycle. Initialement créé pour les commodités par Donald Lambert, celui-ci peut être utilisé pour des actions sans problème. C'est un indicateur de la famille des oscillateurs. Il est nerveux, ce qui crée de fortes variations en zigzag afin de bien clarifier les mouvements.

Fonctionnement

Le CCI fonctionne avec les cycles. Si un titre est cyclique en 100 jours, c'est-à-dire que tous les bas surviennent aux 100 jours, il faut donc prendre 1/3 de ce temps (donc 33 jours, car 100/3 = 33) comme paramètre pour le CCI. Par défaut, la valeur est de 20 jours. Lorsque le graphique est dessiné sur une période hebdomadaire, le paramètre représente le nombre de semaines et non pas le nombre de jours. Donc, le paramètre indique le nombre de périodes pour un cycle.

Un CCI avec une petite période est plus volatile qu'un CCI étendu sur une plus grande période. Ensuite, les valeurs risquent de se trouver bien au-delà de -100 et 100.

Interprétation

Le CCI devrait avoir 80% de ces valeurs entre -100 et 100. Lorsque le CCI bouge au-delà de 100, le titre entre dans un cycle haussier et fort, ce qui indique un surachat. Lorsque le CCI bouge en dessous de -100, le titre entre dans un cycle baissier et indique une survente.

Le CCI peut aussi être utilisé pour identifier les surachats et surventes. Le barème est le même que pour identifier les cycles avec 100 et -100.

Paramètre du CCI

Une valeur de paramètre plus grande que 40 risque d'avoir plus de valeur entre -100 et 100, contrairement à de petites valeurs telles que 10, qui risquent d'avoir plus facilement des valeurs dépassant ces limites.

Il est aussi possible de trouver des divergences positives et divergences négatives avec le CCI. Lorsque le CCI augmente et que le titre descend, il y a de fortes chances que le titre exécute un revirement positif. Ceci est aussi valide dans le sens contraire. Lorsque le titre augmente et que le CCI descend, il devrait y avoir un revirement ainsi qu'une chute du titre.

Il est possible d'établir des lignes de tendance à l'indicateur même avec le CCI. Des bris de tendances de l'indicateur sont tout aussi valides que des bris traditionnels de tendances du prix.

Calcul

Le calcul permettant de calculer le CCI prend la dernière période pour additionner son haut de la journée (ombrage supérieur du chandelier), le bas de la journée (ombrage inférieur du chandelier) ainsi que le prix de fermeture (le corps du chandelier).

L'écart type se trouve avec la différence entre la MA20 et le prix. La MA20 est utilisée pour une CCI(20); dans le cas d'un CCI14, la MA13 doit être utilisée. Une fois que la différence entre la période et la MA20 est faite pour toute la période, il faut diviser par la période.

$$DernierJour = \frac{(Haut + Bas + Fermeture)}{3}$$

$$EcartTypePeriode = EntrecoursEtMM20$$

$$CCI = \frac{(DernierJour - MM20)}{(0.15 * EcartTypePeriode)}$$

Équation 11: Calcul pour le CCI

Le 0.15 du calcul est une constante permettant d'avoir environ 80% des données entre -100 et 100.

Exemple

Voici un exemple de l'indicateur CCI avec une divergence positive. Le CCI augmente pendant que le titre descend. Lorsque le CCI atteint la valeur de 0 en augmentant, il est temps d'acheter. L'exemple de Starwood Hotel (HOT) descend depuis des mois jusqu'à ce qu'entre novembre 2008 et mars 2009, le titre se met à descendre avec un CCI en augmentation. En fin mars, le CCI traverse la valeur de 0, ce qui confirme l'achat.

Image 219: Exemple de l'indicateur CCI avec Starwood Hotels (HOT)

On remarque aussi que le CCI cesse d'être dans la zone de survente au mois de mars. C'était un signe supplémentaire indiquant que le titre revenait dans une phase normale et que les ventes revenaient à la normale.

L'indicateur CCI est valide autant en période journalière qu'hebdomadaire. Voici un autre exemple avec la compagnie Cott Corporation (COT). On remarque que Cott Corporation (COT) est situé dans une zone d'incertitude où le prix se trouve dans un couloir horizontal. La direction pourrait reprendre vers le bas ou aller de nouveau vers le haut. Afin de savoir s'il faut vendre ou acheter, on doit regarder comment se comporte les cycles avec l'indicateur CCI. Dans le cas de Cott Corporation (COT), on remarque que le CCI augmente et se dirige vers une valeur supérieure à 0. Il serait donc idéal d'acheter avant avril, lorsque le CCI dépasse 0. De plus, le volume augmente, ce qui indique, en combinaison avec le CCI en augmentation, que le titre s'apprête à bondir vers le haut. Par contre, il serait tout aussi bien d'acheter une fois que la résistance à 1.55$ est dépassée. Ce deuxième achat est possible pour les gens plus conservateurs. C'est une technique pour les individus désirant investir avec un minimum de risque. On remarque que, malgré qu'un achat lorsque le CCI a dépassé 0 aurait été à 1$ et que la résistance à 1.55$ aurait déjà fait un gain de 50%, il est toujours intéressant d'acheter à 1.55$ et de vendre une fois que le titre atteint 6$. Ceci aurait donné un gain intéressant de plus de 387%.

Image 220: Cott Corporation (COT) et l'indicateur CCI

CMF - Chaikin Money Flow

Le CMF est un indicateur conçu par Marc Chaikin. Il s'agit d'un oscillateur construit avec les lignes d'accumulation et distribution contenant une échelle entre la pression des acheteurs et des vendeurs. Le CMF utilise le prix ainsi que le volume pour donner un graphique.

Marc Chaikin est l'inventeur du CMF. Il est le fondateur de Bomar Securities et est un prospère investisseur reconnu pour ses recherches et ses techniques d'analyse technique ainsi que pour ses nombreux modèles quantitatifs.

Fonctionnement

Le CMF est construit à partir de la ligne d'accumulation et distribution (AD) qui utilise le prix de fermeture par rapport aux variations : le plus haut et le plus bas de la période donnée. Le volume total de la période est ensuite utilisé. Cet indicateur sera discuté après celui-ci.

Le CMF est situé au-dessus de 0 lorsque le prix de fermeture, pour la période choisie (par paramètre), termine près du plus haut de la période. Lorsque le CMF est situé sous 0, c'est que le prix de fermeture est proche du plus bas pour la période.

Image 221: Marc Chaikin

Le CMF est particulier dans le fait qu'il peut donner de faux signaux plus facilement que les autres indicateurs. Il est recommandé de l'utiliser avec d'autres indicateurs afin de limiter les mauvaises surprises. Par contre, les indicateurs avec lesquels il est mieux de le combiner doivent être complémentaires et non pas des oscillateurs communs, comme un indicateur de momentum ou le MACD. Il est suggéré d'utiliser le CCI, le RSI ou le Stochastique. Il est aussi intéressant d'utiliser un indicateur de tendance, comme les moyennes mobiles, pour identifier les tendances.

Interprétation

Le CMF, lorsque positif, donne un signal d'achat. Lorsque le CMF devient négatif, il indique un signal de vente.

Le CMF permet aussi de confirmer des tendances ainsi que d'identifier les changements de tendances par des divergences.

De manière additionnelle, plus le CMF se dirige dans une direction, plus il est sûr d'interpréter son signal. Si le CMF est positif depuis plusieurs périodes, ceci indique que le CMF est fort.

Il y a donc trois signaux avec lesquels le CMF peut suggérer une vente ou un achat.

1. La direction du CMF; au-dessus ou en dessous de 0.

2. La durée dans une direction.

3. L'intensité du CMF. Plus la valeur du CMF est forte et plus il est significatif. Un CMF sous -0.25 ou en haut de 0.25, selon Marc Chaikin, est très significatif.

Calcul

Le paramètre par défaut est 21, qui indique une durée de 21 périodes. Ceci peut-être 21 jours pour un graphique en période journalière ou 21 semaines pour un graphique hebdomadaire.

$$\frac{\left(Volume * \left(\left[PrixFermeture - PrixPlusBas\right] - \left[PrixPlusHaut - PrixFermeture\right]\right)\right)}{VolumeTotal}$$

Équation 12:Calcul du CMF

Exemple

Le CMF n'est pas toujours fiable et n'est pas aussi clair que les autres indicateurs. Voici le cas de Tata Motor (TTM), auquel les fortes confirmations d'achat ont été encadrées ainsi que lorsque le CMF croise du positif vers le négatif, afin de signaler un changement de l'achat en vente avec des lignes verticales pointillées aux bouts arrondis.

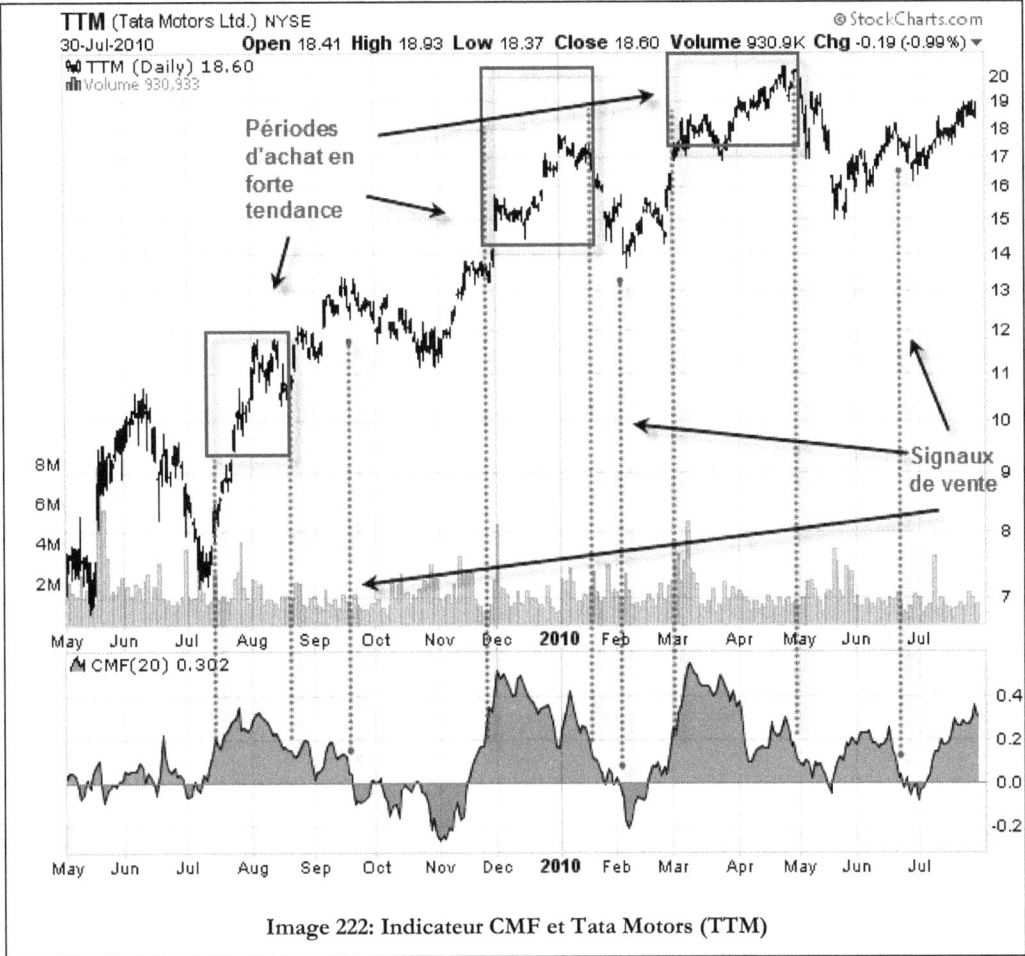

Image 222: Indicateur CMF et Tata Motors (TTM)

Voici un autre exemple avec Total Fina Elf (TOT). On remarque une divergence avec un CMF qui descend lorsque le titre augmente. De plus, on remarque que le CMF descend sous -0.25, ce qui indique une vente significative.

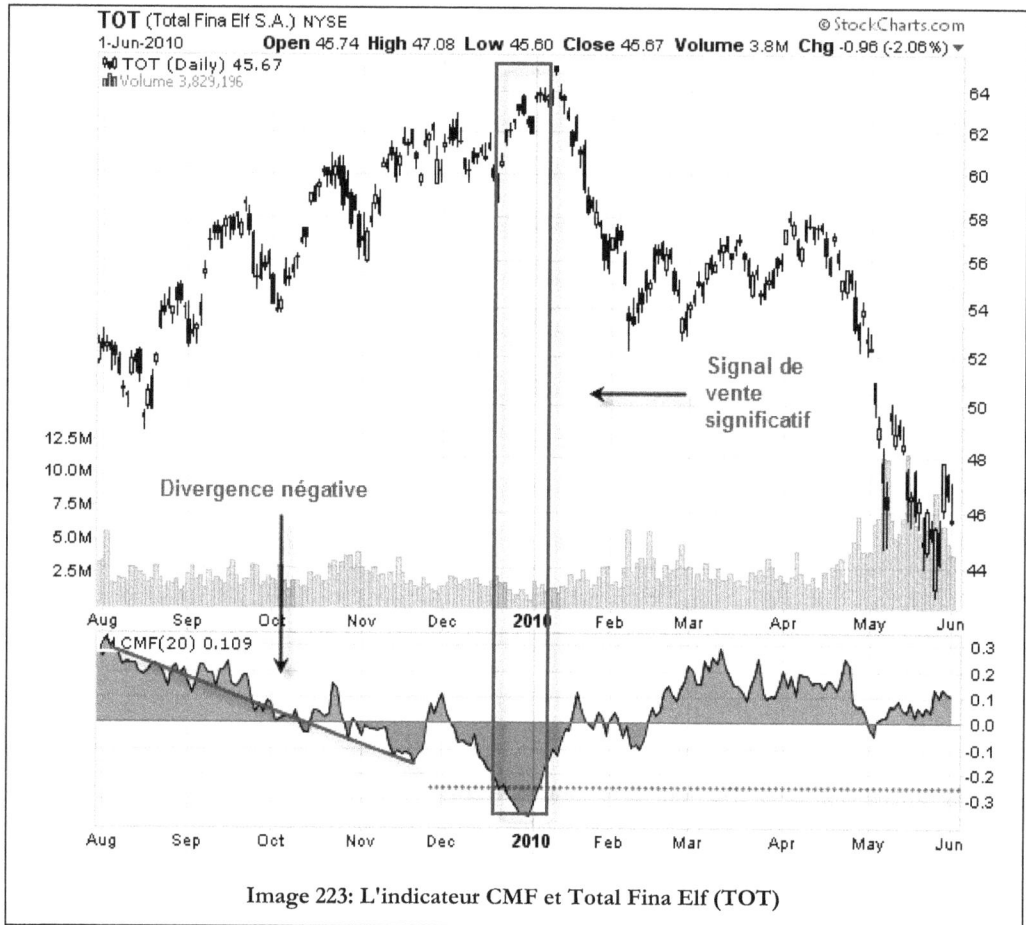

Image 223: L'indicateur CMF et Total Fina Elf (TOT)

Conclusion

Le CMF est un indicateur qui doit être combiné avec plusieurs indicateurs afin de pouvoir déterminer quelle action entreprendre.

Le CMF n'est pas aussi clair lorsque le titre subit des gaps. Il doit donc être pris avec encore plus d'attention lorsque des gaps se forment, parce

Tous les indicateurs doivent être combinés afin de confirmer leur interprétation. Par contre, le CMF est un indicateur nécessitant plus de confirmation que les autres afin d'éliminer les faux signaux.

que des gaps en directions inverses vont prendre plusieurs jours avant que le CMF puisse refléter ce changement brusque.

AD - Accumulation et Distribution

Cet indicateur est un des indicateurs populaires avec lequel le volume est pris en considération. La philosophie derrière ce type d'indicateur est que le volume précède le prix. Ceci veut dire que le volume est, à tous les coups, un signal d'un mouvement du prix. Cet indicateur a été créé par le même créateur que le CMF : Marc Chaikin.

Fonctionnement

L'AD est un calcul donnant un chiffre qui va être ensuite multiplié par le volume. Le résultat est donc très variant, selon le volume.

Interprétation

L'AD est utile seulement avec les convergences et divergences. Lorsque l'indicateur augmente et que le titre stagne ou descend, ceci est un signe d'une prochaine hausse. Lorsque l'indicateur descend et lorsque le titre stagne ou augmente, ceci est un signe d'une prochaine baisse.

Calcul

$$AD = \frac{\left(\left(\text{PrixFermeture} - Bas\right) - \left(Haut - \text{PrixFermeture} - Bas\right)\right)}{\left(Haut - Bas\right)}$$

Équation 13: Calcul pour le AD

- L'AD sera +1 si le prix de fermeture est le haut de la période.

- L'AD sera entre 0 et 1 si le prix de fermeture est entre le milieu du bas-haut et du haut.

- L'AD sera 0 si le prix est exactement entre le bas et le haut de la période.

- L'AD sera entre -1 et 0 si le prix de fermeture est entre le milieu du bas et le bas.

- L'AD sera -1 si le prix de fermeture est le bas de la période.

Donc, l'AD donne un chiffre entre -1 et +1. Il doit ensuite être multiplié par le volume afin d'avoir sa valeur finale.

$$AD_{Final} = AD * Volume$$

Équation 14: AD finale pour le graphique de l'indicateur

L'AD final peut donc être autant négatif que positif et n'a aucune valeur maximale inférieure ou supérieure.

Exemple

Voici un exemple de divergence négative avec Visa (V).

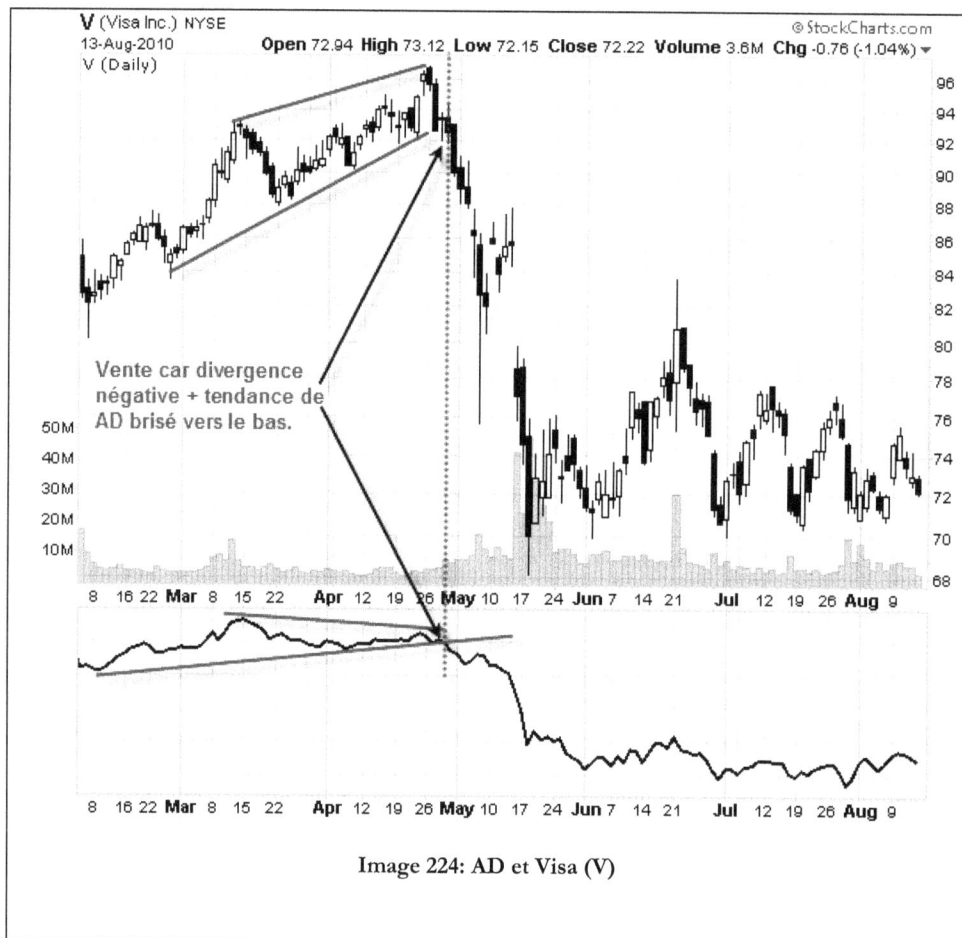

Image 224: AD et Visa (V)

On remarque que la ligne d'accumulation et distribution (AD) descend lorsque le titre augmente. Lorsque l'AD croise la tendance baissière vers le bas, le titre commence à chuter (depuis 2 jours). Il est donc temps de vendre car le titre chute de plus de 20% après ce signal.

Le prochain exemple démontre une divergence positive et le titre de Coca-Cola Corporation (KO).

Image 225: Coca-Cola et AD en divergence positive

Coca-Cola(KO) est en chute depuis le début de l'année 2010. Cependant, malgré que cette chute dure plusieurs mois, l'indicateur d'accumulation et distribution (AD) augmente. La divergence nous indique qu'une prochaine hausse s'exécutera très bientôt. Il est difficile de déterminer quand il faut acheter. La nécessité d'un autre indicateur technique est primordiale afin de déterminer le moment exact propice à l'achat.

%R - Williams

L'indicateur Williams %R fait parti de la famille des oscillateurs. Créé par Larry William, cet indicateur est semblable au RSI.

Fonctionnement

L'indicateur Williams %R est un indicateur ayant des valeurs entre 0 et − 100. Il fonctionne en trois zones. La zone supérieure est située entre la valeur 0 et -20, qui est la zone de surachat. La deuxième zone est la zone entre -20 et -80, qui est une zone à surveiller lorsque la valeur change de zone (zone supérieure et inférieure). La troisième zone est une zone de -80 à -100, qui est la survente.

Interprétation

Lorsque le Williams %R est situé entre -80 et -100, il y a survente.

Lorsque le Williams %R est situé entre 0 et -20, il y a surachat.

Dès que le signal quitte une zone (survente ou surachat), ceci indique qu'il y a un signal inverse. Par exemple, lorsque le Williams %R est situé à -90 et qu'il augmente vers -80 et ensuite -70, une hausse est anticipée. Dans le

Larry R. Williams est le créateur de l'indicateur d'accumulation et distribution (AD). Il est un Américain né en 1942 et est l'auteur de plusieurs livres en plus d'être un investisseur de commodité.

En 1987, il a réussi à faire des gains de 11 367% en 1 an lors d'une compétition (World Cup Championship of Futures Trading).

Image 226: Larry R. Williams

cas contraire, lorsque le Williams %R diminue de 0 à 10 et ensuite de 20 à 25, une chute s'amorce. Ce qui est important est d'attendre une sortie des zones, car le Williams %R peut rester dans la même zone pendant plusieurs périodes de temps.

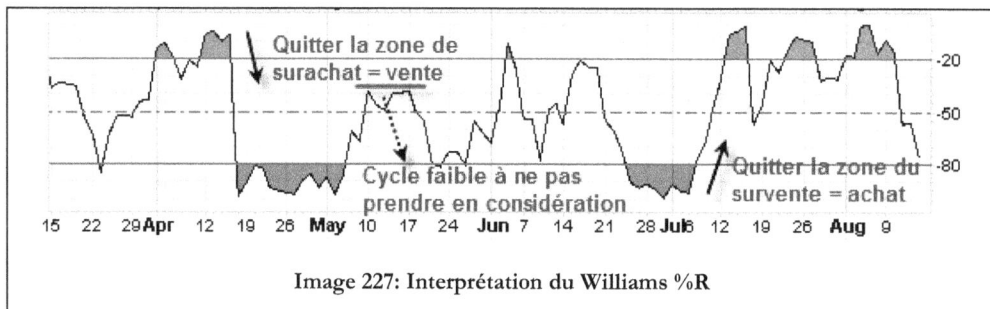

Image 227: Interprétation du Williams %R

On peut aussi se servir du Williams %R afin de déterminer si les cycles sont forts ou vont rapidement se retourner. Lorsque l'indicateur ne réussit pas à passer d'une zone à une autre (0 à -20 et -80 à -100), on peut déduire que l'oscillation est faible. Cette faiblesse nous indique que le titre ne continuera pas son chemin.

Comme la plupart des oscillateurs, le Williams %R peut être utilisé en combinaison avec les divergences. Lorsque le Williams %R augmente et que le titre descend, le titre augmentera prochainement. Lorsque le Williams %R descend et que le titre augmente, le titre chutera sans doute.

Calcul

$$\%R(periode) = \left[\frac{(PrixPlusHautPériode - PrixActuel_n)}{PrixPlusHautPériode - PrixPlusBasPériode} \right] * 100$$

Équation 15: Calcul du Williams %R

Exemple

Voici un exemple de SPDR Gold Trust Shares (GLD) avec deux divergences différentes.

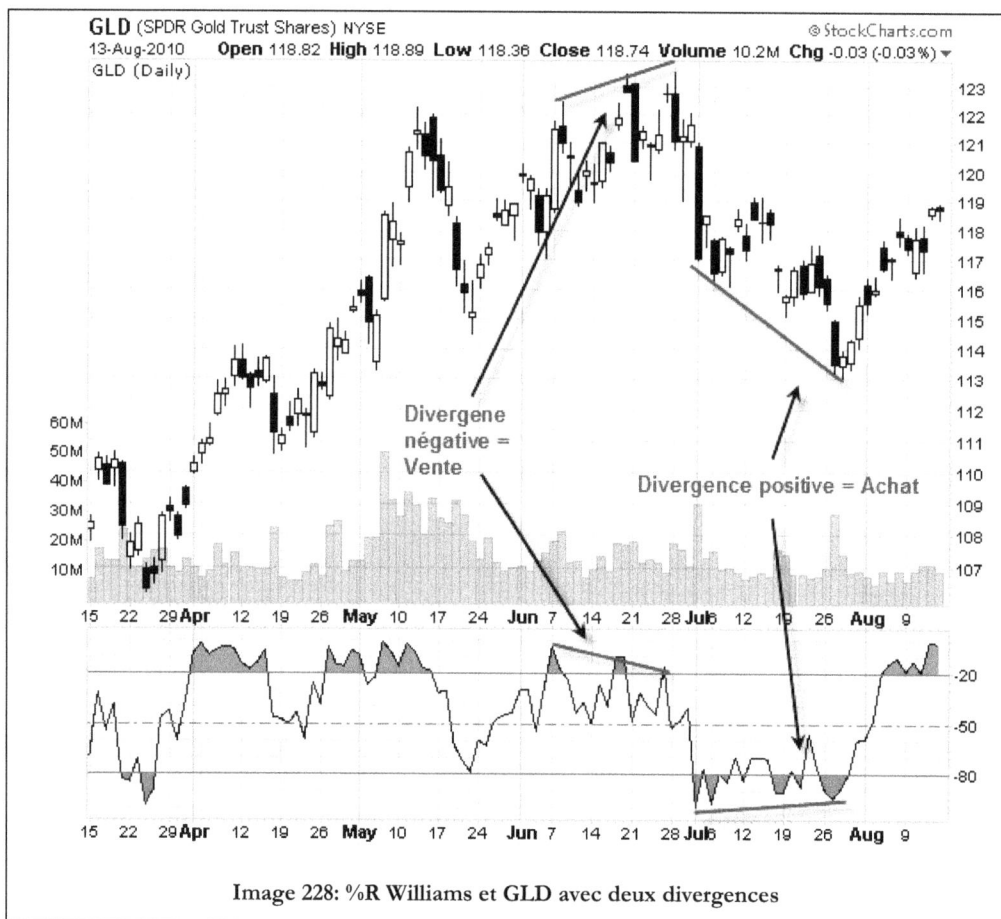

Image 228: %R Williams et GLD avec deux divergences

Le graphique ci-dessus démontre que le Williams %R diminue en zone de sur-achat dans le mois de juin 2010. Le titre augmente pendant cette même période de temps. Il y a donc une divergence négative. Une divergence négative est synonyme d'une prochaine baisse. Comme prévu, en fin juin 2010, GLD est descendu.

Ensuite, en juillet 2010, le titre a continué de descendre et le Williams %R a augmenté : nous avons donc une divergence positive. Le titre augmentera en fin juillet.

Voici un deuxième exemple qui combine le Williams %R avec la théorie des tendances. On remarque que le Williams %R est complet lorsque celui-ci effectue un changement de zone (survente à sur-achat ou sur-achat à survente). De plus, le moment exact d'acheter ou de vendre se trouve dans ces rectangles démontrant le changement de zone. On peut confirmer l'achat et la vente avec le franchissement des tendances ainsi que le transfert de zone avec l'indicateur Williams %R.

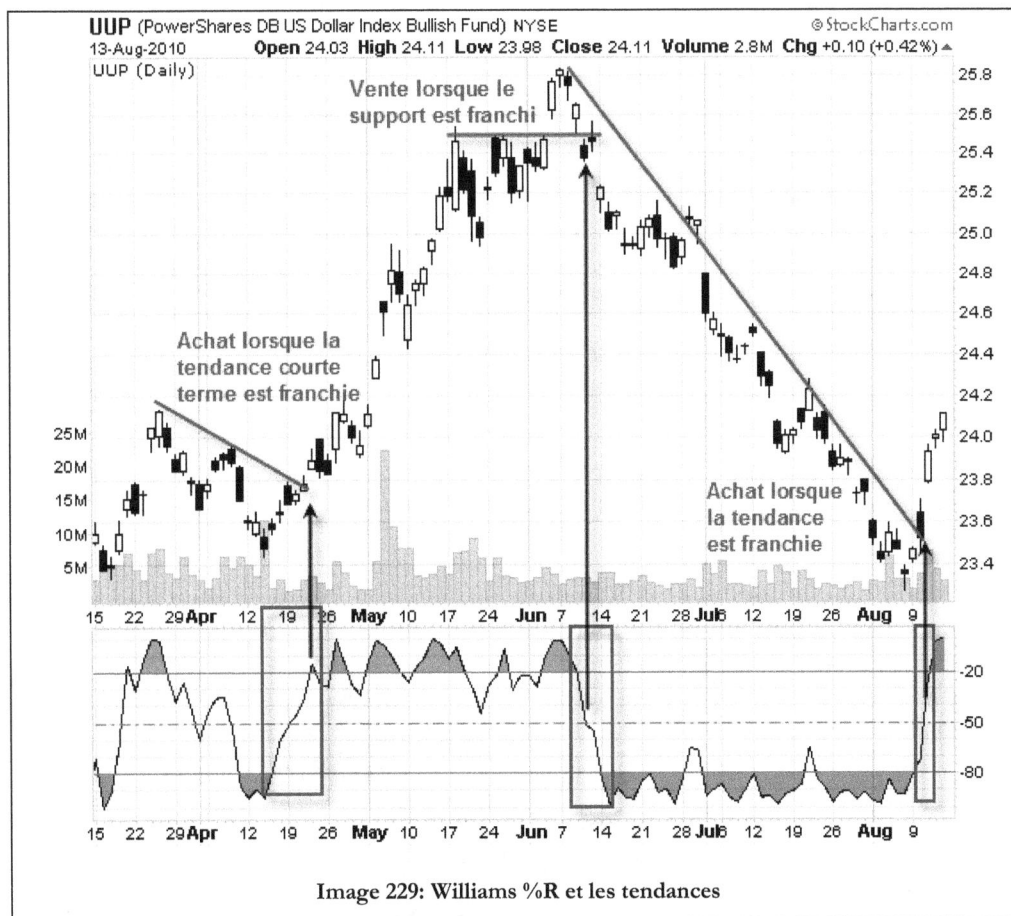

Image 229: Williams %R et les tendances

Conclusion

Le titre peut rester longtemps en sur-achat ou survente; il faut donc rester vaillant aux variations du prix lorsque l'indicateur change de zone afin de confirmer un mouvement dans le prix de l'action. Il est aussi préférable de ne pas utiliser le RSI avec Williams %R, car ceux-ci sont très semblables. L'utilisation de MACD, de la moyenne mobile ou du CCI peut être un complément intéressant.

Aroon

Cet indicateur est moins populaire que les autres indicateurs techniques. Il a été inventé en 1995 par Tushar Chande afin de déterminer si l'action est située dans une tendance ainsi que la force de cette tendance.

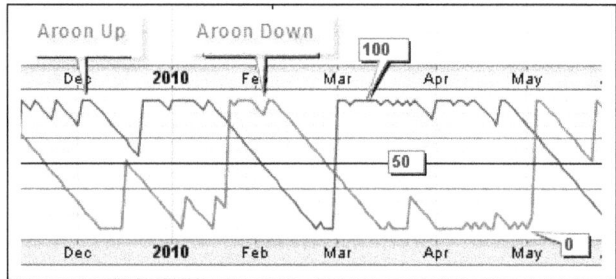

Fonctionnement

L'Aroon consiste de deux lignes. C'est un indicateur prend un seul paramètre, qui est le nombre de périodes choisies. La ligne d'Aroon(up) est, pour la période, le nombre de temps où le prix est situé entre le prix de départ de la période et le haut de la période en pourcentage. De plus, lorsque le prix est situé dans un nouveau haut, ceci donne 100 points de plus à l'indicateur. Pour toutes les périodes où le prix ne franchit pas un nouveau haut, il y a une descente de $\left(\dfrac{1}{Période}\right)*100$. L'Aroon (down) fonctionne à l'inverse et donc additionne le nombre de périodes sous le prix de départ.

Interprétation

L'Aroon oscille de manière différente aux autres indicateurs. Ces lignes sont plus directes et claires, malgré que celles-ci puissent changer de direction rapidement.

Un Aroon(up) qui descend sous 50 indique une tendance haussière tirant à sa fin. Un Aroon(down) qui descend sous 50 indique une tendance baissière tirant à sa fin. Une valeur en haut de 70 indique une tendance forte dans le même sens que l'Aroon(up).

Cet indicateur peut être affiché sous une forme oscillatoire comportant une seule ligne. Si cette ligne est en haut de 0, ceci indique que nous sommes dans une tendance haussière. Lorsque cette ligne est sous 0, ceci indique une tendance baissière. Plus la valeur est éloignée de 0, plus la tendance est forte.

Une période de consolidation est une période durant laquelle le titre devient neutre. Souvent, elle est présente en phase 3. Une période de consolidation peut autant anticiper une baisse qu'une hausse.

Lorsque l'Aroon(up) et Aroon(down) sont parallèles et descendant, on peut observer une période de consolidation. Cette période est neutre et le prix sera parallèle sans hausse ou baisse significative.

Calcul

L'Aroon(up) se calcule comme ceci :

$$Aroon(up) = \left(\frac{NombrePériode - TotalPériodeDepuisDernierHaut}{NombrePériode} \right) * 100$$

Équation 16: Calcul du Aroon(up)

L'Aroon(down) se calcule comme ceci :

$$Aroon(up) = \left(\frac{NombrePériode - TotalPériodeDepuisDernierBas}{NombrePériode} \right) * 100$$

Équation 17: Calcul du Aroon(down)

Le nombre de périodes est le paramètre passé à l'indicateur lors de sa création. Le TotalPériodeDepuisDernierHaut est le nombre de périodes depuis le dernier sommet supérieur en prix pour la période donnée. Le TotalPériodeDepuisDernierBas est le nombre de périodes depuis le dernier plancher supérieur en prix pour la période donnée.

Exemple

Voici un exemple avec le Groupe Page Jaunes (YLO-UN.TO). L'exemple est divisé en deux graphiques parce qu'il y a beaucoup de détails.

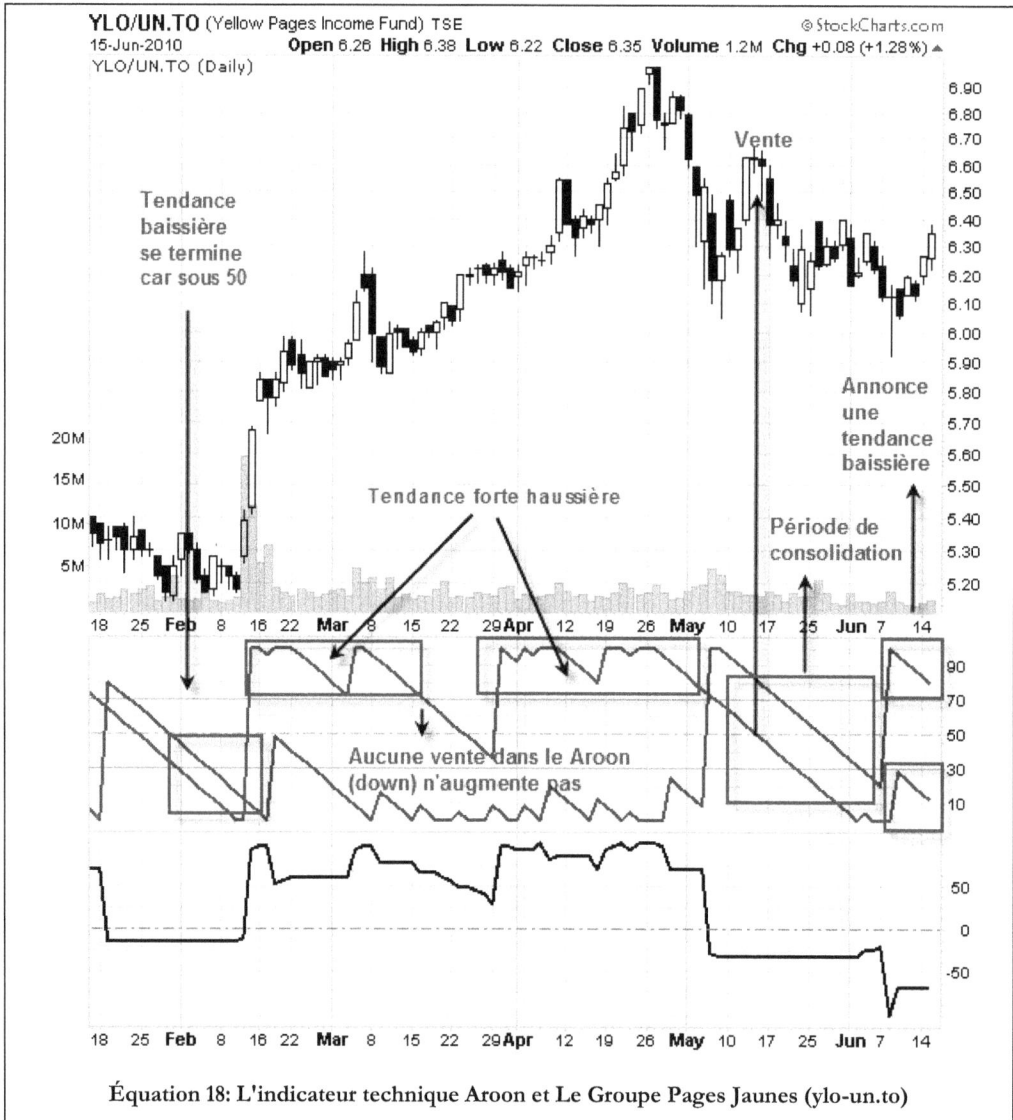

Équation 18: L'indicateur technique Aroon et Le Groupe Pages Jaunes (ylo-un.to)

On remarque plusieurs signes. Le premier est qu'en février 2010, il y avait une période de consolidation et la tendance baissière se terminait. Ensuite, à la fin février, la tendance haussière remontait jusqu'en mai 2010. Le 15 mars 2010, l'Aroon(up) descendait sous 50. Ceci aurait pu indiquer une tendance haussière tirant à sa fin, sauf que ce n'est pas le cas. Effectivement, l'Aroon(down) est resté très bas, ce qui signifie qu'aucune tendance baissière n'est particulièrement forte. Plus tard, en mai 2010, l'Aroon(up) et l'

Aroon(down) sont parallèles en descente : il s'agit d'une période de consolidation. Il est sage de vendre lorsque l'Aroon(up) croise le 50 et ceci est confirmé lorsqu'après la période de consolidation, l'Aroon(down) se dirige en haut de 50 pour confirmer une tendance baissière. On remarque que l'indicateur sous l'Aroon est l'indicateur Aroon Oscillateur. Lorsque la tendance est positive, l'Aroon Oscillateur est situé en haut de 50. Le prochain graphique, qui est de juin 2010 à août 2010 pour *Le Groupe Pages Jaunes* (YLO-UN.TO), démontre bien la chute subite par le titre après ce signal.

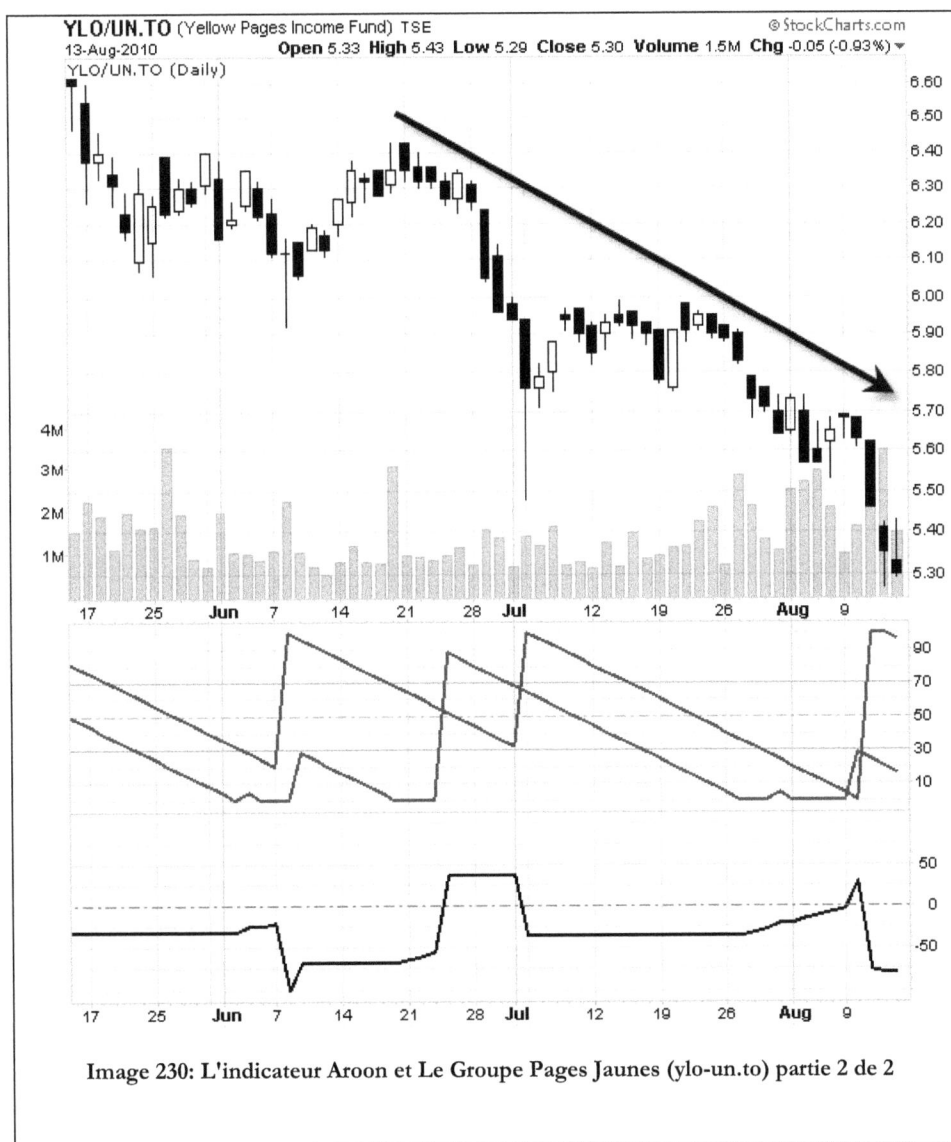

Image 230: L'indicateur Aroon et Le Groupe Pages Jaunes (ylo-un.to) partie 2 de 2

On remarque que l'Aroon oscillateur est situé sous 0, ce qui indique une tendance baissière.

Conclusion

L'Aroon est un indicateur qui nécessite plus de temps à maîtriser. Il faut bien comprendre autant la ligne du Aroon(up) et Aroon(down) afin de pouvoir déterminer une hypothèse sur la direction d'un titre.

ATR – Average True Range

L'ATR est un indicateur de volatilité inventé par J. Welles Wilder. En tant qu'indicateur de volatilité, celui-ci n'indique pas les tendances, ni la durée de la tendance. Il sert plutôt à tâter le pou sur le ratio des acheteurs et des vendeurs.

Fonctionnement

L'ATR est un indicateur aux valeurs positives. Lorsque les chandeliers bougent avec de grandes différences de prix, celui-ci augmente. Lorsque les chandeliers sont rapprochés dans les prix, l'ATR reste près de 0.

L'ATR se calcule en prenant la plus grande valeur d'une de ces trois conditions :

- Le plus haut de la journée moins le plus bas de la journée

- Le plus haut de la journée moins le plus bas de la journée précédente

- Le plus bas de la journée moins le plus bas de la journée précédente

Une fois que le calcul est fait pour ces trois conditions, la plus grande valeur des trois est prise. Cette valeur est nommée TR, qui est la vraie valeur « True Range ». La valeur de l'ATR sera une moyenne selon la période passée en paramètre des TR. C'est la raison pour laquelle ceci se nomme « Averate True Range », car « average » signifie moyenne.

Interprétation

L'ATR sert seulement à cibler des actions ou des moments où une action semble susciter un intérêt. Par contre, l'ATR n'utilise pas le volume dans ces calculs, ce qui le rend discutable comme unique source de volatilité. Il est normal d'avoir une valeur de l'ATR différente entre les actions à faible prix et les actions à haut prix, parce que le TR de l'ATR est calculé avec des différences de prix absolus et non relatifs.

Calcul

La première étape a été décrite dans le fonctionnement : il faut trouver les TR de tous les jours. La deuxième étape est de calculer l'ATR pour tous les jours selon le paramètre qui est N, le nombre de jour désiré.

$$ATR = \frac{\left(ATR_{précédent} * (N-1) + TR_N\right)}{N}$$

Équation 19: Calcul de l'indicateur ATR

Exemple

Voici un exemple avec Netflix Inc (NFLX), qui démontre l'ATR avec trois comportements différents.

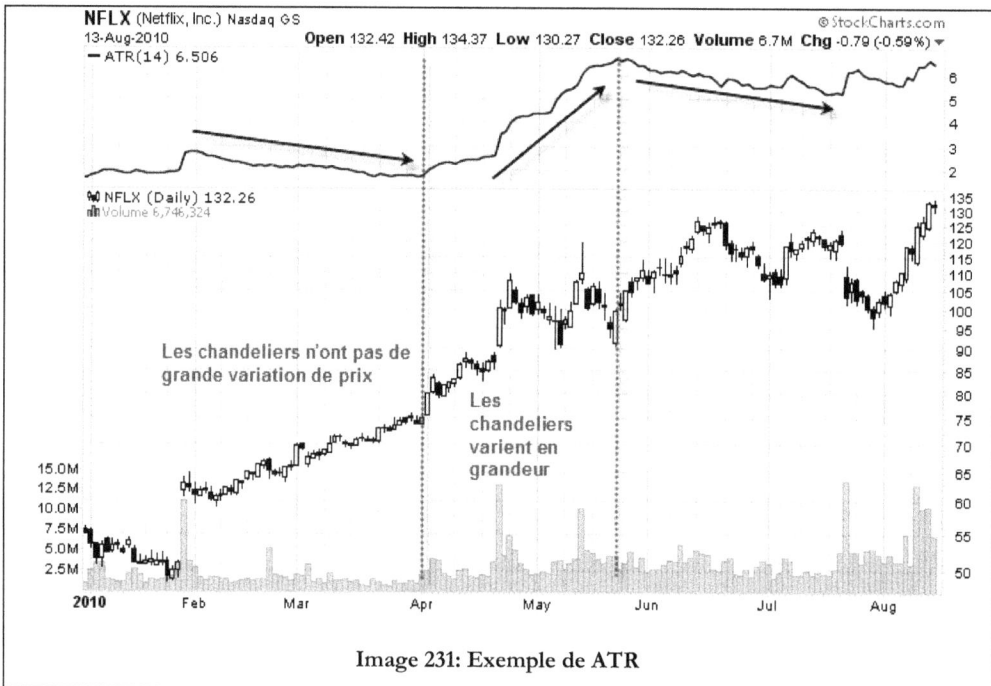

Image 231: Exemple de ATR

La première section du graphique est de janvier 2010 à avril 2010, lorsque l'ATR est bas (3) et diminue. Le prix augmente dans cette période de temps. Nous avons vu que l'ATR se calcule avec le TR, qui est la différence entre la variation de prix des chandeliers. Ces variations sont très basses, ce qui fait que l'ATR est bas. Dans la deuxième section du graphique, d'avril 2010 à la fin mai 2010, l'ATR augmente en flèche jusqu'à 6.5+. La raison pour cela est que les chandeliers varient plus, ce qui fait augmenter l'ATR. La troisième section garde un ATR élevé qui diminue lentement. La raison est qu'il y a quand même de fortes variations, sauf que celles-ci (les variations) ne sont pas plus fortes que dans la seconde section, même légèrement plus faibles.

Malgré cette légère diminution de volatilité, le titre augmente en août 2010. C'est donc un indicateur intéressant, mais avec lequel il est difficile de tirer des conclusions.

Conclusion

L'ATR est intéressant pour cibler lorsqu'une action reprend de la volatilité. C'est le genre de signal qui permet de voir lorsqu'un titre va sortir d'une phase 1 pour passer en phase 2. Une forte volatilité est un signe que nous désirons avoir afin de traverser des résistances.

Par contre, l'ATR n'est pas significatif pour savoir si le titre est dans une tendance ou pour effectuer des tendances avec l'indicateur. Il n'indique pas non plus la force de la tendance, ni les revirements.

Bande de Bollinger %B

L'indicateur %B est un indicateur dérivé des bandes de Bollinger. Contrairement aux bandes de Bollinger, cet indicateur n'est pas directement apposé sur le graphique des prix, mais bien comme tous les autres indicateurs, c'est-à-dire en dessous ou au-dessus.

Le but des bandes de Bollinger %B est de déterminer le niveau de sécurité par rapport à la bande supérieure et la bande inférieure de Bollinger.

Fonctionnement

La bande de Bollinger %B fonctionne en suivant une échelle de 0 à 1. La valeur du %B est égale à 1 lorsque le prix de l'action est de même prix que la bande inférieure ou supérieure. Par contre, lorsque la valeur est de 0, c'est que le prix est égal au prix de la bande inférieure ou inférieur à celle-ci. Dans les autres cas, la valeur est de 0.5.

La bande de Bollinger %B possède deux paramètres. Par défaut, ces paramètres sont 20 et 2. Le premier paramètre est pour la période de la moyenne mobile et le deuxième paramètre est relié à l'écart type des bandes de Bollinger.

L'indicateur %B permet de déterminer lorsqu'un titre est suracheté ou survendu.

Interprétation

Lorsque le %B est > 1, ceci signifie que le titre est en surachat. Il faut faire attention, car ceci ne signifie pas que le titre va chuter. Il se peut que le titre reste longtemps en hausse avant de chuter.

Lorsque le %b est <=0, ceci signifie que le titre est en survente.

Le Bollinger %B peut-être mis en commun avec l'indicateur MFI. Lorsque le %B et le MFI sont tous les deux en haut de 0.80 et 80, ceci donne une tendance haussière. Une tendance baissière survient lorsque le %B est sous 0.20 et que le MFI est sous 20.

Calcul

$$\%B = \frac{\left(\mathrm{Pr}\,ix - ValeurBandeInf\acute{e}rieure\right)}{ValeurBandeSup\acute{e}rieure - ValeurBandeInf\acute{e}rieure}$$

Équation 20: Calcul de l'indicateur %B

Exemple

Voici Zions Bancorporation (ZION) et l'indicateur %B. Lorsque %B augmente en haut de 0.80 et que le MFI est plus grand que 80, on remarque une tendance haussière. Sur le graphique, ces occasions ont été identifiées par des boites rectangulaires.

Image 232: Indicateur %B et Zion Bancorporation (ZION)

Conclusion

L'indicateur de bandes de Bollinger %B permet de déterminer les tendances. En haut de 0.8, le titre est près de la bande supérieure tandis que sous 0.2, le titre est près de la bande inférieure. Il est possible de déterminer des tendances en combinant le %B avec le MFI ainsi que de simplement savoir si le titre est suracheté ou sous-vendu.

MFI – Money Flow Index

L'indicateur MFI est un indicateur de force du moment des actions. Cet indicateur prend en compte le volume, ce qui peut le différencier du RSI, qui ne prend pas le volume en considération.

Fonctionnement

Le MFI compare les variations positives du titre aux variations négatives. L'échelle est entre 0 et 100 et, par défaut, utilise une période de 14 jours. Un investisseur à long terme risque de préférer une valeur de 30.

Interprétation

Le MFI peut être utilisé avec les divergences ou avec la valeur de sur-achat et survente, qui sont 80 et 20.

Les divergences fonctionnent de la même manière qu'avec tous les autres indicateurs. Lorsque la valeur de l'indicateur augmente et que le prix descend, une hausse du prix est à prévoir. Lorsque la valeur de l'indicateur descend et que le prix augmente, une baisse du prix est à prévoir.

Le MFI indique, à priori, les sur-achats et surventes. Il est à noter que les sur-achats et les surventes ne sont pas un signe impératif d'un revirement dans les tendances. Une valeur en MFI peut rester semblable durant plusieurs périodes de temps. Il faudra donc une variation significative du MFI avant d'être un indicateur potentiel à être utilisé. Par exemple, un MFI en sur-achat qui va diminuer sous 80 indique un revirement de tendance.

Calcul

$$PrixCalculé = \frac{(PrixHaut + PrixBas + PrixFermeture)}{3}$$

$$PrixVolume = PrixCalculé * Volume$$

$$VariationPositive = \sum PrixVolume : \text{que le PrixVolume augmentait}$$

$$VariationNegatif = \sum PrixVolume : \text{que le PrixVolume augmentait}$$

$$Ratio = \frac{VariationPositive}{VariationNégative}$$

$$MFI = 100 - \left(\frac{100}{1 + Ratio}\right)$$

Équation 21: Calcul pour l'indicateur MFI

Exemple

Voici un exemple avec BO Amoco PLC (BP) ayant chuté pendant plusieurs semaines avant de remonter de 27.40$ à presque 42$.

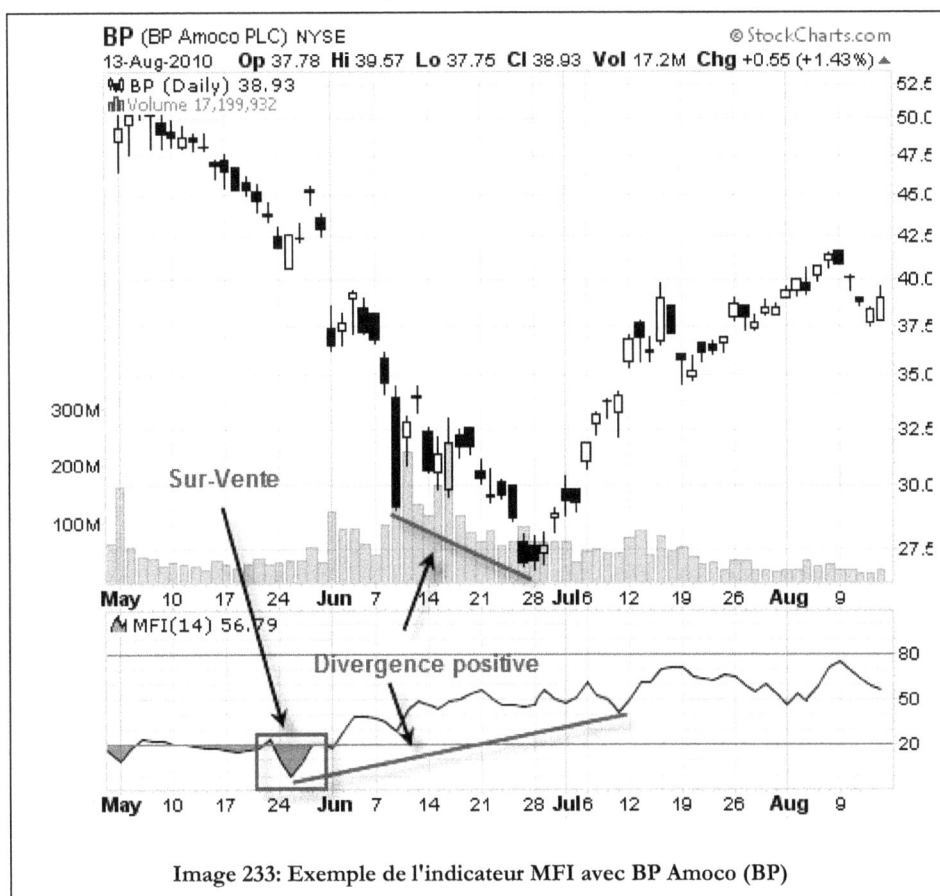

Image 233: Exemple de l'indicateur MFI avec BP Amoco (BP)

On remarque qu'il y a une survente vers le 24 mai 2010, pendant la chute. De plus, on remarque une divergence positive avec le prix qui descend, pendant que le MFI augmente. Les deux signes d'une prochaine hausse ont bien été signalés car en fin juin 2010, le titre a augmenté de +55%.

Conclusion

Le MFI est semblable au RSI et ne devrait donc pas être utilisé en même temps. Par contre, le MFI permet, avec le %B, de fournir plus d'informations, ce qui est intéressant. Cet indicateur est moins populaire que le RSI et donc plus difficile à utiliser, surtout que son calcul peut être laborieux. Le MFI est un indicateur intéressant à utiliser. Il n'est pas nerveux et est facile à interpréter.

Bande de Bollinger BandWidth

John Bollinger, outre l'indicateur %B qui dérive de ses bandes de Bollinger, a aussi conçu l'indicateur technique BandWidth. Un peu comme l'indicateur %B, cet indicateur se sert des bandes inférieures et supérieures pour former sa valeur. En fait, le BandWidth est un indicateur qui évalue la distance entre les bandes.

Fonctionnement

Cet indicateur est très simple. Plus la distance est grande entre la bande inférieure et la bande supérieure de l'indicateur Bollinger, plus l'indicateur BandWidth est grand. Cet indicateur prend deux paramètres qui sont la moyenne mobile et l'écart type. Ces deux paramètres sont en fait ceux des bandes de Bollinger, car celles-ci doivent être exécutées afin de savoir la hauteur de la bande supérieure et inférieure.

Interprétation

Le BandWidth est difficile à interpréter, car une valeur de 3 peut être grande pour une action de 5$, mais petite pour une action de 400$. L'indicateur donne une valeur absolue et non relative. Par contre, en règle générale, une valeur de 5 à 10% du prix courant signifie que l'action possède un prix avec une faible volatilité et donc sécurisé. Par exemple, si une action vaut 150$, un BandWidth de 15 et moins est considéré stable et sécurisé.

Le Bollinger BandWidth est utile pour la technique du « Squeeze ». La technique sera expliquée en détails ultérieurement dans la section des méthodologies. Par contre, gardez en tête qu'elle identifie les périodes où les bandes sont rapprochées. Un rapprochement des bandes permet d'identifier des périodes où le titre est souvent entre une résistance et un support, ce qui permet d'avoir un titre prêt à sauter une de ces lignes. Le prix augmente et traverse la résistance, ce qui est un excellent point d'achat.

Calcul

$$BandWidth = BandeSupérieure - BandeInférieure$$

Équation 22: Calcul de l'indicateur technique Bollinger BandWidth

Exemple

Voici un exemple de « Squeeze » qui utilise la bande de Bollinger et Bolling BandWidth.

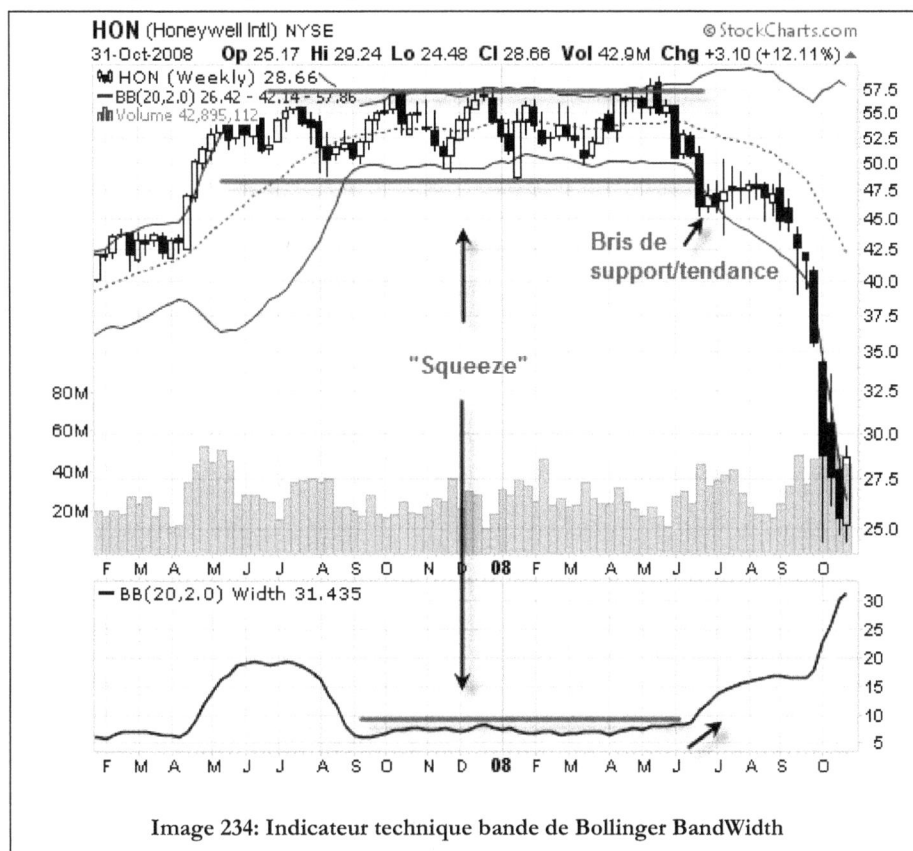

Image 234: Indicateur technique bande de Bollinger BandWidth

Le « Squeeze » est présent et on remarque que le Bollinger BandWidth est bas et, lorsque celui-ci reprend de la vigueur, le titre quitte son couloir constitué d'un support et d'une résistance. Il n'est pas possible d'évaluer la direction sans l'utilisation d'autres indicateurs. Cependant, la bande de Bollinger BandWidth permet d'identifier le moment de cassure avec plus de précision.

Conclusion

Cet indicateur n'est pas aussi utile que les autres indicateurs techniques. En fait, il est utile uniquement pour la technique du « Squeeze », qui sera élaborée plus tard. Par contre, gardez en tête que cet indicateur est un sous-indicateur et en fait n'est qu'un indicateur qui fournit des informations supplémentaires à un autre indicateur.

Chaikin Oscillator

Créé par Marc Chaikin, cet indicateur utilise l'indicateur AD (Accumulation et Distribution) pour déterminer les divergences dans le prix et cet indicateur. L'oscillateur Chaikin est un MACD pour l'AD. Il permet de déterminer les changements dans l'AD et ainsi déterminer les moments idéaux pour acheter et vendre.

Fonctionnement

Lorsque l'indicateur AD et le Chaikin divergent, l'orientation du Chaikin indique la direction que le titre prendra. Par exemple, si l'AD est horizontal ou descend pendant que le Chaikin augmente, ceci indiquerait une augmentation du titre.

Interprétation

L'oscillateur Chaikin doit être interprété avec l'indicateur AD (accumulation et distribution). Cet indicateur fonctionne avec les divergences positives et les divergences négatives que celui-ci peut avoir avec l'indicateur AD.

Calcul

Il suffit de supprimer la moyenne mobile exponentielle sur 10 périodes de l'AD de la moyenne mobile exponentielle sur trois périodes. Dans l'équation ci-dessous, « n » représente la journée.

$$Chaikin_n = EMA_{10}(AD_n) - EMA_3(AD_n)$$

Équation 23: Calcul de l'oscillateur Chaikin

Exemple

Voici un premier exemple avec Coka-Cola Corporation (KO). On remarque que l'AD augmente pendant que le Chaikin diminue. Lorsque l'AD indique que l'accumulation arrête, c'est signe que la tendance haussière se termine.

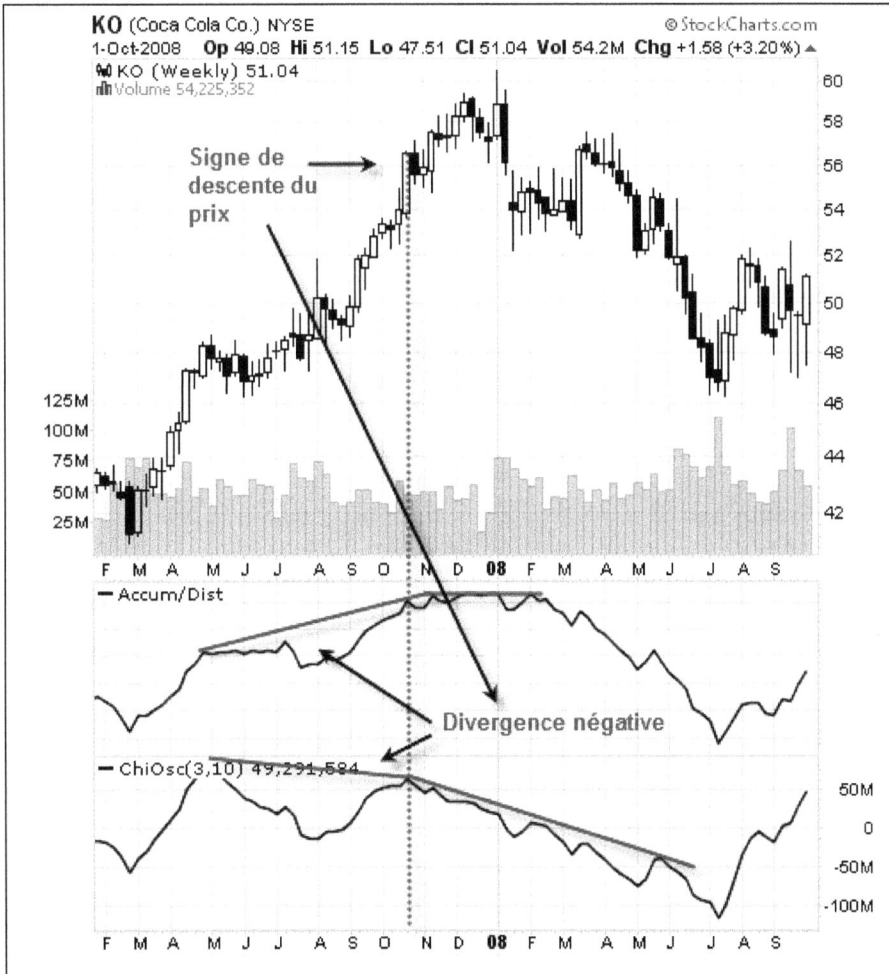

Voici un deuxième exemple avec Google (GOOG). Il y a divergence négative avec l'indicateur AD. L'indicateur AD arrête sa progression et le Chaikin diminue encore plus. C'est le signe de vente. Par contre, les investisseurs sécurisés vont vendre avant, lorsque l'AD arrête sa progression, en novembre 2009.

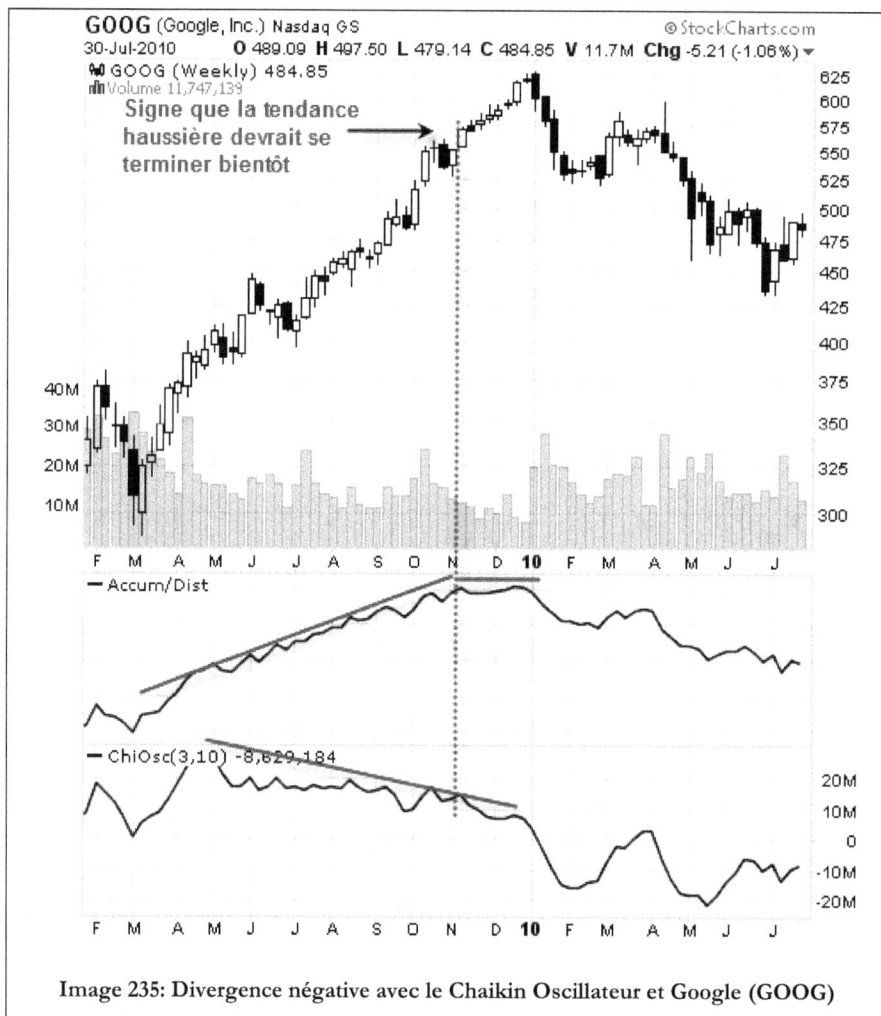

Image 235: Divergence négative avec le Chaikin Oscillateur et Google (GOOG)

Conclusion

L'indicateur est très intéressant pour détecter des actions qui vont varier prochainement. Avec le Chaikin et l'AD, il est possible de dresser une liste d'actions qui pourront être achetées lorsqu'il y a divergence positive, ou vendre (acheter à découvert) lorsqu'il y a divergence négative. Par contre, l'indicateur n'est pas précis au moment exact où le revirement va s'effectuer. Il est donc recommandé d'utiliser cet indicateur en combinaison avec d'autres indicateurs.

Force Index

La Force Index est un indicateur développé par Alexander Elder permettant de déterminer si la tendance est forte ou faible.

Fonctionnement

Le Force Index utilise le volume afin de déterminer la force de la tendance. Si un paramètre de 1 est fourni, le volume de la journée précédente, à sa fermeture, est comparé avec le volume de la journée courante.

Lorsqu'un paramètre de plus de 1 est fourni, une moyenne mobile exponentielle sera effectuée sur la période choisie (sur le volume). Un choix populaire est sur une période de 13 jours.

L'indicateur Force Index va créer une valeur qui peut être positive lorsque le volume est plus fort que précédemment. Lorsque la valeur se trouve sous 0, ceci indique que le volume est plus faible.

Interprétation

Une tendance faible est lorsque l'indicateur descend sous 0. Une tendance forte est lorsque l'indicateur traverse 0.

Calcul

Le volume de la journée est soustrait des dernières périodes « n ».

$$ForceIndex(n) = Volume_{Aujourdhui} - EMA(n)\text{du Volume}$$

Équation 24: Calcul de l'indicateur Force Index

Exemple

Le premier exemple est TICC Capital Corporation (TICC). Il y a une longue tendance haussière fortement constituée de deux tendances (supérieure et inférieure) format un couloir. L'indicateur Force Index permet de savoir si cette tendance est forte ou non.

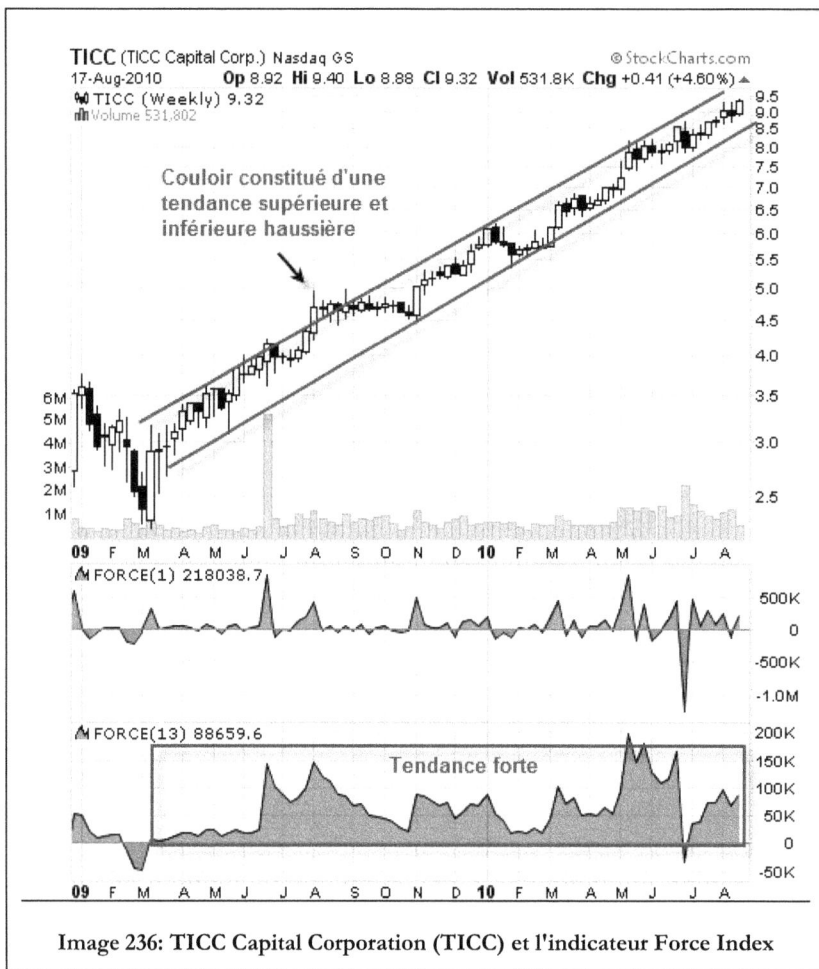

Image 236: TICC Capital Corporation (TICC) et l'indicateur Force Index

On remarque que la tendance est toujours aussi forte après presqu'un an de hausse avec l'indicateur Force Index sur 13 semaines. L'indicateur sur une période d'une semaine est plus sensible aux fluctuations des volumes. De plus, à toutes les baisses à l'intérieur du couloir, il y avait un signe de tendance faible. Il est donc plus utile d'utiliser l'indicateur sur plusieurs périodes de temps.

Voici un deuxième exemple avec Resverlogix (RVX.TO). Cet exemple comporte trois Force Index différents. Le premier utilise un paramètre de 1. Un paramètre avec une valeur de 1 indique que les volumes sont comparés avec le volume précédent. Le deuxième graphique utilise un n de 6, et le troisième indicateur utilise un n de 13. Ces deux indicateurs utilisent la moyenne mobile exponentielle (EMA) sur une période de six et treize jours.

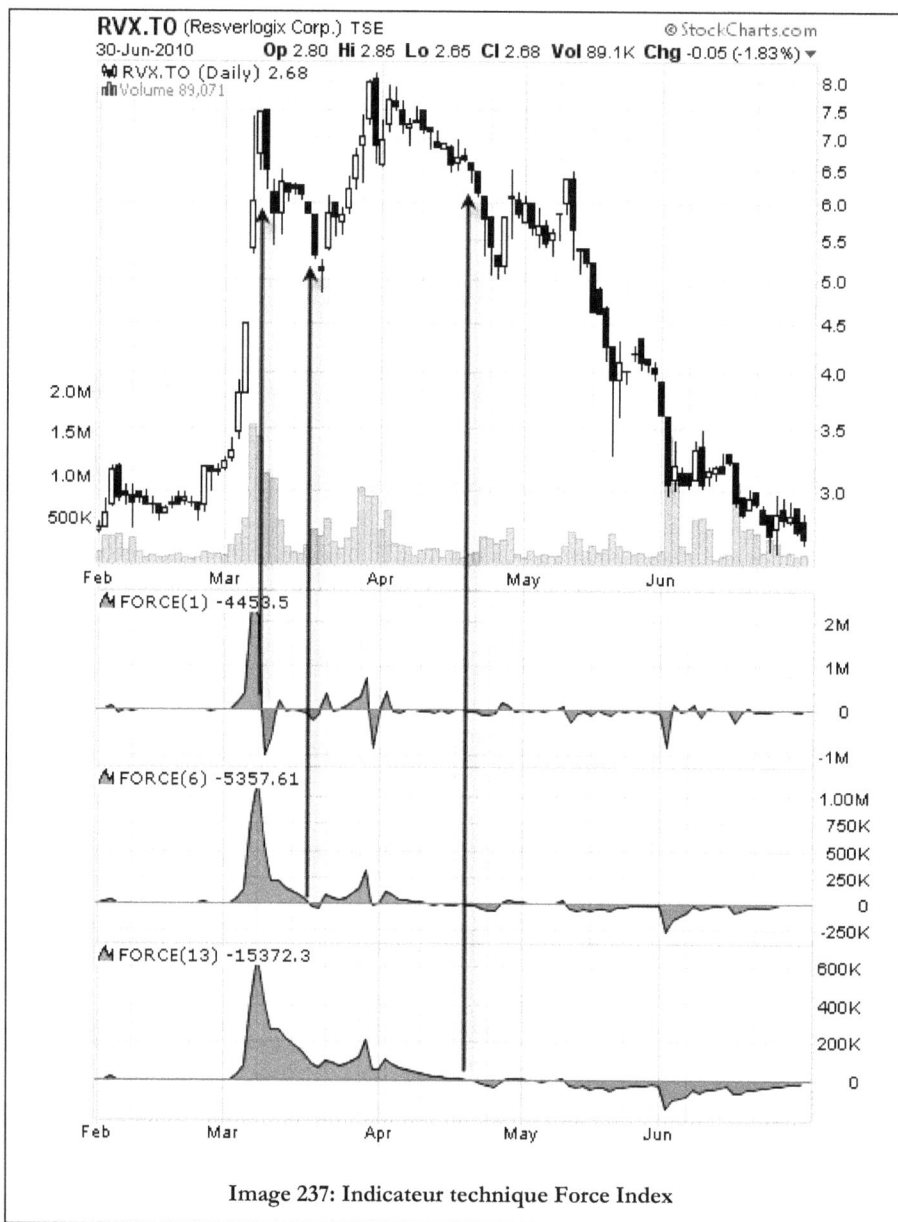

Image 237: Indicateur technique Force Index

Conclusion

L'indicateur permet de découvrir la force de la tendance, mais doit être utilisé avec plusieurs valeurs afin de calibrer le tout. Cet indicateur doit être utilisé en conjonction avec plusieurs indicateurs ainsi que les résultats doivent être analysés avec précaution lorsqu'un titre à tendance à avoir des sauts (gaps) avec fort volume, ce qui pourrait faire varier l'indicateur.

PPO- Percentage Price Oscillator

Le PPO est un indicateur qui ressemble énormément au MACD. Il possède une ligne de signal, un histogramme et une ligne de PPO. L'interprétation se fait aussi lors de traverse de la ligne de signal, par un croisement de la ligne de 0 ainsi qu'avec la théorie des divergences. Une caractéristique unique au PPO, contrairement au MACD, est que la valeur que le PPO donne ne peut être prise en considération comme une valeur indiquant une force ou une sécurité. C'est-à-dire qu'une valeur de 10 ne veut pas dire que l'oscillation est plus sécurisée qu'une valeur de 20. La deuxième caractéristique du PPO est que les valeurs peuvent être comparées entre les actions. La comparaison est possible parce que le prix des actions n'influence pas la valeur du PPO. Ceci est possible, car la valeur n'est pas absolue au prix, mais est relative.

Fonctionnement

Le PPO fonctionne en soustrayant deux moyennes mobiles exponentielles et en divisant le tout par la plus grande période. La section calcul contient le calcul du PPO ainsi qu'une comparaison avec le MACD.

Interprétation

Les détails sur l'interprétation ne vont pas être répétés, car ils sont les mêmes que le MACD. En résumé, le PPO peut être utilisé avec la théorie des divergences. Lorsque le PPO augmente et que le titre descend, on observe un signe d'une prochaine hausse. Lorsque le PPO descend et que le titre augmente, une prochaine tendance baissière se prépare.

Il est aussi possible d'interpréter le PPO avec sa valeur. Lorsque la valeur est en haut de 0%, ceci indique que les acheteurs contrôlent le prix. Lorsque la valeur est en bas de 0%, ceci indique que les vendeurs contrôlent le prix. Il est donc intéressant d'acheter lorsque la valeur du PPO est plus grande que 0%. De plus, comme le MACD, lorsque la ligne du PPO traverse au-dessus de la ligne de signal, un signal d'achat est lancé. Lorsque le PPO descend sous la ligne de signal, ceci est un signal de vente. L'histogramme représente cette traversée avec une valeur positive lorsque le PPO est plus grand que le signal et une valeur négative lorsque le PPO est plus bas que la ligne de signal.

Calcul

Voici le calcul du MACD et du PPO.

$MACD = EMA(12) - EMA(26)$ $Signal_{MACD} = EMA_{MACD}(9)$ $MACDHisto = MACD - Signal_{MACD}$	$PPO = \left[\dfrac{\left(EMA(12) - EMA(26)\right)}{EMA(26)} \right] * 100$ $Signal_{PPO} = EMA_{PPO}(9)$ $PPOHisto = PPO - Signal_{PPO}$

On remarque que le PPO ajoute seulement une division dans le calcul du PPO. Le restant des calculs restent les mêmes. La valeur du PPO est donc présentée avec l'unité de pourcentage. Le PPO peut être autant positif ou négatif, tout comme le MACD.

Exemple

L'exemple suivant est avec Reserverlogix Corporation (RVX.TO) et démontre la différence mineure entre le MACD et PPO.

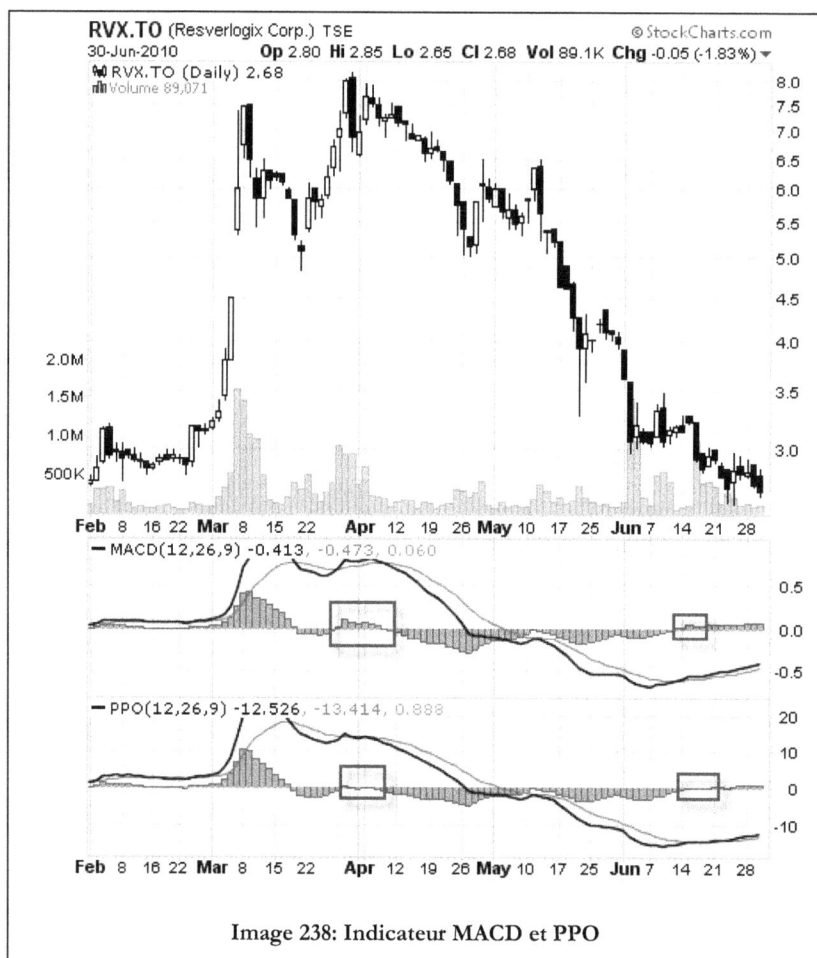

Image 238: Indicateur MACD et PPO

Conclusion

Le PPO est un indicateur intéressant, mais ne devrait jamais être utilisé avec le MACD. Les lignes vont toujours être semblables. Comment choisir entre utiliser le PPO ou le

MACD? Le MACD est plus populaire, mais le PPO offre la possibilité de comparer la valeur en pourcentage entre les actions.

PVO – Percentage Volume Oscillator

Le PVO est un oscillateur qui ressemble au PPO, sauf que celui-ci utilise les moyennes mobiles exponentielles sur le volume, contrairement au prix de l'action.

Fonctionnement

Le PVO représente la différence entre deux moyennes mobiles. Le PVO possède la ligne de PVO en soit, une ligne de signal, et un histogramme. Le tout fonctionne comme le PPO et le MACD. Lorsque l'histogramme est positif, c'est un signal d'achat, car ceci signifie que la ligne de PVO est passée au-dessus de la ligne de signal

Le PVO est un indicateur plus volatile. Ses mouvements vont être brusques et vont changer rapidement. La raison pour cela est que lorsqu'un titre fait des revirements, des gaps ou un changement brusque, l'indicateur fluctue avec le volume.

Interprétation

Les détails sur l'interprétation ne seront pas répétés exhaustivement, car ils sont les mêmes qu'avec le MACD ou le PVO. En résumé, le PVO peut être utilisé avec la théorie des divergences. Lorsque le PVO augmente et que le titre descend, ceci est un signe d'une prochaine hausse. Lorsque le PVO descend et que le titre augmente, une prochaine tendance baissière approche.

Il est aussi possible d'interpréter le PVO avec sa valeur. Lorsque la valeur est en haut de 0%, ceci indique que les acheteurs contrôlent le prix. Lorsque la valeur est en bas de 0%, ceci indique que les vendeurs contrôlent le prix. Il est donc intéressant d'acheter lorsque la valeur du PPO est plus grande que 0%. De plus, comme le MACD, lorsque la ligne du PVO traverse au-dessus de la ligne de signal, un signal d'achat est lancé. Lorsque le PPO descend sous la ligne de signal, ceci est un signal de vente. L'histogramme représente cette traversée avec une valeur positive lorsque le PVO est plus grand que le signal et une valeur négative lorsque le PVO est plus bas que la ligne de signal.

Calcul

Voici le calcul du PVO. Souvenez-vous que le calcul se fait sur le volume et non pas avec le prix.

$$PVO = \left[\frac{(EMA(12) - EMA(26))}{EMA(26)}\right] * 100$$

$$Signal_{PVO} = EMA_{PVO}(9)$$

$$PVOHisto = PVO - Signal_{PVO}$$

Équation 26: Calcul de l'indicateur PVO

Exemple

Voici un exemple avec la compagnie Canadian Solar Inc. (CSIQ). Le graphique contient le PPO et le PVO. On remarque que les signaux de PVO ne sont pas précis, ils veulent changer rapidement et auraient fait plusieurs pertes. Les signaux du PPO sont plus exacts.

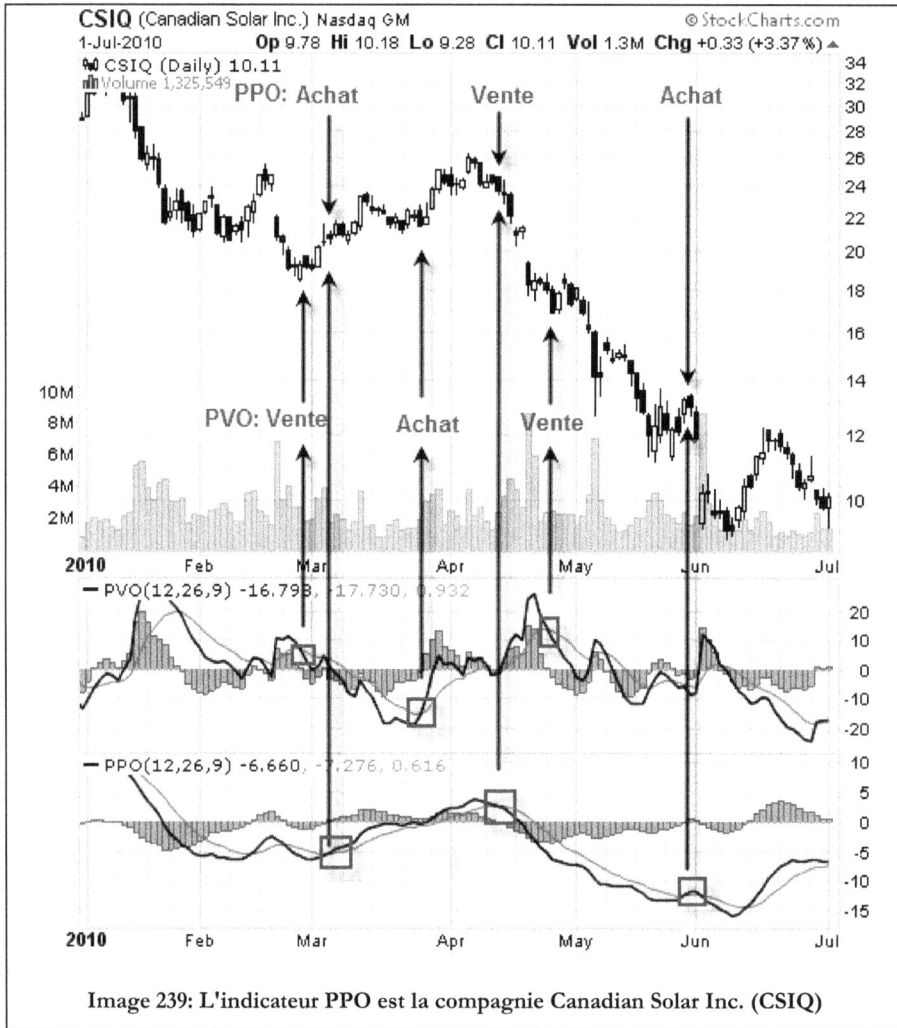

Image 239: L'indicateur PPO est la compagnie Canadian Solar Inc. (CSIQ)

Conclusion

L'indicateur de l'oscillement sur le volume n'est pas un indicateur qui est fiable, à mon avis. Je ne le suggère pas et il a été intégré dans ce livre à titre de référence seulement. Il peut y avoir des cas où cet indicateur est intéressant, mais il y a tellement d'indicateurs plus précis et plus clairs que celui-ci n'est pas réellement intéressant.

Price Relative

Voici un indicateur très intéressant. Il est complètement différent de tous ceux déjà abordés. Je crois que cet indicateur sera un outil très intéressant dans votre coffre à outils. L'indicateur n'a pas de diminutif officiel, et dans ce livre nous allons utiliser PR pour Price Relative. La traduction de « Price Relative » est « Prix Relatif ». Ceci illustre bien l'indicateur qui comparera deux titres de manière relative. Le PR est utilisé principalement pour comparer un marché/indice à une action.

Le PR est utilisé principalement pour comparer un marché/indice à une action.

Fonctionnement

Le prix de l'action est comparé au prix ou valeur de l'action ou encore au marché mis en paramètre. La valeur de l'indicateur est la division du titre à l'autre, sans multiplier le tout par 100. Donc, ce n'est pas un pourcentage, mais bien un ratio.

Interprétation

La valeur va générer un graphique qui n'est pas volatile, c'est-à-dire que les lignes auront un cours normal, comme une action standard. L'indicateur peut être interprété avec des tendances, des supports et des résistances, des moyennes mobiles, etc. Tout ce qui est possible d'analyser sur une action est pertinent à être analysé dans les valeurs générées par cet indicateur.

Calcul

Le calcul est simplement la première action divisée par le prix de la deuxième action.

$$\frac{\Pr ixAction1_{periode}}{\Pr ixAction2_{periode}}$$

Équation 27: Price Relative

Donc, lorsque le prix de l'action1 vaut 15$ et que l'indice vaut 12 000 points, le PR sera :

$$\frac{15\$}{12000} = 0.00125$$

Dans le cas d'une comparaison entre deux actions, la différence risque d'être moins grande, mais l'interprétation reste la même.

Exemple

L'exemple ci-dessous est avec la compagnie Oracle (ORCL), qui démontre deux signes de descente avant la chute du titre.

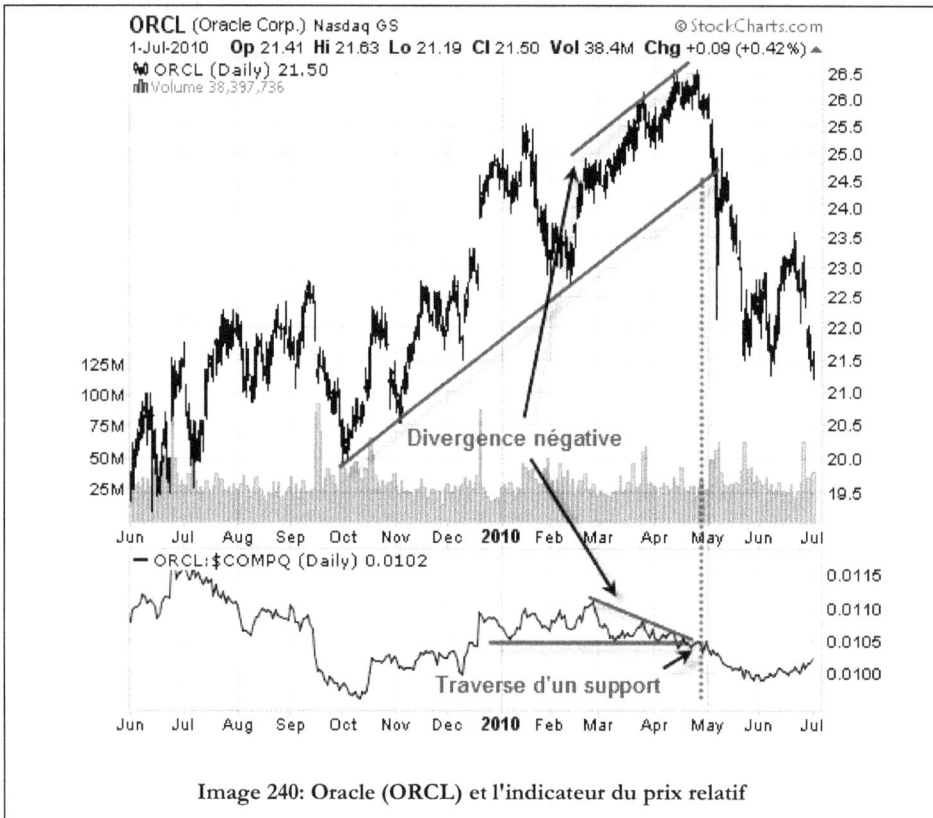

Image 240: Oracle (ORCL) et l'indicateur du prix relatif

Oracle (ORCL) augmente d'octobre 2009 à mai 2010. Par contre, le PR est utilisé avec le Nasdaq, indice des technologies, et celui-ci se dirige à l'horizontale. De plus, la tendance supérieure descend pour le PR, tandis que la tendance supérieure du titre est haussière. Il y a divergence entre le prix et l'indicateur. Le deuxième signe de chute est qu'il y a un support à 0.0105 avec l'indicateur PR. Ce support est traversé en fin avril 2010, au début de la chute du titre.

Il est aussi possible de comparer deux actions. Voici un exemple avec Microsoft(MSFT) et Apple(AAPL). On remarque que le PR diminue. Ceci indique que MSFT est plus faible qu'AAPL pour cette période. Il arrive que les deux titres augmentent, mais vu que APPL est plus fort (prix plus haut), ce dernier remporte la hausse.

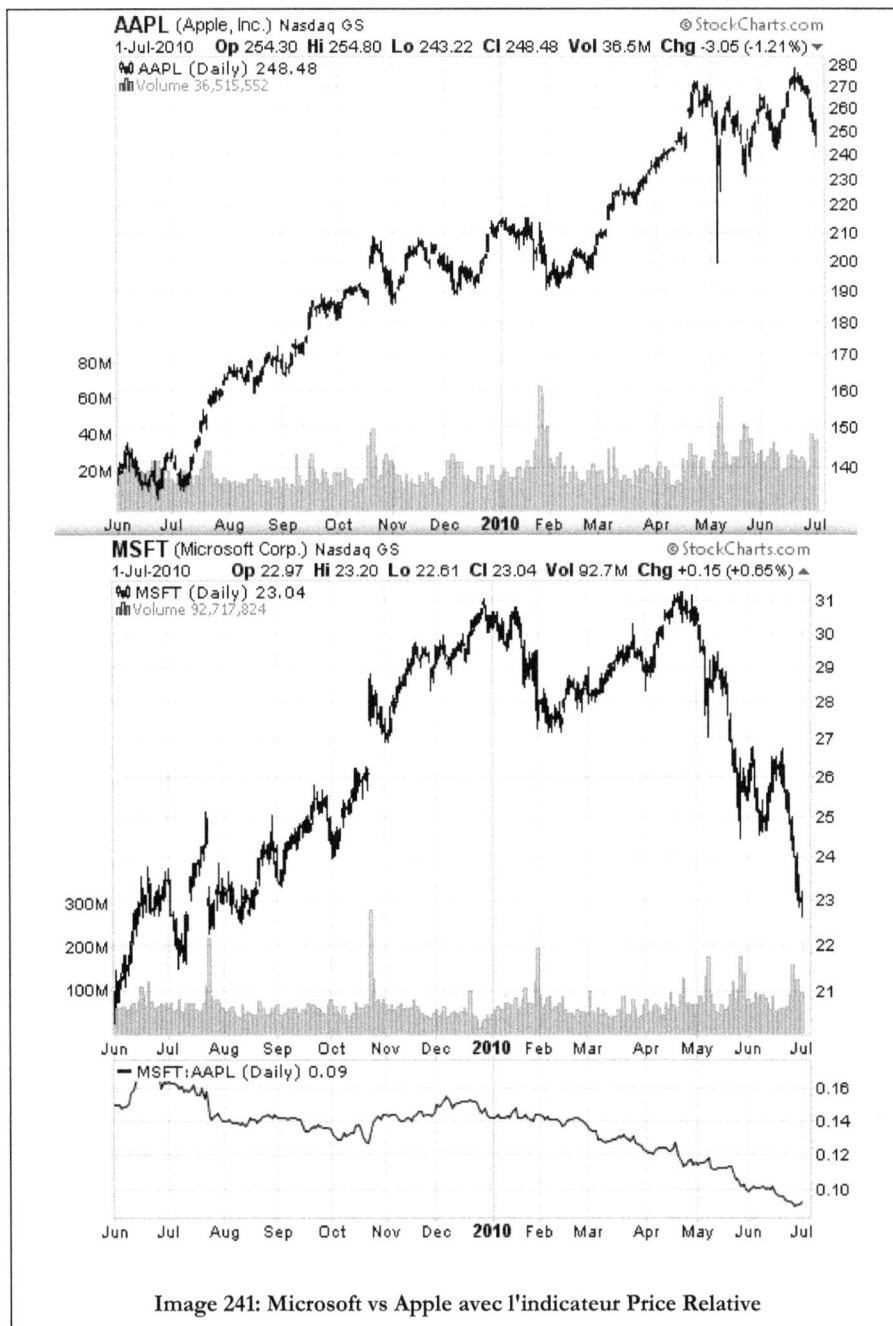

Image 241: Microsoft vs Apple avec l'indicateur Price Relative

Conclusion

Le « price relative » (PR) est un indicateur intéressant afin de pouvoir faire des comparaisons avec les indices ou d'autres actions. Il est aussi possible de comparer un marché à un indice.

Gardez en tête que dans des cas de comparaison, la capitalisation n'est pas prise en compte. Il faut donc regarder le tout avec relativité et regarder les mouvements; non pas les valeurs.

StochRSI

Le StochRSI utilise le RSI développé par Welles Wilder. Le StochRSI a été développé par Tushard Chande et Stanley Kroll et transforme le RSI en un oscillateur qui crée une valeur entre 0 et 1.

Fonctionnement

Le StochRSI permet d'être plus sensible que le RSI afin de générer un signal de sur-achat et survente. Le StochRSI utilise les calculs du RSI, mais utilise aussi les plus hauts et plus bas RSI de la période passée en paramètre pour générer une valeur entre 0 et 1. Par défaut, le paramètre est 14, ce qui indique le nombre de périodes à utiliser. Le StochRSI peut-être utilisé pour plusieurs types de périodes, telles que journalière, hebdomadaire et mensuelle.

Le StochRSI est très volatile et change rapidement entre la zone de sur-achat et survente. C'est un indicateur à court terme qui doit être utilisé avec précaution, car sa volatilité forme de faux signaux.

Interprétation

De manière générale, voici les règles pour interpréter le StochRSI :

1. Un StochRSI sous 0.2 indique que le titre est en zone de survente.
2. Un StochRSI en haut de 0.8 indique que le titre est en zone de sur-achat.
3. Un StochRSI à 0 ou à 1 indique que le RSI est à son plus bas ou plus haut pour le nombre de période choisies en paramètre.

Il existe plusieurs moyens d'interpréter le StochRSI. La première manière d'utiliser les tendances. Lorsqu'une tendance à moyen terme ou long terme est identifiée, le StochRSI va permettre de découvrir les rebonds sur la ligne de tendance. Il y a de fortes chances que le StochRSI aille tombé plusieurs fois en sur-achat et survente pendant que le RSI va rester stable ou progresser dans le cas d'une tendance haussière. Plus il y a de rebonds du StochRSI, plus on peut tirer comme conclusion que la tendance s'affaiblie.

Il est intéressant de commencer son analyse dès qu'il y a croisé du StochRSI à 0.5. Autant dans une tendance haussière que baissière, lorsque la ligne du StochRSI croise 0.5, ceci indique un changement dans la zone de sur-achat et survente.

La deuxième manière utilise seulement la croisée du StochRSI à 0.5. Le StochRSI passe de sous 0.2 en valeur, qui est dans la zone de survente, à une valeur plus grande que 0.8. En haut de 0.8, nous sommes en zone de surachat.. Lors de la croisée à 0.5, ceci indique un signal d'achat. Dans le sens contraire, lorsque la zone de sur-achat (>=0.8) passe par 0.5 pour aller ensuite dans la zone de survente (<=0.2), ceci indique que c'est une vente. Il est important de comprendre que ce n'est pas lorsque le titre arrive à la zone de survente qu'il est temps de vendre, mais bien à la croisée de 0.5.

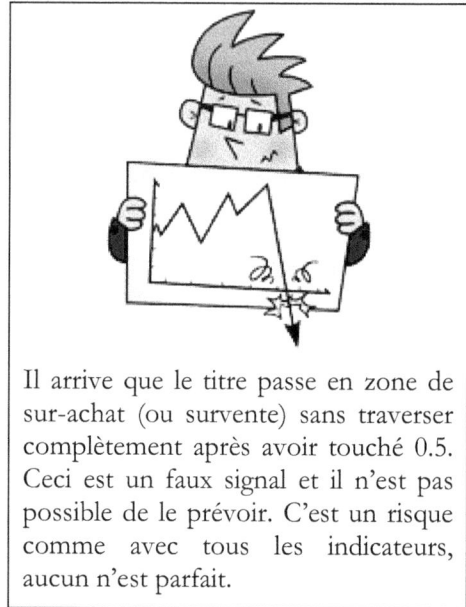

Il arrive que le titre passe en zone de sur-achat (ou survente) sans traverser complètement après avoir touché 0.5. Ceci est un faux signal et il n'est pas possible de le prévoir. C'est un risque comme avec tous les indicateurs, aucun n'est parfait.

Calcul

Le calcul prend la valeur du RSI et la soustrait du plus petit RSI de la période. Par défaut, la période est de 14 jours donc, le plus petit de la période de 14 jours qui est la plus petite valeur du RSI pour les 14 derniers jours. Le Max(RSI) suit le même principe, mais pour la plus grande valeur du RSI pour les 14 derniers jours.

$$StochRSI = \frac{\left(RSI - Min(RSI)\right)}{\left(Max(RSI) - Min(RSI)\right)}$$

Image 242: Calcul du StochRSI

Exemple

L'exemple suivant est avec Chevron Corporation (CVX) et la technique d'interprétation du croisement de la valeur 0.5 sur l'indicateur StochRSI. Le graphique contient aussi l'indicateur RSI afin de montrer que le StochRSI fluctue beaucoup plus que l'indicateur auquel celui-ci emprunte ses valeurs.

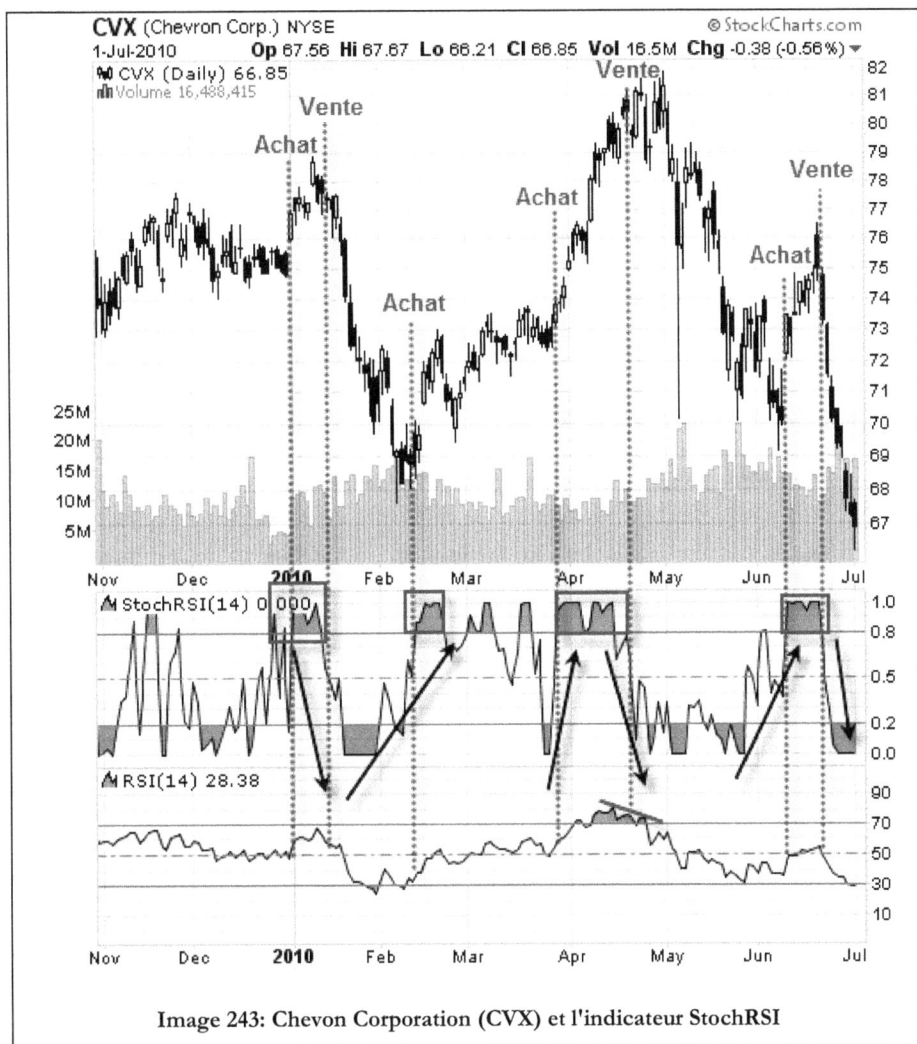

Image 243: Chevon Corporation (CVX) et l'indicateur StochRSI

Le graphique contient des lignes verticales en pointillées indiquant les moments de croisée de 0.5. Ces lignes sont les moments d'achat et de vente selon la direction entre les zones de sur-achat et survente.

Voici un deuxième exemple :

Image 244: Indicateur StochRSI et Foward Industries (FORD)

Cet exemple démontre une tendance à long terme de Foward Industries (FORD). Cette tendance est identifiée par une ligne bleue pleine. On remarque que l'indicateur technique StochRSI, en début juin 2010, démontre un signal de vente tandis que la tendance est brisée le 21 juin 2010. Le bris de la tendance est le signe le plus fort pour indiquer la fin de la tendance. Le StochRSI, étant nerveux, il montre plutôt la fin de la tendance et ceci 2 semaines à l'avance.

Cet exemple est aussi intéressant afin de vous montrer que le StochRSI peut être difficile à interpréter, tel en mai 2010 lorsque le StochRSI varie entre 0.2 et 0.8 sans vraiment aller d'une zone à une autre en passant par 0.5.

Conclusion

L'indicateur StochRSI est un indicateur plutôt fiable, mais il n'est pas utilisable en tout temps. Il arrive que certains titres ne génèrent pas de StochRSI significatif (beaucoup d'oscillations sans mouvement complet).

Conclusion des indicateurs techniques

Voici un tableau récapitulatif des indicateurs techniques avec leur but premier. Tous les indicateurs sont présents dans ce livre.

But	Indicateurs
Entrée/Sortie d'argent	CMF, Accumulation & Distribution
Force	RSI, MFI, Force Index
Revirement de tendance	SAR
Tendance	ADX, Aroon, %B avec MFI
Volatilité	ATR, Bollinger Width
Variation du prix	CCI, Stochastique, MACD, MA, Chaikin, PPO, PVO
Sur/Sous-achat	Williams %R, %B, Stoch RSI, Price Relative
Vitesse changement du prix	ROC

Récapitulatif du chapitre

Voici le récapitulatif du chapitre 14 «Les indicateurs techniques»

- ✓ Le MACD est un indicateur qui utilise les moyennes mobiles.

- ✓ Le RSI indique la force avec les gains et pertes de l'action.

- ✓ Les Bandes de Bollinger sont des bandes qui permettent de situer le titre comparativement aux moyennes mobiles.

- ✓ Le Stochastique compare le prix actuel avec les fermetures précédentes.

- ✓ L'ADX est composé du +Di, qui est la variation des chandeliers blancs, et du −Di, qui est la variation des chandeliers noirs. L'ADX lui-même indique la force de la tendance.

- ✓ Le SAR est un indicateur de tendance.

- ✓ Le ROC est un oscillateur qui indique les sur-achats et les surventes.

- ✓ Le CCI indique les cycles.

- ✓ Le CMF indique quand acheter ou vendre.

- ✓ L'AD est un indicateur qui utilise le volume dans son équation.

- ✓ Le %R ou Williams indique les sur-achats et les surventes.

- ✓ L'Aroon contient deux lignes qui bougent très rapidement. Ceci illustre les tendances.

- ✓ L'ATR est un indicateur qui illustre lorsque les actions se réveillent et doivent être surveillées davantage.

- ✓ Le Chaikin Oscillator est un oscillateur qui indique lorsqu'une action devra être achetée ou vendue.

- ✓ Le Force Index permet de déterminer si la tendance est forte.

- ✓ Le StochRSI permet de voir les sur-achats et surventes de manière plus sensible.

Questions et réponses

Voici des questions accompagnées de leur réponse. La section présente assure une meilleure compréhension des notions précédemment assimilées.

Questions

1. Quels sont les trois paramètres du MACD?

2. Que signifie lorsqu'un chandelier touche la bande du haut de la bande de Bollinger?

3. Que signifie un Stochastique à 90?

4. Quelle valeur du −Di de l'ADX signifie une chute plutôt qu'un achat?

5. Que signifie un ADX croissant lors d'une chute?

6. Lorsqu'un SAR traverse la MA20, qu'est-ce que cela signifie?

7. Dans quelle phase le ROC fonctionne-t-il bien?

8. Est-ce que le CCI est un indicateur qui situe ses valeurs entre 0 et 100?

9. Est-ce que le CMF est un indicateur de tendance?

10. Comment est utilisé l'indicateur AD?

11. Le William %R est-t-il un indicateur utile pour déterminer les sur-achats?

12. L'Aroon est constitué de combien de paramètres et à quoi servent-ils?

13. Que cible l'ATR?

14. Que signifie le Force Index en haut de 0?

15. Quel indicateur est utilisé pour comparer deux actions ou une action avec un indice?

16. Le StoRSI est un indicateur qui a la caractéristique d'être comment?

Réponses

1. Les deux premiers paramètres sont les deux moyennes mobiles à être utilisées et le troisième paramètre est la moyenne à prendre pour créer l'histogramme. C'est la moyenne à prendre dans le calcul des différences entre les deux moyennes mobiles.

2. Ceci signifie que la tendance haussière se poursuit.

3. L'action est surachetée, il est donc préférable de faire attention car une correction risque d'arriver.

4. Lorsque le –Di est à 8, il y a de fortes chances que l'action cesse de descendre pour augmenter.

5. Que la tendance baissière est forte.

6. Que le prochain revirement de tendance sera fort.

7. Lors de phase 1, le ROC est utile car il va déterminer lorsque le titre se dirigera en phase 2.

8. Non, ses valeurs peuvent aller au-delà de 100 et sous 0.

9. Non, le CMF est un indicateur qui donne le signal d'achat et de vente.

10. L'indicateur AD est utilisé avec les divergences avec le prix de l'action.

11. Oui, il détermine les actions surachetées ou survendues.

12. Un seul paramètre, qui est le nombre de périodes à utiliser.

13. L'ATR cible les actions où il y a un intérêt (achat et vente).

14. La tendance est forte. Il se peut donc que l'indicateur soit positif et que le prix descende.

15. Le Force Index.

16. Nerveux, donc il peut changer rapidement.

Les patrons d'analyse technique

L'analyse technique, outre les tendances et les indicateurs techniques, est soutenue de patrons. Les patrons sont des scénarios qui se produisent fréquemment et ont une forte probabilité de toujours obtenir le même résultat. De toute évidence, les patrons ne sont pas valides à tous les coups. Néanmoins, ils permettent d'avoir des confirmations d'achat et de vente supplémentaires.

Introduction

Les patrons sont constitués de chandeliers ayant une forme spécifique, de tendances ainsi que de support et résistance. Lors de formation, les chandeliers annoncent une hausse ou une baisse prochaine. Il est donc intéressant de déceler les patrons le plus rapidement possible et de les utiliser en collaboration avec d'autres indicateurs.

Double Top

Le patron « Double Top » est un patron réversible, c'est-à-dire un patron qui annonce un changement de tendance. Le nom du patron signifie « double haut » et représente bien la formation. Pour que le patron se réalise, les chandeliers doivent toucher une résistance deux fois. Les hauts doivent être créés avec une forme de montagne semblable.

Il existe deux types de patrons : les patrons réversibles et les patrons de continuation. Un patron réversible est un patron qui annonce un changement de tendance. Les patrons de continuation confirment une tendance.

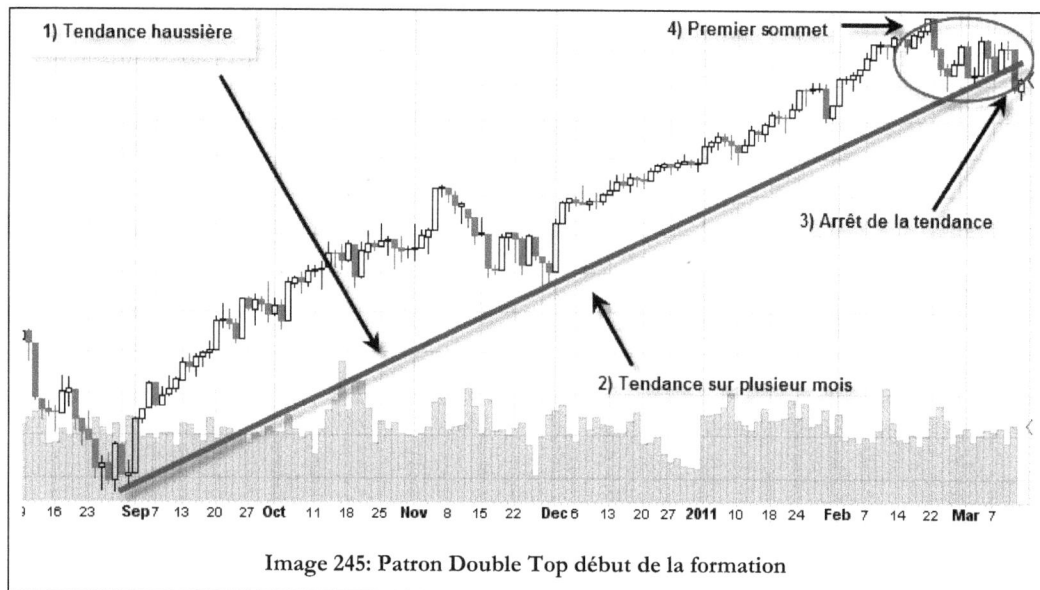

Formation

Avant tout, le patron doit être précédé d'une tendance haussière qui perdure sur plusieurs mois. Cet élément de formation permet déjà de comprendre que le patron du Double Top est un patron qui annonce une baisse car c'est un patron de revirement..

Image 245: Patron Double Top début de la formation

Ensuite, la tendance arrête et le plus haut point qu'un chandelier atteint est le premier sommet. Le premier sommet n'est pas surprenant, car il arrête la tendance. Le volume ne change pas et forme plutôt une montagne avec des chandeliers qui diminuent. Normalement, la baisse est d'environ 10% à 20%.

Puis, une zone dans laquelle le prix varie pendant quelque temps entre le prix du premier sommet et du bas suivant la chute de 10% à 20% se produit, sans jamais toucher le sommet à nouveau. Afin que le patron soit plus efficace, une distance entre les deux sommets doit être d'au moins un mois. De plus, la chute doit être d'au moins 10%. Une chute de moins de 10% ne permet pas d'avoir une pression assez grande pour que le patron s'exécute parfaitement.

Il se peut que les deux sommets ne forment pas une résistance à un prix égal (la ligne peut être inclinée). Il est préférable d'avoir une ligne de résistance horizontale, mais le patron est quand même valide lorsque celui-ci est légèrement incliné.

Cependant, le sommet sera à nouveau rejoint après quelque temps. Lorsque le sommet est atteint, une résistance se forme et le prix rebondi sur cette résistance pour former un deuxième sommet. Ce deuxième sommet est différent du premier, car le prix descendant est soutenu d'un fort volume croissant. Lors de la descente, des gaps peuvent se produire. Les gaps montrent que la demande est faible et que la chute est forte.

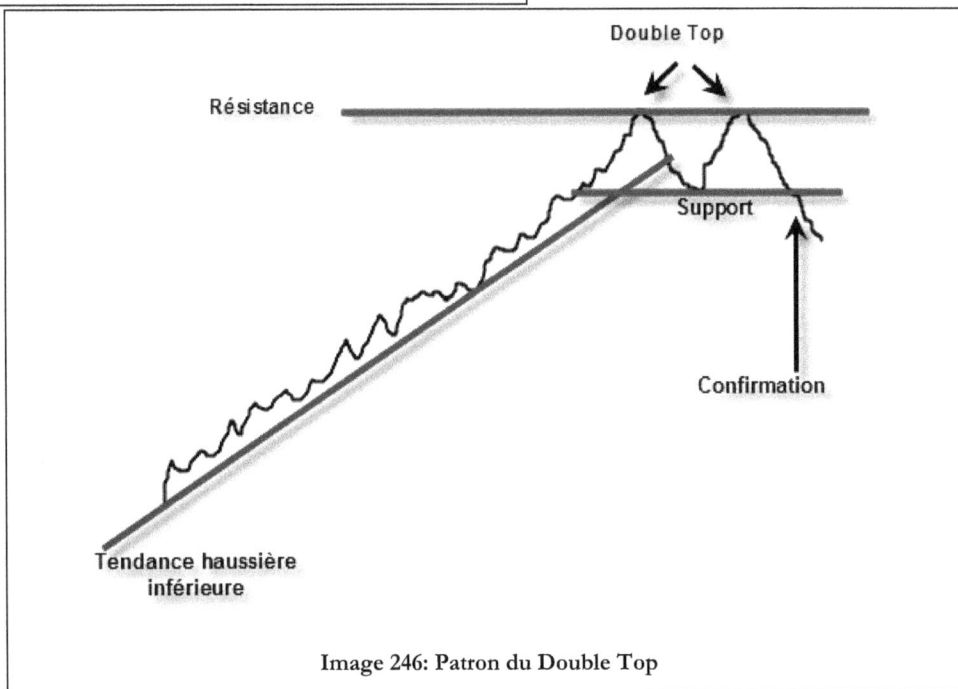

Image 246: Patron du Double Top

Les chandeliers vont s'approcher du support formé par les dernières périodes de temps depuis le premier sommet. Le patron se forme complètement lorsque les chandeliers croisent ce support.

Il est possible d'estimer la chute en soustrayant le plus haut sommet du support au support lui-même.

Il est important d'attendre la cassure du support. Souvent, une erreur est d'anticiper la chute après le deuxième sommet. Il arrive que le support ne soit pas brisé et que le titre augmente!

Exemple

Voici un exemple avec la compagnie Microsoft (MSFT), qui forme un patron « Double top ». Dès le début 2009, Microsoft(MSFT) commence une tendance haussière qui va durer jusqu'en 2010. En janvier 2010, la tendance s'arrête avec un sommet à 31$. Ce sommet sera confirmé par la chute qui va se produire pendant tout le mois de janvier et février. Ensuite, le prix augmente lentement pour former un deuxième sommet. Ce deuxième sommet est confirmé lorsque celui-ci, en avril 2010, rebondit sur la résistance.

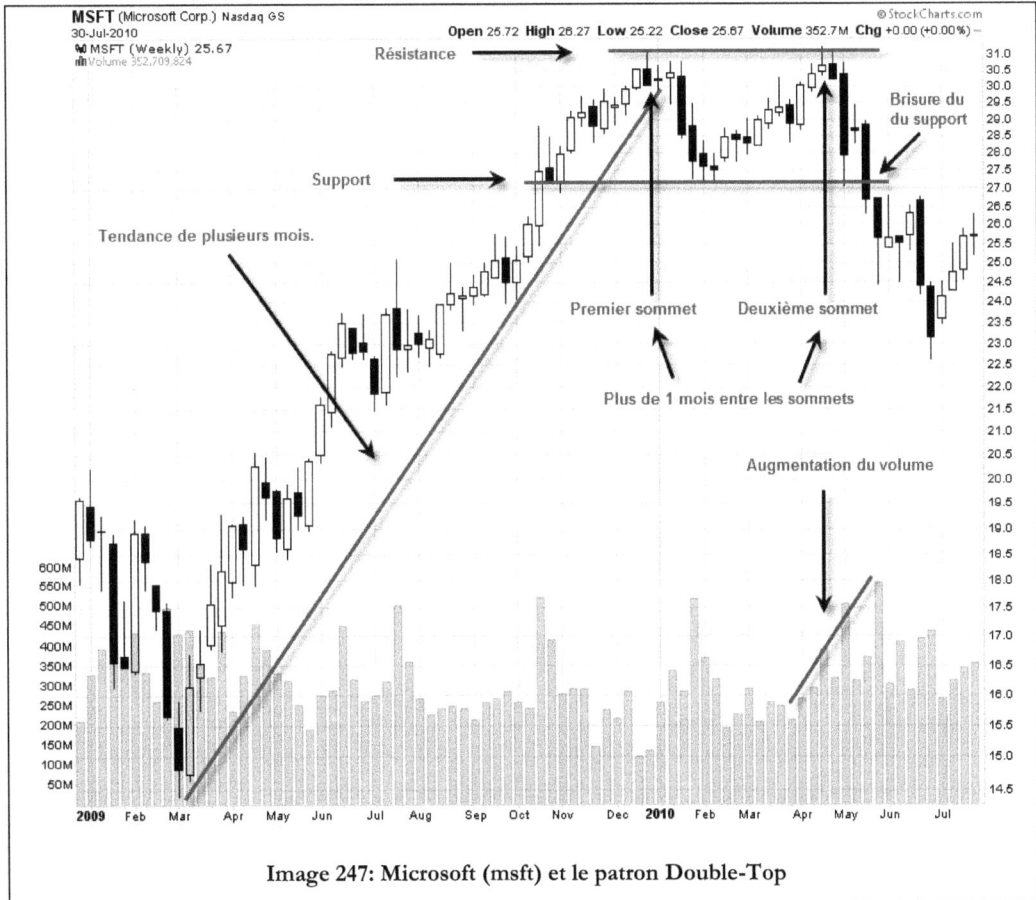

Image 247: Microsoft (msft) et le patron Double-Top

Le prix va ensuite chuter jusqu'au support pour croiser celui-ci en mai 2010. Outre la croisée du support, un volume accompagne cette baisse en augmentant.

Le sommet étant à 31$ et le support étant à 27$, il est possible d'estimer la chute à 23$.

Calcul de l'estimation de la chute

Différence = Sommet − Support

Estimation = Support − Différence

Exemple avec Microsoft (MSFT)

$31\$ − 27\$ = 4\$$

$27\$ − 4\$ = 23\$$

Si on regarde Microsoft (MSFT) après juillet 2010, on remarque que Microsoft (MSFT) a bien atteint 23$.

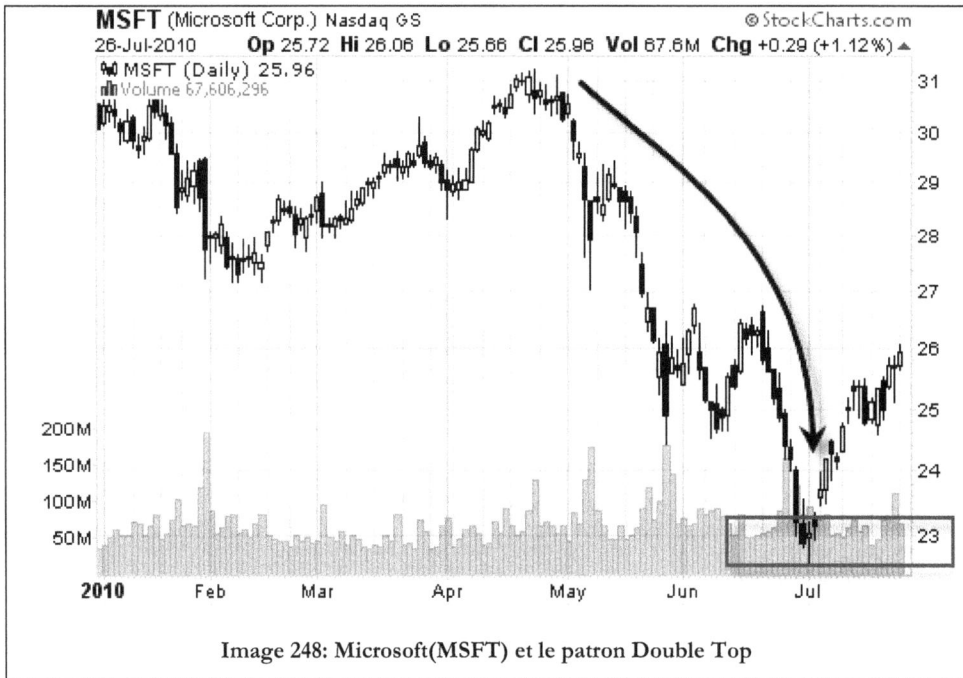

Image 248: Microsoft(MSFT) et le patron Double Top

Conclusion

Le patron « Double Top » est un patron de revirement de tendance fiable.. De plus, il permet d'évaluer les gains possibles facilement. Le cas de Microsoft (MSFT) est un cas qui a permis de réaliser plus de 15% en quelques semaines (vente à découvert).

Ce patron est aussi intéressant lorsque, suite à la hausse, l'investisseur ne vend pas après le premier sommet. Il peut compter sur la deuxième hausse, le sommet de la deuxième montagne pour vendre avant la chute.

Ce patron est accompagné de son alter ego, le patron à l'inverse, qui sera discuté prochainement.

Double Bottom

Le patron « Double Bottom » signifie double creux. C'est un patron de revirement de tendance qui est tout le contraire du patron « Double Top ». Le patron doit donc avoir des chandeliers qui descendent pour avoir un revirement vers une hausse.

Formation

Le premier élément nécessaire pour que le patron se réalise est une tendance descendante à long terme étendue sur plusieurs semaines ou, de préférence, plusieurs mois.

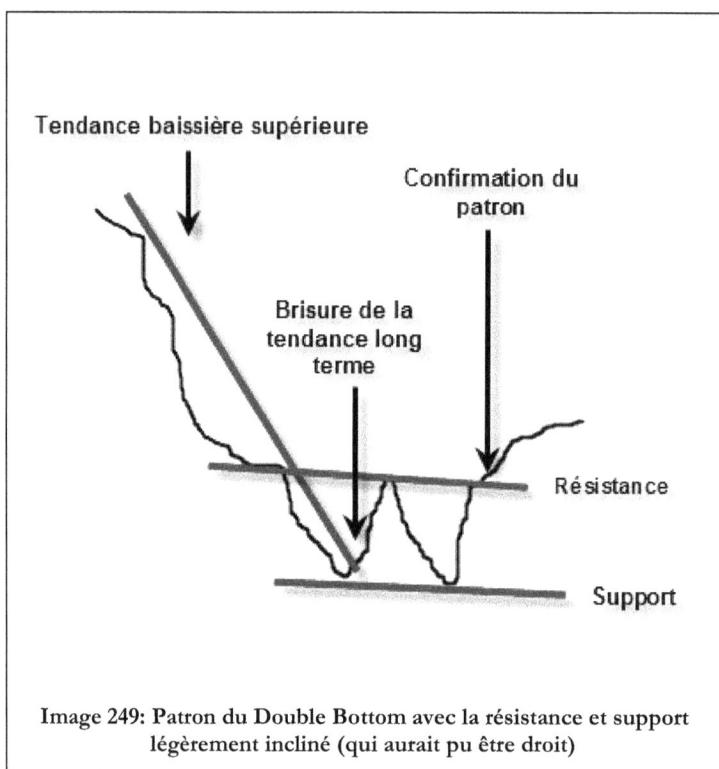

Image 249: Patron du Double Bottom avec la résistance et support légèrement incliné (qui aurait pu être droit)

Cette tendance doit ensuite s'arrêter pour que le prix augmente lentement sans pour autant complètement changer de direction. Le prix devrait plafonner à environ 10% à 20% du chandelier le plus bas.

Une fois que la hausse s'arrête, il va y avoir une descente qui ne devrait pas descendre sous le chandelier le plus bas de l'arrêt de la tendance baissière. Les chandeliers devraient rester entre le plus bas et le plus haut chandelier de la hausse suivant cette tendance baissière.

Après quelques semaines, préférablement plus d'un mois, le chandelier devrait rejoindre le plus haut sommet avec cette fois une augmentation du volume. Un chandelier devrait ensuite traverser la résistance formée par le prix le plus haut des derniers mois et construire le début d'une tendance haussière.

La hausse peut être estimée avec le même moyen que le « Double Top », c'est-à-dire en prenant la différence entre le chandelier le plus bas et le chandelier le plus haut de la zone après l'arrête de la tendance baissière et le sommet le plus haut de celle-ci.

Exemple

Voici le patron « Double Bottom » avec la compagnie Acco Brands Corporation (ABD). On remarque la tendance baissière qui dure pratiquement pour toute l'année 2009. En décembre 2009, le titre rebondit sur un nouveau support. C'est le premier signe qui éveille la possibilité d'un patron « Double Bottom ». Par contre, il faut attendre les autres signes afin de confirmer que le patron va se concrétiser. Un mois plus tard, le prix a augmenté et s'est arrêté sur une résistance qui s'avère être la ligne qui à dépasser ultérieurement après avoir formé un deuxième sommet. Le deuxième sommet se forme en mars 2010. Le deuxième élément clé qui consiste à avoir deux sommets sur une distance de plus d'un mois est observé. De plus, la distance de la zone des sommets est de 4$, ce qui est amplement plus que le 10% minimal recommandé.

Image 250: Acco Brands Corporation (ABD) et le patron "Double Bottom"

En août 2010, le titre subit une hausse de son volume et une cassure de la résistance établie à environ 3.95$. Cette cassure est le moment idéal pour acheter. Le patron est confirmé et on peut s'attendre à une hausse intéressante équivalant à 4$.

Voici un deuxième exemple. Celui-ci n'a pas augmenté autant, mais présente tout de même une augmentation de moins de 0.10$ à 3.50$ en deux mois et demi.

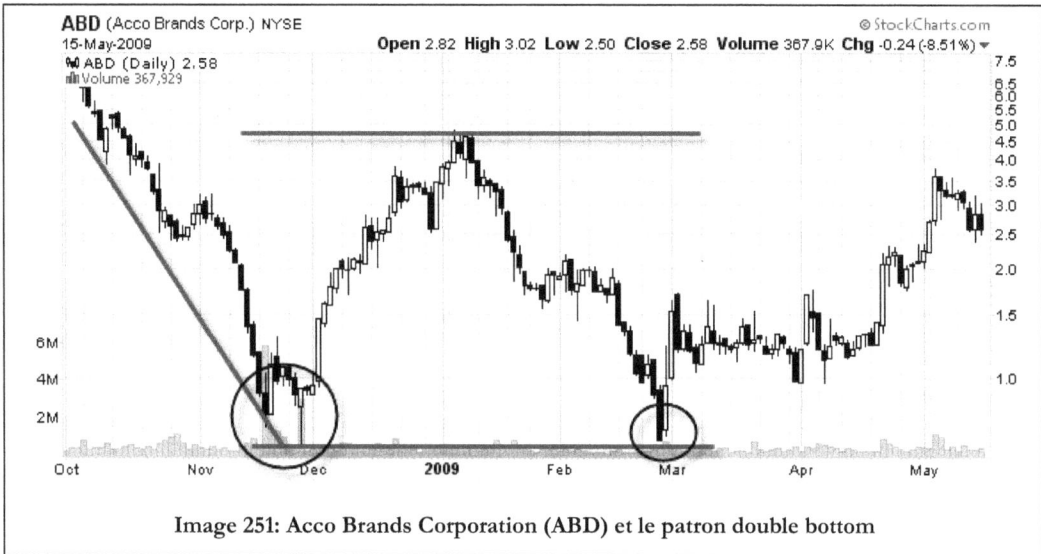

Image 251: Acco Brands Corporation (ABD) et le patron double bottom

Conclusion

L'exemple du « Double Bottom » démontre un gain de 100% de profit en un an. Par contre, ce n'est pas toujours le cas et il arrive que le patron ne se concrétise pas comme prévu. Une erreur commune est de vouloir voir le patron malgré que celui-ci ne soit pas présent. Il arrive qu'il manque des éléments importants dans sa formation et que l'investisseur désire tellement voir des signes qu'il décide de baisser ses niveaux de rigueur sur son analyse. Il est donc important de rester très méthodique.

Ce patron est simple d'utilisation et fonctionne plutôt bien. Le marché est envahi d'acheteurs, suite à la chute de la tendance baissière, et la zone des deux sommets est une préparation pour que l'offre devienne si intéressante que la demande explose. La diminution du prix entre le premier sommet et le deuxième sommet est normale et est le résultat de prise de profit des gens qui ont acheté au plus bas, ainsi que des gens qui ne croient pas que l'action va remonter. Ces gens ont souvent déjà accumulé une grosse perte à cause de la tendance baissière précédente et voient l'action augmenter. Donc, ils veulent s'en débarrasser. Ce patron propose donc un excellent moment pour faire un achat.

Par contre, il faut absolument attendre la cassure de la résistance, parce qu'il n'y ait pas assez de volume d'actions pour casser cette résistance. De ce fait, l'action restera sous la résistance pendant des mois. En fin du compte, ce placement pénalise l'investeur, qui se retrouve avec de l'argent placée ne générant aucun gain pendant une longue période.

Head and Shoulders Top

« Head and Shoulders » signifie tête et épaules. C'est un patron de revirement de tendance plus complexe à détecter que le « Double Top », mais ayant une analyse ainsi qu'un résultat assez semblable. Par contre, ce patron est plus rare. Le nom du patron provient de la forme des chandeliers qui sont de trois montagnes. La première montagne et la troisième montagne sont les épaules, car elles sont de même hauteur et plus basse que la deuxième montagne, qui représente la tête.

Représentation simplicifiée

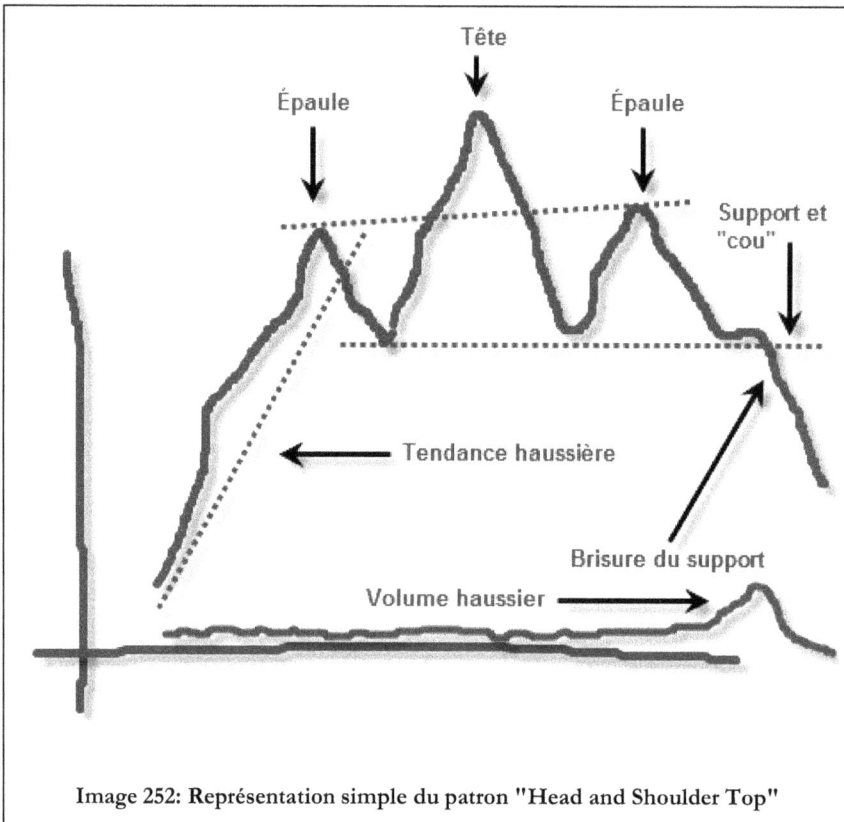

Image 252: Représentation simple du patron "Head and Shoulder Top"

Formation

Tout d'abord, comme tous les patrons de revirement de tendance, il faut une tendance établie sur plusieurs périodes de temps. Cette tendance doit être haussière, car le patron « Head and Shoulders Top » annonce une baisse.

Le premier signe est une formation d'un sommet qui délimite la fin de la tendance haussière. Par la suite, le sommet descend afin de former l'épaule gauche du patron. Ce sommet pourrait être une montagne pour le patron « Double Top ». En fait, le départ de ce patron est identique au patron « Double Top », ce qui ne permet pas pour l'instant de les dissocier un de l'autre.

Par contre, contrairement au « Double Top », ce patron développera un deuxième sommet qui va dépasser le plus haut prix du premier sommet. De plus, l'épaule de gauche peut être dans la tendance haussière.

Le deuxième sommet va ensuite connaitre une baisse significative qui va descendre jusqu'au creux formé entre le premier et le deuxième sommet. C'est la ligne du « cou », entre l'épaule et la tête. Cette ligne est idéalement horizontale pour former une ligne de support, mais peut être légèrement inclinée vers le haut ou vers le bas sans causer de problème.

Par la suite, le prix va augmenter au même niveau que la première montée. Cette montée de prix forme la deuxième épaule.

Le volume doit être croissant dans la finition de l'épaule droite afin que la descente traverse la ligne de « cou ».

Il est possible d'estimer la chute en soustrayant le prix du sommet de la tête au prix du « cou ». Ce prix doit être ensuite soustrait du prix du « cou » afin d'obtenir l'estimation de la chute.

L'estimation de la chute ne doit pas être prise pour acquise. Lorsque le titre descend et que la chute semble se freiner, il est préférable de réévaluer la situation.

Exemple

Voici un exemple de « Head and Shoulders Top » avec la compagnie Jack Herny & Associates Inc (jkhy). La période est hebdomadaire, d'août 2007 à janvier 2009. La tendance haussière est formée pour une durée de plus d'un an avant que l'épaule gauche se forme. Dans cet exemple, l'épaule gauche et la tête sont plutôt étroites. Dans d'autres cas, il pourrait y avoir quelques semaines ou mêmes quelques mois avant que la tête ne surgisse. La tête est formée en allant vers un nouveau sommet de 28$ pour ensuite descendre à nouveau vers le cou, à 22.60$. La ligne du cou a été dessinée à 22.60$ mais aurait pu être dessinée à 22$. Dans les deux cas, le bris de support se fait en mai et juin 2008, avec des chandeliers descendant soutenus par un fort volume.

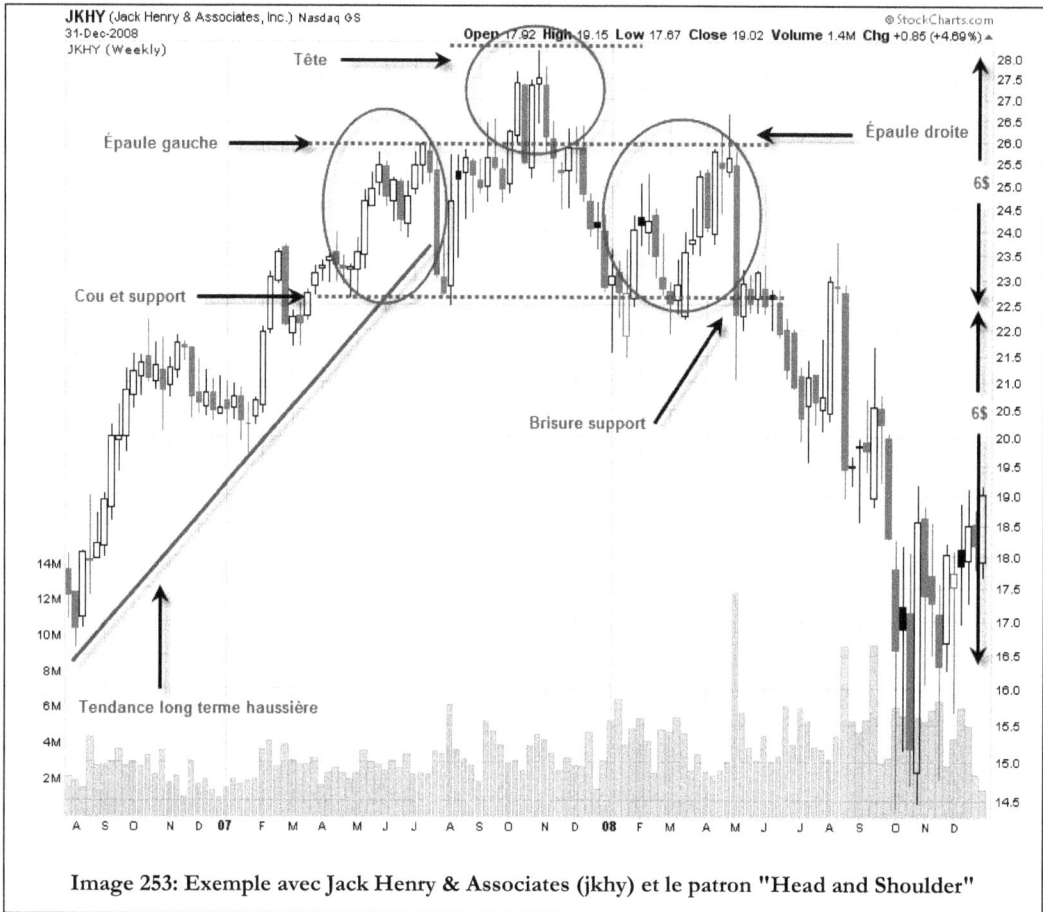

Image 253: Exemple avec Jack Henry & Associates (jkhy) et le patron "Head and Shoulder"

L'estimation de la chute est évaluée avec le prix du sommet de la tête moins le prix du cou, ce qui donne 6 $. En soustrayant 6$ du cou, l'estimation donne 16$.

Conclusion

Le patron « Head and Shoulders » est un patron de revirement de tendance haussière vers une tendance baissière. C'est un patron plus complexe que les précédents, mais lorsqu'il est réalisé, il est très significatif. L'estimation a été réussie avec une chute qui a descendue sous 16$, dans notre exemple. Cependant, il ne faut pas prendre cette estimation de chute pour acquise.

Head and Shoulders Bottom

L'inverse du patron « Head and Shoulders Top » est le patron « Head and Shoulders Bottom », qui signifie « Tête et épaule vers le bas ».

Formation

En premier lieu, il est nécessaire d'avoir une tendance descendante à long terme. Il est préférable que cette tendance soit établie sur plusieurs mois.

Deuxièmement, l'épaule de gauche est encore située dans la tendance baissière lorsque celle-ci surgit. Il se peut donc que les épaules soient plus difficiles à discerner dans ce patron. C'est une fois rendu à la tête et la formation de la deuxième épaule que le tout s'affiche plus clairement.

Ensuite, la tête se forme avec une descente supplémentaire qui va durer jusqu'à ce que le prix augmente à nouveau afin de former la deuxième épaule. La deuxième épaule se forme en augmentant pour retourner au prix de la dernière épaule ou tout près. Il se peut que le prix soit plus haut ou plus bas : idéalement le prix est identique, mais en réalité, ce n'est pas toujours le cas.

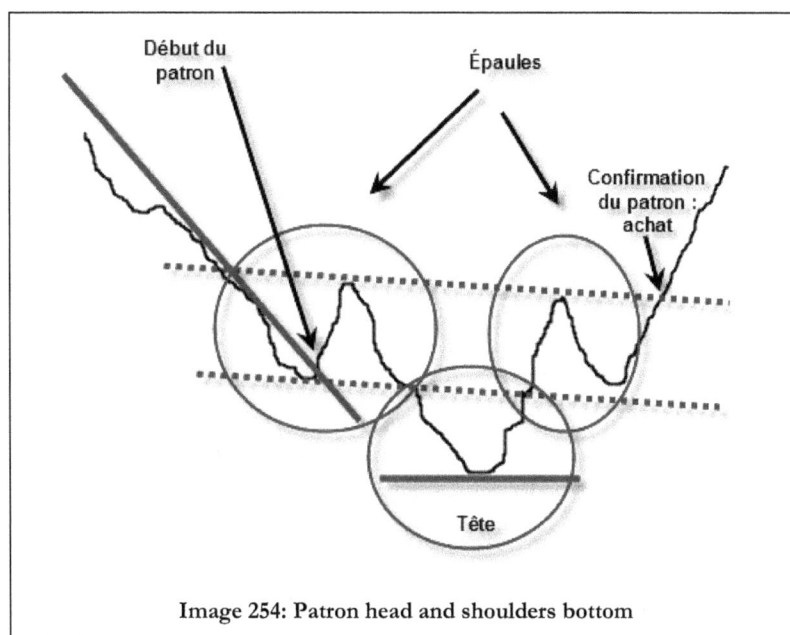

Image 254: Patron head and shoulders bottom

Finalement, le patron se confirme lorsque les chandeliers traversent la ligne du cou. Cette ligne de cou est située en haut des épaules. Le volume est important pour le patron « Head and Shoulder Top », mais est il est encore plus crucial pour le « Header and

Shoulder Bottom » afin que le support (le cou) soit cassé de manière significative. Il peut être intéressant d'utiliser des indicateurs de volume tels que le CMF ou OBV. Outre le volume, la ligne du cou se transformera en support une fois traversée et il se peut que, lors de la traversée, les chandeliers viennent rebondir sur cette ligne quelques temps après afin d'augmenter à nouveau et réaliser le patron.

Exemple

Voici Cavco Industries(CVCO) et le patron « Head and Shoulders Bottom ». On remarque que l'exemple n'est pas parfait car on observe des lignes inclinées du cou et des épaules. Par contre, le patron est tout à fait valide. On remarque la première épaule dans la tendance baissière et une formation d'une tête de mars à avril 2009. Une fois la tête formée, la deuxième épaule se produit en remontant vers les hauteurs de la première épaule. Dans cet exemple, il y a une zone d'incertitude à savoir si le patron sera effectué ou non, entre juin et juillet 2009. Néanmoins, le patron est valide même si après la deuxième épaule, le rebond sur la ligne d'épaule (ligne du bas en pointillé) n'est pas effectué rapidement.. Effectivement, les chandeliers se servent de la ligne d'épaule comme support pour finalement augmenter à la fin juin 2009 et pour augmenter à nouveau afin de casser la ligne du cou. Une fois la résistance cassée, le patron est confirmé.

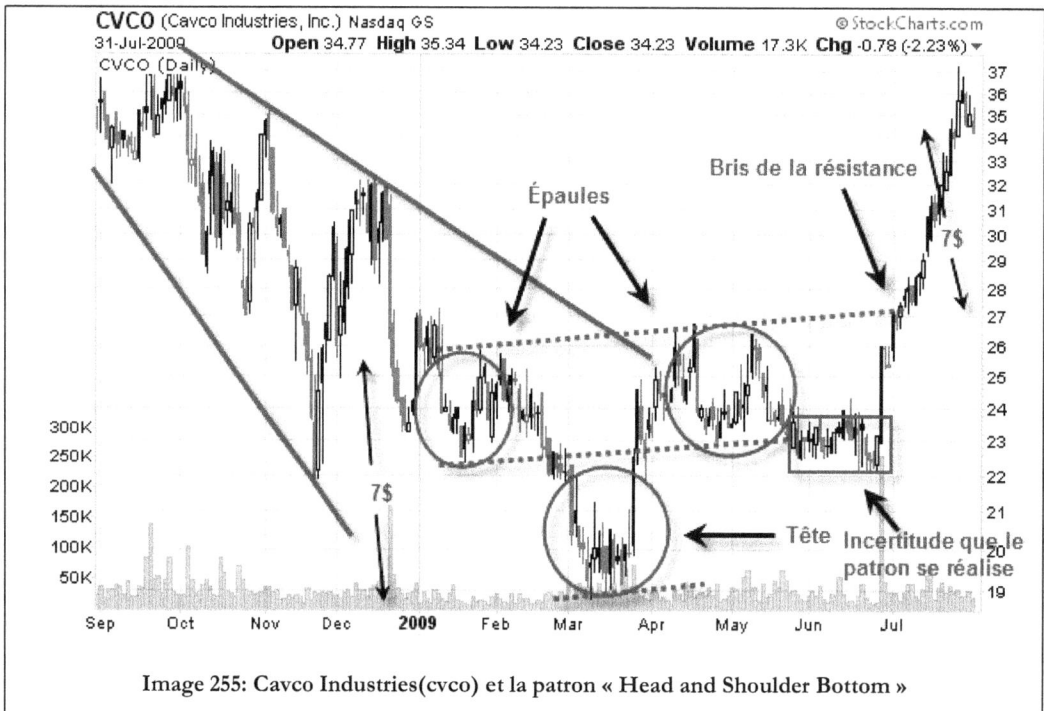

Image 255: Cavco Industries(cvco) et la patron « Head and Shoulder Bottom »

Le prix estimé se calcule avec le point plus bas de la tête, à 19$, et le prix du cou à 26$, ce qui donne 7$ de différence. Le gap de 27$ à plus de 34$ confirme cette estimation.

Conclusion

Ce patron est très significatif et offre un haut taux de réussite. Il faut, par contre, avoir les bons volumes.

Falling Wedge

Le patron est communément appelé « Falling Wedge » dans le monde de l'analyse technique. C'est un patron de revirement de tendance baissière en tendance haussière.

Formation

Pour analyser ce patron, il faut tracer la ligne supérieure et inférieure de la tendance baissière. Ceci est primordial, parce que le premier signe de la formation de ce patron est que les lignes doivent converger. C'est-à-dire que les prix se contractent de plus en plus alors que le prix descend.

La descente doit s'étendre sur un minimum de trois mois. Normalement, le patron présente une tendance baissière sur une durée de trois à six mois.

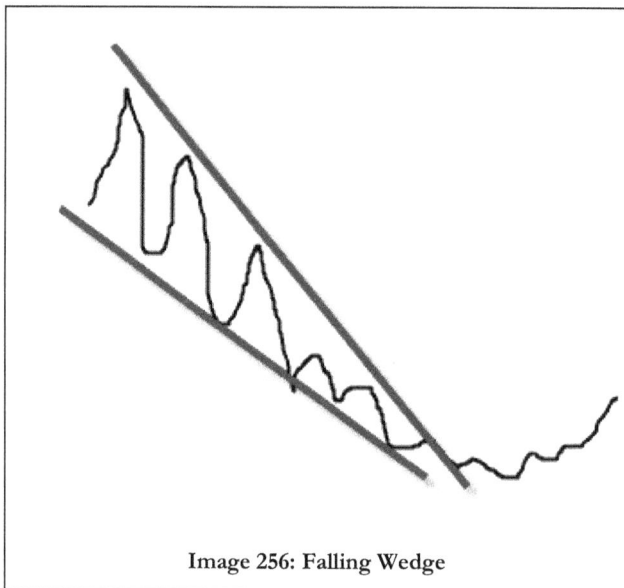

Image 256: Falling Wedge

La tendance supérieure doit avoir été touchée au moins deux fois par un chandelier, mais préférablement trois fois et plus. La tendance inférieure doit aussi avoir été touchée au minimum deux fois et, à tout coup, ces prix doivent être plus bas l'un que l'autre.

Le dernier élément nécessaire pour la réalisation du patron est qu'un chandelier brise la tendance supérieure avec un fort volume. Le volume est important contrairement au patron qui est son inverse (voir le prochain patron). Le patron doit être plus haut que le volume précédent la cassure de la tendance supérieure.

Exemple

Voici Cameco Corporation (CCO.TO) et le patron « Falling Wedge ». En décembre 2009, la différence entre les bas et les hauts sont de 5$ et, plus le temps avance, plus la différence diminue pour attendre moins de 2$ en juillet 2010. Le prix converge vers le bas et forme un pseudo triangle. Dès que le prix dépasse la tendance baissière supérieure, en début juillet, le patron est confirmé.

Image 257: Patron Falling Wedge avec Cameco Corporation (cco.to)

Krispy Kreme Doughnuts Inc. (KKS) forme aussi cette convergence. En octobre 2008, le prix entre le haut et le bas était de plus de 1.50$ pour terminer avec moins de 0.15$. Dès que la tendance supérieure fut franchie, le prix est passé de 1.10$ à 4$.

Voici un dernier exemple avec le PowerShares DB (UUP). Cet exemple est semblable aux autres, mais est appuyé par un volume qui augmente, ce qui est signe que la hausse est supportée. De plus, la croisée de la tendance n'a pas immédiatement un effet haussier aussi radical que les derniers exemples. Par contre, le patron est tout aussi valide. Il faut rester patient et, tant que les chandeliers ne franchissent pas la tendance baissière inférieure, tout est correct. En novembre 2009, les chandeliers sont descendus sans toute fois descendre sous cette tendance et donc le patron était toujours valide.

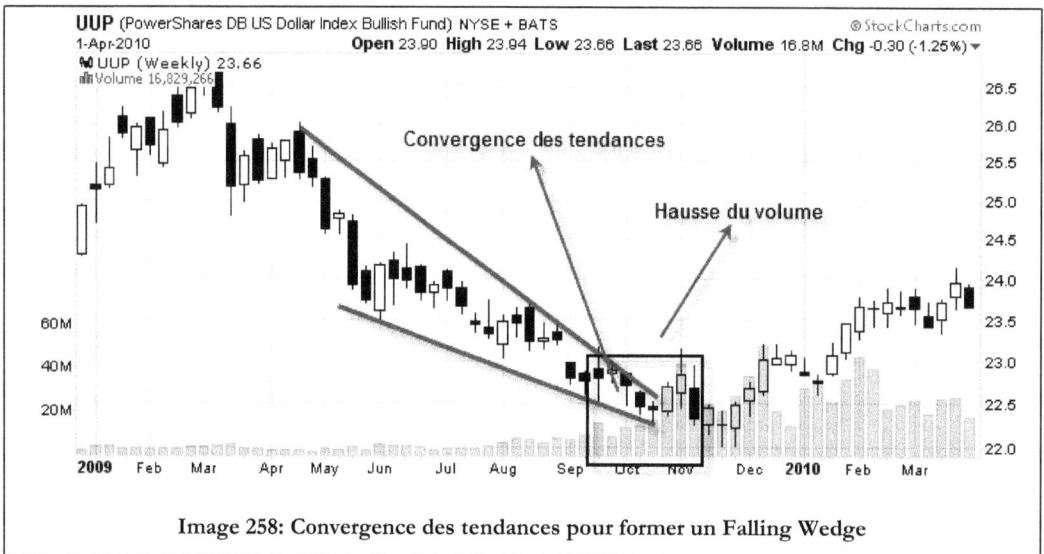

Image 258: Convergence des tendances pour former un Falling Wedge

Conclusion

Le patron doit bien former un triangle qui descend et qui a, au départ, une plus grande distance entre les bas et les hauts que vers la fin. Vers la fin, la tendance supérieure baissière et la tendance inférieure baissière doivent converger. Les prix doivent être de plus en plus rapprochés.

Rising Wedge

Le contraire du « Falling Wedge » est le patron « Rising Wedge ». Son rôle est de montrer un revirement d'une tendance haussière vers une tendance baissière.

Formation

Pour analyser ce patron, il faut tracer la ligne supérieure et inférieure de la tendance haussière. Ceci est primordial, parce que le premier signe de la formation de ce patron est que les lignes doivent converger. C'est-à-dire que les prix se contractent de plus en plus au fur et à mesure que le prix augmente.

La hausse doit s'étendre sur un minimum de trois mois. Normalement, le patron démontre une tendance haussière sur une durée de trois à six mois.

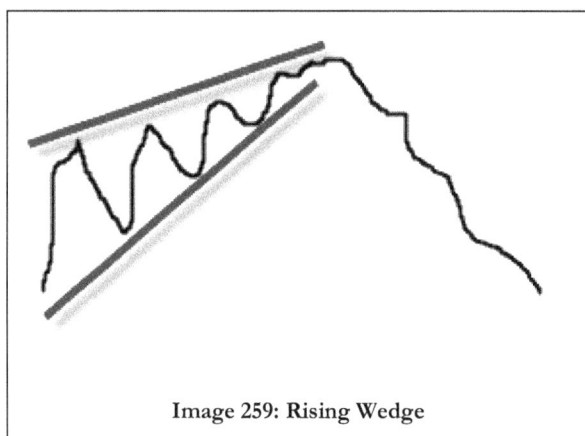

Image 259: Rising Wedge

La tendance supérieure doit avoir été touchée au moins deux fois par un chandelier, mais préférablement trois fois et plus. La tendance inférieure doit aussi avoir été touchée au minimum deux fois et, à tout coup, ces prix doivent être plus bas l'un que l'autre.

Le dernier élément pour que le patron soit réalisé est qu'un chandelier brise la tendance inférieure avec un fort volume. Dans ce patron, le volume est moins important que lors du Falling Wedge.

Exemple

Voici un exemple avec la compagnie Agilent Technologies (A). Malgré que le triangle ne soit pas très gros, l'exemple est bon, car il y a une tendance supérieure et inférieure qui convergent. Il y a ensuite une cassure de la tendance inférieure sur un volume standard pour Agilent Technologies (A), ce qui est conforme pour un patron Rising Wedge.

Voici un deuxième exemple avec CF Industries Holdings (CF). Cet exemple montre que la tendance inférieure et supérieure comportent toutes les deux plusieurs points sur ses tendances, et donc qu'elles sont fortes. Le patron est confirmé lorsqu'au mois de mars 2010, la tendance est brisée et le volume est fort

Un dernier exemple avec United States Natural Gaz Fund (UNG) est intéressant pour observer une baisse de prix drastique.

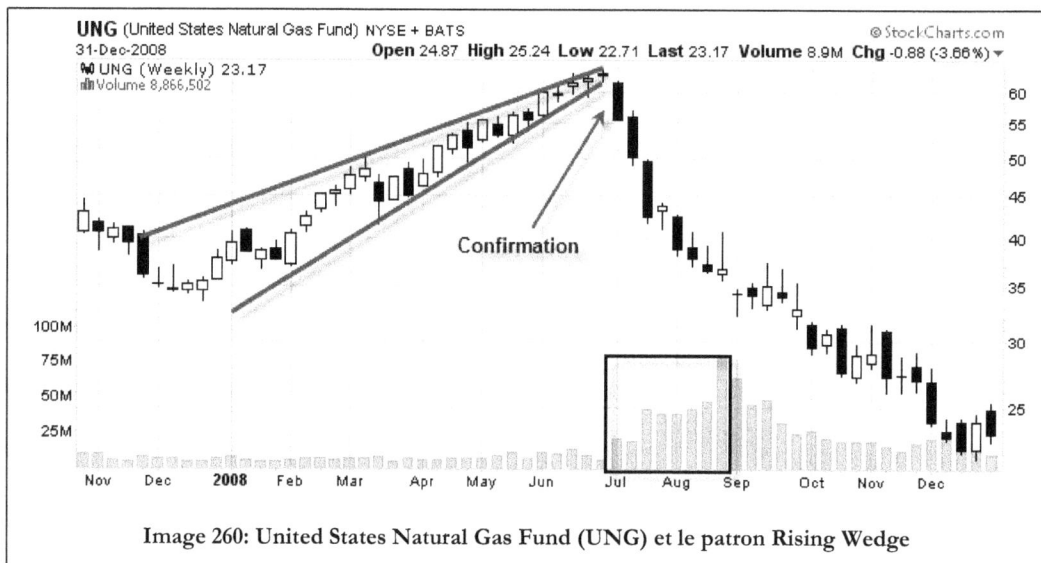

Image 260: United States Natural Gas Fund (UNG) et le patron Rising Wedge

Conclusion

Ce patron a plus de chances d'être réalisé que le « Falling Wedge » et ceci s'explique car les chutes sont plus faciles à se produire. La présence du volume n'est pas nécessaire pour que la cassure soit significative.

Rounding Bottom

Le patron « Rounding Bottom » est un patron de revirement d'une tendance baissière vers un arrêt de celle-ci pour se diriger vers une hausse.

Formation

Outre avoir une tendance baissière, il faut avoir une forme de « U » avec le prix. Ce « U » débute avec une tendance qui peut, ou non, se trouver dans la tendance baissière. Les chandeliers peuvent, ou non, être haussiers et baissiers, mais les chandeliers baissiers descendent plus, ce qui forme la partie de gauche du « U ». La deuxième section est la partie de droite du « U » et est l'autre moitié. Lors de la hausse, on peut estimer que la hausse s'effectuera environ dans le même laps de temps que le temps qui fut nécessaire pour former la partie de gauche du « U ».

Exemple

Voici Camac Energy Inc. (CAK) et le patron Rounding Bottom. Malgré que le « U » ne soit pas égal avec quatre mois et demi à gauche et quatre mois à droite, le patron est confirmé avec une cassure. Une fois la cassure établie, la ligne devient un support. Par contre, le support formé de ce patron est plus faible que les autres patrons.

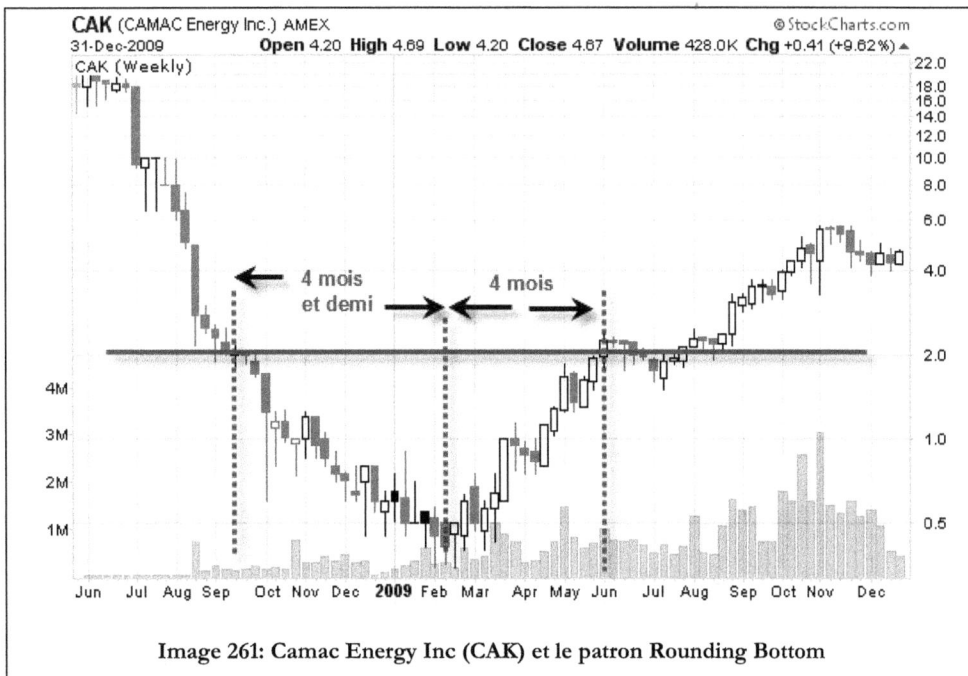

Image 261: Camac Energy Inc (CAK) et le patron Rounding Bottom

Voici un deuxième exemple avec Tri Continental Corporation (ty).

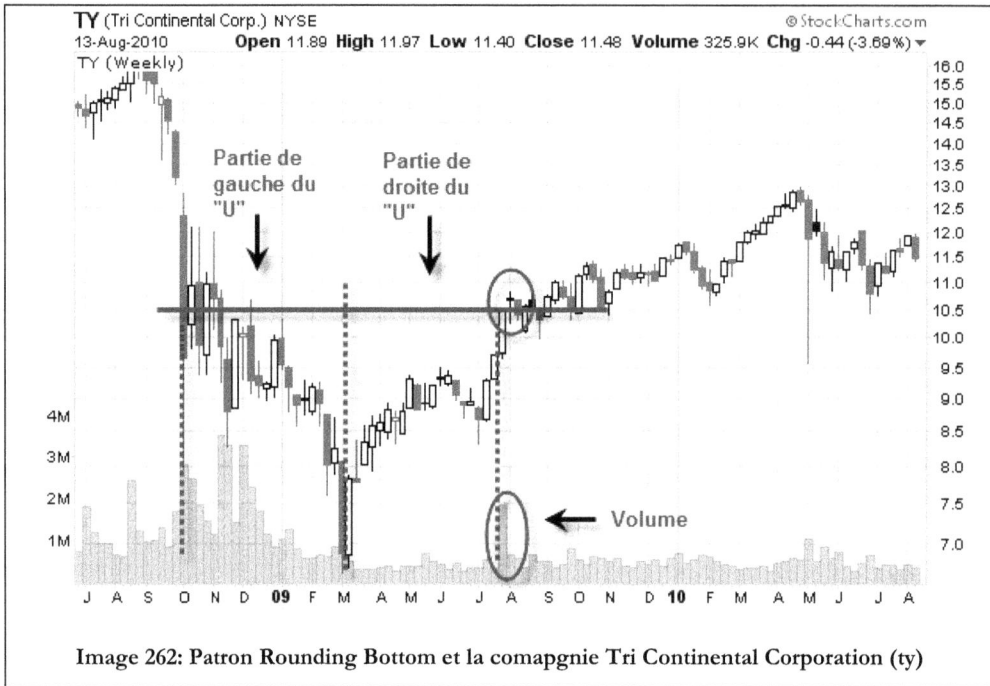

Image 262: Patron Rounding Bottom et la comapgnie Tri Continental Corporation (ty)

Conclusion

Le patron ne permet pas de cibler exactement le moment où la hausse sera confirmée avec un dépassement de la résistance. Par contre, il permet d'évaluer que la chute se termine et que les achats prennent le dessus sur les ventes.

Triangle Symétrique

Le triangle symétrique est un patron de continuation. Un patron de continuation se produit dans une tendance déjà établie et confirme que cette tendance va se poursuivre encore pendant un certain temps.

Formation

Ce patron se produit lorsque la tendance supérieure converge vers la tendance inférieure ce qui forme un triangle. Le triangle doit être symétrique, tel le nom du patron. Pour que le patron soit symétrique, il faut que la ligne centrale soit horizontale.

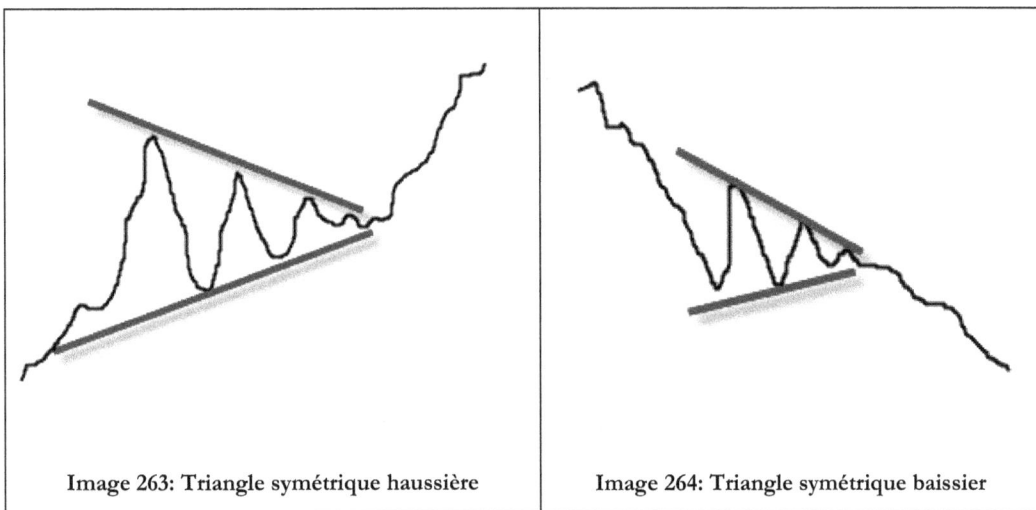

Image 263: Triangle symétrique haussière   Image 264: Triangle symétrique baissier

Le patron annonce une hausse qui va se produire lorsqu'un chandelier dépassera la tendance supérieure si le patron se forme dans une tendance haussière. Par contre, si le patron se produit dans une tendance baissière, il faut attendre qu'un chandelier dépasse la tendance inférieure. Une fois le dépassement réalisé, la hausse peut être estimée avec la hauteur du triangle qui doit s'additionner à la pointe du triangle. De plus, il est possible de tracer une ligne parallèle à la tendance afin d'estimer la hauteur de la hausse.

Les tendances supérieures et inférieures doivent avoir au moins trois points de contact avec les chandeliers. De plus, le patron est plus fort lorsque celui-ci et dure plus de trois mois.

Le volume devrait diminuer pendant la formation du triangle et augmenter lors de la cassure.

Exemple

Voici un exemple avec Alimentation Couche-Tard (ATD-B.TO) et le patron du triangle symétrique. La tendance supérieure et inférieure est tracée avec des lignes pleines, tandis que la moitié du triangle est dessinée avec une ligne pointillée. Malgré que le triangle n'ait pas sa moitié parfaitement horizontalement, la forme est tout à fait valide.

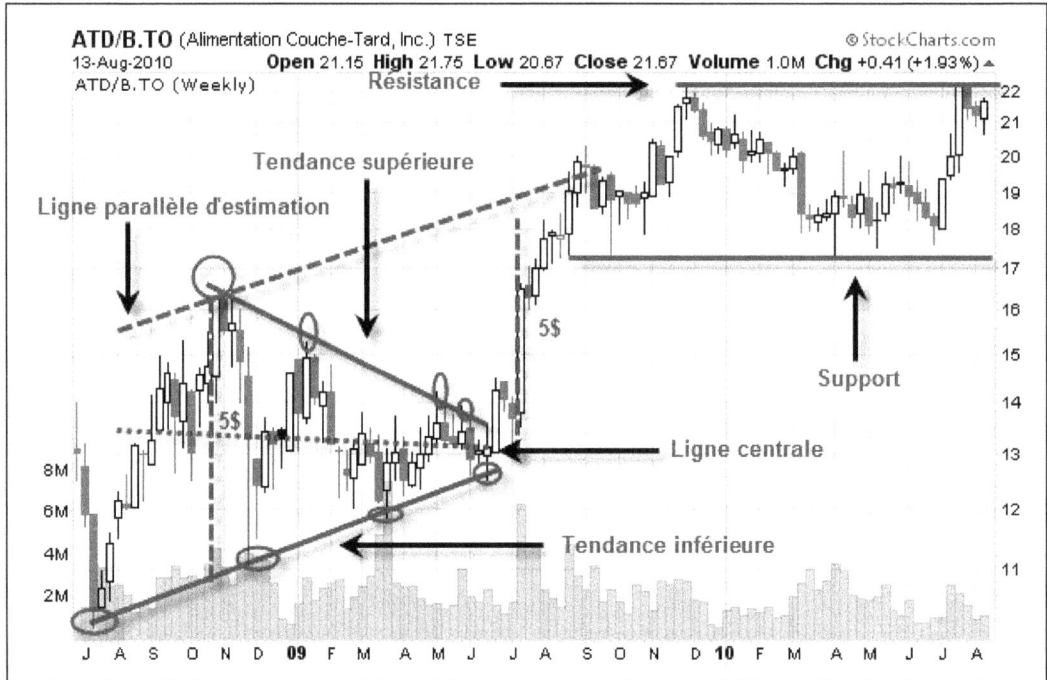

Voici un second exemple avec AKSteel Holding Corporation (AKS). On remarque un triangle qui converge avec une ligne centrale légèrement désaxée. Malgré que la tendance fût baissière durant les mois avant la formation de ce patron, il a tout de même formé une hausse. Il y a donc un conflit avec le patron de continuation. Effectivement, en pratique, il arrive que ce patron n'annonce pas une continuation. L'utilité de ce patron reste quand même très significative. Malgré que la direction puisse ne pas être claire, il est clair que la convergence de la ligne du triangle supérieure et inférieure vers un même point aboutira à une direction. En fait, il suffit de regarder attentivement les temps où le prix touche une de ces lignes afin de regarder s'il l'a traversé. Dès que les chandeliers traversent le triangle, à un moment où le triangle est près de converger, ceci annonce la direction.

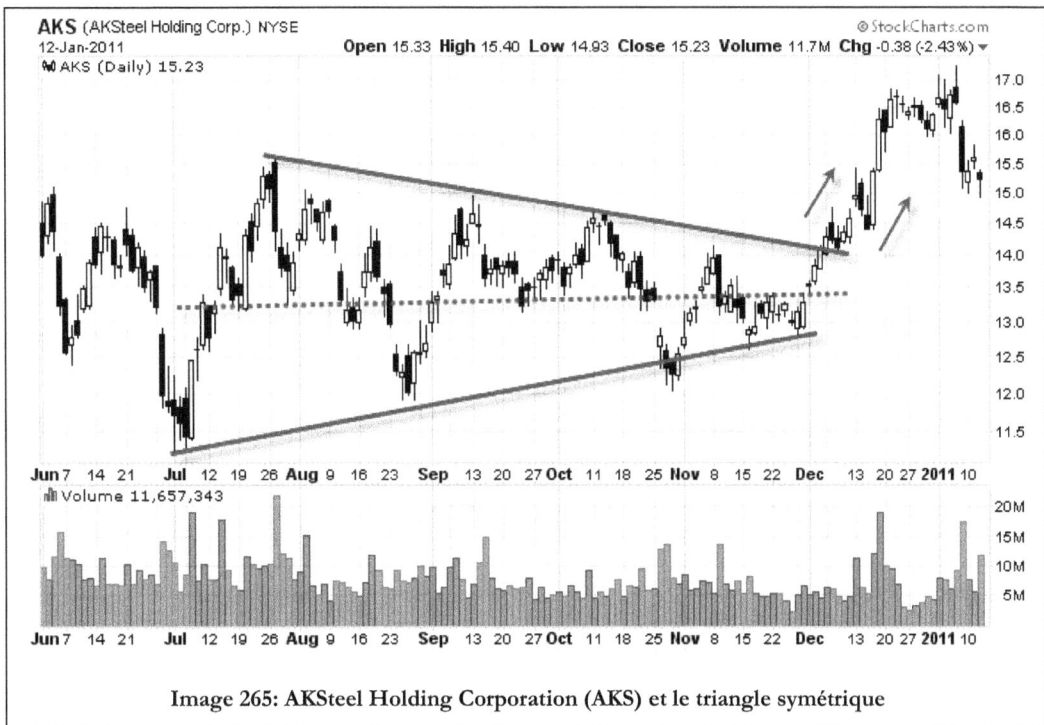

Image 265: AKSteel Holding Corporation (AKS) et le triangle symétrique

On remarque qu'en début novembre, des chandeliers ont légèrement traversé la ligne, mais revint. Étant donné que le triangle n'avait pas suffisamment convergé, aucune action n'a été effectuée. Cependant, en début décembre, le triangle est clairement dépassé et un achat vers le 13 décembre 2010 semble être valide. L'achat optimal aurait été le 8 décembre 2010, lors du dépassement, mais attendre de voir la direction est tout aussi valide. La hausse de 14$ à 17$ donne un gain de 3$ par action, soit 21% en deux semaines.

Conclusion

Le triangle symétrique est un patron de continuation fiable, mais qui doit être formé entièrement avant de pouvoir tirer toutes conclusions. Il arrive que le patron ait un dépassement de tendance dans le sens contraire de la tendance courante. Dans un tel cas, le patron n'est pas réalisé et une direction contraire est envisageable.

Triple Top

« Triple Top » est un patron de revirement de tendance qui apparait à la fin d'une tendance haussière. Ce patron apparaît une fois la tendance haussière terminée. C'est le modèle standard d'une phase 3.

Formation

Une fois la tendance haussière bien terminée par un arrêt de l'augmentation des chandeliers, le patron « Triple Top » peut débuter. Le patron est dessiné horizontalement avec des chandeliers variant dans une zone délimitée par une résistance et un support horizontaux. La résistance sera formée de trois chandeliers qui touchent la résistance et doivent avoir une distance raisonnablement équivalente. Alors que les trois chandeliers touchent la résistance, le volume diminue. Pour que le patron soit confirmé, le support doit être traversé.

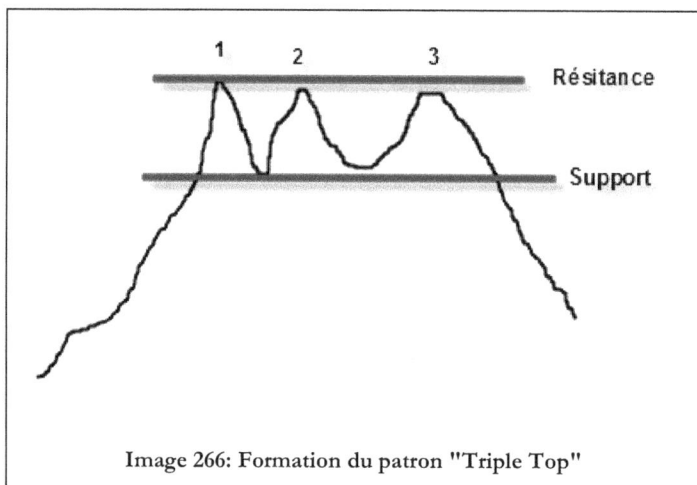

Image 266: Formation du patron "Triple Top"

Le prix de la chute peut-être estimé en soustrayant à la ligne de support le prix le plus haut du prix du support.

Calcul de l'estimation de la chute

$$Différence = Résis \tan ce - Support$$
$$Estimation = Support - Différence$$

Exemple avec Microsoft(msft)
$31\$ - 27\$ = 4\$$
$27\$ - 4\$ = 23\$$

Exemple

Voici un exemple avec Dupont Corporation (dd). On remarque la zone avec plus de trois chandeliers, qui a une hauteur de 10$. Ce 10$ va permettre d'estimer la baisse une fois que le patron sera confirmé.

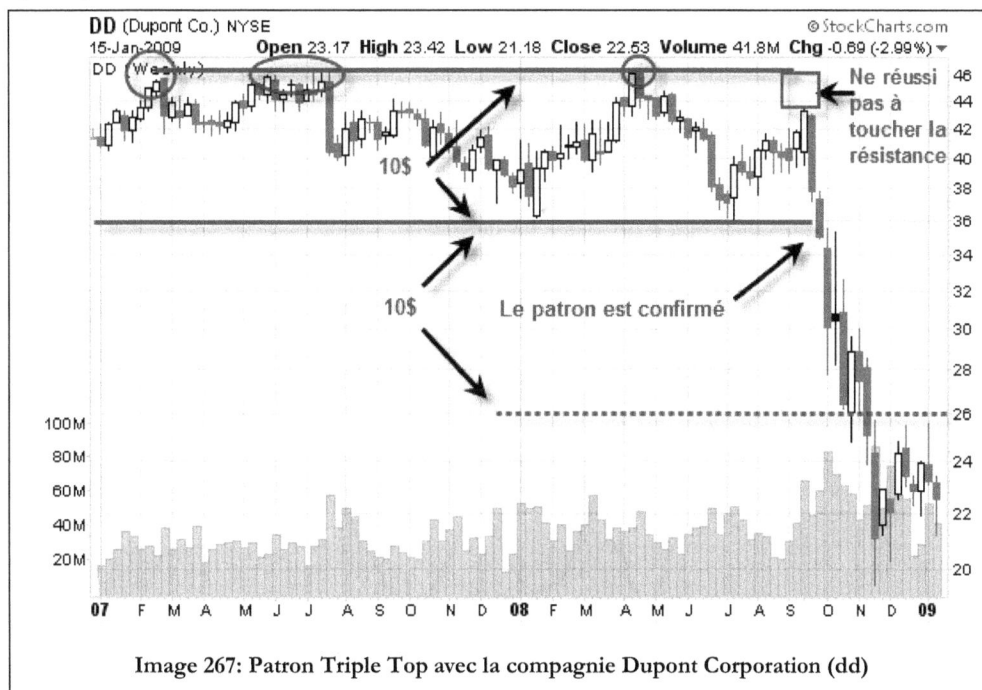

Image 267: Patron Triple Top avec la compagnie Dupont Corporation (dd)

L'exemple estimer une baisse de 10$. On remarque par contre que la baisse sera de plus grande envergure. L'important est que la baisse soit au moins égale ou plus grande que celle estimée.

Conclusion

Le patron « Triple Top » est comme tous les autres patrons, c'est-à-dire qu'il relève plus de l'art que de la science. L'important est de bien avoir au moins trois chandeliers qui touchent une résistance et qui descendent vers le bas pour avoir un support, et ceci pendant au moins trois mois.

Triple Bottom

« Triple Bottom » est un patron de revirement de tendance qui apparait à la fin d'une tendance baissière. Ce patron apparaît lorsque le titre demeure stable pendant un long moment tout comme une une phase 1 pour aller vers une phase 3.

Formation

Ce patron se forme en phase 1, où le symbole a un prix qui varie légèrement mais qui reste toujours dans une zone horizontale. Une fois le patron complété, l'action entre en phase 2 pour augmenter.

Le patron se produit sur une durée de plusieurs mois. Donc, il est préférable d'utiliser un graphique avec des périodes hebdomadaire. De plus, le patron est en grande majorité du temps entre un support et une résistance. Par contre, avant d'avoir cette zone stable entre ces deux lignes, ce patron a normalement une tendance baissière. En résumé, une tendance baissière présente une zone neutre entre résistance et support où se forme le patron pour ensuite avoir une tendance haussière.

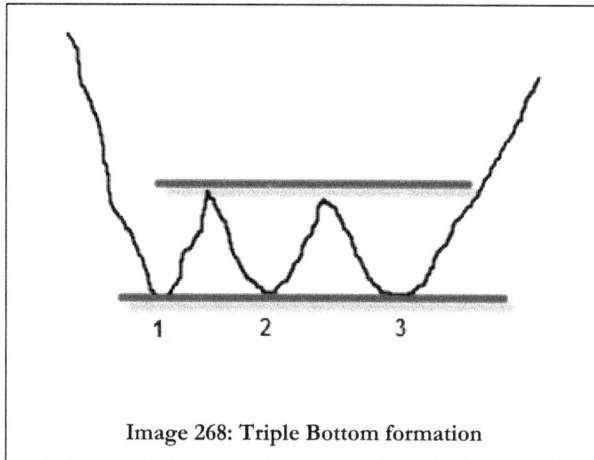

Image 268: Triple Bottom formation

Le « Triple Bottom » consiste à avoir les chandeliers qui touchent trois fois la ligne de support avant d'augmenter pour dépasser la ligne de résistance et entrer en phase 2. Lorsque le prix touche la ligne de support, il faut tenir compte de l'espacement entre les contacts. Les moments où le prix touche la ligne de support doivent être relativement semblables et environ au même prix. Durant la zone de contact des prix, le volume est normalement bas. Le volume augmente seulement lorsque le prix touche le support pour la troisième fois afin d'augmenter et casser la résistance.

La confirmation du patron est positive lorsque la résistance est brisée. Cette résistance va devenir un prochain support qui risque d'être testé dans les prochaines semaines suivant la cassure. Il est à noter que ce patron est à long terme et que la hausse risque de prendre plusieurs semaines et mois avant de se compléter.

La validité du patron est augmentée avec une période de plus de six mois. Aussi, lorsque les prix touchant la ligne de support sont égaux et ont un même prix, le patron est plus fort. Le dernier point est d'avoir un fort volume lors de la cassure de la résistance.

Exemple

Voici un exemple avec InterMune Pharmaceuticals (ITMN) et le patron Triple Bottom. On remarque, sur une période de plus de six mois, un volume croissant après le troisième point qui touche le support. De plus, les points sont distancés de manière équivalente. Le chandelier de la première semaine de mars 2010 confirme le patron. L'achat à 17.50$ en cette journée de confirmation aurait été le moment idéal pour l'achat.

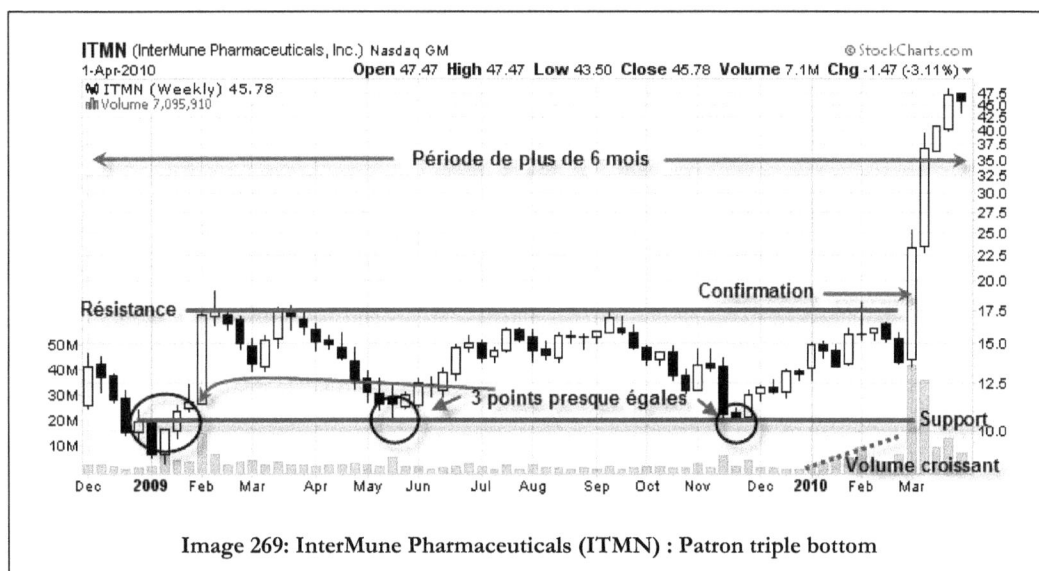

Image 269: InterMune Pharmaceuticals (ITMN) : Patron triple bottom

Conclusion

Le patron Triple Bottom est un patron intéressant, car il est souvent en phase 1, ce qui préconise une hausse naturelle. De plus, étant donné que celui-ci utilise le dépassement de résistance pour un signal d'achat, il est facile d'acheter au bon moment avec un ordre-stop limite. Il suffit de mettre l'ordre d'achat seulement lorsque le prix dépasse la résistance.

Triangle descendant

Le triangle descendant est un patron annonçant une baisse. Le patron forme un triangle rectangle où l'hypoténuse est en haut et l'angle droit à gauche, à la base du triangle. Le triangle descendant est un patron de continuation et donc doit être situé dans une tendance baissière. Cependant, il arrive que le patron soit exécuté pour revirer une tendance dans quelques cas. L'important est de savoir que le patron indique une chute lorsque la pointe du triangle se forme.

Formation

Préférablement, une tendance baissière doit être amorcée avant que le patron débute. La durée de la tendance baissière n'est pas importante. Ensuite, la base du triangle doit avoir au moins deux points où touche le prix. Il est préférable d'avoir plusieurs journées touchant cette base, qui est séparée également, mais ceci n'est pas obligatoire. Ensuite, l'hypoténuse du triangle doit avoir au moins deux journées avec un prix touchant celle-ci. En moyenne, la durée du triangle doit s'étirer sur un à trois mois, mais peut-être plus longtemps même, sur des périodes hebdomadaires ou mensuelles. Le volume n'est pas changeant jusqu'au moment où le prix descend lors de la croisé à droite de l'hypoténuse et de la base. Si le volume n'augmente pas, ceci ne dérange pas, sauf que la baisse n'est pas confirmée, et donc il se peut qu'une hausse se fasse sentir par la suite.

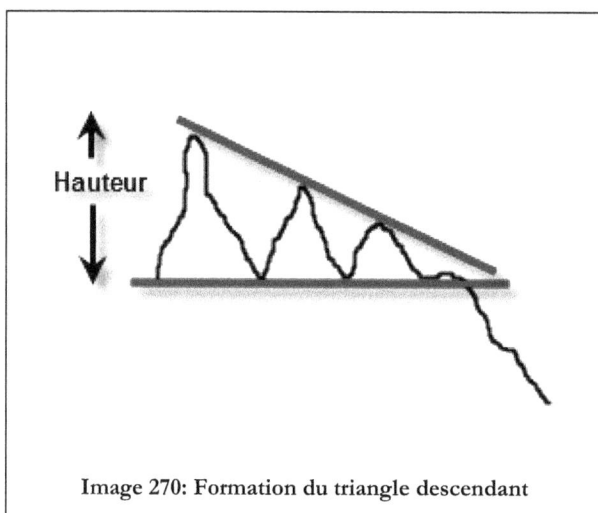

Image 270: Formation du triangle descendant

Il est possible de mesurer la chute avec la hauteur du triangle.

Exemple

Angeion Corporation (ANGN) forme un triangle descendant en 2008. Le patron est précédé d'une tendance baissière qui dure depuis plus d'un an et forme un triangle avec un angle droit dès le mois de février. En mi-juin 2008, l'hypoténuse a rejoint la base du triangle et débute un chute. Malgré que la chute de prix n'ait pas de fort volume (non confirmé) le prix d'ANGN descend du même montant que la hauteur du triangle, soit 3.50$, ce qui forme une baisse de plus de 50%.

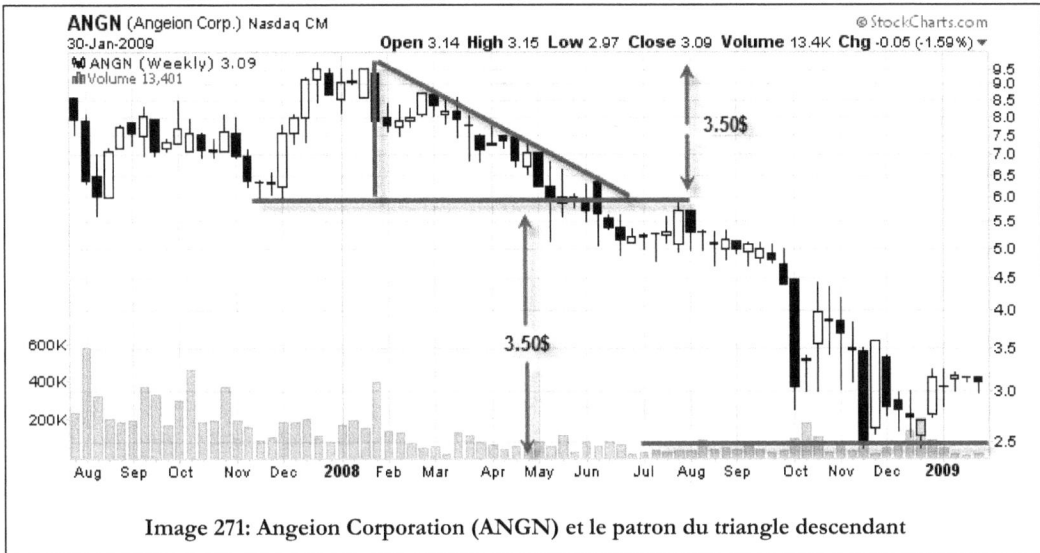

Image 271: Angeion Corporation (ANGN) et le patron du triangle descendant

Conclusion

Le triangle descendant est un patron qui, lorsque formé, donne de très bons résultats. Le problème est qu'il n'est pas toujours présent et la subjectivité est facile, surtout à court terme. Il est donc toujours important d'utiliser ce patron sur une durée de plusieurs mois.

Triangle ascendant

Le triangle ascendant est un patron haussier qui se forme durant une tendance haussière, mais il arrive quelques fois qu'il se produise en bas de tendance pour indiquer un changement de tendance (baissière à haussière). Ce patron ressemble au patron du drapeau, sauf que celui-ci ne nécessite pas d'avoir une hausse du prix avant la formation du triangle rectangle. Contrairement au patron du triangle descendant, la base du triangle est en haut et forme une résistance et l'hypoténuse rejoint cette base pour finalement casser cette résistance.

Formation

Pour que le triangle ascendant soit valide, la base doit avoir au moins deux chandeliers qui touchent la base ainsi qu'au moins deux chandeliers qui touchent l'hypoténuse. La moyenne du triangle est de un à trois mois, mais peut aussi durer plus longtemps. Lors de la création du triangle, le volume devrait se contracter pour diminuer de plus en plus. Par la suite, le volume devrait augmenter brièvement afin de confirmer la hausse. Si le volume ne survient pas lors de la traversée de la résistance, le patron reste valide mais n'est pas confirmé.

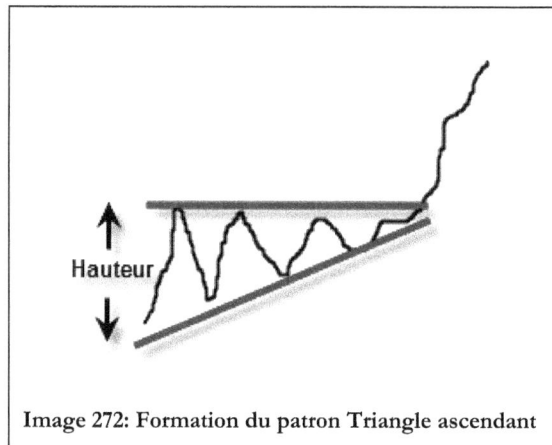

Image 272: Formation du patron Triangle ascendant

Le prix cible de la hausse se mesure avec la hauteur du triangle, qui doit être additionnée à la résistance. La hauteur est calculée à partir du prix de la résistance au plus bas prix du triangle, qui est toujours le point de départ du patron.

Exemple

Le premier exemple est de la compagnie Barrett Business Services Inc (BBSI). En début 2009, le titre augmente et descend lentement, en août. Une tendance haussière inférieure se forme, ainsi que la résistance. Dès octobre 2009, le patron est visible et, trois mois plus tard, la résistance est franchie. Dès cet instant, il est possible de calculer qu'une hausse de 3.50$ est possible.

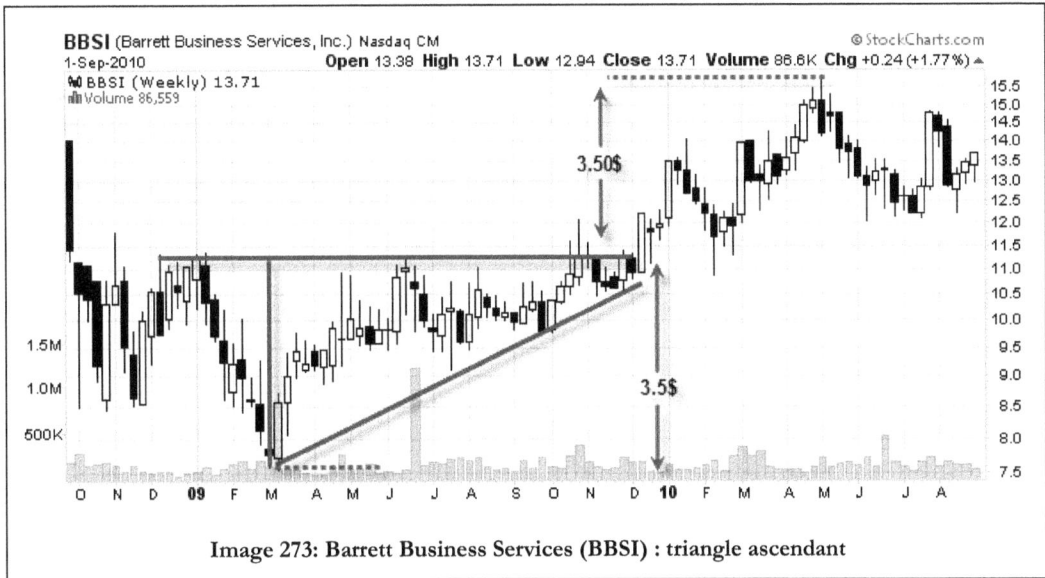

Image 273: Barrett Business Services (BBSI) : triangle ascendant

Voici un deuxième exemple avec la compagnie CE Franklin Limited (CFK). Le haut du départ du triangle est de 2.10$; la convergence du triangle est très longue, avec une durée de plus de 18 mois. Cet exemple est idéal pour montrer que le patron est tout à fait plausible pour un scénario à long terme.

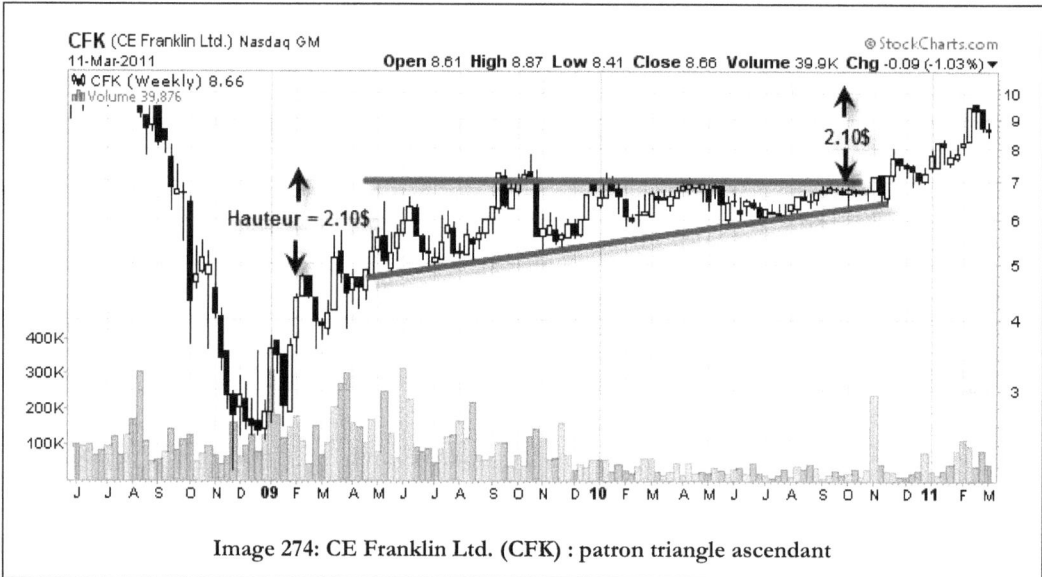

Image 274: CE Franklin Ltd. (CFK) : patron triangle ascendant

Bump and Run Reversal (BARR)

BARR est un patron de revirement utilisé lorsque le prix a augmenté ou descendu plus que la normale.

Formation

Le patron est divisé en trois phases. La première phase est l'augmentation normale. Aucune hausse drastique, ni de hausse qui se différencie des autres hausses habituelles. Normalement, cette phase dure plus d'un mois. Un angle de 30 degrés à 45 degrés (graphique en logarithmique) est normalement visible. Ce type de progression n'indique aucune spéculation et la hausse est contrôlée.

La deuxième phase est la phase du saut, qui est un changement dans la tendance haussière avec un angle qui dépasse les 45 degrés. Il se trouve normalement entre 45 et 60 degrés et souvent plus de 50% que le premier angle. Lorsque bien

Thomas N. Bulkowski est l'inventeur du patron Bump and Run Reversal (BARR). Cette formation a été conçue en 1996. Il est aussi l'écrivain de plusieurs livres ainsi qu'un investisseur reconnu international.

Image 275: Thomas N. Bulkowski

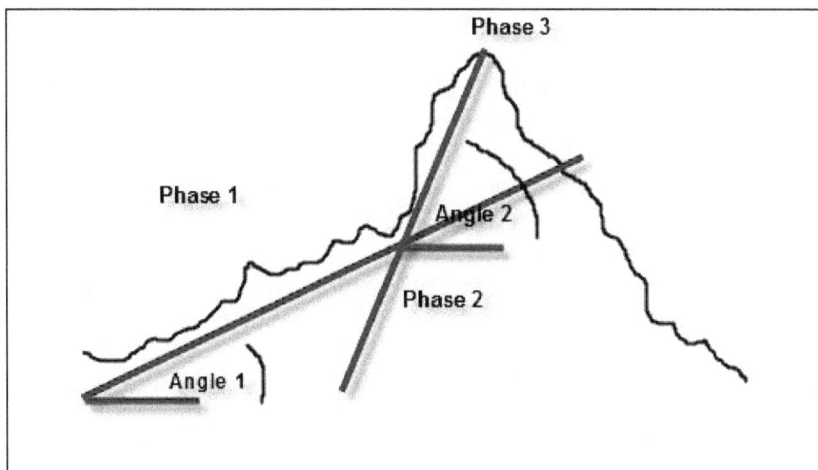

exécutée, la phase 2 devrait dépasser la hauteur de la phase 1. Cette phase est supportée par une augmentation de volume comparativement à la phase 1. Cette hausse quittant la tendance de la phase 1 est encore plus significative lorsque le prix ne revient pas vers la tendance de la phase 1 lors de la hausse.

La troisième phase survient lorsque le prix arrête de progresser et forme un sommet. Il est important de comprendre qu'avant que le prix descende, il se peut que le prix reste pendant quelques semaines à ce sommet, et peut même former un double sommet avec une légère baisse qui remonte vers le premier sommet avant de redescendre. La chute est confirmée lorsque le prix descend sous la ligne de la phase 1.

Exemple

Voici un exemple du patron Bump and Run Reversal (BARR).

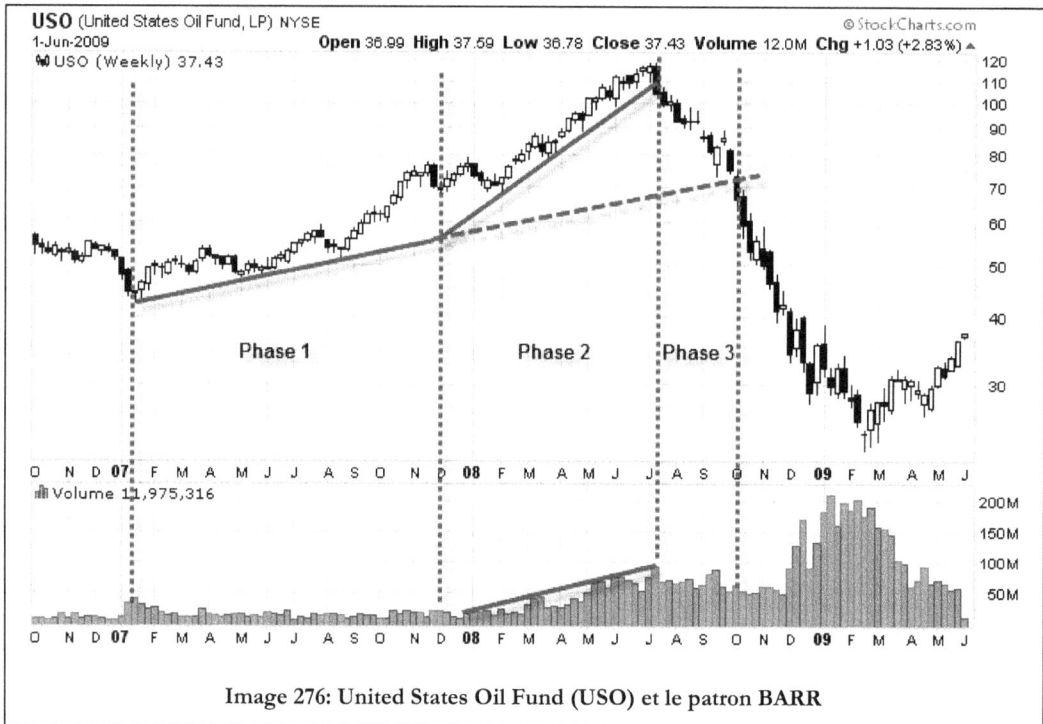

Image 276: United States Oil Fund (USO) et le patron BARR

La compagnie United States Oil Fund (USO) forme une phase 1 en début 2007 avec une croissance du prix et une tendance inférieure supérieure d'environ 30 degrés. La phase 2 débute lorsque le prix change de hausse avec une hausse de plus de 45 degrés. Le volume augmente de plus en plus jusqu'en juillet 2008, pour ensuite aller en phase 3. En octobre 2008, le prix rejoint la ligne de la tendance de la phase 1, ce qui confirme la chute. Selon le patron, l'achat aurait dû être fait lors de la phase 1 et la vente en phase 3. Si l'achat avait été fait à 40$, et la vente lors de la confirmation en phase 3 à 70$, un gain de 30$ aurait été fait par action. 30$ par action représente un gain de plus de 75%.

Performance

Selon le site thepatternsite.com, le patron réussi à atteindre le prix ciblé 78% du temps.

Conclusion

Le patron Bump and Run Reversal (BARR) est un patron intéressant pour identifier les hausses spéculatives. Ces hausses sont appréciées pour faire des profits rapidement. Cependant, la hausse qui peut être payante est tout aussi forte lors de la descente, ce qui rend l'utilisation de ce patron assez délicate. Un désavantage de ce patron est qu'il est difficile de cibler la phase 1 et phase 2 à temps afin de faire l'achat.

Patron en M

Le patron en forme de « M » est un patron annonçant une baisse. Le patron se nomme « M » parce que le prix forme le dessin d'un « M » avant de chuter.

Formation

La formation du patron ne nécessite pas de rigueur particulière pour les jambes gauches et droites du « M ». Elles peuvent être légèrement inclinées. Le patron en « M » est en fait une hausse suivie d'une baisse qui peut être légère et jamais plus que le prix de départ du « M » pour ensuite revenir vers une hausse. Cette hausse est normalement de même force que la hauteur du premier sommet. Par contre, ceci n'est pas primordial malgré que préférable. En fait les sommets peuvent être légèrement penchés si le « M » est en angle. L'heuristique qui est souvent employée est d'avoir les deux sommets avec une distance de moins de 4% de différence. Cependant, la formation est optimale lorsque celui-ci se fait droit, ainsi que lorsque la descente entre les deux sommets descend d'au moins 10% et plus.

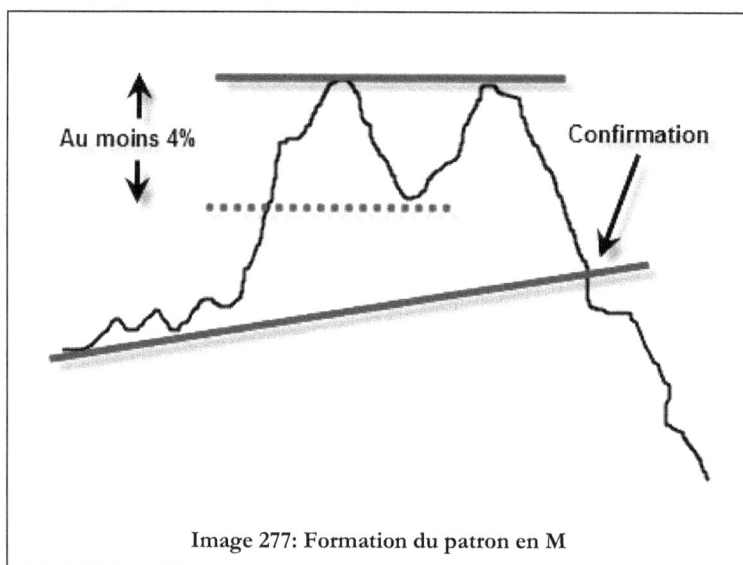

Image 277: Formation du patron en M

Ce patron offre l'opportunité d'avoir un prix de chute ciblé. La hauteur du « M » est le prix sous lequel l'action va descendre en dessous de la base du « M ».

Exemple

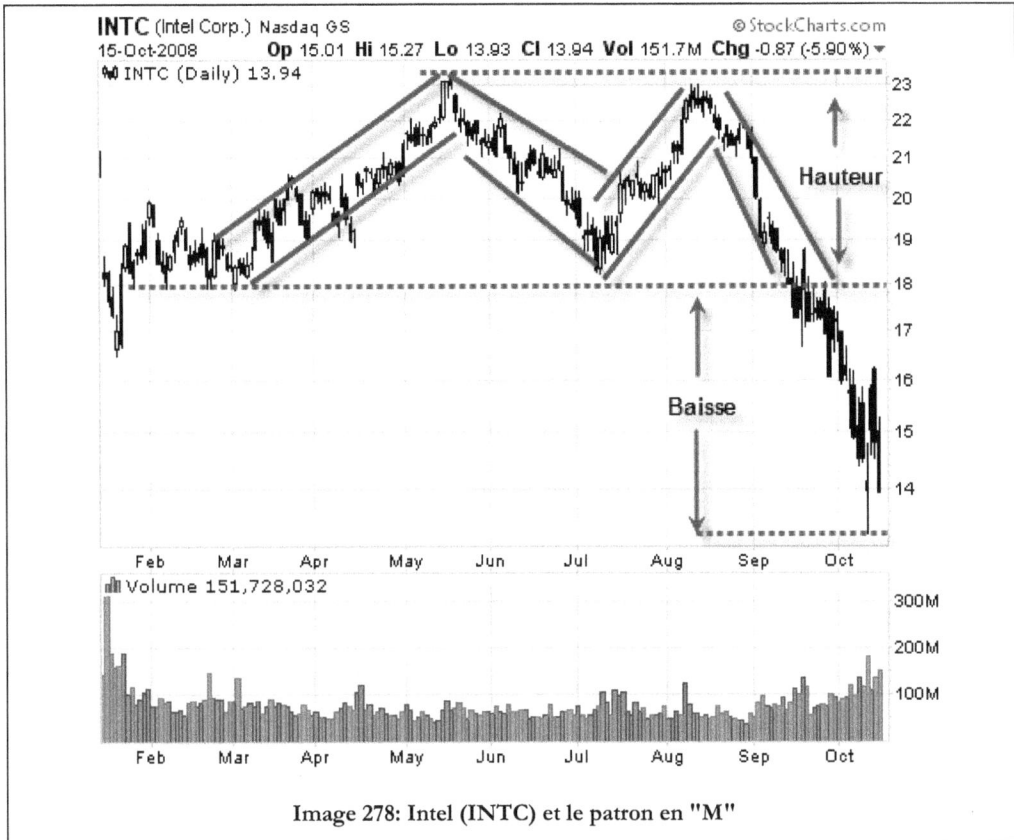

Image 278: Intel (INTC) et le patron en "M"

Voici Intel (INTC), en fin d'année 2008. Le titre forme un « M », malgré que celui-ci soit étiré horizontalement. De plus, l'exemple démontre bien que la hauteur prédit la baisse que le titre fait dès que le cours actuel d'Intel (INTC) touche la base du « M » à 18$. Le « M » a une baisse au centre de plus de 4% et même de plus de 10%, ce qui est idéal. Une fois le prix de 18$ traversé, le patron est confirmé et un achat à découvert ou une vente doit être enclenché.

Conclusion

Le patron « M » est difficile à repérer, mais lorsque découvert, il offre une opportunité de vendre avant une chute. De plus, le patron « M » a son inverse avec le patron « W » pour les hausses.

Patron en W

Le patron en W porte ce nom parce que le prix forme un dessin de la lettre « W ». Contrairement au patron « M », ce patron indique une hausse.

Formation

Le patron « W » doit avoir deux baisses coupées par une hausse d'au moins 10%. Le patron réagit mieux lorsque celui-ci est précédé d'une hausse. Cependant, on remarque la formation de ce patron fréquemment après une baisse et il agit comme patron de revirement. La confirmation du patron est lorsque le prix augmente après la deuxième chute et remonte pour franchir la hausse entre les deux chutes.

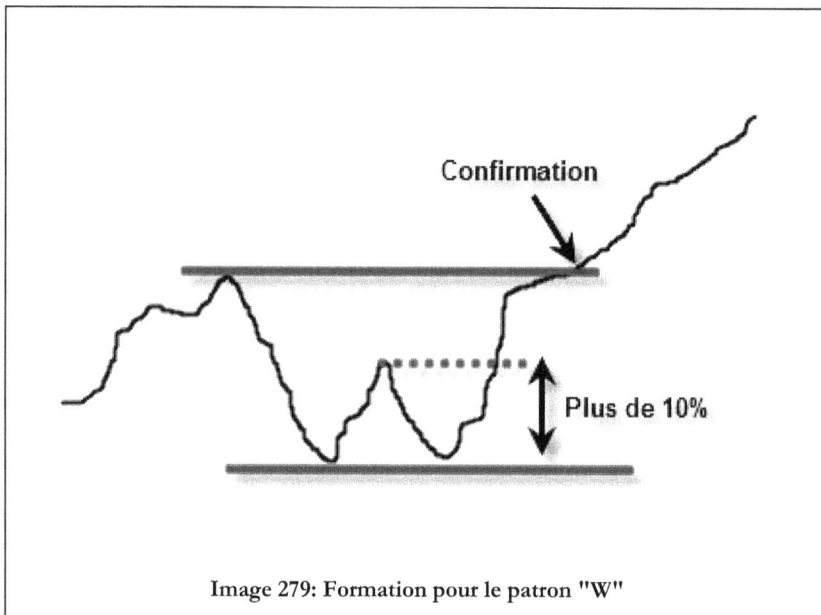

Image 279: Formation pour le patron "W"

Exemple

Voici Dupont Corporation (DD), qui forme un « W » dans une hausse. Étant donné que la formation est dans une hausse, ce patron a plus de chance d'être valide. La formation débute en juin 2009 et se termine en août 2009. Durant cette période, on remarque que le patron est confirmé en juillet 2009 lors du dessin de la ligne du milieu du « W » qui remonte. Suite à cette légère hausse, on observe une baisse formant le « W » et allant jusqu'au creux du « W ». À cet instant, il est possible de déterminer la hausse en prenant la base moins le creux, qui est 6$. Il suffit d'ajouter 6$ au prix de base pour obtenir 28$+6$, ce qui donne 34$. Ce prix est atteint quatre mois plus tard, à la fin du patron.

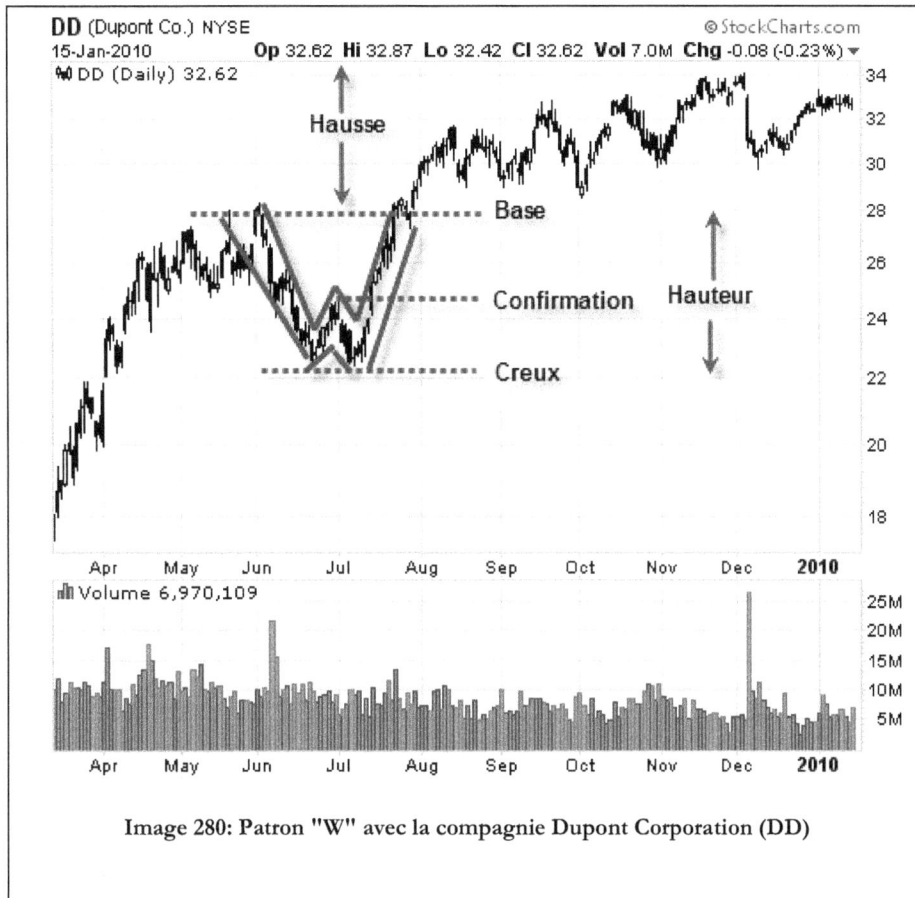

Image 280: Patron "W" avec la compagnie Dupont Corporation (DD)

Voici un deuxième exemple, avec le marché du pétrole américain.

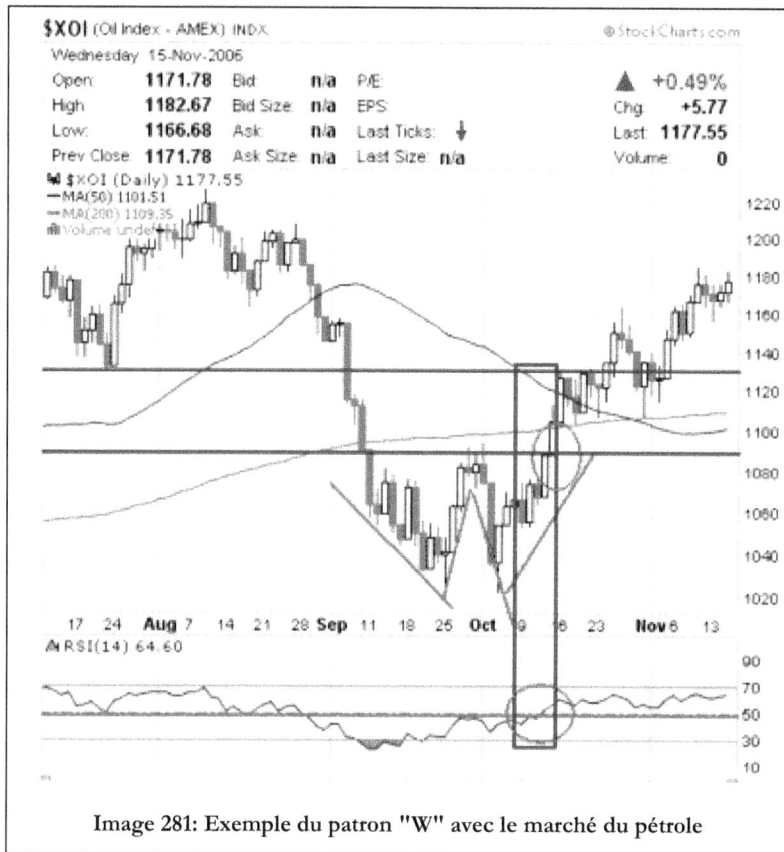

Image 281: Exemple du patron "W" avec le marché du pétrole

Contre-exemple

Comme avec tous les patrons, il se produit des cas où l'effet escompté ne se produit pas.

Voici un exemple de Petro-Canada (PCA.TO) où le patron « W » ne crée pas de hausse, mais bien une baisse.

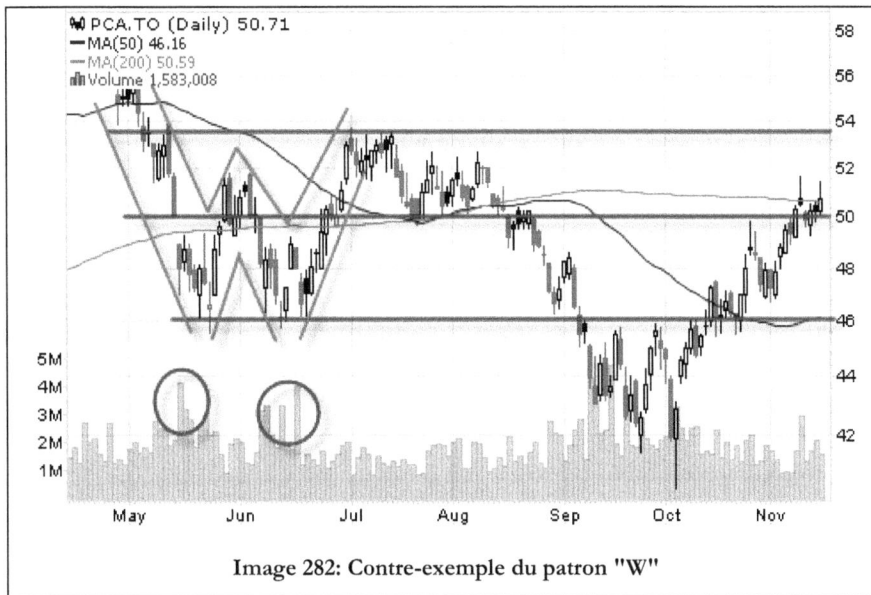

Image 282: Contre-exemple du patron "W"

Conclusion

Le patron « W » est un patron qui permet de déterminer une hausse avec une certaine précision. Par contre, le patron est difficile à discerner.

Patron du drapeau

Le patron du drapeau est un patron à deux formes différentes. Dans les deux cas, le patron montre une hausse avec un prix prédictible. Le drapeau est un patron à court terme.

Formation

La formation du patron doit être située dans une tendance haussière. Ensuite, un mouvement fort vers le haut, souvent un gap, se forme pour ensuite former un drapeau qui peut être de type rectangulaire ou triangulaire. Lorsque rectangulaire, le drapeau doit descendre vers le bas et former une tendance baissière inférieure et supérieure de manière parallèle.

Le drapeau devrait prendre d'une à douze semaines. Après ces 12 semaines, le patron devient le patron du triangle symétrique.

Voici les deux formations possibles avec le drapeau. Le premier est un drapeau rectangulaire qui est suivi d'une phase 1 avec une augmentation et ensuite un rectangle est formé en descendant. Ceci forme un couloir. Une fois que le couloir est dépassé, la hausse prend lieu. La hausse devrait être de la hauteur du poteau du drapeau.

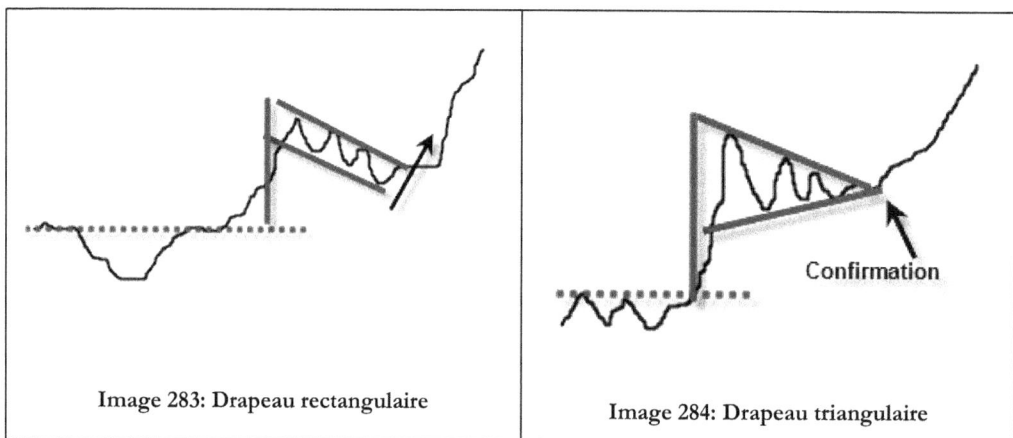

Image 283: Drapeau rectangulaire

Image 284: Drapeau triangulaire

La deuxième formation est un drapeau qui fait un triangle. Le triangle est le patron symétrique, mais avec un poteau, ce qui permet de prédire la hausse possible.

La hausse envisagée correspond à la hauteur du poteau du drapeau. Le poteau constitue la distance depuis le dernier support et le prix le plus haut du drapeau.

Le volume devrait augmenter durant la hausse et diminuer pendant la formation du drapeau.

Exemple

Voici un exemple avec un drapeau rectangulaire et la compagnie Coca-Cola Corporation (KO). Le poteau est bien établi sur le support et le drapeau rectangulaire est bien situé dans un couloir parallèle. Enfin, les chandeliers quittent le couloir vers le haut et le prix cible peut être établi avec la hauteur du poteau. Quelques mois plus tard, le prix des chandeliers atteint l'objectif.

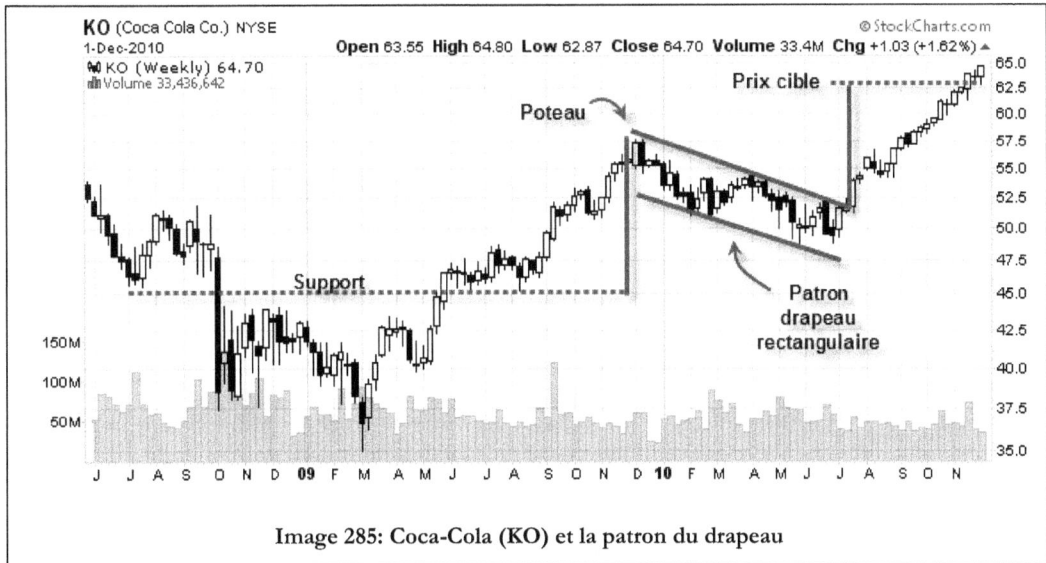

Image 285: Coca-Cola (KO) et la patron du drapeau

Ce deuxième exemple avec Krispy Kream Doughnuts Inc (KKD) est moins percutant, car la hausse n'est pas aussi importante que précédemment ciblée par la hauteur du drapeau. Par contre, la hausse de 2.65$ à 4.50$ est significative dès que le chandelier en fin juillet traverse le couloir descendant.

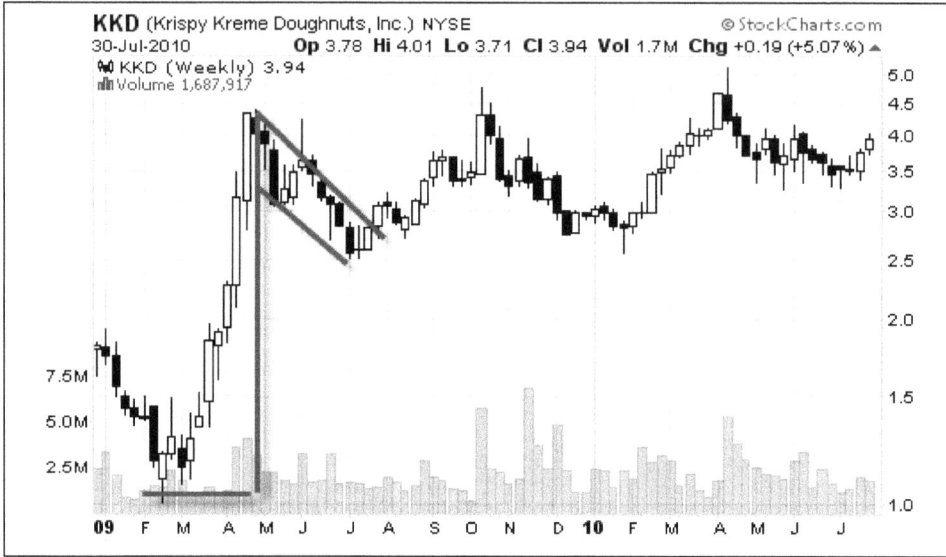

Voici un exemple avec un drapeau triangulaire. Le triangle, une fois la convergence terminée, augmente de la hauteur du poteau.

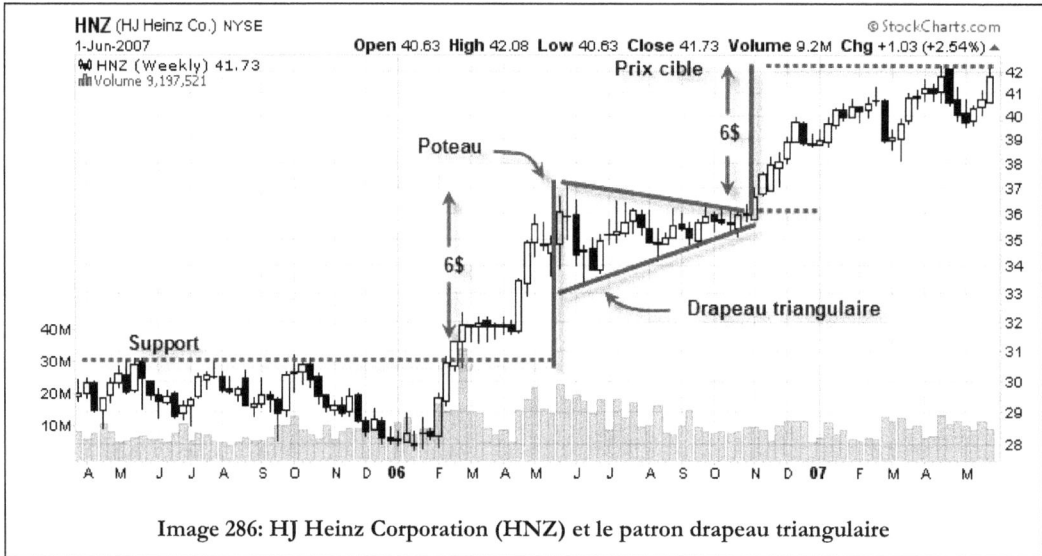

Image 286: HJ Heinz Corporation (HNZ) et le patron drapeau triangulaire

Conclusion

Ce patron est intéressant, car il permet de cibler un prix de la hausse. De plus, étant donné que le patron est à long terme, il permet d'agir sans devoir se hâter.

Patron de divergence négative

Le patron de divergence négative nécessite d'avoir un indicateur technique allant vers le bas, tandis que le prix augmente. Lorsque ceci se produit, le patron signifie que la hausse en cours sera de courte durée et que le titre va descendre. Il n'est pas possible de prédire la chute. Souvent, la chute se produira jusqu'au dernier support.

Formation

N'importe quel indicateur peut être utilisé, tant que celui-ci se dirige dans la direction opposée du prix de la compagnie. Il est important de prendre la même tendance (supérieure ou inférieure) pour l'indicateur et le titre lors de la comparaison.

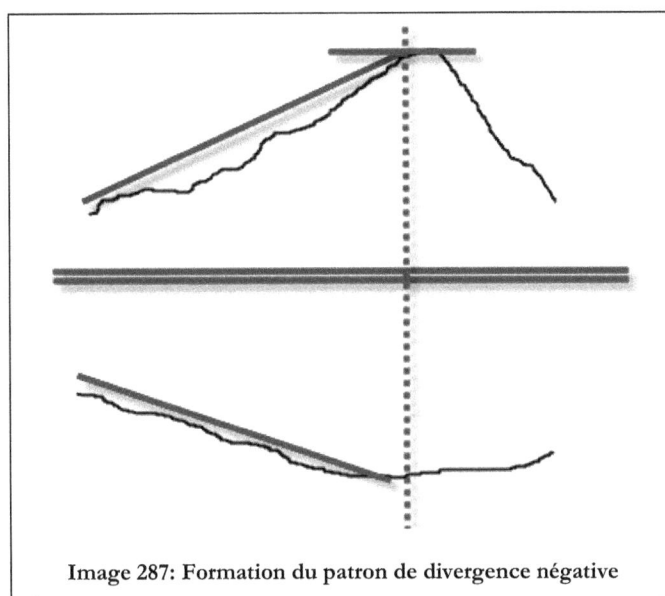

Image 287: Formation du patron de divergence négative

Exemple

Voici un exemple avec Star Scientific Inc. (CIGX). On remarque que la tendance supérieure s'arrête le 24 mars 2010 pour ensuite se tranquilliser durant une période neutre. En réalité, cette période neutre pourrait offrir une possibilité d'une seconde hausse. Par contre, étant donné que l'indicateur CCI diverge négativement avec le prix de la tendance, les risques de chute sont plus probables et il est donc préférable de vendre.

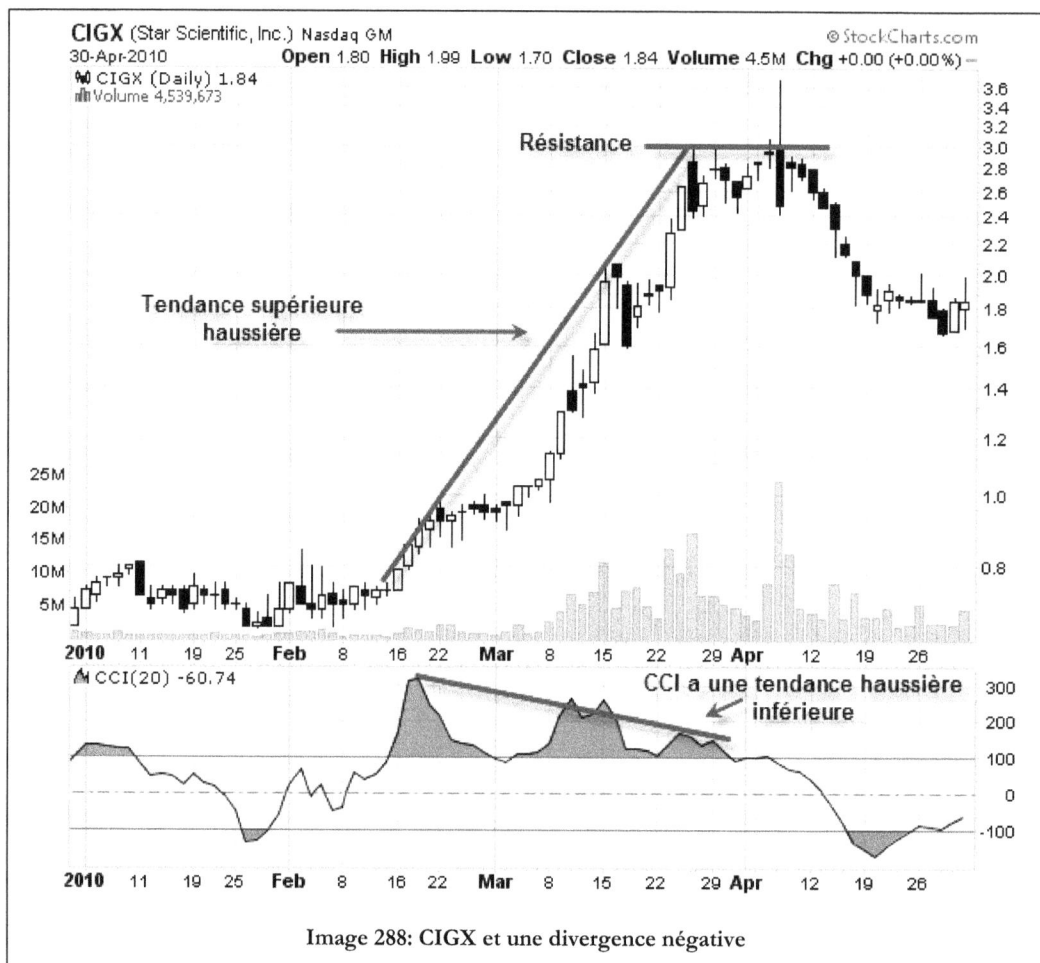

Image 288: CIGX et une divergence négative

Voici un deuxième exemple avec Google Inc. (GOOG). On remarque qu'en 2009, le prix de la compagnie augmente sans prendre de pause. En décembre 2009, le prix présente 2 chandeliers noirs pour la première fois. Le temps de vente est confirmé avec l'indicateur CCI, qui a une tendance supérieure baissière depuis le mois d'octobre 2009. Effectivement, Google Inc. (GOOG) a chuté de 620$ à 440$ en 2010, ce qui est une baisse de 30%.

Image 289: Divergence négative avec Google (GOOG)

Conclusion

Une divergence négative est un indicateur très puissant qui fonctionne avec plusieurs indicateurs techniques. Il est idéal pour les titres avec de moyennes et longues tendances. Par contre, ce patron n'est pas réalisable pour les titres présentant beaucoup de volatilité et qui n'ont pas de tendance bien définie.

Patron de divergence positive

Le patron de divergence positive nécessite d'avoir un indicateur technique qui va vers le haut tandis que le prix descend. Lorsque ceci se produit, le patron indique que la baisse en cours sera de courte durée et que le titre va augmenter. Il n'est pas possible de prédire la hausse.

Formation

N'importe quel indicateur peut être utilisé tant que celui-ci se dirige dans la direction opposée du prix de la compagnie. Il est important de prendre la même tendance (supérieure ou inférieure) pour l'indicateur et le titre lors de la comparaison.

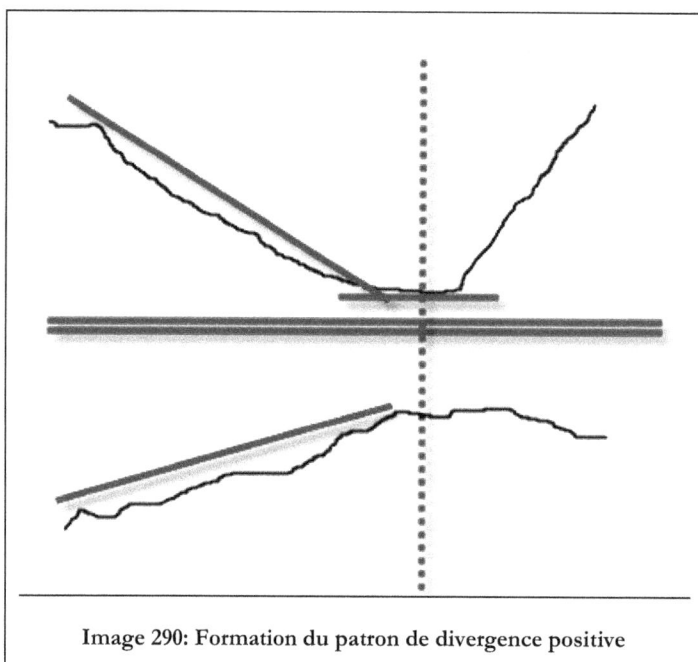

Image 290: Formation du patron de divergence positive

Lorsque le titre arrête de descendre et atteint un plat, et que l'indicateur arrête d'augmenter, le temps d'acheter est signalé. De plus, le titre traverse la tendance baissière, ce qui permet de confirmer la hausse.

Exemple

Image 291: CIGX et une divergence négative

Conclusion

Le patron de divergence positive est un patron puissant qui est très utilisé avec les patrons ayant une tendance à moyen et long terme bien établie. Malheureusement, ce patron n'est pas efficace avec les titres qui sont volatiles, là où le prix varie fréquemment.

Patron de la tasse « Cup and handle »

Le patron de la tasse est un patron conçu en 1988 par William O'Neil. Il permet de montrer une hausse. Le patron est nommé « de la tasse » parce que celui-ci ressemble à une tasse, c'est-à-dire que le prix descend pour remonter en forme d'un bassin suivi d'une baisse rectangulaire formant la poignée de la tasse. Après cette poignée, une hausse est envisageable.

Formation

Avant tout, ce patron doit être précédé d'une tendance haussière. C'est un patron de continuation et donc il n'est pas valide si celui-ci est trouvé à la fin d'une tendance baissière. La tasse doit se former par une descente et une hausse en forme de « U ». Une forme de « V » n'est pas adéquate. Il faut que la tasse soit plus ronde et ne pas descendre et remonter rapidement. De plus, pour être idéal, le patron devrait former un « U » avec une hausse qui rejoint la partie de gauche pour avoir une forme de « U » avec des hauteurs semblables. La tasse devrait durer entre un à six mois et la poignée devrait durer environ une à quatre semaines. La poignée doit être inclinée vers le bas et est souvent en forme de zigzag, ce qui forme une tendance supérieure et inférieure baissière.

Le volume devrait augmenter lorsque le prix brise la tendance baissière de la poignée de la tasse.

Le prix de la hausse est calculé avec la différence de prix entre la partie de droite de la tasse (la partie droite du « U ») et le plus bas prix du « U ».

Exemple

Voici un exemple avec Angeion Corporation (ANGN), qui n'est pas parfait mais qui montre tout de même la hausse suivant le patron de hausse. Cet exemple n'est pas parfait parce que la tendance avant la tasse se trouve à être une tendance baissière ainsi que la forme de la tasse qui dure seulement deux mois. Par contre, le « U » de la tasse est beau, la poignée descend et dure un bon nombre de semaines.

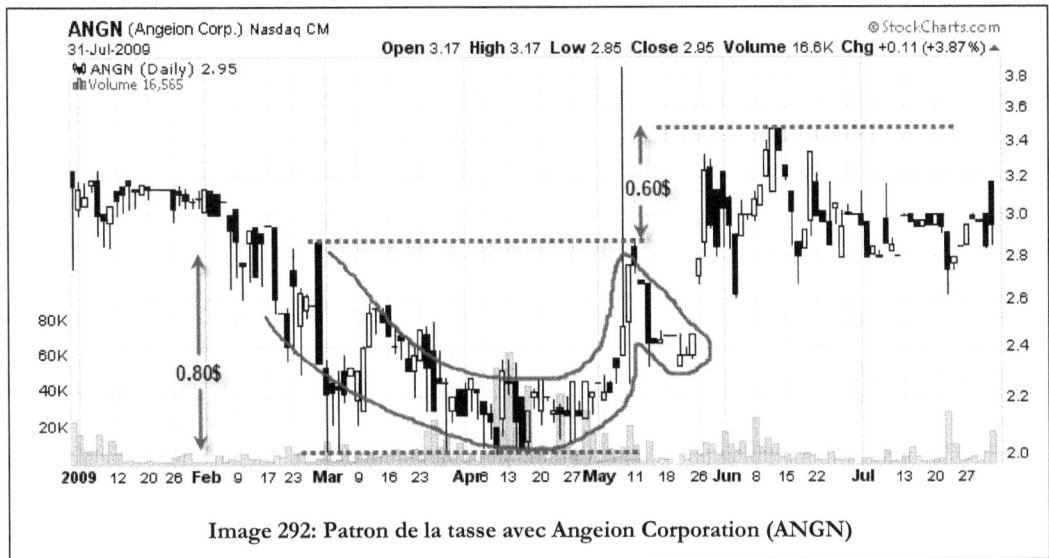

Image 292: Patron de la tasse avec Angeion Corporation (ANGN)

Conclusion

Le patron est rare et difficile à bien interpréter. De plus, il est rare que celui-ci ce présente au milieu d'une tendance haussière. Par contre, c'est un patron connu qui est efficace lorsque toutes les conditions idéales sont rencontrées.

Couloir descendant

Le couloir descendant est une tendance baissière inférieure et supérieure forment deux lignes parallèles. Ce patron est souvent observé à l'intérieure d'une tendance baissière à long terme. Le prix zigzag de haut en bas, avec une préférence à diminuer de plus en plus jusqu'à ce que le prix brise la tendance supérieure pour voir naitre une nouvelle tendance haussière.

Ce type de patron permet d'investir lorsque le prix brise le couloir vers le haut, ou d'investir à l'intérieur du couloir. Effectivement, investir dans le couloir est possible avec un achat lorsque le prix touche la tendance inférieure et une vente lorsque le prix touche la tendance supérieure. Ce deuxième type d'investissement est risqué et ne devrait pas être utilisé par des débutants.

Ce patron porte le nom de « Bearish Price Channel », en anglais.

Formation

Pour que le patron soit observé, une tendance baissière doit être amorcée. Ensuite, à l'intérieur de cette tendance, un couloir doit se former. Ce couloir est distinctif parce que la tendance supérieure et la tendance inférieure sont toutes deux parallèles.

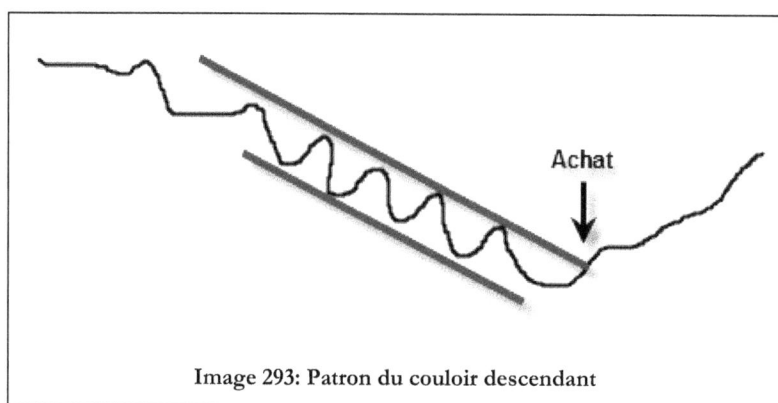

Image 293: Patron du couloir descendant

Pour être valide, le prix doit toucher la tendance supérieure et inférieure au moins trois fois. De plus, ce couloir doit avoir une durée d'au moins trois semaines. Le volume pendant cette descente est normal, jusqu'à ce que le prix sorte du couloir pour augmenter au-dessus de la tendance supérieure. À ce moment, le volume doit augmenter afin de briser cette résistance. Dans le cas d'un manque de volume, il n'y a aucune confirmation de la nouvelle tendance haussière et il y a donc fort risque que le titre descende à nouveau.

Exemple

Nabors Industries Inc (NBR) est dans une tendance baissière et ensuite le couloir se forme avec plus de trois trois chandeliers touchant les deux tendances. Ensuite, il y a une brisure de tendance en avril 2009.

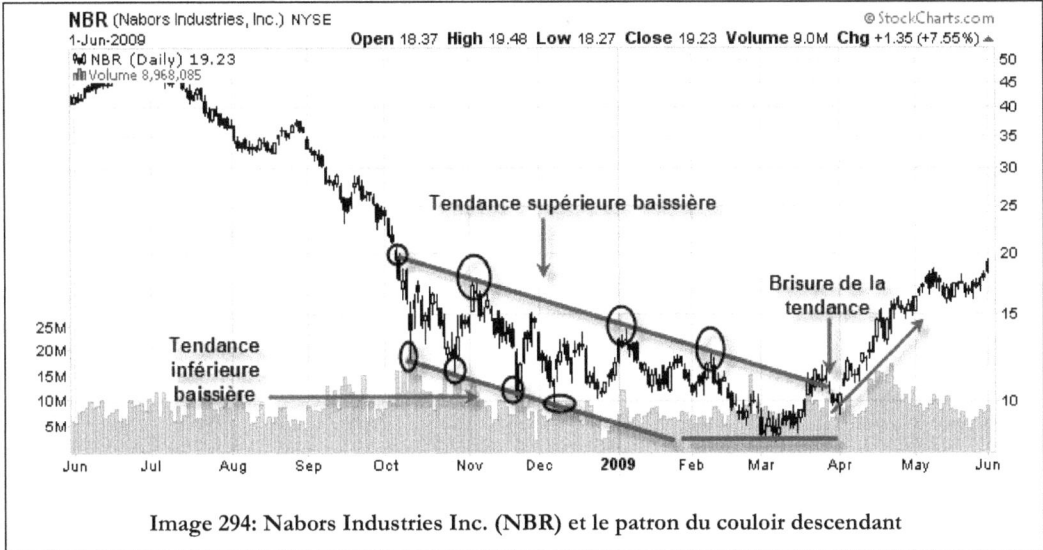

Image 294: Nabors Industries Inc. (NBR) et le patron du couloir descendant

CNB Financial Corporation (CCNE) forme aussi un couloir avant la hausse. Cet exemple est par contre moins percutant, car il ne contient pas de tendance à court terme avant la formation, mais bien une période neutre.

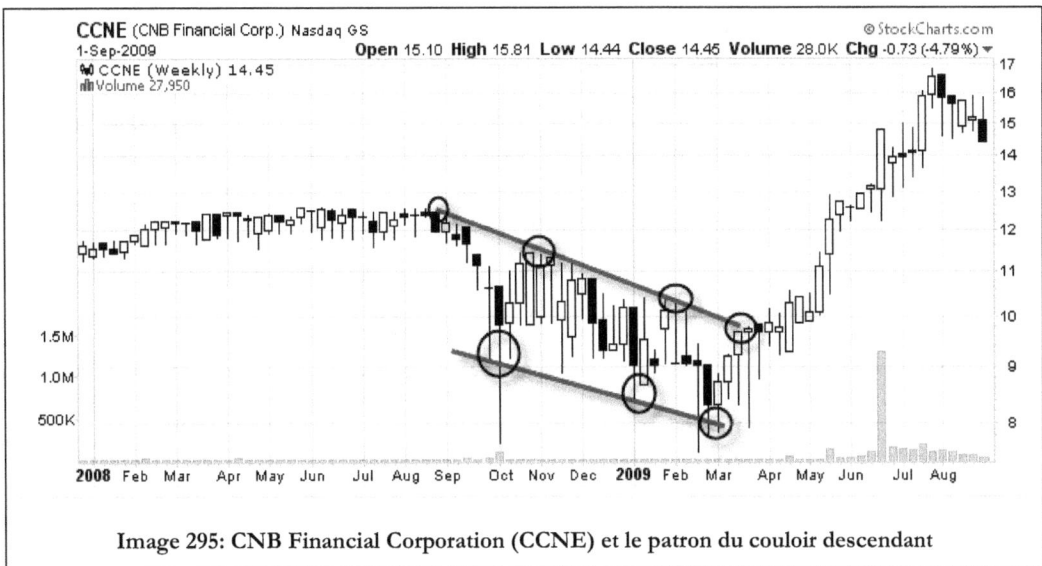

Image 295: CNB Financial Corporation (CCNE) et le patron du couloir descendant

Ce troisième exemple avec Kispy Kreme Doughnuts (KKD) montre que le titre est dans une descente depuis 2008 et que le couloir se forme pour ensuite briser, mais la hausse est de court terme. Par contre, le support n'est pas brisé, ce qui permet d'avoir un rebond et ainsi augmenter en suivant les prédictions du patron.

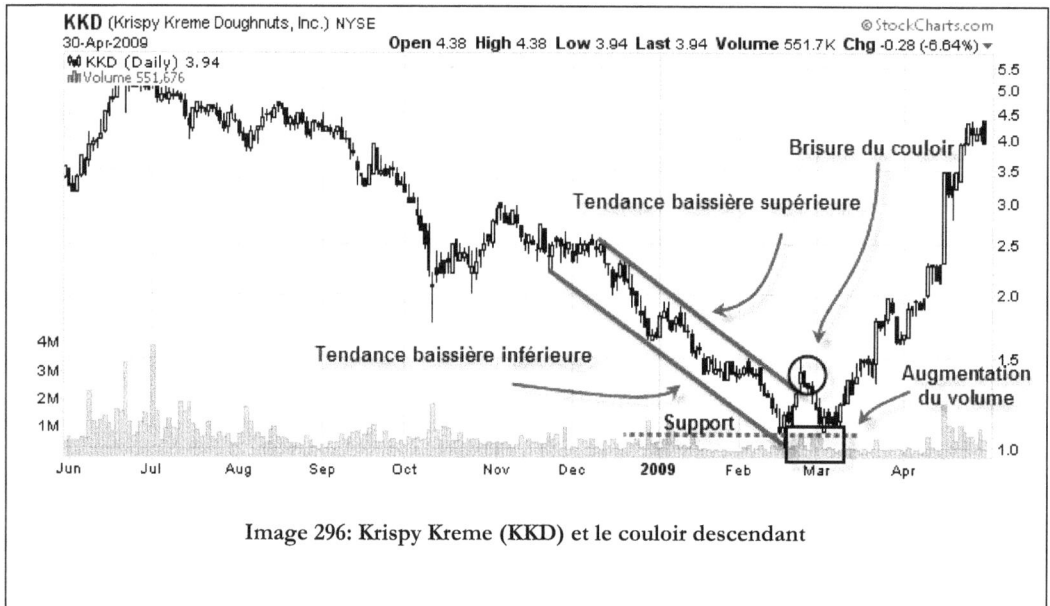

Image 296: Krispy Kreme (KKD) et le couloir descendant

Voici un dernier exemple qui démontre la cassure avec un fort volume.

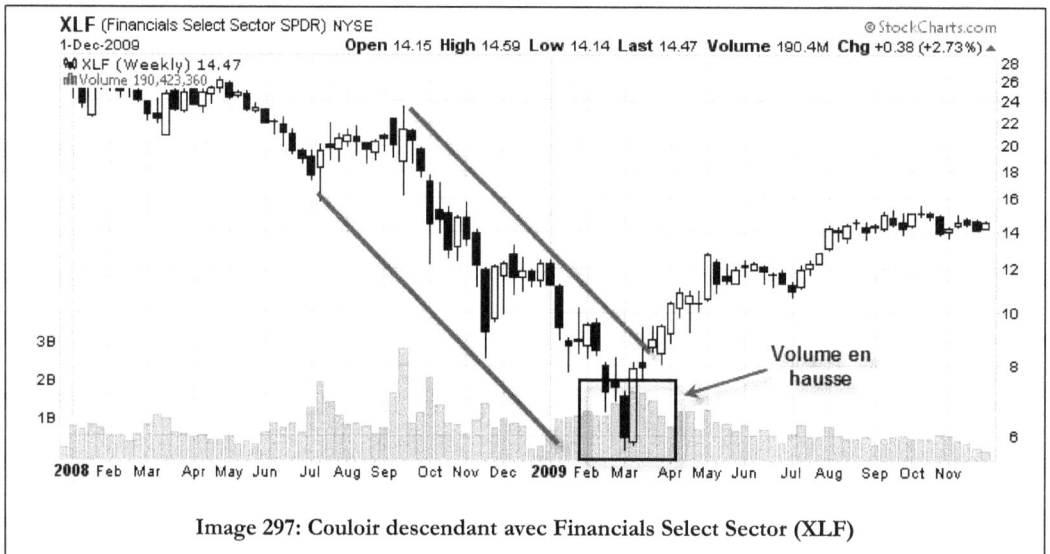

Image 297: Couloir descendant avec Financials Select Sector (XLF)

Conclusion

Ce patron est fréquent et permet d'obtenir de bons résultats. Il est possible d'investir lorsque le patron se met en œuvre, lors du dépassement de la tendance supérieure ou à l'intérieure du couloir.

Couloir ascendant

Le couloir ascendant présente une tendance haussière inférieure et supérieure formant deux lignes parallèles. Ce patron se produit souvent à l'intérieur d'une tendance haussière à long terme. Le prix zigzag de haut en bas avec une préférence à augmenter de plus en plus, jusqu'à ce que le prix brise la tendance inférieure pour voir naitre une nouvelle tendance baissière.

Ce type de patron permet de vendre avant que le prix de la compagnie soit trop bas suite à une baisse rapide possiblement causée par ce patron.

Ce patron porte le nom de « Bullish Price Channel », en anglais.

Formation

Pour que le patron soit observé, une tendance haussière doit être amorcée. Ensuite, à l'intérieur de cette tendance, un couloir doit se former. Ce couloir est distinctif parce que la tendance supérieure et la tendance inférieure sont toutes deux parallèles.

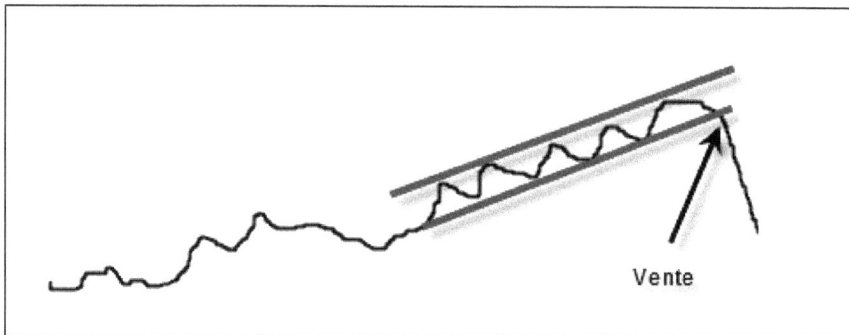

Pour être valide, le prix doit toucher la tendance supérieure et inférieure au moins trois fois. De plus, ce couloir doit avoir une durée d'au moins trois semaines. Le volume pendant cette descente est normal jusqu'à ce que le prix sorte du couloir pour augmenter au-dessus de la tendance supérieure. À ce moment, le volume doit augmenter afin de briser cette résistance. Dans le cas d'un manque de volume, il n'y a aucune confirmation de la nouvelle tendance haussière et il y a fort risque que le titre augmente à nouveau.

Exemple

Rare Element Resources Limited (REE) est situé dans un couloir ascendant qui n'a pas créé de chute avant plusieurs mois. Néanmoins, il est pertinent de constater que la vente était quand même intéressante en octobre 2009, car le titre n'a pas augmenté.

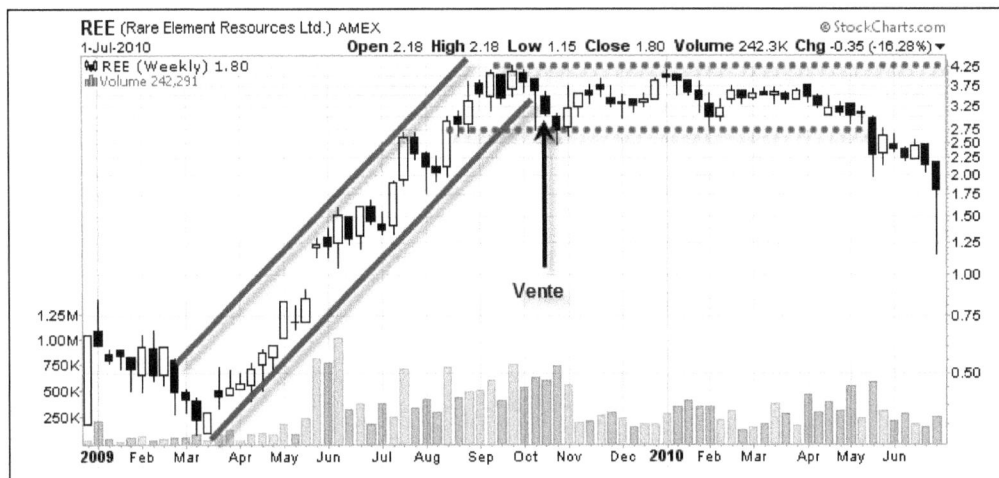

Le deuxième cas est relié à Silver Wheaton Corporation (SLW), qui reste dans un couloir pendant plus de deux ans. Malgré le fait que le couloir n'est pas encore cassé, il est intéressant d'acheter le titre lorsque le chandelier touche la tendance haussière inférieure et il est possible de faire des gains à court terme lorsque le chandelier touche la tendance haussière supérieure.

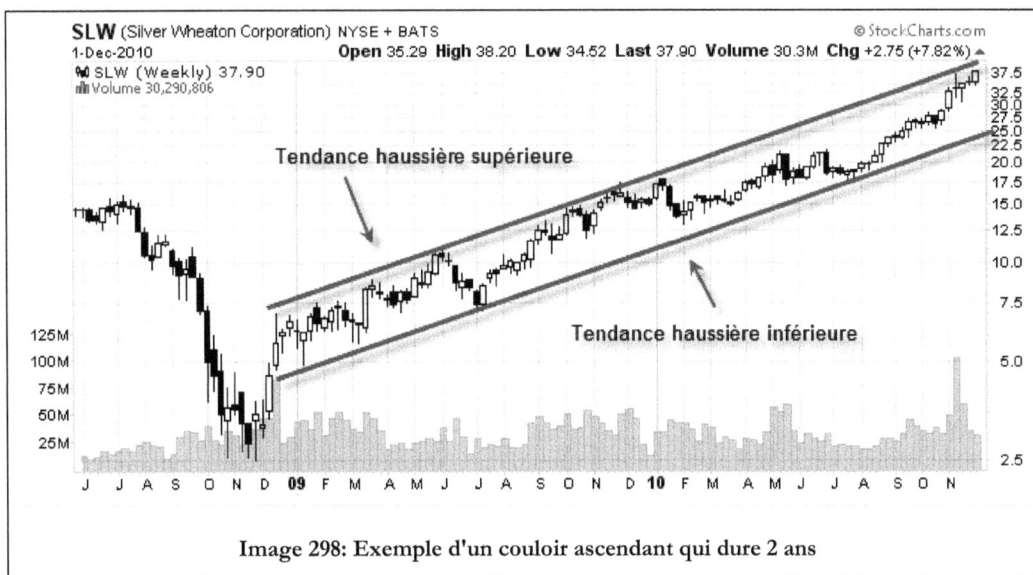

Image 298: Exemple d'un couloir ascendant qui dure 2 ans

Conclusion

Le patron de couloir ascendant est intéressant dans deux situations. La première situation est lorsqu'il faut savoir quand vendre, et la deuxième situation est d'acheter et vendre à plusieurs reprises entre les deux tendances. Par contre, il n'est pas recommandé pour les débutants d'acheter et de vendre entre les tendances, car il est difficile de prévoir à quel moment la tendance sera brisée et vous pourriez vous retrouver aux prises avec une action non vendue.

Récapitulatif du chapitre

Voici le récapitulatif du chapitre 14 « Les patrons d'analyse technique»

- ✓ Les patrons ne sont pas sûrs à 100%, mais donnent de bons indices pour appuyer les actions à poser.

- ✓ Le patron « Double Top » doit être précédé d'une tendance haussière.

- ✓ Il n'est pas nécessaire, dans le patron « Double Top », que les deux sommets soient au même prix.

- ✓ Il est toujours préférable d'attendre la confirmation d'un patron avant d'agir. Ceci limite les chances de faux signaux.

- ✓ Le patron « Double Bottom » est confirmé lorsque le support est brisé après les deux sommets.

- ✓ Le patron « Head and shoulders » est un patron de revirement de tendance haussière vers une nouvelle tendance baissière.

- ✓ Le « Falling wedge » ressemble à un triangle qui converge en descendant. Une fois que la convergence est traversée par la tendance baissière supérieure, le patron est confirmé.

- ✓ Le « Rising wedge » est un triangle convergent lors d'une hausse. Celui-ci annonce une baisse.

- ✓ Une tendance baissière qui se calme pour avoir un creux en rond pour ensuite remonter est un « Rounding Bottom ».

- ✓ Un triangle symétrique peut autant augmenter que descendre. Son utilité et d'avoir le bon momentum afin d'agir d'un côté ou l'autre, et il est possible de faire de l'argent avec des ordres stop-limite.

- ✓ Le patron « Triple Top » est le patron « Double Top » avec un sommet supplémentaire.

- ✓ Un triangle descendant utilise la base de son triangle en tant que support. Lorsque le titre converge vers le support, dès qu'un chandelier franchi le support, la confirmation de vente est activée.

- ✓ Le BARR signifie « Bump and Run Reversal ».

- ✓ Le patron en « M » est pour une tendance à la baisse tandis que le patron en « W » est pour une tendance à la hausse.

- ✓ Avec le patron du drapeau, il est possible de connaitre le gain potentiel en regardant la hauteur du poteau du drapeau et en l'additionnant au point de convergence.

- ✓ Les divergences positives et négatives sont possibles seulement avec des tendances bien établies et donc des titres moins volatiles.

Questions et réponses

Voici des questions accompagnées de leur réponse. La section présente assure une meilleure compréhension des notions précédemment assimilées.

Questions

1. Dans le patron « Double Top », les doubles top rebondissent sur une résistance pour ensuite descendre. Quel est le signal de vente?

2. Dans le patron « Double Bottom », est-ce que le support et la résistance doivent être parallèles?

3. Dans le patron « Head and shoulders », est-ce que les épaules doivent être à la même hauteur?

4. Comment est-ce que le patron « Head and shoulders » se confirme?

5. Quelle est la différence entre le patron « Falling wedge » et le patron du triangle descendant?

6. Pour le patron symétrique, le revirement du patron se fait-il vers le bas ou vers le haut?

7. Comment estimer la hausse avec un triangle ascendant?

8. Quel est l'angle de la deuxième hausse pour le patron « Bump and Run Reversal » ?

9. Le patron du drapeau comporte deux formations possibles. Quelle est la formation qui, selon vous, est plus fiable?

10. Quel patron, celui de divergence positive ou divergence négative, est intéressant pour un achat?

11. Dans le patron d'une divergence négative, est-ce que c'est la tendance du titre ou de l'indicateur qui augmente?

Réponses

1. Il va y avoir une traverse d'un support établi avec le plus bas prix entre les sommets. Ceci sera le signal de vente car le patron sera confirmé.

2. Il est préférable que oui. Cependant, la résistance et le support peuvent être inclinés et ceci dans deux angles différents, sans problème.

3. Il est possible que les deux épaules ne soient pas à la même hauteur.

4. Le patron « Head and shoulders » est confirmé lorsque le prix chute sous le support établi par les prix les plus bas, entre les épaules et la tête. De plus, à cet instant, le volume devrait augmenter.

5. Le « Falling Wedge » est en forme de triangle, avec une base qui descend tandis que le triangle descendant est un patron ayant une base horizontale, qui est un support.

6. Il n'y a aucun revirement de tendance car le patron est un patron de continuation.

7. Avec la hauteur du triangle.

8. Le deuxième angle devrait avoir environ 45 à 60 degrés, et souvent plus de 50% du premier angle.

9. La formation dans un couloir est plus fiable parce qu'elle combine un autre patron, qui est le patron du couloir descendant. De plus, le patron du triangle symétrique est possible pour une tendance à la baisse. Donc, il y a plus de chances que le patron avec un fanion rectangulaire soit haussier.

10. Divergence positive pour un achat.

11. Le titre descend pendant que l'indicateur augmente. Ceci aura pour effet de faire augmenter le titre plus tard.

Partie 3 : Comment faire de l'argent avec la Bourse

Processus d'analyse technique

Chapitre 16

Aux chapitres précédents, les notions de base de l'analyse technique ont été approfondies, ainsi que les indicateurs techniques et les patrons de Bourse. De cette manière, nous avons travaillé à bâtir un coffre d'outils techniques, sans pour autant avoir de détails sur comment se servir de ceux-ci et à quel moment il est recommandé de s'en servir. Ce chapitre discute donc les détails sur comment procéder pour analyser des titres de Bourse. La première partie de ce chapitre est concentrée sur les étapes pour investir en toute sécurité à la Bourse ainsi que comment limiter les faux pas. Ensuite, des techniques diverses vous seront montrées afin de diversifier les processus possibles avec l'analyse technique.

Les étapes pour investir en toute sécurité

À ce stade, une liste de titres devrait déjà être établie. À partir de maintenant, avec les lectures précédentes, l'analyse est en mesure de débuter. Avant tout, il est primordial de diviser les actions en différents marchés. Le but est de pouvoir analyser l'indice et ensuite d'analyser les marchés. En éliminant les marchés qui ne sont pas performants, le temps d'analyse des titres est réduit, car les titres dans les marchés non performants seront analysés en dernier lieu.

Indice

La première étape est d'analyser l'indice. Dans le cas où la Bourse s'effondre, ou tout simplement que la Bourse se trouve dans une tendance baissière, il est préférable de ne pas investir. De plus, il y a des Bourses spécialisées dans l'énergie et les métaux, comme le TSX, et donc si l'investissement désiré est situé dans un de ces secteurs, il se peut donc que cette Bourse soit un premier pas dans la bonne direction.

Investir dans un indice haussier ne veut pas dire que toutes les actions vont augmenter, mais cela augmente certainement la probabilité d'avoir un bon rendement. La même situation est tout aussi véridique lorsque l'indice descend. Il y a des actions qui continuent d'augmenter malgré la baisse globale des actions. Cependant, ceci est plus risqué. C'est à l'investisseur de déterminer quel est son degré de risque désiré.

Les indices sont intéressants à analyser de manière mensuelle ou hebdomadaire. Une analyse mensuelle permet d'avoir une vision à long terme même si l'investissement de l'action n'est effectué que pour quelques semaines. En fait, il se peut que l'analyse de l'action ne soit pas précise et que votre objectif de quelques semaines se change en quelques mois. Une analyse à long terme des indices permet d'avoir une latitude sur des cas problématiques sans pour autant avoir de perte.

En fait, un indice ayant une tendance baissière est un signal qu'il ne faudrait pas acheter des actions traditionnelles, mais peut-être serait-il préférable d'acheter des ventes à découvert si l'abstinence n'est pas désirée.

Marché

La deuxième étape est d'analyser le marché. En suivant le même principe que pour analyser l'indice, celui-ci donne le pouls de la majorité des investisseurs. Les marchés sont intéressants pour une analyse à long terme. Un graphique hebdomadaire est suggéré. Ceci permet d'avoir plus de précision que lors de l'analyse à long terme hebdomadaire de l'indice tout en ayant la possibilité de voir la tendance pour les prochaines semaines.

La différence avec les indices est qu'il se peut que l'indice augmente tandis que le marché baisse. Dans ce cas, il est préférable de ne pas s'aventurer dans les ventes à découvert, mais plutôt d'aller dans les marchés haussiers (« Bullish »).

Analyse à long terme de l'action

Avant tout, pour investir avec sécurité, il est préférable de regarder l'action à long terme. À court terme, l'action peut sembler augmenter, mais si l'action chute depuis plusieurs mois, il est préférable de ne pas investir. Il arrive fréquemment que les objectifs à court terme soient ratés et que les actions doivent rester dans le portefeuille pour une période de temps supplémentaire. Avec une analyse à long terme, ceci mitige les risques de garder une action plus longtemps que prévu.

Il n'est pas nécessaire de faire l'analyse pour les cinq dernières années avec des périodes mensuelles. Simplement une analyse par semaine des 18 derniers mois est suffisante pour un investissement à moyen terme.

Une fois que l'avenir à long terme est tout au plus neutre ou positif, il vaut certainement la peine d'investiguer les mouvements à court terme.

Analyse à court terme de l'action

L'analyse à court terme est l'analyse avec un graphique journalier. Il est important de voir au moins six mois avant la date courante pour bien voir les tendances ainsi que les gaps possibles qui devront être fermés. De plus, avoir une vision de plusieurs mois précédents le moment actuel est un bon indicateur afin de se situer de manière relative au prix actuel.

Analyse à très court terme de l'action

La dernière étape, juste avant d'acheter ou de vendre, est de regarder le graphique à très court terme. Très court terme signifie que l'échelle est à l'intérieur de la journée. Une échelle au cinq minutes jusqu'au quinze minutes est intéressante. Ceci permet de voir en détails le dernier chandelier du graphique journalier analysé à l'étape précédente.

Conclusion

Plusieurs personnes préfèrent voir les ordres des Bids et des Asks. Il y a des plateformes qui permettent de voir plusieurs niveaux de profondeur de ces listes. Cependant, pour les novices et intermédiaires, ceci peut porter à confusion et être trop pointu comme analyse. Une analyse sérieuse permettra de réaliser plusieurs gains sans devoir aller dans les micros gains.

De plus, dès que l'ordre est accepté, il est normal que le prix n'aille pas directement dans la direction souhaitée. Il est suggéré de faire les analyses correctement et de ne pas regarder les achats pour la journée même et se laisser le temps d'agir quelques jours. Par contre, lors de l'analyse, il est plutôt sage de cibler un prix cible pour vendre avec un gain et un prix pour vendre avec perte. Le prix cible pour un gain permet de se mettre une limite afin de ne pas être avare de gain. Ce prix type peut être établi lors de l'analyse hebdomadaire lorsque les objectifs sont à plus long terme ou pendant l'analyse journalière, si les objectifs sont à court terme. D'un autre côté, le prix cible pour la vente avec perte est le prix maximal de la perte acceptable. Ceci est déterminé selon une analyse (par exemple lorsque les chandeliers franchissent un support) ou d'un pourcentage fixe (par exemple une perte de 10%). Plusieurs techniques seront expliquées dans ce chapitre en ce qui concerne les prix cibles.

Technique d'ordre de vente sécuritaire

Pour que le cycle de l'investissement se complète, la vente est obligatoire. Déterminer le prix de vente est tout aussi difficile que d'établir le prix d'achat. L'appât du gain et l'espérance que le titre remonte lors d'une chute sont deux ennemis qui guettent tous les investisseurs. Afin d'éviter ces deux problèmes, il existe une technique de vente sécuritaire.

Définition de votre risque

En premier lieu, les balises de vente qui doivent être choisies sont personnelles selon le degré de risque désiré. Ces balises sont toutes deux des balises de vente; une en cas de perte et une pour les gains.

La balise de vente en cas de perte doit être décidée lors de l'achat et doit être fixe. Cette balise ne doit pas changer et il est préférable de placer un ordre stop-limite dès l'achat. La raison pour cela est qu'il est facile de changer cet ordre de protection en court de route. De l'autre côté, la balise d'achat est une balise qui peut être augmentée avec le temps, de manière prudente.

Placer une balise de vente en cas de perte entre 5% à 15% est normal. Plus de 15% débute à être à risque de faire de grosses pertes. Moins de 5% ne laisse pas beaucoup de jeu pour laisser le titre augmenter.

Le niveau de risque permet de vendre plus rapidement lors de perte ou de laisser plus de temps et de courir la chance de perde plus gros. Selon le risque de l'investisseur, le prix varie. Cependant, à tout coup il faut un minimum de jeu lors de l'achat afin de laisser le prix fructifier.

La balise de vente en cas de perte

La balise de vente est un prix fixe que ne doit pas changer. Ce prix est normalement fixé selon un support sous le prix de l'achat ou selon un pourcentage maximal de perte. Voici deux exemples qui illustrent ces deux moyens afin de déterminer le prix de vente.

Image 299: Google avec un exemple de vente en case de perte avec un Gap

Dans cet exemple, l'achat est fait le 19 octobre 2010 en « A1 » au prix de 605$. Dès l'achat,

le prix de vente est déterminé à 590$. La raison du prix n'est pas selon un pourcentage fixe, mais bien parce que le 17 octobre 2010, le prix a bondi et a formé un gap. Si le prix s'approche de 590$ à la fin du gap, il y a de fortes chances que le prix descende vers 550$ pour fermer ce gap. Donc, un prix de vente à 590$ permet de limiter ce risque. Le maximum de perte est donc de 605-590 = 15$ par action, donc $\frac{15\$}{605\$}*100 = 2.5\%$ de perte. Ceci est peu risqué. Tout placement en bas de 15% est peu risqué. Malgré que 2.5% ait l'air bas, étant donné que la décision est prise avec des éléments techniques, ceci est quand

Il est intéressant de placer un ordre de protection avec un gap. Selon le type de gap, il ya fort risque que ceux-ci se ferme. Donc, placer un ordre stop limite au prix du gap est tout à fait justifiable.

même acceptable malgré que ce n'est pas parfait. Google (GOOG) a été vendu avec une perte de 2.5% et ensuite le gap s'est fermé pour descendre jusqu'à 552$.

Un deuxième exemple avec le même titre est possible.

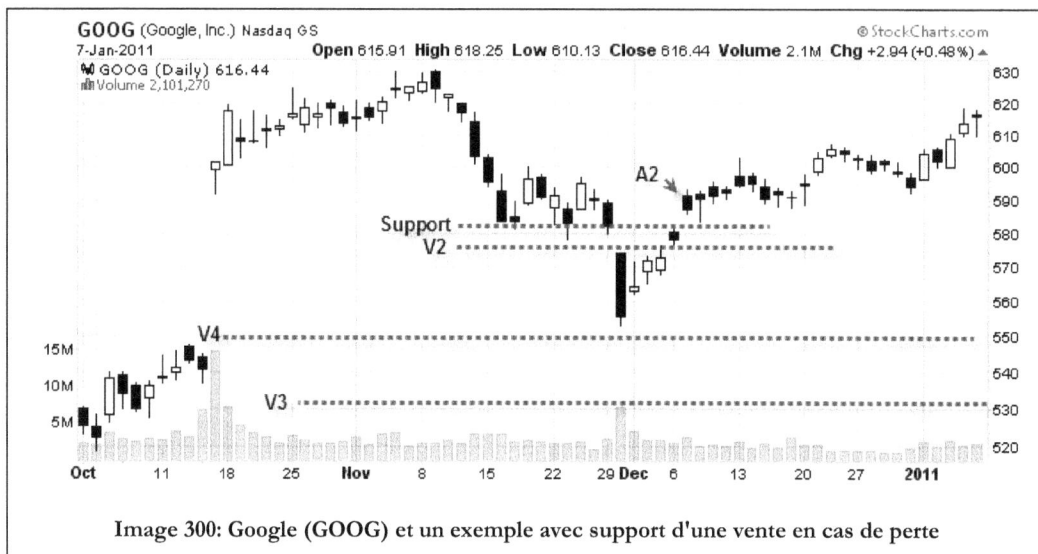

Image 300: Google (GOOG) et un exemple avec support d'une vente en cas de perte

Cet exemple montre Google (GOOG) avec un achat le 7 décembre 2010 à un prix de 590\$. Mettre un ordre de vente au support serait intéressant, mais l'achat est trop proche de ce support, $\frac{(590\$ - 582\$)}{590\$} *100 = 1.35\%$, ce qui aurait déclenché la vente dès le lendemain malgré l'augmentation du titre par la suite. Il est donc préférable de le mettre légèrement plus bas à un chandelier. La vente a été placée au chandelier le plus bas en-dessous du support, ce qui laisse $\frac{15\$}{590\$} *100 = 2.5\%$, voir V2. Ceci ne laisse pas beaucoup d'espace et est donc recommandé pour quelqu'un qui surveille beaucoup ses titres ainsi que pour les gens ne désirant pas trop risquer. Pour un risque plus élevé de perte et un risque moins élevé de vente sur un faux mouvement, un prix de 10% aurait donné un prix de vente à 531\$, voir V3. Cependant, il aurait tout aussi été bon de placer un ordre à la fermeture du gap, à V4.

Il est donc difficile de savoir le meilleur moment de vente, mais à tout coup il faut s'assurer d'avoir un prix de placé avec un ordre stop-limite. Le prix-stop est le prix discuté et le prix limite est quelques cennes sous le prix-stop.

La balise de vente pour un gain

Il est important de déterminer un prix en cas de perte, mais aussi en cas de gain. Ceci est important, car il arrive qu'un titre augmente beaucoup et l'envie de faire plus de gains fait acte de présence. L'investisseur attend et un jour le prix chute, donc il devient trop tard pour vendre avec un gain.

Contrairement à la balise de vente en cas de perte, la balise de vente en cas de gain est dynamique. Disons que cette limite est fixée par un pourcentage à 10% de gain. Une fois le gain franchi, il suffit de mettre un ordre de vente-stop limite indiquant que la vente est seulement effectuée lorsque le titre descend à ce prix. De cette manière, si le prix augmente encore, il est possible de faire plus de profit. Ensuite, cet ordre doit être toujours augmenté à tous les 5% (ou un autre pourcentage selon votre technique), mais jamais descendu, ce qui permet d'avoir des gains de 10% ou plus selon la hausse du titre sans perdre tous vos gains.

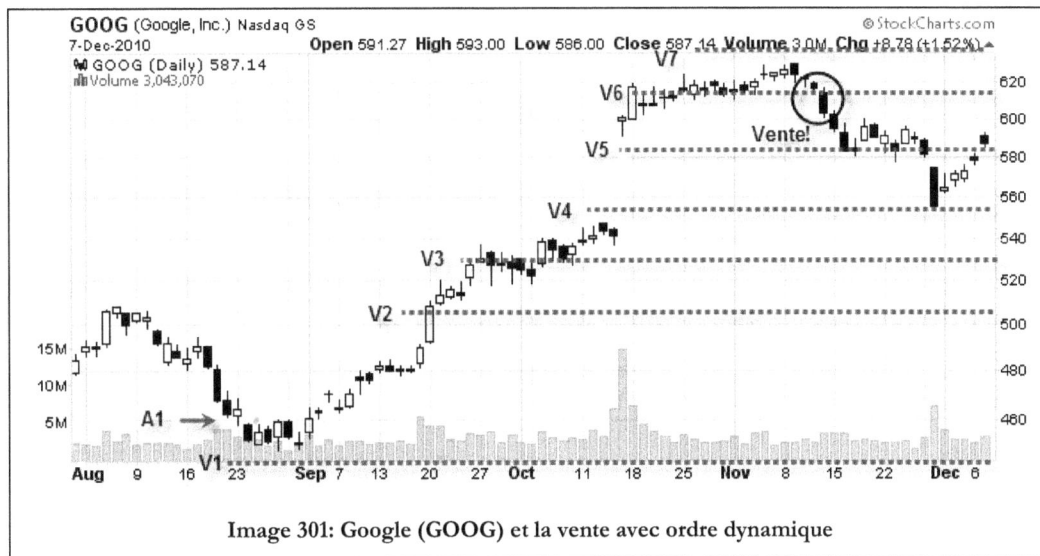

Image 301: Google (GOOG) et la vente avec ordre dynamique

L'exemple ci-dessus démontre la compagnie Google (GOOG) avec un achat à 460$. Dès l'achat, le prix de vente de protection est mis à 440$, qui est 5% de moins que le prix d'achat. Cela donne un prix de 437$ pour la vente: $460\$ - (0.05*460\$) = 437\$$. Ensuite, le prix de vente pour gain est mis à 10% de plus que la valeur d'achat, ce qui donne 506$: $460\$ * 1.10 = 506\$$. Aucun ordre de vente n'est placé, mais le titre doit être surveillé. Le 20 septembre 2010, le prix touche le prix de vente. Étant donné qu'aucun ordre n'est placé, rien n'est vendu. Cependant, le titre est surveillé très attentivement et dès que le titre descend de quelques cennes sous ce prix, il doit être vendu. Par contre, dans le cas suivant, le prix augmente, ce qui indique qu'il faut remettre un prix de vente à 5% de plus. Ceci donne un ordre objectif de vente à $506\$ * 1.05\$ = 531\$$. À ce moment, il est possible de placer un ordre stop limite de vente au dernier ordre V2 à 506$, d'enlever la vente V1 de protection en cas de perte, car la protection V2 va vendre avant, et de regarder attentivement le nouvel objectif à V3 établi à 531$. Le 25 septembre 2010, le prix touche V3, rien n'est changé tant et aussi longtemps que les chandeliers ne quittent pas le prix, chose qui est faite vers le 16 octobre 2010 lorsque le prix va en haut de 540$. Dès ce moment, on enlève V2 et nous activons l'ordre limite V3 tout en mettant comme nouvel objectif V4, qui est 5% de plus. Ceci se fait jusqu'à ce que V6 soit mis et traversé, le 10 novembre 2010, où l'ordre limite-stop est déclenché. Le gain est donc de 33% sans avoir trop de risques : $\frac{615\$ - 460\$}{460\$} * 100 = 33.7\%$, car à tout coup les ordres de vente ont été ajustés et ceci dès le départ.

Donc, il faut toujours placer et ajuster les ordres lors de gains, sans jamais les descendre. Ceci permet de faire plus de gains qu'espéré au départ, tout en les protégeant de vouloir trop faire de gains.

Avant de conclure, voici un exemple de J.P. Morgan Chase & Co. (JPM). L'achat est intéressant parce qu'il bouge en cycles d'environs deux mois de haut en bas, entre 35\$ et 41.50\$. L'achat de l'exemple se fait en octobre, car depuis quatre mois, il y a eu deux cycles après une baisse. Lors de la baisse, l'achat se fait le 18 octobre 2010 au prix de 37.50\$. L'objectif de vente est 10% de gains et donc 41.25\$. La protection sera mise 10% sous le prix actuel, au lieu du support #2. La raison pour cela est que le support est faible. En date du 18, il n'y a que deux chandeliers rapprochés formant ce support vers août 2010, ainsi qu'il y a seulement $\frac{37.50\$ - 36.75}{37.75\$} * 100 = 1.9\%$ %, ce qui ne laisse pas d'espace. En plus, on peut voir que si le support aurait été la vente de protection, la journée même le titre aurait été vendu ainsi que trois jours plus tard, et ceci seulement à cause d'un moment dans la journée (ombrage inférieur). Donc, il est préférable de mettre un ordre à 33.75\$. Par contre, en regardant le graphique, on remarque un support plus fiable (support #1) à 35.55\$, ce qui donne un espace de $\frac{37.50\$ - 35.55}{37.75\$} * 100 = 5.1\%$.

Image 302: JPM et les ordres d'achat et de vente

Avec le support #1 comme barrière de protection, le titre n'est pas vendu dans le mois d'octobre ni novembre. Le prix cible de vente est atteint le 7 novembre à 41.25\$ mais l'ordre de vente n'est pas automatiquement déclenché. L'ordre de protection du support

#1 est enlevé et devient 41.25$ au cas où le titre augmenterait. Le titre descend dans la journée sous 41.25$ et l'action est finalement vendue.

Technique des cycles

Stan Weinstein a énoncé que les actions se promènent en phases. La phase 1 est une phase qui est de longue durée avec peu de changements, tandis que la phase 2 est le moment où le titre quitte cette zone stable pour augmenter. Le temps idéal pour l'achat est lorsque les titres sortent de cette phase 1 afin d'entreprendre la hausse.

La première étape est de trouver une compagnie en phase 1 afin de pouvoir surveiller celle-ci et l'acheter lorsque le prix augmente subitement. Malheureusement, il n'est pas saint de regarder plusieurs actions à toutes les secondes pour acheter au bon moment et c'est là que les ordres stop-limites deviennent intéressants.

Voici China Shen Zhou Mining & Ressources Inc (SHZ) qui est en phase 1 d'avril 2010 à octobre 2010. Le meilleur temps d'achat est en mi-octobre 2010, lorsque le prix quitte la phase 1 en franchissant la résistance #2. Quelques jours ensuite, la résistance #1 est aussi atteinte avec un fort volume, ce qui confirme le désir de progresser. Afin de s'assurer d'acheter lorsque la résistance #2 est franchie (où la résistance #1 si plus de sécurité est nécessaire), il est préférable de placer un ordre stop-limite d'achat lors de la phase 1. Étant donné que la résistance #2 est à 1.10$, l'ordre stop devrait être à 1.15$ et l'ordre limite à 1.30$. La raison d'avoir un ordre stop supérieur à la résistance est de s'assurer de ne pas déclencher un achat lorsque le titre zigzag en phase 1. Il arrive que les chandeliers frôlent la résistance sans la dépasser, ce qui ferait déclencher l'ordre prématurément : voir en fin août lorsque le prix touche la résistance sans la dépasser, pour ensuite redescendre. L'ordre limite est posé à plus de 10% en haut de l'ordre-stop, car lors de la hausse, le prix augmentera rapidement et afin de ne pas manquer il est préférable d'avoir un prix plus élevé. Ceci n'est pas grave, car c'est le prix maximal qu'on veut acheter, ce qui veut dire qu'il est possible d'acheter en bas de 1.30$. En règle générale, les actions avec un prix faible en bas de 3$ risquent d'exploser grandement et donc il est nécessaire d'avoir plus de différence entre l'ordre-stop et limite. Ceci ne serait pas autant si le prix de l'action était en phase 1 à 10$. Dans ce cas, la différence entre l'ordre-stop et limite devrait être d'environ 15$ ce qui représenterait moins de 1% au lieu de plus de 10% dans le cas suivant.

Image 303: SHZ qui quitte une phase 1

Technique de vente avec les tendances

L'année 2009 a été profitable pour Micron Technology Inc (MU), qui est passé de moins de 1.50$ à plus de 10.50$. Si un investisseur a acheté MU en juillet 2009 au prix de 5$, celui-ci aimerait sans doute vendre au plus haut prix possible. À cet instant, la tendance haussière est visible depuis huit mois et il serait intéressant de vendre seulement lorsque le titre quitte cette tendance.

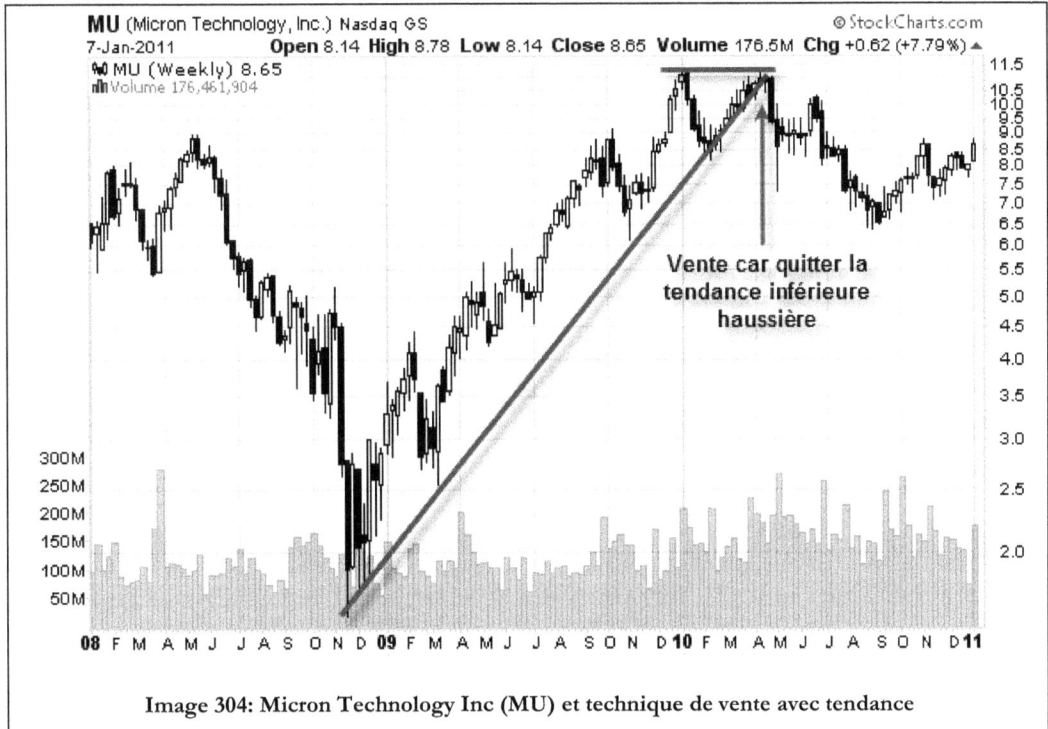

Image 304: Micron Technology Inc (MU) et technique de vente avec tendance

Afin de vendre lorsque la tendance est quittée, il est préférable de vendre lorsque le chandelier traverse la tendance. Étant donné que le moment précis est difficile à déterminer, il faudra bouger l'ordre stop-limite selon la tendance.

Par exemple, disons que la date est le 1ᵉʳ novembre 2009, le prix est 7.00$ et la tendance est à 6.00$. Il faut placer un ordre stop-limite entre 7.00$ et 6.00$. Il est sage de mettre une protection à 10% du prix actuel, ce qui donne 7.00-0.70 = 6.30$. Le prix convient, car il est au-dessus de la tendance et sous le prix actuel. Le prix n'est pas le prix de 6.00$, le prix de la tendance, car il faut placer un prix qui sera actuel dans quelques jours. Étant donné que la tendance augmente, il est préférable d'avoir un prix légèrement en haut de la tendance afin de permettre plus de profit.

En mai 2010, l'action répondit sur une résistance à 11.10$ et descend ensuite sous la tendance une journée après. C'est alors le moment de vendre. D'ici ce temps, l'ordre a sans doute augmenté à plusieurs moments. Dans le cas où l'ordre aurait été laissé à 8$ par exemple, l'action aurait quand même fait beaucoup de gains et rien n'aurait été perdu. Au mieux, l'ordre aura été ajusté vers 10.50$.

Technique avec indicateur technique

Ce livre a démontré plusieurs indicateurs techniques qui indiquent lorsqu'il est préférable d'acheter et de vendre. Malgré que les indicateurs ne soient pas toujours fiables, une combinaison ainsi que les tendances peuvent confirmer une action d'achat ou de vente.

Il y a plusieurs techniques possibles avec les indicateurs techniques :

- Achat et vente selon une valeur de l'indicateur
- Croisement de données sur un indicateur
- Croisement du prix et d'une ligne d'un indicateur
- Divergence avec un indicateur

Achat et vente selon une valeur de l'indicateur

Voici le cas de Costco Wholesale Corporation (COST) et trois indicateurs techniques. Le premier indicateur technique est le RSI, le deuxième le CCI et le troisième l'ADX. Le graphique comporte aussi quatre lignes pointillées qui indiquent les meilleurs moments pour acheter et vendre après coût. Idéalement l'achat et la vente devraient être effectués à ces moments. Bien entendu, en réalité, il est rare qu'il soit possible d'avoir ces moments exacts, mais ceux-ci ont été inscrits afin de comparer avec les valeurs des indicateurs.

On remarque que les achats sont faits quelques jours après le moment idéal. Néanmoins, ceci permet d'avoir un achat relativement près du moment optimal. De plus, les indicateurs pointent exactement les bons moments et même quelques jours avant les baisses, ce qui est excellent.

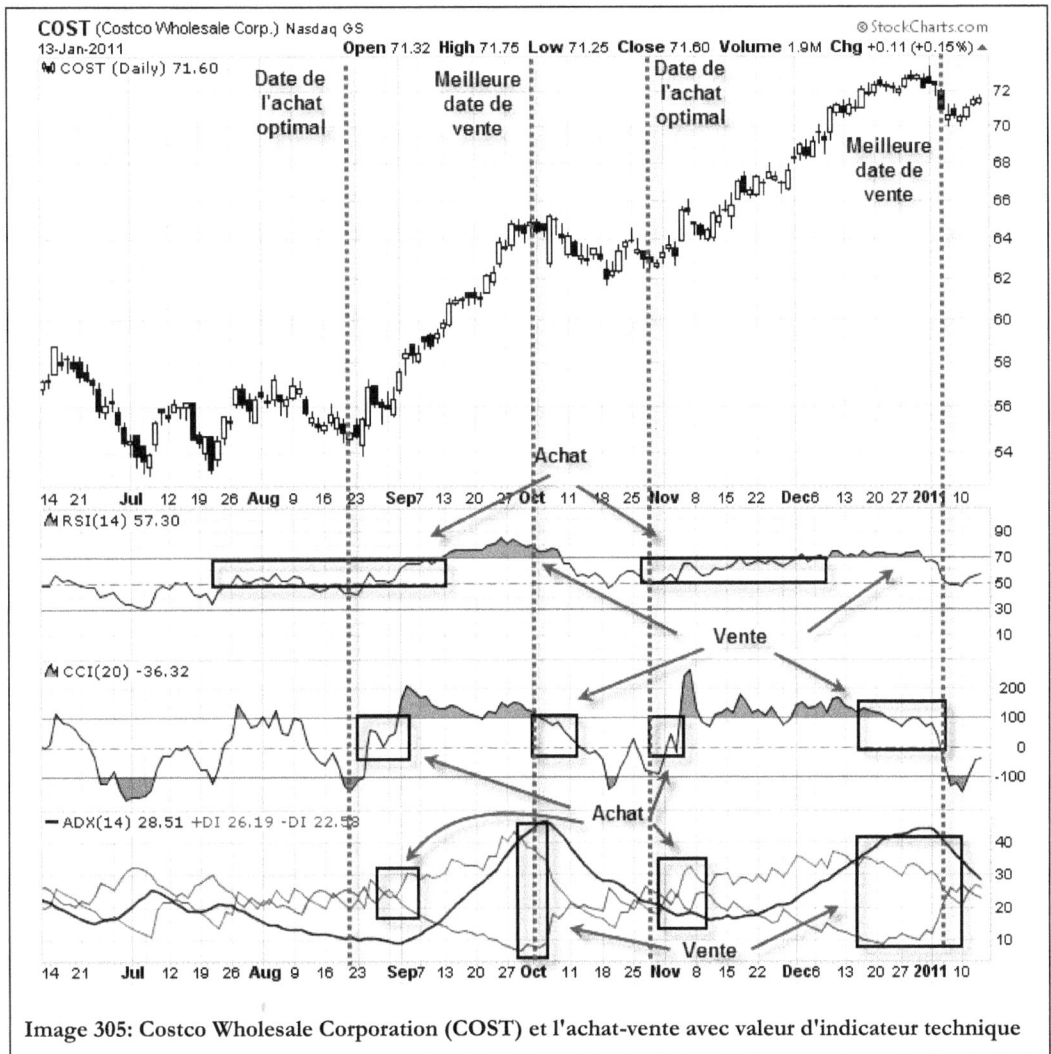

Image 305: Costco Wholesale Corporation (COST) et l'achat-vente avec valeur d'indicateur technique

Croisement de données sur un indicateur

Les indicateurs techniques peuvent indiquer l'achat ou la vente d'une compagnie avec la croisée de données. L'exemple présenté est d'InterActiveCorp (IACI) pour la période de juin 2010 à janvier 2011. Le graphique ci-dessous comporte des lignes pointillées verticales afin de démontrer le meilleur moment pour faire les achats et les ventes. Ensuite, des cercles ont été placés lorsque les indicateurs illustrent un moment propice pour les transactions. L'ADX est moins efficace pour les croisées, par contre le Full stochastique et le MACD sont relativement efficaces.

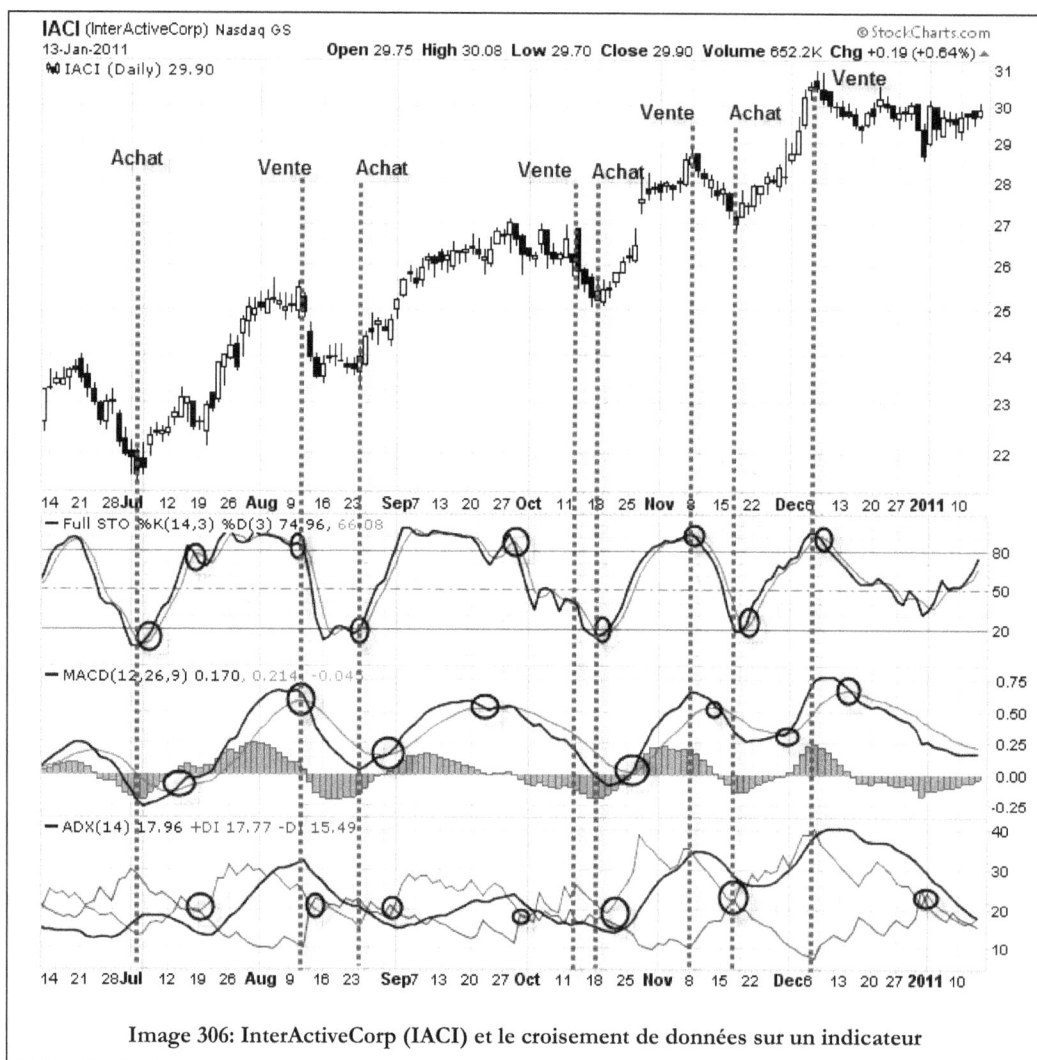

Image 306: InterActiveCorp (IACI) et le croisement de données sur un indicateur

Croisement du prix et d'une ligne d'un indicateur

Le croisement du prix et d'une ligne d'un indicateur se produit avec les indicateurs techniques par-dessus le graphique. C'est le cas, entre autre, des moyennes mobiles et du SAR, qui sont représentés dans l'image suivante avec la compagnie Teradyne (TER). On remarque que lorsque le titre va au-dessus de la moyenne mobile et que c'est un bon indicateur pour acheter, tandis que lorsque le prix est sous la moyenne mobile, il est temps de vendre. On remarque que le SAR est très proche des lignes pointillées verticales représentant les meilleurs moments d'achat et de vente. Par contre, vers la fin 2009 et début 2010, le SAR affiche plusieurs mauvais signaux d'achat ou de vente. Ceci est en fait bon pour le court terme (de moins de cinq jours). D'un autre côté, la moyenne mobile sur 30 jours a toujours quelques jours de retard, mais est toutefois plus stable dans ses prédictions.

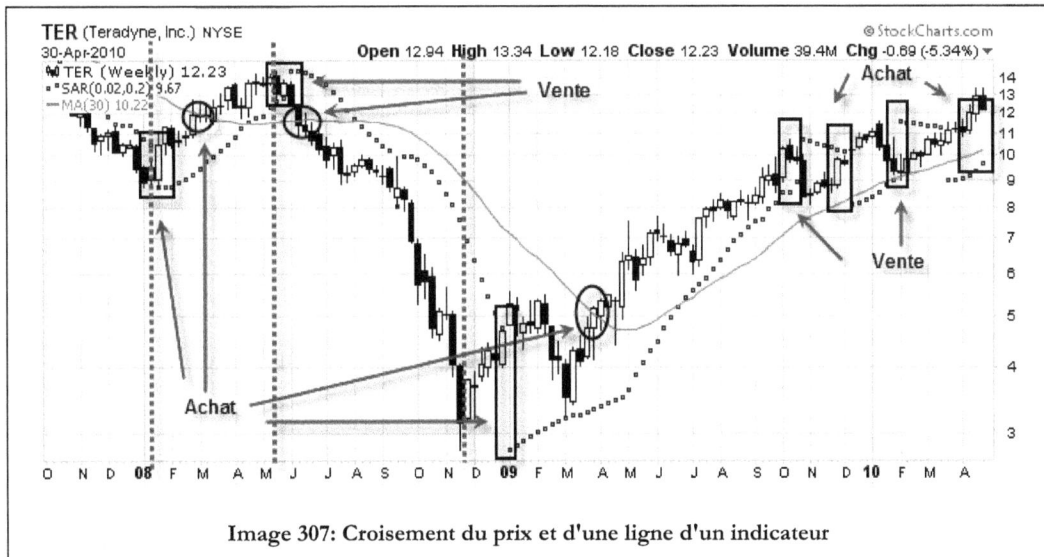

Image 307: Croisement du prix et d'une ligne d'un indicateur

Divergence avec un indicateur

La divergence avec un indicateur est un moyen de déterminer d'avance si une tendance va changer. Lorsque l'indicateur augmente et que le prix descend, ceci indique que le prix va augmenter. D'un autre côté, si un indicateur descend et que le prix augmente, ceci indique que le prix va diminuer.

Voici un exemple avec Celestica Inc (CLS.TO). La tendance inférieure est baissière, tandis que le CCI augmente.

Image 308: Divergence positive avec Celestica Inc. (CLS.TO)

Technique du Squeeze

La technique du Squeeze consiste à acheter lorsque le titre est situé dans un couloir horizontal et que certains indicateurs de Bollinger sont observés à des valeurs précises. L'indicateur de Bollinger BandWidth est le principal indicateur utilisé. Il doit être bas, ce qui indique une volatilité basse. Du fait même, les bandes de Bollinger vont se rapprocher du prix. Le but est d'acheter lorsque les chandeliers vont se rapprocher de la résistance du couloir pendant que la Bollinger BandWidth augmente. De plus, le but pourrait être de vendre lorsque le prix descend vers le support, pendant que le BandWidth augmente aussi. En fait, ce qui est important est de passer à l'action lorsque la volatilité revient au titre. Effectivement, ce genre de patron arrive souvent en phase 1 et peut prendre plusieurs semaines ou même plusieurs mois avant de présenter de la volatilité à nouveau.

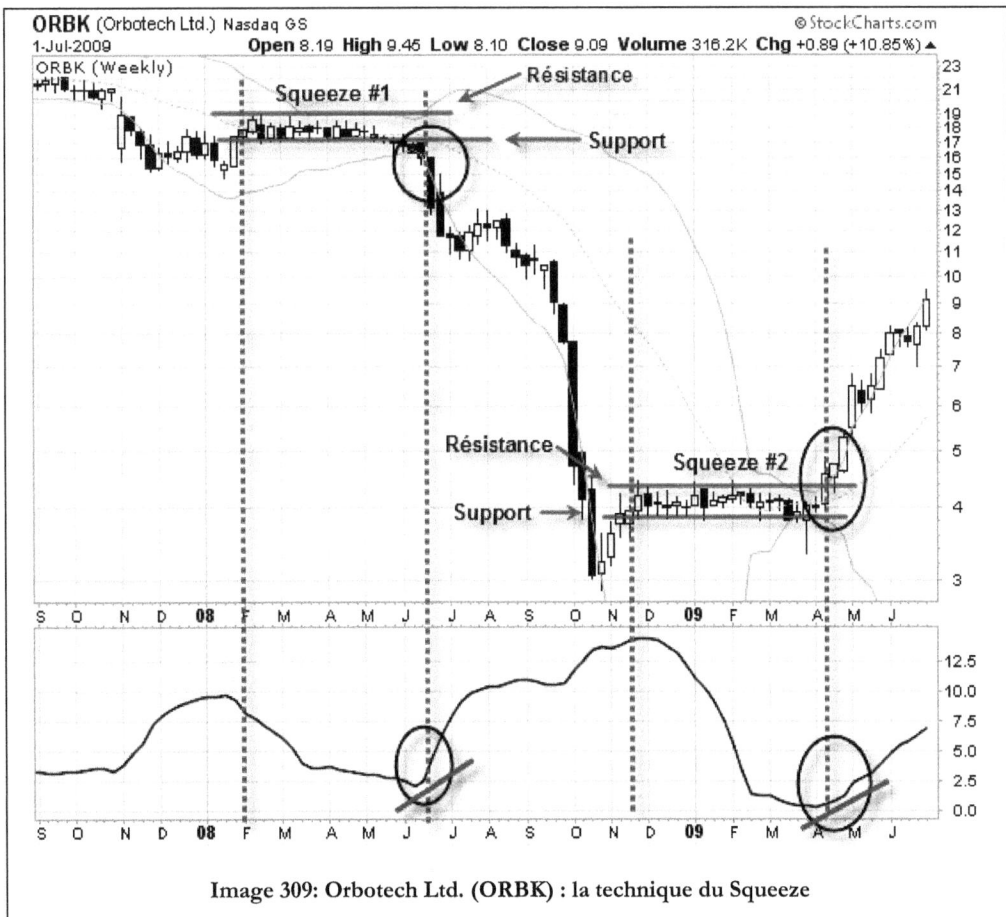

Image 309: Orbotech Ltd. (ORBK) : la technique du Squeeze

L'indicateur de Bollinger BandWith qui est sous le graphique est le meilleur indicateur pour identifier les Squeezes et les sorties. Lorsque le titre est dans un Squeeze, l'écart type diminue et la bande de Bollinger diminue aussi. Ceci est représenté aussi par la Bollinger BandWith sur le graphique. On remarque deux lignes qui entourent le prix sur le graphique. En fait, ceci est la valeur de l'indicateur Bollinger BandWith ajouté et soustrait au prix. Visuellement, l'effet d'un Squeeze est traduit par deux bandes étroites.

En théorie, une période de haute volatilité survient après une période de faible volatilité. Une volatilité faible se traduit lorsque la valeur de la bande de Bollinger est sous 10% de son prix. Dans le cas d'Orbotech Ltd, en juin 2008, le prix était à 17%. Un Bollinger BandWith de moins de 1.7 serait donc considéré faible. En avril 2009, le prix était à 4.15$, et donc une faible volatilité serait sous 0.40.

Voici un deuxième exemple avec Duoyuan Global Water (DGW).

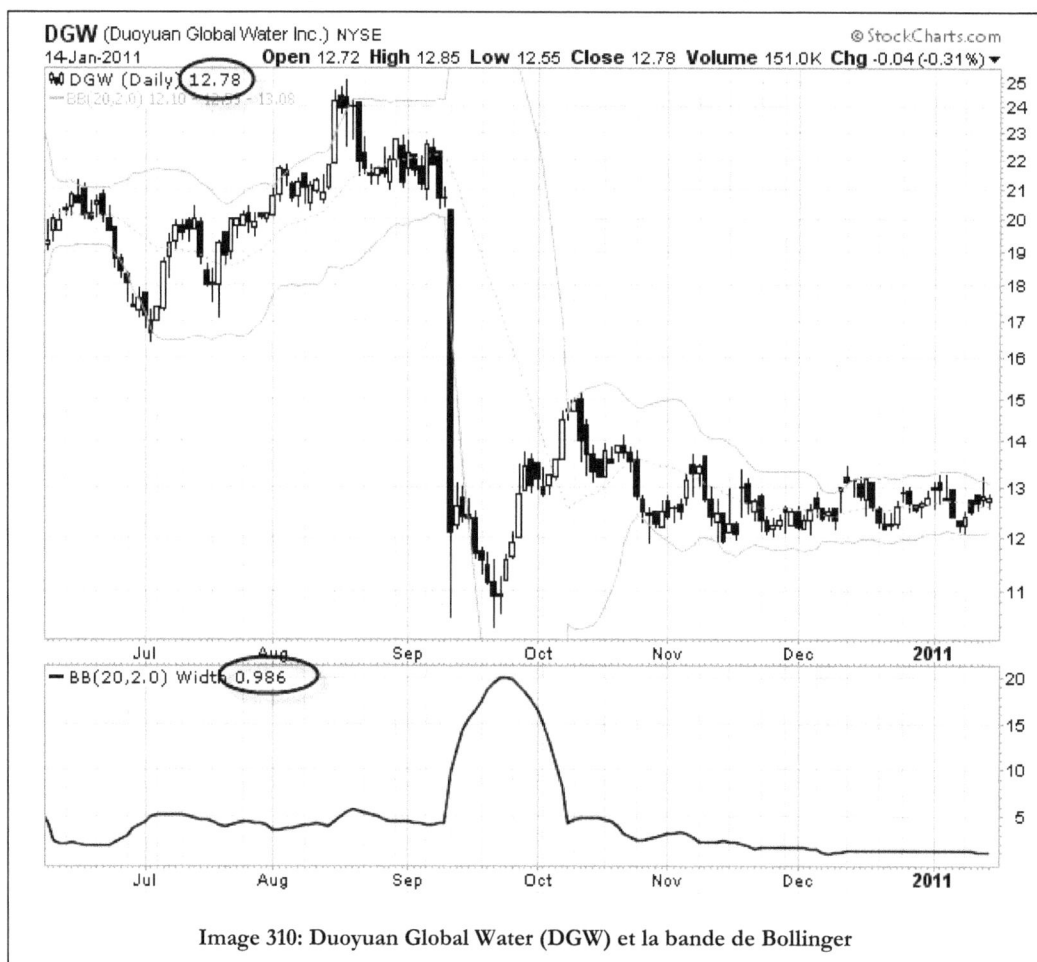

Image 310: Duoyuan Global Water (DGW) et la bande de Bollinger

On remarque que durant les derniers mois d'août 2010, un squeeze se forme. Le prix actuel est de 12.78$ pendant que le Bollinger est à 0.986. La valeur du Bollinger est de:

$$\frac{0.986}{12.78} * 100 = 7.7\% \cdot$$

Technique des forts volumes

Les techniques des forts volumes sont d'acheter lorsque le volume augmente rapidement. Ceci semble simple, mais de faire cet achat au bon moment est une tâche qui n'est pas pour tous les investisseurs. De plus, cette technique valorise un achat même durant les chutes. Cette technique est risquée et doit être utilisée à plus à court terme.

Pendant une chute, le principe est d'acheter une fois que la baisse est terminée, car une période de correction est présente après une baisse sur fort volume. Cette correction fait augmenter le prix de la compagnie pendant quelques jours avant de poursuivre sa chute. Donc, il faut acheter et vendre au bon moment sans rester aux prises avec un titre qui va continuer à descendre.

Voici quelques graphiques montrant autant des situations de hausses que de baisses qui furent profitables avec des gains dans les prix des actions lors de fort volume.

Le premier cas est la compagnie China Education Alliance Inc. (CEU) qui a subi une chute de 4.40$ à 2.35$ le 29 décembre 2010. En simulant un achat le lendemain de cette chute à 2.75$, une vente est possible quelques jours après, vers 3.50$, pour un gain de $\frac{3.50\$ - 2.75\$}{3.50\$} * 100 = 21.4\%$ en trois jours! L'achat était justifié à cause du fort volume.

Tous les jours avant cette hausse, le volume était sous 500 000 actions par jour, jusqu'à cette baisse de 6 millions.

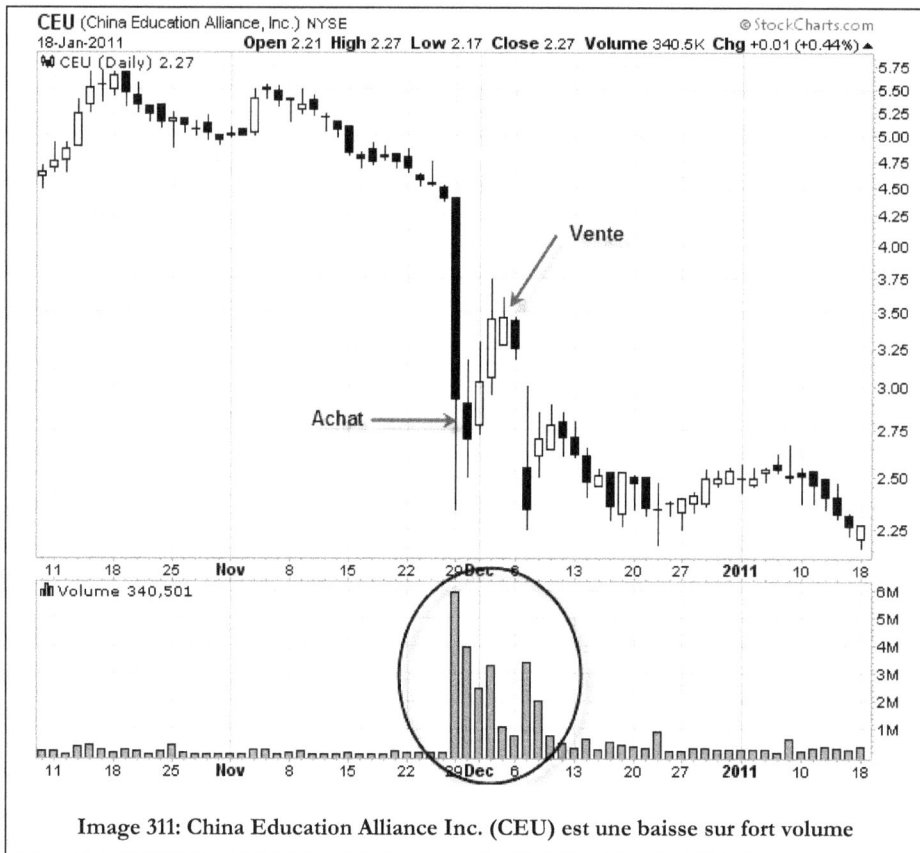

Image 311: China Education Alliance Inc. (CEU) est une baisse sur fort volume

Le deuxième cas est PMI Group Inc. (PMI), qui est aussi dans une situation de chute. Le volume est de plus de 20 millions au lieu d'être sous cinq millions. Un achat est possible dès la journée suivante de la chute, et une vente est aussi envisageable quatre jours plus tard. Un achat à 3.20$ et une vente à 3.50$ sont possibles pour un gain de 0.30$ par action. Le tout donne un gain de $\dfrac{3.50\$ - 3.20\$}{3.20\$} * 100 = 9.37\%$ en quatre jours.

Évidement, dans le cas suivant il est difficile de trouver le bon temps pour vendre. Si la vente n'avait pas été faite le 6 ou 7 novembre 2010, le titre aurait chuté.

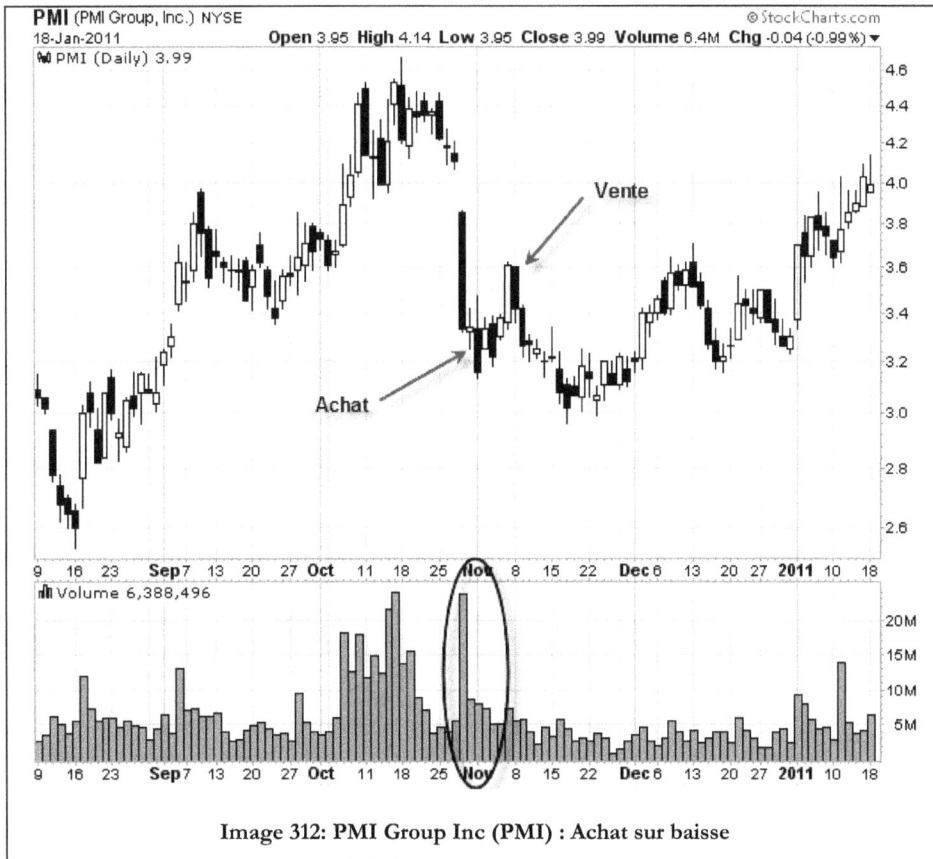

Image 312: PMI Group Inc (PMI) : Achat sur baisse

Entropic Communications Inc (ENTR) est en chute avec fort volume. La vente est possible, sans problème, le lendemain à 8.25$. Après ce fort volume, les prochains mois sont en hausse. Plusieurs temps de vente sont possibles en décembre 2010 et janvier 2011. Dans la situation de la vente à 12.50$, on obtient un gain de 4.25$ par action ce qui donne $\dfrac{12.50\$ - 8.25}{8.25\$} * 100 = 51.5\%$.

Image 313: Entropic Communication (ENTR) et une chute sur fort volume

Advanced Semiconductor (ASX) a une chute suivie d'une hausse de plus d'un million d'actions. La hausse est à 3.45$. Plusieurs autres moments ont suscité des achats sur fort volume, tel qu'à 4.20$ en début octobre 2010. Ensuite, en fin novembre 2010, à 4.50$ et 5.10$. La vente n'est pas encore envisageable, mais on remarque une fois de plus que sur fort volume, le prix augmente subséquemment.

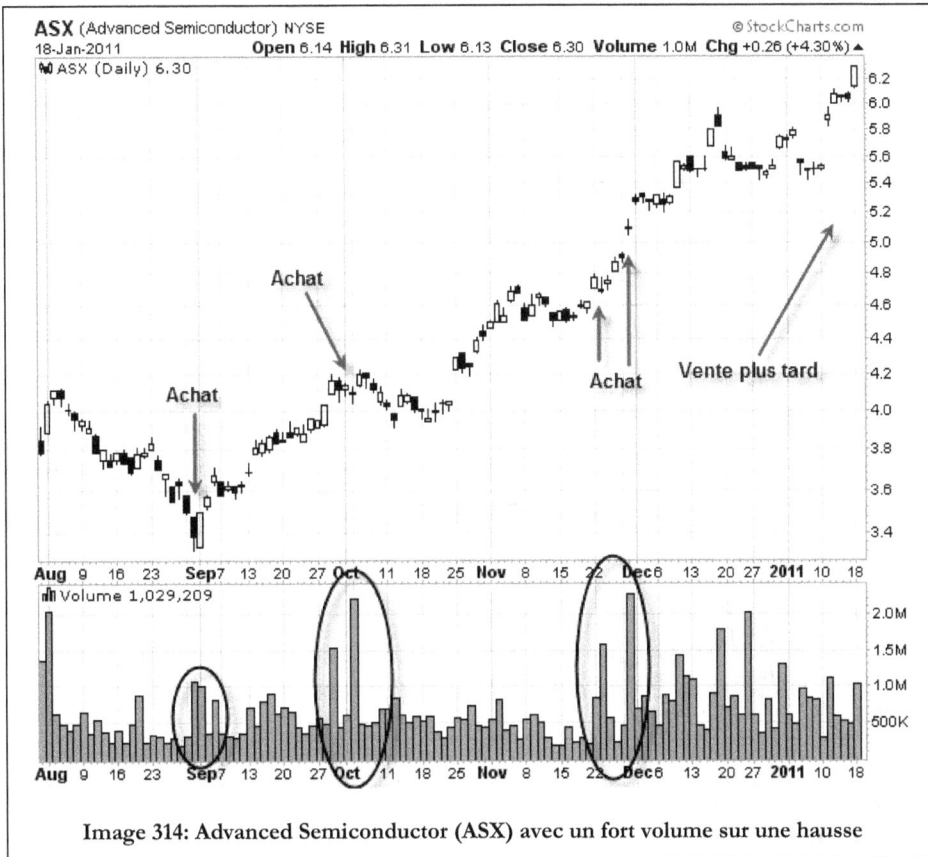

Image 314: Advanced Semiconductor (ASX) avec un fort volume sur une hausse

Voici un cinquième exemple. Cet exemple montre une hausse sur fort volume. Deux possibilités d'achat sont observées le 20 octobre 2010 et le 27 octobre 2010. La vente peut se faire lorsque la tendance haussière inférieure est traversée le 9 janvier 2011. Dans les deux cas d'achat, la vente fait de plus de 100%.

L'exemple précédent démontre qu'il n'est pas nécessaire d'acheter la journée même de la hausse. En effet, comme l'exemple de l'achat en novembre démontre, une correction est faite durant les jours suivants. Il est donc sage d'attendre au moins le lendemain avant d'acheter.

Voici deux exemples supplémentaires de gain sur fort volume.

Ce qui est intéressant avec cette technique c'est qu'il est facile de trouver les titres en utilisant des outils de recherche des forts volumes de la journée. Ceci permet d'avoir une liste de titres à acheter dès le lendemain.

Technique des divergences

La technique des divergences permet de déterminer lorsqu'un titre se dirige dans une mauvaise direction. Effectivement, selon cette technique, les indicateurs techniques peuvent avoir une tendance différente de la tendance du titre. Lorsque ceci arrive, la tendance de l'indicateur technique indique la direction réelle vers laquelle le titre se dirige.

Voici un exemple avec Eastern Platinum (ELR.TO) qui a un MACD qui descend tandis que le titre augmente.

Image 315: Divergence négative qui concorde à la brisure de tendance haussière inférieure

Sur le graphique, on remarque que la tendance supérieure haussière du titre, dessinée en ligne foncée, est divergente à la ligne foncée de l'indicateur. Il est important de toujours utiliser la tendance supérieure de l'indicateur et du titre ou d'utiliser la tendance inférieure de l'indicateur et du titre. Effectivement, il ne faut pas utiliser la tendance supérieure de l'indicateur en même temps que la tendance inférieure. Un dernier point avec ELR.TO est que la divergence concorde avec la brisure de la tendance inférieure haussière, ce qui confirme la vente.

Il faut toujours utiliser la même hauteur de tendance (supérieure ou inférieure) lors des comparaisons.

Voici un deuxième exemple de divergence négative. Cette fois, la compagnie à observer est Alphatec Holdings Inc. (ATEC) et l'indicateur technique est CCI.

Image 316: Divergence négative avec le CCI

Et, pour le même titre, on peut remarquer quelque temps avant qu'il y avait une divergence positive. Le CCI augmente pendant qu'ATEC descend.

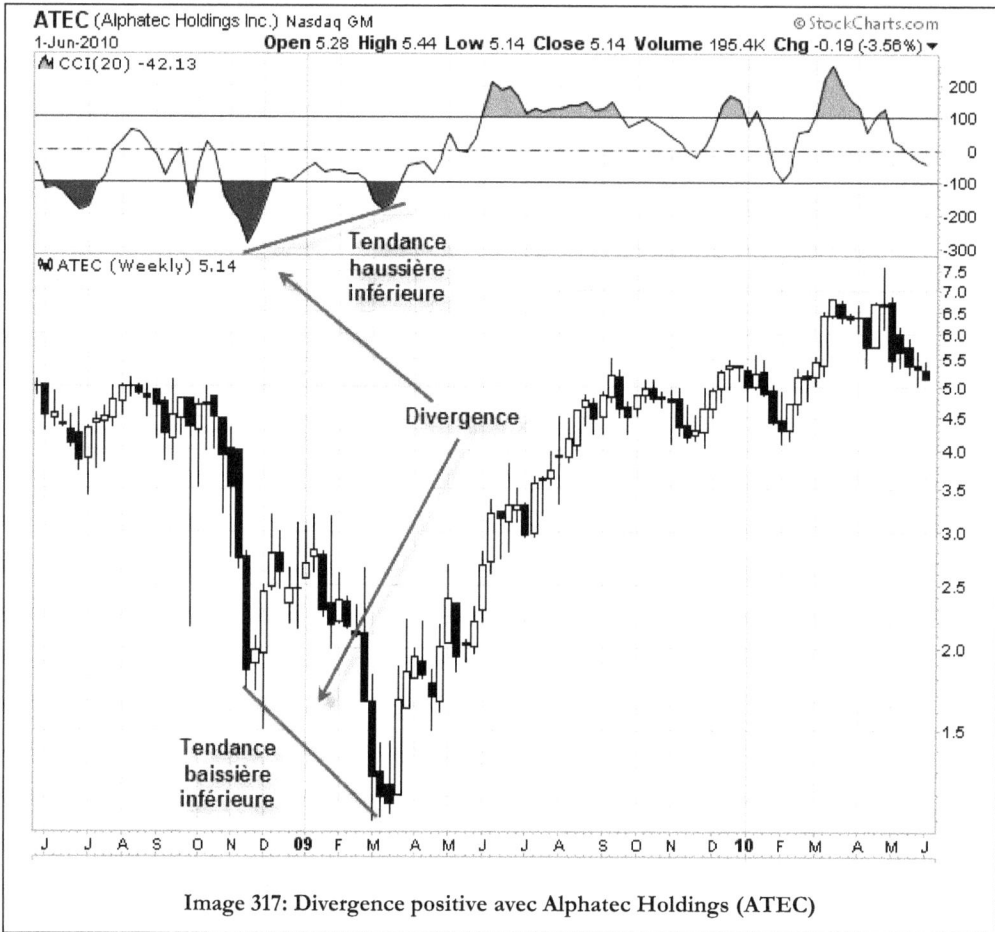

Image 317: Divergence positive avec Alphatec Holdings (ATEC)

Il est préférable d'avoir une grande tendance pour comparer les divergences. Par contre, voici un exemple avec une petite divergence : Great Basin Gold Ltd (GBG). Cet exemple est moins fort, car la tendance est étendue sur moins de deux mois pour une période hebdomadaire. Une forte divergence hebdomadaire est préférable avec plus de six mois. D'un autre côté, une divergence de trois mois et plus, pour une période journalière, est suffisante.

Image 318: GBG en divergence en période par semaine

Dans le cas du même titre avec un graphique journalier, on remarque que le CCI ne diverge pas également sur toute la longueur. La tendance baissière est observée d'août à décembre avec le CCI. Elle est par contre moins forte, parce que la tendance du titre se divise en deux. Ensuite, le MACD est affirmatif sur la dernière période des deux derniers mois. La divergence est égale avec le MACD; elle est donc plus significative. Néanmoins, la durée de la divergence est courte. En conclusion, ceci est un bon signe malgré que la force ne soit pas présente dans cette divergence positive inférieure.

GBG (Great Basin Gold Ltd.) AMEX
27-Feb-2009   Open 1.37 High 1.42 Low 1.33 Close 1.38 Volume 755.4K Chg +0.04 (+2.99%) ▲

Diveregence inégale, donc moins forte

Petite divergence

Technique des moyennes mobiles

La technique des moyennes mobiles consiste à utiliser deux moyennes mobiles et d'acheter ou vendre lorsque celles-ci se croisent.

Pour du court terme, la moyenne mobile sur 20 jours et 30 jours est utilisée. Ceci permet d'utiliser un graphique avec une période journalière. Afin de bien débuter, il faut savoir les règles d'achat et de vente. En premier lieu, l'achat se fait lorsque la moyenne sur 20 jours croise la moyenne mobile de 30 jours vers le haut. En fait, le croisement indique que le prix de fermeture des 20 derniers jours augmente comparativement à la moyenne des prix sur 30 jours. Donc, à plus court terme, le prix augmente comparativement au plus long terme.

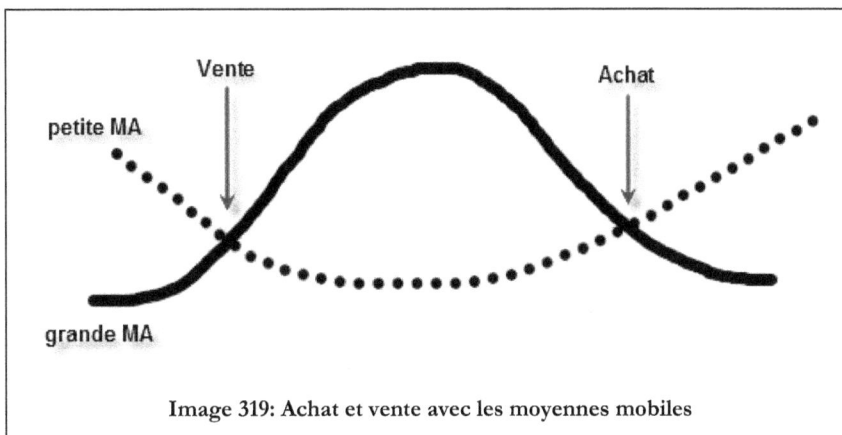

Image 319: Achat et vente avec les moyennes mobiles

En deuxième lieu, la vente s'effectue lorsque la croisée est inverse. C'est-à-dire que la vente est annoncée lorsque la moyenne mobile de 20 jours croise la moyenne mobile sur 30 jours vers le bas.

Il est possible d'utiliser des paramètres autres que 20 et 30 jours. Pour une estimation plus courte, il est possible d'utiliser 10 et 20. Cependant, plus les jours sont petits et plus de faux signaux seront observables. D'un autre côté, il est aussi possible d'utiliser des paramètres plus grands avec 30 et 50 jours, pour du long terme. Avec l'expérience, 20 et 30 jours semblent être les paramètres les plus efficaces.

Voici un exemple avec la compagnie Ur-Energy Inc. (URG) qui en début d'année 2009 et a subi une baisse de 0.75$ à moins de 0.50$. Pendant cette période, on remarque que la MA20 est sous la MA30, et donc un signal de vente était visible. En revanche, dès début avril 2009, la MA20 se trouve au-dessus de la MA30, ce qui déclenche un signal d'achat au prix de 0.53$. Ceci perdure jusqu'en mi-juin, où un croisement s'effectue à nouveau au prix de 1.00$. Un gain de 0.47$ est effectué, ce qui donne un peu moins de 100% de profit.

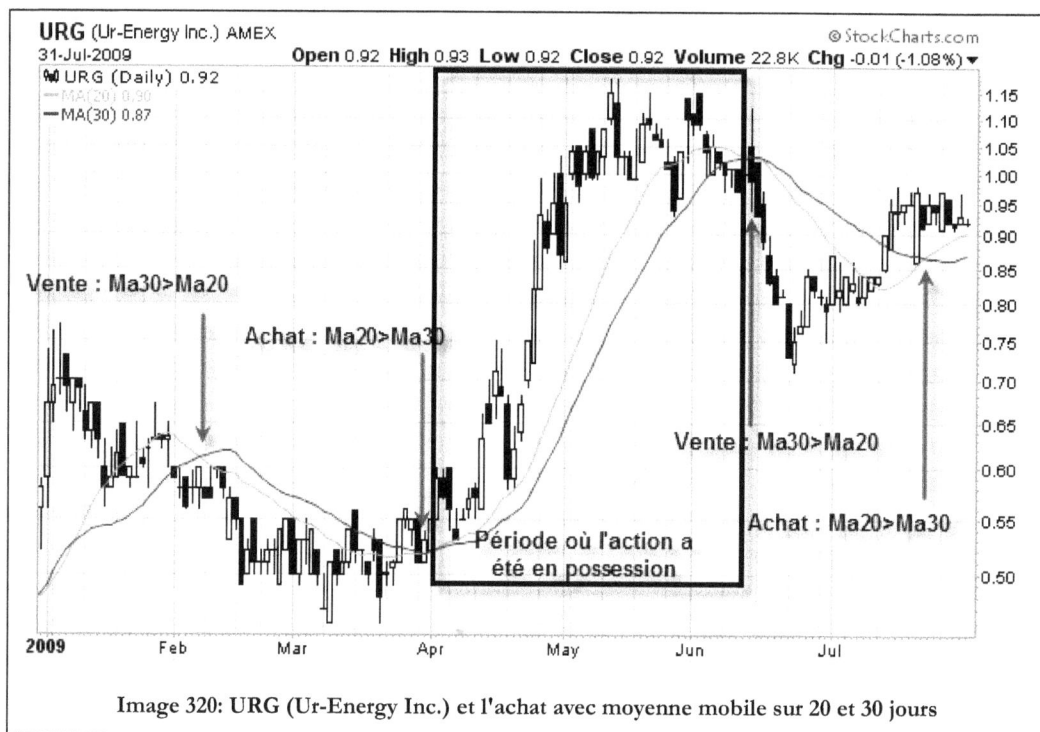

Image 320: URG (Ur-Energy Inc.) et l'achat avec moyenne mobile sur 20 et 30 jours

Un deuxième exemple avec des comparaisons de différentes valeurs de moyenne mobile est intéressant, afin de bien comprendre l'importance de bien configurer les paramètres pour utiliser cette technique.

Voici Baffinland Iron Mines Corporation (BIM.TO) avec une moyenne mobile de 20 et 30 jours.

Image 321: BIM.TO avec les Ma20 et MA30

Et voici, pour la même période de temps et le même titre, BIM.TO avec une moyenne mobile de 10 et 20 jours.

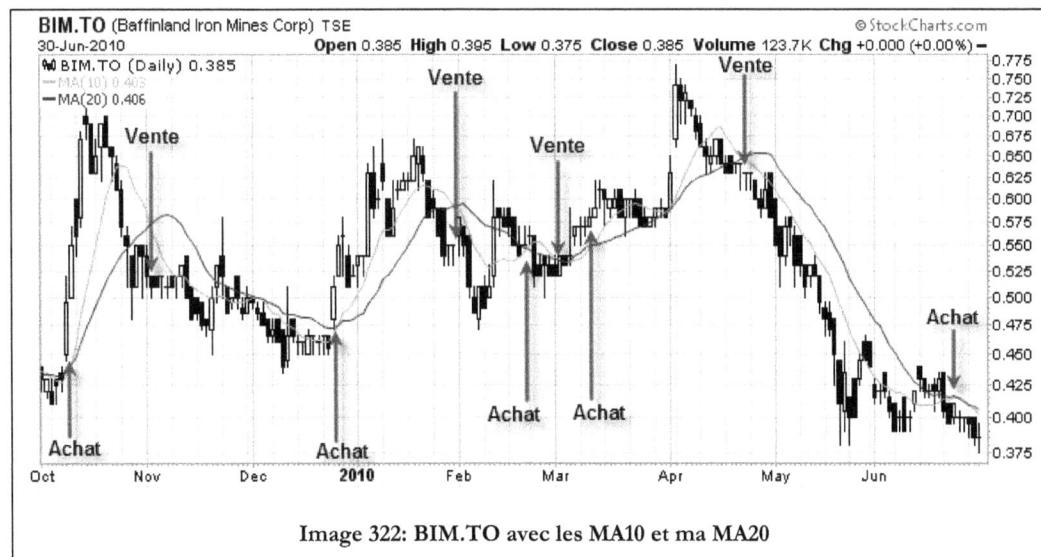

Image 322: BIM.TO avec les MA10 et ma MA20

Afin de bien comprendre la différence, voici deux tableaux des gains pour BIM.TO en utilisant la moyenne mobile sur 20 et 30 jours, ainsi que de 10 et 20 jours.

Achat $	Vente $	Gain $	Gain %
0.425$	0.475$	0.05$	11.7%
0.525$	0.575$	0.05$	9.5%
0.560$	0.560$	0$	0%
Total			21.2%

Tableau 9: BIM.TO avec une moyenne mobile de 20 et 30 jours

Achat $	Vente $	Gain $	Gain %
0.450$	0.520$	0.07$	15.56%
0.475$	0.55$	0.075$	15.79%
0.540$	0.540$	0.00$	0%
0.570$	0.630$	0.06$	10.5%
Total			41.85%

Tableau 10: BIM.TO avec une moyenne mobile de 10 et 20 jours

Dans cet exemple, il semble que la moyenne mobile de 10 et 20 jours offre de meilleurs gains. Cependant, ceci n'est pas une règle et il faut mentionner que la tendance à long terme est haussière, ce qui favorise les gains. Il arrive fréquemment que l'utilisation de plus petites moyennes mobiles résulte en ventes perdantes et donc il faut faire attention.

Toutefois, cette technique nécessite une rigidité lors des achats et des ventes. La technique des moyennes mobiles, comme toutes les techniques, demandent de ne pas faire d'exception et de suivre les signaux.

Peu importe la technique utilisée, l'important est de rester avec celle-ci et de ne pas changer pendant l'utilisation d'une technique. Les pertes effectuées avec une technique vont être normalement récupérées avec des hausses de cette même technique. Une métaphore facile est lorsque les automobilistes changent de voie constamment dans le trafic. Au bout du compte, ils ne sont pas plus gagnants, car à toutes les fois qu'ils changent de voie, ceux-ci se trouvent à nouveau dans une voie qui ralentit et la voit précédente augmente à cet instant même.

Récapitulatif du chapitre

Voici le récapitulatif du chapitre 16 "Processus d'analyse technique"

- ✓ Il est préférable d'analyser l'indice, le marché, l'action en long terme et l'action à court terme.
- ✓ Pour une vente sécuritaire, il est préférable de placer un ordre stop-limite de 5% à 15% sous l'achat.
- ✓ Il existe plusieurs techniques pour acheter ou vendre :
    1. Avec les indicateurs
    2. Un Squeeze
    3. Sur un fort volume
    4. Avec une divergence
    5. Avec les moyennes mobiles

Questions et réponses

Voici des questions accompagnées de leur réponse. La section présente assure une meilleure compréhension des notions précédemment assimilées.

Questions

1. Pourquoi il est préférable d'analyser l'indice avec les actions?

Réponses

1. L'indice est un portrait de haut niveau sur la situation de la Bourse. L'analyser en premier permet d'avoir une vue sur la santé de la Bourse et ainsi nous donner le pouls, à savoir si l'investissement est fait dans la logique vers laquelle la tendance des investisseurs se dirige.

Partie 4 : Suppléments

Bourse Virtuelle

La Bourse virtuelle est un simulateur de Bourse permettant de transiger sans le risque de perde de l'argent. Les simulateurs permettent aussi d'essayer de nouvelles techniques sans émotions en jeu. Avoir une certaine distance avec la réalité permet d'être rationnel et de regarder en parallèle avec de véritables investissements ou de tout simplement voir ses capacités avant de débuter. Depuis 2005, le simulateur de bourse est offert gratuitement à tous. Il est possible de visiter ce site Internet au http://www.boursevirtuelle.com.

Le simulateur de BourseVirtuelle.com est un simulateur qui fonctionne en concours. Chacun des concours possède des critères définis permettant de pratiquer divers aspects de la Bourse en contraignant les participants. Par exemple, un concours peut forcer les joueurs à n'acheter que des actions avec un volume moyen de plus de 100 000 transactions par jour, ou encore forcer les achats en soirée seulement. Le système comporte une vingtaine de paramètres pour chacun des concours.

Statistiques

Chapitre 18

Voici le chapitre pour les gens plus avancés. Ce chapitre est une véritable mine d'information qui n'est pas trouvable dans aucun autre livre, et difficile, sinon impossible, à obtenir ailleurs, car aucun autre ouvrage possède une base de données de simulateur de Bourse similaire à celui-ci.

En fait, ce chapitre contient des statistiques des divers participants du simulateur, et ce depuis 2005. Plus de six ans d'utilisation permettent d'amasser plusieurs données et autant les données des gens ayant eux de bons résultats que les données de ceux ayant un moins bon rendement seront analysées et discutées.

Les échantillons

Avant tout, les données ont été nettoyées de quelques comptes problématiques ainsi que de quelques concours. Les concours enlevés étaient non représentatifs, tels que les concours de test ou concours avec erreurs. Néanmoins, les statistiques ont été prises avec plus de 300 000 ordres d'achats et de ventes, 240 000 transactions effectuées dans plus de 40 800 portefeuilles différents. De plus, le simulateur comporte autant des participants débutants qu'avancés, ce qui permet d'avoir une gamme de données assez large parmi des pros et des gens n'ayant aucune idée de ce qu'est la Bourse.

Les données ont été échantillonnées parmi les données du simulateur en ligne BourseVirtuelle.com. Pour les statistiques de ce chapitre, autant les débutants que les experts ont été utilisés, cependant le nombre de débutants est plus élevé. Lors d'utilisation de tableaux et de graphiques, des informations supplémentaires seront mentionnées afin de vous situer sur ce que représentent les pourcentages. Voici la répartition selon le nombre de concours auxquels les participants de notre échantillon ont participé.

Nombre de portefeuille par individu	Participant
1 à 2	92,4%
3 à 4	6,0%
5 à 6	1,0%
7 à 8	0,3%
9 à 10	0,2%
12 et plus	0,1%

Tableau 11: Répartition des participants pour les statistiques

Environ 40 800 portefeuilles ont donc été choisis pour toutes les statistiques de ce chapitre. La majorité des participants ont participé à 1 ou 2 simulations. Ceci ne veut pas dire que les participants sont débutants, mais bien que les gens sont moins expérimentés avec le simulateur. En fait, les performances sont distribuées assez également. Le tableau suivant montre le nombre de portefeuilles et les pourcentages des performances.

Performance	Portefeuilles
81% et plus	3,9%
61% à 80%	1,3%
41% à 60%	2,8%
21% à 40%	9,5%
1% à 20%	30,9%
-1% à -20%	40,8%
-21% à -40%	9,0%
-41% à -60%	1,8%

Tableau 12: Gain en catégorie et le nombre de portefeuille ayant eu ces gains

On remarque que 51.2% des participants on fait des pertes et que 48.8% des participants ont fait des gains. Il semblerait donc qu'autant de portefeuilles ont réussi à faire des gains que de faire des pertes. Par contre, on remarque que les gains sont plus hauts que les pertes. En isolant les données de la catégorie entre 1 % de gain et 20% de gain, on voit 31% tandis que la catégorie de -1% à -20% contient 41%.

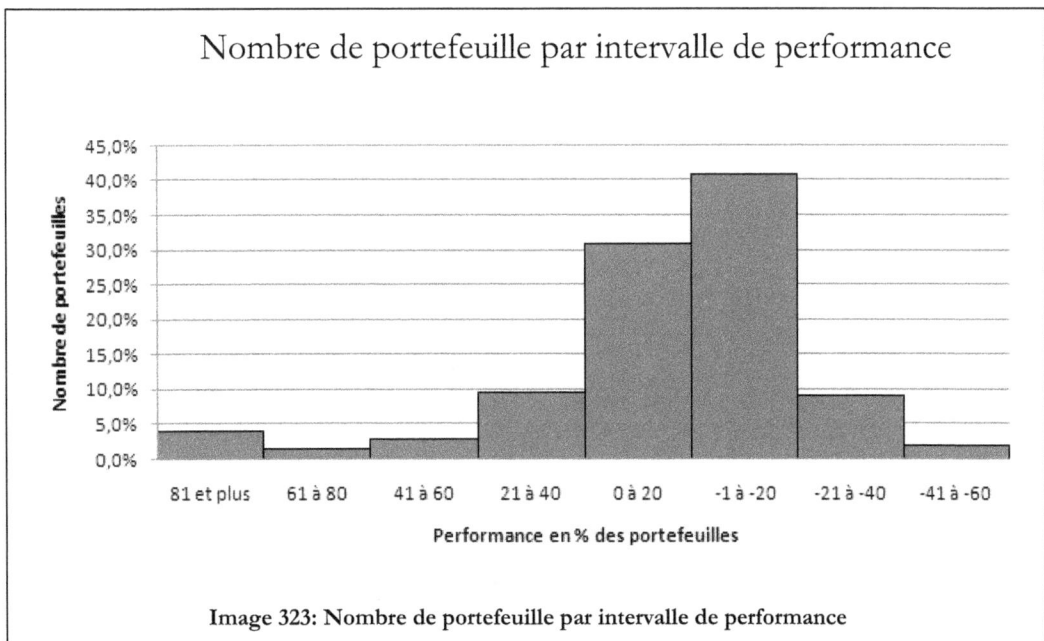

Image 323: Nombre de portefeuille par intervalle de performance

Ces chiffres montrent bien que la Bourse n'est pas une source d'investissement sûre, car il y a presque autant de chance de bien faire que de mal faire. Par contre, ces chiffres indiquent aussi que ceux qui investissent raisonnablement font plus de profit que ceux qui investissent et perdent. Ceci est affirmé en voyant que les pertes se font entre 0 à -40% majoritairement et que les gains forts se font avec de plus hauts taux que les baisses fortes. Au cours de ce chapitre, plusieurs statistiques vont aller de paire avec le fait que la Bourse n'est pas un moyen d'investissement sûr. Cependant, les chiffres montrent aussi qu'avec du sérieux, il est possible de bien performer malgré l'âge et malgré l'expérience. En fait, le sérieux dans les démarches est ce qui fait toute la différence.

Avant de débuter sur les statistiques des meilleurs joueurs ainsi que toutes les autres données du système échantillonné, prenez en note que ces statistiques sont limitées à un bassin de personnes précis, que des erreurs soient possibles et qu'aucune conclusion n'est scientifique. Les données qui sont fournies sont à titre indicatif du simulateur seulement et non d'une banque ou d'une institution boursière. De plus, étant donné qu'aucun argent réel n'est impliqué dans les concours, il faut donc prendre en considération que les sentiments d'hésitation à l'achat et la vente ne sont pas compris dans les équations. De même, lors de simulation, il y a des portefeuilles tests pour les gens, tels que des tests pour savoir s'ils aiment la Bourse ou simplement pour essayer de nouvelles techniques d'investissement. Ce genre de portefeuille peut modifier les données des statistiques. D'ailleurs, il y a quelques portefeuilles, pendant les concours, qui furent abandonnés. Ceux-ci ont quand même été inclus. La raison pour cela est qu'il y avait sensiblement autant de portefeuilles avec gains qu'avec pertes dans les abandons et qu'il est difficile de déterminer si un portefeuille est réellement abandonné ou si celui-ci est pour du long terme.

Transactions

Les transactions sont le résultat des ordres placés par les investisseurs et qui ont été effectués par le système. Des statistiques intéressantes peuvent ressortir des transactions. Par exemple, il sera possible de répondre à la question sur le pourcentage de transaction en succès des gens qui réussissent en Bourse. Est-ce que ces gens vendent toujours avec des gains ou font ¾ de transactions en succès? Ces questions seront examinées dans cette section.

Performance des gens ayant le meilleur taux de transaction

Les chiffres suivants sont mis en ordre du meilleur taux de succès de transaction vers les moins bons taux. Un succès dans une transaction se traduit lorsqu'une vente est effectuée avec un prix des actions ayant un meilleur prix que lors de l'achat. Ces statistiques ne comportent pas les prix de transaction et si une action en achat a été vendue à moitié à perte et à moitié en gain (deux ventes pour un achat); ceci sera comptabilisé comme étant une transaction échouée et une transaction réussie. De plus, les résultats suivants contiennent seulement les gens ayant effectué au minimum 50 transactions (qui ne sont pas nécessairement des transactions de vente), tel un achat d'une action suivi d'une vente, ce qui donne deux transactions. S'il y a une vente qui est vendue en deux temps, ceci formera trois transactions. La majorité des participants effectuent un achat pour une vente et donc plus de 25$ en achats.

On remarque que pendant les six dernières années, seulement cinq personnes ont réussi à effectuer <u>100% de leurs transactions avec un gain</u>. De ces cinq personnes, seulement une personne a fait des gains impressionnants de 71.37%. <u>Tous les autres gains ont été effectués sous 5%.</u>

Plus impressionnant encore, dans les 30 meilleures performances en terme de taux de transactions réussies, <u>seulement 9/30 ont réussi à être en haut de 15% de gains en performance</u> tandis que le plus faible taux de ces 30 personnes est de 87% de transaction avec succès. On peut donc conclure que plusieurs transactions, avec de petits gains résultant à des transactions avec succès n'est pas nécessairement une technique intéressante. De plus, plusieurs petits gains et quelques grosses pertes font rapidement descendre les pourcentages de gains du portefeuille.

Il n'est pas nécessairement intéressant de faire plusieurs transactions avec des gains, mais de bien savoir lorsqu'il faut effectuer les pertes. En effet, il semble plus gagnant de faire plusieurs petites pertes et de gros gains, plutôt que d'essayer de faire des gains sur tous les investissements.

Pour terminer, parmi les 30 personnes qui ont obtenu le meilleur taux de transactions réussies, il y a eu quatre personnes qui ont quand même un portefeuille sous 0% de gain. Il est donc intéressant de voir que le taux de transactions réussies n'est pas significatif par rapport au pourcentage de gain.

Surnom	Concours	Nbr Transactions Total	Nombre Transactions avec succès	Nombre Transactions avec perte	% Performance du portefeuille	% Transactions avec gain
Noone	No Penny challenge (5$ et plus)	26	26	0	3,38%	100,00%
rougemont2	1 an (Combattez la dépression!)	21	21	0	4,19%	100,00%
etud902b	Polyvalente Le Carrefour - Période d'essai	40	40	0	4,46%	100,00%
cxofyb	Concours 1 an pour le long terme	20	20	0	3,85%	100,00%
BrianToronto	USA-Canada Penny Stock	31	31	0	71,37%	100,00%
d@cool	USA-Canada Penny Stock	36	35	1	42,31%	97,22%
stephp01	Concours AIESEC	26	25	1	0,97%	96,15%
siejoe	Concours AIESEC	77	74	3	5,32%	96,10%
etud876b	Polyvalente Le Carrefour - Période d'essai	25	24	1	3,30%	96,00%
yobleux	1 an (Combattez la dépression!)	24	23	1	36,12%	95,83%
etud1027b	Polyvalente Le Carrefour - Période d'essai	22	21	1	12,70%	95,45%
K-Cado	Concours AIESEC	43	41	2	6,10%	95,35%
Anton	1 an (Combattez la dépression!)	35	32	2	32,21%	94,12%
Etigar	Été 2009	44	41	3	22,41%	93,18%
Rupert	No Penny challenge (5$ et plus)	26	24	2	82,78%	92,31%
Javoine	Concours AIESEC	25	23	2	-2,06%	92,00%
eloidark2	No Penny challenge (5$ et plus)	30	22	2	1,61%	91,67%
Blach13	1 an (Combattez la dépression!)	22	20	2	52,45%	90,91%
wainaze	Concours AIESEC	41	37	4	-0,09%	90,24%
schlageuvuk	No Penny challenge (5$ et plus)	31	27	3	-7,48%	90,00%
Lambowhite	Concours AIESEC	30	27	3	4,08%	90,00%
dandeb47	10$ et plus	47	42	5	-15,48%	89,36%
BenRedge	1 an (Combattez la dépression!)	56	50	6	63,24%	89,29%
neon	No Penny challenge (5$ et plus)	36	32	4	124,11%	88,89%
fragil	Concours AIESEC	45	40	5	4,61%	88,89%
loches	Concours AIESEC	35	31	4	3,91%	88,57%
adrien1604	No Penny challenge (5$ et plus)	26	23	3	4,91%	88,46%
mike1	Concours 1 an pour le long terme	40	35	5	-29,43%	87,50%

| macapi13 | Été 2009 | 47 | 41 | 6 | -0,34% | 87,23% |
| **Guylaine** | No Penny challenge (5$ et plus) | 36 | 30 | 5 | 10,56% | 85,71% |

Voici le tableau des corrélations entre les gains des portefeuilles et le taux de succès des ordres.

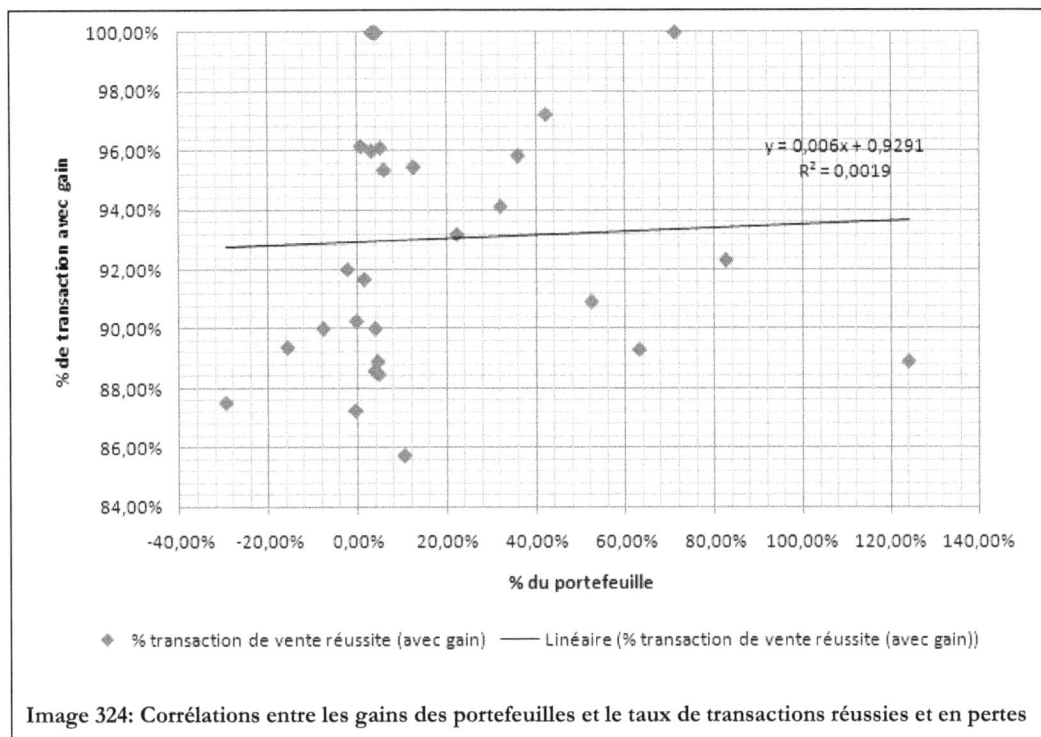

Image 324: Corrélations entre les gains des portefeuilles et le taux de transactions réussies et en pertes

On voit une corrélation très faible de 0.0019, ce qui montre qu'il n'y a pas de lien entre les gains du portefeuille et le nombre de transactions.

Lorsque nous augmentons l'échantillon des 30 meilleurs aux 500 meilleurs, en termes de taux de transaction réussi avec gain, les chiffres varient légèrement.

Gain portefeuille	Nombre	Nombre en %
Moins de 10%	71	14,20%
Moins de 0%	165	33,00%
Plus que 0%	335	67,00%
Plus que 10%	159	31,80%
Plus que 25%	89	17,80%
Plus que 50%	43	8,60%

La corrélation entre les gains du portefeuille et le taux de transaction avec succès est aussi semblable.

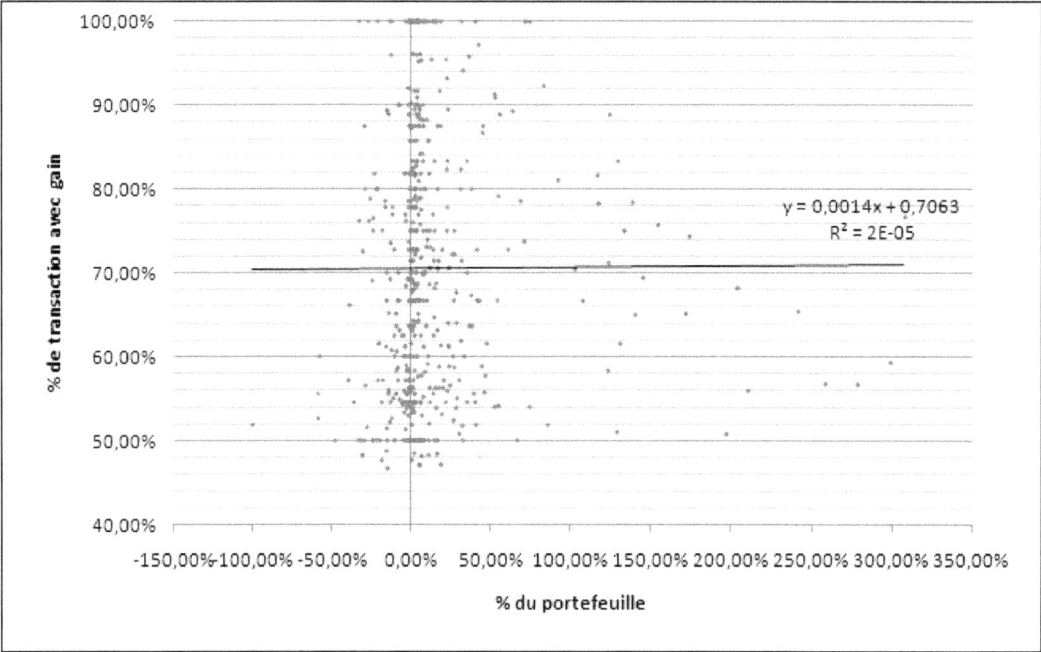

Transactions des meilleurs investisseurs

Dans cette section, les transactions vont seront analysées selon les performances des portefeuilles. C'est-à-dire que la liste des 30 meilleures performances de portefeuille va être affichée avec le nombre de transactions réussies et manquées.

Surnom	Nom du concours	Nbr Transactions Total	Nombre Transactions avec succès	Nombre Transactions avec perte	%	% Transactios avec gain
jeromepelletier	Bourse de soir	55	22	28	330,31%	44,00%
yao	1 symbole challenge (US/CAN) 2e Édition	71	38	29	258,37%	56,72%
cathrine	1 an (Combattez la dépression!)	26	17	9	241,54%	65,38%
cathrine	Été avec 1 symbole	7	7	0	209,43%	100,00%
CUBA	1 an (Combattez la dépression!)	22	15	7	203,64%	68,18%
jeromepelletier	Titres CAN Printemps 2006	140	68	66	196,75%	50,75%
aldebrux	No Penny challenge (5$ et plus)	223	165	57	173,65%	74,32%
neonnoir	Bourse virtuelle (CAN et US) 0,50$ et plus	67	43	23	171,54%	65,15%
bastouille	1 an (Combattez la dépression!)	4	4	0	163,02%	100,00%
frank	No Penny challenge (5$ et plus)	75	56	18	153,97%	75,68%
yao	Bourse de soir	83	31	48	139,88%	39,24%
yao	Bourse de soir (3e édition)	42	26	14	139,86%	65,00%
pouspous	Bourse de soir (3e édition)	53	40	11	138,22%	78,43%
DjiBy	Été 2009	4	4	0	136,37%	100,00%
neonnoir	Bourse de soir	36	24	8	133,13%	75,00%
yao	1 an (Combattez la dépression!)	26	16	10	130,68%	61,54%
nitram068	1 an (Combattez la dépression!)	18	15	3	129,29%	83,33%
natuzero	Bourse de soir (3e édition)	53	25	24	128,73%	51,02%
natuzero	Bourse de soir	100	37	58	124,58%	38,95%
neon	No Penny challenge (5$ et plus)	36	32	4	124,11%	88,89%
pouspous	No Penny challenge (5$ et plus)	237	168	68	123,57%	71,19%
yao	Bourse virtuelle (CAN et US) 0,50$ et plus	104	49	35	123,17%	58,33%
cathrine	6 mois de jour	6	4	2	119,68%	66,67%
ben3177	Été 2009	1	1	0	117,18%	100,00%
pouspous	10 dollar US par symbole	214	166	46	117,15%	78,30%
Dicko91	10 dollar US par symbole	89	71	16	116,81%	81,61%
Beau	Été 2009	4	4	0	116,45%	100,00%
Energie93	Été avec 1 symbole	1	1	0	107,59%	100,00%
kingpine	1 an (Combattez la dépression!)	33	22	11	107,59%	66,67%

La corrélation entre les gains énormes de ces investisseurs et leur taux est plus significative. Ce qui est plus surprenant, c'est de constater que le pourcentage de transactions avec gain n'est pas nécessairement de 100%. Il y a de gros gains effectués avec des gains de transaction s'approchant de 50%. Ceci confirme le fait qu'il est préférable de faire de gros gains et de vendre les pertes avant que celles-ci soient trop lourdes.

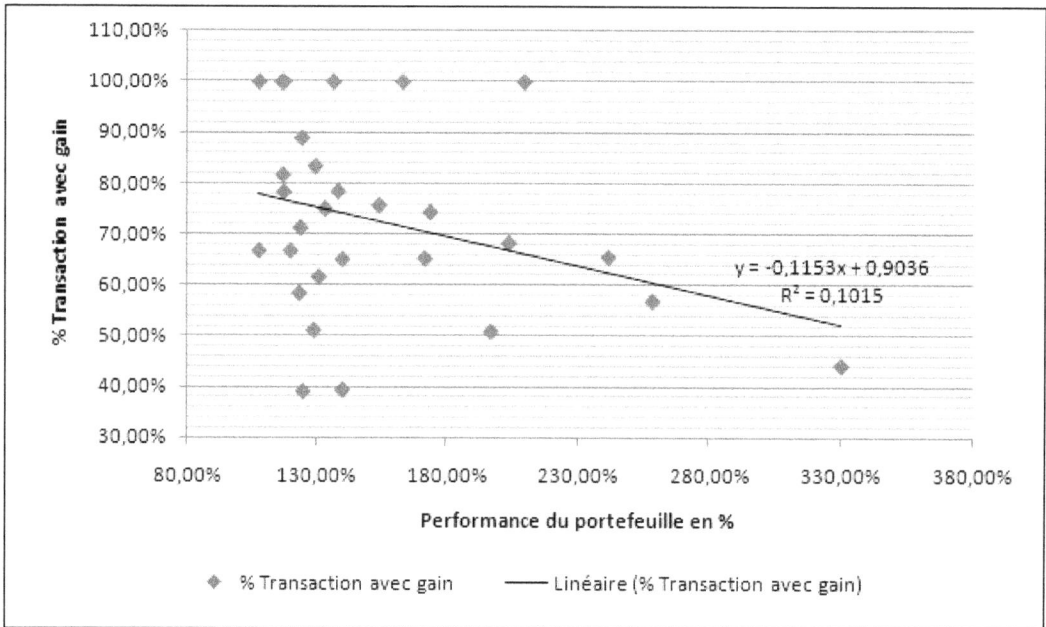

Si on prend l'échantillon des 500 meilleurs portefeuilles en terme de gains (pourcentage de hausse des profits) et on compare leur taux de transactions avec gain/perte, ceci produit un graphique tel que celui de la page suivante. Ce qui étonne est que le taux de transactions gain/perte semble être légèrement plus haut lorsque les gains du portefeuille augmentent. Par contre, une grande majorité des portefeuilles ont un taux entre 40% et 80% de succès dans leurs transactions. Ceci indique que peu importe les performances des portefeuilles, le taux de transactions qui ont été des erreurs reste toujours présent. Il faut donc tirer comme leçon que des <u>transactions en pertes sont tout à fait normales</u>. Il faut seulement que ces pertes soient plus faibles que les gains effectués par les transactions de vente avec succès.

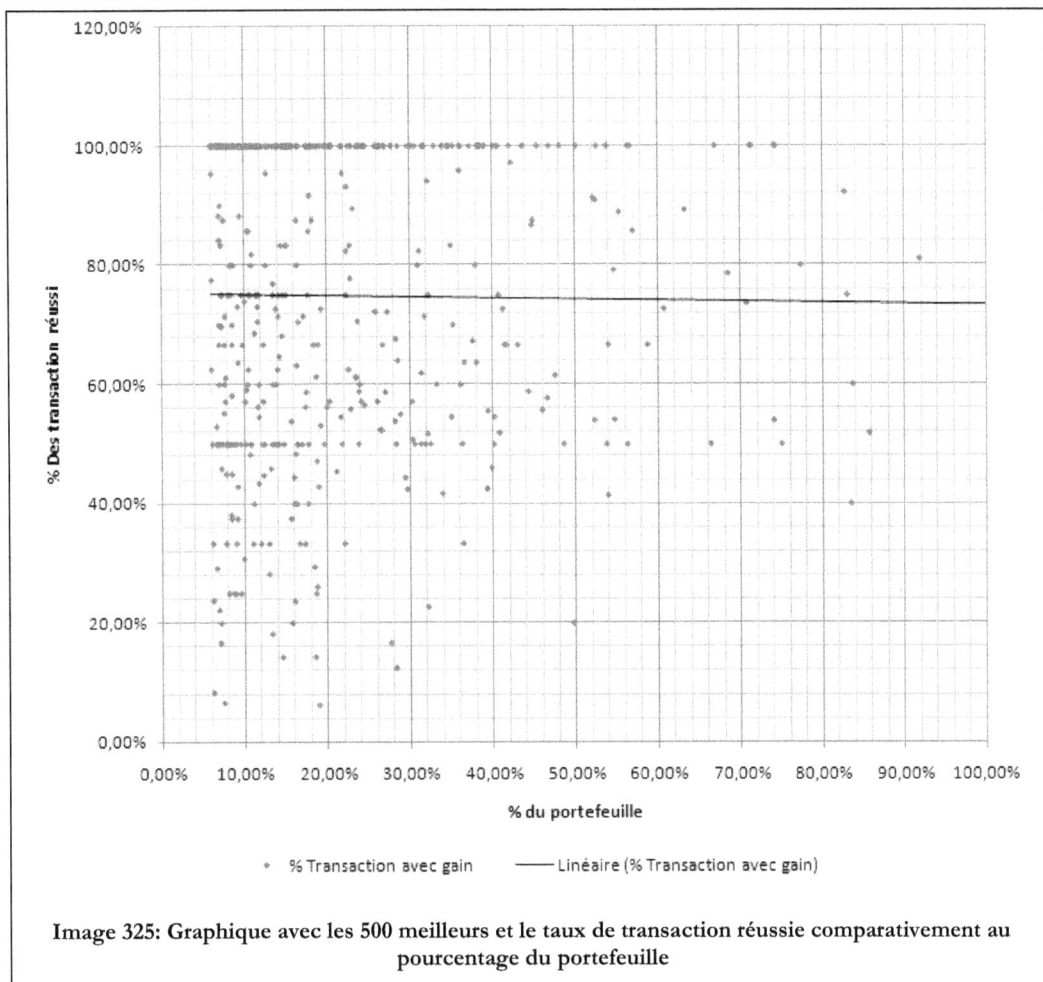

Image 325: Graphique avec les 500 meilleurs et le taux de transaction réussie comparativement au pourcentage du portefeuille

Le temps entre les transactions

Est-ce que les actions sont gardées plus longtemps ou moins longtemps selon les performances des portefeuilles?

Les performances ne sont pas influencées par le temps entre l'achat et la vente, en ce qui concerne les meilleurs participants

Les gens effectuant du daily-trading ne sont pas nécessairement plus performants que les gens gardant leurs actions pour plus de deux semaines.

En moyenne, les 500 meilleures personnes gardent leurs actions pendant 13.87 jours. 5% d'entre-eux gardent leurs actions moins d'une journée, 45% d'entre-eux pour moins d'une semaine et 87% gardent leurs actions pour moins d'un mois. Il y a donc seulement 13% du top 500 qui gardent leurs actions pendant plus d'un mois. Pour les day-traders, seulement 0.2% du top 500 gardent leurs actions en moyenne moins de 12 heures. Il est donc impressionnant que dans les meilleurs participants, ceux-ci semblent garder leurs actions plus d'une journée et qu'en moyenne deux semaines semblent être la règle.

Voici une représentation des 200 meilleurs portefeuilles avec le nombre de jours moyens dont les actions restent dans le portefeuille.

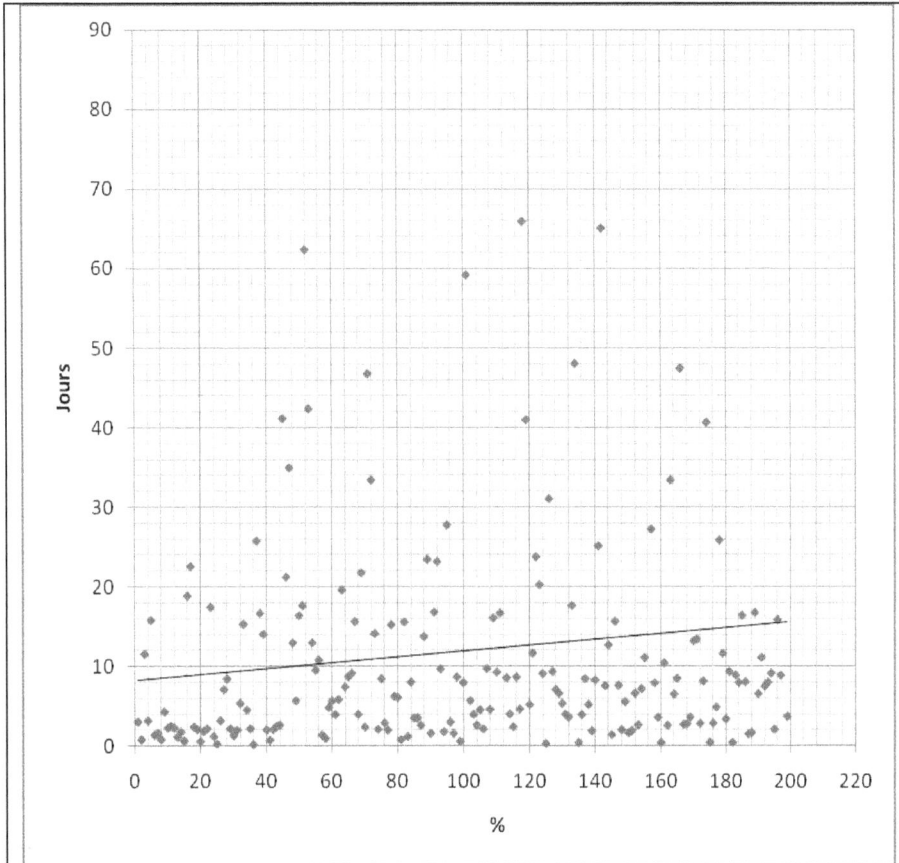

Image 326: Nombre de jour moyen que les actions sont dans le portefeuille avant de vendre et les gains du portefeuille

Toujours avec les temps de possession des actions, regardons les chiffres en regroupant les investisseurs selon leur performance. Les groupes suivants sont des groupes de 10%. Pour chaque tranche de 10%, nous observons le temps moyen, la moyenne du pourcentage du gain et la distribution des investisseurs.

Catégorie %	Moyenne des gains en %	% des gens échantillonnés	Moyenne du temps de possession en minutes
250 à 270	258%	0,25%	2796
230 à 250	242%	0,09%	41522
190 à 210	198%	0,61%	11731
170 à 190	173%	1,04%	5132
150 à 170	154%	0,28%	8437
130 à 150	137%	0,87%	12701

110 à 130	122%	3,08%	7581
90 à 110	101%	0,66%	6299
70 à 90	77%	0,84%	11871
50 à 70	56%	2,07%	24597
30 à 50	39%	4,54%	25495
10 à 30	19%	12,68%	26345
-10 à 10	0%	53,53%	28784
-30 à -10	-18%	14,90%	32680
-50 à -30	-39%	4,18%	29424
-70 à -50	-57%	0,37%	30919

Les données sont plus significatives avec un lien à 30.83% de certitude avec les catégories de gains de performance comparativement au temps moyen en possession.

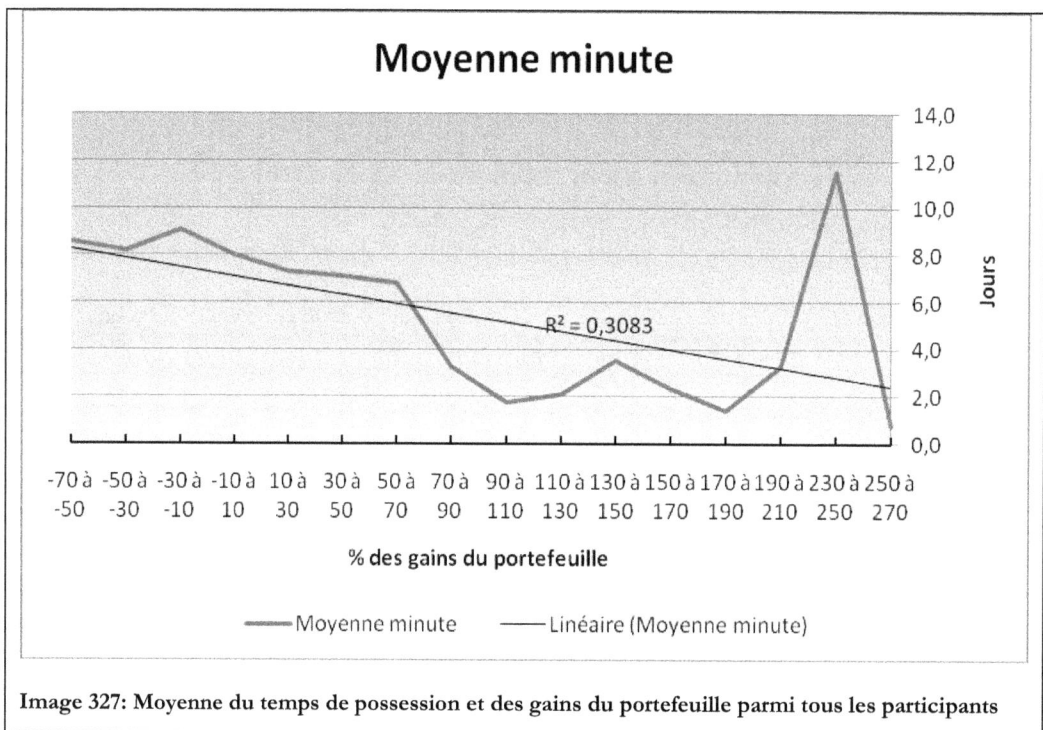

Image 327: Moyenne du temps de possession et des gains du portefeuille parmi tous les participants

En enlevant la catégorie 230% à 250% (qui n'a réellement pas beaucoup de membres), le taux de 30.83% de certitude augmente à 71%. Donc, on peut établir que <u>les gens qui performent plus ont tendance à garder leurs actions moins longtemps</u> dans leur portefeuille. En fait, il semble y avoir un équilibre gagnant pour garder les symboles entre deux à six jours.

Le temps que les actions sont gardé dans le portefeuille

Une autre statistique étant un élément intéressant dans les transactions est de voir combien de temps passe entre l'achat et la vente de l'action selon des contraintes précises. Voici les statistiques présentées sous trois formes. La première est les concours permettant d'avoir un seul symbole dans le portefeuille à la fois. La deuxième est tous les concours permettant de transiger 24h sur 24h pour les ordres et les transactions pendant les heures d'ouverture. La troisième contient tous les concours où les ordres étaient possibles que durant la soirée (les transactions à l'ouverture).

% Performance	1 symbole	Pas de soir	De soir
35 à 45	28,8366319	17,1857856	10,5318247
25 à 35	12,1670139	14,8183908	6,81549479
15 à 25	8,73807868	16,9668393	22,2405799
5 à 15	12,2151492	17,1548833	14,0126505
-5 à 5	7,48391347	14,3973604	11,9048815
-15 à -5	14,2171428	14,8001942	11,9055394
-25 à -15	16,522309	13,3746702	11,9579754
-35 à -25	15,4621528	14,1641669	20,0924961
-45 à -35	9,09826389	10,4735158	1,02152778

Tableau 13: Tableau des performances du portefeuille et le nombre de jours que les symboles sont gardés dans le portefeuille en moyenne.

Sur le tableau et le graphique des trois formes de concours, on remarque que les concours où il est possible de placer des ordres en tout temps sont étrangement les concours où les investisseurs gardent leurs actions le plus longtemps. Les concours où les gens placent leur ordre le soir (ceci simule les gens qui travailleraient le jour et donc placeraient leur ordre en soirée), ont une durée légèrement plus faible. Par contre, les gens ayant seulement le droit d'avoir une action dans leur portefeuille à la fois semblent garder leur symbole moins longtemps (sauf à l'exception de ceux qui ont très mal ou très bien performé).

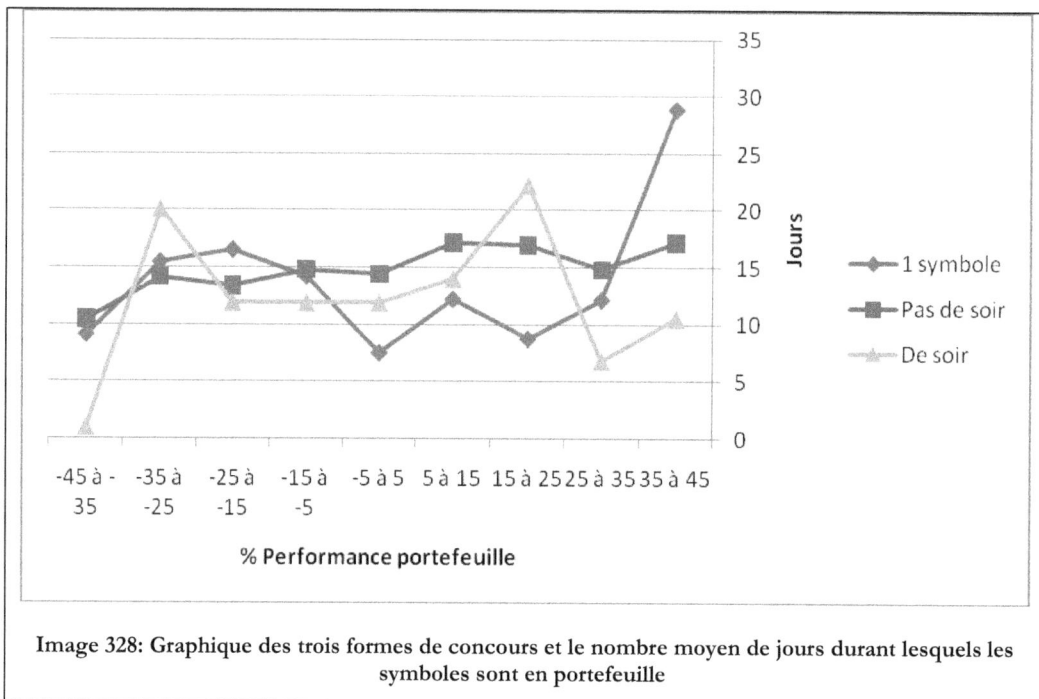

Image 328: Graphique des trois formes de concours et le nombre moyen de jours durant lesquels les symboles sont en portefeuille

Nombre d'action en main à la fin d'un concours

Il arrive qu'un concours se termine et que des participants possèdent toujours des actions dans leur portefeuille. Un concours offre une date de début et une date de fin, dans les simulations. Le nombre d'actions restant en main à la fin d'un concours, c'est-à-dire le nombre d'actions vendues automatiquement par le système, est un bon indicateur sur le contrôle des actions. En fait, un investisseur qui est en contrôle de son portefeuille va être en mesure de planifier lorsqu'il faut vendre ses actions au lieu de les laisser aller jusqu'à la fin.

Voici le graphique indiquant le nombre d'actions en main selon le nombre d'actions achetées par catégorie de 20% de performance des portefeuilles.

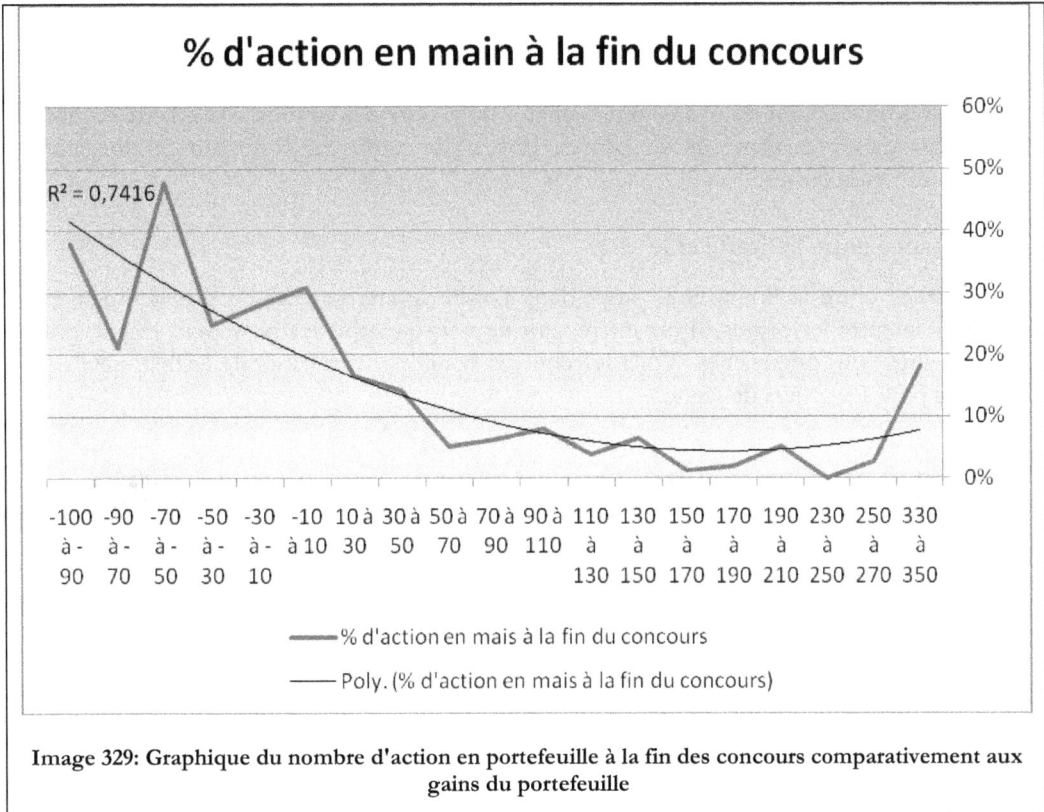

% d'action en main à la fin du concours

$R^2 = 0,7416$

Légende
—— % d'action en mais à la fin du concours
—— Poly. (% d'action en mais à la fin du concours)

Image 329: Graphique du nombre d'action en portefeuille à la fin des concours comparativement aux gains du portefeuille

Le R2 montre une certitude de 74.16% selon une courbe polynomiale de degré 2. Il va donc pour dire que plus les gens ont de hauts gains, plus ils étaient en contrôle de leurs actions et vendaient avant la fin du concours. Les résultats très faibles démontrent souvent que les investisseurs ont cessé ou laissé aller des actions trop longtemps lors de perte.

Les ordres limites

Les ordres limites sont les ordres pour acheter ou vendre des actions. Dans cette section, les statistiques porteront sur les ordres, le prix, le temps et comment les meilleurs réussissent leurs ordres.

La distance entre la limite et le stop

La distance entre la limite et le stop, dans l'ordre limite, permet de savoir le jeu est disponible entre les ordres. Il est intéressant de voir que plus les gens performent, plus leurs ordres sont rapprochés. Voici les chiffres pour les ordres lors de l'achat suivi des chiffres pour les ordres de vente.

Ordres d'achat		Ordres de vente	
Catégorie %	Moyenne en % entre les prix stop et limite	Catégorie %	Moyenne en % entre les prix stop et limite
230 à 250	5,27%	230 à 250	5,14%
190 à 210	5,07%	190 à 210	4,77%
150 à 170	5,27%	150 à 170	4,61%
130 à 150	5,16%	130 à 150	4,95%
110 à 130	5,88%	110 à 130	4,50%
90 à 110	5,17%	90 à 110	4,87%
70 à 90	4,81%	70 à 90	4,70%
50 à 70	4,64%	50 à 70	4,87%
30 à 50	5,32%	30 à 50	4,98%
10 à 30	5,25%	10 à 30	4,31%
-10 à 10	5,45%	-10 à 10	4,77%
-30 à -10	5,20%	-30 à -10	4,62%
-50 à -30	5,27%	-50 à -30	4,75%
-70 à -50	5,10%	-70 à -50	4,79%
-90 à -70	5,18%	-90 à -70	4,66%
-100 à -90	4,96%	-100 à -90	4,76%

Sur un graphique, on remarque que les chiffres sont plus hauts en achat qu'en vente. Autant dans les grandes performances que dans les très faibles, la distance entre les ordres-stops et limites est toujours plus grande dans les achats.

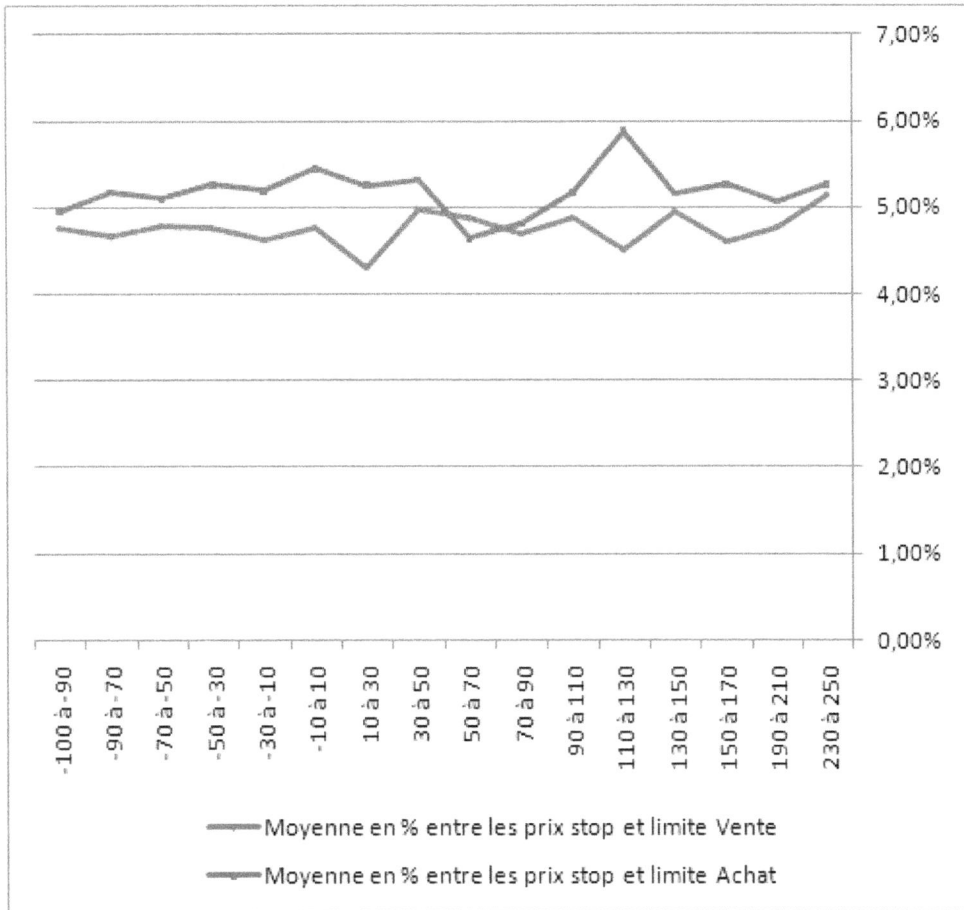

Moyenne en % entre les prix stop et limite Vente

Moyenne en % entre les prix stop et limite Achat

Du côté des vendeurs, ceci pourrait indiquer que la vente n'engage pas le même désir de se débarrasser de l'action comparativement aux acheteurs qui veulent acheter. Ceci indiquerait que le sentiment de l'achat force l'acheteur à devoir faire moins de profits lors de l'achat comparativement à la vente. Il est à noter que le système de Bourse Virtuelle ne déclenche pas les ordres dès qu'ils sont entrés dans le système, mais attend 20 minutes. Ceci indique donc que la distance entre la limite et le stop doit être de plus que quelques cennes. Il faut donc que l'investisseur contrôle bien sa technique.

Ordre limite mal placé

Si on regarde les ordres limites qui ont été ratés, c'est-à-dire des ordres limites qui ne respectaient pas les contraintes du concours et qui étaient gardés plus de deux semaines ou qui étaient un mauvais symbole, on remarque que les gens ayant très bien performé ont fait moins de mauvais ordres limite. Aussi, les gens ayant très mal performé ont moins d'ordres ratés. Ceci est dû à deux phénomènes. Le premier est que les gens ayant bien performé sont plus susceptibles de regarder leurs ordres limite et de savoir comment placer leurs ordres efficacement. Par contre, ce n'est pas le cas du faible taux de ceux ayant très mal performé. Dans leur cas, le faible taux résulte plutôt du fait qu'il y a souvent eu arrêt d'investissement suite à de grosses pertes. Dans le deuxième cas, les gens ayant un haut taux de transaction ratées sont à priori les gens ayant 0% de gain. Ces gens sont dans la catégorie -5% à +5%. Ceux-ci sont nouveaux et ne comprennent pas correctement comment effectuer les ordres limites. Ensuite, les gens ayant des rendements moyens semblent de mieux en mieux contrôler les ordres d'achats et de ventes.

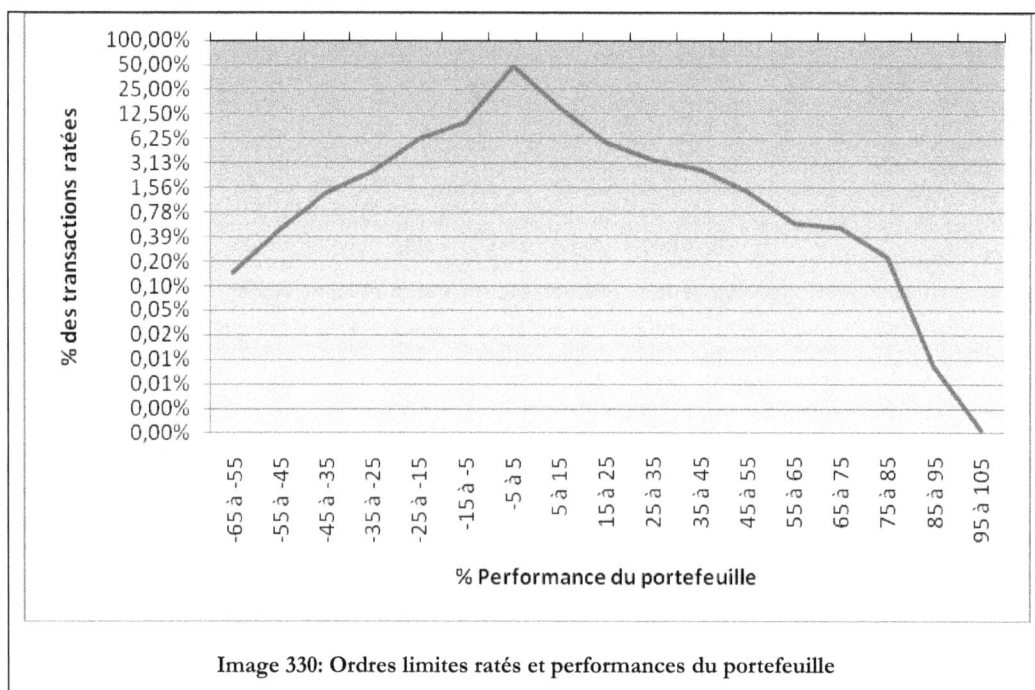

Image 330: Ordres limites ratés et performances du portefeuille

Le nombre de gens qui battent le marché

Voici tous les concours ayant terminé entre 2006 et 2010. Tous les concours ont leur date de départ et de fin. La troisième colonne représente le mouvement du marché, l'avant-dernière représente le pourcentage de participants ayant battu cet indice et la dernière colonne représente tous les participants ayant des gains de zéro ou plus. L'indice a été composé de la Bourse de Toronto, de la Bourse de Vancouver, du Dow Jones, du Nasdaq et du CAC40.

Début	Fin	Pourcentage Indice	Nom du concours	Pourcentage Indice	Pourcentage de gens avec gains
2009-01-12	2009-04-12	-4,61%	Concours Toronto et Paris	90,84%	90,84%
2008-08-20	2009-02-21	-35,49%	6 mois de jour	83,02%	82,76%
2010-04-14	2010-10-14	-8,77%	USA-Canada Penny Stock	82,61%	82,61%
2006-01-16	2006-02-10	-0,37%	AF001 LGA concours	80,39%	80,39%
2010-03-01	2010-04-30	-2,28%	Concours AIESEC	74,75%	73,74%
2009-12-13	2010-04-13	-1,52%	Penny Stock	73,08%	73,08%
2007-05-14	2007-08-20	-1,69%	Été simulation 30 000$	72,20%	72,20%
2010-01-18	2010-06-18	-4,38%	10$ et plus	72,05%	70,81%
2009-11-22	2010-06-22	-1,21%	Course vers l'été	71,14%	70,78%
2009-11-22	2010-02-22	-1,21%	1 symbole en main	70,76%	70,76%
2010-09-24	2010-12-24	10,73%	Test Ordre Marché	66,67%	66,67%
2006-01-01	2006-01-13	2,26%	Concours 2au13 janvier 06	66,67%	66,67%
2009-12-13	2010-05-13	-1,52%	Concours de soir Fin 2009	65,96%	65,96%
2010-10-01	2010-11-04	6,49%	Boursicoteurs 2010	64,24%	73,94%
2007-10-12	2007-11-15	-6,98%	Petite vite - 30 jours	63,86%	63,86%
2006-08-26	2006-12-29	10,45%	Bourse de soir (3e édition)	63,77%	63,77%
2006-05-30	2006-09-01	3,33%	Bourse de soir (2e édition)	63,33%	63,33%
2007-10-12	2008-01-12	-10,55%	Concours de soir [fin 2007]	63,16%	57,89%
2010-01-05	2010-03-19	-1,82%	Polyvalente Le Carrefour - Boursicoteurs 2010	60,00%	60,00%
2006-11-11	2007-01-01	2,93%	Dev - Testing new features	50,00%	50,00%
2009-12-20	2010-05-20	-1,51%	VIP élite 2010	50,00%	50,00%
2006-01-21	2006-04-01	4,14%	AF002 1 symbole challenge	48,00%	48,00%
2006-02-10	2006-05-05	6,03%	Titres CAN Printemps 2006	43,97%	89,66%
2006-12-23	2007-02-20	3,59%	Premier 2007	42,03%	44,93%
2009-01-06	2009-03-14	-19,87%	Boursicoteur	40,43%	36,88%

2010-06-30	2010-12-24	29,52%	Course pour les cadeaux de Noël	40,37%	85,22%
2006-12-11	2007-01-12	1,85%	1 mois	40,00%	40,00%
2010-02-15	2010-12-15	18,33%	Intermédiaire-Avancé (2 symboles en main)	40,00%	53,33%
2009-03-18	2009-06-01	16,49%	Bourse américaine et canadienne (pour les habitués)	39,53%	93,02%
2009-03-16	2009-04-17	12,67%	Boursicoteur 2e Edition	38,89%	75,00%
2011-01-04	2011-01-19	0,45%	CPT Minto (11e année)	35,00%	40,00%
2006-07-02	2006-10-02	4,66%	Bourse virtuelle (CAN et US) 0,50$ et plus	33,66%	33,66%
2006-08-26	2007-02-14	12,92%	No Penny challenge (5$ et plus)	33,59%	66,80%
2007-01-13	2007-04-13	0,45%	10$ minimum	33,33%	33,33%
2008-10-25	2009-10-25	63,83%	1 an (Combattez la dépression!)	33,24%	92,19%
2009-09-18	2009-12-21	5,45%	Polyvalente Le Carrefour - Période d'essai	33,04%	49,11%
2006-09-22	2006-12-25	7,26%	Canada 1$ concours	31,37%	31,37%
2009-03-18	2009-08-18	23,13%	Été 2009	28,74%	91,06%
2009-06-22	2009-08-22	13,99%	Free-For-All 60 jours!	28,10%	87,60%
2010-02-04	2010-12-15	19,22%	Débutant seulement	26,04%	67,38%
2006-03-27	2006-08-01	-1,11%	1 symbole challenge (US/CAN) 2e Édition	25,71%	25,71%
2009-01-01	2009-04-10	-7,90%	Concours test pour les Shorts	25,00%	25,00%
2006-03-08	2006-09-08	3,51%	10 dollar US par symbole	24,62%	24,62%
2007-02-14	2007-05-14	4,75%	1 symbole max	24,39%	71,95%
2006-04-22	2006-08-01	-1,95%	Titres CAN ÉTÉ 2006	24,00%	24,00%
2010-01-29	2010-03-01	0,31%	Université Louvain	20,00%	100,00%
2009-09-07	2009-12-01	5,45%	America	19,34%	79,72%
2010-04-14	2010-12-20	7,41%	Euro 2010	19,19%	85,86%
2006-10-15	2006-12-15	4,06%	Penny avec limite de transactions	18,75%	60,42%
2009-10-01	2010-10-01	5,45%	Concours 1 an pour le long terme	15,58%	78,21%
2006-02-18	2006-06-02	1,19%	Bourse de soir	15,09%	83,02%
2007-02-20	2007-05-20	6,02%	Deuxième 2007	14,36%	85,64%
2007-08-21	2007-12-22	2,75%	Concours de jour 100 000$	10,24%	77,78%
2007-05-14	2007-09-14	0,72%	Été avec 1 symbole	9,80%	76,96%
2007-01-21	2007-07-21	10,23%	Concours de soir 2007	8,81%	92,61%
2007-07-27	2007-10-27	4,08%	Concours de soir (3 mois)	7,17%	94,62%
2007-02-14	2007-08-14	2,25%	Tournois européen	1,72%	79,83%

La première chose étonnante est que dans tous les concours, il y a eu des participants ayant battu les indices. De plus, ceci est jumelé avec la moyenne du nombre de gens ayant été en haut de 0% de gain est de 66.22%, tandis que la moyenne de gens ayant battu les indices est de 42.48%. Il est à noter que durant 2006 à 2010, il y a eu des phases de grandes baisses (récession même) ainsi que de grosses hausses. Néanmoins, ces deux chiffres montrent que tout est en faveur des investisseurs qui investissent eux-mêmes, comparativement au fond commun qui a de la difficulté à battre les marchés et même de simplement être rentable.

Sur un graphique, on remarque que, pour quelques concours entre 2006 et 2011, ce n'est pas la majorité des concours qui ont plus de 50% des gens qui battent le marché. Par contre, on remarque clairement que la ligne pointillée représentant le pourcentage des gens ayant battu les indices est relativement haut pour l'ensemble des concours. De plus, le pourcentage de gens ayant eu des gains zigzag entre 40% et 90%.

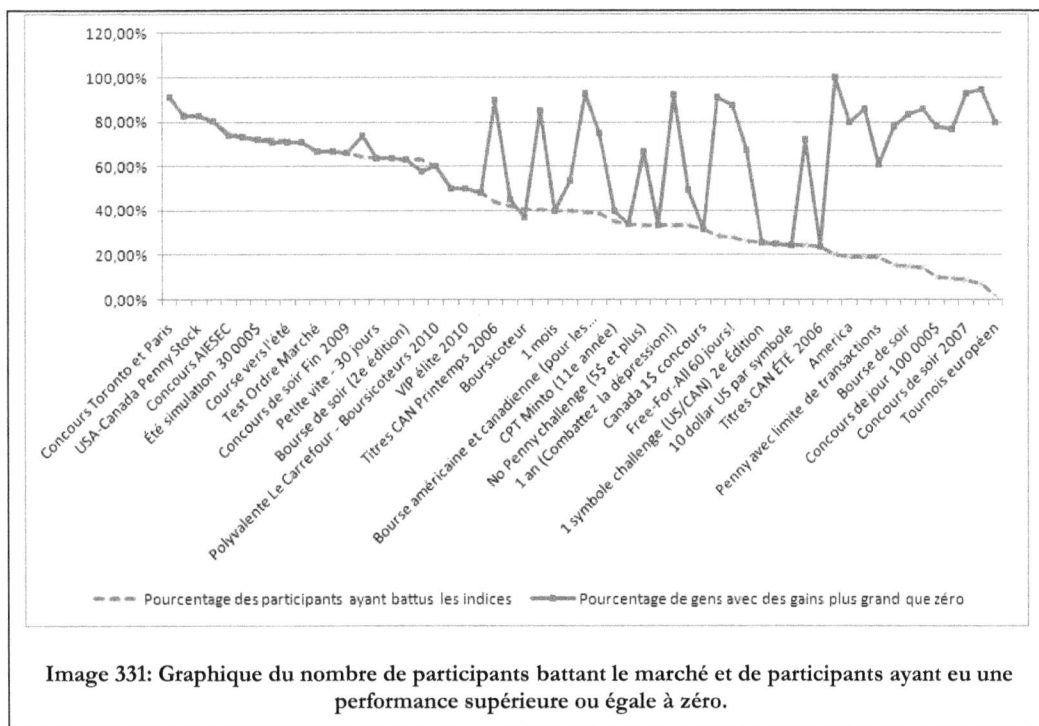

Image 331: Graphique du nombre de participants battant le marché et de participants ayant eu une performance supérieure ou égale à zéro.

Ce qui est aussi très impressionnant est de regarder les pourcentages des écoles secondaires et universitaires. Malgré le peu d'expérience des étudiants, dans tous les concours sans exception, les rendements ont été plutôt impressionnants.

Titre du concours	Départ	Fin	% Marché	Battu le marché	Plus que 0% de gains
Concours AIESEC	2010-03-01	2010-04-30	-2,28%	74,75%	73,74%
Boursicoteurs 2010	2010-10-01	2010-11-04	6,49%	64,24%	73,94%
Polyvalente Le Carrefour - Boursicoteurs 2010	2010-01-05	2010-03-19	-1,82%	60,00%	60,00%
Boursicoteur	2009-01-06	2009-03-14	-19,87%	40,43%	36,88%
Boursicoteur 2e Edition	2009-03-16	2009-04-17	12,67%	38,89%	75,00%
CPT Minto (11e année)	2011-01-04	2011-01-19	0,45%	35,00%	40,00%
Polyvalente Le Carrefour - Période d'essai	2009-09-18	2009-12-21	5,45%	33,04%	49,11%

Le concours d'AIESEC est un concours à l'université de Louvain qui comporte des centaines de participants. Le marché a fait -2.28% sur une période de deux mois, et 74.75% des étudiants ont battu le marché. Les concours avec « Boursicoteur » dans le titre sont des concours effectués à une école du Canada. Les participants ont tous moins de 16 ans et la majorité du temps, plus de 50% d'entre-eux performent mieux que le marché, ou du moins sont dans le positif.

Ceci veut dire que quelqu'un de sérieux peut battre les marchés et faire des gains avec la Bourse.

Analyses

Ce chapitre contient des analyses de plusieurs compagnies afin de démontrer plusieurs techniques expliquées dans ce livre. Le but est de mettre en pratique l'analyse des chandeliers, des indicateurs techniques ainsi que des patrons.

Analyse 1 : Réaction à une baisse avec Hewlett-Packard (HPQ)

Voici l'analyse de Hewlett-Packard (HPQ). Le scénario est un achat en mai 2010 au prix de 48$. La vente aurait dû être faite lorsque le titre a descendu, mais pour ce scénario, aucune vente n'a été faite et donc le titre est en perte à 39$ en début septembre. Voici l'analyse à ce point, qui est effectuée avec le but de savoir si le titre va continuer à descendre et donc vendre à perte avant de subir une perte considérable ou de garder le titre si l'analyse donne une possibilité de remonter.

Voici la première analyse :

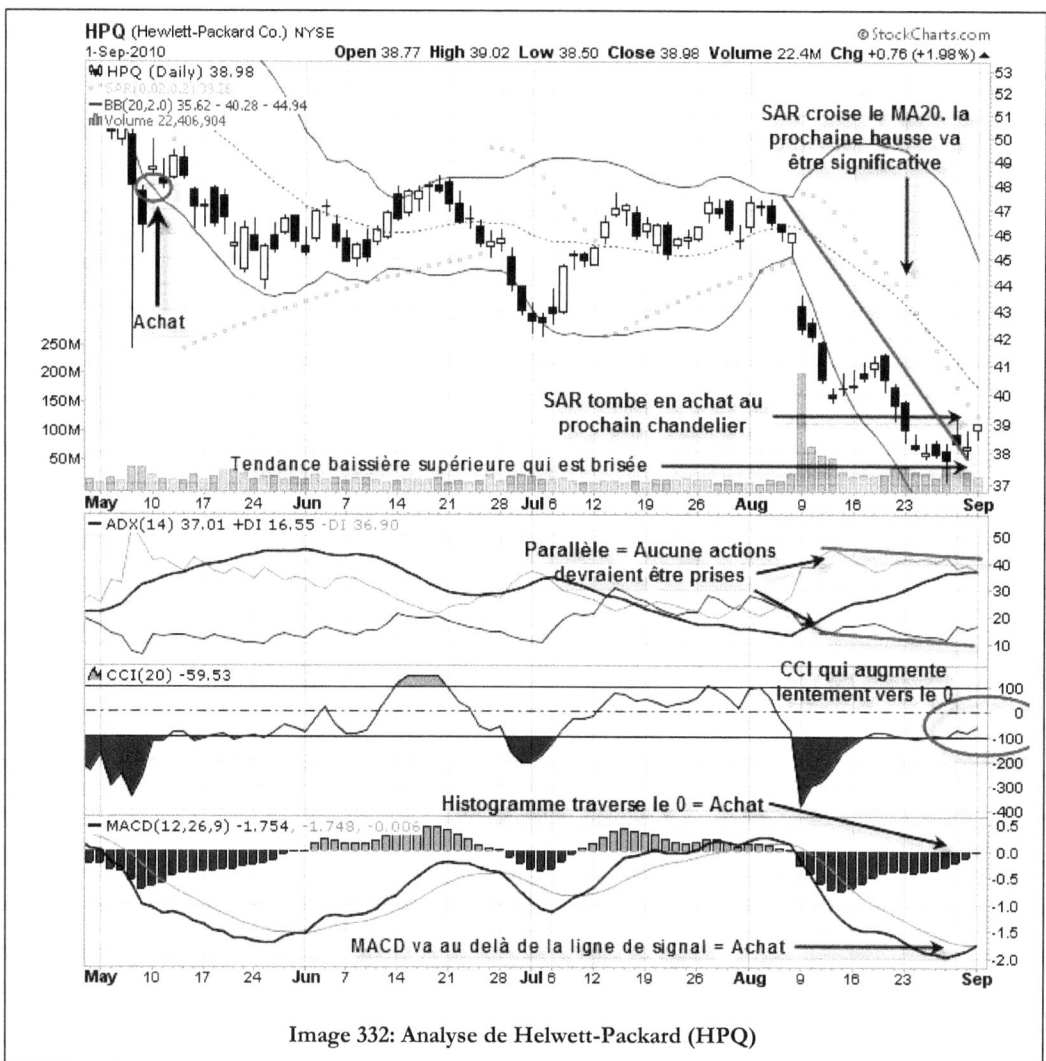

Image 332: Analyse de Helwett-Packard (HPQ)

À ce point, HPQ est définitivement en mode pour remonter. Malgré que l'ADX ne donne aucune information intéressante, les autres indicateurs, ainsi que les chandeliers et la tendance brisée, donnent une bonne indication vers une prochaine hausse. Prenez note que dans ce graphique, l'ADX est resté affiché, mais idéalement l'indicateur aurait du être enlevé et remplacé par un autre indicateur donnant une indication plus claire. Ceci sera appliqué à partir de ce point.

Voici la deuxième analyse, effectuée deux mois plus tard :

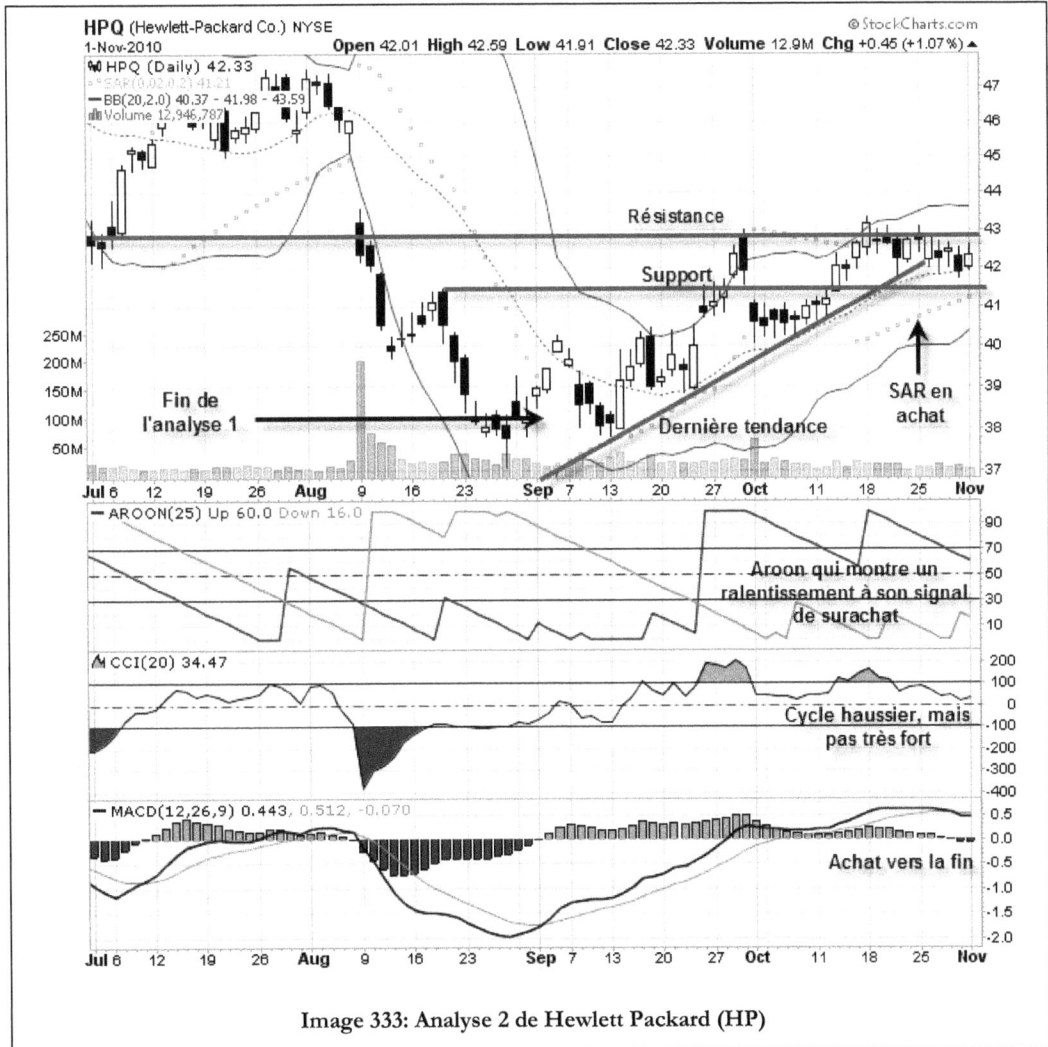

Image 333: Analyse 2 de Hewlett Packard (HP)

Dans la deuxième analyse de HPQ, les signes de hausse diminuent et un ordre stop-limite devrait être posé. Le stop devrait être 0.05$, sous le support, et la limite à 0.010$, sous le support. La raison est qu'en cas de chute, le prix de vente sera d'environ 41.30$ ce qui est déjà mieux que la baisse à 38$ quelques mois précédemment.

La troisième analyse est effectuée quatre mois plus tard et confirme la vente.

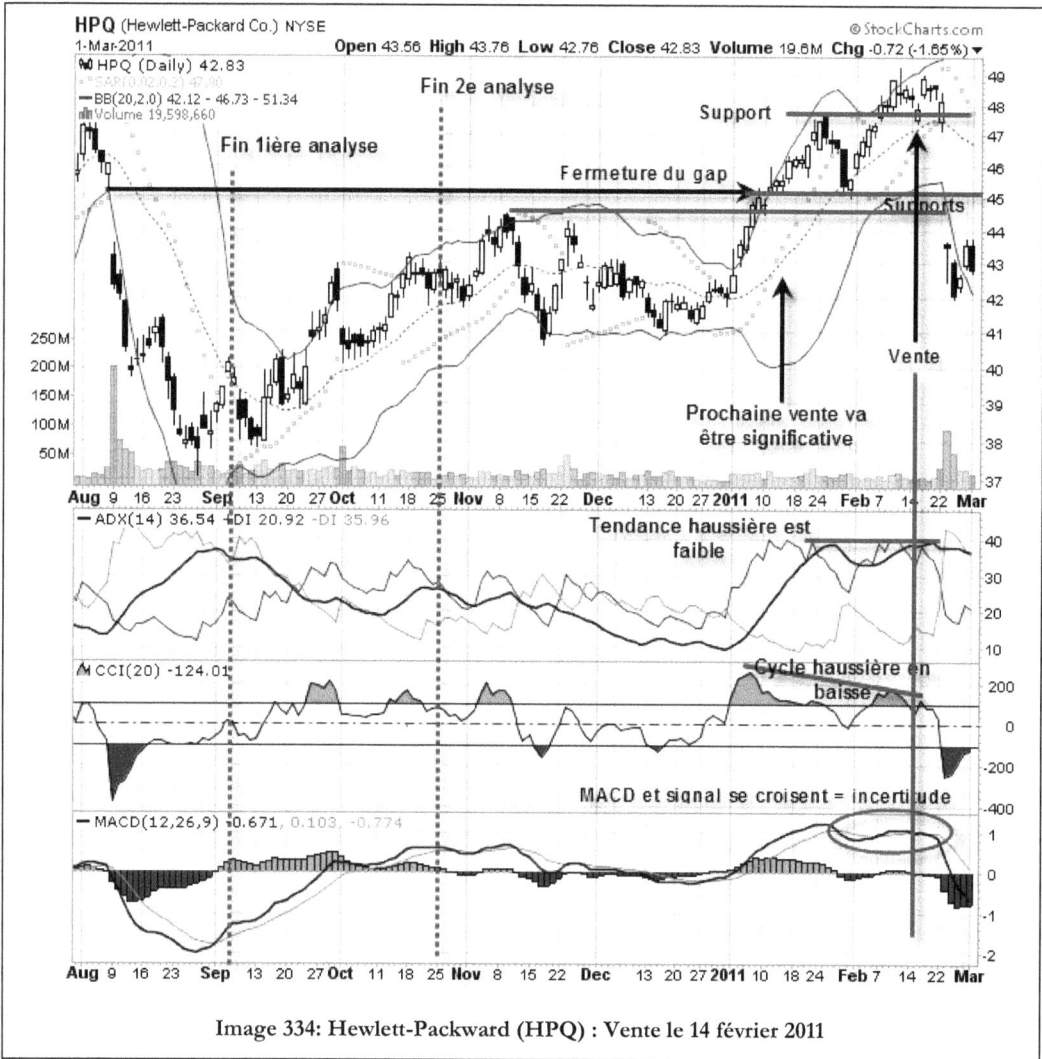

Image 334: Hewlett-Packward (HPQ) : Vente le 14 février 2011

Le MACD est incertain par rapport à sa prédiction à cause du changement entre le signal et la ligne même du MACD Le CCI, qui indique les cycles, démontre des hausses de moins en moins fortes qui forment une tendance baissière. De plus, le CCI descend et le titre augmente, ce qui est le patron des divergences négatives. Ensuite, le support à 47.50$ est légèrement traversé. Tous les signes pointent vers une vente. Alors, l'achat initial à 48$ entrainera une perte de 0.50$ au lieu d'une perte à 38$. En d'autres mots, une perte de 26.3% est devenue une perte de 1% avec seulement trois analyses.

Analyse 2 : Google (GOOG) et le temps de vendre

Voici une analyse qui débutera à long terme et sera transformée en court terme lorsque le temps de vendre sera opportun. Le scénario est que l'achat est fait le 1er avril 2009 à 375$. Après quelques mois de bons gains, Google (GOOG) présente un signe de faiblesse et l'analyse à long terme est entreprise afin de savoir si c'est le temps d'amasser un gain ou d'acheter à nouveau afin de garder Google (GOOG) plus longtemps.

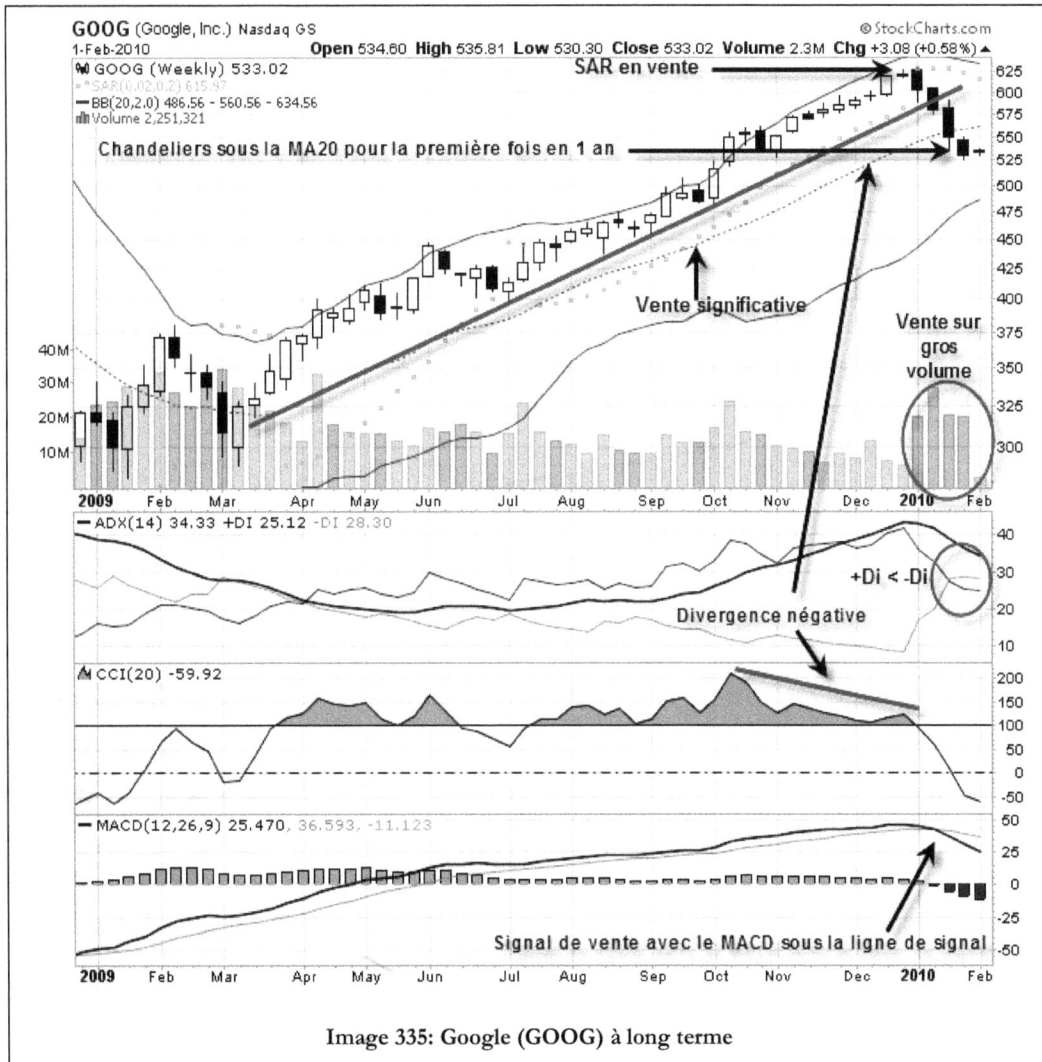

Image 335: Google (GOOG) à long terme

Google (GOOG) montre plusieurs signes de faiblesse et une vente semble être la solution, et ceci depuis plus de trois semaines selon l'analyse hebdomadaire du titre. Autant les indicateurs techniques que les chandeliers sont négatifs. Cependant, la vente n'est pas assurée et une analyse journalière (court terme) pourrait aider à prendre la décision de garder le titre ou de vendre. Ceci est surtout dû au dernier chandelier baissier qui présente un corps plus petit que le dernier, ainsi que le dernier chandelier plus petit que l'avant-dernier, ce qui semble indiquer que la chute se termine. Néanmoins, un investisseur averti aurait vendu dès que la tendance inférieure haussière aurait été traversée, lors de la deuxième semaine de janvier 2010.

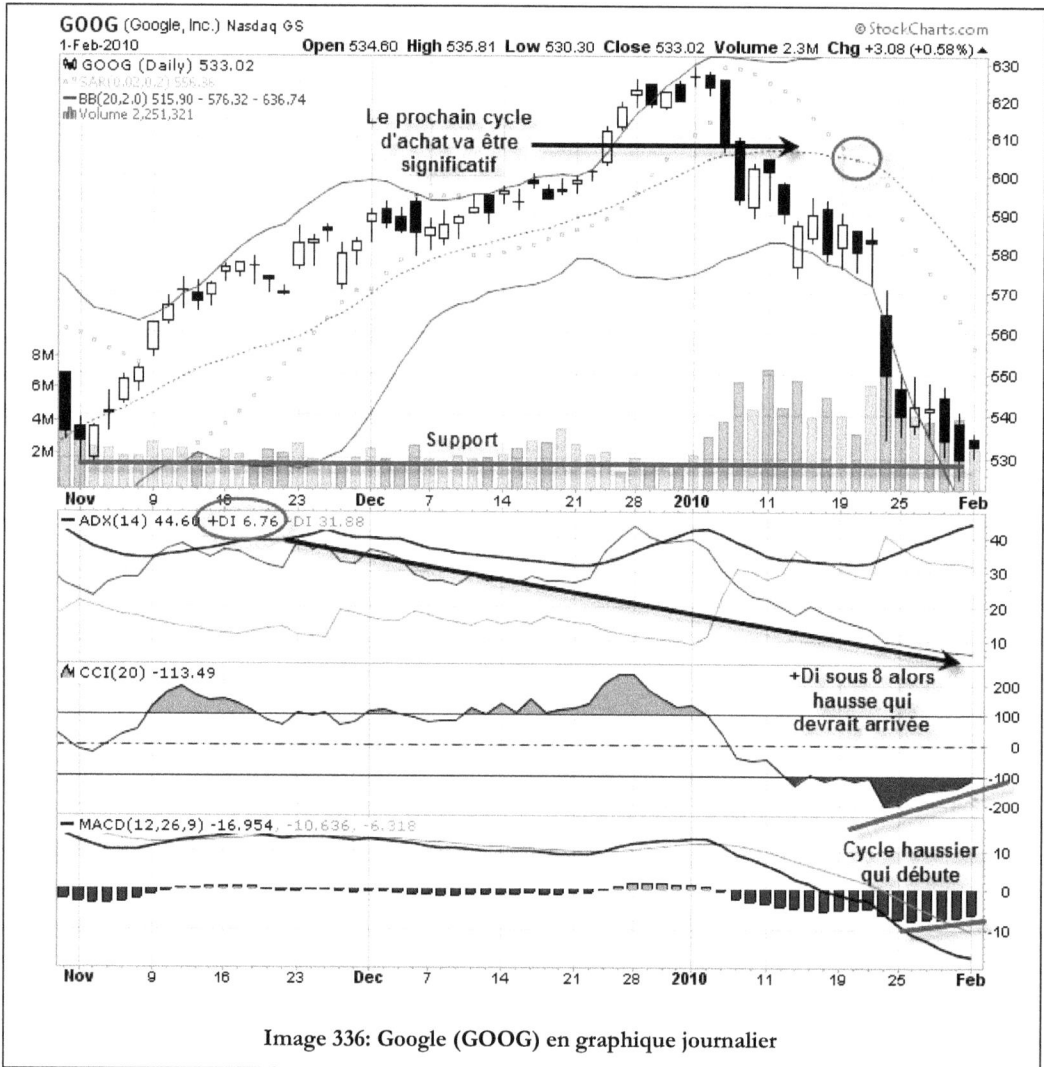

Image 336: Google (GOOG) en graphique journalier

Par contre, avec le graphique journalier, on remarque une prochaine hausse. Alors, la conclusion est qu'il serait préférable de vendre, mais pas à l'instant présent. Il serait préférable d'attendre la prochaine hausse avant de vendre. Par contre, si le titre descend sous le support, vers 525$, il faut vendre à cet instant.

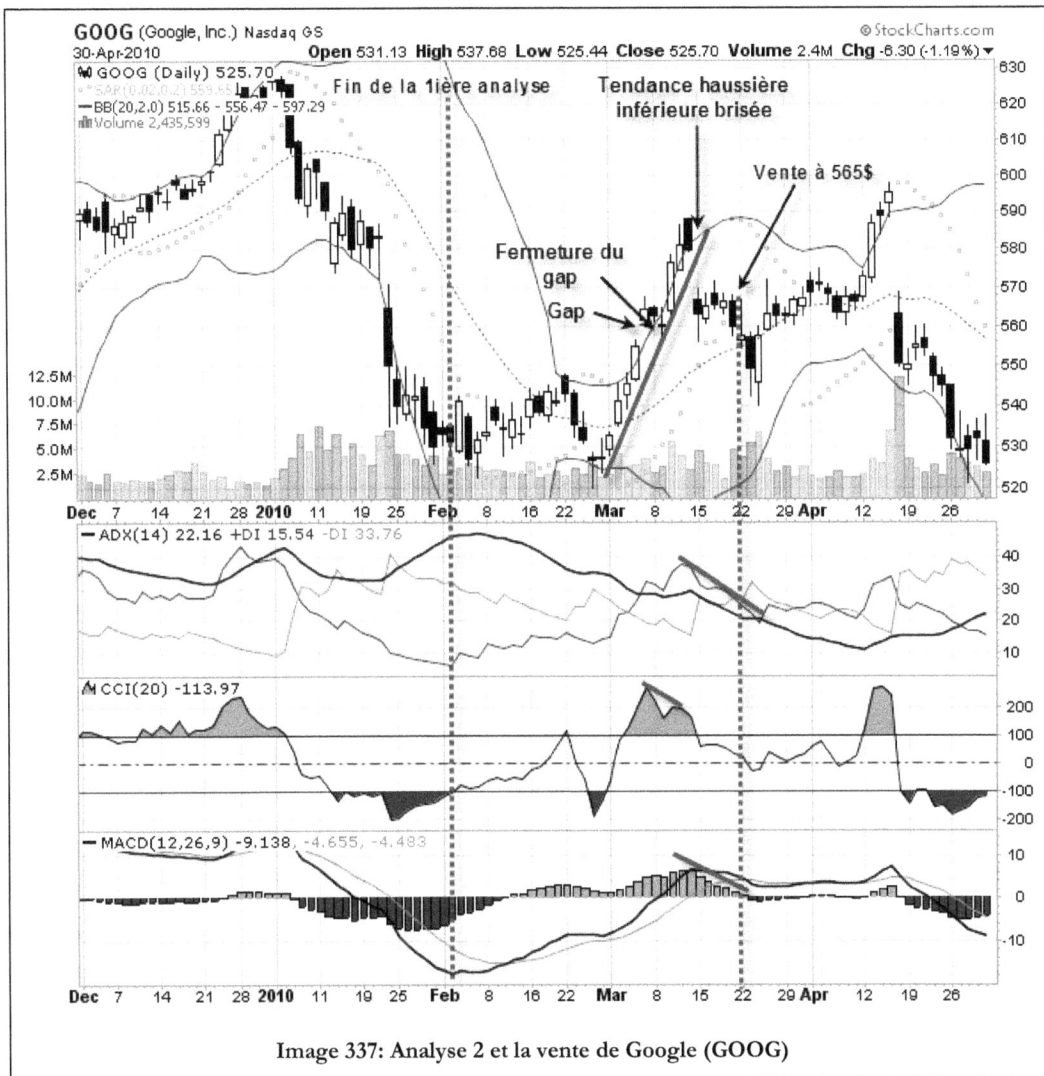

Image 337: Analyse 2 et la vente de Google (GOOG)

La confirmation de vente se fait le 22 mars 2010 avec une autre petite chute. De plus, des indicateurs techniques confirment une baisse, tels que le MACD histogramme, le CCI et le +Di de l'ADX. Alors, la vente était confirmée par l'analyse à long terme et un mois plus tard, par l'analyse à court terme. Il est souvent important de faire l'analyse de haut vers le bas (long terme vers le court terme). Dans ce cas-ci, 15$ de gains par action ont été économisés, ce qui fait un gain supplémentaire de 2.8%.

La vente en avril fut un bon choix, car Google (GOOG) a ensuite descendu jusqu'à 435$ seulement trois mois plus tard.

Analyse 3 : Uex Corporation (UEX.TO) et un gain de 100%

Voici UEX Corporation (UEX.TO), qui descend depuis presque 2 ans. Par contre, l'analyse à long terme hebdomadaire démontre que la tendance vient d'être brisée et qu'un achat serait à point. Voici l'analyse hebdomadaire suivie de l'analyse journalière.

Image 338: Uex Corporation (UEX.TO) et une tendance baissière de 2 ans

À court terme, l'achat est aussi valorisé, ce qui confirme l'achat à 1.10$. Les signes sont un chandelier blanc sans ombrage supérieur ainsi qu'un fort volume. Ceux-ci sont les deux prémisses importantes et idéales pour briser une tendance. De plus, les indicateurs tels que le SAR, l'ADX et le STO signalent un achat.

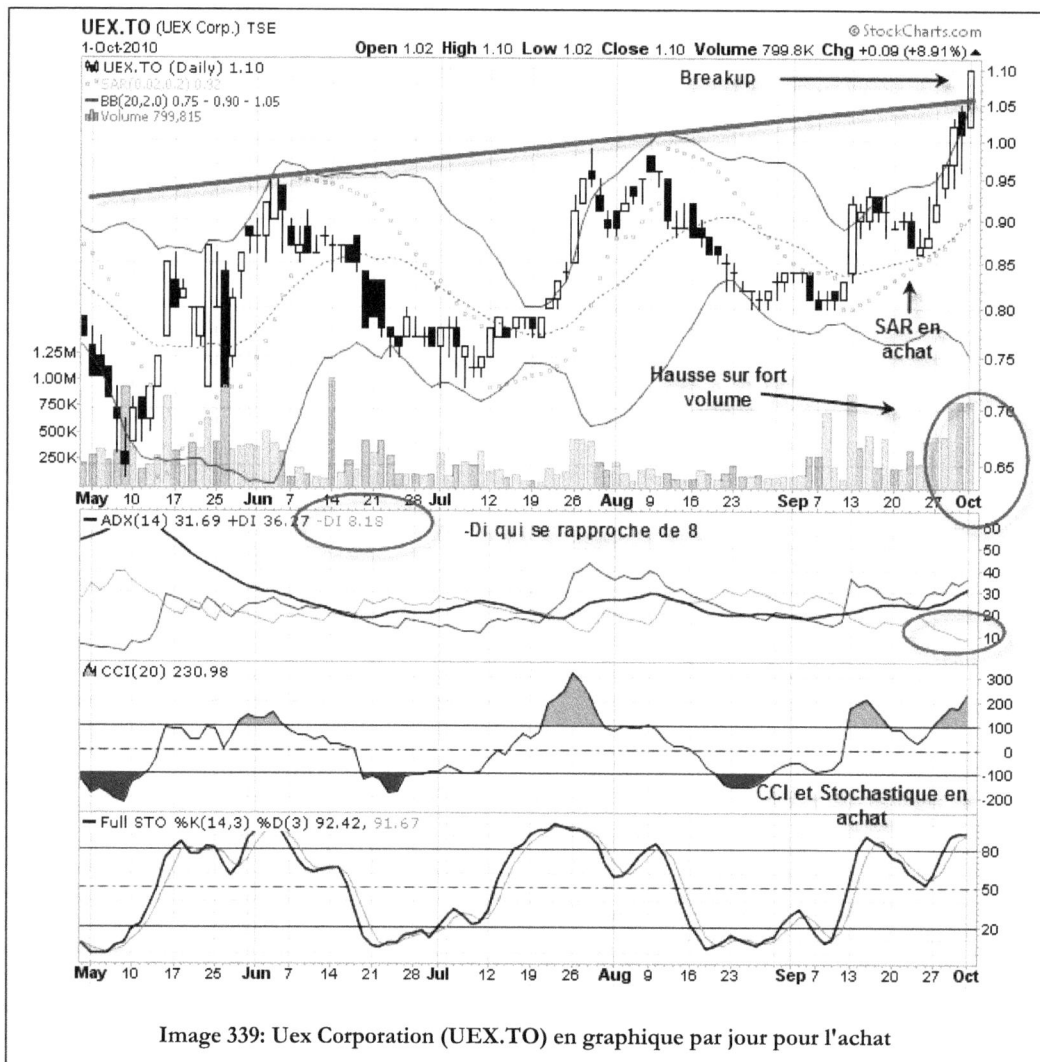

Image 339: Uex Corporation (UEX.TO) en graphique par jour pour l'achat

UEX Corporation (UEX.TO) va augmenter pour les prochaines semaines, et mêmes prochains mois. Ensuite, un signal de vente sera clairement identifié avec la tendance haussière supérieure qui n'est plus atteinte, ainsi que le bris de la tendance haussière inférieure. Tous les indicateurs, tels que le SAR, stochastique, ROC et StoRSI, pointent vers le bas.

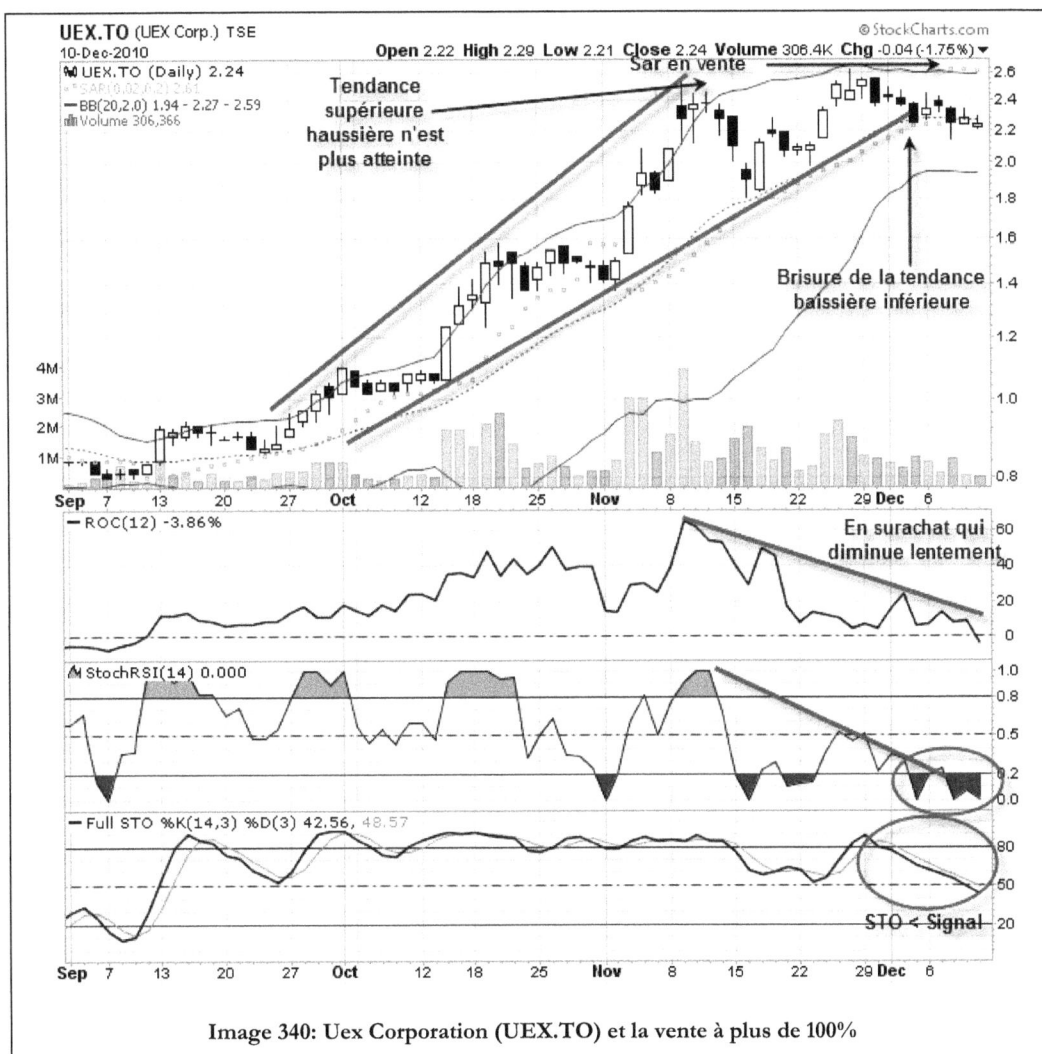

Image 340: Uex Corporation (UEX.TO) et la vente à plus de 100%

Donc, l'achat a été fait à 1.10$ et la vente à 2.20$, ce qui fait un gain de 100% en six mois. Le cas d'UEX.TO montre qu'il est préférable d'attendre une tendance à long terme pour investir. UEX.TO a déjà été dans des circonstances difficiles à investir, particulièrement dans les années 2007 à 2009. Par contre, il y a eu de bons moments où l'action a fait des miracles et ceci est possible pour toutes les compagnies à la Bourse. Il ne s'agit pas d'une exception, mais bien d'une règle à la Bourse. Toutes les actions ont leur moment de gloire et il ne faut pas forcer les choses, ni anticiper des mouvements.

Analyse 4 : Profit de 100% avec Mattel (MAT)

En 2006, le titre de Mattel (MAT) a fait un bon de plus de 100%, de 12$ à 25$. Cette analyse débute avec le graphique qui contient l'achat et la vente. Le portrait de cette analyse est différent des analyses précédentes et montre l'ensemble du résultat dès le départ.

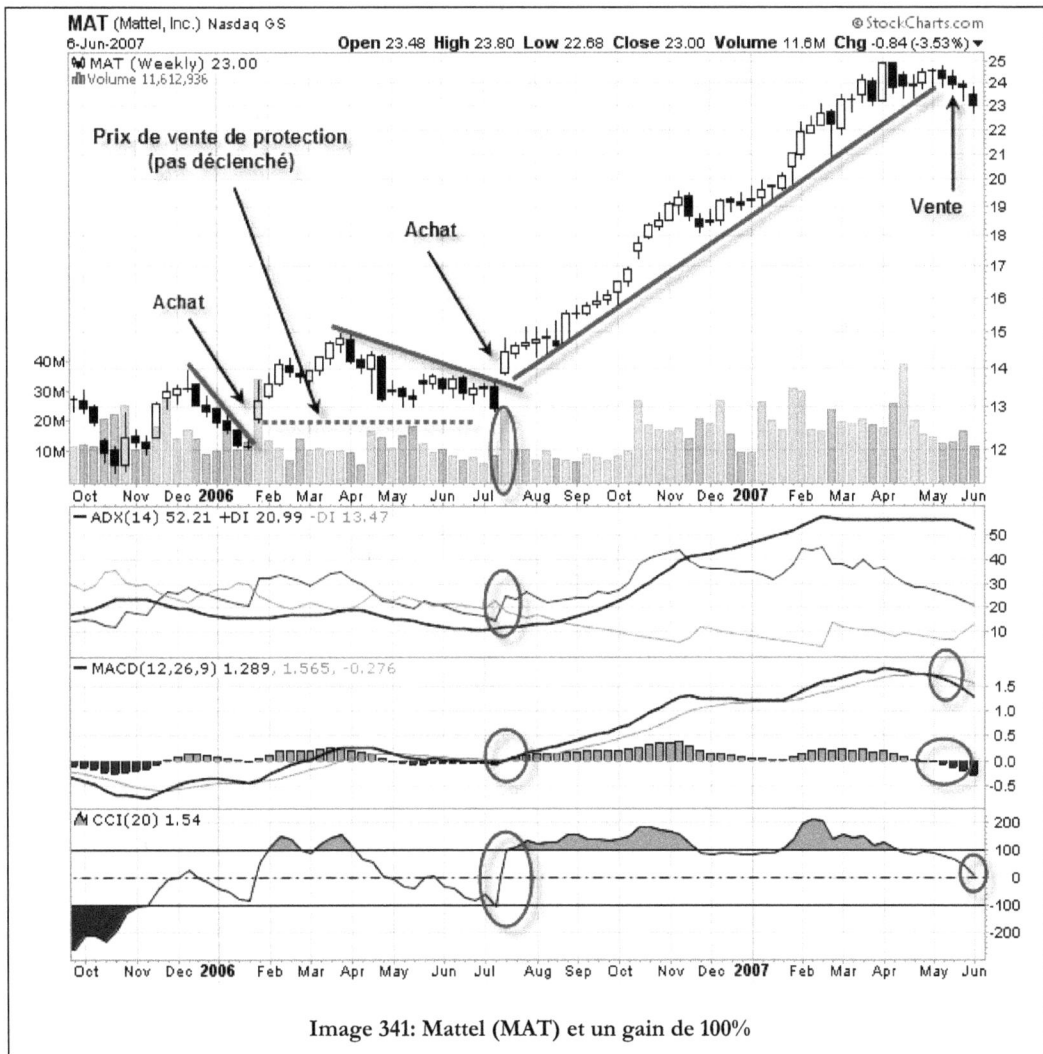

Image 341: Mattel (MAT) et un gain de 100%

Dès 2006, il y a eu deux signaux d'achat. Le premier signal est en janvier 2006, lorsque le titre a quitté la tendance baissière supérieure en formant un patron du triangle descendant. L'achat se fait à 12.80$ et en même temps devient la ligne de protection stop-limite. Étant donné que le gap s'est exécuté sur un fort volume, le gap devrait être un gap de type « breakaway » et le prix du stop peut être le prix d'achat. Par contre, il n'est pas toujours évident de déterminer le type de gap. Une décision plus sûre, pour ne pas vendre trop rapidement, peut être de mettre un ordre à 12$ (au prix de la cassure de la tendance). Ensuite, un deuxième achat est possible lors de la seconde tendance baissière, durant la deuxième semaine de juillet 2006. Puis, la tendance haussière reste forte pour un an. Le signal de vente est annoncé lorsque la tendance se brise en juin 2007, à 24$.

Mattel (MAT) a ensuite descendu à moins de 15$. C'est la raison pour laquelle il est important d'acheter au bon moment ainsi que de vendre lorsque le profit est réalisé. Garder un titre à long terme en croyant vendre dans plusieurs années n'est pas toujours une bonne idée. Il est préférable de vendre lorsque le gain est réalisé et que la tendance haussière se termine. Dans le cas d'une correction, il est toujours possible d'acheter à nouveau et de profiter de gains supplémentaires. Cependant, dans le cas d'une véritable baisse, comme dans le cas actuel, la vente aura été avantageuse.

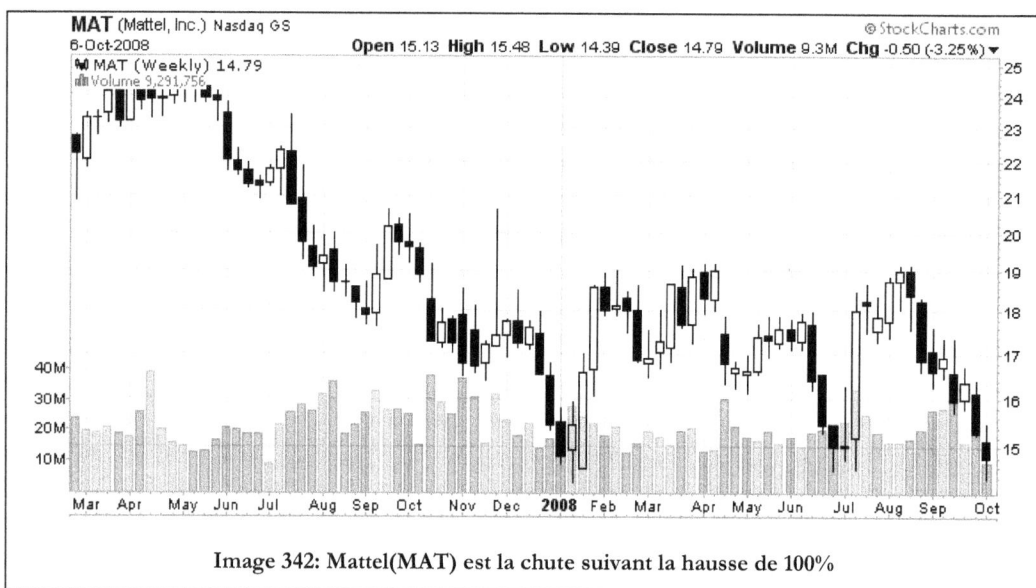

Image 342: Mattel(MAT) est la chute suivant la hausse de 100%

Analyse 5 : First Solar Inc (FLSR), nouvelle compagnie

First Solar Inc (FLSR) est une nouvelle compagnie en Bourse. L'achat d'une nouvelle compagnie en Bourse est difficile, car il n'y a pas de données pour savoir si le titre va augmenter ou descendre sur des tendances à long terme. De plus, le prix de départ de la compagnie peut être un prix trop haut ou trop bas. Il est donc toujours préférable de ne pas acheter une nouvelle compagnie. Par contre, attendre quelques mois peut suffire, avec un degré de tolérance au risque plus élevé.

Image 343: First Solar Inc (FLSR) et l'achat d'une nouvelle compagnie

Dans le cas présent, l'achat est possible à 31$ lorsque le titre dépasse la tendance haussière supérieure. Il y a plusieurs autres signes d'achat, tels qu'indiqués par le Stoch,

RSI, le MACD et la moyenne mobile de 20 jours qui dépasse la moyenne mobile de 30 jours.

La vente est annoncée lorsque la moyenne mobile de 20 jours se touve sous la moyenne mobile de 30 jours. De plus, plusieurs indicateurs annoncent une baisse. Le graphique ci-dessous démontre la vente possible à 250$.

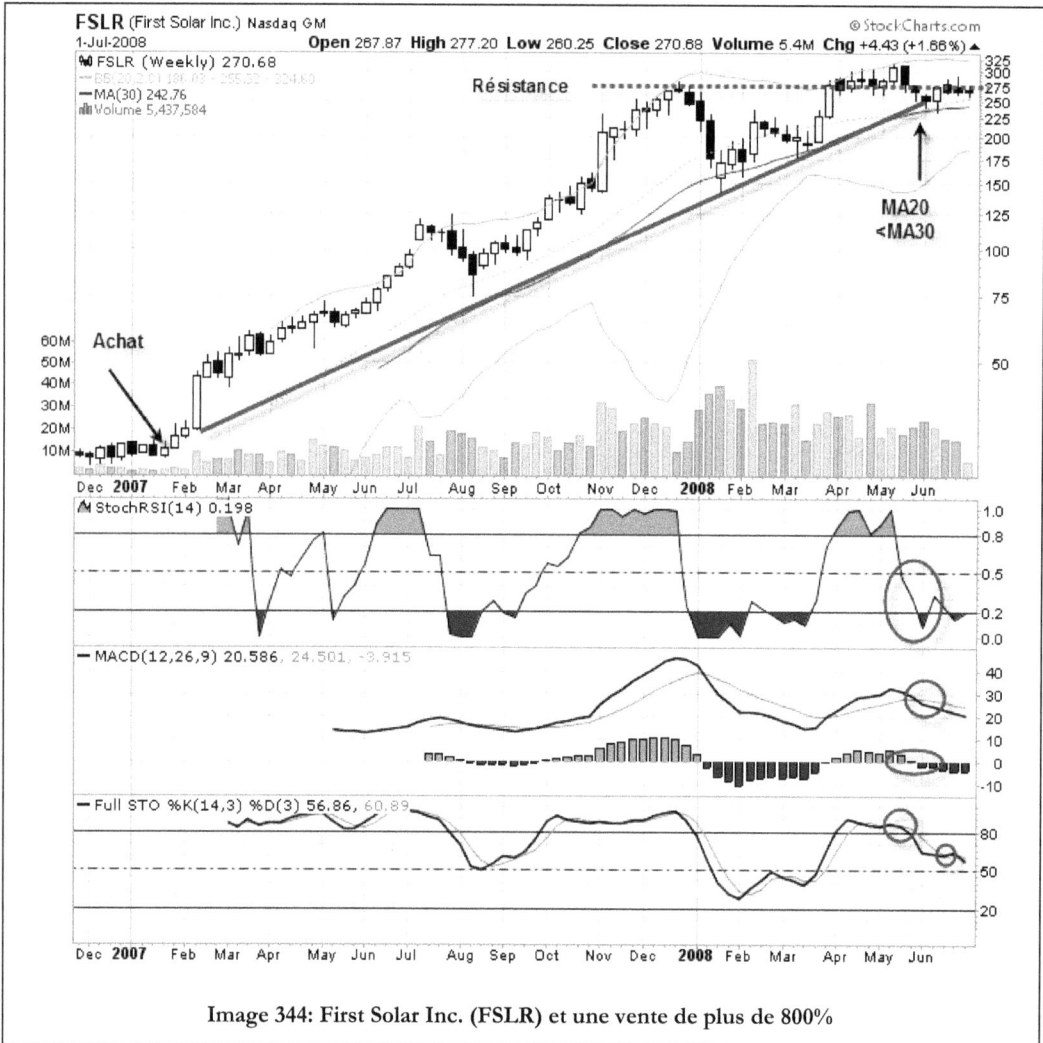

Image 344: First Solar Inc. (FSLR) et une vente de plus de 800%

Le titre est resté en phase 3 pendant trois mois de temps avant de chuter de 280$ à moins de 100$.

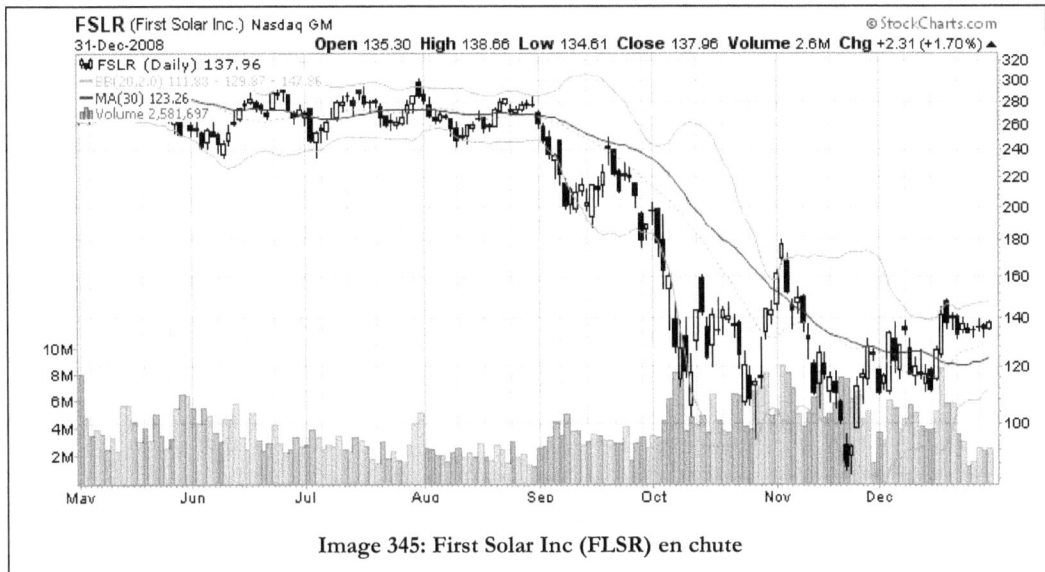

Image 345: First Solar Inc (FLSR) en chute

Une fois de plus, ce graphique démontre que lorsqu'il est temps de vendre, il est préférable de se débarrasser des actions. Ici, la vente a été précipitée, car elle aurait pu être faite à 280$ au lieu de 250$. Par contre, il est préférable de vendre avec un profit trop tôt, plutôt que de vendre avec moins de profit ou sans profit du tout un peu trop tard.

Analyse 6 : Indice vers action

L'année 2008 sur le Dow Jones n'a pas été une année reluisante en ce qui concerne les performances à la hausse. En début 2009, plusieurs chandeliers blancs ont apparu, donnant espoir que certains secteurs démarraient à nouveau. De plus, les volumes sur la hausse étaient croissants, comparativement à l'année 2008, ce qui était un bon signe que les acheteurs reprenaient le marché sur les vendeurs. Cependant, la tendance baissière du Dow Jones était toujours présente et donc il fallait choisir une action de manière très sélective. Afin de trouver la meilleure action possible, il était suggéré de choisir un secteur croissant.

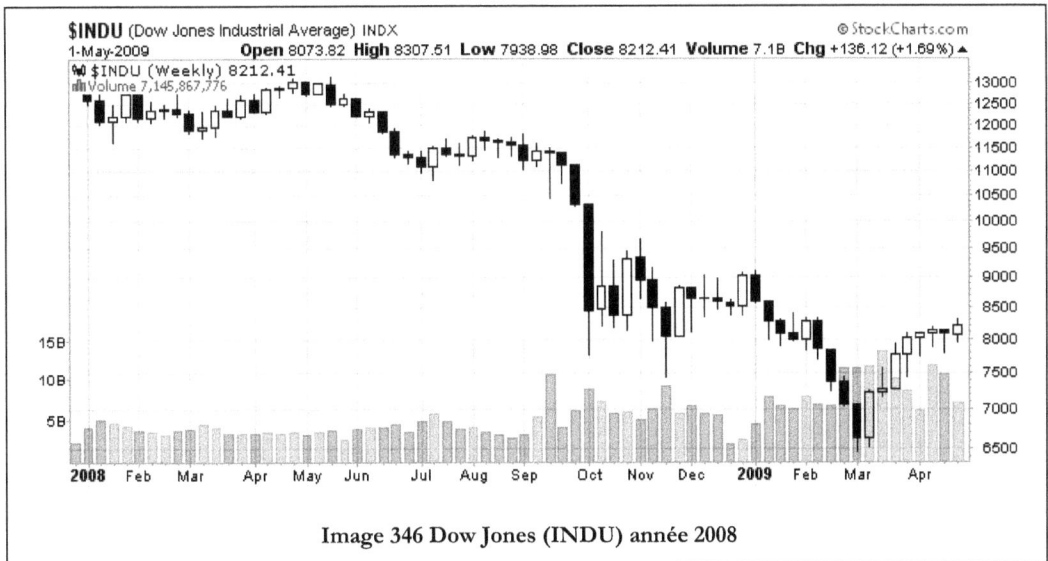

Image 346 Dow Jones (INDU) année 2008

En analysant les marchés, on pouvait remarquer que le prix du pétrole, dès 2009, avait quitté sa tendance baissière pour entreprendre une nouvelle tendance haussière. Ce marché est donc dans les premiers à retourner la vapeur et entreprendre une hausse, ce qui indique que les actions du pétrole devraient aussi augmenter.

Image 347: Le prix du pétrole brute en début 2009

Par contre, l'indice du marché des actions du pétrole a pris quelques semaines de plus que prévu avant de réagir à la hausse du prix brute et c'est en avril 2009 que la tendance baissière est franchie.

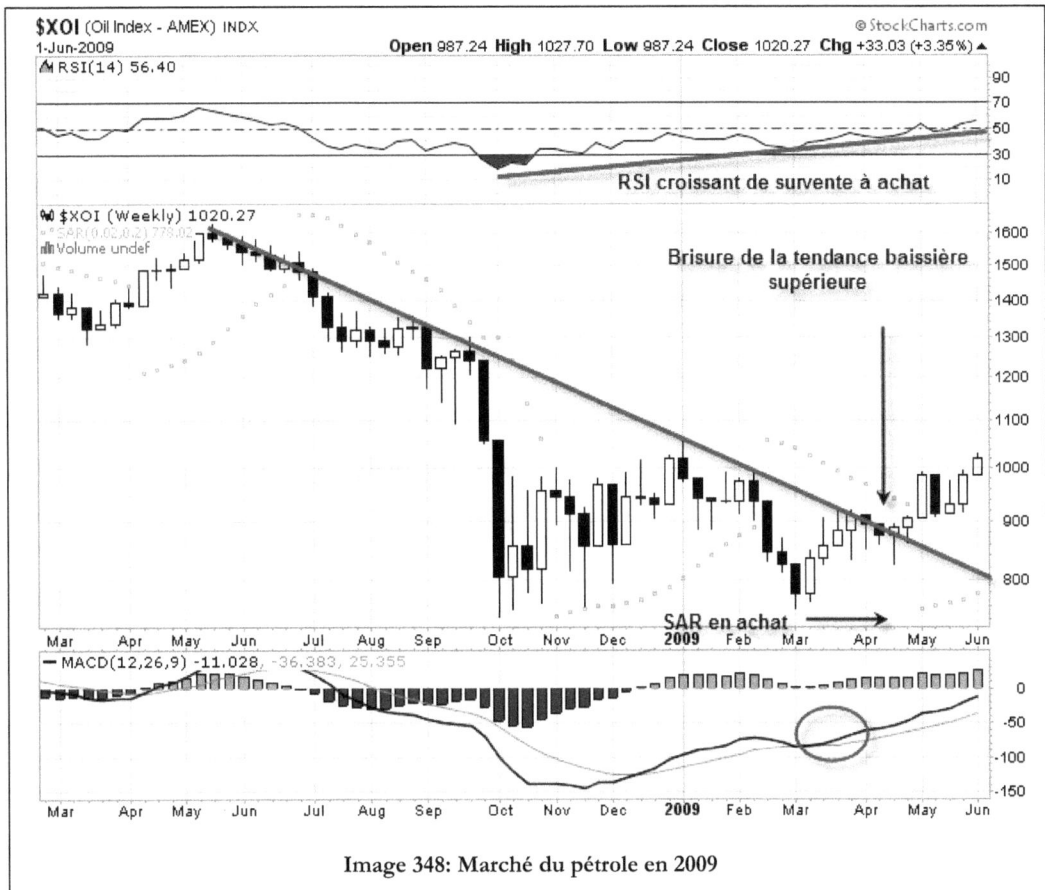

Image 348: Marché du pétrole en 2009

À cet instant, lors de la brisure de la tendance, il est favorable d'acheter des titres dans le secteur du pétrole parce que l'indice, ainsi que le marché, est favorable pour le long terme,. Les risques de pertes sont alors minimisés si l'action est bien analysée vers la hausse.

La compagnie BP Amoco (BP) semble aller vers la hausse. Par contre, ses indicateurs montrent que le cycle est déjà amorcé depuis quelques temps et que le Full STO doit prendre son souffle en diminuant. Il y a donc signe de diminution à court terme, mais de hausse par la suite, car les chandeliers sont favorables à une hausse ainsi que le SAR, qui débute sa tendance haussière. De plus, la MA20 va dépasser la MA30 quelques temps plus tard.

Image 349: BP et un signal d'achat dans quelques temps

En aillant comme indication qu'une baisse s'annonce, il est préférable d'aller avec une période journalière et d'attendre le premier signal d'achat avant d'acheter.

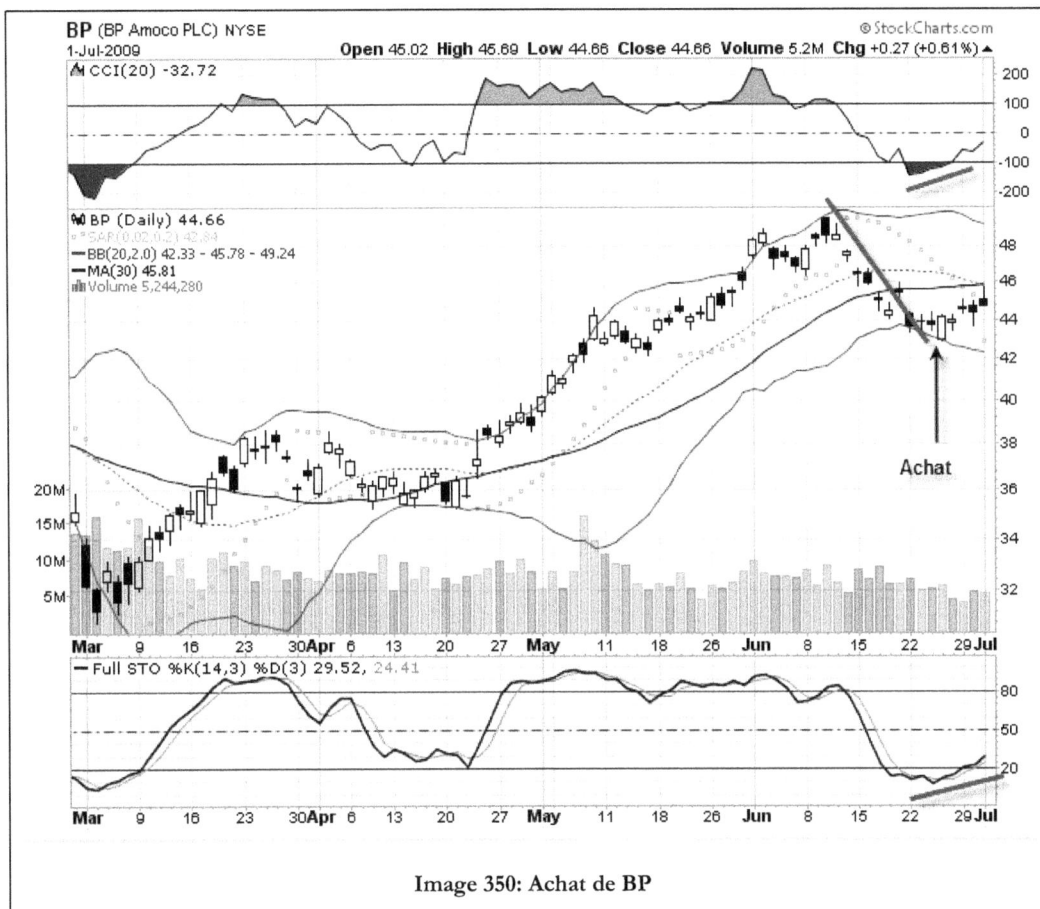

Image 350: Achat de BP

L'achat est justifié par le fait que la tendance baissière se termine et que le CCI et Full STO soient en position d'achat. Le prix d'achat est donc de 43$.

Le graphique en période hebdomadaire restera beau jusqu'en janvier 2010. Durant ce temps, les chandeliers noirs seront prédominants et le SAR changera en tendance baissière. Ceci est sans compter que le MACD croise sa ligne de signal pour une vente ainsi que le Full STO annonce une baisse en quittant la zone de 80. La vente se fait donc à 55$, ce qui donne un gain de 27.9%.

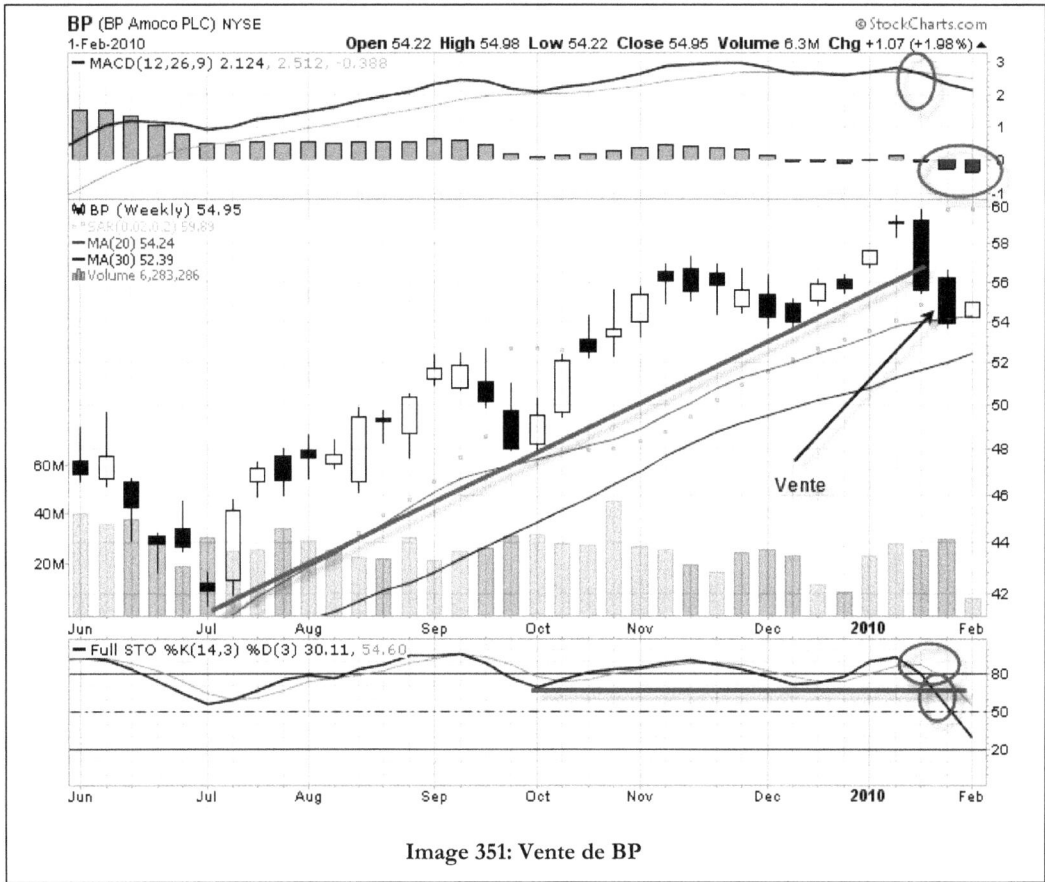

Image 351: Vente de BP

Une fois la vente effectuée, une question hante les pensées de l'investisseur sur le moment de la vente. Est-ce que la vente a été faite au bon moment? Est-ce que l'investissement aurait pu être supérieur au gain effectué? Peu importe les résultats de ces questionnements, il est toujours préférable d'avoir vendu sur un gain que d'attendre trop longtemps pour vendre et faire une perte. Néanmoins, dans cette analyse, voyons ce que le futur aurait pu être en gardant l'action plus longtemps et en choisissant de ne pas vendre lorsque la tendance à long terme fut franchise.

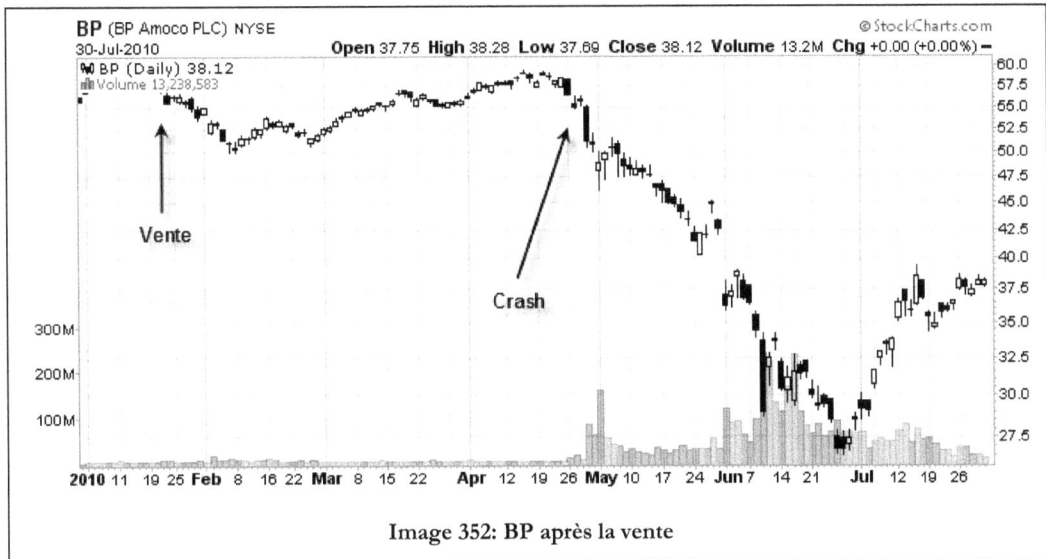

Image 352: BP après la vente

La vente a été faite légèrement trop rapidement, en fait avant de vendre, une analyse à court terme avec une période journalière aurait été peut-être favorable. Cependant, les trois mois suivants ont augmenté légèrement sans pour autant être si performants. Néanmoins, il est parfois préférable de vendre avec un gain intéressant, tel que celui effectué avec BP, que de tout perde comme durant le krach d'avril 2010 où le prix est passé de 58$ à 27$.

Analyse 7 : Multiple achats et ventes

Voici le cas de Century Aluminum Corporation (CENX). Dans cette analyse, le but sera d'acheter et de vendre à plusieurs moments afin de faire le plus de gains possible.

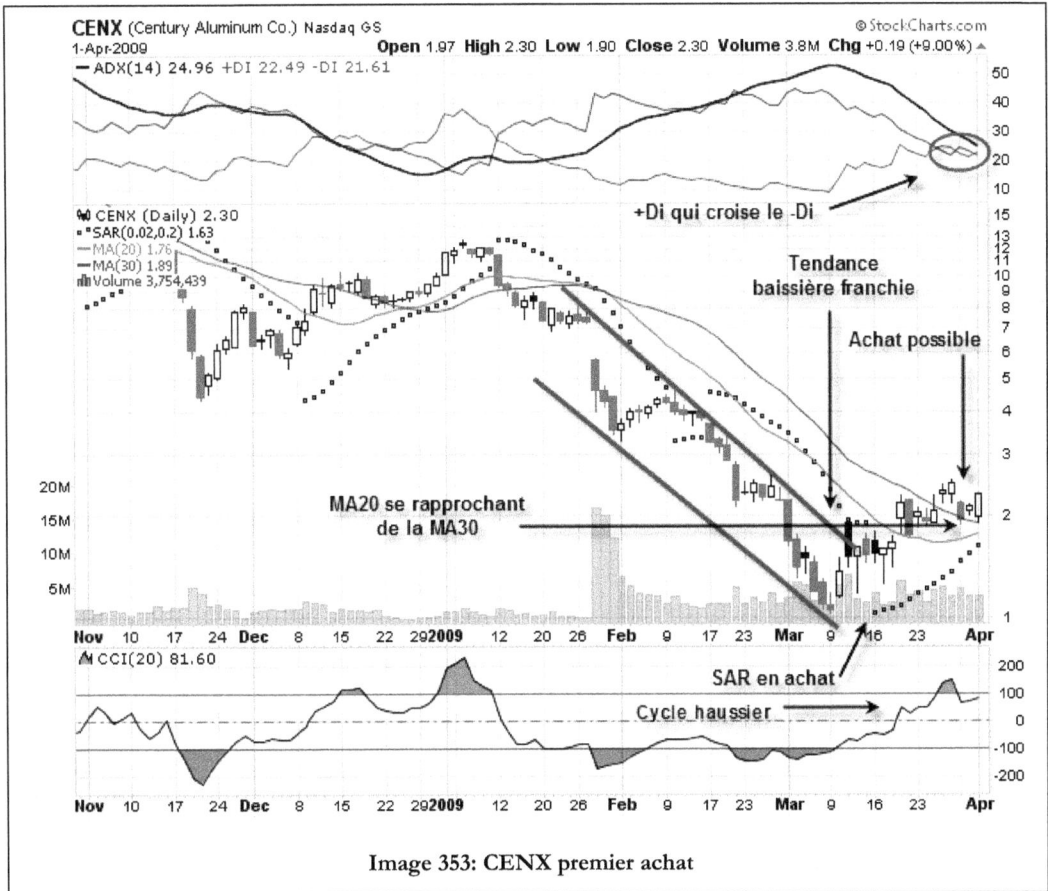

Image 353: CENX premier achat

Le premier achat est possible après que la tendance baissière soit franchie. En fait, le couloir baissier est démantelé dès que le chandelier noir traverse la tendance baissière supérieure à 1.80$. Par contre, il est plus prudent d'attendre les autres signaux, tels que le SAR quelques jours plus tard, ainsi qu'un CCI au-delà de 0. Afin d'être encore plus sûr, l'achat s'est fait à 2$.

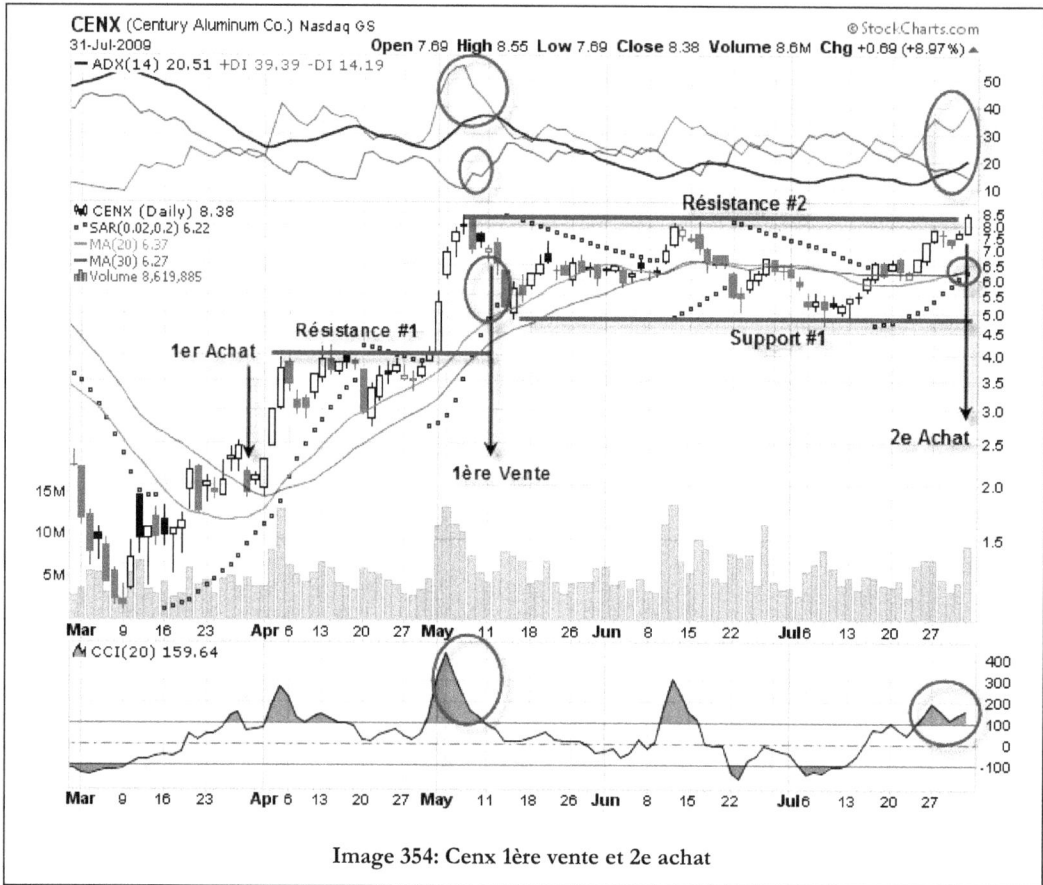

Image 354: Cenx 1ère vente et 2e achat

Comme vu précédemment, le premier achat s'est fait vers 2.00$ pour ensuite franchir une résistance (la résistance #1). Ensuite, un couloir entre le support #1 et la résistance #2 se forme. En début mai 2010, une vente est préalable, car le dépassement de la résistance #1 a affaibli la tendance, alors que le SAR tombe en vente avec les indicateurs qui changent de cap.

Le deuxième achat se fait lorsqu'en juillet 2010, le chandelier blanc traverse la résistance #2. De plus, les indicateurs, tels que le SAR, sont en hausse, le CCI en cycle d'achat et le +Di et –Di sont divergent. L'achat est donc fait le 1er août, à 8.40$.

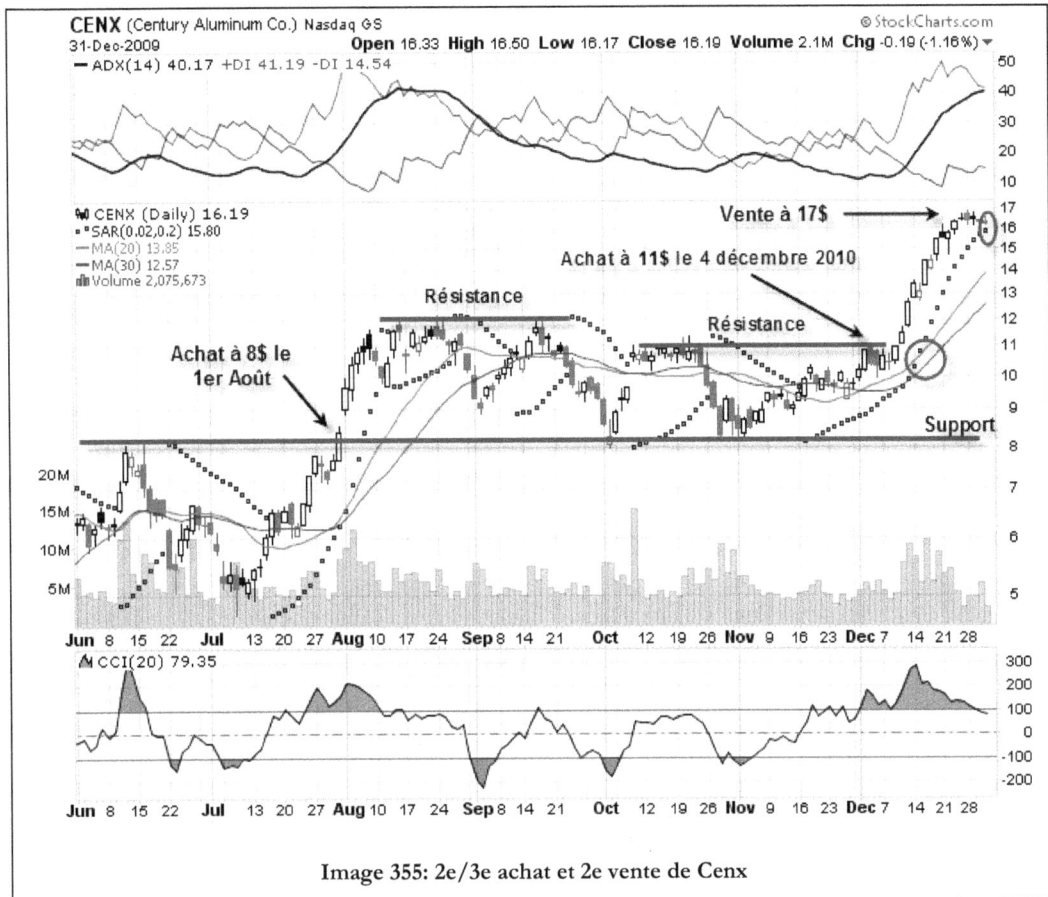

Image 355: 2e/3e achat et 2e vente de Cenx

L'achat du 1er août 2009 va rebondir sur une première résistance et diminuer par la suite. Par contre, aucun signal de vente n'est clairement identifié. Le support à 8$ est formé par l'ancienne résistance et est un ordre stop-limite de protection qui ne sera pas déclenché. Un troisième achat, qui ajoute du volume, est fait le 4 décembre à 11$ et quelques jours par la suite, le prix augmente à 17$. La vente est favorisée à ce prix parce que le SAR s'approche grandement du prix, de la même manière que le SAR avait coupé la moyenne mobile sur 20 jours. Le CCI descendait pendant que la tendance était haussière, ce qui forme une divergence négative.

Ce parcours a été formé de plusieurs transactions :

Prix achat	Prix vente	Gains/Pertes
2.00$	6.50$	225%
8.00$	17.00$	112%
11.00$	17.00$	55%

Ce livre détient l'historique de la Bourse, les informations pour bien débuter en Bourse ainsi que plusieurs éléments techniques pour être en mesure d'analyser des compagnies et d'investir intelligemment. Malgré les diverses techniques et les notions apprises dans cet ouvrage, rien ne vaut la pratique sur un simulateur. Par contre, les sentiments d'investir son propre argent ne peuvent être vécus véritablement tant et aussi longtemps que de réels investissements ne sont pas effectués.

Il faut toujours garder un plan et le suivre : combattre les émotions et être rationnel. Votre cheminement vers un investissement avec succès sera sur votre route à tous les coups si vous suivez les tendances et respectez les règles de base de la Bourse. Évitez tous les raccourcis miraculeux et le succès est à vous.

J'espère vous avoir donnez les outils nécessaires pour parcourir le chemin vers la liberté de gérer vos finances par vous-même. En tout temps, vous pouvez visiter http://www.apprentifinancier.com et http://www.boursevirtuelle.com pour partager vos questions ainsi que vos techniques.

Un prochain ouvrage portant sur plus de statistiques provenant du simulateur de Bourse risque d'être disponible dans quelques années et portera sur des sujets plus avancés. Dans l'espoir de vous revoir,

Patrick Desjardins

Références

[1]: Shiller, 2005

[8]: http://en.wikipedia.org/wiki/Stock_exchange

[9]: Diamond, Peter A. (1967), "The Role of a Stock Market in a General Equilibrium Model with Technological Uncertainty"

[10]: Davis Edwards & John Magee, Technical analysis of stock trends Robert

[11]: O'Sullivan, Arthur; Steven M. Sheffrin (2003). Economics: Principles in Action. ISBN 0-13-063085-3.

[12]: Radcliffe, Robert C. (1997). Investment: Concepts, Analysis, Strategy. Inc. ISBN 0-673-99988-2.

[13]: SEC (2006-02-02). "Penny Stock Rules". U.S. Securities and Exchange Commission. http://www.sec.gov/answers/penny.htm. Retrieved 2006-07-12.

[14]: BBC News, (25 août 2006), "Spammers manipulate stock markets", http://news.bbc.co.uk/2/hi/technology/5284618.stm

[15]: SEC (2005-01-11). "Pump&Dump.con". U.S. Securities and Exchange Commission. http://www.sec.gov/investor/pubs/pump.htm. Retrieved 2006-11-21

[16]: Kyo Tux

[17]: WooThemes

[18]: http://www.nasdaq.com/about/schedule.stm

[19]: Peaceful Gains. "A List of exchange-traded funds". http://etf.peacefulgains.com/A-List-of-exchange-traded-funds/. 2009-10-23.

[20] : Gregory L. Morris, 2006, « CandleStick Charting Explained » Troisième édition, ISBN 0-07-146154-X

[21] : Fabriqué à partir du livre Irrational Exuberance par Robert Schiller, et des données prises à http://www.econ.yale.edu/~shiller/data/ie_data.xls

[22]: http://www.investorsfriend.com/S%20and%20P%20500%20index%20valuation.htm

[23]: Siegel, Jeremy J. (2002). Stocks for the Long Run: The Definitive Guide to Financial Market Returns and Long-Term Investment Strategies, 3rd, New York: McGraw-Hill, 388. ISBN 9780071370486

[24]: http://www.philadelphiafed.org/research-and-data/real-time-center/survey-of-professional-forecasters/2008/survq408.cfm?loc=interstitialskip Fourth Quarter 2008 Survey of Professional Forecasters Release Date: November 17, 2008

[25] : Graham, Benjamin (1934). Security Analysis New York: McGraw Hill Book Co., 4. ISBN 0-07-144820-9.

[26] : Graham (1949). The Intelligent Investor New York: Collins, Ch.20. ISBN 0-06-055566-1.

[27] : The Cross-Section of Expected Stock Returns, by Fama & French, 1992, Journal of Finance

[28] : Firm Size, Book-to-Market Ratio, and Security Returns: A Holdout Sample of Financial Firms, by Lyon & Barber, 1997, Journal of Finance

[29] : Overreaction, Underreaction, and the Low-P/E Effect, by Dreman & Berry, 1995, Financial Analysts Journal

[30] : http://stockcharts.com/help/doku.php?id=chart_school:market_analysis:dow_theory

[31] : http://viking.som.yale.edu/will/dow/dowpage.html

[32]: Stephen A. Jarislowsky, Dans la Jungle du placement

[33] : Stan Weinstein, Secret for Profiting in Bull and Bear Markets, 1-55623-683-2

[34] : abcBourse.com

[35] : http://fr.wikipedia.org/wiki/March%C3%A9_financier

[36] : http://en.wikipedia.org/wiki/NASDAQ

[37] : http://www.tmxmoney.com

[38] : http://en.wikipedia.org/wiki/Exchange-traded_fund

[39] : http://www.abcBourse.com/apprendre/11_lecon8_calcul.html

[40] : http://invest-faq.com/articles/trade-after-hours.html

[41] : http://en.wikipedia.org/wiki/London_Stock_Exchange

Index

Images

Voici la liste des images utilisées dans cet ouvrage.

Calculs

Voici les différents calculs démontrés dans cet ouvrage.

Page verso

ApprentiFinancier – Bien débuter en Bourse est un livre pour les débutants et intermédiaires voulant apprendre et perfectionner leurs connaissances en Bourse. Ce livre n'a pas comme but de vous faire miroité la possibilité d'être riche, mais bien de vous illustrer les bases de la Bourse, répondre aux questions de base fréquemment posées, ainsi que de montrer les bases de l'analyse. Ce livre contient des données intermédiaires sur l'analyse technique avec les graphiques en chandeliers japonaises, les indicateurs techniques et comment évaluer le moment durant lequel acheter et vendre des titres efficacement.

Ce livre contient des graphiques réels avec des actions d'entreprises des Bourses du Canada, des Bourses américaines et européennes. Chacun des concepts théoriques est illustré d'exemples et le livre contient plusieurs repères sur les notions importantes. De plus, le livre contient une panoplie de références afin que vous puissiez approfondir vos connaissances, vous donne plusieurs outils pour rechercher des titres ou tout simplement mieux analyser et offre des années d'expérience à votre disposition.

Voici quelques sujets traités :

1. Qu'est-ce que la Bourse et comment débuter ?
2. Comment choisir des actions ?
3. L'analyse technique et fondamentale (Bullish et Bearish)
4. Analyser les graphiques avec les chandeliers japonais
5. Analyse des tendances
6. Méthodologies d'investissement
7. Les patrons à la Bourse
8. Les indicateurs boursiers
9. Des techniques d'investissement à la Bourse
10. Des statistiques sur les meilleurs joueurs du simulateur BourseVirtuelle.com
11. Des exemples d'analyse
12. Et tellement plus !

Patrick Desjardins est un Canadien habitant la province de Québec. Ingénieur de profession, il partage sa passion des finances et de la Bourse depuis 2004 avec www.apprentifinancier.com. De plus, il est le concepteur du système de simulateur de Bourse www.boursevirtuelle.com, qui comporte plusieurs dizaines de milliers de participants.

www.ingramcontent.com/pod-product-compliance
Lightning Source LLC
Chambersburg PA
CBHW060937210326
41598CB00031B/4649